近代建築史の陰に

<上>

杉山英男 著

杉山英男先生

Profile

1925（大正14）年，静岡県生まれ。静岡師範学校附属小学校，静岡中学校，第一高等学校，東京大学，東京大学大学院で学ぶ。1951（昭和26）年より明治大学工学部，1973（昭和48）年より東京大学農学部，1986（昭和61）年より東京理科大学理工学部で教育・研究に当たる。東京大学名誉教授，工学博士，農学博士。日本における「木質構造」の学問・研究の草分け的な存在であり，この分野での第一人者。その柔軟な発想に基づく研究は，国内外から高く評価され，日本建築学会賞，日本農学賞，米国林産学会業績賞などを受賞。叙位：正五位，受勲：瑞宝中綬章。

刊行にあたって

東京大学名誉教授

安 藤 直 人

　杉山英男博士は木質構造分野の発展に大きく貢献されました。当時，木造建築の構造に関する研究者がほとんどいない状況の中で，耐震性を中心に壁倍率の考え方などをまとめ上げてこられました。博士は静岡市出身，東京大学工学部建築学科をご卒業後，明治大学，東京大学，東京理科大学で研究され，他にも多くの大学で教鞭を取られて多くの学生を輩出されています。木質構造に関わる研究者や技術者の多くが杉山先生の薫陶を受けた弟子，孫弟子であったりですが，木造建築に関する規準やルール整備にも尽力され，ご業績は今日の木質構造の基礎となっています。東京大学では農学部の教授（林産学）として木材サイドにおられ，多くの実験的研究と論文，著作を残されました。このことは材料と構造，建築を結びつけるまさに現在の「木の時代」を切り拓いた先生であったと言って過言ではないと思います。工学博士であり，農学博士でもあった先生の略歴等は巻末に参考資料として掲載していますのでご参照下さい。

　本書「近代建築史の陰に」は，月刊誌「建築技術」に2000年から2005年にかけて連載されたものをまとめたもので，博士は連載の序の中で「日本の近代建築における構造を歴史的に眺めてみたい」「物語だから読む人に楽しく読んでもらいたい」と記されています。多くの先達や過去の地震の記録など膨大なご自身のフィールドノートから幅広く，まさに構造屋としての視点と興味から紡ぎ出された文章でした。最晩年の病床でも執筆を続けられ，まだまだ書きたいことがおありのご様子でしたが，残念なことではありますが結果としては未完，筆を置く結果となっています。

　杉山英男博士はメモをよく取られるとともに，関連する資料を数多く残されています。現在，それらの資料は株式会社一条工務店のご厚意により「杉山英男記念館」として書斎の一部と共に保管されています。数多くの委員会等での資料は終了すれば散逸するものですが，博士の書斎には今となっては貴重な資料として残されています。正に「近代建築史の陰に」を実践された姿がそこから感じることができると思います。達筆で筆まめが杉山英男博士に備わった才能でしたが，本書もその字数約90万字に達している偉業であり軌跡であると思います。教科書や参考書とは異なり，歴史の表舞台には立つことはなかった事柄を物語として残されたことに敬意を表する次第です。

　本書は，株式会社建築技術代表取締役橋戸幹彦氏のご厚意により編集合本が可能になり，海青社宮内　久氏，田村由記子氏らの編集によって出版されることになりました。表紙は杉山英男博士の次女である画家の杉山尚子（ひさこ）さんにお願いを致しました。また巻末には杉山英男記念館のある株式会社一条工務店の資料を加えています。多くの方々に支えられて単行本として刊行する運びとなりました。防災・減災・環境問題の視点からも今後の発展が期待される木質構造に関して，温故知新の側面を持つ本書が広く読み継がれることを期待しています。

2019年（令和元年）10月

近代建築史の陰に

＜上＞

目　次

近代建築史の陰に ＜上＞

刊行にあたって ——————————————————— 安藤直人　i

第1章　皇居造営 ———————————— 1
その1
片山東熊と横浜地震 ...1
横浜地震と地震学会 ...2
平岡通義と伊藤博文 ...3
皇居造営 ...4
石造謁見所の不祥事 ...5
不祥事の責任 ...5
皇居の地質調査 ...6
洋風建築は可能 ...7
地震を知らない ...8
その2
井上馨と煉瓦造建築 ...9
工部省の三羽烏 ...10
皇居御造営事務局 ...11
三羽烏の晩年 ...13

第2章　濃尾地震 ———————————— 15
その1
濃尾地震の被害 ...15
根尾谷 ...18
ミルンの被災地への出発 ...19
根尾村 ...21
関谷清景 ...21
その2
辰野の遅れた到着 ...23
煉瓦造の被害 ...26
第三師団司令部 ...28
日本土木会社 ...30

第3章　コンドルの建築耐震化への示唆 —— 31
コンドルの煉瓦造建築批判 ...31
水平構面の剛強化 ...33
コンドルの日本式木造批評 ...35

第4章　名古屋郵便電信局 —————— 39
名古屋郵便電信局の震害 ...39
工部大学校造家学科 ...41
佐立七次郎と逓信省 ...44
佐立七次郎の晩年 ...46
静岡郵便電信局 ...47
前島密 ...50

第5章　静岡郵便電信局 —————— 51
関口隆吉 ...51
置塩章 ...52
再建された静岡郵便電信局 ...53
静岡県庁舎 ...55
新家孝正 ...56
静岡県庁舎の震害 ...56
静岡の異人館 ...57

第6章　瀧大吉 ———————————— 59
その1
瀧大吉の提言 ...59
日出の城趾 ...63
瀧家の人々 ...65
その2
西久保の界隈 ...67
学問への道 ...69
工学校の開設 ...70
大和屋敷と葵坂 ...71
瀧大吉と工部大学校 ...73
その3
官から民間へ ...75
瀧大吉と瀧廉太郎 ...76
日清・日露の両戦役の中で ...78
建築家と戦争 ...82

第7章　工部大学校の終焉と残照 —— 83
その1
工部大学校の終焉 ...83
東京大学の成立 ...85
小島憲之 ...87
工部大学校のキャンパス ...91
その2
工部大学校の校舎 ...93
東京女学館 ...96
工部大学校生徒館 ...98
工部大学校旧校舎の末路 ...100

第8章　小島憲之と一高 —————— 103
その1
工科大学造家学科の草創 ...103
小島憲之と一高 ...107

中村達太郎 ...109

その2
一高の教え子達 ...116

第9章　臨時建築局　119

その1
井上馨とドイツ育ちの日本人 ...119
臨時建築局の人事 ...121
辰野と妻木の葛藤 ...125

その2
臨時建築局の人事余話 ...127
ホープレヒト案 ...130
エンデの不幸 ...132

その3
日比谷入江の存在 ...137
徳川による天下普請 ...139
筏地形 ...140
臨時建築局の終焉 ...146
妻木頼黄の台頭 ...147

第10章　震災予防調査会　149
菊池大麓と震災予防調査会 ...149
震災調査 ...151
山崎定信 ...152
東京直下地震と煉瓦造 ...153

第11章　鉄砲洲・築地と1894年東京地震　159

その1
鉄砲洲 ...159
立教学校 ...162
立教学校の被害 ...165

その2
築地界隈 ...169
藤本寿吉 ...171
築地界隈の被害 ...176

第12章　久留正道　179

その1
山口半六と久留正道 ...179
東京音楽学校本館 ...181
久留正道と木造校舎 ...183
学校建築上震災予防方 ...185
文部省の木造 ...186

その2
大分尋常中学校 ...189
久留正道 ...196

第13章　若き日の小島憲之　197

その1
小島のハートフォードへの道 ...197
小島憲之の帰国直後の日記① ...202
小島憲之の用器画教科書 ...206

その2
小島憲之の帰国直後の日記② ...207
小島憲之の私事 ...210
明治18年の日記 ...212

第14章　庄内地震と建物の構造改良　215

その1
庄内地震 ...215
酒田の町屋 ...216
野口孫市 ...217
被害原因の部位別考察 ...219

その2
木造耐震家屋構造要領 ...223
三角形不変の理 ...226
土壁の中の筋違 ...228
山形県下木造改良構造仕様 ...229

第15章　庄内平野と庄内地震　235

その1
北由利断層帯 ...235
象潟地震と酒田の町 ...236
酒田の地勢と歴史 ...238
酒田の町と三十六人衆 ...240

その2
酒田町の地震に伴う火事 ...243
酒田町の建物被害 ...244

その3
裁判所と監獄 ...253
劇場 ...256
米穀取引所の倉庫 ...256
神社 ...258
寺院 ...260

その4
庄内平野の町村の被害 ...265

資料　杉山英男物語　a24

近代建築史の陰に ＜下＞

刊行にあたって ———————————————————— 安藤直人　i

第16章　伊藤為吉 　277
日本建築構造改良法 ...277
日本式木造改良の理念 ...279
伊藤為吉と職工軍団 ...281
木製切り組み法 ...282
旅路の果てに ...283

第17章　陸羽地震と秋田仙北地震 　285
その1
東京における微震 ...285
断層が動く ...285
陸羽地震と震災調査 ...288
官公衙の建物被害 ...289
学校などの被害 ...291
その2
寺社の被害 ...293
土蔵の構造とその被害 ...293
一般家屋の構造とその被害 ...294
震災調査から得た教訓 ...296
秋田仙北地震 ...297

第18章　湖北と姉川地震 　299
その1
姉川地震の震源 ...299
姉川地震による建物被害 ...301
古代の伊吹山麓 ...303
湖北平野 ...306
その2
虎姫の町 ...309
五村別院 ...313
住家の被害 ...317
その3
土蔵の被害 ...320
幻の東海道線 ...322
寺社の被害 ...325
美濃での被害調査 ...330
その4
長浜町の成立 ...331
長浜に通ずる街道 ...334
長浜の町屋 ...335
伊吹山麓の村々 ...338

その5
北国街道を歩く ...341
田川カルバート ...347

第19章　姉川地震と佐野利器 　351
その1
はじめに ...351
佐野利器 ...351
サンフランシスコ地震 ...352
学校の被害 ...353
田根村 ...353
田根小学校 ...356
その2
速水村 ...365
速水小学校（その1）...367
その3
速水小学校（その2）...375
その4
虎姫・五村と佐野利器 ...385
佐野の眼が向けられた五村の被害建物 ...389
その5
長浜八幡宮の絵馬堂 ...395
「江州地震調査報告」の要点 ...400

第20章　佐野利器と家屋耐震構造要梗 　403
その1
佐野利器の生い立ち ...403
佐野利器の登場 ...404
家屋耐震構造要梗 ...408
その2
家屋耐震構造要梗（続）...411
家屋耐震構造論 ...419

第21章　桜島地震 　421
その1
桜島の大噴火 ...421
桜島地震と鹿児島市 ...422
島津家の系譜 ...423
城下町としての鹿児島 ...428
その2
内田祥三による被震調査 ...433
石造の塀の被害 ...434

木骨石造の被害 ...436
石造防火壁の被害 ...438
石造建物の被害 ...440
木造建物への被害 ...441

第22章　北但馬地震　　　　445
その1
北但馬地震の震源 ...445
円山川下流域の人文的成立 ...446
円山川下流域の地質構造 ...449
地域別に見た家屋被害の概要 ...451
津居山 ...452
その2
瀬戸 ...457
港西小学校 ...459
その3
気比と田結 ...467
港東小学校 ...470
豊岡町 ...472
その4
豊岡町の被害概要と火災 ...479
豊岡町の住家の被害 ...482
豊岡町の公共建築の被害 ...485
その5
久美浜を豊岡と結ぶ ...489
久美浜の町の歴史 ...492
久美浜小学校の校舎建設の歴史 ...495
久美小学校の校舎の被害 ...498
震災の教訓 ...502
「木造小学校建築耐震上の注意」...502
その6
江戸時代の城崎 ...505
明治・大正の城崎温泉街 ...510

その7
城崎町の震災 ...515
楽々浦小学校 ...517
城崎ホテルと城崎の駅通り ...519
城崎小学校 ...522
その8
弁天山・地蔵湯の界隈 ...525
湯島の西部地区の被害 ...528
城崎町の震災後の拾遺 ...532

第23章　北伊豆地震　　　　533
その1
はじめに ...533
北伊豆地震の震央 ...533
北伊豆地震の被害 ...535
寺院の被害 ...536
事務所・公共建築物の被害 ...538
住宅・商家の被害 ...539
その2
旅館の被害 ...545
学校の被害 ...548
その3
奨弘小学校 ...555
江間村 ...561
江間小学校 ...563

第24章　北伊豆地震と耐震開化の兆し　　　　567
はじめに ...567
筋かい ...567
方づえ ...573
水平構面 ...573
土台と基礎の緊結の問題 ...573
田辺平学の「土台・基礎の緊結」に
　　対する考え ...575

刊行に寄せて
建築界と木材界の架け橋となった杉山英男先生　　　　大熊幹章　b1
杉山先生と旧制第一高等学校の寮　　　　坂本　功　b2
明治大学時代の思い出　　　　野口弘行　b3
杉山英男先生と木質構造研究会　　　　安藤直人　b4
実学と虚学　　　　河合直人　b5
一貫して実大実験に基礎をおかれた杉山英男先生　　　　神谷文夫　b6
住宅業界へ託された思い　　　　平野　茂　b7
漁　　　る　　　　橋戸幹彦　b8

初出一覧——月刊誌「建築技術」掲載号

本書	掲載年	掲載月号	連載回数	章数	タイトル
<上>	2000年	1月号	第1回	第1章	皇居造営　その1
		2月号	第2回		〃　　　その2
		3月号	第3回	第2章	濃尾地震　その1
		4月号	第4回		〃　　　その2
		5月号	第5回	第3章	コンドルの建築耐震化への示唆
		6月号	第6回	第4章	名古屋郵便電信局
		7月号	第7回	第5章	静岡郵便電信局
		8月号	第8回	第6章	瀧大吉　その1
		9月号	第9回		〃　　その2
		10月号	第10回		〃　　その3
		11月号	第11回	第7章	工部大学校の終焉と残照　その1
		12月号	第12回		〃　　　　　　　　　　その2
	2001年	1月号	第13回	第8章	小島憲之と一高　その1
		2月号	第14回		〃　　　　　　その2
		3月号	第15回	第9章	臨時建築局　その1
		4月号	第16回		〃　　　　その2
		5月号	第17回		〃　　　　その3
		6月号	第18回	第10章	震災予防調査会
		7月号	第19回	第11章	鉄砲洲・築地と1894東京地震　その1
		8月号	第20回		〃　　　　　　　　　　　　その2
		9月号	第21回	第12章	久留正道　その1
		10月号	第22回		〃　　　その2
		11月号	第23回	第13章	若き日の小島憲之　その1
		12月号	第24回		〃　　　　　　　その2
	2002年	1月号	第25回	第14章	庄内地震と木造建築の構造改良　その1
		2月号	第26回		〃　　　　　　　　　　　　　その2
		3月号	第27回	第15章	庄内平野と庄内地震　その1
		4月号	第28回		〃　　　　　　　　その2
		5月号	第29回		〃　　　　　　　　その3
		6月号	第30回		〃　　　　　　　　その4
<下>		7月号	第31回	第16章	伊藤為吉
		8月号	第32回	第17章	陸羽地震と秋田仙北地震　その1
		9月号	第33回		〃　　　　　　　　　　その2
		10月号	第34回	第18章	湖北と姉川地震　その1
		11月号	第35回		〃　　　　　　その2
		12月号	第36回		〃　　　　　　その3
	2003年	1月号	第37回		〃　　　　　　その4
		2月号	第38回		〃　　　　　　その5
		3月号	第39回	第19章	姉川地震と佐野利器　その1
		4月号	第40回		〃　　　　　　　　その2
		5月号	第41回		〃　　　　　　　　その3
		6月号	第42回		〃　　　　　　　　その4
		7月号	第43回		〃　　　　　　　　その5
		8月号	第44回	第20章	佐野利器と家屋耐震構造要梗　その1
		9月号	第45回		〃　　　　　　　　　　　　その2
		10月号	第46回	第21章	桜島地震　その1
		11月号	第47回		〃　　　その2
		12月号	第48回	第22章	北但馬地震　その1
	2004年	1月号	第49回		〃　　　　その2
		2月号	第50回		〃　　　　その3
		3月号	第51回		〃　　　　その4
		4月号	第52回		〃　　　　その5
		5月号	第53回		〃　　　　その6
		6月号	第54回		〃　　　　その7
		7月号	第55回		〃　　　　その8
		10月号	第56回	第23章	北伊豆地震　その1
		11月号	第57回		〃　　　　その2
		12月号	第58回		〃　　　　その3
	2005年	1月号	第59回	第24章	北伊豆地震と耐震開化の兆し

近代建築史の陰に

　私は大学を出て間もない頃の一時期，日本の近代建築における構造を歴史的に眺めてみたいと考えたことがあり，ノートを書き溜めたりしたものであった。しかしそれを断念して，当時建築界が積極的に見捨てようとしていた木造建築の構造を研究する道を選んだ。

　それからおよそ半世紀の歳月が流れた。古稀を迎え退職したのを期に書斎を整理していて，偶然上記の昔のノートに出会って，ふと私の脳裏をよぎるものがあった。

　世紀の移り変りに際し日本の近代建築の通史書がその史観の故に書いていないとか，書くのを敢えて避けたとか，またあまり力を入れて書いていないとかしている部分に光を当ててみたいと思い至ったのである。「近代建築史の陰に」という題は，そういう思いを表したものである。

　近代建築と対座する私の眼は構造屋のものだが，木質構造を研究してきたという変わり者の眼でもある。

　これから書こうとするものは，通史書の種になるような深化した史料を供するものではなく，通史書を読んだ後の偶想をはすに構えて物語調に書いたものと言ってよいだろう。物語だから読む人に楽しく読んでいただきたいと思っている。そのためには脱線に次ぐ脱線という，話の展開も辞さないつもりでいる。

　堅苦しい体裁を避けたいと思い引用した参考文献・写真の書名掲示は最小限に止めたが，将来出版の機会があったらその不備を補いたいと思っている。一部に孫引きの写真を掲載するが，ご教示いただければ連載の中で原典をその都度掲示し，落ち度をお詫びしたいと考えている。

　昔の文献からの引用文は一般に現代流の漢字と仮名遣いを用いて書き改めることをお断りしておく。

第1章

皇居造営

その1

- 片山東熊と横浜地震 ...1
- 横浜地震と地震学会 ...2
- 平岡通義と伊藤博文 ...3
- 皇居造営 ...4
- 石造謁見所の不祥事 ...5
- 不祥事の責任 ...5
- 皇居の地質調査 ...6
- 洋風建築は可能 ...7
- 地震を知らない ...8

（2000年1月号）

片山東熊と横浜地震

　春とは名のみで，早春3月初めの汽車の中は肌寒い。暖房の手だてがないので2人の官員風の男たちがオーバーの襟を立てて，じっと窓外に目を凝らしている。汽車はとっくに六郷川を越え，横浜を間近にし平沼の築堤の上を走っている。

　若い方の官員が連れの男に語りかける。

　「松田さん，この様子では大した被害ではなさそうですね」

　連れの年かさの方の男がそれに答える。

　「私もそういう気がします。外人たちが騒いでいるほどのことはありませんね。しかし問題は横浜の居留地でしょう」

　年かさの男の話し振りには，若い官員に対する敬意と遠慮のようなものが感じられる。

　会話は続く。

　「私は地震の被害というものを知りませんし，横浜もよく知りませんから松田さんよろしく頼みます」

　「片山さんは長州のお生まれでしたね。長州は地震が少ないんですかね。とにかく，横浜に着いたら林さんに言われたように，駅の西側にある野毛山に登りましょう。横浜が一望できます。そこから東の方に低い山が見えますからそこまで歩いて，その山に登りましょう。居留地が見下ろせるそうです」

　「林さんは横浜に長くおられたそうですね」

　「そうです。林さんは伊勢の生まれで，三河で大工の修業をした後，横浜に出てブリッジェンスのところに弟子入りしました。その前は，イギリス人のところにいました。御維新前の話です。御維新後数年してから営繕寮に入り，大蔵省，工部省と変わりましたが，初めのうちは横浜勤めだったようです」

　「それでは横浜に詳しいわけだ」

　「そうですね。かれこれ10年くらいおられたようです」

　そんな会話をしているうちに，新橋からの50分あまりの汽車の旅が終わって横浜駅に着いた。駅の外に出ると，屋根瓦がずれたり，壁土が落ちたりした家々が散見され，片山は東京を発つとき上司の平岡局長に言われた言葉を思い出し，身がしまるのを覚えるのだった。

　「外人さんが騒いでいるから，片山君しっかり見てくれたまえ」

　それが平岡局長の言葉だった。それ以上，平岡の口から出張の目的を聞く必要はなかった。局長の平岡が造営

計画中の皇居を木造にしようか，煉瓦造にしようか思い悩んでいるのは，片山ならずとも部下の誰もが承知のことであった。

以上書いてきた内容は，筆者の想像を交えた小説──大げさな言い方だが──である。しかしいくつかの事柄は史実に基づいているから，まんざらフィクションではない。

「片山さん」は，片山東熊で，明治12年（1879）年11月に工部大学校を卒業（第1回卒業生）し，工部省に入って3カ月ばかり経った新米の技手である。

「松田さん」は，工部省の技手で現場実務に詳しい叩き上げの建築屋である。「林さん」は，工部省にあって明治初期の官庁建築のデザインに腕をふるった林忠恕で，平岡は当時官庁工事の総元締として牛耳を執った工部省営繕局の局長，平岡通義である。

平岡通義は工部省入りした工部大学校造家学科の卒業生第1号ということで，片山のエリート性に大いなる期待を抱くとともに，同郷の後輩という縁で片山に人一倍目をかけていたのであった。

申し遅れたが時の設定は，明治13（1880）年3月で，登場した地震は同年2月22日に起きた横浜地震である。横浜地震については，後に改めて詳述する。

片山と松田による調査は明治の建築界における最初の地震被害調査であったが，そのとき2人にはそんな自覚はなかったであろう。

ここで，片山東熊について触れておきたいと思う。

片山は日本近代建築の通史の冒頭に「明治の四大建築家」──「三大建築家」という捉え方の方が一般的らしいが──の一人として必ず名前を現す人物だから，彼の建築作品についての冗漫な説明は不要であろう。

片山は工部大学校の第1回卒業生で，工部省に勤めた後宮内省に転じ，宮内省が管掌した明治後半の建物に建築畑のトップとしてすべて関与し，代表的建物と目されるものの設計者としての栄誉はすべて彼に帰せられた。生前から「宮廷建築家」と称された所以である。彼には部下に秀れた製図家がいて，その点恵まれた人であった。

「恵まれた」という点では，長州人，伊藤博文が宮内省を陰に陽に牛耳っていたことも看過できない。

また片山は工部大学校の学生のときから山縣有朋の知遇を得えて，山縣の目白の邸「椿山荘」（1877年）と麹町の邸（1885年）の設計を手掛けている。

要するに，明治期に生きた片山東熊にとって長州に生まれ育ったことは，建築の場での活動に大いに有利に働いたのである。位階勲等において建築家の域を越えて遇されたことも長州出身と無関係ではなかったろう，明治

期における藩閥の威力は，現在に生きる私たちの想像を超えるものがあったようである。

片山は維新後，横浜で英学を修め明治6（1873）年に工部省（後に工部大学校と改称）に官費生として入学した。工部大学校を卒業して工部省に入り，横浜地震後の明治14（1881）年1月，恩師コンドルの設計した有栖川宮邸の建築を担当する掛りを命ぜられた。これが彼をして，宮廷建築家たらしめるスタートとなった。以後の彼の活躍については通史に詳しい。

話がここまできたから，片山の出自と明治維新前の彼の年譜に触れておきたいと思う。

片山東熊は嘉永6（1853）年12月，長州藩の下士，亥輔の次男として萩の城下，現在の今古萩町に生まれた。奇兵隊に属し12歳のとき，四境の役（長州側の呼び方）で幕府の長州征伐を助ける小倉藩などど戦い，14歳のとき戊辰の役に従軍して奥州に出征した。後年，この戦歴を片山から聞いたとき，同じように奥州を転戦した平岡通義は格別の感慨をもって受け止めたことであろう。

横浜地震と地震学会

明治13（1880）年2月22日，「横浜地震」が起きた。「横浜で煙突の破損が多く，家屋の壁が落ちた。東京の被害は軽かった」（理科年表）と言われ，この地震の規模（マグニチュード）はM5.5〜6と推定されている。

このときの横浜における被害を伝えた文献は少ないから，京浜の人々の感覚からすれば大きな被害ではなかったと想像される。「煙突の破損が多く」とあるのは，横浜の外人居留地に立っていた洋風木造の外国人の商館や住宅の煙突が破損したものであろう。洋風とはいうものの，それは外観だけの話で，構造的には純和式だったその種の木造建物に半壊や全壊が起こらなかったということは，「横浜地震」が建築側から見れば大きな地震ではなかったことを示すもので，以下はその傍証である。

安政2（1855）年10月2日に起きた「江戸地震」における神奈川の宿場での被害は次のようであった（宇佐美龍夫著「東京地震地図」新潮社，1983年）。

「宿の本陣半潰2軒，旅籠家半潰13軒（中略）また地借店借門前地小前では皆潰39軒，半潰55軒であった」

宇佐美龍夫は「この被害から震度はVとVIの間くらい」と推定している。20数年前にこの大きな被害を経験した横浜の人々が，洋風木造の壁の漆喰が落ちたとか，和風木造の壁土が落ちた程度の地震では騒ぎ立てるはずがなかった。ところが横浜や東京にいた外国人たちの間では大騒ぎになった。外国人たちは地震というものを知

2　第1章　皇居造営　その1

らなかったのである。

横浜地震の後，間もなくして東京大学（当時の正式の呼び方で文部省の所管）と工部大学校（工部省の所管で後に東京大学と合体してできた東京帝国大学工科大学の母体となった）で，教鞭をとっていた理工系の御雇外国人教師が中心になって「日本地震学会」が結成された。

地震学会結成の動きの中心となった人物は工部大学校で鉱山関係の教科を教えていたジョン・ミルン（英国人）で，日本地震学会の創立当初，副会長を務めた。会長は門外漢の人物，服部一三（東京大学の副総理）だったから実質上の会長はミルンであった。

なお服部一三が会長に推された理由は，彼が米国留学から帰ってから明治11（1878）年に「日本の破壊的地震」という英文の論文を著わしたことがあったからで，彼はその後官僚の道を辿った。

ミルンは後に水平振子を使用した地震計を考案した人で，明治政府から後年地震の研究と指導を命ぜられ，わが国の地震学の基礎づくりに貢献した人として評価されている（萩原尊礼著「地震学百年」東京大学出版会，1982年）。

ミルンについては後でまた述べる。

日本地震学会でミルンと双璧をなしたのはジェームス・アルフレッド・ユーイング（スコットランド生まれの英国人）で，明治11（1878）年に来日し，東京大学の理学部で機械工学——機械は理学部に属した——の教師を勤め，後に物理学も講義し日本の物理学の基礎をつくった人々（田中館愛橘，長岡半太郎など）を育てたと伝えられている（「地震学百年」）。

ミルンやユーイングばかりでなく，御雇外国人教師の多くは英国人であったから，日本地震学会に集った外国人たちも英国人が多かった（約60名で会員数のおよそ半分）。彼らは地震を知らなかったから，来日後ちょっとした地震の揺れにも驚き，横浜地震においては墓石が回転したり転倒したのに目を見はり，建物の被害に驚いたのであった。こうした驚きが，日本地震学会を結成させる動機になったのである。

平岡通義と伊藤博文

平岡通義は萩藩士の張氏の出で，天保2（1831）年に萩郊外の松本村に生まれた。ちなみに吉田松陰は松本村の護国山の南麓で生まれており，松下村塾はこの村にあった。松蔭は年齢的に平岡より1歳年上であった。ついでだが伊藤博文は周防国（山口県）熊毛郡束荷村（今の大和町）に生まれ，6歳のときに一家を挙げて松本村に移

住している。この辺りの事情は一般史書に詳しいから省く。

平岡は，伊予河野の一門として代々周防国の三田尻に住した水軍の名家であった平岡家の養子に入り，幕末に武人として活躍した。すなわち，文久の初め，江戸に出て幕府の軍艦総督中島三郎介の塾に入り航海運用の術を学び，慶応2（1866）年の四境の役（幕府の長州征伐）の折りには長州に戻って精鋭隊の参謀となり，幕府軍の最前線となった浜田城を攻めて落城させ，その後占領地の奉行となった。また戊辰の役（慶応4年）の際には干城隊の参謀として越後口に出て，さらに転進して米沢藩を降した（「近世防長人名辞典」マツノ書店，1976年による）。

明治維新に入って新政府に越後府判事試補として出仕し，その後東京府権少参事を経て工部省の工部少丞に転じ，明治4（1871）年10月造船権頭に任ぜられ，11月には横須賀造船所の第2号ドックの建設を指揮することになり横須賀在勤を命ぜられた。間もなく工部省製作寮の製作権頭を兼任し，次いで明治5（1872）年3月，製作頭兼船頭に栄転した。このとき，横須賀時代にセメント製造の急務を痛感していた平岡は製作頭として，時の工部大輔（現代流にいえば工部省の次官），伊藤博文に官業によるセメントの製造を建議した。伊藤がこれを容れたので起業の糸口が開けたが，時期的に見ると，これは銀座煉瓦街工事（京橋以南改築事業）の開始と時を同じくする起案であった。

伊藤博文の経歴を見ると，明治4（1871）年11月から明治6（1873）年9月まで岩倉遺欧使節団の特命全権副使として欧米に出張しているが，明治5（1872）年2月から5月まで大久保利通と一緒に米国から一時帰国している。平岡が伊藤に建議し，セメント製造の必要性を説いたのは，このときであったろう。

伊藤博文は青年時代，松本村に住み松下村塾に通ったといわれるが，暇をみて通うという程度で熱心な門下生ではなかったし，平岡は村塾には通わなかった。それに伊藤は平岡より10歳も年下であったから2人は同じ村に住んでいたとはいえ，とり立てて交流があったとは考えにくい。しかし同じ村に育ったというだけで，2人を結びつけるのに十分であったろう。

伊藤博文は岩倉具視，木戸孝允とともに工部省の設置を主張し，それが容れられ明治3（1870）年閏10月に工部省が設置されたが，間もなく伊藤は財政制度研究（貨幣制度の整備）のため渡米し，帰国したのは明治4（1871）年5月で，工部大輔（今の次官に相当）に就任した。その後，伊藤は岩倉遺欧使節団に加わり，帰国して明治6

（1873）年10月，参議兼工部卿（現代流にいえば工部大臣）に任ぜられ，明治11（1878）年5月内務卿に転ぜられるまで長く工部卿の地位にあった。

伊藤の工部卿在任中の明治7（1874）年1月，大蔵省土木寮が管掌していた官庁営繕工事の仕事は工部省に移され，工部省に製作寮建築局が誕生した。このとき製作寮の長である製作頭は平岡通義であった。寮は現在の局にあたるが，当時同省の他の寮のトップには，鉄道頭は井上勝，電信頭は芳川顕正であり，次官に当たる工部大輔は山尾庸三であった。いずれも明治時代の官僚として声名高き人々であり，このことから平岡が官僚として器量人であったことが窺える。

明治8（1875）年6月，官庁営繕の仕事は製作寮から分離して営繕局が扱うことになり，さらに同年11月に同局は営繕寮となり，明治10（1877）年1月には営繕局と改称された。平岡通義はこうした中で，終始そのトップの座にあった。

営繕局の最盛時は明治10年代前半（1877〜81年）で，平岡はその時代を謳歌した人であった。最盛期を過ぎると仕事は閑散となり（政府の支出節約，財政規模縮小の影響），官制も縮小されて明治16（1883）年2月には営繕課となり，仕事がないので民間の仕事（私邸の設計なども含む）まで行うようになっていった。そして明治18（1885）年12月，内閣制度の発足（太政官制の廃止）とともに工部省は廃止され，官庁営繕の仕事は内務省土木局へ移された。さらにその仕事は明治19（1886）年2月には内閣直属の臨時建築局に移された。

ところで官庁営繕工事が衰微し，営繕局が営繕課に縮小される少し前の明治15（1882）年9月に，平岡は新たに設けられた皇居御造営事務局の監事に就任している。

そして，臨時建築局開設後の明治20（1887）年には，長年拠り所にした建築の世界から身を引き，元老院議員に任ぜられ，大正6（1917）年87歳で亡くなった。

こうして書いてくると，平岡は建築の専門家ではなかったが，彼の壮年期は官庁営繕工事とともにあったということができる。そして常にその仕事の中でトップとしてあり続けたのである。そういう意味では平岡は明治時代前半の建築界の影武者であったわけで，その存在を無視してはその時代の日本の建築を論ずることはできないといえよう。そして平岡の背後には伊藤博文や井上馨をはじめとする長州出身の要人，官僚たちが存在したことを私たちは見逃してはならない。

皇居造営

平岡営繕局長が片山と松田に震災調査を命じた背景には，明治6（1873）年5月に炎上した皇城の再造営事業が絡んでいた。その辺りの事情を知るため，明治前期における皇居造営に光をあててみたいと思う。

皇居造営が完成したのは明治21（1888）年10月であったから，炎上から再造営完了までに15年余りを要したわけである。

これには，明治新政府の財政的窮迫，不安定な政情とそれらによる国内の騒然とした物情などが大きく影響し，造営遅延の大要因になったと考えられる。また，建築技術的な障碍——それは技術の水準の低劣と未熟によるもの——もまた看過できない要因であった。また当初，工部省と宮内省の間で事業所轄に関し，意思の統一がとりにくかったことも影響していたであろう。

皇城炎上の後，皇居再造営の令が出されたのは明治7（1874）年12月で，このとき同時に旧江戸城本丸跡に諸官省の庁舎を集中建設する命令が太政官から出された。

上記の命令と計画を受け止める立場にあったのは，工部卿の伊藤博文と工部省製作寮（建築局はその管掌下にあった）の平岡通義であった。その後，明治9（1876）年5月に，翌年より皇居造営を起工し5カ年で竣成せよという令が出されたが，明治10（1877）年1月，突如造営延期の旨が仰せ出された。このとき平岡通義は官庁工事総元締である工部省営繕局長の座にあった。

皇居造営延期には，明治9（1876）年秋に次のような乱や一揆が次々と起こったことが影響したと考えられる。

10月24日　熊本に神風連の乱
10月27日　福岡に秋月の乱
10月28日　山口に萩の乱
12月　　　各地に地租改正反対の一揆

そして翌明治10（1877）年2月15日には西南戦争が始まったのであった。9月にその戦争が終わった後，明治11（1878）年5月に内務卿，大久保利通が暗殺され，伊藤博文が内務卿に就いた。

こうした多事多難の国乱が収まってようやく明治12（1879）年9月に皇居造営の勅宣が出され，延期になっていた造営が再開となった。当時，伊藤博文は工部省を去っていたが，平岡通義は引き続き営繕局長の職にあった。このときの計画は旧西丸に皇居を造営し，そこに問題の赤坂仮皇居の石造謁見所（何が問題だったかは後述）も移築しようという計画であった。そして翌年には工部省と宮内省の工事分担が決まり，工部省は表謁見所と西洋

造建物の造営と建築用木石類一切の購入調達を担当し，宮内省は賢所，奥宮殿などの日本式建物の造営と奥向き御庭作りを担当することになった。しかし色々な経緯があって翌明治13（1880）年1月になると，赤坂にあった石造謁見所は西丸へ移築，木造建物は山里に，女官部屋などは紅葉山の辺りに建てるという計画に変わった。

　話がここまできたので，時系列的立場から皇城炎上後に赤坂の仮皇居内に建築を計画された謁見所のことに触れたいと思う。

————————

石造謁見所の不祥事

　仮皇居の置かれた場所は赤坂離宮で，その大半は「紀伊殿」，すなわち紀州徳川家の所有地跡であった。謁見所はその赤坂離宮の中の喰違門に面する辺りに建築を計画された。

　謁見所の起工は明治9（1876）年9月で，その工事の中止決定は明治12（1879）年初めであった。「明治工業史・建築篇」は本文755頁のうち，およそ30数パーセントを皇居，離宮，御所，御用邸などの記事に当てているのに，謁見所の設計者の名を秘し言及していない。後述するところの不祥事発生の故にであろう。かつて筆者は若い日に，「明治工業史・建築篇」をよく読んだものだが，不言及を不思議に思いつつ，筆者なりの空想を働かせ，設計者はボアンヴィルと推理したことがあった。謁見所が政府にとって重要な建物であったこと，御雇外国人の雇備期限，彼らの活躍のピーク時期などを考え併せると，当時寵用されたボアンヴィル以外に該当者はいないと確信を抱いたからである。

　それから年移り，私の研究的興味は別の道に向いて，いつの間にかそのことを忘れてしまっていた。そして数年前，藤森照信さんの書いた文章に出会った。

　　「ボアンヴィルは，小宮殿にふさわしく，クラシック系の中では一番華やかで重厚でフランス仕込みのネオバロック様式を採り，起工するが（明9），しかし壁が立ち上がったところで地震により亀裂が走り，工事中止に至った（明12）。地盤の弱さを見抜けなかった彼のミスである。」（藤森照信著「日本の近代建築（上）」岩波新書，1993年）

　謁見所の構造と被害状況は，明治12（1879）年4月8日──謁見所の工事中止が決定された頃──に，工部省4等技手，立川知方が上司の工部省営繕局長，平岡通義に上申書を提出した中で触れられている（「明治工業史・建築篇」，日本工業会＋啓明会著作兼発行，1930年再版）。

　それによると，謁見所は外部石造，内部煉瓦造で外周の腰は化粧石を積んだ総2階建であった。設計者の名を表そうとすることなく，「御雇入教師ノ製図ニ基キ」といっている。被害の様子は，床下の煉瓦を積み合わせた部分に十余か所亀裂を生じたとしている。立川知方は，壁の亀裂が地震によるものだということはいっていない。また文章の前後関係から見ても地震に原因するものではなく，基礎地業について配慮を欠いたための損傷発生だったかと思われる。

　立川は損傷を「奇殆の兆候」，「累卵ノ危キ」と大仰に評した上で，

　　「御雇教師ハ全ク落着キ，全体ノ釣合ノタメニ右ノヒビ割レヲ生ジ候ナドト申シ繕イ候ハ，イカガノ心得ニ候ヤ」

といい，さらに

　　「カノ教師ノ技術ノ熟否ハシカト御見トメノ上，御雇入レニ相成リ候儀トハ存ジ奉リ候エドモ」

と嫌味たらしいことを述べている。

　立川は上申書の中で，京都や奈良の古寺の名前を出し，あるいは安政2年の江戸地震の例などを持ち出した上で，

　　「震災ノ一事ニ至リ候ヒテハ，最以テ木製ノ家屋ナラデハ其ノ禍ニ堪エ難キ儀ト愚考ス」

と述べて木造建築の優秀論を展開し，石造・煉瓦造は耐震性に欠ける──上申書の中ではその論拠は薄弱であった──から皇居の御造営は木造によるべきで，赤坂の謁見所も2階は木造に変更すべきだ，と善後策を主張したのであった。

　立川知方は文政8（1825）年生まれで，当時すでに50歳台半ばに達していた。維新前は幕府の作業方棟梁で，維新後は横須賀製鉄所，銀座煉瓦街工事，紙幣寮製造場などの工事に従事して洋風建築に馴染み始めていた。上申書を提出したとき立川は4等技手。明治初年の木造官庁建築の設計を一手に引き受けたことで有名な林忠恕は立川の部下で，立川より10歳若く6等技手であった。

　そんなことで立川は工部省において，日本人技術者としてトップの座にあった。ちなみに工部大学校からは，まだ卒業生は出ていなかった。立川の上申書が上司の素人の平岡通義にどのような形で影響したか知るべくもないが，皇居の造営事業を進める上で，平岡の考え方に大なり小なり影響を及ぼしたことは間違いないところであろう。

————————

不祥事の責任

　明治12（1879）年の初め，ひとまず謁見所の工事は中止された。しかし，謁見所の不祥事は，はからずも洋風

建築に対する国内の技術蓄積の少なさを露呈したもので
あった。かくて宮殿建築として煉瓦造や石造を採用する
ことに，平岡を初めとする幹部は不安を抱き始めた。

仮皇居の石造謁見所の奇禍は文字通り不祥事であった。
不祥事とは，事情が分からない事件という意味である。

立川知方の上申書を見ると，私たち後生の人間は，設
計者の設計ミスと判断しがちだが，それは立川にそうい
う思い込みがあって書かれているので，読む者にそう感
じさせるのであろう。

建築のミスには，原因が3つある。設計のミス，施工
のミス，工事監督のミスの3つである。

煉瓦造建築に不馴れであった頃の明治9（1876）年9
月の起工ということを考えると，施工のミスあるいは工
事監督の不行届，さらには両者の併存ということも十分
考えられる。そしてその原因は，職人と監督者の無経験
と無知である。

そうした場合には，工事の現場主任の責任というもの
がクローズアップされてくる。謁見所の現場監督が誰で
あったかは不詳であるが，工部省の人間であったことは
間違いない。もちろん設計者にも工事を監督する義務が
あるから，責任の一端を免れることはできない。

不祥事発生の他の原因として考えられるのは，純粋な
設計ミスである。謁見所の地盤が軟弱だったのに，それ
に対する構法上の措置――基礎の底面を大きくとると
か，杭を打つとかいう――を怠ったとしたら明らかに設
計のミスである。

著者は「明治工業史・建築篇」に所収された立川知方
の上申書しか見ていないから，立川のいうことを信じた
くなるが，立川がこの不祥事に関し第三者であったとい
う証拠はない。それどころか，立川が工部省の施工部門
に属する重要人物であったことを看過してはなるまい。

そのように考えると，設計者の意見にも耳を傾けてみ
たい思いを強くするのである。工部省内で設計者と現場
主任の間に責任をなすりあう争いがあったかもしれない。
そうだとすると，ボアンヴィルには誇りと自負があり，責
任のなすりあいにうんざりして自分から辞表を出した可
能性も考えられる（と思うだけで根拠はない）。

煉瓦造建築として，わが国で最初ともいうべき本格的
建築であった外務省本庁舎は明治11（1878）年11月に
起工しているから，時期的に見て最も重用されていたボ
アンヴィルの設計と見られる。藤森照信さんは「日本近
代建築（上）」において，設計者をボアンヴィルとした
うえで，次のように書いている。

「おそらくその責を負った――筆者注：謁見所の不祥
事をさす――ものと思われるが，同時併行していた外

務省の完成（明14）を待って解雇され，カナダのトロ
ントに渡って（後略）」

謁見所の不祥事における建築技術的問題に話を戻す。
責任の所在は措くとして，この不祥事が地盤の悪条件に
起因することが判明して，工部省の日本人技術者たちは
事の重大さに気付き強い衝撃を受ける。また建築という
ものは，意匠（デザイン）だけではないということに初
めて気付かされたであろう。そういう精神的改革劇が皇
居造営を舞台にして演じられたのだ，という歴史認識は
後世の人間にとって大切であろう。

皇居の地質調査

赤坂仮皇居の石造謁見所の工事中止が決まって間もな
い明治12（1879）年9月，皇居も石造謁見所も旧西丸に
移転することとなった。ここまではすでに述べた。その
後，謁見所の石材はすでに使用したものも未使用のもの
も旧西丸に運ばれた。

そのような作業と並行して，「アツモノ（羹）に懲り
た」当局は旧西丸の地質調査にとりかかった。建築予定
地の地質を調査するという行為は，本邦建築界において
最初のことで，特筆大書しておかなくてはならない。

地質検査に携わったのは，工部省の技手と次に記す3
人の外国人であった。

和蘭人　ルーエンホルスト・ムルドル
佛国人　J.レスカス
英国人　ジョン・ダイアック

ムルドルはシビル・エンジニアで工部省土木寮で明治
12（1879）年3月から明治23（1890）年5月まで雇われ
た。それ以外のことは筆者には分からないが，明治建築
へのかかわりはこの件以外にはなかったと思われる。

レスカスもシビル・エンジニアであるが，滞日の後半
には建築の分野に進出している。彼がどのような動機と
経緯で来日したか不明だが，彼の日本での活動の歴史は
生野銀山から始まり，工部省の御雇外国人教師としてこ
こで煉瓦造の工場や外国人官舎の建設に従っている。明
治8（1875）年頃に横浜に移り明治12（1879）年に東京
に転居したが，前述の旧西丸の地質調査依頼を受けたの
が東京へ出る動機になったと考えられる。後年，ドイツ
公使館（1881年），西郷従道邸（明治10年代中葉）など
を設計している。

ダイアックは1860年代半ば（慶応元年前後）に英国の
下吏として香港に赴き，明治3（1870）年来日して工部
省の鉄道寮に雇われた。そして新橋・横浜間の鉄道敷設
のための測量に従い，以後石屋川トンネルの開削工事や

神戸・京都間の線路敷設に携わった。その後，横浜に転住し，ここで住宅の設計を手掛けその優美さが居留地で評判になった。

　その後，ダイアックは営繕局に招かれ明治11（1878）年5月から14（1881）年1月まで御雇外国人造家師として活躍した。彼はボアンヴィルの傑作である工部大学校講堂の設計を助けたとされ，築地の海軍兵学校（1883年）では軟弱地盤に対し周到な杭打ちべた基礎で対処したことで知られている。これらから見て建築家と見るよりは，歴史上では今日いうところの構造家に近い技術者として位置づけるのがよいかと思われる。

　営繕局を解雇された後，ダイアックは横浜に転住し，多くの建物を設計するが，その中で海岸通りの日本郵船会社横浜支店が有名である。煉瓦造2階建，延床面積225坪（約750m²）で当時としては大規模な煉瓦造で評判になった。明治33（1900）年9月横浜で死去，享年72歳。今は横浜山の手の外人墓地に眠っている。

　さて旧西丸の地盤調査の話に戻る。調査の結果，地盤は予想以上に不良で，煉瓦造・石造を採用した場合の基礎地業の費用を日本人技手たちが試算してみると莫大な額になった。不安になってダイアックに別途経費計算を依頼する。ダイアックによる額は工部省技手の試算額の約1/3であったが，依然として莫大な額であることに変わりはない。これが理由で結局，工部・宮内両省が協議して表向宮殿も奥向宮殿，女官部屋も日本式の木造で実施するという結論に達した。

　そして明治13（1880）年1月，それらの建物は旧西丸を避け，木造諸建築は山里に（ただし女官部屋は紅葉山下に）建設されることに決まったが，石造謁見所の旧西丸建設の案は変更されずにそのままであった。

　上記のように決まった直後の明治13（1880）年2月22日に横浜地震が起きたのである。上述の経緯を知ると，前述のように片山東熊と松田周次が被害調査のため出張を命ぜられた理由が理解できる。しかし彼ら2人が帰ってから平岡営繕局長に対しどのような報告をしたのか，それを伝える史料はない——この辺りの史料が欲しいところである——ようである。したがって，彼ら2人の報告がどのような影響力を持ったかは実証のしようがない。だが彼らの工部省内における影響力の小ささを想像すると，それについての詮索を深めてみても無意味に思えてくる。すなわち，工部省内で技術者の発言として，より大きな影響力を持ったであろう人物に注目したほうがよさそうである。そこでコンドルを初めとする御雇外国人技師に注目することにする。

洋風建築は可能

　当時，工部省の建築に関与していた御雇外国人技師は次の4人であった。

ジョサイア・コンドル（英国人）
C.A.S.ド・ボアンヴィル（フランス生まれの英国人）
ジョン・ダイアック（英国人）
シャン・ビンセンソ・カペレッティ（イタリア人）

このうちボアンヴィルは石造謁見所の不祥事で味噌をつけていて，平岡局長の彼に対する信頼度は半減していたはずである。外務省庁舎の設計を手掛けていたボアンヴィルは，不祥事を機にその仕事からはずされたと筆者は見ている。しかし工部省の深川セメント工場の改築工事（1875年完成）以来，ボアンヴィルを長年にわたり重用した平岡は明治14（1881）年3月に彼を解雇した後，翌明治15（1882）年1月，営繕建築師長として拝賀の栄に浴する機会を彼に与え，花道を用意している。明治8（1875）年2月，紙幣寮製造場の設計の半ばでウォートルスを解雇してボアンヴィルを登用し，以後彼に目をかけた平岡のせめてもの思いやりであったといえよう。

　コンドルは，ボアンヴィルが重用されているなかで，英国から工部省営繕局に招かれたのであるが，工部大学校の教授を兼ねかつ宮内省内匠寮勤仕を命ぜられていたから，当然皇居造営に関与し，旧西丸の地質調査に際しても骨を折っている。コンドルは来日後，上野博物館に続いて伏見宮邸，開拓使北海道物産売捌所の設計を手掛け，設計家としての手腕をすでに評価されていたから，皇居の諸建築を洋風とするか和風とするかの論争に当然引っ張り出され，意見を徴されているはずである。

　隅田川永代橋際に建てられた前記の開拓使の建物の地業で，松材を用い筏地形を実施した経験を有していたから，地盤の悪い旧西丸に煉瓦造・石造を建てることの可否について述べたコンドルの意見は重く受け止められたことだろう。

　証拠となるべき史料が見当たらない（史料の発掘を史家に期待したい）が，コンドルの意見は「洋風建築は可能」ではなかったかと思われる。

　コンドルと親交のあったジョン・ミルンは，明治16（1883）年，工部大学校の同窓会である工学会が主催する講演会で次のように述べている。

「既往ノ経験ニ拠ルニ建築材料ハ地震国ニ於テハ煉瓦ヲ以テ第一トシ，石・鉄等ヲ次ギトナス」

　これは横浜地震などを通してミルンが到達していた結論と考えられるが，このミルンの考え方にはコンドルの

考えも折り込まれていたと考えて間違いなかろう。

ミルンが工部大学校の前身である工学校の金石地質鉱山学教室にやってきたのは明治9（1876）年3月で、コンドルが造家学科の教授として着任したのは翌明治10（1877）年1月であった。そのときコンドルは24歳で、ミルンは2歳年上で年格好は同じであった。

コンドルはロンドン、ミルンはリバプールと同じイングランド生まれだったし、2人とも同じ加賀屋敷跡の官舎住まいであったから、親しくなるのにそれほど日数を要さなかったであろう。明治12（1878）年の造家学科の3年生の時間割には、ミルンによる「地質学」の講義が1日おきに週3回組まれていたが、これもミルンとコンドルの親しさと無関係ではなかったはずである。おそらく横浜地震のとき、コンドルはミルンに強く奨められて震災視察に横浜に赴いたことだろう。

以上のように想像すると、工学会で「地震国ニ於テハ煉瓦ヲ以テ第一」とすると述べたミルンの考え方の中にはコンドルの日頃の意見が色濃く反映していたかと思われる。煉瓦造を見て育ち、煉瓦造を建築の基本として学んだコンドルにとって、煉瓦造に関し何の疑問があり得たであろうか。

以上が、史料という実態のないままに、コンドルが「旧西丸に洋風建築は可能」と述べたはず、と考える私の心証である。

ダイアックもカペレッティもコンドルと同じように「洋風建築は可能」説であったことは、傍証はないが間違いないであろう。

こうした外国人建築家たちの意見を後押しするものに、日本人である政府の要人の考え方があったであろうことは想像に難くない。後に皇居御造営事務局（後述する）が設けられたとき、副総裁となった榎本武揚が洋風建築を主張したのは要人たちの考え方を端的かつ典型的に示すものであった。

上述のような御雇外国人建築家と政府要人たちの洋風建築支持の立場、換言すれば煉瓦造あるいは石造の建物を支持する立場に対して和風建築、すなわち木造建築を良しとする主張が拮抗して譲らず、甲論乙駁の状態が続いた。これには木造建築を支持する側の声が大きかったことと、事が皇居の建築であったため、技術的無知を自覚する政府要人たちが遠慮かつ恐懼して、自説を強行することができなかったのが影響したと思われる。

技術的な議論としては洋風建築支持側が火災の点から木造建築の非を絶叫し、木造建築支持側は地震の面からこれに反駁したのであった。そんな状況を前にして政府要人たちは素人の悲しさで腕をこまぬき口をつぐむのみ

だったから廟議は容易に決せず、調査に次ぐ調査が要求されるだけの状況が続いたのであろう。

地震を知らない

前に触れたように立川知方は石造謁見所の不祥事に際し上申書を提出し和風木造建築優秀論を展開したが、その中で安政2（1885）年10月2日の安政地震の折りの知見を次のように述べている。

「彼ノ折、都下ニシテ皆潰ニ相成リ候ハ、下等ノ家屋舗ノミニテ、イヤシクモ矩術家ノ規矩ニナリ候堂塔社殿楼閣、ココニ中等以上ノ住居向キ等ハ一宇一戸モ甚シキ損害ヲ受ケズ」

つくり方が下等な家屋は全壊したが、中等以上の住居は一戸も大被害を受けていないといっているのである。この言葉はあながち誇張ではなく、安政地震の震災傾向を一面でよく見抜いていた。しかし故意に不都合な点を口にしなかった公算が少なくない。その不都合とは何だったのか。それは地盤の影響である。

日本橋に住んでいて、地震に遭遇した城東山人と称する老人が、素人ながらこんな風に書いていた。

「高地は緩く、低地は急なり。その体、青山、四ッ谷、本郷、駒込辺の高地は緩にて、御曲輪内、小川町、小石川、下谷、浅草、本所、深川辺は急なり。その謂われ、自然の理有るべし」

緩、急とは地震の軽、激の意である。これが後年には地盤の軟、硬に原因することが明らかになったのであるが、当時、原因はともかくとして、立川は上述の被害の傾向を承知していたかと思われる。

石造謁見所の不祥事は、皇居は木造でと主張する人々に洋風建築不可の論拠を与えることになったのである。地震による被害のことを持ち出されては、煉瓦造・石造が地震に強いという証拠材料を持ち出せない外国人技術者は沈黙せざるを得なかった。また煉瓦造・石造で皇居をと主張したい政府要人も地震を知らない人種だったから、事が皇居となると、委縮して日頃の無責任な発言ができなかったのである。ちなみに横浜地震を遡った半世紀の間に起こった本邦の地震を調べてみると、明治新政府の要人たちの出身地であった鹿児島、山口、佐賀などには大地震は起きていない。彼らは地震知らずの人間だったわけである。

さて、そうなると明治初年における公共建築の煉瓦造志向は何だったのかということになる。外国人の尻馬に乗り、無定見にも煉瓦造に走ったということであろうか。

皇居造営

その2

井上馨と煉瓦造建築 ...9
工部省の三羽烏 ...10
皇居御造営事務局 ...11
三羽烏の晩年 ...13

（2000 年 2 月号）

井上馨と煉瓦造建築

　井上馨はトーマス・ジェームス・ウォートルスに銀座煉瓦街（1873 年）を設計させるお先棒を担いだり，コンドルに鹿鳴館を建てさせたりして，外国人政商の尻馬に乗り煉瓦造建築を推進した人物であった。

　政商の名はトーマス・グラバー。大阪の造幣寮（1871 年完成）の設計者としてウォートルスを日本政府に推輓したのはグラバーであった。彼は鹿鳴館の建設に黒幕として関与し，竣工後は同館の名誉書記を務めた。

　鹿鳴館はコンドルの設計によるもので，明治 14（1881）年 1 月に着工され，明治 16（1883）年 11 月に完成している。コンドルの作品としては，初期に属するものである。日本の近代建築の通史書は鹿鳴館のデザインに対し好意的で批評がましいことは書いていないが，一人のフランス海軍士官は鹿鳴館についてこんな風に書いている。

　「鹿鳴館そのものは美しいものではない。ヨーロッパ風の建築で，出来たてで，まっ白で，真新しくて，なんとなくそれはフランスのどこかの温泉町のカジノに似ている。」（多田茂治著「グラバー家の最後―日英のはざまで」（葦書房，1991 年）がピエール・ロティ著「江戸の舞踏会」から引用した言葉を孫引きした）

　「カジノ」というのはダンス音楽などの催しのある賭博場である。「カジノに似ている」が褒め言葉でないことは明らかであろう。

　鹿鳴館が士官の生まれ故郷フランスのスタイルの建物だったことや，海軍士官が職業柄世界を巡航して西洋造りの建物を見馴れた人種であることを考えると，海軍士官の言葉をあながち建築専門屋の批判ではないとして無視するのはいかがなものかと思われる。とすると，コンドルの設計者としての評価は揺らぐことになる。

　井上馨の軽挙妄動癖は攘夷を唱えて，すぐそれを棄てた行動に現れていた。また彼の処世の姿勢には澄明さが欠けていた。それらのことは明治に関する歴史書に詳しいから述べるのを慎むが，そうした井上の性格を知らないと，彼が煉瓦造建築に飛びついた真意は見えてこないように思える。

　銀座煉瓦街は，隅田川の河口にあった居留地脇の波止場から東京の街に入る外国人の眼を意識したものであったとか，鹿鳴館は条約改正のための方便として建てられたものであったとか説明することにより，井上の行為の異常性を希釈しようとする歴史の立場があるが，それに惑わされて，井上が建築を常に政治の具として使おうと

した態度を見落としてはなるまい。

　井上の過ちはもう一つある。それは明治19（1886）年に設立された臨時建築局における人事であるが、それについては後章で改めて述べる。

　井上馨は天保6（1835）年生まれで幕末の長州の志士としては珍しく上士の出であったが、長州の湯田（現在の山口市）の生まれで、田舎育ちの郷士の倅であった。生涯を通じ彼に建築に対して安易な態度をとらせることになったのは、この出自が無縁ではなかったと思われる。そう考えないと、無謀とも思える井上の煉瓦造建築かぶれ——井上だけでなく、明治新政府の成り上りの政治家は皆そうであったが——は理解できないのである。

工部省の三羽烏

　近代建築の通史書を見ると、工部省の三羽烏と見なされた立川知方、朝倉清一、林忠恕の名が現れる。この中で林忠恕が最も有名である。通史書が、彼について多く述べているからである。

　「施工の立川」、「仕様積算の朝倉」、「製図（設計）の林」という言葉も有名で、これらの言葉は工部省内における彼ら3人の役割を如実に示している。

　上に述べたような事情で、三羽烏の3人は年格好も同じで、職格もほぼ同じであったと誤解されがちだが、実際はそうではなかった。皇居造営について和洋の建築論争があった頃、立川も朝倉も4等技手だったが、立川の方が先任で上位であった。林は6等技手で技手として下級に属した。

　年齢の上では年長順に、立川、林、朝倉で、朝倉は立川より15歳年下で、両者の中間に林があった。しかし職格の上で立川と朝倉はほぼ同格で、林はこの2人よりかなり下であったわけである（後述）。通史上で著名な林が職格上で不遇だったことを不思議に思う向きがあろうが、それは役所の人事の責任ではない。

　朝倉清一が年齢的に断然若かったのに、立川とほぼ同格の職格だったのはなぜだろうか。

　第一の理由は、明治新政府の営繕の仕事に勤仕し始める時期が立川と同じだったからである。慶応年間に幕府の横須賀製鉄所の工事に立川も朝倉も作事方棟梁として関わり、工場の工事監督に従事し、その仕事は維新後に及んだ。朝倉は明治2（1869）年大蔵省営繕司に出仕する。立川も同じ道を歩んだと思われるが、彼の経歴の前半は後世に明確に伝わっていないので想像の域を出ない。第二の理由は、朝倉が若いながらも江戸城内の西丸仮御殿——文久4（1864）年竣工。維新後、皇居となったが

先述のように炎上した建物——を初めとする諸役所の新築・修繕を棟梁として仕上げ、幕府内で和風建築家として一家をなしていたことが挙げられよう。

　明治12（1879）年4月、立川知方が上申書を提出した動機を明らかにしたいと思ったことから、立川、朝倉、林の三人の経歴紹介に踏み込んでしまったが、立川が工部省の技手の中で最古参であったこと、換言すれば建築技術者のトップであった状況が理解いただけたであろう。当時工部省には、技手の上の職格に当たる技師として日本人は存在しなかった。御雇外国人たちが実質的に技師で、技手はその手足だったわけである。

　皇居は木造建築でと主張した工部省内の日本人技術者で、煉瓦造建築の現場を実地に体験した人たちは、かなり煉瓦造建物の欠陥——煉瓦の形状の不整、煉瓦積みの技術の未熟など——を確知していたと思われる。

　銀座煉瓦街の建物の場合、湿気が多かったが、これは空気の流れが悪いこと、雨樋が屋内に通してあることなどの無神経な設計が原因であった。そうした設計態度を見ることにより、外国人技師に対する不信感が日本人技術者の心に植えつけられ、それが心情的に煉瓦造反対の気持につながってもいたろう。立川が石造謁見所の煉瓦積みにひび割れが生じたのに対し、「御雇教師」（筆者注：ボアンヴィルを指す）が、

　　「全ク落着キ全体ノ釣合ノ為ニ右ノヒビ割レノ生ジ候ナドト、申シ繕イ候ハイカガノ心得ニ候ヤ」

と不満と不信感を露わにしているのは、長年の外国人技師に対する彼の鬱懐の発露であったろう。

　立川知方には和風建築家としての自負があったようで、

　　「いささか倭様匠家矩術立川流六世相当を受継ぎ」

　　「宮殿社堂等の大造営も数度」

と語っている（前出の上申書）。

　幕府の作事方棟梁出身の立川と朝倉が本格的洋風建築に接するようになったのは、大蔵省においてトーマス・ジェームス・ウォートルスの設計監督を助けることになってからであった。その代表的な建物である銀座煉瓦街（1873年）や紙幣寮製造場（後の印刷局、1876年竣工）において、立川は現場に出て施工を担当し、朝倉は仕様書の作成と積算にあたった。これが「施工の立川」、「仕様積算の朝倉」のスタートで、以後2人は工部省在職中、おのおのの持ち場を守ることに徹し、他を侵すことはなかった。また洋式建築の設計に手を出すこともなかった。この彼らの片意地とも思える律儀さに、作事方棟梁を勤めた匠人の根性とプライド、さらには和風建築に殉じた彼らの節義を見ることができる。それは新政府に仕えることを潔しとせず、隠遁の道を選んだ旧幕臣の

態度と一脈相通ずるものがあったように思える。

この点，林忠恕は立川・朝倉と好対照であった。林は移り身の上手な人で，郷里伊勢国三重郡に生まれ鍛冶職を習った後，木挽きになり，さらに20歳頃，三河国に渡って大工を修業した。慶応初年，30歳の頃に横浜に出るが，その動機は分からない。横浜が開港したのは安政6（1859）年だから，林が横浜に出たのは開港後数年経った頃であった。その頃までに外国人居留地は開け，日本人町も成長発展していたはずであるが，慶応2（1866）年11月（旧暦10月）に横浜に大火があって，日本人町の大部分と外国人居留地の1/3程度が焼けているから，林の横浜転住の動機はこの火事の後の復興工事と関係があるかもしれない。復興工事は稼ぎになると聞いて三河から横浜に出稼ぎに行ったとすれば，林の洋風建築受容の姿勢は受け身だったことになる。大火の前に横浜に出たとすれば，林には洋風建築を吸収しようとする積極性があったと考えられる。林という人物を知るためには，彼の横浜転住の年を知りたいところである。

皇居御造営事務局

明治14（1881）年4月，皇居の正殿（表向宮殿）は日本式木造で旧西丸に建築することとなり，奥向宮殿，女官部屋はそれぞれ山里，紅葉山下にこれまた日本式木造でということになった。正式決定である。そして表向宮殿を工部省営繕局が，奥向宮殿と女官部屋は宮内省内匠寮が担当することも決まった。上記の決定に先立ち前年11月に工部卿山尾庸三と宮内卿徳大寺実則が会合し，平岡営繕局長がこれに陪席している。この会合と同時に，立川知方（工部省3等技手）は京都御所の宮殿結構を参照するため京都に出発したといわれる。

皇居を木造で建築するという決定が，平岡にとっての最後の仕事になった。というのは，次のような状況変化が起こったからである。

工部，宮内両省は工事分担が決まった後，分担に従ってそれぞれ取調べを進めた。そうした中で両省の分立は経済上その他の点から不都合ということが分かり，明治15（1882）年5月，宮内省の外局として皇居造営事務局（翌年1月，皇居御造営事務局と改称）がおかれることになった。総裁に三条実美，副総裁に榎本武揚が就任した（平岡通義はNo.4の監事に就任）が，就任直前に榎本は山里に石造洋館，吹上に常御殿を建築する案を持ち出している。榎本は洋風建築派だった。しかし榎本は間もなく清国駐在公使となって，東京を離れて行ったので榎本案は自然消滅した。

明治15（1882）年6月，開設間もない皇居造営事務局に工部大学校を5月に卒業し，工部省営繕局に入った第4回卒業生の4人が出向を命ぜられて着任した。卒業生5人のうち4人が同局御用掛を命じられたのだから，平岡営繕局長の皇居造営に対する意気込みが並々ならぬものであったことが窺えよう。4人は河合浩蔵，中村達太郎，新家孝正，宮原石松で，早く亡くなった宮原を除けば明治時代の建築界で活躍することになった人々ばかりであった。河合，中村，新家の名前は後にたびたび出てくるので，彼らのプロフィール紹介はここでは省く。

工部大学校卒業のエリート4人は皇居造営局に入っても（この時点では皇居造営事務局というのが正式名称だった），用はなかった。用をしたくても，榎本案が出たりして和洋の建築のいずれが良いかとの議論が再燃し，計画が定まらないから，どうしようもなかったのである。

そんなことだから，造営すべき皇居の建築様式も構造も決まらない。仕方がないから煉瓦壁の耐震補強策（縦横に鉄棒を挿入するというような）を研究したり，地質・地盤の調査などの予備調査を行って日を送る始末であった。

これらの研究や調査においても，宮内省勤仕を兼ねたコンドルが指導に当たった。

そうこうするうちに小田原評定をしていても埒があかないから，とにかく「仮皇居」と考えることにより，木造建築で進もうではないかという方針を採ることになり，明治16（1883）年7月に，

　　石造謁見所は皇城内には築造しない。
　　吹上に賢所等を，
　　旧西丸及び山里に仮皇居（旧西丸に表宮殿，山里に
　　奥宮殿）を木造で，

という案が纏まった。なお宮内省庁舎は煉瓦造で，旧西丸に建てることになった。

そして明治17（1884）年4月，宮内省が皇居御造営事務局（前年の1月にこの名称に改められた）を直轄することになり，総裁，副総裁を廃した。このとき平岡は引き続き監事となり，工務に専念することになった。時の宮内卿は伊藤博文で，この月に地鎮祭がとり行われた。ところが明治18（1885）年5月，宮内卿の伊藤の命令で計画が大変更され，謁見所，饗宴所などの表宮殿の規模を拡大し，旧西丸に建築中だった宮内省庁舎（煉瓦造）はその位置を紅葉山下に変更し建て直すことになった。伊藤の表向宮殿拡大の意向による大変更であったが，正に鶴の一声であった。このとき表向宮殿の屋根は瓦葺きから銅板葺きに改められた。これを機に，「仮皇居造営」の「仮」の字は自然に消えたといわれる。

皇居は表向宮殿が和洋折衷の木造，奥向宮殿は純木造で建てられた。これらの現場を指揮したのは木子清敬であった。

皇居造営は明治21（1888）年10月に完成し，「宮城」と称されることになった。宮内省庁舎——煉瓦造2階建——もこの年竣工した。皇城炎上から実に15年あまりの歳月が流れていたのであった。そして同じ年の12月，皇居御造営事務局は解散された。

筆者は宮内省庁舎の位置と地盤の関係については知らないが，敷地の地盤条件は，前面は比較的軟弱だったが，後面は極めて堅硬であったという。しかし地盤軟硬にかかわらず，全部に杭打地業を施した。

明治27（1894）年6月20日の東京湾北部地震——「神田・本所・深川で全半壊多く，東京で死24，川崎・横浜で死7」（「理科年表」）——で，

「北側の棟上にある切り妻（筆者注：屋根裏の採光のため屋根面から突出させ垂直窓を取りつけた部分をドーマーと呼ぶが，これを指すものと解される）は墜落せり」

「地質堅固なる西部に於ては損害無しと雖も東部は頗る破損を被れり。これ東部地質の柔軟なるに因るならん」

と「震災予防調査会報告第4号」に被害が報告されている。しかし報告が簡単すぎ，被害の詳細はよく分からない。「明治工業史・建築篇」は地震後の補強について，こんな風に書いている。

「念のために内側に木材を縦横に施して補強をなし以て後の大震に備えたり。斯くして明治年間能く使用に堪えたり」

この補強工事には後述するように，朝倉清一が参加している。

宮内省庁舎は皇居御造営事務局が建てた唯一の煉瓦造建物で，コンドルの工部大学校における教え子であった河合浩蔵，新家孝正，中村達太郎（この3人の名前は既出）がコンドルの設計を助け，高山幸治郎，湯川甲三，橋本百太郎などのベテランが製図にあたり，立川知方を初めとする工部省育ちの練達の技手が工事監督にあたった。上野博物館の工事以後，コンドルの指導を受けた実地家の技手たちが学習の成果をこの工事に注ぎ込んだはずであったが，案に相違して建物に震害（既述の1894年の地震により）が出た。煉瓦の品質，煉瓦の積み方，煉瓦目地（地上部は石炭モルタル使用）などに，まだ未熟なな点があったかと想像される所以である。杭は末口19.5cm，長さ5.4mの松杭を1坪（3.3m²）当たりに18本打ち，その上にコンクリート（セメント入りの）を側通りでは厚

さ105cm，間仕切通りでは厚さ75cmに打ったといわれるが，震災予防調査会報告書では前述のように建物全体に被害があり，「地質の柔軟」が震害の原因として指摘されている。しかしその指摘の当否を確かめるに足る史料を，筆者は持ち合わせていない。

徳川家康は太田道灌の廃城の跡地に何となく居城を構え，明治政府は徳川将軍の居城ということで江戸城の跡に皇居を定めたが，一体全体この場所は地盤的にどんなだったのか，また過去の地震において安全だったのだろうかという疑問が湧いてくる。

地質的に見てみると，現在の皇居東御苑（江戸城本丸跡）の西半分——江戸城の天守閣のあった本丸跡——および現在の皇居のある辺り（西丸，吹上御苑）と北の丸（現在の北の丸公園）は武蔵野台地の東端にあたり洪積層——地盤としては堅硬——であるが，東御苑の東半分（江戸城旧二の丸）は沖積地で地盤は良くない。そのほかに家康の入府頃には現在の乾濠，蓮池濠，蛤濠の筋には川が流れていたし，下道灌濠，上道灌堀の筋には谷の切れ込みがあった。また桜田濠，日比谷濠の筋は川であった。

以上のようなわけだったから総体的に見て，将軍の居城は地震に対してかなり安全だったといえよう。その証拠に江戸安政地震——安政2（1855）年10月2日——の際，江戸城内の被害は軽微で，本丸内にいた将軍家定は無事吹上御庭の亭に退避できた。もっとも「藤岡屋日記」を参考にした野口武彦著「安政江戸地震」（筑摩書房，1997年）によると，

「家定はたった一人で玄関まで逃げ出し，詰番の御徒士衆は肝を冷やしたという。完全に恐慌だったようである。すぐさま吹上の庭に連れて行って安心させた」

ということであったらしい。

家定が避難したのは滝見の茶亭で，明治6（1873）年5月5日の皇城炎上の際，明治天皇と皇后が一時避難されたのもこの茶亭（茶屋）であった。なお家定の避難通路から見て，17世紀中頃から18世紀末頃まで設けられていた「地震の間」は，安政の頃には設けられていなかった——本丸御殿。西丸御殿が焼失した折に地震の間も焼け，再建せずにいた——ことが窺える。「地震の間」は避難して余震の害に備えるためのもので，その構造については拙著「地震と木造住宅」（丸善，1996年）の中で述べたことがあるので，ここでは触れないことにする。

江戸安政地震は，江戸時代に江戸城が経験した2つの大地震の一つであった——もう一つは元禄16（1703）年の地震。このとき江戸城の石垣が崩れた——が，御殿の被害は襖・障子が倒れ，戸の開閉が不能になった程度で，

建物全体として傾いたものの，倒れたものは少なかった。

それに対して，諸大名の上屋敷が集中して立っていた大手前，大名小路，西丸下——現在の皇居外苑を含み，それとその東側の山手線との間の地域——における大名屋敷の倒壊と地震に伴う火災発生は惨憺たるものでほとんど全滅に近かった。また深川，本所，浅草などの下町の町人地の被害も負けず劣らず激しいものであった。

それらと較べると，江戸城内の建物被害は軽微であった。

三羽烏の晩年

明治18（1885）年末に廃省になるまで，工部省において活躍した立川知方，朝倉清一，林忠恕が工部省を離れて以後の経歴を記しておきたいと思う。

立川知方は工部省から宮内省内匠寮技師に転じ，煉瓦造の宮内省庁舎の工事主任を務めた。その後，高輪御殿——明治25（1892）年12月竣工——の工事を指揮した。高輪御殿は常宮，周宮両皇女殿下のために建てられた御殿で延床面積1,050坪（約3,500 m²）の木造であった。立川は工部省でその才を洋風建築でも認められ，宮内省では祖父代々修理職棟梁として宮中に奉仕した木子家の総領，木子清敬との兼合いにより常に煉瓦造の工事に従事した。65歳を過ぎた人生の最晩期において，上述のように高輪御殿の木造御殿の工事を担当できたのは，若き日に木造建築の中で育った立川にとって大きな喜びであったろう。明治27（1894）年3月逝去，享年69歳であった。

立川は林に較べると，近代建築の通史書の中で讃えられる場面が少ない。施工に生きた人間と，設計に生きた人間の差であろう。

朝倉清一は工部省在職中，同省が手掛けた大小の建物のすべてに対し仕様書を書き積算を行ったといわれる。しかし皇居造営に参加する機会はなかった。というのは，明治16（1883）年11月から海軍省に出仕することになったからである。明治19（1886）年，海軍5等技師に任ぜられ，海軍兵学校の江田島への移転と建設に関わり，講堂，教場，生徒館などの設計と工事監督に従事した。その後，横須賀鎮守府建築部を経て海軍省に移った。そして明治24（1891）年，50歳で9年間にわたる海軍奉職の幕を閉じた。その後，明治29（1896）年9月から1年あまり，宮内省庁舎の耐震補強工事（前述）の監督に携わり，さらに明治31（1898）年8月から東宮御所御造営局の嘱託として設計製図にあたり，仕様積算も手掛けた。

晩年におけるその活躍を石井敬吉は，

「その成績顕著，君の一世一代の業として何人も首肯する所なり」（建築雑誌，1903年12月号）

と讃えている。明治36（1903）年7月逝去，享年63歳であった。

朝倉の建築界における一生は仕様積算と共にあった。その仕事の地味さの故に，世の中の通史書の中に彼の名を見出すことは稀にして困難である。

立川と朝倉が筋目正しい幕府の作事方棟梁の出身であったのに対し，林忠恕は既述のように三河，横浜と流浪した町大工であった。彼は英国人ドール，米国人ブリッジェンスの設計した建物の現場で，大工として働きながら洋風建築を学んで行った。R.P.ブリッジェンスは，今日「横浜の西洋館の祖と讃えられている」（「日本の近代建築（上）」）設計家で，横浜で居留地と公共建築物の設計で目覚ましい活躍をし，東京では新橋駅舎（1872年）も手掛けた。それらは壁面に石を貼ったいわゆる木骨石造として知られるものである。彼の業績は通史書（例えば「日本の近代建築（上）」）に詳しいから参照願いたい。

ブリッジェンスの来日は，「F・ベアト幕末日本写真集」（横浜開港資料館編，同館発行，1987年）の中に載せられた「横浜写真小史」（斉藤多喜夫著）の記述を参考にすると，慶応元（1865）年3月であったかと思われる。斉藤さんによると，

「67年（筆者注：慶応3年）山手に建った英国公使館の設計が，記録に残る建築家としての初仕事」

であった。

ブリッジェンスは妻の実姉の夫であるショイヤーという居留地の顔役（不動産から雑貨まで扱う競売業を営んでいた）を頼って来日し，ショイヤーの許に寄留しながら事務所を構えたが，肝心のショイヤーはブリッジェンスが来日してから半年も経たない8月に急死してしまった。しかしショイヤーの亡くなるまでの間に，彼のおかげでブリッジェンスは居留地の外人の間で名前を知られるようになって，また藤森照信さんが書いている次の縁もあって英国公使館の設計——既述した慶応2（1866）年11月の横浜大火で焼けたものの仮再建——に携わる幸運にめぐり会えたのであった。

「横浜にやってきたのはもちろん仕事を求めてにちがいないが，彼の妻の姉が当時のイギリス領事の夫人ともいわれ，その縁を頼ったものと思われる。」（「日本の近代建築（上）」）

ところで，斉藤多喜夫さんが書いているショイヤーの妻と，藤森さんが「イギリス領事の夫人」と書いている女性は同一人物なのであろうか。話が違っているようで似たところがあるようにも思えるのであるが，そこから

先は筆者には分からない。ショイヤーの死後寡婦となったブリッジェンスの妻の実姉が，後にイギリス領事と再婚したとも想像されるが，想像の域を出ない。

林がブリッジェンスの公的建築物の現場で働いたのはイギリス領事官（1869年），横浜駅（1871年）までで，横浜税関（1873年）と横浜町会所（1874年）には関わっていない。明治4（1871）年9月から，大蔵省営繕寮に出仕することになったからである。しかし面白いことに，横浜税関では政府の役人として出向し監督の仕事にあたっている。

林が下吏ながら役人らしい職格を得るのは，明治10（1877）年8月工部6等技手に補されたときであるが，それ以前から彼は小規模ながら木造の官庁建築の設計を多数任されており，遅くともこの頃までに工部省内で「設計の林」という評判を得るに至っていたと考えられる。「町場の職人あがり」（「日本の近代建築（上）」）でありながら，そのような地歩を固めることができたのは，
　　　「ブリッジェンスの許でコロニアル建築を半歩越えるやや本格的な洋風建築を学んだ体験が大きく物をいったにちがいない。」（「日本の近代建築（上）」）
と，藤森照信さんは述べている。

通史書の中で，林の官庁建築のスタイルを本格的に取り上げ，真正面から意匠的様式的に論じ，その後世への影響を時間的空間的に克明に語ったものとして，「日本の近代建築（上）」の右に出るものはなかろうと思っている（同書の第4章，第5章参照）。その中に現れる筆者のような素人にも分かりやすい言葉を借用すると，林式スタイルは「本当の西洋館と擬洋風のどっちつかず」の木造建築ということになる。林はそれを巧むことなく生産して倦むことがなかった。彼の工部省を離れる——同省の廃止に伴ったものであった——までの10年間余りにおける設計建物リスト（木造建物19件，煉瓦造建物12件，計31件）を眺め，それを林が一人でこなしていたことを知ると，その数の多さに驚く。建物規模としては当時として大きいものもあれば，唯数の中に入れられる程度に過ぎない小さいものもあり，大小様々であるが，建物リスト中には元老院議事堂（1875年），大審院庁舎（1877年），内務省各寮（1876年），東京上等裁判所（1878年），会計検査院（1883年）などがあり，これらは当時官庁建築としては一級の用途の建物であった。

林の大蔵省・工部省時代の設計作品の主なものの規模・仕様概略・工事費などについては「明治工業史・建築篇」に記されている。

林忠恕式というべき官庁建築のスタイルは明治中葉に向けて官公街建築を中心に鼠講式に地方へ広まって行き，

日本中に木造建築の意匠上の革新をもたらすことになった。それはあくまで意匠上の話で，構造的には日本在来の軸組構法から一歩も出るものではなかった。ここら辺りが，革新性において林の技術の限界を示すものであった。明治10（1877）年前後から林は煉瓦造も手掛けるが，それらは小規模で外人技師が手を下したがらない種類の実用専一の建物であった。

林忠恕の工部省における設計活動は涙ぐましいばかりの孤軍奮闘であったが，工部省の人事はこれに報いること薄く，工部6等技手で終始して廃省を迎えた。職格の上で林は5歳年下の朝倉との間に大きな懸隔があり，後塵を拝し続けたわけである。明治19（1886）年1月，林は内務省に移り，さらにその年の5月海軍省に転じ横須賀鎮守府勤務を命ぜられた。当時すでに海軍省には工部大学校の卒業生が群れ始めていたから，林は下積みの仕事に脾肉の嘆をかこつことになった。

工部大学校の卒業生の海軍省奉職は，明治15（1882）年の鳥居菊蔵に始まり，森川範一，船越欣哉（1883年卒業）と続き，明治18（1885）年卒業の渡辺五郎が林に約1年遅れて工部省から海軍省に移ってきた。渡辺の入省は鳥居が民間の日本土木会社に転じた後を埋めるためのもので，横須賀鎮守府建築部主幹を命ぜられ林の上司の地位に就いた（渡辺は海軍5等技師，林は海軍2等技手）。

ちなみに呉，佐世保の両鎮守府の建築を担当したのは工部大学校第1回卒業生の曾禰達蔵で，明治19（1886）年3月，教授に就いた辰野金吾との兼合いで，工部大学校助教授を辞めて海軍に入り（海軍4等技師），上記両鎮守府を統轄し後に呉鎮守府の建築部長になった（明治23年）。しかし曾禰は部長に就いて間もなくして，職を辞し民間の三菱会社に移った。

林が横須賀鎮守府で腕を揮う機会に出会ったのは僅かに鎮守府庁（煉瓦造2階建）だけで，明治26（1893）年3月に病のため亡くなった（享年57歳）。明治10年代前半の設計活動の華々しさとは対照的に，晩年の林は平凡で単調な役人生活の中に身をおいたといえよう。

第2章

濃尾地震

その1

濃尾地震の被害 ...15
根尾谷 ...18
ミルンの被災地への出発 ...19
根尾村 ...21
関谷清景 ...21

（2000年3月号）

濃尾地震の被害

　明治24（1891）年10月28日，午前6時37分，大地震が起こり，岐阜県と愛知県尾張地方に大きな被害が出た。「濃尾地震」と呼ばれることになった所以である。M（マグニチュード）8.0で仙台以南の日本全国で地震を感じたといわれる。

　この地震は日本で起きた内陸地震としては最大級といわれ，この地震を引き起こした断層は既存の断層線に沿って生じ，数本の地表断層系として出現した。その位置と名前を示すと，**図2-1**のとおりである。この図は松田時彦さんと小出仁さんらの研究に基づいて，岡田篤正さんが作ったものである（「1891年の濃尾地震の震源地をたずねて」断層研究資料センター，1993年）。この中で最も有名なものは根尾谷断層で，総長40kmに及び断層の横ずれ（左横ずれ）は最大のところで8mにも及んでいた。

　被害は「理科年表」によれば，建物全壊14万戸余り，半壊8万戸余り，死者約7,200人余りであった。なお，愛知県防災会議地震部会により作成された「愛知県地震被害史」によれば，岐阜，愛知両県の被害は次のとおりで

あった（「写真でみる濃尾地震」岐阜新聞社，1991年より引用）。

	死者	負傷者	住家の全壊	住家の半壊
岐阜県	5,184	13,365	52,690	35,546
愛知県	2,638	7,705	39,093	32,059
計	7,822	21,070	91,783	67,605

　濃尾地震の原因は根尾谷断層の運動だったから，この断層に近い根尾谷の村々の被害は凄惨を極めた。根尾全体で総戸数1,039戸のうち1,031戸が全半壊した。しかしその割には死亡者は少なかった（人口約5,000人のうち死亡は151人）。これは地震のとき農繁期で，日が短い季節だったので，人々は早朝から野良仕事に出掛けとっくに家を留守にしていたからであった。

　家にいた人は，「誰一人として逃げ出せた人はいなくて，倒れた家の下敷きとなり，寝たまま死んだり御飯を食べながら死んだ」のであった。中には「両手に箸と茶碗をもったまま額を膳につけ，梁の下じきになり亡くなっていた」と岐阜日々新聞は報じている。

　当時根尾の村々の家屋（農家と同義）はすべて頭でっかちの茅葺き屋根で，倒れてもその屋根は原形を残したが，屋根から下はバラバラに壊れて屋根が地面に着き，その屋根の脇に土壁とその下地の竹小舞（格子状に竹を編

んだもの）が壊れて散乱しているという被害状況であった（写❷-1）。この状況は根尾谷に限らず，濃尾地震の被災地で共通に見られた農家の被害パターンであった。

濃尾平野の北半部は，根尾川の扇状地とこれに接する南側の揖斐川，長良川，木曽川の諸流域で，この一帯では住家の被害率（後述）が80％を越える被害激甚の町村が軒並であった。この原因は，この地帯の地盤が沖積層で軟弱であったためと考えられる。なお住家の被害率とは，次式で計算されたものである。

$$〔被害率〕=\frac{〔全壊住戸数〕+0.5×〔半壊住戸数〕}{〔全住戸数〕}$$

被害激甚地域の中央部西端にある，人口約1万8千人を数えた大垣町（現在の大垣市）では総戸数約4,500戸のうち60％が全壊し，圧死者約430人，焼死者約240人を数えた（新修大垣町史）。不幸にも各所で家屋が倒壊した（写❷-2）後，火事が発生し，約900戸が全焼し家屋の下敷きになった人々や火に巻かれた人々が焼死した。その悲惨な様子の例が，「大垣市史」に次のように記録されている。

「貞三妻ツルと伝えるは梁柱のため足を挟まれ，頻りに号泣して救護を求めつつあるより貞三は巡査の応援を得て梁木をはね起こさんとするも力足らざればやむを得ず鋸を以て梁を切断せんと必死に働きおるうち，火は早や同家に燃え移り，（中略）火はツルの足許より焼け初めて，見る見る衣服に移りしかば，煩悶苦悩の状見るに堪えず（後略）」

誠に痛ましいことであった。同様の悲惨な状況が各町村で報ぜられており，それを掲げると以下のとおりである。

「家屋倉庫は一時に転覆し，全町の過半人民はその転倒せし家屋に圧せられ，四方に絶叫の声発（オコ）る」（北方町史——岐阜県本巣郡北方町の当時の人口は約3,500人で，住家700戸余りのうち約90％が全壊し死者89人が出た。火災の発生はなかった）「道路狭隘倒屋相連なり殆ど地盤を認めず」（笠松町史——岐阜県羽島郡笠松町では総戸数1,000戸余りのうち約60％が全壊し，地震の直後火災が発生して全戸数の4割に当たる約390戸が焼失した）

岐阜県の町々における商家は一般に瓦葺きが多く，屋根瓦が落ちて土居葺下地が露出した状態で倒伏したものが多かった（写❷-3）もっとも中には瓦がそれほど落ちずに倒壊したものもあった。幸い倒壊を免れたものでは，土塗壁の壁土が落ち，あるいはその下地の竹小舞までもが無惨に壊れて散乱するという状態だった。

さて愛知県の被害であるが，震源から遠いので一般住

図2-1 濃尾活断層系と濃尾地震の地震断層
（「地震と木造住宅」より）

❷-1 濃尾地震における根尾谷の農家の被害
（「1891年の日本の大地震」より）

❷-2 岐阜県大垣町の町屋の被害
（岐阜県立図書館蔵のコピーより）

❷-3 岐阜県北方町の被害状況
（「1891年の日本の大地震」より）

写❷-4 愛知県西枇杷島町の被害（「1891年の日本の大地震」より）

表2-1 岐阜県葉栗郡における住家と寺社の被害統計
（「写真でみる濃尾震災」岐阜新聞社）

		住家	寺社
総数		8,982 (100%)	313 (100%)
被害	全壊	5,982 (66.6%)	79 (25.2%)
	半壊	1,240 (13.8%)	20 (6.4%)
	焼失	1,133 (12.6%)	5 (1.6%)
	計	8,355 (93%)	104 (33.2%)

家の被害は岐阜県よりも少なかった。しかし尾張地方にはかなりの被害が出た（写❷-4）。当時の記録は岐阜県の場合と同様に，記述が素人描写で専門的に目を引くものが少ないが，「愛知の民家」（愛知県建築士会編）に記された事柄を参考に，筆者なりの被害推察をしてみる。

尾張地方では江戸時代の古い形式を残す民家で，現在残っているものは稀だとされるが，これは大被害を受けて取り壊されてしまったか，残っているものでも地震後大修理が加えられ，原形を失ったことを物語るものと思われる。

江戸時代の主流であった20〜25坪（約65〜83 m²）の規模の農家で，地震の被害を受けずに残ったものは発見されていないという。

それに対して30坪（約100 m²）を超えた農家では，濃尾地震で被害を受けたが修理を加えることにより今日まで残っているものが少なくない。大規模な農家は施主の富裕さの故に小規模な農家より設計も施工も行届き，これが地震で倒壊を免れる要因になったと推察される。改めて，考えさせられる歴史の証言といえよう。

いましばらく地震による被害について述べることにする。

以上では住家の被害について記したが，学校の校舎の被害はどんなだったのだろうか。岐阜県下では全壊174校，半壊196校に達したというが，残念ながら分母の数が不明である。根尾谷の各村には12の小学校があったが，そのうち10校の校舎が全壊した。一般の住家よりは強いと思われた校舎も，烈震に遭っては抗すべくもなく上記のように大きな被害を受けたのであった。

住家と較べてはるかに強いと考えられていた寺社は，確かに住家より被害が少なかった。両者を比較できる広域的な統計はないが，岐阜県葉栗郡内の被害統計があるのでそれを引用してみよう（表2-1参照）。葉栗郡は現在の羽島郡の岐南町，笠松町，川島町，柳津町および羽島市の一部を含んだ地域である。

表2-1を見ると，葉栗郡における住家の全壊は約67%で，半壊も含むと約80%に達し，焼失の中にかなりの全半壊が含まれると考えると，全半壊は90%を超していたと考えられる。大変な被害率である。これに対して寺社の全半壊は約32%で，住家の被害率よりもはるかに小さいことが分かる。当時の住家が社寺建築と較べて，被害率が高かったのは建方が粗略であったためと解される。

しかし寺社にも大きな被害がなかったわけではない。岐阜県大垣町の大垣別院（開闡寺）では境内の堂宇がすべて倒壊し，親鸞上人の命日ということで本堂での早朝説教に集まっていた84人のうち，倒壊した建物から逃げ出せたのは30数人で，20人余りが重傷を負い，残りの人々は建物の下敷きとなり身動きがとれず，発生した火災のため焼死したといわれる。

同じような悲惨な被害が，愛知県海西郡勝幡村の西蓮寺でも起きた。早朝，説教を聴こうと本堂に集まった50余人が静聴中に「本堂転倒したる為，無惨や50余人の男女と住僧はこれに圧せられて死去したり」と，新愛知新聞（1891年11月1日号）は報じている。

上述の例を見ると，地盤条件とも関係はあろうが，寺院建築であっても必ずしも安全ということではなかったといえよう。

濃尾地震の被災地で建築関係者が見落とした震災現象があったが，当時の建築界の技術レベルでは止むを得ないことであった。

当時は地盤の液状化現象という認識は専門家はもちろん一般の人々にもなかったが，被災地の諸所で地面が割れそこから水が噴き出したという新聞記事が散見される。ジャーナリストの眼である。例えば岐阜県葉栗郡の笠松町の町史には，「用水を求むるに井戸はことごとく泥砂噴出のため，塡塞して一滴の水なし」とある。

新愛知新聞には，こんな記事も散見される。

愛知県中島郡稲沢町では，「大地震動中各処の地盤亀裂し其の裂口より泥水を噴出しこれと同時に各戸の井水も噴出し，為に道路は一時川の如くになり」，名古屋市巾下では，「地盤亀裂にて水砂を噴出し，その勢い頗る烈し」かった。

上述のような水砂噴出の現象は，その後の地震におい

第2章　濃尾地震　その1　17

ても一部の建築家や一般の人々によってしばしば指摘され記述されたが，建築界全体としての認識は遅れ，昭和39（1964）年6月16日の新潟地震の後でようやく「液状化現象」という言葉が喧伝されるようになったのであった。

写❷-5 濃尾地震直後の水鳥断層崖
（小藤文次郎による，原典不明）

根尾谷

濃尾地震における木造建物の被害については，拙著「地震と木造住宅」にかなり書かれているので参照願うことにし，その余の事柄に力点を置いて以下書いてみたいと思う。

根尾谷断層の中で有名かつ代表的なものは，根尾村の水鳥に現われた断層崖（水鳥断層崖と呼ばれる）で，この断層は1kmも続いた。写❷-5のところでは地震直後，上下ずれ約6m，水平ずれ（左ずれ）3m程度の垂直に切り立った断層が出現したが，100年余り経った今では崩れてしまい（地震後の明治年間の根尾川の洪水で崖はなだらかとなり，断層崖の低い側には礫層が堆積した），今は写❷-6に見るように斜めになって堤のような感じを呈している。

写❷-6 現在の水鳥断層崖跡
（現在は石垣を積んで崖の崩落を防いでいる）

今その近くに地震断層観察館（1991年建設）が設けられ，その地下観察館の中にトレンチ（図2-2）が掘られ断層崖の断面を見学することができる。

なお根尾村の水鳥地区には上述の断層崖の他に2つの断層が生じ，これら3つにより囲まれた三角形の隆起台地ができた（図2-3）。

ここで話を脱線させて，水鳥断層崖の所在位置を明らかにしておこう。

水鳥は，大垣市の真北，直線距離にして28km程のところにあり，南北に長い根尾村の南端近くに位置している。今は大垣を起点とした「樽見鉄道」の沿線にあり，終点の樽見（根尾村の中心）駅の一つ手前に水鳥駅がある。大垣からディーゼルカーに乗って1時間弱でこの駅に着く。

根尾川を縫うようにして山間を北上する線路が始まるのは，濃尾平野の北の果てに位置する本巣駅を過ぎた辺りからである。本巣駅から約30分，山間の景色にあきたと感ずる頃，突然前方が開けて根尾川の左手山間に平地が展開する。水鳥断層崖は，この平地の部分を縦断しているのである（写❷-7）。

水鳥駅の改札口を出て根尾川を背に歩き出すと間もなく県道にぶつかる。左折して県道を南に向かって歩くと――右折して北に向かって歩くと安立神社のある森にぶつかる――前記の地震断層観察館が左手前方に見

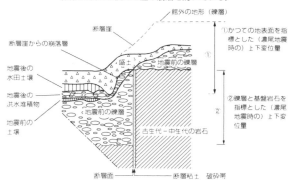

図2-2 地震断層観察館にあるトレンチで見られる断層の断面
（北西側法面）（地震断層観察館発行のパンフレットによる）

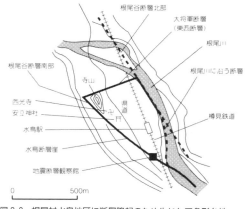

図2-3 根尾村水鳥地区に断層隆起のため生じた三角形台地

❷-7 根尾村の水鳥断層崖
（今は崩れて写真に見るように堤のような感じになっている）

えてくるが，その直前に国指定の特別天然記念物であることを示す細くて高い石碑が右側に立っていて，ここで県道は下り坂にかかる（写❷-6と❷-7の右側部分に見える道がこの坂である）。

ここが断層崖の段差を下る坂である。この辺りは一面の畑で人家はない。坂の途中で振り返ると，左側に土堤状の崖が畑の中を長く続いている（写❷-7参照）のが見えるが，これが水鳥断層崖である。土堤の先の方に安立神社の森が見え，その先（北の方）に集落がある。振り返りを止め，坂から先へ少し歩くと左側に地震断層観察館が立っている。

さて濃尾地震当時，根尾谷を含む根尾村には鉄道は通じていなかった。現在の本巣駅にある谷汲口駅まで大垣からの国鉄が通じたのは昭和31（1956）年で，その2年後に谷汲口駅の次の神海駅まで線が延びたところで鉄道工事はストップしてしまった。根尾谷に沿う山間に鉄道を敷設することが困難だったのである。第3セクターである「樽見鉄道」が設置され，その会社の手によって樽見まで鉄道が通じたのは30年後の平成元（1989）年のことであった。

上述のような状況であったから濃尾地震当時，根尾谷にあった各村（現在は根尾村として一つに統合されている）は陸の孤島も同然であった。こういう状況の中で，日本最大の地震が根尾谷を襲ったのであった。

ミルンの被災地への出発

帝国大学の御雇外国人プロフェッサー，ジョン・ミルンは鉱山学という専門柄，山歩きに馴れ探検精神の旺盛な人だった。

ミルンは濃尾地震の報を耳にすると，翌日の10月29日，友人のW.K.バートン（衛生工学を専門とする御雇外国人プロフェッサー）と一緒に，写真師の小川某らを伴って東京を出発し，30日の夜に名古屋に到着した。

ミルンらの名古屋到着の日は，ミルンらの出版した写真集「1891年の日本の大地震」（レイン・クロフォード社，発行年月不詳）に「地震の翌々日」と書かれているし，地元の新聞「新愛知」も11月1日付の新聞紙上で「英人ミルン氏」が「一昨日来名さる」と報じているから10月30日であったことは間違いない。

筆者がミルンらの名古屋到着の日に注目するのは，彼らの名古屋到着があまりにも早かったからである。

震災の第一報が東京の政府に届いたのは，地震が起きてから14時間後の10月28日午後8時40分で，愛知県から内務省警保局長の許へ電報でもたらされた。

震災直後の現地調査を何度か経験した筆者としては，ミルンたちがどのようなルートをとって，地震の翌々日という早い時期の震災地に到着できたのかということに非常に興味を魅かれる。しばらく彼らの行動について，読者と共に夢想を楽しんでみることにしよう。

東京から名古屋へのルートは，当時としては二つ考えられた。一つは船で，もう一つは汽車である。

当時の汽船による所要時間がどのくらいだったか筆者にはまったく知識がないが，大正時代後半に横浜から名古屋まで汽船で20時間くらいを要しているから，それより昔の明治中葉では船の速度から見て最小限丸一日はかかったであろう。そうすると地震の翌日の夕方か夜，東京か横浜を発つと名古屋に地震の翌々日の同時間帯に着くことになり，ミルンが本に書いた内容と一致する。おそらくミルンらは船で行ったのであろう。というのは，地震の翌日の正午頃までには以下のような鉄道の被害が続々と東京に伝えられていたはずだから，ミルンたちが東京出立にあたり鉄道利用を考えるはずがなかったと思われるからである。

浜松・米原間には線路の陥没が45箇所起き，同区間各駅の諸建物はおおむね倒壊するか傾いた。また木曽川・揖斐川・長良川などを初めとする大小の河川に架かる橋梁の崩壊または破壊は63箇所にのぼり，名古屋・清州・一宮・木曽川・大垣の各駅の駅舎は全壊し岐阜駅舎は大きく傾斜した。それでも東海道線の線路は，米原・神戸間と，静岡・東京間は異常なかった。そして地震の翌々日（ミルンたちが名古屋に到着した日）の正午前に浜松・岡崎間が開通したが，依然として岡崎・名古屋間は地震の翌々日には開通できなかった。

上記のような状況だったから，情報を耳にしたミルンたちが鉄道を利用する陸路を選んだ可能性は極めて少なかったと想像せざるを得ない。

ちなみに「日本国有鉄道百年史・巻2」（日本国有鉄道，1969年）によると，線路復旧の時期は次のとおりであっ

た。

米原・垂井間	10月30日（地震の翌々日）
垂井・大垣間	11月3日
名古屋・岡崎間	11月5日
木曽川・名古屋間	12月20日
大垣・木曽川間	翌年4月16日

これから揖斐・長良・木曽の三川を渡る大垣・木曽川区間の復旧が最も遅れたことが分かる。

明治という時代を考えると，復旧に要した時間が意外に短かったという印象を受ける。これは東海道線という鉄道が東京・神戸間に走っていたことの御蔭であって，もし濃尾地震と東海道線開通が時間的に前後していたら救援のための人や物資の輸送はどういうことになったであろうか。考えてみると，わが国は実に幸運であった。

ついでに，東海道線の開通について触れておきたい。

東京（新橋）・横浜（桜木町）間の鉄道の開通は明治5（1872）年9月で，それから間もなく京都・神戸間が開通した。やがて明治13（1880）年7月，京都・大津間が開業し，次いで関西側優先で長浜・関ヶ原間，関ヶ原・大垣間が開通すると，東京と名古屋をどう結ぶかという議論が出て，山縣有朋に率いられる陸軍がはじめ中山道を主張したことは，よく知られているところである。

明治19（1886）年7月，東海道に沿った線に決定され，明治20（1887）年に長浜・大府間，横浜・国府津間が開通され，さらに翌年に大府・浜松間が開通，続いて国府津・静岡間が開通し，最後に静岡・浜松間が通じて明治22（1889）年7月に東海道線は全通をみた。東海道線は静岡において，東側と西側がつながり全通したのである。濃尾地震の起こる2年あまり以前のことであった。

次ぎに鉄道関係の建物の被害と復旧の様子に触れておこう（国鉄の前出書）。

「日本式の木造家屋は概ね著しく被害を蒙った」
「粗造の煉瓦家屋は殆ど大破した」
「被害の少なかったのは洋風の木造家屋であった」

これらを教訓にし，鉄道当局は復旧にあたっては次のような方針をとった。
①新たに建てる（復旧する）家屋はすべて木造とする。
②基礎は煉瓦積みとし，これに木の土台を定着させる。
③柱・桁・梁などの結合には隅鉄具を使用する。
④柱と柱の間に筋違木（筆者注：筋違のこと）を入れる。
⑤小屋組はすべて洋風のトラスとする。

これらから木造建物の西洋式構法への確かなコムバートが看取され，鉄道当局が煉瓦造の建物を捨てたことが確認できる。この指摘は重要である。

ミルンとバートンによる写真集「1891年の日本の大地

❷-8 ミルンらが名古屋から岐阜への道で見た光景
（「1891年の日本の大地震」より）

❷-9 荘内川に架かる枇杷島橋の被害
（「1891年の日本の大地震」より）

震」での記述によると，ミルン一行は写❷-8，❷-9のような光景に出会いながら名古屋から枇杷島，笠松を経て11月3日に岐阜に到着し，さらに北方村を経て根尾谷に入り，谷を上って根尾村に達した。

濃尾平野を流れる河川の橋は，鉄道橋も道路橋も壊されていた（写❷-9）から舟で川を渡り，汽車は不通だったから名古屋から大垣まで徒歩，さらに根尾村までも徒歩だったはずである。

ミルンたちが夜の名古屋に到着したときの話である。地震により激しく被害を受けた街の中に，目指す宿屋の秋琴楼を見つけたとき，ミルンたち一行は愕然とする。隣の煉瓦造ビルが倒れかかって宿屋は半分壊れた状態だったのである（10月29日付の「東京日日新聞」は「秋琴楼半壊」と報じている）。宿泊を断られたが，宿の主人を説き伏せて一行はやっと泊まることができた。

長々とミルンとバートンの名古屋到着までの話を想像まじりで書いたが，彼らの行動は被災地到着第1号というべきもので，それが学者の個人的熱意に根差すものだったとしても頭が下がる。

ミルンたちが名古屋に着いた翌日（10月30日），帝国大学の加藤弘之総長は，医科大学の佐藤三吉教授と御雇外国人プロフェッサーのユリウス・スクリバ（ドイツ人）

を被災地に向けて出発させた。佐藤は大垣の出身であった。一行は 11 月 1 日，岐阜に到着した。

濃尾地震当時，前述したように根尾谷には鉄道は通じていなかったからミルンたちはこの山深い谷を上っていったのであるが，濃尾平野の北端，岐阜県本巣郡本巣町から北上すること約 12 km のところにある日当からさらに北へ 1 km 程行ったところで，深い谷に架かった木造橋が地震で壊れているのにぶつかった。谷を流れる川は雨のため増水していたというから，どのようにして川を渡ったのだろうかと考えさせられる。そういう苦労と危険を経験しながら，ミルンたちは山深い根尾谷を川に沿って上っていったのであった。ミルンは当時 41 歳の働き盛りであったが，いかに若いとはいえ連日の調査行に疲労困憊したことであろう。

根尾村

ミルンたちが岐阜に着いた地震発生後 6 日目（11 月 3 日）の頃には，根尾谷の村々の惨害が県庁所在地の岐阜の街には伝わっていた。それがミルンたちを山深い根尾谷に赴かせることになったのであろう。

濃尾地震で現われた地裂線は，福井県から岐阜県を縦断して愛知県近くまで約 80 km の長さに及んだが，このとき数本の地震断層が出現した（図 2-1 参照）。この中で最も活発で激しい動きを示したのは根尾谷断層で，岐阜・福井の県境にある能郷白山（海抜 1,617 m）の付近から，現在の樽見鉄道本巣駅のほぼ東方 9 km にある本巣町川内付近に至る長さ約 40 km に及ぶ断層として出現した。その方向はほぼ北西―東南で，横ずれ（左ずれ）の最大量は 7 ～ 8 m だった。

この最大横ずれが生じたのは現在の根尾村中地区（字中小字羽根畑）で，ここでは純粋の水平変位が現われ，根尾谷断層の中では珍しいことに，上下方向の変位は認められなかったといわれている。今でも畑の境界線や小道の曲りとして横ずれの跡が残されている。この地点は 14,000 年程前につくられた根尾川の段丘面の上にあり，この段丘面を横切る小さな谷の屈曲から見て，「濃尾地震と同様な事件が過去 1 万 4 千年間に 3 ～ 4 回はあった」だろうと松田時彦さんは著書「活断層」（岩波新書，1995 年）に書いている。

ミルンたちが根尾谷をどこまで北上したか不明であるが，水鳥と樽見の中間の板所までは行っていることが撮影した写真から分かる。根尾谷の中心である樽見は板所から 1 ～ 2 km のところにあるから，おそらく樽見までは足を運んだであろう。

上述の根尾村中地区（字名は中）は樽見から北へ 2 km ほど先にある。

「1891 年の日本の大地震」には，「ネオダニ」という題の項で，「断層がその長さの方向に沿い何マイルも何マイルも続いて」とか，「傾斜した築堤のようになって」「谷の西側の土地は東側よりも 20 ～ 50 フィートも沈んだ」と書かれている（筆者の訳）が，後者の記述は水鳥の断層崖の状況の描写と考えられる。

水鳥断層崖を南から撮影した小藤文次郎（帝国大学理科大学教授）の写真（写 ❷ -5）は，それが発表されたとき（1893 年），世界的に注目を浴びたといわれるが，ミルンらの本には小藤と同じアングルからの全景写真も水鳥断層崖における局所的写真も見当たらない。ミルンらは断層現象を初めて見たために，その意味や重要性が認識できなかったのではあるまいか。

脱線して根尾村の観光めいた話をしておきたい。

樹齢 1,500 余年と言われる老樹「根尾谷の淡墨桜」（天然記念物）は樽見駅から近い。また樽見駅で降りて道を北西にとり，前述した中地区などを右に見て根尾川に沿って上っていくと，古能本来の姿を伝えるといわれる能狂言（国の重要無形民俗文化財）で知られる能郷に着く。もちろん能郷は樽見から歩いて行ける程には近くない。

能郷に着くと山深い根尾谷の奥に来たという印象を受けるが，能郷の位置は南北方向 20 数 km に及ぶ本巣郡根尾村の長軸の中央付近に過ぎないのである。

淡墨桜，能狂言と観光めいた話をしたが，この村の第 3 の観光財として前述した水鳥の地震断層観察館を加えたいものである。なお前述の中地区の純粋横ずれ地点は，岡田篤正さんが「天然記念物に指定して保存を図るべき重要地点」（「1891 年濃尾地震の震源地をたずねて」）と言っているが，土地の改変が進む可能性があるようなので何とか岡田さんのいうような方向へ向かって欲しいものである（指定が実現したか否か知らないままにこの文章を書いている）。

観光財の話など持ち出して話が脇道にそれたが，根尾村は今でも遠く離れた山奥に存在しているのである。そして濃尾地震当時，根尾谷にあった各村（現在は根尾村として一つに統合さてている）には，鉄道も通じておらず陸の孤島も同然であったのである。そういう状況の中で，近現代における日本最大の地震が根尾谷を襲ったのである。

関谷清景

濃尾地震が起きたとき，帝国大学の地震学教室の初代

主任であり，日本人として地震学の第1号の教授であった関谷清景は病のため療養中で，岐阜県大垣の出身でありながら故郷の震災の調査に赴くことができなかった。わが身の不甲斐なさに涙したことだろう。

関谷は濃尾地震後，故郷岐阜の人々が余震で家屋が震動するのに恐怖するのを伝え聞いて心配し「震災地方の人士に告ぐ」というビラを二度にわたり配布し，余震の意味合いを説明したと伝えられている。

関谷清景について，もう少し触れておきたい。

関谷は前述のように現在の岐阜県大垣市の出身で，安政元（1854）年，美濃国大垣藩の下級武士，関谷玄助の長男として生まれ，明治3（1870）年，東京に出て大学南校（後年，東京大学に移行）に入学した。以後の経歴は「地震学百年」によると以下のとおりであった。

明治9（1876）年に，東京開成学校（大学南校の後身）の留学生としてロンドン大学に入り機械工学を学ぶことになったが，肺を患い業半ばで帰国し，兵庫県の須磨で療養につとめた。その傍ら神戸師範学校で理化学を教えていたが，英国留学中に親しくなった菊地大麓の奨めで東京へ出て地震学実験所で地震学の勉強を始めた。そして明治18（1885）年，地震学教室が東京大学理学部に設けられると，関谷は教授に昇任し初代の地震学教室の主任となった。

関谷の研究にミルンのアドバイスが大きな影響を与えたといわれている。関谷の業績の中でわれわれに最も身近なものは，震度階の創案で，微震，弱震，強震，烈震の4階級に地震の大きさを分けた。震度階は後に明治31（1898）年，昭和24（1949）年に改定され震度階が細分化されたが，その中で関谷が用いた「微」，「弱」，「強」，「烈」という言葉は引き続き残ったのであった（しかし1996年の改正で階級は0から7まで数字を用いて表わされることになった）。

濃尾地震の後，新しく発足した震災予防調査会（後述）における彼の存在は重要で，その活躍が期待されたが，病が重く大学を休職して須磨で療養を続けざるを得なくなり，濃尾地震から5年目の明治29（1896）年，遂に力尽きて亡くなった，享年42歳であった。

余談になるが，関谷清景の悲運の話と関連して彼の実弟のことに触れておきたいと思う。

筆者の通った小学校は，静岡市の駿府城（徳川家康の隠居城）の三の丸跡にあり，学校の正門は，二の丸東御門の跡に設けられた歩兵第34連隊の営門（正門に当たる）と城の濠を隔てて斜めに相対していた。その営門に向かって右手には濠に面して戦前の日本で軍神と呼ばれた橘周之中佐（戦死後，少佐から昇進した）の銅像が高々

と立っていて，われわれは学校への行き帰りに朝夕この銅像を仰ぎ見たものである。

その営門を通って連隊の中に入ると，すぐ正面に日露戦争のときの連隊長，関谷銘次郎の立ち姿の銅像が入来者を見下ろすように立っていた。この銘次郎が関谷清景の次弟であった。

戦前，静岡の町の北東のはずれ杏谷（くのや）に陸軍墓地があり，ここの木立に囲まれた将校だけの墓には生前の階級に従って将校たちの墓が秩序正しく並び，特に設けられた高壇の上に5人の佐官の墓があり，その中央に関谷大佐（連隊長），その向かって左に橘少佐（死後中佐に昇進）の墓が祀ってあった。

この将校墓所の入口に小さな石碑があり，「昭和4年8月31日，静岡首山堡会撰」による銘文が刻まれている。昭和4年は日露戦争から数えて満25年の年にあたり，8月31日がどういう意義を持つ日であるかはこの後すぐに明らかになる。

この石碑は一部が欠けているが，銘文を順序に従って筆者の文章（一部は原文引用）で記すと次のとおりである。

勲三等功三級（筆者注：位階は墓所が設けられたときは正六位であったが，正五位が追贈されたらしい）の関谷銘次郎は，「地震学者，関谷清景君の実弟」で，「父は岐阜県士族，関谷玄助」。明治8（1875）年，陸軍幼年学校に入り，陸軍士官学校を経て明治12（1879）年，少尉に任官した。大尉の頃，ドイツに留学して戦術を研鑽し，帰国して幼年学校，士官学校で生徒の養成にあたり，明治27〜28（1894〜1895）年の日清戦争の際は第二軍参謀を勤めた。そして日露戦争にあたっては，歩兵第34連隊の精鋭3千人を率いて出征し（1904年），普蘭店，得利寺，大石橋，海城，鞍山に連戦，「8月遼場大会戦ノ初頭，第3師団ノ左翼隊ノ重任ヲ受ケ首山堡南方高地ニ向」い，「31日未明，軍容粛々弦月ノ影ヲ踏ミ，軍旗中隊ヲ核心トシテ戦線ヲ進メ，奇襲猛撃一挙ニ敵ノ第一第二塁ヲ奪取」したのであるが，「果敢ノ奮進ハ却テ孤立ノ難ニ陥リ，敵十字火ノ下ニ大隊長橘少佐奮戦シテコレニ死シ，其他死傷千余人惨絶ヲ極ム」るに至った。そして関谷連隊長は「従容トシテ軍旗ノ安全ヲ図リ終ニ敵弾ニ殪」れたのであった（筆者注：このとき軍旗の旗手は戦死し，護旗兵は全滅したといわれる）。

「軍旗ノ安全ヲ図リ」とは，軍旗を分解して避難させたことと意味するようで，少年の頃筆者が実見した静岡連隊の軍旗は，竿頂の菊の御紋章と竿と房（旗の周囲を縁どった）だけで，旗の部分はまったくなく，それが歴戦の名誉ある軍旗であると少年の頃よく聞かされたものである。

濃尾地震

その2

辰野の遅れた到着 ...23
煉瓦造の被害 ...26
第三師団司令部 ...28
日本土木会社 ...30

（2000年4月号）

辰野の遅れた到着

　ミルン一行の素早い行動と較べると，日本の建築界の
然るべき人たちの被災地入りは随分遅かった。

　辰野は職場（帝国大学工科大学造家学科）を同じくす
る中村達太郎と文部省からの出張という形で被災地に向
かい，大阪，京都，兵庫，福井，滋賀，岐阜，愛知，三
重を巡回しているが，調査地域の広範さから見て研究者
の調査というよりは，吏僚の視察に属する性格のもので
あったかと思われる。

　関連する事柄として造家学会の関係者が濃尾地震の後，
どの地域へ被害調査に出掛けたのか調べてみると**表2-2**
のとおりである。

　帝国大学造家学科の学生が視察調査に赴いているのが
注目される。当時は学生が少なかったが，1～3年に在
学する14名のうち13名が赴いているから，ほぼ全員が
調査に出かけたといってよい。学生の名前を見れば，

　伊東忠太，長野宇平治，三橋四郎，大沢三之助，矢橋
賢吉，遠藤於菟，野口孫市
などの明治・大正の建築界を背負って立った「第二世
代」──村松貞次郎さんの命名による──の俊英の名が

櫛比している。

　彼らが濃尾震災の現場において自分の目で被害状況を
見たことは，彼らの将来にとって有益だったばかりでな
く，日本の煉瓦造と木造の将来のあり方を考える上で大
変役に立ったであろう。それを思うと，学生を調査に派
遣した帝国大学造家学科の教授陣──専任の教授は辰
野金吾と中村達太郎の2人──の深慮遠謀に頭が下がる
のである。もっとも学生たちの中で，後に構造家となっ
た者はいない。これは構造学が若い者の興味を誘う程学
問的に進歩していなかったことと，それ故に分野として
まだ特化されていなかったことが原因であったろう。

　上述の人々が視察調査から帰った11月下旬，造家学会
は濃尾震災に関し相談のため臨時の正員会を開き（出席
21名），さらに3回にわたって報告会を持った（このう
ち2回は参会者が200名を超した）。そしてその後，11
月30日に臨時正員会を開き「震害家屋に就き将来の為め
討論研究」を行い，以後12月17日まで合計11回（前半
は1日置き，終わりの方では連日のように集まり），毎
日2～3時間の討論を熱心に行った。出席者は35名，延
べ202名に及んだ。

　この11回の討論研究会に皆勤したのは，辰野金吾，新
家孝正（工部大学校第4回卒業），瀧大吉（同第5回卒業

生）神谷邦淑（帝国大学造家学科の選科卒業，工学部大学校から通算すると第11回卒業生と同期）の4名で，10回出席の精勤は，中村達太郎，田中豊輔（帝国大学第1回卒業，工部大学校から通算すると第8回卒業生）の2名であった。明治の四大建築家のうち，辰野金吾は皆勤，妻木頼黄は8回，曾禰達蔵は9回と3人が熱心に出席しているが，片山東熊は最初4回続けて出席した後，ずっと欠席している。注目されるのは工部大学校第1回卒業生，佐立七次郎が後半になって3回出席していることである。名古屋郵便電信局に関わった彼としては針の筵に座る思いであったろう。造家学会のシロウト会長，青木周蔵（外交官→外相）は初め2回出席している。

明治24（1891）年12月17日（濃尾地震発生後，約2ヵ月が経ったとき），11回にわたった討論研究会を終了するにあたり，辰野，片山，曾禰，渡辺譲，中村達太郎，河合浩蔵，瀧大吉（以上，工部大学校の第5期までの卒業生）の7名を纏めのための委員に選び，他日の審議を期して解散したが，後に報告書や学会としての意見の発表は遂になかった。解散から約1年が経った明治25（1892）年10月，造家学会の役員会（会長：渡辺洪基，幹事：辰野金吾，片山東熊）は，会としての耐震対策について意向が決定しない前に自己の意見を公衆に向けて発表しないようにしようと決議をしているが，これは造家学会としての統一意見が纏まらなかった事情を物語るものであった。しかしそれに対して会員から反対意見が出たらしく，翌月の役員会では，前月の決議を取消す動議が出され，投票の結果，圧倒的多数で取消が可決された。すなわち，学会としての意向決定前に会員が自分の意見を世の中に向かって述べても，構わないということになったのであった。

さて辰野と中村が名古屋に入ったのは11月9日頃で，地震から10日あまり経っていた。新愛知新聞は辰野らの視察目的を，

「煉瓦石造等すべて建造物における被害の実況を調査するため」

と報じている。

名古屋では煉瓦造の名古屋郵便電信局が崩壊して死者を出し（後述する）街を震撼させており，辰野と大学で同期の佐立七次郎がその責任を負い辞職してからすでに旬日が経っていたわけだから，辰野の名古屋入りは遅きに失した。

察するに辰野と中村はまず船で大阪入りし，京阪の震災情況を視察した後，被害最激甚の岐阜，愛知両県に入ったのである。これは筆者の想像であるから辰野と中村の震災視察の足取りの調べを史家にお願いし，教えていた

表2-2 造家学会関係者の濃尾地震調査地域（「建築雑誌」1891年11月号による）

調査者（派遣機関／氏名）	兵庫	大阪	京都	滋賀	福井	岐阜	愛知	三重
帝国大学／辰野金吾・中村達太郎	○	○	○	○		○	○	
宮内省／片山東熊・木子清敬						○	○	
三菱社／曾禰達蔵		○						
工学会／渡辺譲（清水組）							○	
内務省／河合浩蔵		○			○	○	○	○
日本土木会社／田中豊輔							○	
同上／新家孝正・中浜西次郎	不明							
清水組／清水釘吉							○	
帝国大学学生 大学院生（石井敬吉）		○				○	○	
帝国大学学生 3年生（伊東、眞水、山下、河合）							○	○
帝国大学学生 2年生（長野、塚本、三橋、大倉）							○	○
帝国大学学生 1年生（大沢、矢橋、遠藤、野口、池田）							○	

だきたいものである。

震災地で工部大学校の卒業生が設計し，大きな被害を受けたものは名古屋に集中していた（後述）。崩壊した名古屋郵便電信局の設計責任者は，辰野の大学校時代の同級生佐立七次郎（逓信省技師）であった。また煉瓦壁に亀裂を生じた第三師団司令部は，辰野の教え子の田中豊輔が設計し辰野も多少関わったものであった。工部大学校とその系譜を継ぐ帝国大学造家学科が鼎の軽重を問われているのを未然に防ぐためにも，日本の建築界を背負って立つ人間として，被害を受けた煉瓦造建物に震後措置を施すためにも，辰野と中村は大阪よりもまず名古屋入りすべきであった。少なくとも二人のうち一人は，名古屋入りすべきであったろう。それなのに二人とも大阪へ向かってしまったのはなぜだろうか。

第一は大阪のある紡績工場が被害により，多くの死傷者を出したという情報が早く届いたからであろう。第二には東海道線が不通で，名古屋入りが難しいと判断したからであろう。そう考えないと，震災の最激甚地に直行しなかった非常識は理解できない。

それに反して，前述のようにミルンたち外国人は名古屋に直行したのである。辰野に状況判断の甘さがあったといわざるを得ない。その甘さを生んだのは，辰野が地震を知らず，地震による建物被害というものを知らなかったからであろう。これについては後でまた書く。

辰野が最激甚地に直行しなかった情況判断の甘さを生んだ原因に，当時の政府の情報収集力欠如があったことはいうまでもなかろう。日本の建築界を指導する立場にあった辰野は，何をおいても万難を排して真先に岐阜・愛知に直行すべきだったのである。

ところで前述の大阪の紡績工場は浪華紡績会社で，地震を受けたとき，ちょうど前夜の職工とその朝の職工の入替え時で，その雑踏の中で工場が崩壊し即死者30名

あまりと負傷者200名余りを出したのであった。同工場は煉瓦造であったから，煉瓦造信奉の辰野の驚愕は大きかったであろう。

ちなみにこの工場には震災後，横河民輔により耐震補強の修理が施された。横河は濃尾地震の前年（1890年）に帝国大学を卒業し建築事務所を開いており後年，横河工務所を開き（1903年），横河橋梁製作所（1907年創業），横河電機製作所（1920年創業）を創立した人である。この修理は明治25年初めから始められたが，横河が浪華紡績の修理に携わったのは濃尾地震の前に同社の建築に従事していた縁によるものであったろう。しかし，横河が崩壊した工場そのものの設計に関わったかどうかについては知らない。

濃尾地震の際，すでに建てられていた大阪や名古屋の紡績会社の工場は，綿糸紡績業勃興の中で明治20（1887）年頃から建てられたもので，確かな資料を手にしていないが，多くは外国人の設計によるものであったといわれている。

濃尾地震で被災した紡績工場の修理と耐震補強には，多くの帝国大学工科大学造家学科の卒業生が関わっている。濃尾震災の直前の夏に選科を卒業した神谷邦淑は，震災直後，尾張紡績会社（名古屋）の工場修復にあたり，従前2階建であったものを平屋建に模様替えしている。震災後，造家学会が開いた前後11回に及ぶ震災に関する討論研究会に神谷が皆勤しているのは，上記の仕事と無関係ではなかったはずである。彼は震災の翌年の夏には平野紡績，摂津紡績の両社に招かれ大阪にも赴いている。さらに震災から4年半ほど経った明治28（1895）年夏再び尾張紡績に移ったが，間もなくして再び大阪に移り，そこに腰を据えた。

濃尾地震の起こる少し前の明治24（1891）年夏に帝国大学造家学科を卒業（神谷邦淑と一緒に選科を卒業）した茂庄五郎は，震災後尼ヶ崎紡績会社に聘されて西下し，同社の尼崎工場を設計監督した。その後海軍省に入り呉鎮守府に赴任したが，間もなく辞し大阪に出て建築事務所を開いた。そして茂は日本紡績，安川紡績，日本製布（伏見工場），讃岐紡績，摂津紡績（高田，大垣両工場），朝日紡績など多くの紡績工場を手掛けた。神谷とともに，紡績工場の設計の中で煉瓦造の耐震化の工夫に取り組んだ人たちといえよう。大正2（1913）年51歳の若さで亡くなっている。

前出の若い帝国大学卒業生たちは，それぞれ震災で大破した紡績工場の修復や工場新設にあたって，次に述べるような耐震方策をとったといわれている。

①工場を平屋建にする。

②煉瓦壁の内部に柱を立て，これで荷重を受け，外壁と切り離す。

③屋根は方形とする（切妻壁ができると，これが被害を受けることに気付いたからであろう）。

これらは，西欧流の設計理念から離脱して，日本人が自前で考え出した煉瓦造の耐震化対策であった。造家学会は耐震策を纏めることができなかったが，若者たちによって耐震への道がひとまず切り拓かれたといってよかろう。造家学会の討論研究会に神谷は皆勤（11回），茂は5回出席（横河は無出席）していたから，彼らが採用した耐震策には大学の恩師や先輩たちが討論研究会（造家学会）で述べた意見が反映されたかと思われる。

ここで名古屋で見た紡績工場の被害についてのミルンの所感に注目することにする。

ミルンらの出版した写真集「1891年の日本の大地震」によると，ミルンは紡績工場の写真（写❷-10）を掲げ，その被害説明を次のようにしている。

「450人のうち35人が亡くなり，113人が重軽傷を負った」

この記述を他の文献に照らすと，この紡績工場は尾張紡績会社の工場だと分かる。この工場の近くでは，日本式の木造住宅がそんなに大きな被害を受けていなかったから，ミルンは煉瓦造の工場の損壊を不思議がり，次のような感想を述べている（筆者の意訳による）。

「煉瓦造の壁が厚かったのに煉瓦がバラバラになっていたのは，煉瓦の目地に用いられたモルタルの接着力が不足していたからであろう」

「災害時の避難を考えドアや出入口に容易に辿りつけるよう建築計画的な配慮が必要であっただろう」

ミルンはこの道の人でないから，煉瓦造工場の被害についての原因究明に深くは入り込めないでいる。その点，後に述べるように伊東忠太の方が観察が鋭く，コンドルの省察はさらにその上を行く鋭利さであった。

ミルンは「1891年の日本の大地震」の中で，簡単ながら日本式の木造の弱点として，次のことを述べている。

①ヨーロッパ式の木構造の方が，通常の日本式住宅よりも地震に対する抵抗力が大きいようである。

②屋根が重い。

③筋違（斜材）がない。

④柱が細いのに，柄差しなどの仕口方法で柱を切り欠き柱を弱くしている。

⑤地震で揺すられると柱の根元が壊れてしまう。

これらに「土台を欠く」，「和風の小屋組は非合理」などという事柄を加えれば，レスカスなどの建築以外の外国人工学者が明治初年にしきりに指摘した内容と同じに

なってしまう。ミルンの指摘は，外国人の抱いた印象のごく自然な吐露であったといってよかろう。

ミルンはさらにこんなことも述べている（この発信から「1891年の日本の大地震」が1906年のサンフランシスコ地震以後に発行されたことが分かる）。以下は筆者の訳である。

「サンフランシスコでは大地震を受けた後，街の建物が木造から石造に移行しつつあるが，富裕階級の美しい住宅の多くは依然木造であり，ニュージーランドの首都ウエリントンも木造の街であるが，いずれも地震を考慮し石の代わりに木材を使っているのである。耐震を考えると木材か煉瓦で建てるのがよいと思うが，一長一短である。すなわち木造は火災に弱いが安いから一般庶民には適している。一方煉瓦造は火災に強いが，高価だから特殊な用途の建物向きである」

ミルンは以上のように述べていて，明治16（1883）年に工学会（工部大学校の同窓会）で講述したときの考え，すなわち地震に対しては煉瓦ヲ以テ第一」となすという考えを，濃尾地震以後も改めていないのである。

煉瓦造の被害

造家学会の役員会が，会員の意見公表について云々するよりも前に，帝国大学工科大学造家学科の3年生であった伊東忠太は被害の概要と原因について，濃尾地震のあった翌月（1891年11月），「建築雑誌」に私見を述べている。

これにより後世のわれわれは，濃尾震災における煉瓦造の被害を垣間見ることができるわけで，伊東の論説は文献的に貴重である。当時，日本人が煉瓦造の被害を述べたものの中で，この伊東の論説がもっとも中身の濃いものであった。

伊東忠太の記したところによると，煉瓦造で大被害を受けたものは，名古屋市内の郵便電信局，電燈会社，第三師団司令部（中破程度で崩壊とはいえないものであった），名古屋郊外の熱田にあった愛知セメント会社，尾張紡績会社，岐阜市の御料局木曽支庁（工事中），火葬場などであった。他には名古屋紡績会社の工場も被害を受けているが，伊東の記述にはその名前がない。

造家学会の関係者の何人かが大阪府に震災調査に赴いたと前述（表2-2参照）したが，その調査対象は前述した多くの紡績会社の工場の崩壊であっただろうが，事後の報告で公表されたものはない。伊東忠太は大阪への調査行をしなかったから，その被害には触れていない。

少し話がそれたので，伊東忠太の論説に戻る。

❷-10　尾張紡績会社の工場崩落
（「1891年の日本の大地震」より）

伊東は煉瓦造の被害原因を指摘しているが，それを現代的な術語を用いて筆者の手で要約してみることにする。

(1) 工事の粗漏
● 裏側の見え隠れ部分に積む煉瓦の積み方が出鱈目。
● 目地の幅が不規則。
● 煉瓦をあらかじめ十分吸水させることなく積んでいる。
● 目地に用いるモルタルの使用が不十分。

(2) 材料の粗悪
● 材料としての煉瓦が粗悪。
● 粘着力の乏しいモルタルが使われている〈筆者注：これは石灰モルタルの使用と，それにおける石灰の貧調合を指摘したものと考えられるが，この件に関しては後で当時の世間の一般的な状況について説明する〉。

(3) 構造の脆弱性
● 壁の厚さが不十分。
● 木材梁に適度な重量を負わせ，木材の必要部分を欠損させている〈筆者評注：地震との関連として伊東が何を言おうとしたのか不明だが，木材梁の破損は地震による1次的破壊ではなく，建物崩壊に伴う付随的破壊と考えられる。もっとも地震による被害を離れた議論としては，当時の木材梁の作り方の欠点をついた指摘として正しかった〉。

(4)「配合の不良」

これは伊東の言葉であるが，今日的言い方をすれば「構造計画の不良」ということになろう。

● 家屋の高さが高過ぎる〈筆者評注：抽象的な誠に漠然とした言い方だが，後に，大正時代に制定された市街地建築物法施行規則では，煉瓦造は石造，木造ともに高さ13m，軒高9mを超過してはならないと規定された〉。
● 窓・入口などの開口部が広過ぎる〈筆者評注：鋭い指摘で慧眼である。翻って現代の木質構造を考えてみると，それは壁式構造として水平力に抵抗させようと意図し設計されている——その是非論はここでは論じない——わけであるから，その限りにおいては震災経験に基づいた

壁式構造である煉瓦造の構造計画についての先人の考え方——例えそれが定性的な考え方の域を出ないものであっても——を参考として吟味してみる必要があろう〉。
● 支柱が細すぎる（筆者注：煉瓦の柱形を意味するのか，2階梁を支える木材あるいは鉄製の柱をさすのかはっきりしないが，どちらとしても傾聴すべき事柄である）。
● 蛇腹が重すぎる〈筆者評注：濃尾地震以前と以後の地震において，蛇腹の剝離や脱落が被害例として指摘され続けた。濃尾地震でもこの被害が目立ったことが分かる。コンドルも軒蛇腹の被害の多かったことを指摘している〉。
（5）煉瓦造建物個体の被害状況と原因
（イ）尾張紡績会社
● 壁長に比して壁厚が薄過ぎた。
● 煉瓦積みの前の煉瓦吸水が十分でなかった。
（ロ）名古屋郵便電信局
● 階上の工事が殊に粗漏であった（費用節約を意図したため）（筆者注：そのため2階部分が崩落したと伊東は考えたようである）。
● 構造計画が「やや軽佻に失」した。
（ハ）陸軍第三師団司令部
●「左右前後の切妻」が破壊した。
● 窓楣の上に梁を架した（筆者注：窓楣の上の方——に直接ではなく——に2階梁の支点を設けた意と解される）ので，「梁の震動は悉く窓上の迫持を破壊」するに至った。
（ニ）電燈会社
● 切妻壁の構造が脆弱のため崩壊した〈筆者評注：切妻壁が直角方向に地震力を受け，切妻壁が片持梁のように挙動してその根元が破壊したものと解される〉。
　名古屋郵便電信局の被害原因は抽象的で真相を把握しにくいが，伊東の要約の言葉から推して，モルタルに付着力がなく，またモルタルの目地工事が疎漏だったのではあるまいか。ほぼ同時期に，同じ名古屋で施工された陸軍第三師団司令部のケースから推察し，モルタルは石灰モルタルで，セメントを混ぜたセメントモルタルではなかったと思われる。他の被害原因としては後に述べるコンドルの批判が参考になる。同局の被害については後に詳述するが，とにかくここでは2階部分がほぼ完全に崩落したことを承知しておいて欲しい。
　名古屋郵便電信局についての伊東の記述には，隔靴掻痒の感を覚えるが，ダイレクトに同局の被害について述べたものを目にできない現在としては，史料として耐える貴重な報告といわなくてはならない。
　一般に震災直後に，その建物の被害原因をズバリ指摘

することは極めて難事である。それにもかかわらず後に構造を専攻することもなかった伊東が，学生の立場で震災報告——傾聴に値するものが多い——を行ったという離れ業には驚きを感ぜざるを得ない。非礼を顧みずいわして貰えば，伊東の記述の中には，調査行をともにした学友たちの感想，帰京後意見交換をしたときの教授の意見，さらには「建築雑誌」に投稿する前に査読を乞うたであろう教授の教示が濃密に影響したのではあるまいか。ちなみに伊東は造家学会が開いた討論研究会には，一度も出席していない。
　伊東は前出の論説で，煉瓦造の被害だけについて述べるのが目的ではなかった。伊東のその余の所論をかいつまんで筆者の言葉で記すと，次のようなことであった。
　濃尾震災の後，世人は煉瓦造の被害を見て，これを忌み，あるいは論難し，甚だしい場合には煉瓦造を全廃せよと言っているが，煉瓦造のわが国における経験は十数年に過ぎない。わが国固有の木造家屋が所々で震災を免れているのを取り上げて，煉瓦造を脆弱だと言うのはあたらない。少数の不完全な煉瓦造建築の崩壊をもって，全般を推し測るのは誤謬である。震災に伴って起きた火災のことを考えると，煉瓦造の優秀性は看過できない。以上のように述べると，煉瓦造を擁護しようとしている印象を与えるだろうが，
　「余ハ煉瓦ヲ以テ，木材ニ優レリト主張スルモノニ非ザルナリ」
　「タダ世間無識ノ徒ガ得々トシテ煉瓦ヲ酷評スルヲ聞クニ忍ビズ，煉瓦ノ為ニ聊カ其ノ宛ヲ解キタルノミ」
　「ソノ完全ナル地震建築の如キハケダシ一朝ニシテ能クコレヲ講究シ尽スベキモノニ非ズ」
　「有識ナル地震学士及ビ造家学士ソノ人ニ乏シカラズ。（中略）是等ノ諸士ガ今回ノ震災ニ就イテ精密ナル調査ヲ遂ゲ（中略），速力ニ安全ナル地震建築ノ研究ニ着手セラレンコトヲ」
と結んでいる。
　伊東は当時，帝国大学工科大学造家学科の学部の3年生（最高学年）であった。彼は後年，建築史を専攻し東京帝国大学の教授となった碩学で，明治27（1894）年5月号の「建築雑誌」において，「我が学会は学理と芸術とを合わせてこれを包括する」ものだから，造家学会というのも建築学会というのもよくない。建築協会と呼ぶべきだと主張した。さらに「アーキテクチュール」の本義は家屋を築造することになく，「実体を Building に籍り，形式を線条躯裁に訴えて真実を発揮するに在る」のだから，「造家学」と訳すのはよくないと彼の考えを述べた。3年後に造家学会が建築学会と改名され，翌年（1898年），

第2章　濃尾地震　その2　｜　27

東京帝国大学の造家学科が建築学科と改称されたのには，伊東の上述したような考えが大きく影響を及ぼしていると考えられる。その頃伊東は帝国大学の講師であった。

辰野金吾の地震に対する魯鈍さの原因について，考えてみたいと思う。

辰野は安政元（1854）年8月，唐津の小笠原藩の下士の家に生まれた。唐津の田舎町には，辰野が生まれた翌年に江戸で起こった安政の江戸地震の惨状が生々しくは伝えられていなかったに違いない。唐津で地震らしい地震の震動を経験もせずに，辰野は工部大学校に入学する前の年の明治5（1872）年に東京に出てきたが，その後，大きな地震は東京にはなかった。明治13（1880）年2月に京浜でちょっとした地震があった（本連載第1回で既述）が，彼はその2週間前に官費留学生として英国に向け横浜港を出帆してしまっていたから，そのときの地震の震動は経験していない。

明治17（1884）年10月に，「多数の煙突が倒れ，煉瓦作りの壁に亀裂」が入り，「柱時計の70～80%が止まった」（「理科年表」）地震が東京に起こったが，これが辰野が生まれて初めて経験した地震らしい地震だったであろう。

上述のことから分かるように，辰野は幼いときから地震に無縁であった。したがって濃尾地震による震災の惨状が彼の耳に届いても，震災の惨状を見聞したことのない彼は震災の悲惨な状況を頭に描くことができなかったであろう。自分の眼を通してだけでなく，当時は写真が珍しい時代であったから，写真を通して家屋の倒壊の様子を見るという機会も辰野にはなかったろう。そういう辰野の地震に対する無知が最激甚の震災地である「濃尾」（岐阜・愛知両県）への到着を遅らせたことになったと考える。「辰野，遅れたり」であった。

それに反してミルンは前述のように，震災に対して敏感に反応したのであった。

11月3日付の岐阜日々新聞は，

「内務3等技師，兼市区改正建築条令調査委員，妻木頼黄氏」は「県下の家屋模様見分として昨2日来岐」と，妻木が11月2日に岐阜に到着していることを報じているが，当時東海道線の岡崎・名古屋間は引き続き不通であったから，妻木はどのような経路を辿って岐阜に到着したのであろうか。それはともかく，妻木の方が辰野・中村よりも早く岐阜に着いたようである。

第三師団司令部

濃尾地震当時，罹災地域に工部大学校卒業のエリート

の設計によって建てられていた煉瓦造の建物は2つあったが，その2つがともに大被害を受けた。これは設計に当たった本人たちだけではなく，帝国大学の教授陣（辰野金吾，中村達太郎の両教授），造家学会の会員（その中心人物たちは工部大学校の卒業生）にとっても大きな衝撃であったろう。

2つの建物は，ともに名古屋市内に建てられたもので，一つは佐立七次郎が関わった――関わり具合については後述する――名古屋郵便電信局で，もう一つは帝国大学工科大学造家学科の第1回卒業生――本来だと工部大学校造家学科の第8回卒業生となるはずだったが，卒業直前の明治19（1886）年3月に工部大学校が帝国大学工科大学に移行したのでこういう形になった――田中豊輔の設計した第三師団司令部であった。

田中の卒業は明治19（1886）年7月で，司令部の起工は11月だから両者の間に時間的間隔がほとんどない。したがって田中の設計行為における主体性はよく分からないが，辰野金吾がこの年1月，工部省を辞めて一時，土木用達組に入り，2ヵ月程してから帝国大学教授に就任したとき，土木用達組の顧問の後継者に田中を推挙していることから見て，第三師団司令部の設計には辰野が関わり，大学校の「実地修業」の一環として，学生の田中に司令部の設計を手伝わせていたものだと思われる。

土木用達組は大倉喜八郎の経営していた会社で，明治20（1887）年3月に藤田伝三郎（藤田組）と一緒に創立した日本土木会社に吸収されたが，田中豊輔は早速この新会社に入り建築部の幹部として当初から参画している。

日本土木会社については章末にて改めて詳述する。

以下に，田中豊輔の述べた「震災地実況報告」（「建築雑誌」1892年1月号）に基づき第三師団司令部の被害状況を記す。

第三師団司令部（震災の様子を写❷-11に示す）は名古屋城内に建てられたが，起工から竣工までの所要時間はちょうど1年で，明治21（1888）年11月に落成した。煉瓦造2階建の豆腐のような形をした建物（平面図は図2-4参照）で，軒高約10.8 m，延床面積約700 m²。煉瓦造の厚さは1階外周で2枚，2階外周と1階間仕切で1枚半，2階間仕切で1枚であった。

ここに煉瓦壁の厚さが1枚というのは，厚さが煉瓦1個の長さの分ということ，1枚半というのは煉瓦1枚の長さと幅の和（厳密にはこれに目地モルタルの厚みを加えなくてはならないが）が厚さということである。厚さ2枚の説明は不要であろう。

ところで明治20（1887）年頃の煉瓦1枚の寸法（地域差があったが）は，長さ7寸5分（約22.5cm），幅3寸

❷-11 第三師団司令部の地震後の状況
（「建築雑誌」1892年1月号より）

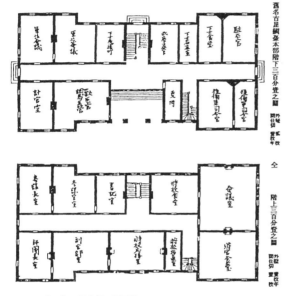

図 2-4　第三師団司令部の平面図
　　　（上は1階，下は2階を示す。「建築雑誌」1892年1月号より）

6分（約 10.8cm），厚さ2寸（約6cm）が通常であった。これから推して目地厚は3分（約 0.9cm）ということになる。

上においては当時の煉瓦の「通常形状（寸法）」を示したが，これは関東の煉瓦工業界が生産していたいわゆる「東京形」の形状である。後年関西地方には「並形」と称する東京形より寸法の小さい7寸4分（約 22.2cm）×3寸5分（約 10.5cm）×1寸7分5厘（約 5.2cm）のものが流通したが，その関西地方においてさえ東京形の方が普遍的に使用され，東京形のシェアは7割前後に達していた。濃尾地震から10年あまり経った1900年代初めの話である。

第三師団司令部の煉瓦壁の厚さは，当時の寸法と設計者，施工業者が東京人であったことを併せ考えると，

　1階外周　　45.9cm → 約46cm
　1階間仕切　34.2cm → 約34cm
　2階外周　　同上
　2階間仕切　22.5cm → 約23cm

であったと想像される。

第三師団司令部においては，目地モルタルの調合比は石灰4，砂6のいわゆる石灰モルタル（当時は「灰泥」という言葉だった）で，石灰モルタルとしては標準的なものであった。濃尾地震の時，工事中だった逓信省の大阪郵便電信局では，濃尾地震前に積んだ1階（郵便局部分）では石灰モルタルを使っていた（2階の電信局部分では濃尾地震後，セメントを混入したセメントモルタルに変更した）から，これより推して名古屋郵便電信局でも石灰モルタルとし，調合は同じ土地柄ということを考えれば，第三師団司令部と同じではなかったかと想像される。

なお濃尾地震の起こるまでは，全国的に煉瓦積みの目地モルタルといえば石灰モルタルが通常であったが，濃尾地震後は震災の反省の上に立ち，一流の設計者により建てられた煉瓦造では，セメントを混入したセメントモルタルに変わった。

濃尾地震前，煉瓦目地にセメントモルタルを用いた例は稀だが，辰野金吾が設計監督した東京・本郷の帝国大学工科大学本館では，地面から下の煉瓦積みにセメント1，石灰4，砂6の調合が用いられている。しかし地上部分は石灰4，砂6の石灰モルタルであった。

この建物は大正12（1923）年の関東大震災では崩壊する被害を受けて取り壊された――辰野は大震災の4年前に亡くなっていた――から，結局，日本人が設計した前記の3つの代表的煉瓦造は，早い遅いの時期のずれはあったが地震によって大なり小なり――小といってもかなりの程度――損傷を受けたわけである。それらはいずれも官庁建築に属するもので，しかもいずれも工部大学校の卒業生の設計になるものであった。このことは，明治前半の煉瓦造建築がまったく地震に対して無力だったこと，換言すれば，わが国建築界の設計と施工の技術レベルが一流と称されるものにおいてもプアーだったことを物語るものであった。

第三師団司令部の被害に話を戻すと，被害として第1に目についたのは外周壁と間仕切壁に亀裂に入ったことで，それを図示すると図 2-5 のとおり（「建築雑誌」1892年1月号）である。田中は次のようにいっている。

「壁ノ破レタルハイヅレモ石灰モルタルノ目地ヨリ破レテ居リマス」

「階下ニハ破損少クシテ，階上ニハ破壊多クアリ」

この建物には建物前後の平の面に3角形のペディメント（破風）が合計4箇所と，櫛形破風が1箇所あり（写

第2章　濃尾地震 その2　29

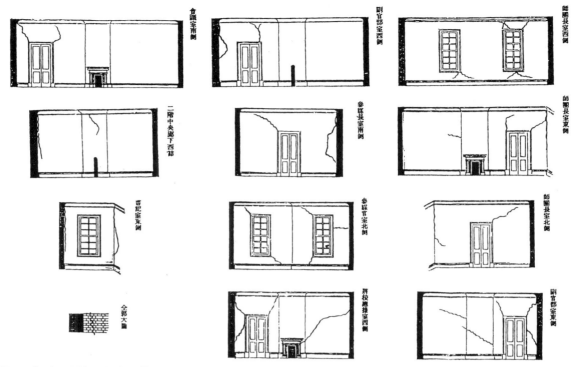

図 2-5　第三師団司令部の壁の亀裂（「建築雑誌」1892 年 1 月号より）

❷-11 参照），これらは接する小屋組から離脱崩壊した（伊東忠太が切妻が崩落したと指摘したのはこのことと解される）。田中は，

　「煉瓦ニ合掌組ノ密接ニテ居リシタメ，突キ落サレマシタ」

と言っているが，合掌組と煉瓦壁は密接するだけで緊結されていなかったために，煉瓦造が倒れたのだと考えられる。沢山あった煙突は，「屋根瓦ノ辺デ折レテ室内ニ崩レ落チタ」ものもあった。また「軒廻リノ蛇腹ハ落チズシテ以前ノ形ヲナシテ居」たが，これは「地廻リ桁等煉瓦或ルイハ石ニ接スル部分ノ左右前後ヲ凡ソ 2 寸 (6 cm) 程透力シテ」あったことが幸いした，と田中は説明している。なお司令部の地盤の土質は良好であった。

　余談になるが「写真でみる濃尾震災」には，次のような記事が載っている。

　「この大地震で，城内の一角にあった第三師団司令部の城門は倒れ，城濠の塁石は水中に崩れ落ちた」

　これから見て，第三師団司令部の建物を襲った震動が生半可なものでなかったことが察せられる。

日本土木会社

　日本土木会社は，大倉組商会・藤田組の両建設部門が合体して明治 20（1887）年に創立した会社であったが，その合体には臨時建築局──工部省が廃省となったので官庁営繕を担当する部局として明治 18（1885）年末に新設された──と海軍省の強い推奨があったとされる。臨時建築局は日比谷に官庁街建設を計画中で，海軍省は軍港の本格的建設を計画していたので，共に高度な技術力と強力な資本力を持つ施工会社の出現を望んだのであった。

　臨時建築局は新設されたものの組織がはっきりしなかった。一方，日本土木会社は破格の技術者優遇策をもって望んだから，工部大学校とその後身に当たる帝国大学の出身者が同社の建築部門に蝟集した。また土木部門では，別の理由も加わってさらに蝟集の傾向が強かった。建築部門には工部大学校と帝国大学の創立以来の出身者の約 1/4 に当たる 5 名（第 4 期から新卒の第 9 期までの卒業生）が集まった。そして特命工事の形で官庁を初めとする数々の大規模な建築の工事を請け負ったが，創社後 3 年目頃からの世の中の不況と，明治 22（1889）年 2 月に公布された会計法の公布により特命工事が禁じられた事情などにより明治 25（1892）年 12 月，会社を解散し，その業務は大倉土木組に引き継がれた（創社当初から実質的には大倉組系が会社を動かしており，藤田組系は早くから撤退していたのであったが）。

第3章

コンドルの煉瓦造建築批判 ...31
水平構面の剛強化 ...33
コンドルの日本式木造批評 ...35

コンドルの建築
耐震化への示唆

（2000年5月号）

コンドルの煉瓦造建築批判

　濃尾地震のあった翌年の初めに，造家学会の集まりでコンドルは瀧大吉の通訳の助けを借りて講演を行った。この講演の中でコンドルは煉瓦造の話に7割を割き，木造について3割をあてている。

　コンドルは総合的感想として煉瓦造の被害は，
　　「不丈夫ト安普請トガ原因」
と言い，さらに被害原因の解明において最も傾聴すべき具体的な意見を述べている。正に真打ちによる明晰的確な講評であった。

　コンドルは煉瓦造の具体的な被害原因として，次の諸点を挙げている（「建築雑誌」1892年3月号）。
①煉瓦目地に接着力の弱いモルタルが用いられていた。
②煉瓦を水に浸してから施工することを怠っていた。
③煉瓦壁が薄かった。
④間仕切壁が少なかった。

　上述の①②は煉瓦積みに関わるもので，当時の地方における煉瓦造の施工技術が至って幼稚なレベルにあったことがこの指摘から窺える。

　①のモルタルの問題については前に触れたが，第三師

団司令部の場合，石灰モルタルを用い，調合比は石灰4，砂6で設計された。当時としては，これは明瞭にベターな部類に属する調合比であった。

　コンドルが「力の弱いモルタル」といったのは，こうした標準的調合比をもってしても接着力不足としたのか（セメントが混入されていないモルタルは駄目だと考えていたのか），標準的調合比以下の貧調合（石灰の割合が少ない意）のものを指したのかはっきりしない。しかしコンドルが総合的所感として煉瓦造の施工における粗漏に遺憾の意を表していることから見て，貧調合の石灰モルタルを「力の弱いモルタル」（コンドルの言葉）と指摘したものと想像される。すなわちコンドルは次のような包括的意見を述べている。

　　「構造ニツイテ定ツテイル所ノ規則トイウモノヲ丸ツキリ背イタトイウノガ原因デ，将来ハカヨウナ仕事ヲスルニハ綿密ナル老練家ノ監督ガ必要デアル」

　この言葉の中に貧調合の石灰モルタルの施工が原因と解釈するコンドルの考えが読みとれるように思える。

　ついでだから石灰モルタルに関連してセメントモルタルの話をしておきたいと思う。辰野金吾の設計になる帝国大学工科大学の本館（煉瓦造，1888年竣工）で，地面下の部分（基礎の部分）に微量のセメントを混入したモ

ルタルが用いられたが，これは石灰4，砂6の石灰モルタルにセメントを混入した程度のものであった。しかも地上部分の煉瓦積みの目地には，セメントは混入されなかった。これについては第2章（第4回）ですでに述べた。

上記の工科大学本館の竣工は第三師団司令館や名古屋郵便電信局の竣工の翌年だから，建物の構築技術――設計と施工の両者を併せた――としては同ジェネレイションであった。しかも工科大学本館と第三師団司令部の施工は同じ日本土木会社という民間最大の請負業によるものであった。当時を代表する上掲の3つの煉瓦造建物で地上部分の煉瓦目地にセメントが混入されていなかったという事柄は，明治前半――濃尾地震以前と言ってもよい――における煉瓦造の構築技術を示すものとして，注目しておくべきだろう。

セメントの混入が行われなかったのは，当時の建築界にはセメントに対する理解がまだ不足していたからである。また，たとえ理解があったとしても石灰と較べ，セメントに対する割高感には拭い切れないものがあったのであろう。

わが国における国産セメントの生産は，明治17～18（1884～85）年頃には，浅野工場（後の浅野セメント（株））とセメント製造会社（後の小野田セメント（株））両社の稼動がようやく緒に就き，セメント消費量全体に対する国産セメントのシェアは40％強に達したが，明治20（1887）年頃に至ってもセメント消費の増大に追いつけず，一方，品質的になお輸入物に信を置く風潮があったから，どうしても輸入セメントに頼らねばならず，輸入物に対する割高感は拭い切れなかったのである。

コンドルはこうした状況は百も承知していたはずであるから，彼は「力の強いモルタル」としてセメント混入されたモルタルを考えておらず，一流の設計家が指定した石灰モルタルの調合比が守られていないものを「力の弱いモルタル」といったものと解される。言い換えれば，石灰貧調合の石灰モルタルを指したものと思われる。

②の「煉瓦の水への浸漬（煉瓦積み前の）」の不履行の原因もまた貧調合の石灰モルタルの出現の原因と同根であったろう。これらは技術者としてのモラル――良心と言ってもよいが――の欠如というよりは，現場監督にあたった技手と職人の経験不足に基づく技術的無知に起因するものであったと，コンドルは捉えたのであろう。「老練家ノ監督ガ必要デアル」とコンドルが述べた所以である。名古屋郵便電信局や第三師団司令部の建物が，愛知県で最初の煉瓦造であったことを思うと，コンドルの捉え方が正鵠を得たものであったと思える。

❸-1 2階（写真の上部）が崩壊した名古屋郵便電信局（「蓬左風土誌」より）

さて前掲の煉瓦造の被害原因とされる③と④を再録してみよう。
③煉瓦壁が薄かった。
④間仕切壁が少なかった。

これらは今日的に言えば，構造力学と構造計画の問題に属するものであるが，濃尾地震の以前に，これらについて問題意識を持っていた建築人は，外国人建築家も含めわが国には一人もいなかったはずだし，第一，当時の日本には煉瓦壁の厚さや間仕切壁配置の規範もなかった。だからコンドルはごく直観的，直覚的に被害原因を指摘したものと思われる。

そう考えると，地震国日本が煉瓦造を採用したのはまったく無思慮の暴挙だったことになる。日本政府の要人の言いなりに煉瓦造を建て続けたコンドルは，犯意なき罪に問われても仕方がないだろう。日本政府の要人の煉瓦造奨励の愚挙については，第1章で触れたので今は措く。

それはともかく，コンドルが「間仕切壁が少なかった」と指摘したのは慧眼であった。しかし惜しいかな指摘は遅きに失した。地震のない英国に生まれ，意匠が専門の彼を責めても酷だが，彼の指摘が「後手」であったことは日本の近代建築の歴史にとって痛恨事であった。

コンドルは間仕切壁の厚さは外壁ほどでなくてもよい，とした上で次のように言っている。
「力ノ余ル程ノ厚サトシテ此処彼処ニ設ケテ側壁ヲ繋グ」

コンドルの指摘に関連して，間仕切壁の重要性を今日的な眼で眺めてみたいと思う。

壁式の構造――煉瓦造，石造，そして壁式の木質構造はこれに属する――における間仕切壁の存在意義は二つある。一つは間仕切壁が外周壁に直交して接することにより生まれる控壁効果であり，もう一つは，間仕切壁

の設置により生まれる単位水平構面——壁，梁をバウンダリーとして構成される——の面積縮小効果である。前者は外周壁の壁厚を左右する因果要素をなしている。

上述のような透徹した構造力学的論理を，明治という時代に意匠屋のコンドルは持っていなかっただろう。ましてコンドル以外の設計家——日本人ということになるが——においてをやである。

とはいうものの，明治という時代の技術レベルに思い及ぶとコンドルの地震被害原因の指摘における明晰さには身が締まるのを感ずるのである。

飜って，今日，壁式構造の代表格である木質構造の設計を見ると，耐力壁の所要量を外周壁だけで満たせばよいとし，内部の間仕切壁配置には思いが及んでいない傾向がある。中には「間仕切壁は一切廃したい」と公言する設計家もいる。草葉の陰のコンドルが聞いたら驚き嘆くことだろう。

水平構面の剛強化

コンドルの示した煉瓦造建物に関する構造計画的注意として，有益なものは他にもいくつかある。それらを現代の口語に改め簡述しておこう。

①平面は正方形か長方形がよい。

〈筆者評注：凸凹のある平面はよくないという指摘で，今日でも構造の如何にかかわらず留意すべき事柄とされているものである。この単純ながら重要な事項を，わが国で最初に指摘した人物がコンドルであったということを知っておくべきである。〉

②窓や入口はできるだけ少なくし，設ける際は幅や面積を小さくするように努める。

〈筆者評注：壁式構造では開口部の存在がいとわしいというのは，今日では耐震の常識となっている。抽象的な表現の域を出ないものの，このことを最初に指摘した人としてコンドルの存在を忘れてはなるまい。〉

③床と屋根の水平構面を剛強にするため，コンドルは次のように言っている。

「根太組ヲ内外ノ煉瓦壁ニ大丈夫ニ結イツケ」

「屋根ハ不同ノナイ陸屋根同様ノ構造トシテ設ケル」

〈筆者評注：コンドルは上記の言葉の前後で分かり難い言い方をしているが，これは通訳の拙さのせいかもしれない。しかし要するに，今日的理念でいえば，水平構面を固めよといったのである。〉

床の構面（水平構面）を固める具体的な方法としてコンドルは，

「鋼鉄梁ヲシッカリ組ミ合ワシテ根太トシ，コレヲ大丈夫ニ煉瓦壁ニ入レ込ミ根太ト根太ノ間ニハ鉄板ヲ張（リ）」

「鉄板ノ上ハゴク軽イコンクリートヲ敷キ込ム」

といい，さらに当時の日本では煉瓦壁を積み出してその上に根太掛けの類を置いたり，2階梁の類は壁中に積み込んだりしていたことについて，これらの構法をとると震動が壁に伝わるから，木造床と壁を切り離すのはよくないと言い，木造床にする場合には床組面内で縦横につなぎ合わせて1枚の板のようにし，その端部が四方の煉瓦壁と離れないようにすべきだと述べている。

〈筆者評注：当時，煉瓦造における木造床の組み方が耐震的に見て稚拙——日本式木造における床の組み方をそのまま採用していたのであるから，日本式の木造床組の非耐震性を意味するものでもある——だったことを指摘したもので傾聴に値する意見であった。〉

ついでに述べると，コンドルが上で述べた木造床に代わる床構法は，濃尾地震の前にすでに辰野金吾が設計監督した工科大学本館——明治19（1886）年8月起工，明治21（1888）年7月竣工，煉瓦造2階建——で実施されていた。「明治工業史・建築篇」ではそれについて，

「階上廊下は鉄骨コンクリート造なり，当時此の如き構造は本邦においては珍しかりき。その構造は先ず工字鉄梁を架し約3尺間とし，その間へセメント1，砂2，煉瓦屑6なるコンクリートを充填し，その厚さを6寸とし，その上にセメント及び石粉を練り合わせ厚さ1寸通りにたたき上げたり」

と記されている。

上記の床構法は，辰野の設計になるものではあるが，察するにコンドルの助言——濃尾地震以前における——がかなり加わっていたのではあるまいか。コンドルの工部大学校・帝国大学への関わりがまだ絶えていない時期に設計された帝国大学の建物であったから，上のように考えてもよかろう。そのことを証拠立てる史料があるわけではない。近代建築の史家の史料蒐集に期待したいものである。

なお，辰野は後に日本銀行大阪支店——明治31（1898）年12月起工，明治36（1903）年1月竣工の煉瓦造2階建——においても工科大学本館と類似の床構法を用い設計している。すなわち，工字形鋼梁を3〜4尺間に架し，その間に小波形鉄板を張り渡しこれにコンクリートを充填し，波形鉄板の下面をペンキ塗りしている。

また日本銀行小樽支店——煉瓦造2階建，明治45（1912）年7月竣工，設計は辰野金吾，長野宇平治，岡田信一郎——においても辰野は同様の床構法を採用し，コンクリートには石炭殻を混ぜている。

辰野がしばしば採用した煉瓦造における上述の床構法は，濃尾地震後に河合浩蔵が設計監督した大阪控訴院（および大阪地方裁判所）──明治33（1900）年竣工，その4年前に起工──でも用いられているし，コンドルの設計になる海軍省──明治23（1890）年起工，同27（1894）年10月竣工──ではそれよりもさらに数年早く実施されている。

海軍省の庁舎は濃尾地震の発生よりも1年ほど前に起工されているが，設計の当初から先述してきたコンクリート床構法の採用をコンドルが発想したものか，濃尾地震後に急遽設計変更して採用したのか気になるところだが，筆者の手許にはそれを明らかにすることのできる史料はない。

以下は，「明治工業史・建築篇」の記述に基づいた推論である。同書は3階建の海軍省庁舎について，

「モルタルは第2階以下石灰モルタル，第3階はセメント入（り）モルタルを用いたり」「第2第3階の床は英人ドルマン・ロング専売錬鋼製工梁及びアーチ形生子鉄板を以て組成せる防火床を採用せり」

と書いている。ここで「防火床」という言葉に注目しておいて欲しい。

この記述から推量すると，濃尾地震が起こったとき，海軍省庁舎の工事は，2階の煉瓦積みが終了する前後の段階にあったと考えられ，3階は震災の教訓に鑑み急遽設計変更してセメントモルタル採用に踏み切ったものと思われる。そうすると地震前に2階床のコンクリート床の打設は終わっていたと，推測するのが常識的であろう。すなわちコンドルは地震前からコンクリート床打設を予定──当然実施されたのであるが──していたと，推測すべきだろう。

前出の講演，すなわち「各種建物ニ関シ近来ノ地震ノ結果」と題した講演（「建築雑誌」1892年3月号所載）におけるコンドルの語り口から判断して，軽量コンクリート床打設の方法は将来に向けての示唆ではなく，彼の実施済みの経験の紹介と見て間違いなかろう。このことが，海軍省庁舎において濃尾地震以前にコンクリート床打設が行われていた，あるいはその構想があったとの心証を筆者が抱く拠り所である。

前記のコンクリート床の構法を村松貞次郎さんは，

「コンドル設計の海軍省の建築（明治27年）を文献上の初見として，それ以後の代表的な建築にさかんに使われた」（「日本近代建築の歴史」）

としているが，先述したように規模は小さかったが工科大学本館の廊下床の方がコンクリート床構法として先だったかと思われるが，この詮索に深くこだわる気持ちは

ないので先に進む。

何にしても工科大学本館にしろ海軍省にしろ，コンクリート床構法の導入にコンドルが深く関わったことは間違いないと思われるが，その構法アイディアの原液をコンドルはどこから得たのであろうか。

防火床構造として英国人ウイリアム・ストラットが，I形鉄梁を煉瓦造工場の床として用いたのが，この構法の嚆矢とされるし，先に引用した「明治工業史・建築篇」の中に英国人ドルマン・ロングの名前もパテンティー（専売特許権所有者）として現われている。英国生まれのコンドルが英国生まれのテクニックの情報に敏感で，その採用に興味を持ったのはごく自然であったろう。

「ザ・ビルディング・ニュース」の2月号に掲載された記事を中村達太郎が「建築雑誌」1889年4月号に「耐火床」と題して紹介している。この床はW.H.リンゼー社の特許で，中村は，

「鋼鉄或いは鉄製の根太を用いて，添うるに組織したる鉄棒を以てし，以て火災の節，鉄根太の捻曲するを防ぎ，且つ強靭を増加せしむるに供す。また鉄類はことごとく軽石コンクリートを以て包蔵する」

と紹介している。

ついでであるが，「建築雑誌」1896年6月号には耐火床の新案として，ベルリンのミューラー・マルクス商会の「鉄骨全体をコンクリートにて埋没する」方法が紹介されている。この年（明治29年）には前述した大阪控訴院が起工しているし，次に述べる帝国大学度量衡副原器倉庫も既述の方法に類似するコンクリート床を用い竣成されている。コンクリート床構法はこうしてこの頃盛んに採用されていたのであるが，この動きの中にコンクリートのわが国への導入の形態と，やがて訪れる鉄筋コンクリート登場の胎動を感じとることができる。しかしそれらについてのさらなる言及は主題から大きく逸脱し，話が発散するので避けることにする。

帝国大学度量衡副原器倉庫は，内法が3間（約5.4m）×5間（約9m）の平面で周壁は厚さ1尺（約30cm）の石炭殻コンクリート造であった（この周壁の内外に柱状の鉄物，板状の鉄で筋違・貫などをとりつけ鉄篭のようなものをつくったが，稚拙な構法だし，主題からそれるので省く）。そして，

「柱上毎にせい6インチの鉄梁を架し，其の間に亜鉛引き海鼠（ナマコ）鉄板を布き，その上に石炭殻コンクリートを充填し以て耐火天井を作りたり。（中略）（補注：その上に）木の小屋組を載せ海鼠板を以て蔽いたり」（「建築雑誌」1896年9月号）

とある。この記述から分かるように石炭殻コンクリート

充填床は「耐火」目的の「天井」視されていたのである。

ここで注目しなくてはならないのは，コンクリート充填の天井——上述の「建築雑誌」の記述姿勢に従ってこの言葉を用いる——の目的が当時は「耐火」にあったことである。度量衡副原器倉庫に限らず，これまでに挙げてきたコンクリート充填床構法採用の日本人設計者が，それを耐火床（あるいは防火床）と認識していたであろうことは想像に難くない。

この想像からすると，わが国の建築界——実はわが国だけに限らず世界中の建築界といっても誤りではないだろうが——はコンクリート導入の初期段階では，耐火性だけに魅せられてコンクリートを用い始めたと見てよかろう。コンクリートに対するこの接し方は，コンドルの教え子たちの明治時代を通じての立場であったと言ってよかろう。

もっともコンドルらの流統ばかりでなく，流統外の設計家も耐火を目的として類似のコンクリート床を煉瓦造の中に導入していた。例えば，妻木頼黄が設計した横浜正金銀行本店（煉瓦造3階建，明治37（1904）年竣工）においては，波形鉄板をI形鋼の間にアーチ状に渡しコンクリートを載せている。最も近い時期に竣工した河合浩蔵設計の大阪控訴院の影響を受けたものであろう。

近代建築史家は上述の床構法を，
「弯曲した波型の鉄板を鉄の梁の間に渡して，石炭殻コンクリート（筆者注：当時の軽量コンクリート）を敷くという防火床構法」（「日本近代建築の歴史」）
というように紹介しているが，これは明治時代の建築界が使った「防火床」あるいは「耐火床」という言葉を口移しふうに述べたに過ぎず，残念なことに，コンドルが講演の中で指摘したところの煉瓦造建物における水平構面剛強化のための手段としての有効性を見落としているのである。

話がくどくなるが，コンドルは前出の彼の講演の中でコンクリート充填床の構法に関し，耐火床としての認識をまったく表明することなく——彼にこの認識がなかったはずはないが——耐震化のための一手段として言及していることをここで強調しておきたいのである。

コンドルが煉瓦造耐震化の方途について述べた中で，彼が水平構面の剛強化の手段に言及した——間仕切配置の必要性とコンクリート充填床——ことを筆者は高く評価しているが，それにつけてもコンドルは生半可な建築家ではなかったと舌を巻く思いである。

そう考えると，近代建築史の中でコンドルは彼の意匠・デザインだけについて語られて来過ぎたように思えるのである。

コンドルの煉瓦造批判の話を続ける。コンドルはこんなようなことも言っている。

小屋組同志の繋ぎ（桁行方向）や入り組んだ小屋組の架け方などは請負人や「場所掛り」の者がいい加減にやっているが，屋根全体が堅牢に固まっていない。だから，
「桁行通リ二更二小屋組（筆者注：小屋筋違に当たるものを意味していると思われる）ヲ入レテ梁間ニ渡シタル小屋組ヲ繋ギ屋根ヲ縦横一ツニ組ミ合ワシタル骨組」
とすることが大切だというのである。

〈筆者評注：コンドルの考え方を満足させる方法として今日では小屋筋違，小屋繋ぎが挿入されているが，濃尾地震以前には洋小屋組に馴れていないわが国の建築界だったから，いい加減にやっていたのであろう。コンドルの批判を聞くと，官庁工事も無知識の現場監督員が適当にやっていたようで，その上司がそれを指導する規範を持たなかったことが想像される。西欧の構造法の鵜呑みから一歩も出られないでいた，上層の官僚建築家の姿が浮き彫りになってくるのである。屋根の固めも広い意味での水平構面の固めにあたるのであるが，そういう抽象的概念として理解できた者がコンドルの話を聴いた造家学会の会員のなかに何人いたであろうか。〉

コンドルはそのほかに構造計画的な指摘をいくつかしているが，それらを簡単に纏めてみると次のようなことになる。

一つの家屋の中で大小の均衡がとれていない部分があったり，外壁の高さに不同があることや屋根の上に高く突き出た塔屋を設けるのはよくない。また平面的に「角屋（つのや）」を設けるのは避けたい。

〈筆者評注：構造の別を問わず今にも通ずる耐震の心得だが，構造計画的に見ると次元の低い，初等的な注意を受けたわけである。地震のおそろしさを知らないから外国の煉瓦造を見様見真似するだけで，勝手気儘をしていた当時の日本の建築界の設計レベルの低さを垣間見る思いである。〉

コンドルの日本式木造批評

濃尾地震の直後に行われた造家学会での，コンドルの講演（前出）についてもう少し話を続ける。なお，以下の片仮名混じりの引用文は「建築雑誌」1892年3〜5月号による。

講演の冒頭で，コンドルはこんなことをいっている。
「ヨク世間デハ日本ノ家屋ノ建テ方トイフモノハ，地震ニヨク耐エル目的デ出来テイルトイウ様ナコトヲ

申シテオリマス。シカシ此ノ日本ノ家ヲ建テタ人ハ果シテ其処マデ考エテ建テタモノデアラウカ」。

「地業ヲ別々ニスルコトヤ，組合セタル木材ガ勝手ニ捻レテ動ケルトイウ様ナコトカラシテ，日本風ノ家屋ハ烈シイ地震ヲ凌グ特種ノ性質ヲ具エタルモノナリト云ヒマスガ（中略），ヨーロッパ風ノ建物ナラバ粗末ノ普請ニモ必ズ用イテアル程ノ構造物ノ無カッタノガ，日本風家屋ノコワレタル重ナル原因ノ様ニ見エマス」。

「日本ノ家屋ヲ改良スル（のには），ヨーロッパ風ノ接ギ手ヤ筋違ナドヲ入レテ構造物ヲ堅牢ニスルコトデアリマス。」

上記の言葉は木造建築に対するコンドルのコメントであったが，それにつけても気になるのは，往時コンドルによって非と指摘された考え方を今もって良しとし擁護する人びとが現在のわが国の建築界には，少なくないという事実である。

コンドルは，またこんなことを煉瓦造の話の中でいっている。

「今マデ襖ヤ障子ナドデ塞グ所ノ大キナ明キノアル家ニ住イツケテオッテ（中略），家ノ中ニ居ツテモ露宿ヲシテイル習俗デスカラ，コレニ反スル風ノ家ヲ作ルニハ其ノ習俗ニ抵抗シテ往カネバナリマセヌ」

「日本ノ気候ハ決シテ霧ガ深イトカ鬱陶シイトカ何トカイウノデハナイカラ，コンナ明ケ広ゲノ建築ニスル必要ハナイ筈デス」，

「大キナ入口ヤ窓ハ（結果として）辛抱デキナイ程ニ寒イ風ガ吹キ込ンデ困ル。然ラバ夏ニナルト宜シイカトイウニコレマタ決シテ宜シクハナイ」，

「煉瓦ノ様ニ熱ヲ導ク性ニ乏シイ，即チ不導熱質ノモノヲ以テ屋壁ヲ作レバ，内側ノ方ガ外側ヨリ余程冷シイコトニナル」，

「（間仕切壁は）建物ヲ丈夫ニスルコトニツイテハゴク必要ナモノデアリマスルガ，建築ノ依頼者ハ兎角多人数ヲ入レントスルノ考エヨリシテ，室ト室トノ間ニ芝居ヤ舞台ノ様ナ大キナ入口ヲ拵エテクレト申スコトガシバシバアリマシテ（中略）。此類ノ作リ方ハタダニ是等ノ不便利アルノミナラズ大層建物ヲ弱メルモノデアリマス」

コンドルの上記の言葉は，日本人一般にとっても専門家にとっても耳の痛い話であったが，コンドルに非を指摘された呪縛から日本人は未だに逃れられないでいる。それどころか昨今では開き直って，それを民族的な優れとして賞賛する専門家が増えてさえいるのである。

コンドルは講演の終わりで，次のように述べている。

「今日ノ建物タルモノハ第一ニ理学者デアリ，第二ニ美術家デアル様ニスルノガ必要デアリマス（中略），地震国ニ於テハソウアラネバナラヌ」。

意匠家のコンドルにして，この言があったのである。

次に，濃尾地震の被害を通して見た，日本式木造建物の構造についてのコンドルの各論的批判を具体的に書いてみたいと思う。以下は筆者がアレンジし，現代風な言葉で書き改めたものである。

①コンドルの周囲には，日本式の木造家屋ではジョイントが「自由ニ勝手ニ動ケル」から優れているとする意見があったらしいが，彼はこの意見には賛成していない。

②日本旧来の屋根の小屋組は，不要な材を沢山使っていて，それが建物の頭を重くしている。また日本式の小屋組は，屋根全体として固まっていない。

③柱脚を礎石に枘入れした柱が枘穴から飛び出し，礎石からはずれた例を被災地で多数見た。

④地盤が柔軟な埋立地は「激震ノ際ニハ大変ヒドク揉ミ崩サレル様ニ見受ケラレマス」。〈筆者評注：この指摘は重要で，今日では常識となっているが，コンドルはこの現象を初めて指摘したのであった。〉

⑤今回の震災を見ると，社寺建築は別として，「西洋風ニ出来テ居リマスル木造家屋ガ一番害ガ少シ」であったが，その原因は，

「筋違ヲ入レ，土台ヲ柱ノ下ニ残ラズ差シ回シ」

「全体ガ箱ノ様ニナッテイタ」

ことだとしている。

それに反して日本式の家屋は，

「家屋自身ノ荷量（筆者注：「荷重」の意）ヲ支ユルダケノ目的ニテ作ラレ」

「倒レカカッタ日本家ハ皆菱形ニナッテオリマス」

とし，地震に対する考慮の欠落を突くとともに，その具体的欠点を以下のように指摘したのであった。

①柱間隔が大きく，重い荷重を受ける大梁が「細ク手弱キ柱」にとりついている。〈筆者評注：鋭い観察であるが，観察だけに終わっている。〉

②土台を全面的に回すということをしていない。

③筋違が皆無である。〈筆者評注：この指摘をしたのは日本人を含め，「明治の建築家の中で」――この言葉が大事だが――コンドルが最初だった。〉

コンドルは，

「木造家屋ノ全体ニ筋違ヲ入レ，三角形ニ致シテイズレノ部分モ変形セヌ様ニ作リ」，「継ギ手ガ充分ニナッテイレバ」，「菱形ニ変形ショウハアリマスマイ」

と言っている。後に建築界に，

「三角形不変の理（原理）」

という言葉が膾炙するが，この言葉はコンドルが上のように述べたことを受けたものであった。ただし膾炙の時期は昭和初期頃（1930年頃）までで，「三角形不変の理（原理）」という言葉は，「筋違」や「方づえ」という言葉の頻用と普及によって姿を消して行ったのであった。

コンドルの日本式の木造に対する批判は上述の通りであったが，それらは被害の観察結果を述べ，日本式木造の弱点を指摘したのに止まり，弱点克服の具体的方途はほとんど述べられておらず，その模索は教え子に託すという姿勢がとられた。

コンドルの指摘を彼の同郷の友人であったミルンのそれと比較しながら眺め，反芻してみたいと思う。以下のミルンの指摘は，「1891年における日本の大地震」の中に書かれたものである。

コンドルは，小屋組が建物の頭を重くする原因になっているとしており，ミルンも屋根が重いと同じことをいっているが，コンドルは日本式の小屋組が不要な材料を使っているばかりで，小屋組としての固めができていないことを指摘しており，構造的教示性が高い。

コンドルは，礎石に柄入れした柱の脚元が柄穴から飛び出し礎石からはずれた例が多かったと観察しているが，この被害パターンは濃尾地震以後の地震において，後世の人により絶えることなく指摘され続ける。一方，ミルンは巨視的に柱の根元が壊れてしまうといっているが，観察的には粗雑である。

しかしそのミルンは，柱が細いのに柄差しなどの仕口方法を採用し柱を切り欠いているため柱を弱くしていると，観察の細かい所も見せる。だがコンドルはこれについては触れない。コンドルは日本式木造の非耐震性の根元的原因を，他の因子に見出していたのである。

すなわちコンドルは日本式木造の耐震的弱点として，筋違と土台がないことを指摘し，正に弱点の本質的部分を突いている。コンドルの眼は確かであった。ミルンも斜材がないことを指摘しているが，彼は土台には不問であった。

巨視的な見方として，ミルンはヨーロッパ式の木造の方が通常の日本式の木造住宅よりも地震に対し抵抗力が強いといっているが，何を以て日本式と呼んだのかはっきりしない。それに対してコンドルは，西洋式の家屋を
「全体ガ箱ノ様」
と言っているので，それから推して，コンドルとしては開口の多い開放的な間取りを持つものを日本式木造の特徴と捉えていたことが分かる。

二人の外人先覚者の日本式木造に対する批判は，明治初年にやってきたフランス生れの技師レスカス──明治10年代に竣工した西郷従道邸の設計者といわれている──が，濃尾地震に先立つこと14年前の明治10（1877）年に，日本の木造建物の非合理性として指摘した以下の内容と酷似していた。

①土台を欠く。
②屋根の重量が過大。
③斜材が入っていない日本式小屋組は不合理。
④壁に筋違がない。

レスカスの指摘とコンドル，ミルンによるそれとは，驚く程一致している。コンドルとミルンは濃尾地震以前に，これらについて日本人に語ったことがあるのであろうか。語るのを聞いた者があるとすれば彼らの教え子，すなわち工部大学校造家学科の卒業生だったはずだが，教え子たちに果たして聞く耳があったであろうか。

コンドルは英国でデザイン系統の教育を受けた人であったから，彼が行う教育の中心は当然デザインを中心とするものであった。したがって，19世紀の終わりまでに工部大学校，帝国大学，東京帝国大学を巣立ったエリートたちの構造に関する知識は，所詮「構法」的な域を出ず「構造」の域には達していなかった（しかしながら，当時の世界における構造工学のレベルは，先端的技術者においてすら今日の初等レベル程度のものであった）。こうした諸事情を考えると，エリート教育を受けたとはいうものの，卒業生たちはほとんど系統だった耐震建築の知識なしに世の中に送り出されて行ったと言えよう。

濃尾地震が起きたときまでに，上述のエリート教育を受けて世に出た者の数は31名（このうち地震が起きる直前に卒業した者は5名）に過ぎなかった。しかし明治以降最大といわれる地震がわが国を襲ったとき，耐震建築の知識はないものの西欧の建築学を学んだ目で，日本の建築物の耐震性を眺めることのできる人間が育っていたということは，わが国にとっての幸せであった。また地震に先立つ5年前に建築学会（当時は造家学会といった）が創立していたことも幸いであった。

上述の状況や態勢ができていないで濃尾地震を受けたならば，耐震対策が立たず，わが国における耐震建築物の建設はずっと遅れることになったであろう。これは鉄筋コンクリート造建物の建設が緒についたとき，その建設が最も活発だった東京・横浜を関東大震災が襲い，わが国の建築界に反省を求めることになったケースと似ていた。もし関東大震災が実際よりも半世紀遅れていたら，耐震性のない鉄筋コンクリート造が広まり，それが増長されて，その結果後年大惨禍がわが国にもたらされたであろうと想像すると，身の毛がよだつのである。

第3章　コンドルの建築耐震化への示唆　37

第4章

名古屋郵便電信局の震害 ...39
工部大学校造家学科 ...41
佐立七次郎と逓信省 ...44
佐立七次郎の晩年 ...46
静岡郵便電信局 ...47
前島密 ...50

名古屋郵便電信局

（2000 年 6 月号）

名古屋郵便電信局の震害

　濃尾地震により名古屋郵便電信局は 2 階建の 2 階部分が崩れ落ちた。これについては伊東忠太の記述（本連載第 4 回で既出）があり，これより詳しい記述はない。また崩壊の様子を示すものとして，いま私が手にすることのできるのは図 4-1 と図 4-2，それと「蓬左風土誌」に掲載の写真（第 5 回で掲載）である。

　なお「新愛知」という名古屋の地元紙は，11 月 1 日に，「郵便電信局員圧死の状況」という見出しをつけて，次のように報道している。

　「去る廿八日払暁の震災の際は同局員十五名許り宿直し居たるが，其の内十二名は煉瓦崩壊の間に挟まりて辛くも危難を免れしも雇員の（中略）3 名と集配人 1 名は皆な住吉町通りの門前まで逃れ出でたるも同所にて上層より崩れ掛かる煉瓦の為敢なく非命の死を遂げしなりと云う」

　悲しい記事である。この記事から，2 階部分が崩れ落ちたことが読みとれる。

　「名古屋逓信局沿革誌」（名古屋郵便局編）には，「大震災に遭遇し，局舎もその災害により一朝にして崩壊し，局員は宿直吏員 3 名，集配手 1 名の惨死者を出すに至った」

と書かれていて，「新愛知」の記事内容と一致している。

　わが国には，濃尾地震による建物被害の専門的な公式報告書はない。したがって，名古屋郵便電信局の個体としての被害原因ははっきりしていない。当時，造家学会が存在（1886 年に創立）したが，学会とは名ばかりで，会員数は 600 人くらいあったが，被害調査の結果を纏める能力と組織力を持たなかった。もっとも，被害について研究討論会は開いてはいる（第 2 章参照）。しかし，最終的な報告書を纏めることができなかったのである。

　濃尾地震が起こったとき，逓信省の営繕を取り仕切っていたのは，唯ひとり技師の役にあった工部大学校の第 1 回卒業生，佐立七次郎であったが，彼は地震の起こった 10 月の末に逓信省を辞めている。大学校で同期だった曾禰達蔵は，後に佐立が亡くなったとき，佐立に対する弔詞（「建築雑誌」1923 年 8 月号）の中で，

　「逓信技師たること 5 年（筆者注：正確には 4 年 8 カ月）にて明治 24 年 10 月挂冠せられたり」

とさらりと述べ，地震との関連を読者に気付かせないような筆使いをしている。少なくとも私にはそういう風にとれる。

佐立が逓信省を辞めたのは濃尾地震の直後で，筆者の推測を述べると，佐立は名古屋郵便電信局の崩壊現場に赴き，惨状を目撃して帰り，直ちに辞表を提出したものと考えられる。名古屋郵便電信局の設計と監督に直接関わったと否とにかかわらず，たった一人の技師として逓信省の建築営繕を取り仕切る立場から同局の被災を重く受け止め，責任をとって辞職したと推測される。それが佐立にとって，武士の家に生まれた男の生き方というものであったろう。

曾禰は，佐立を「外柔内剛，資性純真で廉直の士」と前出の弔詞の中で評している。佐立の引き際を見ると，それが至言であることを実感する。

近くは阪神淡路大震災において，遠くは関東大震災において，自らが設計監督した建物が崩壊し，さらに人身をあやめる事態を惹起したことを恥じ，責任を取った建築家が何人いたであろうか。佐立の毅然たる態度と精神の貴族性を思うと感なきを得ない。

佐立七次郎は，筆者にとって長い間，謎の人物である。近代建築の史家たちは例外なく佐立について触れるところが少なく，史上でつくり出されたこの空白性は，筆者には異様に映ってきた。佐立について語ってはならないタブーでも存在するのではないかと気を回し，村松貞次郎さんにお尋ねしたことさえあったのである。

亡くなった村松さんは「日本近代建築の歴史」（日本放送出版協会，1977年）の中で，佐立の工部大学校造家学科時代の同期生3人──佐立を入れて同期生は4人だった──について多くの行数を割いているのに，佐立については簡単に出自に触れただけで作品についてはまったく触れていない。

明治20（1887）年以前に日本人によって設計された煉瓦造建築物の数は10指に満たないどころか，数個に過ぎない。そんな状況の中で明治20年代前半，逓信省は日本人の手により煉瓦造を次々に建てて官庁として最も活発な動きを見せた。それなのに多くの近代建築史家は，その通史としての語りの中でほとんどそのことに触れていない。僅かに阿部公正さんが「日本近代建築史」（建築学大系第6巻，彰国社）の中で次のように書いているぐらいのものである。

「佐立七次郎は，主として郵便電信局の建築に関係しており，名古屋郵便電信局（1887），横浜郵便電信局（1889），大阪郵便電信局（1892）などがその代表的なものとして知られている」

曾禰達蔵は前出の佐立に対する弔詞の中で，名古屋郵便電信局の存在をまったく無視している（もっとも弔詞の後に附された「佐立七次郎君設計監督建造物」と題さ

図4-1　名古屋郵便電信局の崩壊（「美濃尾張大地震明細図」より）

図4-2　名古屋郵便電信局の崩壊
（新聞「新愛知」1891年11月5日号より）

れたリストには竣工年を誤りながらも「明治二十三年名古屋郵便局」と名を掲げてはいるが）。

「明治工業史・建築篇」も名古屋郵便電信局の存在そのものに触れていない。ちなみに横浜，大阪両郵便電信局についてはそれぞれ「佐立七次郎の設計」，「設計監督は佐立七次郎」と記しているのである。

曾禰と「明治工業史・建築篇」（編集幹事は中村達太郎であった）が，名古屋郵便電信局のデザインを低く評価して無視したと見るのには無理が感じられるから，一体無視の原因はなんだったのだろう。

ごく自然に考えると，曾禰と中村が名古屋郵便電信局の崩壊を明らかにするのを快しとせず，明治建築の歴史の中でその存在を抹殺しようとしたのではないかと考えられる。その理由の一つとしては，工部大学校造家学科の名誉を守ろうとする同窓意識，もう一つは曾禰と中村それぞれの同級生，先輩に対する私的心遣いが考えられる。

しかしここで考えておきたいのは，佐立が名古屋郵便電信局の設計と監督にどの程度関わったのかという事柄である。それを調べることのついでに，まず佐立七次郎の年譜について記しておく。

工部大学校造家学科

佐立七次郎は，工部大学校造家学科の第1回卒業生である。卒業は明治12（1879）年11月で，同期生に辰野金吾，片山東熊，曾彌達蔵の3人がいた。

現在の東京大学の建築学科は，その遡源を工部大学校造家学科に求めており，「木葉会」と称されるOB会は上記の4名を第1回卒業生と目している。ちなみに平成10年3月の卒業生は第120回となっている。

工部大学校の各学科の第1回卒業生の中から11名が選抜され，官費留学生として明治13（1880）年2月，横浜港からイギリスへ向かったが，その中の1人として造家学科からは辰野金吾が選ばれていた。これが日本の建築界を背負って立たねばならぬ宿命の重荷を辰野に負わせることになるのだが，横浜港を発つとき辰野にその予感があったかどうか余人の知り得るところではない。

造家学科第1回卒業生のうち，曾彌達蔵，片山東熊，佐立七次郎の3人は工部省営繕局に入った。辰野金吾は前述のように卒業して直ぐ海外留学し，3年余り後に帰国（1883年5月）してから工部省に入った。そして翌年7月，工部権少技長となり，12月には工部大学校の教授を兼任する（コンドルは辞令上は1882年1月「造家学教師」を罷免となり，営繕局専任に移っていたので，大学校の方が兼務となっていた）。

曾彌達蔵は卒業後1年半程経つと工部大学校に戻り，教授補として（後に助教授となる）コンドルを助け，学生の教育に当たった。その後辰野が教授兼任となると間もなく大学校を出たが，工部省廃省に伴い大学校に戻って助教授となった。こうして同級生でありながら教授と助教授が生まれたわけであるが，これは工部省廃省，エ部大学校廃校のどさくさにおける人事であったと見てよい。明治19（1886）年4月，工部大学校の帝国大学工科大学への移行に伴い，辰野と曾彌はそのまま教授，助教授にそれぞれ横滑りしたが，3カ月経つと曾彌は辞めて海軍省に移った。首席と二等及第の差が明暗を分けることになったわけだが，曾彌の人柄を考えると，彼がそれを「暗」と受け止めたかどうかは疑問である。曾彌の後釜としては，後に中村達太郎が教授に就いた。

ところで学生の教育が教授1人，助教授1人で可能だったのかという疑問が出るが，明治19（1886）年以降の造家学科の卒業生数を見ると，明治19年1人，20年なし，21年1人，22年なし，23年3人，24年5人という状態だったから，客観的には教授1人，助教授1人で十分とみなされる状況にあった。文字通りマンツーマンの教育

が可能な時代であった。

話が先走りしてしまったついでに，工部大学校廃校のことに一寸触れておきたいと思う。詳しくはまた後述する。

工部大学校は明治18（1885）年に文部省の所管となる。これには翌年，同校が東京大学工芸学部──当時は東京大学が正式名称だった──と合併することへの含みがあった。そしてこの合併のとき東京大学は帝国大学と改称された。当時，日本に帝国大学は一つしか存在しなかったから，帝国大学の前に「東京」を冠する必要はなかった。京都に帝国大学ができて，東京帝国大学と称されることになったのは明治30（1897）年であった。

さて明治19（1886）年に東京大学工芸学部と工部大学校が合併して文部省所管の帝国大学工科大学──工科大学は今日の工学部に相当──が成立したとき，辰野金吾が教授となり，コンドルの後を継いで日本人として初めて教壇に立つことになったが，このときまでに工部大学校造家学科からは20人の卒業生が巣立っていた。

この20人の卒業生は，工部省の手によって育てられたのだということを承知しておく必要がある。そして20人を送り出すのに工部大学校は創設から苦悩に満ちた13年の歳月を費やし，20人の若者たちを送り出して自らの息を引き取ったのである。

現代の人々は，工部大学校は現在の東京大学工学部の遡源に当たるとさらりと書き流しているが，工部大学校は系譜的に見ると現在の東京大学の嫡流ではない。工部大学校と東京大学工芸学部（明治時代の）は対等に合併したと主張するのは工部大学校側の話で，客観的に見ると嫡流の東京大学（明治初年の正式な呼称）に工部大学校は吸収されたと見るべきだろう。

上に述べたことは，工部大学校と東京大学工芸学部の合併にあたっての悶着や合併後の工科大学（現在の工学部に相当）の教授陣の構成における格差を眺めれば一目瞭然である。

工部大学校は発生的にはまったく東京大学と流れを異にし，明治6（1873）年に工部省工学寮の所管する工学校として創設され，東京大学の成立──明治10（1877）年に東京開成学校と東京医学校の合併により──に刺激され，「大学」の向こうを張って「大学校」と改称したという経緯──私の捉え方であるが──があった。それは，
「工部ニ奉職スル工業士官ヲ教育スル学校ナリ」
とする工部省の高々とした理想と，工部卿伊藤博文とそれを輔けた山尾庸三らの意地の表現でもあった。

工学校は卒業後7年間工部省に奉職することが義務づけられていて，修学期間は6年（予科→専門家→実地科

と各2年ずつ）であった。

　佐立らの第1回卒業生は，工学校の創設とともに入学した人たちで，彼らの在学中には国内に，

熊本神風連の乱（明治9年10月24日起こる）

秋月の乱（福岡県，同年10月27日起こる）

萩の乱（山口県，同年10月28日起こる）

西南戦争（明治10年2月15日始まり，9月24日終わる）

などの内乱が起こり，国内は騒然としていたのであった。またこれらの内乱征討のための出費は莫大なもので，明治政府は財政的に大打撃を受けたのであった。

　こういう雰囲気と情勢の中で，文部省は東京大学を成立させて法・理・文・医の4学部を設け，一方，工部省は工部大学校を経営していたのであるから，明治新政府はしたたか者で，それなりに骨太の国家理念を持っていたといえよう。

　上述のような情勢であったから，東京大学と工部大学校の教授陣——御雇外国人による——の充実度は学部と学科によりまちまちで，工部大学校造家学科は充実が遅れた方であった。工部大学校（東京・虎の門）の生徒館を設計したアンダーソン（英国人）や講堂（本館）を設計したボアンヴィル（フランス生まれの英国人）が工事監督のついでに教室に現われ，無系統な教え方をしたようで，曾禰達蔵は後年これについて愚痴をこぼしている。しかし前述したような当時の国内の混乱状態や新政府のもとの組織の未確立を思うと，政府としては工部大学校の経営を精一杯やっていたということであろう。

　明治10（1877）年1月，ジョサイア・コンドルが招かれ，英国から来日して工部大学校で教え始める。この辺りの事情は，日本近代建築の通史に詳しいから詳述を避け，コンドルが日本に着いたのが西南戦争の始まる直前の1月だったことを指摘するのにとどめる。

　工部大学校の第1回卒業生が教育を受けた事情とその頃の社会情勢は先に述べたとおりで，今日的カリキュラムの組み方——カリキュラムの内容レベルではなく，組み方——から見れば，第1回卒業の4人がコンドルから大学で学んだことは少なかったろう。しかし卒業してからコンドルの仕事を助ける機会が得られたり，コンドルの作品をじかに見る機会に恵まれたのは，かつてコンドルの教え子だったことの余慶だったはずである。また彼らはコンドルの薫陶を受けたことを終生誇りに思い，それが建築活動の上で大いに刺激となり精神的活力となったことであろう。大学に限らず学校を出ることの効用が，学校で学んだ知識よりはそういった面にあることは，今も昔も変わらないはずである。かくして工部大学校第1

回卒業生は明治時代の建物づくりにおいて，否応なしにリーダーシップをとらされる使命を宿命的に負わされることになったのであった。

　話を工部大学校の第1回卒業生に戻す。その4人の中で，私が語りたいのは佐立七次郎である。

　佐立七次郎は安政3（1856）年12月7日，父，作十郎の長男として江戸で生まれた。作十郎は当時江戸詰めの讃岐藩士で，彼もまた江戸生まれであった。

　作十郎は明治の維新に際し家族を連れて故郷の香川に帰ったが，やがて明治5（1872）年，一家を挙げて上京する。七次郎15歳の時であった。翌年の8月，七次郎は工部省所轄の工学寮工学校（学課並び諸規則が正式に整うのは翌年2月）造家学科の入学試験を受けて入学を許された。

　佐立七次郎が工学寮工学校（後の工部大学校の前身）の造家学科に入ったとき，同級生は佐立を含め5人であった。予科2年の課程を終えて専門科に進んだものの，学生たちは充実した建築の教育を受けることができずフラストレイションに陥っていった。

　そうした雰囲気を察知した当局の招聘により，明治10（1877）年1月，英国人ジョサイア・コンドルが正式の御雇外国人教授として工部大学校に着任した。その身分は「造家学教師」で，工部省営繕局の「造家師」が本務であった。コンドルは来日当時25歳と若かったが，建築事務所で働いた経験があり，英国王立建築家協会（R.I.B.A.）の会員資格を持っていたから，木造建築しか知らない大工上りの技手たちや，外国人の設計した粗造の煉瓦造しか知らない技手たちで構成された工部省営繕局の中に彼が身を置くと，掃き溜めに鶴が下り立った感があった。しかし教師としての力量は未知数であった。

　コンドルの雇傭がどのような方針で行われたのか不明だが，コンドルをプロフェッサーに聘したことで，日本の建築教育の方法論と，明治の建築のデザインが方向づけられることになったわけである。良かったにしろ悪かったにしろ，それが日本の近代建築にとって運命であった。しかし，コンドルに対する今日の史家の評価は悪いものではない。

　佐立は工部大学校造家学科で同期生4人のうちで最年少で，他の3人のうちで最も若い辰野金吾よりさらに2歳年下で，最年長の曾禰達蔵とは4歳も年齢が違った。20歳前後の時代におけるこの年齢差は大きい。工部大学校は全寮制度——全員が6年間寮に入る——で，しかも専門科に進んで以後の4年間は，同学科の者が同室で起居をともにする生活だったから，この年齢差は陰に陽に影響を持ったであろう。それに佐立の性格から推して，彼

の同期生の中での行動は，人を押し分けて進むというタイプとはおよそ正反対であったろう。

卒業の成績は，辰野金吾と片山東熊が第1等及第で，曾彌達蔵と佐立は第2等及第であった。

第2等及第の意味を次に説明するが，これを読むと読者の顔色がたちまちに変わるだろう。以下は工部大学校の規則である。

「予科，専門科及ビ実地科ノ点数ヲ合ワセ320点ヲ以テ高点ト定ム」

「点数200点以上ヲ得タルモノハ第1等ノ卒業証書ヲ与エ，工学士ノ位ヲ授ク」

「点数200点以下100点以上ヲ得タルモノハ第2等ノ卒業証書ヲ与ウ」

「点数100点ニ満タザルモノハ単ニ本校修業ノ実ヲ表スル所ノ修業証書ヲ与ウルノミ」

「6年ノ課程ヲフミ，卒業試験ニ於テ落第ノ生徒ハ時宜ニヨリ詮議ノ上，ナオ1年間在校再修ノ後，翌年2月ニ於テ再試験ヲ受ケルヲ許ス」（再試験に及第しても与えられるのは第2等の卒業証書であった）

さて「第2等及第」の意味である。

「本校ニ等ノ卒業証書ヲ得タルモノ卒業ノ後，2年ヲ経過シタル後ニ於テハ左ノ条項ニ照準シ試験ノ上，工学士ノ学位ヲ受ケルヲ得ベシ」

そして「左ノ条項」として挙げられている条項は，

①「顕著な技能の機軸を」を見るに足る論文を作る。

②実地に従事した事業の「叙事報告」を提出する。

③奉職先の上司が事業上の「技能と平生の品行を証明」する証書を送る。

④「専攻服事」した一科について「論理上及び実地上の高等試験」を受ける。

ということで，何とも厳しい制度であった。

昨今の大学における学生の修学状況と卒業証書交付の様子を瞥見している立場から言わしてもらえば，これくらいの卒業証書授与の矜持（きょうじ）と権威をわが国の大学に持ってもらいたいものである。この物語で後に登場するような有能な建築家で，2等及第の卒業証書を受けた人はかなりいる。その例を掲げれば，

第1回卒業　曾彌達蔵　8年3カ月後に工学士
第2回卒業　渡辺　譲　8年2カ月後に工学士
第3回卒業　久留正道　6年4カ月後に工学士
第5回卒業　瀧　大吉　4年5カ月後に工学士

曾彌，渡辺，久留，瀧が明治の建築の発展にどれだけ貢献した人々であるか，追々明らかになる。

ところで肝腎の佐立が工学士を認許された年だが，同期の曾彌よりやや早い明治20（1887）年で，卒業後約8

年の歳月が経過していた。

ウォートルスの煉瓦造建築を見様見真似で習得した筆頭技手の立川知方が，正統的な煉瓦造のディテールに接することになったのは，ジョサイア・コンドルの設計した上野博物館においてであった。もっともこの建物のプランは，イタリア人建築家，カペレッティの手になるもので，その後をコンドルが受け継いだという説があり，この説は信憑性が高いという。

上野博物館は，明治11（1878）年4月の起工で，明治15（1882）年4月に竣工している。この建物に関係した工部省営繕局の技手たちは，大部分が木造建築を得意とする人たちで，立川と同じように本格的なイギリス式煉瓦造に接するのは初めてであったから戸惑うことが多く，これを現場主任として指揮する立川の気苦労は想像を絶するものがあったろう。

そうした戸惑う人たちが多いなか，コンドルの話す英語を解し，イギリスの流儀に従って原寸図を画き，煉瓦の品質検査や煉瓦積みの監督をそつなくこなす一人の新人技手がいた。この新人は，工事が起工後半年以上経過した段階でやってきたが，たちまちのうちに先輩の技手たちが一目を置く存在になって行った。

この新人技手が佐立七次郎で，明治12（1879）年11月に工部大学校造家学科を卒業して工部省に入り，上野博物館の現場に配属されてきたのであった。

佐立は工部大学校でコンドルの薫陶を受けていたからコンドルの設計意図をよく解したし，座学より実地重視の教育方針のもとに育てられてきたから，学校出たてといっても，佐立には仕事に対する気後れはなかった。仕事をそつなくこなす佐立の姿は，先輩の技手たちの目には眩しく映ったことだろう。

しかし佐立は工部省に入って1年程すると，鉱山局に転任を命ぜられ，秋田県の院内鉱山の建築掛として赴任する。院内鉱山は当時，官営（工部省所管）の銀山で，後に（1884年12月）官営工場整理の方針により古河市兵衛に払い下げられることになった鉱山であるが，佐立の赴任は払い下げよりも3年程前で，払い下げとは無関係であったと考えられる。

院内鉱山で過ごすこと7カ月あまり，佐立は再び営繕局に戻され東京に帰った。

佐立が院内鉱山へ赴任を命ぜられたとき，上野博物館の工事は中途にあり，竣工まで1年有余を残していたところであった。山奥の鉱山に工部大学校第1回卒業のエリートを派遣しなくてはならないような建築の仕事があったのであろうか。

工部大学校はその設立の趣旨からいっても，工部省の

将来の士官を養成する大学であった。後の例から見ても分かるように，大学校の卒業生は，工部省の省内において設計の仕事に就かせるか，工部省として枢要な建物の工事現場に配置し，練達の古参技手に協力させて大事に大事に育てるのが方針だったはずである。第1回の卒業生ということで，佐立の場合，その受け入れ方針が定まっていなかったのであろうか。とにかく，前述の佐立の人事は不可解であり謎めかしい。佐立の院内鉱山での仕事についてどなたかに調べていただきたいものである。

曾禰達蔵は，佐立の死を悼んで彼の事績・人柄を偲びこんな風に書いている（「建築雑誌」1923年8月号）。

「君は元来広く人と交際するを好まざりし特質」

があり，また，

「謙虚はその度を過ぎること甚だしく，自己の技倆を実価の半分以下として人に接するを常とし」
「いやしくも事の重要にして権利の分るる重大なる場合に臨みては，厳としてその意見を主張し毫も仮借せず」

曾禰の言葉は，佐立の人柄を彷彿させる。

佐立七次郎の年譜を続ける。

院内鉱山から東京に戻った年，父親が亡くなり佐立は家督相続をした。七次郎には7歳年下の次弟，亥三郎があった。

佐立は通算して3年有余工部省に在籍したが，その終わりで洋風木造の会計検査院（東京・丸の内大手町）を設計している。しかし，その竣工1カ月前の明治16（1883）年7月に，海軍省に転じた（海軍5等技師——5等というのは奏任官5等の意である）。だが1年と経たないうちに，同期の片山東熊の紹介で請負業の藤田組に移った。工部大学校の卒業生が，民間に就職した第1号であった。

佐立は藤田組に移ったが，自分の性格と請負業の気風が合わないのを痛感し転職の機会を窺い始める。日本郵船株式会社東京支店の事務所はそんな時期に設計されたもので，これが佐立にとって最初に手掛けた煉瓦造の建物であった。またこの縁により，彼は後年，日本郵船に関わる各種の建物を沢山設計することになったのであった。

上記の建物は明治20（1887）年9月に竣工したが，佐立はその竣工を待たずに同年2月に逓信省に入っている。建物の現場監督に専心することなく，日本郵船の仕事から離れてしまったわけである。佐立の逓信省入りにはこんな背景があった。

工部大学校の3年後輩の新家孝正が，新設される民間の日本土木会社（後述する）に移ることになったので，

その後釜探しがあり，佐立に白羽の矢がたてられたのである。もちろん逓信省の建築営繕を取り仕切る立場の技師であった。

佐立七次郎と逓信省

新家の去った後，佐立が逓信省の建築を指揮することになった。同省における佐立の建築事績として，曾禰達蔵は九段郵便局，浅草郵便局，大阪中之島郵便電信局などの名を記している（前出の佐立に対する弔詞において）が，なぜか名古屋，横浜の両郵便電信局の名前を挙げていない。

名古屋郵便電信局の竣工は明治20（1887）年の末か翌年の1月と想像される（写❹ -1）。「名古屋逓信局沿革誌」（名古屋郵政局編，昭和25年）によると，名古屋逓信管理局は名古屋の伝馬町に局舎（明治19年7月完成）があったが，「明治21年1月，名古屋市中区栄3丁目に局舎新築され，名古屋郵便電信局と共に移転した」とある。その起工の時期は分からないが，この新築の局舎が名古屋郵便電信局の局舎にあたるものであった。

名古屋郵便電信局は濃尾地震当時，現業一等局で，郵便電信官制（明治22年7月制定）に基づいて愛知県下の管理事務を兼掌していた。その後，幾度も制度改正があり，名古屋郵便局（明治36年3月）を経て現在の名古屋中郵便局となり，これが名古屋郵便電信局の後身と見なされている。

ただし，名古屋中郵便局は現在は中区大須3丁目に移ってしまい，名古屋郵便電信局の旧敷地に残る郵政関係の施設は名古屋栄郵便局（国有，無集配特定局）だけとなっている。今は旧敷地に建てられたところの日興証券ビルの脇に立つ，「名古屋郵便発祥の地」という石碑が往時の歴史を偲ばせる唯一の縁となっている。

名古屋郵便電信局の局舎は，次の2点でわれわれの関心を引くものがある。
①逓信省の手掛けた最初の本格的な煉瓦造の建物。
②濃尾地震により崩壊した。

「郵政建築の100年」は郵政大臣官房建築部の監修したもので，その内容は当然信用がおけるものであるが，それによると，名古屋郵便電信局は，

「佐立七次郎が逓信省最初の専任建築技師となって初の作品である」

とされ，佐立の前任者であった新家孝正については，

「逓信省に籍を置いた期間はわずか数ヶ月にすぎず特に記録に残っている仕事はない」

と書かれている。だから名古屋郵便電信局は佐立により

❹-1　名古屋郵便電信局（「郵政建築百年史」より）

❹-2　横浜郵便電信局（「郵政建築百年史」より）

設計されたと考えてよいだろう。そうすると，遅くとも明治20（1887）年の末までには竣工していたと考えられる同局の設計はいつ行われたかということになる。

佐立の逓信省入りは明治20（1887）年2月と考えられる（曾禰達蔵の書いた弔詞の中の記述による）から，3月に辞任した新家孝正（「郵政建築の100年」による）との間で事務引継ぎをしながら設計を始め遅くとも4月初め頃までには，名古屋郵便電信局の設計が纏められたと見てよいだろう。不可能というほど短い期間ではないから，設計は佐立によったと考えてもよかろう。しかし年末の竣工としたら8カ月程の工期しかなかったわけで，当時の工期としては短かったように思える。伊東忠太により2階の工事が「疎漏」と指摘された（第2章で前述）素因は，このことにあったのかもしれない。

なお名古屋郵便電信局の設計から竣工にかけての頃は，まだ「郵便及び電信局管制」が制定されていなかったから，名古屋通信管理局と現業の名古屋郵便局の両方を収容する局舎が計画されていたと考えられる。「郵便電信局」という名前が用いられるようになったのは，明治22（1889）年7月からであった。

横浜郵便電信局（写❹-2）は，起工は明治20（1887）年12月で，竣工は明治22（1889）年3月とされている（「明治工業史・建築篇」）。したがって，横浜郵便電信局は名古屋郵便電信局が竣工するのと入れ替わるようにして起工されたわけであるが，佐立は前者の工事の後半を見ていない。郵便電信の施設と建築を視察のため明治21（1888）年8月に横浜港を発ち欧州に向かったからである。そして欧州各国，米国を回って翌年（1889）年11月末に帰国した。1年4カ月にわたる海外出張であった。したがって，佐立は横浜郵便電信局の落成式には出席していない。

明治25（1892）年に落成した東京・日本橋の本材木町の東京郵便電信局は，その新築計画をはじめ，佐立が担当したが，欧米に出張することになったため，明治22（1889）年5月に内匠寮4等技師の片山東熊に委嘱した。これを見ると，当時，逓信省の設計を取り仕切る人物は佐立以外にいなかったことが分かる。事実，技師は佐立だけ──技手は4人いたが──であった。この認識は，佐立の逓信省における一連の仕事について考える上で重要である。

佐立が名古屋郵便電信局の前に手掛けたと思われるものに，木挽町の東京電信局構内の新築工事があるが，工事内容は不詳である。おそらくこれが逓信省における佐立の初仕事であったろう。

明治23（1890）年11月，前にも触れたことのある大阪中之島の大阪郵便電信局の工事が始まった。本館（図4-3）は煉瓦造2階建で建坪約470坪（約1,560 m^2），平面図は図4-4に示すとおりで，当時の大阪では類を見ない大規模な煉瓦造であった。時期的に見て，佐立が欧米視察から帰って間もなくのことであったから，彼は洋行による蘊蓄と自己の精力をこの建物の設計に傾注したかと思われる。逓信省に入って以来，佐立は羽を伸ばすようにして活躍してきて，この頃が彼の生涯において最も輝いていた時期であったろう。

しかし明治24（1891）年10月，佐立は工事半ばにして突如辞表を提出し，工事の後を古参技手の中島泉次郎に託して逓信省を去った。曾禰が佐立に対する弔詞の中で，この辺りの事情に触れたがらなかったことについては先述した。

大阪郵便電信局は明治25（1892）年12月に竣工したが，工事が始まって1年ほど経ったときに既述のように濃尾地震が起こり煉瓦造建物が大被害を受けたため，被害を教訓に計画を大いに変更している。1階の煉瓦壁では目地モルタルが石灰モルタルであったのに対し地震後，2階ではセメントモルタルに変更されたなどはその代表的変更例であった。

なお煉瓦壁の厚さは，

2階……2枚半と2枚の2種
1階……3枚半と3枚の2種

であった。名古屋郵便電信局，第三師団司令部などこれ

第4章　名古屋郵便電信局　45

までに紹介してきた煉瓦造建物の壁厚と較べて格段に厚くなっているのが注目される。

なお2階床梁と小屋組諸部材にはマツ材が用いられ，屋根は桟瓦葺きであった。

佐立七次郎の晩年

筆者の想像によれば，佐立七次郎は名古屋郵便電信局が崩壊し，人身事故を招いた責任をとって逓信省を辞した。佐立の同時代人も，後世の史家もこのことに触れず口を閉ざしているが，私の想像は多分正しいだろう。

佐立の深く関わったはずの大阪郵便電信局とその前年，すなわち濃尾地震のあった年に完成した九段郵便局とが佐立の逓信省における最後の建物になった。

佐立は逓信省を辞し，官途への道を永遠に絶った。そして口を糊するために市井に建築事務所を開いた。これについて，曾禰達蔵はこんな風に書いている（これまでにしばしば引用した曾禰の佐立に対する弔詞）。

「大学卒業の建築家なる工学士が，其の専門科の事務所経営の嚆矢なり」

事務所を開いた後の初仕事は，東京・本所小梅町の徳川公爵邸の設計監督（明治26（1893）年）だった。

その後，東京・日本橋兜町の東京株式取引所の本館・立会所――明治28（1895）年12月～明治30（1897）年3月――を手掛ける。全体で1,300m²に満たない小規模な建物で木造平家建であった。本館も事務所も「明治工業史・建築篇」によれば，

「竪瓦張（り）石色塗目地付けなり。また床下総体地中室にして高さ平均7尺5寸なり」

とある。請負人は清水満之助であった。

外装は擬洋風建築の小道具の一つとして使われる「ナマコ壁」と呼ばれるものであった。同期の辰野や曾禰はそれを見てどう思ったであろうか。辰野は，

「大学校を出たのに困ったものだ」

という意味のことを言ったかもしれない。

順序が逆になったが，佐立が逓信省在任中に手掛けた「日本水準原点標庫」について触れておこう。

「国会前庭洋式庭園」は，文字どおり国会議事堂の前庭的存在で，議事堂の東側にあるが，いつ行っても人影がまばらなのがよい。

東京のど真ん中にいることを忘れさせるようなその静閑な庭の木立の中に身を潜めるようにして，佐立七次郎の設計した「日本水準原点標庫」が立っている（写❹-3）。石造の村夫子然とした建物――現代的感覚からすると建物と呼ぶのが似つかわしくないような小規模なも

図4-3　大阪郵便電信局（「建築雑誌」1893年5月号より）

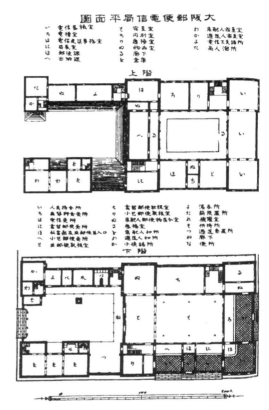

図4-4　大阪郵便電信局の平面図
　　　（「建築雑誌」1893年5月号より）

のだが――を前にして佇んでいると，佐立という人の人柄が伝わってくるし，同期生の中で，生前名声から最も遠かった佐立の作品が気恥ずかしそうにしている気配も伝わってくる。この標庫は，現在次のように史的に位置づけられている。

「地味な存在であるが，皮肉なことに，彼のこの小品が現存する四人の諸建築のうち内最古のものとなっている。」（東京建築探偵団著「近代建築ガイドブック・関東編」鹿島出版会，1982年）

この「水準原点標庫」の前に立っていると，時が流れたなと感ずる。明治の建築は時の流れに没して，紙の上の歴史と化したなとも思う。歴史が書かれたものなら，歴史は後世によって書き換えられることもあり得よう。し

❹-3 日本水準原点標庫

❹-4 征清軍凱旋記念燈
（東京・深川不動尊の境内）

かし残された建物は，作者の好むと好まざるとにかかわらず永世にわたって後世の批判の眼に曝されなくてはならないのである。

この生き残った倉庫然とした建物の右側に「日本水準原点標庫」として，東京都教育委員会が平成9年3月31日に建設した次のような標示板が立っている。

「日本全国の統一された標高決定のための基準として，明治24（1891）年5月に水準原点が創設されたが，この建物はその水準原点標を保護するために建築されたものである。設計者は工部大学校第一期生の佐立七次郎（1856〜1922）。建物は石造で平家建。建築面積は 14.93 m² で，軒高 3.75 m，総高 4.3 m（中略）日本水準原点標庫は石造による小規模な作品であるが，ローマ風神殿建築に倣い，トスカーナ式オーダー（配列形式）をもつ本格的な模範建築で，明治期の数少ない近代洋風建築として建築史上重要である。」

この標庫の中に据えられた大理石の台石（地下 10 m 余まで打ち込んだコンクリートの細長い柱とそれを受ける基礎によって支持）には水晶目盛板がはめられ，そこに刻まれた目盛は海抜 24.4140 m（当初は海抜 24.500 m と定めたが，1923 年の関東大震災のとき，地盤が動いて標高が変わり訂正した）を示している。その値は，明治6（1873）年から長期にわたり東京湾の潮位観測をしてきた平均海面から求めたものである。

日本水準原点標庫が呼び水となったのか，その後佐立には石造の小品の設計が続く。成田山新勝寺の境内（千葉県成田市）に立つ記念燈（明治25年），深川不動尊の境内（東京・深川）の征清軍凱旋記念燈（明治31年，**写❹-4**）などがある。

佐立は，逓信省に入る直前に日本郵船会社の仕事に関与した（前述）縁で，明治30（1897）年頃から同社の建築の設計監督に顧問として関わるようになる。この時期に佐立が設計した建物として今日最も有名なものは，日本郵船（株）小樽支店である。石造2階建で明治37（1906）年の竣工。運河に面して建てられ，石造の盛んだった（6年後に建てられた辰野金吾設計の日本銀行小樽支店も擬石造であった）小樽の街の雰囲気と今も調和している。石と縁の深かった佐立に最もふさわしい作品であったといえよう。今は重要文化財に指定され，運河とともに小樽の観光財として人々に親しまれている。

佐立は晩年になっても，石や煉瓦を用いた組積造にこだわったように思える。それは震禍に責任を感じ，それを技術的にのり越えようとした技術者の良心であったかもしれない。同級生たちが時代の動きを敏感に受け止めて，煉瓦や石から遠ざかって行こうとしたのとは対照的に，それらにこだわったために，結果としてますます時代から取り残されてしまうことになったのである。

佐立は，大正元（1912）年日本郵船（株）を離れて隠遁の生活に入り，10年後の大正11（1922）年66歳で没した。

静岡郵便電信局

名古屋郵便電信局の濃尾地震による崩壊事件にまつわる資料を得たいと思い，名古屋・横浜と続いた郵便電信局の竣工に近い時期に着工された煉瓦造の郵便電信局を探してみた。

静岡郵便電信局は横浜局の竣工から2カ月経った明治22（1889）年5月に起工されている。だから名古屋，横浜と続いた局舎の設計方針が静岡局にも続いているのではと想像し史料探しをしたが，しかるべき設計史料は何一つ得られず徒労に終わった。しかし若干の調べ事をし

たので，静岡郵便電信局の局舎にまつわる話をしておくことにする。

　その前に，横浜郵便電信局の局舎に続く煉瓦造で，逓信省の本省の手で設計されたものが，静岡局の他になかったかどうか見ておきたいと思う。

　後述するように静岡局の竣工は明治22（1889）年秋と考えられるが，それより前の7月に竣工したとされるものに仙台郵便電信局があり，これは本省の技手の木倉熊次郎の設計とされる煉瓦造2階建であったが，建物規模については不明である（郵政省編「郵政百年史資料，第27巻」）。そして静岡郵便電信局の竣工後，濃尾地震（明治24年10月）に至るまでの間には，10局を越える郵便電信局や郵便局が全国で建築されているが，煉瓦造の局舎は一つも登場していない。ということは，静岡郵便電信局は名古屋，横浜，仙台の3郵便電信局に続いて本省の手で設計され，濃尾地震以前に建てられた一番最後の煉瓦造の建物であったということになる。このことは，静岡郵便電信局の局舎の持つ大きな歴史的意義である。しかし私の手許には史料が乏しくて，この局舎の設計内容について知るところはない。設計者の名前も分からない。しかし逓信省の建築を取りしきる立場に佐立七次郎がいたことは紛れもないことである。

　泉鏡花の小説「婦系図」の後半は，主人公の早瀬主税が東京から静岡へ向かう汽車の中で，東京の実家へ行って静岡に帰る島山夫人常子と出会う場面から始まる。

　静岡に着いて駅前の旅館「大東館」に泊まった主税は，翌朝，人力車に乗って草深（町の名前）にある島山家を訪ねる。着くと早々，島山夫人は主税にポンポンと次のように話しかける。

　「途中でどこを見てきました。大東館のじきこっち方の大きな山葵の看板を見ましたか，郵便局は。あの右の手の広小路の正面に，煉瓦の建物があったでしょう。県庁よ。お城の中だわ。」

　「婦系図」は鏡花が34歳のとき書かれたもので，明治40（1907）年1月1日から4月6日まで「やまと新聞」に連載された。私の興味を魅くのは，島山夫人の喋りを通した上掲の描写が，明治30年代における静岡の繁華街の一つである「呉服町通り」の様子を伝えていることである。当時の写真を眺めてみると，その描写は目立つ建物などを過不足なく，しかも東から西に向かって順序正しく羅列していて巧みである。

　鏡花が「婦系図」を書いた頃の呼び方として「郵便局」は正しいもので，当時の正式の呼び方は「静岡郵便局」であった。この郵便局の建物について述べる前に，ついでに静岡における郵便と電信の業務に関する年譜を示しておく。この年譜はわが国の逓信制度の変遷を物語るものでもある。

　明治5（1872）年　　3月　郵便御用取扱所開設
　　　　同年　　　　　9月　紺屋町に電信局設置
　明治8（1875）年　　2月　2等郵便局に昇格
　明治9（1876）年　11月　同上局長田中伴蔵，私材を
　　　　　　　　　　　　　　　投じ新局舎建築

　上記年譜について，若干解説を行うことにする。

　江戸時代には書状の送達は各宿場の飛脚屋が担当しており，静岡では伝馬町（駿府における宿場があった）の日野屋がこれに従事していたが，明治4（1871）年3月にこの制度が廃止された。静岡郵便取扱所は田中伴蔵が1等郵便取締役として伝馬町の自宅で業務を行った。田中は2等郵便局に昇格後，私材1千円を投じて擬洋風建築に属するスタイルの局舎を新築した。

　局舎は白漆喰仕上げ土蔵造の2階建で，窓には左右に開く鎧戸が取りつけられ，建物正面部の2階にはバルコニーが設けられた。そのバルコニー下の階下の一部に玄関入口が設けられ，その入口上部には漆喰で野積石を擬した木造の迫持が架け渡された。その新局舎の建物は，慶応4（1868）年3月9日，東征大総督府の参謀，西郷隆盛と幕臣山岡鉄太郎の会見となった商家の松崎屋——現在その跡に「西郷山岡会見史跡記念碑」が立つ——のごく近く（旧宿場の伝馬町の南端）に建てられた。

　この新局舎は静岡で最初に建てられた擬洋風型の建物であったかと思われるが，洋風の取り入れ方が稚拙で洋風化の度合も薄く，いわゆる擬洋風建築と見立てることも憚られるような代物であった。ちなみに，私見であるが静岡で擬洋風建築として最も風格を有し容体も整ったものは，明治8（1875）年10月に，駿府城の南側外濠の百間堀と通称された濠端に建てられた静岡師範学校——初代校長は旧幕臣で後年，衆議院議員，貴族院議員を勤め麻生中学校の創立者としても知られる江原素六——であった（写❹-5）。この学校の校舎は，日本の近代建築史の中に名前を現わす擬洋風型の建物と較べても匠性・風格の点で擬洋風建築として見劣りしないように思える。徳川駿府藩の権勢の余韻であったといえよう。

　田中伴蔵の建てた郵便局に話を戻す。

　田中の郵便局の局舎は，開局して43日目の12月30日に呉服町6丁目から出た火事で類焼——焼失474戸——してしまい，再建したがまた焼けてしまった。

　明治18（1885）年10月，七間町に管吏特派局を設置。

　これにより現在の特定郵便局に似たような業態だった郵便取扱所は名実ともに「御上」の機関に移行し，それまで13年間局長を勤めた田中伴蔵はこれを機に退いた。

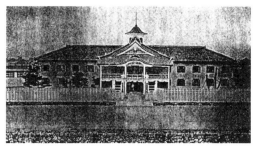
❹-5 静岡師範学校
（「ふるさとの思い出写真集・明治大正昭和・静岡」より）

そして明治19（1886）年4月，地方逓信官署官制の制定に伴い東京逓信管理局の所管となった。

明治22（1889）年7月に郵便局と電話局が合併して1等郵便電信局となり，静岡郵便電信局と称された。

これは通信省の郵便電信官制の制定に伴う改組で，このとき東京逓信管理局は廃止された。これにより静岡市の札の辻にあった郵便局と紺屋町にあった電信局は8月に統合され，この年の末に紺屋町に完成した局舎に移った。これが問題にしようとする静岡郵便電信局の局舎であった。いよいよ目指す主題の煉瓦造2階建の局舎の登場である。

明治時代，造家学会（現在の日本建築学会）の月刊機関誌「建築雑誌」には建物消息欄と呼ぶべきコーナーがあったが，明治22（1889）年8月号のそのコーナーに「静岡郵便電信局新築」という見出しの記事が載っている。それを現在の言葉で要約すると次のようになる。

「静岡郵便電信局の新設場所は静岡市の呉服町通りで建物は軒高33尺（約10m）の煉瓦造2階建で，建坪175坪（約580m²），附属平家10坪（約33m²）である。設計計画はその筋（筆者注：逓信省の本省と考えられる）によってなされ，地盤を丁掘して杭打地業とし，建物の外周の水平腰長押は堅石を用い，胴と軒蛇腹は石色塗り。階上階下とも壁厚は1枚半積みで内外共に漆喰を塗って仕上げ，屋根は方形で桟瓦葺き。工事は日本土木会社が請負い，明治22（1889）年5月25日に起工し150日間で竣工の予定である。」

昭和の初めに編纂された「明治工業史・建築篇」は「建築雑誌」の建物消息欄の記事を参考にし，かなり引用紹介しているが，静岡郵便電信局にはまったく触れていない。同局の建設の前と後に建てられた横浜・大阪の両郵便電信局については記されているから，静岡の局は仙台局とともに無視されたということであろう。

逓信省の本省の手で設計されたという点では同じでも，静岡郵便電信局の庁舎が「明治工業史・建築篇」により無視されたのは，横浜・大阪の両郵便電信局の局舎と較べデザイン的に容体が著しく劣ったからであろうか。あるいは佐立が海外出張中であったため，下僚技術者が設計したという事情も影響したかもしれない。

明治風の役所感覚からすれば，都会と田舎を差別する意識が存在し，それが名古屋・横浜・大阪の諸局舎と静岡の局舎との間にデザイン的格差を生んだものと考えられるが，関連して若干私的な空想を試みてみたいと思う。

「郵政百年史資料，第27巻」に所蔵の写真（次回掲載の写❺-1）を参考にすると，静岡郵便電信局の局舎の外観は次のようであった。

道路に面した建物正面の中央に玄関入口が設けられ，左右両翼が道路側に少し突き出た平面で，玄関部にはポーチはなく，正面部分はもちろん他の外周にもバルコニー・ベランダの類はなかった。この点は先に竣工した名古屋・仙台郵便電信局と同じであった。関連していえば，正面ファサードの両端が少し突き出て翼部を形づくっていた点も名古屋・仙台両局に似ていた。玄関上部の屋根には大きなペディメントがとりつけられ，このペディメントを境にして屋根は左右2つの方形に分かれ，屋根窓は左右の側面に一つずつあり，屋根からは煙突が2基突き出ていた。窓は上げ下げ窓であった。

総体としては豆腐形の総2階で極力装飾を排した簡素な外観で，容体的には同時代の西洋造の木造を煉瓦造にしただけという感じのデザインであった。

私の感じでは規模から見て，当時としてはこの建物は木造とする方が自然のものであった。完成写真を見ると，木造を急遽煉瓦造に置き換えたような感じを受けるのである。この印象から私の突飛な空想が拡がり始める。以下は，少々長くなるがフィクションを交えた私の空想話である。断っておくが，以下の対話に佐立七治郎は欧米に出張中だから登場しない。

「次官閣下からお呼びで先刻参上し今戻ったところだが，閣下は静岡局の設計について御不興であった。」
「どんな点がでしょうか。」
「名古屋や横浜の局と較べて極端に見劣りがすると仰せなのだ。せめて煉瓦造にするようにとの御指図なのだ。」
「課長から御指図があったので木造にしたわけですが，今から煉瓦造に設計変更するとなると着工までに時間がありませんが。」
「それから煉瓦造にするついでに，佐立君の設計した名古屋や横浜の局の外観に似たものにしてくれないだろうか。自分は素人だから，それ以上は指示できないから宜しく頼む。」
「正面の両翼を前に出したりして，名古屋局や仙台局

に似せたつもりですが。」

「閣下の仰せだと，正面にベランダやポーチがないとのことだったが。」

「名古屋局にも，仙台局にもそれらはありません。佐立技師の従来の設計意図はできるだけ汲んだつもりでおります。」

「自分は素人だから任せる。宜しく頼む。」

「ところで，次官閣下はどうしてそんなに静岡局に御関心がおわりなのでしょうか。」

「閣下は静岡藩の御出身なんだ。閣下は静岡に県庁舎が煉瓦造で建てられることも御存知だった。知事とお親しいようだ。それとの関連もあるだろう。」

ここまで話がきては，逓信次官である前島密のことを語らなくてはなるまい。

前島密

前島密は現在の新潟県上越市にあたる越後国中頸城郡下池部村の出身で，32歳のとき，ひょんな縁から譜代の御家人，前島家を継ぎ幕臣に列せられた。慶応2（1866）年のことであった。

前島は慶応4（1868）年7月，徳川駿府藩の留守居役として駿府（明治2年に静岡と改称）に移り，翌月駿府藩公用人となった。ちなみに徳川宗家が駿府70万石として転封を命ぜられたのはこの年の5月で，徳川慶喜の駿府移住は7月，徳川家宗主，家達の駿府入りは8月，「明治」と改元されたのは9月であった。明治2（1869）年に入ると，徳川駿府藩の体制も些か整った。この年の正月の家臣のリストを眺めると，家臣の最上席の「家老」には幕末に若年寄を勤めた平岡丹波がおり，それに次ぐ職の「中老」7人の中には後に東京府知事となった大久保一翁の名も見られる。その次の席次の「幹事役」（2名）には勝安芳（海舟），山岡鉄太郎（鉄舟）が名を列ねていた。前島は上記の人々と較べると軽輩に属したが，それでも3月には遠州副奉行と称された重職の中泉奉行——中泉は現在の磐田市の一部——を命ぜられ，後には浜松奉行を勤めた。しかし廃藩置県に伴い奉行職が廃止されたので静岡に戻り，開業方物産掛を命ぜられた（新設の職でとり立てて仕事はなかった）。

明治2（1869）年12月，前島は新政府に招かれて民部省に出仕することになった。勝安芳はこの年すでに静岡を離れて上京していたし，11月には，駿府に移住し民間人として駿府の街に商法会所——新政府からの交付金（拝借金）と地元の民間人の資本を合わせてつくられた一種の商会で後に常平倉と名が改められた——を起こし，巧

みにこれを経営して，業績を上げていた渋沢栄一が新政府に召し出されて上京し，大蔵省の租税正に就任していた。

上述のようにして有能な旧幕臣が次々に中央政府から出仕命令を受けとるという状勢の中で前島も上京したのであるが，まだその頃は沼津兵学校の頭取には西周（周助）がおり，静岡藩権大参事（現在の県の役職としては「部長職」に相当する）の職に山岡鉄太郎がおり，静岡学問所の教授職には中村正直（号は敬宇）がいて，静岡の街には知性と文化性が存在し活気に充ちていた。しかし西は明治3（1870）年陸軍省兵部大丞を命ぜられ，山岡は翌年，茨城県参事（県知事相当）に任ぜられ，その翌年に，中村は大蔵省翻訳掛を命ぜられ静岡を去った。

さて，前島が逓信大臣榎本武揚の要請で，関西鉄道株式会社の社長から逓信次官に就任したのは明治21（1888）年11月であった。就任して間もなく前島は「郵便及び電信局官制」を立案し，各地に並置されていた郵便局と電信局を統合し，これを1等，2等，3等に分け全国に30の郵便電信局を設けることとし，明治22年7月，勅令として公布された。ついでに述べると，これに先立ち同年3月には電話の官営が閣議決定をみている。そして4月には電話交換規制が制定されている。

静岡郵便電信局は「郵便及び電信局官制」の勅令公布の直前に着工（既述した）されているが，郵便電信局への移行は折り込み済みで新築の設計がなされたはずである。そういう含みを持った新築庁舎としては，全国的にも早いものだったし，その種の局舎として逓信省内でも最も早い時期に設計された煉瓦造であった。静岡の郵便電信局がこのような厚遇を受けた理由については，すでに筆者なりの空想をしたところである。

静岡郵便電信局の局舎着工の前の月に静岡は，市制を施行している。政府の市制施行に即座に対応したもので，静岡県では唯一の挙であった（浜松も沼津もまだ「町」のままだったということである）。当時静岡の人口は約3万8千人，市域は江戸時代の「駿府96ヶ町」で面積は僅かに4.26平方キロメートルであった。

【謝辞】本回および次回に登場する郵政関係の諸史料は，郵政省の木原茂氏の御好意により入手できた。記して謝意を表す。

第5章

静岡郵便電信局

関口隆吉 ...51
置塩章 ...52
再建された静岡郵便電信局 ...53
静岡県庁舎 ...55
新家孝正 ...56
静岡県庁舎の震害 ...56
静岡の異人館 ...57

（2000 年 7 月号）

関口隆吉

　前章のフィクション対話の中で，逓信大臣前島密と静岡県知事との親密関係に触れたが，その関係が一地方郵便電信局を煉瓦造で建築させることになったようにも思えるので──裏付け史料はないが──その親密関係に言及しておきたいと思う。

　その静岡県知事は関口隆吉で，静岡県としては3代目の知事であった。前任地は山口県で，2代目山口県令として山口に赴任するにあたっては，前原一誠や奥平謙輔ら（2人は萩の乱を起こしたことで知られる）の動きを鎮撫するよう密命を受けていたといわれる。また静岡県知事（1886年，県令という呼び方は県知事と改められた）赴任にあたっては，旧幕臣が中心になって展開されていた静岡県の自由民権運動を粛正するよう要請されたといわれている。県令，県知事には他藩出身をあてるという明治新政府の定めを破った異例の任命であったところにも，関口知事の大物振りが窺えるのであった。

　関口は天保 7（1836）年江戸で幕臣関口隆船の二男として生まれた。幕末，尊皇攘夷論に傾き，長州の久坂玄瑞等と交わったといわれ，また老中安藤信正襲撃の嫌疑

を受け，これを避けるため家督を継いでなった御持弓与力の職を義弟に譲って野に下った。徳川慶喜の大政奉還の変事にあたっては，勝海舟，前島密らとともに江戸市中の取締りにあたり，慶喜の身辺警衛の精鋭隊頭取となり，江戸城明け渡しの立会人ともなった。徳川家が駿府に移封された後は江戸に残り，公儀人→公用人として留守居役を勤めた。

　前島密が駿河藩の留守役として静岡に赴くにあたっては，関口が勝海舟と前島の間を幹旋してあたっている。以前から，前島と関口との間に親交があったからである。

　関口は前島より遅れ明治 3（1870）年一家を挙げて静岡に移住し，公用人を辞して牧之原開墾にあたる頭取となり，遠州月岡村（現在の静岡県菊川町）に住み開墾に従事した。しかし，この有能な人物を新政府が田舎に埋れさせておくわけがなく，関口は中央に呼び戻されて各県の要職を歴任することになったのであった。

　上述の前島密と関口隆吉の親密関係や両者が大物であったことに思い到ると，「静岡の局は煉瓦造にしようや」と2人の話が纏まったのは，満更フィクションとしては聞き流せないであろう。関口は県知事に就任した翌年の明治 20（1887）年静岡県庁舎の新築を考え議決を経て，設計と施工を中央の日本土木会社に委託している。

関口隆吉の東海道線開通における貢献は没することができない。政府が中山道案を変更して東海道線の着手を公表したのは，関口が静岡県令に就任した2年後の明治19（1886）年7月であった。神奈川・静岡・愛知の三県が東海道線の誘致運動に成功したのには関口静岡県令の尽力があったことを見落してはなるまい。また誘致成功後の静岡県内の路線決定や路線買収に，関口の政治力が大いにものをいったことも見逃すことはできない。

明治22（1889）年2月，東海道線は国府津・静岡間が開通して，残るは難工事区間であった静岡・浜松間の開通を待つのみとなり，やがて4月には待望の開通式をとり行う段取りにまで進んだ。その開通式の5日前，愛知県の招魂社の合祀祭に招かれた関口知事は，魔がさしたか鉄道の橋桁などを満載した無蓋の工事列車に便乗し，名古屋に向かうべく静岡を発進した。そして一本しかない線路を反対側から突進してきた砂利を積んだトロッコ車と激突した。

遭難した関口知事はこのときの傷（破傷風）がもとで5月17日に亡くなった（享年53歳）。静岡郵便電信局の起工式がとり行われる8日前のことであった。また静岡県庁舎着工に先立つこと3カ月であった。

余談になるが，関口隆吉の子孫について書いておく。

隆吉には静岡県月岡村に残した妻と，東京で結ばれた妻との間に四男七女が設けられた。長兄の関口壮吉は大正11（1921）年に開校された浜松高等工業学校（現在の静岡大学工学部の前身）の初代校長となり，テレビ発明で有名な高柳健次郎らを育てた。新村家の養子となった次男の出は言語学者，国語学者として知られる碩学で，一般人には京都帝国大学教授，「広辞苑」の編者として名を知られる。壮吉も出も少年時代を静岡市で過ごし，静岡県立静岡尋常中学校（後の静岡中学校）を卒業し第一高等学校に進学している。

三男の周蔵は加藤家の養子となった人で，戦前の静岡中学校を野球で全国的に有名ならしめた陰の立役者で，同校が大正15（1926）年夏の甲子園，すなわち全国中等学校野球大会で優勝したときには監督としてベンチに入って指揮した。

この加藤周蔵が静岡中学校の野球部で遊撃手をつとめたときのピッチャーは周蔵と同期の置塩章で，置塩が後に建築家になったことはこの後で書く。

周蔵の下の四男の鯉吉は静岡市で生まれ（父隆吉が亡くなる3年前）東京に出て，後に東京帝国大学理科大学星学科を卒業し，各地の気象台勤めをした後，東京帝国大学教授となり東京天文台長を兼ねた。後さらに文部省の専門学務局長も兼任した。文部省といえば，朝日新聞

を辞めて同省の社会教育局長となり終戦直後，横浜市立大学学長を務めた関口泰という人がいたが，彼は関口隆吉の長女，操子と結婚し，請われて養嗣子となった隆正（旧姓清水）の長男であった。

———————————————

置塩章

置塩章は明治14（1881）年大井川畔の静岡県島田に生まれた。置塩家は江戸時代本陣を務めた名家で，父藤四郎は町長を勤めた。伊東忠太は昭和3（1928）年9月の大阪朝日新聞に書いた随筆「朝顔目あきの松」の中で，藤四郎と「旧知の間である」と書いているが，伊東は藤四郎から置塩家本陣の平面図を貰っていたようである。

置塩章は県立静岡尋常中学校に入学し，野球が好きで，明治29（1896）年秋，野球部が創部されるやこれに加わり浜松中学校との対抗戦で活躍し，5年生のときには「好投手置塩」と謳われた。当時静岡県には中学校は3つ（静岡，浜松，韮山）しかなかったから，この程度の対抗戦が大試合と見なされたのであった。

置塩は第三高等学校に進み，中学校で野球部のチームメートであった中北純一とバッテリーを組み投手として活躍し，関西球界を席捲したといわれるがこの話柄はあまり後世に伝わっていない。有名な一高・三高の定期戦が始まっていない——始まるのは明治39（1906）年から——ような学生野球の揺籃期だったからであろう。

置塩が東京帝国大学工科大学建築学科を卒業するのは明治43（1910）年で，同期生には内藤多仲（早稲田大学教授），安井武雄（安井武雄建築事務所）などがいた。静岡中学校卒業が明治32（1899）年だから東京帝大の卒業までに正常より随分年数を要しているが，その空白が何によるものか筆者にはわからない。卒業して陸軍省に入り技師として第四師団経理部（大阪）に赴任する。在任中の大正元（1912）年に大阪市庁舎の設計コンペに応募し3等に入選している。大正9（1920）年兵庫県に入り，翌年初代営繕課長となった。

大正15（1926）年前述のように静岡中学校が甲子園の夏の大会で優勝したとき，置塩は準々決勝の前橋中学校との試合（延長19回戦の熱戦となり有名になった）の前日の夕方，母校の部長，監督，選手を摩耶山上に招待し神戸港の夜景を満喫させ，ナインに英気を養わせたことは，静岡中学校の歴史の中で有名である。

「静中の優勝」は中学生にとっても静岡市民にとっても大事件で，静岡の町は歓喜し熱狂したのであった。当時静岡中学校の生徒の中には，後年建築界に身を投じた塚本猛次（元・日建設計社長）が4年生，松下清夫（東

❺-1 静岡郵便電信局（「郵政百年史資料，第 27 巻」より）

❺-2 明治 26 年建築と言われる静岡郵便局
（「ふるさとの想い出写真集・明治大正昭和・静岡」より）

京大学名誉教授）が 3 年生にいた。また 5 年生には，戦後，ユニークな形で針谷建築事務所を興し，静岡県の建築界の発展に貢献した針谷正作がいた。彼は母方の伯父の置塩を頼って神戸高等工業建築科に進学し，卒業後，静岡に帰り市役所に入った。置塩は昭和 3（1928）年営繕課長を辞して，神戸に建築事務所を開いた。その作品は兵庫県を中心に関西に多く，代表作に兵庫県立病院（1930 年），宮城県庁舎（1931 年），国立神戸生糸検査所（1932 年）などがある。御影町に住み近隣に「瀟洒な西洋館」（坂本勝比古の言葉）を設計したりもしている。

再建された静岡郵便電信局

　静岡郵便電信局は官制変更により明治 26（1893）年 4 月に 1 等の郵便電信局から 2 等に降格になり，横浜郵便電信局の管轄下に入った。このとき全国で 1 等郵便電信局は東京，大阪，京都，横浜，神戸，長崎，札幌，新潟，名古屋，熊本，仙台，広島，宇都宮，長野，青森，金沢，高松，鹿児島の 18 局に絞られた。

　降格の時点での静岡郵便電信局の局舎は，明治 22（1889）年築の煉瓦造 2 階建の局舎ではなかった。まったく同じ位置に似たような建物が建て替えられていたのである。この建替えについて以下に書いてみたいと思う。

　写❺-2 は，「静岡郵便局」という題のもとに「ふるさとの想い出写真集・明治大正昭和・静岡」（小川竜彦編，図書刊行会，1978 年）に掲載され，「明治 26 年の建築か」と解説書きされた建物であるが，これが代わりに建っていたのである。調べの結果としてこの建物は，「明治 26 年 3 月竣工の建築」と断定してよいものである。

　最初に明らかにしておかなくてはならないのは，明治 22 年築とされる原局舎（写❺-1）と「明治 26 年建築」の局舎（写❺-2）の外観の違いである。

　紺屋町という大通りに面するファサードは両者とも同じである（これについては後述）が，側面の違いが目につく。原局舎は側面にある窓が 3 箇所なのに対し，明治 26 年築の方では 4 箇所であるし，よく見ると側面の幅（奥行長さ）も大きく異なっている。それに伴い側面から見た屋根の形にも相違が見られる。

　2 番目の違いは，原局舎にある屋根から突出した煙突が，明治 26 年築の方にはない。

　3 番目の違いは，明治 26 年築の方の建物の外周四隅には石積みを擬した浮き出しがあるが，明治 22 年築の原局舎の方にはそれがないのである。

　結論を先に述べれば，明治 22（1889）年築の原局舎は築後 2 年余りで再建されたのである。再建原因を知りたく思い調べた結果，静岡市立中央図書館で「静岡県の電信電話――100 年のあゆみ」（日本電信電話公社静岡電気通信部編，1971 年）という本に出会い，その中に

「明治 25 年 1 月 9 日，静岡局類焼」

「静岡郵便局庁舎，明治 26 年 4 月落成」

という 2 つの記事があるのに遭会したのである。

「静岡市の 100 年写真集」（静岡新聞社編，同社発行，1988 年）は，この大火について次のように記している。

「1 月 9 日，七間町 3 丁目より出火，西風強く，わずか 6 時間で市中目抜きの場所を大焼する。16 カ町，焼失戸数 711 戸」

　写❺-2 の局舎が明治 26（1893）年の建築であるという心証は，郵政省の木原茂さんから提供いただいた静岡郵便局に関する記録台帳（以下では「台帳資料」と呼ぶことにする）の記述からも得たのであった。

「明治 26 年 3 月 21 日，掲示場，木造」

　写❺-2 を眺めると，この掲示場――掲示板といった方が適当かと思えるが――と思えるものが，局舎の玄関入口前に立っているのである（写❺-3 も参照）。

　また掲示場の完成後 7 日目の 3 月 27 日に，次の建物と施設が竣工したという記録が台帳資料に残されている。

　本館，木造 2 階，114 坪 2 階，181 坪平家

第 5 章　静岡郵便電信局 | 53

湯殿，煉瓦造平家，4坪2合5勺
倉庫，煉瓦2階，25坪5合
倉庫，同上，10坪
倉庫，煉瓦平家，7坪
吹抜廊下，木造亜鉛板葺，55坪5合

気になるのは上記のうちの「本館，木造2階云々」と書かれた建物である。この謎解きをする前に断っておかなくてはならないのは，台帳資料には「三・局舎」との表題のもとに建物・施設の年月日，建物総坪数，建物構造などがリスト書きされているが，掲示場や「本館，木造2階云々」より古いものは台帳記録にはないということである。このことは，明治26（1893）年4月10日に静岡2等郵便電信局が発足したときから，台帳資料の台帳記録が始まっているということを意味するのである。

さて，「静岡県の電信電話——100年のあゆみ」は前述のように静岡郵便局庁舎の落成を明治26（1893）年4月としているが，この記述と台帳資料で同年3月27日竣工としている写❺-2の「本館，木造2階」建とは時期的に一致する。なお，写❺-2のこの木造建物は再建された際，原局舎の煉瓦造のファサード部分は修復して再利用されたと推測したいが，確かな史料があるわけではない（史家の考証を待ちたい）。

静岡郵便電信局の局舎が類焼後木造で再建されたのには，濃尾地震で煉瓦造の名古屋郵便電信局が崩壊したことが大きく影響していたと思われる。名古屋局の崩壊直後で，逓信省としては煉瓦造の耐震補強の策が立てられないでいたのであろう。この指摘は史的に重要である。

これまで書いてきた話に関連して余談を以下に記す。

写❺-4 は大正10（1921）年頃のものとされる写真で，中央の建物が静岡郵便局である。その建物のすぐ右側に煉瓦造と思しき外壁が縞状（煉瓦壁に白い石の帯が入った）の建物が見えるが，他の写真文献でこの建物は「電信電話局」とか「電報電話局」と呼ばれていたもので，この建物は写❺-1と写❺-2には見られない。しかし「明治35年頃」の写真と説明書きされた写真（「静岡市の100年写真集」）には見えるから，遅くとも明治35（1902）年頃までには建てられていたと考えられる。とすれば，明治35（1902）年5月開設の静岡電話所かと思われる。

「婦系図」を書いた泉鏡花が見た「郵便局」は，写❺-2の木造の局舎であったかと思われる。前述した「外壁が縞状の建物」も同時に見たかもしれない。そういう推測をする中で，以下のような経緯を述べておくことは歴史の記述を正確にするために重要と思える。

明治35（1902）年5月に静岡郵便電信局内に開設された静岡電話所の業務は電話所からの市外通話に限られて

❺-3 明治26（1893）年建築と思われる静岡郵便局
（明治40年2月発行の静岡市電話開通式記念絵葉書に撮られたもので，「静岡の100年写真集」より）

❺-4 大正10（1921）年頃の静岡郵便局
（「ふるさとの想い出写真集・明治大正昭和・静岡」より）

いたが，明治40（1907）年2月からは一般加入者に対する電話交換サービスが行われるようになり，静岡郵便局の業務は大幅に拡大されることになった。

話が前後するが，明治36（1903）年3月，通信官署官制が改められ，4月から静岡郵便電信局は静岡郵便局と改称された。郵便局と呼ばれたが，郵便・電信両業務の他に電話の業務も併合して行ったわけである。この時代の郵便局の業務をこのように承知しておく必要がある。なお郵便業務を扱わない局は特別に電信局，電話局と呼ばれたことを付言しておく。

そういうことを承知すると，写❺-4の中に見られる「外壁が縞状の建物」は電信と電話の局であったと考えるのが正しいように思われる。この建物は昭和初年にも残っていて，写❺-5の右にも見られるが，左側の郵便局の方は，モルタルで外装を模様替えされてしまい，建物コーナーに浮き出していた擬似石積みの模様も姿を消し，窓のまわりの縁どりも大きく変わり，僅かに建物の輪郭が明治26年再建当時の姿を偲ばせるだけになってしまった。以上のような模様替えが可能だったことから，明治26年再建の建物が木造であったこと，すなわち「本館，木造2階云々」の建物だったことが傍証されるのである。なおこの模様替えの意図は，合理主義とか表現主義とか呼ばれ，中央で盛んに建てられ出していた鉄筋コン

54　第5章　静岡郵便電信局

❺-5 昭和初年の静岡郵便局（「静岡市の100年写真集」より）

クリートの建物に外観だけを似せようとしたものであったかと思われるが，その外観を見ると（写❺-5）無味乾燥で外装の改悪というべきものであった。この明治生まれの建物は，昭和15（1940）年1月の静岡大火で類焼し姿を消してしまった。

静岡県庁舎

　少し長くなるが，静岡郵便電信局に関連して余談をしてみたいと思う。それは同局とほぼ同時期に竣工した静岡県庁舎のことである。「婦系図」の中で，島山夫人が「あの右の手の広小路（筆者注：札の辻と称された所）の正面に，煉瓦の建物があったでしょう。県庁の建物よ。」（前章で前出）といった建物である。竣工時期ばかりでなく，施工を請負った会社が同じ日本土木会社だったということも建築的に興味をひかれる。

　静岡郵便電信局と静岡県庁舎は，市制が4月に施行された（静岡県で最初にして唯一の市制施行で，名古屋市よりも半年近く早い挙であった）ばかりの静岡市にとって最初の本格的煉瓦造建築であった。この年は静岡の町にとって他にも記念すべき慶事が起きている。すなわち，2月には東海道線の国府津・静岡間が開通し，4月には静岡・浜松間が開通して東海道線（新橋・神戸間）が全通したのであった。

　ところで，静岡郵便電信局が逓信省の本省の設計，すなわち中央の建築家の手になるものであったのに対し，静岡県庁舎は表向きは（筆者の推測による），

　「計画は県庁より下付なり，もっとも正員，高原弘造の考案を呈出し，少部分を変更せし箇所もあり」（「建築雑誌」1889年6月号）

ということで，高原弘造が手を加えたことになっているが，高原は日本土木会社（第2章その2で記述）の建築部門の責任者であったから，実質的には日本土木会社が設計を担当したということであろう。静岡郵便電信局の工事を同社が請け負ったことについてはすでに述べたとこ

ろである。なお，高原弘造は創立初期の工部大学校で助手を勤め，後に工部省営繕局に転じ，同省の廃止に伴って日本土木会社に移ったという経歴の持主であった。

　静岡県庁舎の建設が県会で決まったのは，第3代目の県令，関口隆吉（前述）がいた明治20（1887）年のことで，着工はその翌年の8月であった。この県庁舎はこれまで注目されてこなかったが，明治時代に建てられた煉瓦造の府県庁舎のうち最も早いものの一つではなかったかと思われる。妻木頼黄の設計になる東京府庁舎の起工は静岡県庁舎より9カ月遅く，竣工は3年7カ月遅い。

　静岡県庁舎の竣工は明治22（1889）年9月で，静岡郵便電信局の竣工はそれより1〜2カ月遅かった。何にしても両建物とも明治時代に日本人が設計した煉瓦造建築として，かなり早い時期に属するものだが，近代建築の通史によりその存在を無視されているのは遺憾である。

　県庁舎の建物についてである。以下，「建築雑誌」1889年6月号を参考にする。

　県庁舎の平面形はH字形で間口32間（約58m），奥行30間（約55m）をなし，正面玄関はH字の凹んだ部分の中央に設けらた。建坪535坪（約1,730 m²），軒高33尺（約10m）の総2階建煉瓦造であったが，胴蛇腹，軒蛇腹，登り蛇腹，外側の窓下，円形迫持などには，石が用いられた。これらの石はいわゆる伊豆石と称されたもので，伊豆の安良里（西海岸）や河津（東海岸）から取り寄せられた。

　地盤は，敷地が昔の安倍川の氾濫地にあたっていたから「大玉交じりの地層」に恵まれ，「厚さ2尺（約60cm）通りコンクリート打ち」の基礎とした。

　煉瓦の壁厚は，階下は2枚積み，階上は1枚半積みで，間仕切部分は1枚積みである。なお外側の煉瓦はすべて磨き煉瓦洗い出しとした。これに基づいて煉瓦の壁厚を計算すると，

階下外周　45.9 m（約46 cm）
階上外周　34.2 cm（約34 cm）
間仕切　　22.5 cm

ということになる。階上，階下とも外周壁の壁厚は日本土木会社が関わった第三師団司令部（第2章その2で記述）と同じである。なお建てられた当初は外壁の外側に煉瓦造の控壁はなかったが，いつの頃か，窓と窓の間に1階から軒まで通しで控壁が配された。耐震補強を策したものであろう。「静岡中心街誌」（安本博編，1974年）を見ると，建物外周には上げ下げ窓が階下に85箇所，階上に99箇所あったと書かれているから，上記の控壁の配置の繁さ（配置間隔については後述）が想像されよう。同じ書物には，ストーブは階上でのみ使われたと記され

ている。知事室，会議室などは階上にあった。

新家孝正

　静岡郵便電信局と静岡県庁舎の着工は，それぞれ明治22（1889）年5月と同年8月であった。静岡市にとっては，最初の煉瓦造の建物がほぼ同時期にスタートしたわけである。東京で本格的な煉瓦造建物が建てられたのは明治13〜14（1880〜81）年の頃であったから，煉瓦造建物の出現ということでは10年近くのタイムラグがあったことになる。上記2つの建物と関連して新家孝正という人物について書いておきたいと思う。

　新家孝正は安政4（1857）年6月29日，江戸で生まれた。父の鍬次郎は慶応4年には陸軍書院組に属していた。維新後，父とともに駿府に移住し，明治4（1871）年に静岡藩学校懸川（著者注：掛川のこと）分校より沼津兵学校に資業生9期として入学した（以上は前田匡一郎著「駿遠へ移住した徳川家臣団・第1編」などによる）。

　沼津兵学校は駿河の徳川藩が設けた2つの学校の1つ——もう1つは静岡学問所——で，明治2（1869）年1月に沼津の旧水野藩の城内に設けられた陸軍士官の養成を目的とした学校であった。頭取は西周助（周）で，教官には赤松大三郎（則良）らの秀れた旧幕臣があたっていた。当初は入学資格は徳川家の家臣に限定されていたが，後にはこの枠をはずしたので入学希望者が全国から殺到した。兵学以外にも政治，経済，文学，歴史，さらに医学までも教授された。しかし西周助は新政府に招かれて去り，やがて兵学校も兵部省の組織に組み入れられ，明治5（1872）年5月には廃校に至った。

　新家孝正は兵学寮教導団に編入されたが，軍人になる道を選ばず，上京して同人社に学んだ。

　同人社は私塾で明治6（1873）年に中村正直（号は敬宇）によって創立され，明治初期においては慶応義塾，攻玉社と並び三大義塾の一つと称される程盛んな学校であった。塾は江戸川町17番地，すなわち戦前の都電大曲停留所，現在の大曲交差点近くにあった。新家がなぜ同人社に入学したかは，中村が長らく静岡学問所の教授を勤めていた経歴を考えれば合点が行くであろう。

　同人社は明治7（1874）年頃は教員数12人（外人2名），生徒数250人ぐらいで，新家孝正の入学はこの少し後であった。東京大学の遡源にあたる東京開成学校や東京医学校の両校は当時専門学校（当時の最高学府）と格付けされ，これらに入学するためには外国語学校の課程を修めることが条件になっていて，同人社はそうした外国語学校——官公立17校を含み全国に103校あり，そのうち

ち東京府下に76校あった——の一つであった。

　新家は明治15（1882）年5月，工部大学校の造家学科を卒えて直ちに皇居御造営事務局に入ったが，御造営の計画が順調に進んでいなかったから，当初はバリバリ仕事をしたというようなことではなかった。明治21（1888）年に竣工した宮内省庁舎——コンドルが設計したが工事の段階では彼は関わりを持たなかった——では工部大学校の同期生，河合浩蔵，中村達太郎と一緒にコンドルを助けて設計に従事したが，明治19（1886）年に通信省に転じたから同庁舎の工事を最後まで見届けたわけではなかった。

　通信省は明治18（1885）年末の太政官制廃止，内閣制度の創設に伴い設置されたもので，翌年1月に通信省職制が定められた。これ以後，通信省の施設の営繕は同省独自に進められることになり，その草創の時期にエリート建築家として新家孝正が迎えられたのである。明治19（1886）年12月，通信2等技手として就任し，間もなく（翌年3月に）新家は日本土木会社に転じ，後事を彼に代わって新任された佐立七次郎に託したのであった。

　新家の通信省在任は僅か4カ月足らずであったから，同省での仕事はほとんど纏まりを見せなかったであろう。

　なお時期的に見て，静岡郵便電信局の設計に関わった可能性はまったくない。問題は——というよりは筆者の興味といった方がよいのだが——日本土木会社の社員として，新家が同局と静岡県庁舎の設計と工事にどの程度関わりを持ったかである。掛川と沼津で10歳台の前半と半ばを過ごした彼としては，静岡の町にはさほど関心はなかったにしても，静岡県にはなにがしかの愛着があったであろうから，同時に工事が進んだ静岡の町の2つの建物には関心を示し，ひょっとしたら進んで何回か静岡を訪れたかもしれない。そういう想像はロマンチックである。

静岡県庁舎の震害

　濃尾地震で，工部大学校出のエリートの設計した煉瓦造建物，すなわち名古屋郵便電信局，第三師団司令部などが被害を蒙ったことについてはすでに触れたが，ここで濃尾地震の2年前に竣工した静岡県庁舎の震害について触れておきたいと思う。それを紹介することによって，明治20（1887）年頃から日本人建築家によって建てられるようになった煉瓦造建物が，共通的に持っていた非耐震的キャラクターが明らかになるだろう。

　静岡県庁舎は濃尾地震によって損傷したわけではない。それが損傷を受けたのは，建物完成後46年経ったときに

写❺-6 昭和初年における静岡県庁舎。後方に数個の棟が見えるのは歩兵第34連隊の兵舎で、右側に建物が半分見える白い建物は県会議事堂（「静岡市の100年写真集」より）

図5-1 静岡県庁舎の1階平面と1935年の静岡地震による被害（「建築雑誌」1935年10月号より）

起こった静岡市付近を震源とする地震（M6.4）によってで、昭和10（1935）年7月11日の夕方のことであった。「理科年表」には、

「静岡・清水に被害が多く、死9、住家全壊363、非住家全壊451、清水港で岸壁・倉庫が大破、道路・鉄道に被害があった。」

と記されている。

写❺-6は昭和初年の静岡県庁舎の全景で、この状態で静岡地震を受け、図5-1に示すような被害を蒙った。「静岡地方建築物の震害に就て」（「建築雑誌」1935年11月号）によると、そのときの被害の大要は次のとおりであった。

①2階の煉瓦造間仕切壁の数カ所に亀裂が生じたが、特に東北翼部にあった東西方向（梁間の方向）の間仕切壁の被害が最も甚だしく、危険のため使用不能になった。
②外周壁は表および裏の出入り口の妻飾り付近が破損したほかは被害がなく、「控壁が有効に働いて居る」と報告されている。

③H形平面の「-」の部分に設けられた4本の暖炉用煉瓦煙突は建物内部で破壊し、うち1本は屋根から突出した部分でも倒壊した。
④正門の煉瓦造門柱の頂部が倒壊した。

巨視的に見れば、地震による被害としてはそれ程大きいものではない。これは第一には震源が浅い割には地震が小さかったからであろう。また、県庁舎にとっては、地震による振動方向がほぼ東西方向（正確には東北東―西南西方向）で、この方向に多数の間仕切壁が配置されていたのが幸いしたといえよう。また写❺-6と図5-1に見られるように、建物外周全体に1、2階をぶち通して鉄筋コンクリート造の控壁が繁く配置――約2.85m間隔――され、建物の両側に相対して配された控壁同士は梁間方向に配した鉄骨梁により繋がれて（図5-1）、東西方向に架構を構成する形になっていたのも地震に対して有利に働いたかと思われる。

この控壁は県庁舎が完成したときには存在せず（明治時代の写真を見るとそれがわかる）、後年耐震補強の目的で設けられたと考えられる。その補強時期は、県庁舎を写した多くの写真を見たり、鉄筋コンクリート造が静岡の街に初めて登場した時期を考え併せると、関東大震災（大正12年）の直後の大正末年かと思われる。それを裏付ける史料はないが、関東大震災で煉瓦造が地震に対して無力なことを知り、補強に及んだと想像すると話の筋が通るように思える。

静岡の異人館

22歳の米国人エドワード・ワーレン・クラークが静岡学問所に招かれ来日したのは、廃藩置県断行後、3カ月ほど経った明治4（1871）年の晩秋であった。

静岡学問所は、明治元（1868）年開設の頃は日本の頭脳ともいうべき旧幕府の学校の教授陣が結集し活気が溢れていたが、津田真道、外山正一、加藤弘之ら明治文化史に名を現すような人々が新政府に呼び出され去っていき、クラーク来日の頃は秋風が吹く感があった。

クラーク招聘は、勝安芳が大学南校教授の和蘭人G.H.F.フルベッキに教授推薦を依頼したのが発端で、福井の藩学校明新館で教鞭をとる米国人W.E.グリフィスがフルベッキにクラークを推薦したとされる。グリフィスとクラークは大学時代の友人であった。

クラークは来静してからしばらく学問所に隣接して建てられた物理・化学の実験室と、宿所の蓮永寺（第2章その2「関谷清景」の項で登場した陸軍墓地と地続きの寺）との間を往復する日々が続いたが、世話にあたった大久

保一翁——静岡藩権大参事、後に東京府知事——が、町はずれの淋しい杏谷の寺での生活と、往復徒次（4輪馬車による）におけるクラークの身辺を案じ城内三の丸に彼の家を用意することになった。

ついでだが、蓮永寺は徳川家ゆかりの由緒ある寺で、駿府城の鎮護のため徳川家康の側室お万（徳川頼宣、頼房の生母）の方の発願によって元和元（1615）年に建立されたものである。境内の墓域にはお万のために背丈を優に超える立派な供養塔が建てられ、当時の権勢を窺わせている。クラークはもちろん滞留中にこの供養塔を見ていたはずである。また、供養塔とやや離れ、勝海舟の母信子と妹じゅん（佐久間象山の妻）の墓一基が片隅にひっそりと立っている。

クラークの書いた「日本滞在記」（飯田宏訳、静岡女子短期大学紀要第2号）によると、それは「わたしが1年の生活を送ったとき（筆者注：明治5年秋）」とあるが、彼の滞在期間から見て、それは家が完成したときを意味し、渡辺保忠さんが明治5年春着工、秋完成（後出の文献による）としているのが正しいように思える。

クラークは家の環境についてこんなふうに書いている。「外堀の土手の上に建っていたので、北には日本の富士山を望み、左手の太陽の沈む方向には肥沃な盆地と青々とした岡が連なり、南は城の廃墟と内堀の光景が展開していた。」（日本滞在記）

敷地を選定したのはクラーク自身で、彼の家は石造（後に触れる）2階建で、外堀の土手に寄せて建てられ（石垣の裏側の土手が削られた。写❺-7）、「荒廃した昔の矢倉から引き出した堅牢な石で上張りが施され」また「家の壁に使用する石材は隣国（筆者注：伊豆の意）から」（日本滞在記）運ばれた。設計図はクラークが自分で画き、西洋式の家の建方をまったく知らない地元の職方による施工を指揮した。「日本滞在記」によれば屋根に1カ月、基礎（筆者にはこの訳語が気になるが）に2カ月を要した。

クラークの家については、昭和34（1959）年に日本建築学会大会で渡辺保忠さんが発表した研究があり、さらにこれを参考にして静岡市総務部人事課・アーバンデザイン研究会が平面図や立面図を想像画きしたものがあるが、どちらの研究も、構造が純石造、木骨石造のいずれだったかを明らかにしていない。渡辺さんは、

「初期洋風にありがちな漆喰大壁の木骨擬石造ではなく本格的な石造だった」

と書いており、研究会グループは、標準的な石の大きさは「3尺×1尺、厚さ1尺程度」とし、平面図は外回りは純石造、間仕切は木造として画いている。

❺-7 静岡の異人館「クラーク邸」
（「ふるさと想い出写真集・明治大正昭和・静岡」より）

渡辺さんの論文や掲載の写真によると、1階の西面一杯に設けられたベランダ、上げ下げ窓とそれにはめられたガラス、窓の両開き鎧戸などに西洋風が感じられるものの、木部の細部には日本式の文様装飾が施されていて和洋折衷のおかしな雰囲気が漂う。これは設計をクラークに牛耳られた日本人大工のせめてもの抵抗と息抜きであったかと思われるが、この仕草には明治初期の擬洋風建築における稚気に通ずるものがある。

ところで以下は、クラークがなぜ石造を選んだかについての筆者の想像である。

クラークは横浜に着いたとき横浜山手のアメリカン・ミッションホームに滞在し、出迎えにきた中村正直（号は敬宇）——西国立志編の訳者で教授陣のトップであった——や役人らと雇用契約の交渉をしている。この間に横浜の街を歩いて2つの木骨石造、イギリス領事館（明治2年竣工）と新築直後の横浜駅（明治4年9月）を見たはずである。また勝やフルベッキに挨拶をしに東京に出ており、明治4（1971）年に着工しすでに木骨石造の躯体が立ち上がっていた新橋駅を見たであろう。上記の建物はすべてブリッジェンスの設計で、彼による木骨石造全盛の時代にクラークは遭会したわけである。

明治5（1872）年8月の学制公布により各地の藩学校が廃止となり、グリフィスは明新館を去って南校（5年後に東京大学の一部に移行）に移り、クラークは明治6（1873）年の末に、彼が主宰した静岡でのバイブルクラスを通して親しくなった中村正直（明治5年初夏に上京）と友人グリフィスを追うかたちで上京し、開成学校（南校が改称）で化学を教えることになった。そして契約期間が切れると、明治8（1875）年3月帰米し、神学校に入って宣教師になる道を歩んだ。

クラークは誠実で純粋な人柄だったから静岡学問所で真面目に勤め、大変だったようで、静岡を去るとき、「長い流罪生活は終わりに近づいた」という感想を抱いたようである。

第6章

瀧大吉
その1

瀧大吉の提言 ...59
日出の城趾 ...63
瀧家の人々 ...65

（2000年8月号）

瀧大吉の提言

　日本近代建築に関する通史書は，瀧大吉という人物について触れるところが少ない。触れたとしても，せいぜいコンドルの鹿鳴館（1883年7月竣工）の設計を助けたこと，あるいは建築学会の創立に河合浩蔵と共に主導的に関わったことなどに簡単に触れる程度である。

　しかし，瀧大吉の真骨頂は構造家としての存在——構造という学問分野が未成立だった時代に，瀧に「構造家」という自覚があったかどうかは疑問だが——にあった。通史書がそれに触れていないのを惜しんで，わが国の木造建築の耐震化の方向づけと，そのレール乗せに力を尽くした瀧大吉の業績に光を当ててみたいと思う。

　コンドルが濃尾地震による建物被害について造家学会で講演したのは明治25（1892）年1月で，このとき通訳を務めたのは瀧大吉であった（第3章で前述）。その瀧は，1年経った翌年（1893）の1月に，造家学会で「耐震構造」と題して講演（建築雑誌，1893年2月号所載）を行った。

　上記の瀧の講演は造家学会の定例会で行われたのであるが，本来は陸軍の軍医が建築の衛生に関し話をする予定であった。ところが軍医に所用が出来して瀧が急遽ピンチヒッターとして講話することになったものであった。もしこの不測の事態が出来しなかったら，これから紹介しようとする瀧の木造に対するユニークな耐震方策の世の中へ向けての公表は時期的にもっと遅れたであろう。あるいは公表というかたちをとらず陸軍省内で埋もれてしまったかもしれないのである。

　瀧の講演は，彼が勤務する陸軍省の経理局長に提出され，局長の手ですでに全国の関係部署に配布されていた「建造物に関する予防意見」（24箇条からなる）の紹介であった。木造関係についての瀧の講演の内容は，文献的検索をしてみると，「建築学講義録」（1894年8月刊）の祖形をなした「工業夜学校講義録」（1890年10月より月刊開始）の木造関係の執筆が行われたのとほぼ同時期にまとめられたものと考えられる。この点に注目して欲しい。

　濃尾震災の後，煉瓦造ばかりでなく，木造についても耐震化の方途が見当らないままに甲論乙駁し，突破口が見出せなかった日本の建築界に，瀧の提言は救いの手を差しのべたものであった。その提言内容には注目すべき多くのことが含まれていたので，それらを以下に紹介すると共に評注を加えてみよう。

1) 通し貫の全廃

「木造の壁を造りまするには，今まで使っております通し貫というものは全廃したい」，「柱はどこも 6 尺以内に 1 本宛立て，其の間には筋かいを入れて，なおその間に間柱を入れたい」

「通し貫」は，今日「貫」と称されているもので，貫は鎌倉時代に発祥し江戸時代末期まで，柱をつなぐ水平材として土塗壁あるいは板壁の構成に用いられてきたものであった。その「通し貫」を「全廃したい」ということは，わが国古来の壁の作り方の全面的否定を意味するものであった。

柱と柱の間に間柱を入れ，筋違を挿入する構法を推奨したのは，英語圏の国々で発達した木造構法を取り入れようとするものであった。文明開化の風が吹いて西洋式の建築が入ってきても，木造建築の世界では，江戸時代からの習慣と固定観念に従って大工の手で建物が建てられ続けていて，依然鎖国状態にあった。その鎖国の箱に閉じこめられた暗黒の世界に外からの光を入れるべく，瀧は穴をあけようとしたのであった。瀧の行動はそんな風に例えることができよう。

別な例えをすると，水の中に油を入れて攪拌し，水に油を融合させようとしたのである。しかし努力も空しく水に油は融けることはなかった。しかし，木質構造の発展の歴史から見ると，間柱を用い，かつ筋違を入れようという瀧の提言は極めて画期的な意義深いものであった。

ところで，上述の瀧の提言は米国のバルーン構法の影響を色濃く受けていたように思える。「建築学講義録」の「巻之二・第五章大工職」を通覧すると，それが随所で看取されるのである。書物を通して瀧は同構法を知っていたであろうし，その頃国内の状勢は以下のようであった。明治 21（1888）年に米国で建築修業をした伊藤為吉が帰国していたし，明治 23（1890）年には妻木頼黄が造家学会で「米国軽便木製家屋」と題して講演をしたりしていたのである。

さて，瀧の提言の前年にコンドルは前出の講演の中で，次のように述べている。

「西洋風ノ家屋デハ柱ヤマタハ間柱，ソレカラ繋ギヲ使イ，筋カイヲ入レ，土台ヲ柱ノ下ニ残ラズサシ回シ」

この言葉に瀧が刺激され，感銘を受けて筋違を挿入し，土台を設けることを提案したと想像してよいであろう。

瀧は濃尾地震（1891 年）の後で図 6-1 に示す図を「建築学講義録」（後に詳述）の中で公にしているが，この本の中で瀧は，

「建物の外部の壁（は），部屋々々の仕切りとなるべき間仕切壁よりは少しく丈夫に造らねばならぬ。しかし

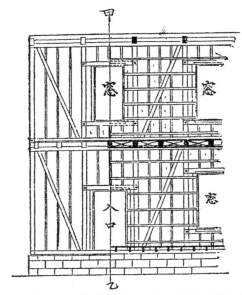

図 6-1 筋違を入れた壁組（甲乙断面から左は壁の外面，右側は内面を示す。「建築学講義録」より）

その仕方は似たるもの」

と書いている。

なお，木造建物に筋違を挿入することの提言は，コンドルや瀧に始まるものではなく，すでに安政の江戸地震（安政 2（1855）年）の直後に，小田東甼という町医者によってアイディアとして提唱されている。ただし，小田の提唱とコンドルなどの提唱の間には脈絡はない。小山の提唱については拙著「地震と木造住宅」（丸善，1996 年）の中で詳しく紹介したので説明は略す。

現在では，在来構法と称しながら都市部の住宅では，間柱式の洋風構法が採り入れられ，それが主流化しつつある。濃尾震災の直後，瀧大吉が構想した木造建物の構造の洋風化は，陸軍省管轄の大規模木造建物などが対象で，まさか彼は一般の木造住宅の構造まで一挙に洋風化させようとは思っていなかったであろう。木造住宅の構造の洋風化が実現した今日の状態を，草葉の蔭から眺めて瀧は感慨にふけっていることであろう。

2) 筋違の挿入の仕方

筋違の挿入の仕方について瀧は，筋違の端は「柱面から少なくとも 2 寸（6 cm）くらい離して」（図 6-1，図 6-2 参照）納めるのがよいとし，このやり方は吉井茂則が設計した仮議院（1890 年 11 月完成）の壁に採用されていると言っている（吉井は濃尾地震以前に筋違を使用していたわけである）。さらに，

「これならば柱の枘を潰して外へ押すことはあるまい」

と言っている。以下はそれについての評注である。

筋違の端を柱に当てると，地震力を受けたとき，筋違

の端部が柱頭や柱脚を水平方向に押す作用が生じ，この
ため柱の柄が折れる恐れがあると考えるのは正しい。学
術的な実験が行われることのなかった時代に，これだけ
の鋭い観察力と豊かな想像力（濃尾震災の頃は，筋違の
使用は見られなかったはずだから，震災地を実見して柱
の柄が折れている被害現象を実見した経験に基づき想像
したと考えられる）をもっていたことに驚きを感ずる。
しかし，瀧の奨めた筋違の入れ方は，後に好ましくない
と評され，爾来半世紀以上の歳月を閲し今日に及んでい
る。すなわち，現在ではこのような筋違の入れ方は不可
とされている。その理由は，瀧が言うように筋違を入れ
ると，筋違の端部が横架材に沿って水平方向にすべりや
すい。また，筋違の端が横架材を上下方向に押す現象が
生じ，このため柱柄が横架材から脱けようとする傾向が
生ずる（もちろんこれは柱端と横架材を短尺金物系統の
金物を取り付けることにより防止できるが）からよくな
いと言われているのである。

瀧は筋違の端部の納め方について講演の中でこんなこ
とを言っている。

「今までのように柄を入れるのはいけない。なぜかと
いえば，組み付けが兎角理屈通り出来かねる故であ
る」

「建前のできた所で柄あしにして横から叩き込みたい」
（図6-2の筋違の端を見ると傾ぎ大入れになっている）

そして，そんな止め方でも重みがかかっているから横
に脱ける心配はないと言っている。

こうした発言から瀧が，工部大学校出身者としては珍
しく，木造建築の現場実務に詳しかったことが窺える。瀧
は次のような建物を明治20（1887）年前後に設計監督し
ている。

東京府下大島村の綿布会社
小石川区茗荷谷のディクソン邸
神田区淡路町の万代軒
宇都宮の川村伝兵衛別荘
鹿鳴館内の東京倶楽部増築
富山県会議堂（1887年起工）
富山県上新川郡の郡役所兼郡会議事堂（同上）

3）土台の設置

「柱の根の勝手次第に動くのを防ぎ，且つ上から来ま
す荷重を一面に広げる効能がありますから，出来る限
りは土台を使いたい」

と瀧は言っている。

濃尾震災の頃は，住宅でも非住宅でも土台を設ける
のは稀の稀で，玉石の上に柱脚を載せ，各柱の根元を柱脚
より少し上の部分で相互につなぐ（このつなぐ材は「足

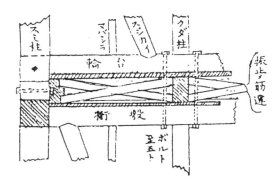

図6-2 瀧大吉の提案した二階管柱の建方（「建築雑誌」1893年2月号より）

固め」と呼ばれる）のが通常であった。

この構法だと，地震を受けたとき柱脚がずれて玉石か
らすべり落ち，これが原因で家屋が倒壊することが多
かった。この古い構法を改良する一法として，瀧は土台の
設置を奨めたのである。しかし瀧の奨めは，時期的にみ
てコンドルが「土台ヲ柱ノ下ニ残ラズサシ回（す）」（前
出）ことを奨めた影響を受けたものと考えられる。

ちなみに瀧は後に「建築学講義録」の中で土台につい
てこんな風に述べている。

「側の一番の下に用いたる横木を土台といい，これは
壁の縛りにもなり，また上より来る重みを一面へ拡げ
て受けさするようにもなる極めて大事なもの」

そしてヒノキかクリのような「保存宜しき」木材を用
い，ヒノキを用いる場合は白太を避けるよう言っている。
また「継ぎ手」としては「鉄輪接」（筆者注：金輪継ぎの
こと）よりも「欠接」がよく，事情が許せば金が掛かる
が「添え板接」がよいと述べている。いずれも現在レベ
ルの見識である。

4）方杖について

方杖に関して瀧は，こう言っている。

「挟み方束（筆者注：方束は今日言う所の「方杖」の
意）にしたい」

「通常のやり方（筆者注：一本物の方杖を使う方法を
さす）では地震のときは何にもならぬ」

一本物の方杖だと方杖の付け根で柱を折ってしまう。
だから方杖はある程度まで抵抗したら，それから先は利
かなくなるようにしたい。そのために方杖は座屈するよ
うに細い断面を2枚挟みで使いたいというのが現在の考
え方であるが，そこまで瀧が考えたかどうか。その証拠
に次のような奨め方をしている。

「力は弱いが半分に掛けて，スパイキで打ちつけてお
けば沢山だろう」

しかし，この方法だと柱を欠くことになり，現在では

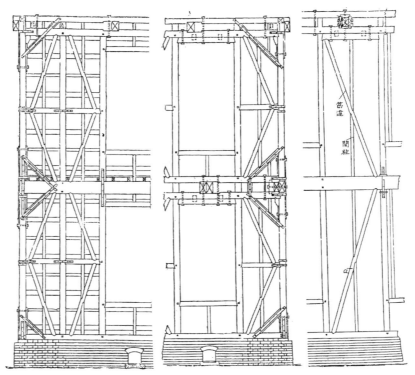

図 6-3　陸軍省内で実施された筋違の入れ方と管柱端部まわりの補強（三橋四郎「和洋改良大建築学」より）

危険だと見られているのである。

5）柱について

　瀧は「西洋館などに角柱を用いますが」と前置きし，「西洋流の木造壁を造るに当っては，柱は真壁又は内外に使用する胴縁や羽目板の為に縛らるる故，前後の方に向けては曲る事があっても横に曲る事は出来ぬ」と講演の中で述べたが，これは「建築学講義録」の中でも書かれた内容であった。隅柱以外の「間の柱」は「柱の見込の寸法を増せば大変丈夫になります」とも述べて力学的説明を展開し，見込の大きい長方形の柱は利益があると言っている。上記の意見は，米国その他の国で見込を大きくして柱を使うのを，瀧が十分承知しての意見だったろう。バルーン構法（ツーバイフォー構法の源祖）の発祥は1830年代初頭であるから，それが本などを通しわが国に紹介されていたとしても不思議ではなかったのである。

6）通し柱の否定

　図 6-2（この図は「建築学講義録」の中にも収録）に示すように「敷桁と台輪との間に梁鼻を挟み，台輪と敷桁とは直径5分（15mm）位の鉄ボルトを使用して諸所にて締付け，2階柱は残らず台輪を土台として建て，其の下端は台輪へ枘差しして鯱にて堅める」。そしてその梁間の方は図 6-2 のように「際梁を使用して，これを敷梁の上に建てたる柱へボルトにて締付くる」と言っている。

さらにこの方法は「極上等の仕事ではない。どちらかと言えば安普請の仕方」だが，この方が「通し柱を使って行燈骨を拵えるよりも効能がある」と述べている。

　上記の考え方は「建築学講義録」の中でも述べられ，「二階家などで土台より軒先まで柱を通す時，（中略）この仕方は胴縁を取り付くる所を大変に切り取りて柱を弱める」

　「上と下の管柱を使用する方（が）丈夫にできる」と結論しており，この1893年の講演の中での思想は「建築学講義録」やさらに陸軍省の諸施設においても受け継がれているのである（管柱の上下端と横架材の取合部には方杖を挿入する。図 6-3 参照）。

　瀧の通し柱否定が，濃尾地震以前に発表されていたことは注目に値する。わが国で最初に登場した「通し柱否定説」であった。しかしこの説は後年，学者の間で否定された。その原因は佐野利器が後に（1909年の江濃地震の後で）通し柱を良しとする説を主張したことにあると考えられる（後章で述べる）。

　なお，佐野の主張以前に，陸軍省で瀧の部下であった三橋四郎は，その著「和洋改良大建築学」（1894年——瀧の死後）で，横架材との接合部で柱を害さずに金物を用いたら管柱よりも建て登せ柱（通し柱）の方が耐力が大きいことは明らかであると述べている。

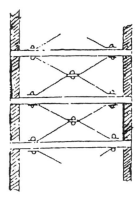

図 6-4　瀧大吉の提案した床構面の固め（「建築雑誌」1893 年 2 月号より）

7）床構面の固め

「（床）梁が別々に水平運動することの出来ぬ様に組合せて置く事が必要」とし，梁の横面の中央の左右へ帯鉄を捻付けた」自分の実施案を示している（図6-4）。

今日言うところの水平構面の固めの必要性を説いたもので，この種の説論として文献に現われた最も古いものである。もちろん明治時代前半に「水平構面」という言葉はなかった。

8）小屋全体を一体に固める

「釣束の根元の左右へ薄物を植え合わせ（筆者注：横から添える意）たる上，小屋梁上端へは平の筋違を取付けて小屋全体を一体に固める」
と述べている。

前段は小屋組の釣束の脚元同士を挟み材でつなぎ，後段は小屋梁面の面内剛性を高めるために小屋組同士を水平筋違でつなぐことを説いたもので，今日の考え方はこれと同じである。

9）環行材

桁とか台輪のような「環行材の接ぎ手は無論十分に締めて」「隅々に丈夫なヒウチを掛けたい」とし，火打梁の端部を切り欠いてしっかり止めることを示している。「環行材」という言葉は「ハチマキ材」とも言うべき意で，瀧自身の著書「建築学講義録」でも使われた言葉であったが，この言葉は後世に広まらなかった。

ついでながら，瀧は「建築学講義録」の中で，節立てに「軸組」という言葉を使っていない。彼には軸組というコンセプトはなく，軸組は壁組の一部だったのである。それが彼が受けた西洋流の教育だったのである。

さて，上掲の「建造物に関する予防意見」と題した瀧の提言は，洋風木造を主体とする陸軍施設を頭に描いての提言であったはずだが，当時の大工棟梁たちの間で伝承されていた和風木造の建方に対し警鐘を鳴らし，西洋風の建方への移行を説いたものとして意義深いものであった。もちろんこれは恩師コンドルの講義や外国書の影響を受けたものであったろうが，辰野金吾を初めとする工部大学校の先輩たちが耐震化の妙策もないままに濃尾地震後，拱手傍観を続けたことを思うと，瀧の豊かな発想には頭が下がるものがある。後に震災予防調査会の委員たちが震災を受ける度に耐震方策を提示したが，それらは瀧の提言の影響を受けたものであった。この指摘は重要である。

瀧大吉が上述のような秀れた提言をすることができたのは，彼が数理の才に長じ，同時代人の中で秀れて構造の学に通じていたこと，またすでに述べたように臨時建築局に入る前から地方官庁の木造の設計を手掛けたり，民間に転じても木造の公共建築の監督を指揮したりして木造建築の経験が深かったことによるであろう。煉瓦造しか手掛けたことのない工部大学校出身の先輩同輩と対比すると興味深いものがある。

以上では明治26（1893）年1月に造家学会で「耐震構造」と題して行われた瀧大吉の木造の構造に関する諸説を紹介し私の手で評注を加えたが，瀧がこの講演の中で述べた事柄の主要点は，上記の講演以前からスタートしていた月刊の「工業夜学校講義録」（本章の中で後に触れる）の中に口移しするようにして取り込まれていたことを附言しておきたい。

日出の城趾

大分県の国東半島の南側の付け根，別府湾が湾入した咽喉部の北辺に，日出（ひじ）という町がある。瀧大吉はこの町で文久2（1861）年12月25日に生まれた。

司馬遼太郎氏は「街道をゆく」の「豊後・日田街道」の章（朝日文芸文庫，1979年）の中で，この町についてこんな風に書いている。

「江戸期に，当時恐らく七，八百戸ぐらいだったであろうこの町に，大名としては小さな石高の城主がいた」

城主は日出藩木下氏で，この町に江戸全期を通じ木下氏の居城があった。城の名は「暘谷（ようこく）」，「日は暘谷から出て咸池（かんち）に入る」という言葉から引用されたという。

この城趾を訪れるのには，別府駅から中津，小倉方面に向かうJR日豊本線に乗り4つ目の駅「暘谷駅」で降りるのがよい。その先の隣に暘谷駅より断然古い「日出駅」があるが，日出の港（漁港）には近くても，司馬遼太郎さんが次のように書いた古い街には遠い。

「日出の町は小さいながら城下町だっただけに古格なにおいがある」

「古格な」臭いがする街は「暘谷駅」を降り，海（別府湾）の方に向かって坂を上がったところにある。

「商店街通りに出ると，重厚な白壁に本瓦ぶきの商家の建物が軒なみといっていいほど残っていた」

「それらは，（中略）土蔵造りというよりも城の白亜の櫓を思わせる建物なのである」

と，司馬氏は書いている。町役場や郵便局など町の中心的機能はこの商店街の一郭にある。

暘谷駅は季節限定の臨時駅のような容体で，駅長さんが一人で駅務をしている。この駅は7～8年前に設けられた。察するに，鉄道が通った明治の時代に，町民が汽車の駅が町の中心街の目の前にできることを嫌って，日出駅を町のはずれに追いやったのだが，近年になって不便を痛感し今の暘谷駅の設置を嘆願したものかと思われる。

暘谷駅のプラットホームの端を降り，駅長さんに切符を渡して周囲を見渡すと，右手（北側）の開けた田畑の先には丘が迫り，左手（南側）は城趾に通ずる爪先上がりの坂道である。右手の丘の裾を広い道が走っていて車の音が微かに聞こえてくる。宇佐の方からやってくる国道10号線が，駅のちょっと東寄りで国東半島の端の大分空港の方から走ってくる国道213号線と合流し，その線の車を吸収し西の方へ向かっているのである。日出の商店街からすれば，この国道はバイパス的存在である。

バイパス方向を背にして上述の坂道を上がって行くと，二の丸跡に通じる。まっすぐ進んで少し下ると，そこに旧藩校「致道館」の建物がある。表示板の説明によると，

「15代藩主木下俊程は安政5（1858）年藩校を建て，これを致道館と名付けて士民ともども入学を許可した」

とある。致道館は昔から二の丸の東部分にあって長く保存されていたが，戦後になって中学校を建てるために同じ二の丸の別の場所，すなわち現在の位置に移築されたのである。今は，古い門と山村の分校然とした木造2階建の小校舎が静閑とした住宅街の続きに立っている。

大手門の前の広い通りには，人影がほとんどなく静かである。通りの北側には屋敷が並び，古格な風霜を経た門がいくつか残っている。道の反対側はメンテナンスが行き届いた深い空堀で，堀の奥は旧本の丸（今は小学校がある）である。屋敷の風霜を経た門には，ちょんまげを結った武士が刀を差して出てきそうな雰囲気があるが，その奥の屋敷内には現代の気配が感じられる。門をもつ屋敷の一つには帆足万里が晩年住んでいたと言われ，その位置は図書館の前辺りである。

豊後三賢人の一人と称された帆足万里は，日出藩家老を勤めた典膳の子で，儒者，文章家として優れると同時

に，経済・天文・物理・数学・医術にも長じ，文化年間中頃（1810年頃）三の丸の私邸内に準藩校「稽古館（堂）」を開いた。家老として藩政に関わったが，藩財政改革の志が達せられず，在職4年で辞職し70歳で京都に上ってしまった。だが藩主に乞われて嘉永元（1848）年帰藩し，藩の子弟の教育に尽くした。なお，万里の没年は嘉永5（1852）年であったから，致道館の建設はそれより遅かったことになる。ついでながら瀧大吉は，万里の没後の生まれだから万里の謦咳に接する機会はなかった。しかし，三の丸にあった藩校致道館は学制公布で廃校になるまで瀧の家近くにあったから，瀧はここで江戸調の初等教育を受けたはずである。

瀧大吉の生家は三の丸にあり（今はその跡に日出幼稚園が立っている），帆足万里の生家のすぐ東側であった。大吉の家の位置から察して，彼が幼少の頃は，家から別府湾の絶景が俯瞰できたはずだが，

「好んで山谷を跋渉し，意気豪壮その性すこぶる粗放なりしをもって，群童ために目するにガキ大将をもってす」（三橋四郎「故工学士龍大吉氏の伝」，建築雑誌，1902年12月号）

と書かれた大吉だから，家から別府湾の絶景を眺めて時を過ごしたりせず，近所の子供たちを引き連れて別府湾に望む城の真下の海岸やその近くの樹林の中を駆け回っていたことだろう。

「城の下の海岸」は「城下海岸」と呼ばれ，海岸には本の丸の石垣が迫っていて，下から見るとそそり立つ感じである。「城下海岸」の前に湧く清水の中で育つ「城下かれい」は肉が厚くて美味で，江戸時代には将軍家に献上され，現在もその名は全国に広く知られている。

日出藩木下氏について触れておきたいと思う。

日出の木下氏は石高2万5千石（初め3万石であったが2代藩主俊治の弟延次に立石領5千石が分知された）の小大名であったが，豊臣秀吉の親戚筋（秀吉の血は流れていなくて，秀吉の糟糠の妻「ねね」の血筋を引くものであった）に当たったことから，秀吉在世の折には木下氏の権勢には侮りがたいものがあった。

秀吉は木下姓を羽柴と改めたとき，親族を増やしたい気持ちから「ねね」の兄の杉原家定に木下姓を与えた。杉原氏は尾張の出で，家定には7人の男の子があったが，秀吉の計らいによりそれぞれしかるべき所領を漸次与えられることになった。

木下家定の長男勝俊，次男利房，三男延俊の三人は，「木下」姓を名乗ったが，四男は早世，五男の秀秋は幼時，豊臣秀吉の養子となり，秀頼が生まれるに及んで小早川隆景の養子となっている。このことと，彼の関ヶ原の合

❻-1 瀧家累代の墓（日出の竜泉寺）

戦における東西両軍に対する反応は日本史の上で有名である。それはともかく、秀秋を自分の養子に選んだことに豊臣秀吉の木下家に対する寵愛が感じられる。

なお、六男の外記は兄に従って日出に移り藩士として杉原家を興したが、それは関ヶ原の役後のことである。七男は僧籍に入った。

以上が木下家7人の男衆の簡単な紹介だが、木下家は秀吉恩顧の家であったから、関ヶ原の役に当たって長男と次男は西軍に組みしたが、三男延俊は東軍に属し、播磨國姫路の城を守った。関ヶ原の役のとき、長男勝俊は若狭國小浜6万2千石の領主（それ以前は播州竜野の城主）であった。小浜の直前の城主が、かつての秀吉の腹心で「ねね」の養家であった浅野家を嗣いだ浅野長政であったことを思うと、小浜城が生なかな城でなかったことがわかる。関ヶ原の役後、勝俊は所領を没収され、以後京都に閑居し、細川幽斉について和歌を学び、長嘯子と号して風雅を楽しんだ（80歳で没した）。

次男の利房は関ヶ原の役の際は、若狭國高浜（小浜の西にある）の城主であったが、役後、家康により除封され、十数年後に備中國足守（岡山の西北）を与えられた。

三男の延俊は姫路城を守ったが、この城は天正9（1581）年に秀吉によって天守閣が建てられ（後の大城郭ではない）、また父親の家定が一時城主であったゆかりの土地であった。後に黒田官兵衛（如水）にこれが与えられ、さらに秀吉が官兵衛を中津に移した後釜に延俊を据えたのであった。

関ヶ原の役後、延俊の兄たち二人は上述のように除封されたが、延俊は免れ、父家定の遺領備中二郡2万5千石に5千石加増され3万石をもって日出に移封された。日出は以前からの家康の蔵入れ地の一部であった。家康の意図が那辺にあったかはわからないが、豊後には小大名が群拠させられ、日出藩はその一つであった。日出藩に対する家康の仏心には、関ヶ原の役前夜に暗に家康に加勢した「ねね」に対する配慮とか、「ねね」を将来利用し

ようという家康独特の遠慮深謀が絡み合っていたかと思われる。上記のように木下家は三男の延俊によりようやく命脈を保つかたちとなったが、備中國足守に城を与えられた木下家も幕末まで一所にいて木下家の歴史を保ち、日出と足守の両木下家は明治になって共に子爵を与えられた。

以上を要するに、木下家（旧杉原家）は秀吉および「ねね」恩顧の家であったのである。こうして書いていると、木下延俊の日出移封が生なかのものではなかったことを思わされる。

木下延俊の日出入りは慶長6（1601）年春で、城はその翌年に完成した。縄張りは名城と評された小倉城の設計者細川忠興で、忠興が豊前・中津城も増改築したことは有名である。忠興が縄張りに当たった理由は明らかでないが、家康は忠興に向かって、

「そちの妹御の嫁いだ先ゆえ」
「日出と中津は近いことゆえ」

と言って日出の城の普請を押しつけたのかもしれない。家康の腹の内には、忠興に豊前と豊後二郡40万石を大盤振舞いし過ぎたという思いがあって、忠興に暘谷城を天下普請させたのだと勘ぐれないこともない。

国道10号線を隔てて城跡と反対側（北側）の丘の裾に帆足万里の墓が立っている。城跡から歩いて十数分の距離である。この墓の近くの松屋寺の墓所に北の政所の母であり、初代藩主延俊の祖母に当たる朝日や、日出藩木下家歴代の藩主が眠っている。

松屋寺のごく近くに竜泉寺という浄土宗の寺があって、ここに瀧家累代の墓や帆足家代々の墓がある。瀧家の墓所は門を入ってすぐの本堂の左手前にある（写❻-1）。

瀧家の人々

瀧家の墓のうち最も古い墓は五郎左衛門俊吉で、延宝2（1674）年――4代将軍家綱の時代――没である。この人を日出の瀧家の祖としていいようである。

以下、しばらくの間「日出町誌」（1986年）を参考にして書く。

俊吉は紀州の藩士であったが、江戸勤番の折、街で狼藉者（ものがしら）を取り押さえたのを日出藩初代藩主木下延俊に認められ召し抱えられた。その後累進して武頭（軍司令官のような役目）となり、扶持200石を与えられ（藩内で二十数番目に高禄）、日出藩の四天王の一人と謳われるようになった。8代将軍吉宗から9代家重にかけての頃、3代目の五郎左衛門吉繁（知行高330石）、4代目の五郎左衛門暉吉（てるよし）（280石）が家老に挙げられ、それぞれ16年

間，11年間勤めて瀧家は日出藩の名門として押しも押さ
れもせぬ存在となった。

その後，8代目の平之進吉惇が天保3年から17年にわ
たり──11代将軍家斉の時代──家老を勤め藩政に力
を尽くした。吉惇は瀧大吉の祖父に当たる人である。

以下登場人物の年齢は数え年齢で記す。

吉惇は寛政10（1798）年日出で生れ，長じて帆足万
里の門に入り塾頭格に進んだ篤学の士で，35歳のとき
抜擢されて万里と同役の家老となった（万里が家老につ
いたのは吉惇就任の前の年であった）。彼は万里が家老
を辞した天保6（1835）年後も家老職に留まり，嘉永元
（1848）年に50歳で引退した。家老時代，日出藩最高の
知行300石を与えられており，吉惇が同藩で著しく重ん
ぜられたことが窺える。文久3（1863）年66歳で没。

瀧大吉の父，吉彰（勘六）は上記の吉惇の四男で，兄
に当たる二男の瀧家9代目，吉韶が嘉永6（1853）年に
23歳で没すると10代目を継いだ。大吉は父吉彰の23歳
のときの子供で，大吉の母松根は杵築藩士十市王洋の妹
であった。大吉が5歳のとき父は亡くなった。

亡くなった吉彰の後を継ぎ瀧家11代となったのは，末
弟の24歳の吉弘で，明治維新後の明治3年日出藩御家
人帳によると，彼の俸禄は140石（同藩で十数番目の高
禄）で，維新直前のお役目は武頭であった。吉弘は家督
を継ぐと直ちに甥に当たる大吉を養嗣子としている。ち
なみに吉弘にとって長男の廉太郎（後に詳述する）が生
まれるのは，それからずっと後のことであった。

竜泉寺の瀧家累代の墓所に墓があるのは，大吉の父の
吉彰までで，11代目の吉弘以後の墓はない。吉弘は，大分
市金池町の万寿寺にある「瀧累世之墓」に眠り，この墓の
傍らには長男，瀧廉太郎のために建てられた石碑──廉
太郎が亡くなった翌年（1904年）8月，東京音楽学校の
同窓有志（田村虎蔵ほか）によって建てられ，「嗚呼天才
音楽家滝廉太郎碑」と石に刻まれている──が立ってい
る。ちなみに瀧大吉の墓は東京の青山墓地にある。

瀧廉太郎は「荒城の月」，「箱根八里」，歌曲集「四季」，
ピアノ曲「メヌエット」などを作曲し明治の世に若き音
楽天才と称された人である。

さて瀧吉弘のことだが，加来耕三著「清貧の譜」（広済
堂出版，1993年）やその他の資料に書かれた事柄を参考
にして筆者の手で記してみよう。

吉弘は剣に秀れ，また藩命を受けて慶応元（1865）年
鶴崎で（今の大分市内，長崎という説もあるが，鶴崎
が正しいと思われる）オランダ式の洋式操練を学んだ
り，武頭の役を勤めたりしたが，幕末から維新にかけ
ての動乱──戊辰の役（鳥羽伏見の戦から函館の戦ま

で）──の中で，それらの真髄を十分生かす機会はな
かった。日出藩が小藩の故に日和見の姿勢をとり，出兵
しなかったからである。

明治2（1869）年の版籍奉還後，日出藩の藩知事木下俊
愿のもとで吉弘は権大参事，さらに大参事（副知事に当
たる）を勤め，明治4（1871）年7月の廃藩置県の後は
県吏として日出藩が抱えた莫大な債務・債権の処理，未
回収の藩札の処分などの残務整理に当たった。この仕事
は明治5（1872）年4月まで続いたが，廃藩置県断行の
直後に旧藩主木下俊愿は日出の邸を引き払い上京してし
まっていたから，物心共に拠りどころと支えを失った吉
弘にとって，この時期は砂を嚙むような味気ないもので
あったろう。

県吏を辞めて明治5（1872）年8月，大蔵省に判任官
九等として出仕し，その年の秋，秋田に単身で赴き4カ
月を過ごしている。

「大蔵省九等出仕」は日出藩出身の友人，石井邦猷（版
籍奉還後日出藩大参事となり，後年，三重・佐賀両県知
事を経歴し，元老院議官となった）の推輓と奨めによる
ものであったというが，吉弘は石井とは対照的に出世と
いう俗慾には無縁の人だったから卑官としての出仕を気
にしなかったようである。

明治6（1873）年の晩春，瀧吉弘は出仕のため，妻のマ
ツ，大吉（13歳），娘のリエ（4歳）と，妹の八重の嫁ぎ
先の土屋元成一家を伴って本格的に東京に移った。加来
耕三の書（前出）によると，70石船で日出港を発ち，瀬
戸内海を通り，大阪で4日過ごし，さらに船で横浜に至
り，前年9月に開通した汽車で新橋に到着したという。お
よそ1カ月を要する長い旅であった。落ち着き先は，芝
区南佐久間町2丁目18番地の旧佐伯藩主，毛利高謙（安
房守）の江戸上屋敷内の侍長屋（現在の西新橋2丁目2，
3，13，14，15番地の辺り）であった。

吉弘が主に仕えたのは第15代藩主，飛騨守俊程であっ
た。俊程は慶応3（1867）年の晩春に没し（35歳），家督
を弟の俊愿が継ぎ，明治維新を迎えた。俊愿は廃藩置県
が断行されると，すぐに上京してしまい，木下家の江戸
上屋敷跡（琴平町3番地，現在の虎ノ門1丁目10番地）
に居を定めた。

吉弘が住むことになった毛利家侍長屋は，その俊愿の
東京屋敷と目と鼻の間にあった（歩いて1～2分の距離）
から，吉弘には旧主に仕え手助けになりたいという気持
があったのであろう。

瀧大吉

その2

西久保の界隈 ...67
学問への道 ...69
工学校の開設 ...70
大和屋敷と葵坂 ...71
瀧大吉と工部大学校 ...73

（2000 年 9 月号）

西久保の界隈

　瀧家が居を定めた毛利安房守の侍屋敷の西隣は，土方備中守の屋敷跡，東隣は堀田豊前守の屋敷跡であった。そして，毛利侍屋敷跡には長屋割りをするために細い路（私道）がジグザグ状に設けられ，それが北側の小路（公道）から南側の小路（公道）に抜けられるようになっていた。

　瀧大吉が一家と共にこの長屋に落ちついたとき，彼はすでに 11 歳になっていたから，長屋中の子供たちを集め，このジグザグ状の私道小路を足場にガキ大将となって遊ぶ年頃ではなくなっていた。それ故，学校（後述する）から帰ると大吉の足は，自然に公道の小路の間を抜けて一人で界隈の探訪に向かったであろう。

　以下，**図 6-5** を参照して読んで戴きたい。

　毛利侍屋敷の北側の小路に出て右に向かうと，幸橋御門（今の第一ホテルの東側付近）から南に下る愛宕下大名小路とぶつかる。南北に走るこの小路の両側には，広い敷地の大名屋敷跡が続いて陰気で荒涼とした気分が漲（みなぎ）っている。その愛宕下大名小路を横切ると，芝口橋（今の新橋交差点付近）から南に下る今の国道 15 号線の通りにぶつかる。その通りを横切ると新橋停車場の真新しい石

造り（木骨石造）の建物（大吉が上京してきた半年ばかり前の明治 5 年 9 月の完成だった）が見えてきた。線路脇に立って陸蒸気が煙を吐いて出入りする姿に大吉は胸をとどろかし，ある時期毎日のように陸蒸気を見に一人で通ったことであろう。

　毛利侍屋敷の北側の小路に出て左に向かうと，すぐに旧藩主木下家の屋敷のある辻に出る。ここで左折するとその通りは「愛宕下通り」と呼ばれる道で，旗本の屋敷跡や大名の屋敷跡が両側に並んで荒涼とした気分が満ちていた。その淋しい通りをさらに南に進むと右に愛宕山が現われ，その先は大きな寺が 2 つ続き，その先は増上寺の境内にぶつかる。淋しく陰気な路だったから，一人では大吉の足はこの通りに向かなかったであろう。この路を通るのは，義父の吉弘のお供をして愛宕山に登るときで，山頂に登って神社に額ずき，義父から，

　　「水戸の浪士たちはここに集合して，井伊大老の下城
　　を待ち伏せするため桜田門に向かったのだ」

などと聞かされたことだろう。

　愛宕山の桜は美しかった。大吉は，愛宕山からは東京湾を一望し，生まれ故郷で俯瞰した別府湾の景色を追憶し，また江戸の面影を残す街の甍（いらか）の波が広がるのを見おろして，笈（きゅう）を追って東京にきたのだという思いを少年な

第 6 章　瀧大吉　その 2　67

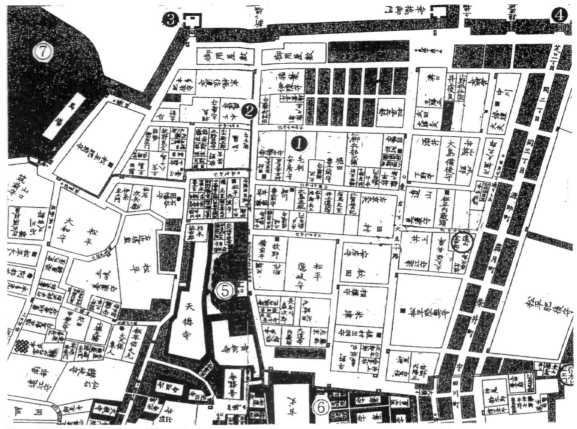

図 6-5 西久保・愛宕下界隈の地図（「嘉永慶応・江戸切絵図で見る幕末人物事件散歩」，人文社，1995 年を基に作成）
❶旧毛利藩侍屋敷，❷旧木下藩上屋敷，❸虎の御門，❹芝口橋，❺愛宕山，❻増上寺御成門，❼溜池

がらに深めたことだろう。

　旧藩主木下家の屋敷のある辻のところを左折せずにその屋敷の前を通ってまっすぐ進む（ここの小路は「薮小路」と呼ばれていた）と，西久保通りに出る。大吉が上京する少し前までは，南の愛宕山方面から北上してきたこの通りは，木下，相良，京極などの大名の屋敷が集まった一郭が立ちはだかっていたため，ここで行き止まりになっていたが，大吉が上京してきた頃には，すでに上記の一郭をぶち抜いて通りが虎の御門の前（今の虎ノ門交差点のあるところ）まで達していた。

　その虎ノ門交差点に出る手前の左側には，現在は，ビルに挟まれて金刀比羅宮の鳥居が立っている。同神社の「縁起の栞」によると，

　「(明治) 4 年 6 月，京極家所有地と社地を分割」

とある。元はこの神社の土地は京極家の敷地の一部にあった（図 6-7）のだが，行き止まりになっていた西久保通り（前述）を虎ノ門まで貫通させる計画が起こり，それにより神社を含む地面が京極家の敷地から切り離されることになったのである。

　ついでながら，この社は，芝・三田の丸亀藩主，京極家の邸内社として万治 3（1660）年に創起され，延宝 7（1679）年に屋敷の移転に伴って現在地に移ってきた。江戸時代，「金毘羅大権現」と称され，毎月 10 日には縁日として市民に境内が解放され，縁日は江戸および近在の人々に広く知られていた。広重の「江戸名勝図会」の「虎ノ門」には，遠望される赤坂の水落ち「ドンドン」（オーバーフローして落ちる水の音が擬音化されドンドンと呼ばれたもの）の前景として「金毘羅大権現」の幟と門を出入りする市民の姿がちらりと見える（図 6-6）。

　木下，相良，京極などの大名の屋敷が集まった一郭（今の虎ノ門 1 丁目の北の一郭）は，明治初年から昭和戦前期まで琴平町と呼ばれたが，この町名が上述の神社の名前に由来したことは言うまでもない。

　この神社の名は，明治 2（1869）年神仏分離により「事比羅神社」と改められ，平成元（1989）年にさらに現在の「金刀比羅宮」に改められたという。

　この神社は火事運が悪くて，幕末の嘉永 3（1850）年 2 月，昼 4 つ時，麹町 4 丁目（現在の麹町 2 丁目から 3 丁目にまたがる辺り）から出た火が南に向かって広がり，さらに虎ノ門を越えて城外に飛び火したことにより焼失

68　第 6 章　瀧大吉　その 2

図6-6 赤坂のドンドンと金毘羅大権現（広重画）

し（このとき前出の旧琴平町の一郭と毛利家の侍屋敷も類焼した。火は芝・金杉にまで達して鎮火した）、それからおよそ100年経った昭和20（1945）年5月に東京空襲によって焼かれている（旧琴平町の住家もまた焼失）。

上京したての瀧大吉は、今の虎ノ門の交差点に立って外濠の石垣に沿ってそそり立つ、新築後間もない工学校（後の工部大学校）の時計台をもつ煉瓦造校舎（当初は小学の校舎として計画され、専門科の教場として一時使用された後、博物館に転用された）を仰いで、大吉はその初々しさと重々しさに打たれたことだろう。

余談になるが、前に触れた西久保通り（今の桜田通り）の両側には昭和戦後のある時期まで西久保城山町、西久保巴町、西久保桜川町、西久保明船町というように「西久保」という文字を冠した町名が西久保通りを挟んで並んでいた。「西久保」は愛宕山の西にある窪地を意味したかと思われるが、新住居表示という戦後のビジネス方針により、「西久保」を冠する町名は旧名の片鱗も残すことなく抹消されてしまい、交差点の名前も、例えば「西久保巴町」が消えて「虎ノ門3丁目」に変わってしまったのであった。町名のもつ歴史よりもビジネス効率が尊重され、惜しいことに明治の面影は消えてしまったのである。

都心から「西久保」の名は消えたが、その名跡を継ぐ町が武蔵野の一角に存在する。「武蔵野市西久保」である。その起こりは、江戸前期のことである。

慶安3（1650）年4月、江戸の西久保城山町に火事があり（後に出火場所は西久保巴町と名前が変わった）、住人は幕府の都市計画により屋敷地を取り上げられ、替え地として武蔵野に土地を与えられ開墾に従事することになった。強制的な転住帰農であった。これにより、村は「西窪村」と命名され、その後明治22（1889）年、町村制が敷かれたとき武蔵野村の一部となり、後に「町」に変わり、戦後「市」に昇格し、今は「西窪」は緑町と「西久保」に分割されて武蔵野市には「西久保」という名前が残っているのである。

学問への道

明治維新は革命であった。その革命の火蓋は廃藩置県によって切って落とされ、東京に移ってしまった藩主木下俊愿を追うかたちで上京してきたものの、革命の波の中で翻弄される瀧吉弘に将来の見通しがあったわけではない。

前に触れたように瀧一家の上京は明治6（1873）年の春で、瀧大吉はそのとき満11歳であった。吉弘は甥であり養嗣子である大吉の将来について考え始める。出仕する役所で得られる日々の情報などを総合して、吉弘はこんな意味のことを大吉に告げたかと想像される。

「大吉、これから先、世の中がどうなるか父さんにはわからんが、とにかく学問をしておかなくてはなるまい。そこで父さんはお前に第1等の学校で勉強させてやりたいと考えるのだが」

大吉の進学について三橋四郎は、大吉の死後弔詞の中でこう書いている（建築雑誌1902年12月号）。

「外国語学校に入り、次いで工学寮小学に転校」

ところで明治5（1872）年、新政府は「学制」を公布して、教育の段階を大学・中学・小学の3段階に分けることを明らかにしていた。そして翌年4月、「学制二篇追加」により専門学校と外国語学校についての規定が追加されたが、瀧大吉が上京してきたのはこのときであった。

そのとき、日本国の最高学府と目される専門学校は、開成学校と第1大学区医学校（東京医学校の前身に当たり、翌年東京医学校と改称）の2校であった。

開成学校では「学制二篇追加」の公布（明治6年）とほとんど同時に専門学科を開設し、御雇外国人教師により英語で講義を行うことになり、また同年8月には同校の中に外国語学校が開設された。当時外国語学校は他に2校（大阪と長崎）あるに過ぎなかった。この外国語学校の性格を名前だけから今日的な判断をしてはいけない。「学制二篇追加」が、専門学校に入学する生徒に外国語学

校の過程を修めることを要求していたことを知らなければならない。明治8（1875）年の調べによると，外国語学校は全国で103校存在し，そのうち官立が9校で，私立は86校（その多くは私塾）あったが，それは「学制二篇追加」の公布から2年近く経ってからのことで，公布当初は上述のように外国語学校は全国に3校しかなく，しかも専門学校に当たる学校は，開成学校と後に東京医学校と称される学校の2つしかなかったのである。

吉弘が，

「父さんはお前に第1等の学校で勉強させてやりたい」

と言った――私の想像であるが――意味が上に述べたことから理解戴けるであろう。

瀧大吉が外国語学校に入学したのは，明治6（1873）年秋であったと想像される（篤志の史家に正確な調査をお願いしたい）。動機的には開成学校への進学を志したことになるが，専門学科として何を選ぶつもりだったかはわからない（開成学校には法学，理学，工業学，諸芸学，鉱山学の5学科が用意されていた）。

当時，瀧一家の至近距離で工学校がスタートしていたことを吉弘・大吉親子は知っていたのだろうか。というのは西久保通りのすぐ西の台地の上の旧大和屋敷跡（瀧家から歩いて10分とはかからない距離のところ）を仮教場にして工学校はすでに開校していたのである。工学校は工部省の学校で，この学校については後に詳述する。

吉弘は，大吉を開成学校に進ませることについては，大吉に官途への道をと考えていたものと思われるが，吉弘はやがて考え方を変える（これは想像だが）。これからは薩摩と長州の人間の時代で，豊後の出身者が官僚や軍人を志しても前途は明るくないから技術を身につけて生きるより他に道はなかろうと考えたのである。加来耕三氏が「清貧の譜」（前出）の中で吉弘の気持ちをそのように忖度している。

大吉は工学寮小学（工学校が工学寮の所管下にあったため，俗にこういう呼び方が存在したらしいが，これが正式な呼び方であったか疑問）に転校するが，その年月は文献的には明らかでない。私の想像では，明治7（1874）年2月と思われるが，根拠は後に明らかにする。

旧大和屋敷の仮教場で授業を受けていた生徒たちが，工部省工学寮の敷地（三年町の旧延岡藩内藤氏の屋敷跡）に新築された教場に移転したのは明治6（1873）年12月であった（大吉はそれより数カ月前に外国語学校に入学していた）。それに伴い空になった旧大和屋敷の仮教場が小学（工学校の予科に当たる）の校舎に当てられることになった。小学の正式の開校は明治7（1874）年2月であった。この学校は「葵町小学校」と呼ばれ，工学校

の専門科に入るための階梯と位置づけられ，生徒はすべて私費生であった（この点三年町に移った上級生が官費生であったのと異なる）。

明治10（1877）年1月，工学校が工部大学校と改称され，6月に大学校のキャンパスに講堂が完成した（ボアンヴィルの設計）のを潮に「葵町小学校」は廃校された。なお，廃校後も溜池葵町3番地の校地跡は，工部省によって管理され地理寮の測量課・地誌課によって使用されていたが，明治11（1878）年に政府から大倉喜八郎に払い下げられた。余談になるが，この敷地は総坪数7,900坪（約23,700 m²）という広大なもので，後年ここには，大倉邸の他に大倉集古館（1918年開館のわが国最初の民間美術館。関東大震災後，伊東忠太の設計で再建）と大倉商業（1900年創立，1919年高等商業に昇格，第2次世界大戦中に経済専門学校と改称し，昭和20（1945）年の空襲で焼失，戦後の1946年に国分寺に移転して東京経済大学となった）が建てられた。

さて「葵町小学校」に話を戻そう。

「工学寮小学に転校」と三橋四郎が書いたのは，この学校のことかと思われる。

先に触れたように，この学校は瀧家から至近の距離にあった。このことが父親の吉弘に「大吉の転校」を考えさせた一つの理由であろう。神田一ツ橋まで歩いて通っていた息子の大吉にとっても学校が近いのは魅力だったのであろう。

また，工学校の生徒の制服姿が颯爽としていたことも大吉の心を引きつけたかと思われる。その制服の魅力的なことは巷で，

「粋な海軍，無粋な陸軍，女殺しの工部生」

と歌われていたことから想像できる。家の近くで工学校の生徒の制服姿を日頃目にし，虎ノ門の隣の濠端にそそり立つ工学校の新しい煉瓦造の校舎――外国語学校の校舎は木造であった――を外国語学校への通学の途次毎日眺めて通る大吉には，工学校はいつしか憧れの学校と化していたのではなかろうか。

かくして明治7（1874）年2月に開校された「葵町小学校」に大吉は転校した。文部省の学校から工部省の学校へ転校したのである。

工学校の開設

工部省に工学寮が新設されたのは明治4（1871）年8月で，同時に同寮管轄の工学校が創設された（文部省設置の翌月）。工学校は工部大丞，山尾庸三により建議されて（この時点でまだ文部省は未設置）開校されたもの

で，工学寮は工学校を開設するために新設される形となり，工学寮のトップである工学頭には山尾が就任した。

工学校は修業年限6年（入学資格は15〜20才）で，専門科の「大学」と予科に当たる「小学」に分けられ，卒業後は7年間工部省に奉職することが義務づけられた。

工学寮は旧延岡藩邸にあった本省庁舎内に置かれた。ところが，明治5（1872）年2月，和田倉門内の旧会津藩邸（松平肥後守邸）跡の兵部省添屋敷から出火した大火——新橋，京橋，木挽町一帯を焼いて築地海岸まで達した大火で，後に類焼地区の一部に銀座煉瓦街の建設計画が起こった——で本省庁舎は類焼し，本省は虎ノ門の外にあった勧工寮に移された。これにより，現在，共同通信会館，大蔵省印刷局，JTビルなどがある一帯に工部省は拠ることになった。

校舎と外国人教師のための教師館の建設のため造営掛が置かれた（英国人ウイリアム・アンダーソンが雇われた）のは明治5（1872）年1月で，上記した大火で三年町の旧延岡藩邸跡に置かれた工部省の本省庁舎が焼ける直前であった。とすると，本省庁舎が焼ける前の同年1月時点で，工学校をどこに建てる計画であったのであろうか（そのことは大方の通史書には述べられていない）。それはともかく，校舎と教師館の建設は4月に始まった。校舎は小学（1〜2年生の予科）用のものであった。上記の建物については，精粗はあるが大方の通史書に書かれているから記述は避ける。

校舎と教師館は遅くも明治6（1873）年の8月末までには完成の予定であったが，御雇外国人教師の英国人たち（その多くは山尾が幕末に留学したときのスコットランドの友人たち）が6月に到着する（このときまでに教師館は完成していたと考えられる）と，事態は一変した。彼らは到着するとすぐに校門の設置，教師館の模様替え，コック部屋の設置などを要求し起工せしめる。また，教師の中から都検（教頭に当たる）にヘンリー・ダイアルを選び，すでに工学寮の手でつくられていた校則に当たる「工学寮略則」を廃し，彼らの手で新たに諸規則がつくり直された。

小学の教場が専門科のそれに変更されたのも彼らの動議によるものと想像される。このため専門科の校舎の竣工は明治6（1873）年12月まで延びた。

その時点までは新入の1年生は旧大和屋敷跡の仮教場で授業を受け，その敷地内の寮で起居していたのである。もっとも大和屋敷の古い木造建物だけでは寮として収容能力が不足していたので，若干新築が行われた。それについて工部大学校造家学科の第1回卒業生の曾禰達蔵は大正6（1917）年頃に往事を回想し，寮についてこんなことを書いている。

「この寄宿舎は，今の大倉商業学校の所在地にて，当時の俗称大和屋敷の東寄り江戸見坂に近接せる所に，特に新設されたハイカラなる木造2階建て西洋館であった」

曾禰の部屋は4人部屋で，後年造家学科で同級生となる片山東熊，宮伝次郎（在学中に病死）の2人と化学科に進んだ一人の男と一緒の生活であった。

大和屋敷と葵坂

工学校創設の頃のことを「東京大学百年史」は，
「明治6年秋の授業開始時には，まだ虎ノ門のキャンパスの建築整備が間に合わなかったため，東京・芝・葵坂下の旧大和屋敷の御殿を，畳を取り外して板の間にするなどの改装を施して，教場と寄宿舎に当てた」
と記している。ここで「葵坂下の旧大和屋敷」という言葉が気になる。その表現が，文学的には許されるかもしれないが，地理的精密さに欠けるからである。というのは葵坂と旧大和屋敷との間には相当の距離があるからである。そのことを以下で明らかにしたいと思う。

すでに触れたが，工学校の仮教場と寄宿舎の所在地は曾禰達蔵が書いたように「旧大和屋敷」であった。

次に葵坂であるが，現在それは名前が存在しないばかりか，坂道としても存在しないから，その位置をまず明らかにしておかなくてはなるまい。これを調べるに当たり港区立郷土資料館の松本健氏から親切な御対応と御教示を戴いた。

葵坂は，現在の地図で言うと，金刀比羅宮（前述）の境内の西側脇から商船三井ビルの中を突き抜けて日本NCR（昔のナショナル金銭登録機株式会社）のビルの方へ上る坂であった（図6-7）。この坂は溜池の埋立工事に伴って姿を消したのであるが，厳密にそれがいつか私としてはまだ調べがついていない。明治20（1887）年頃の地図にはまだその位置がはっきり見取れる。

横浜開港資料館の発行になる「F.ベアト幕末日本写真集」（1987年）に，「肥前公の屋敷」と題する一葉の写真が掲載されているが，この写真は現在の虎ノ門交差点付近から現在のJTビル，日本NCRビルの方に向けて撮ったもので，幕末の葵坂の様子をよく知らせてくれる。

かつて「赤坂のドンドン」と呼ばれた（前述）水落ち口（オーバーフローする場所）が写真で見えるが，垂れ落ちる感じで，写真を見る者に「ドンドン」という音を連想させるような勢いは感じられない（写真が撮られた季節が水枯れの頃であったせいもあろうが）。この水落ち口

図6-7 文久2年の虎ノ門界隈の地図（この地図は松本健氏の御好意により入手した）

は両側を石垣でガードされたかたちになっているが，その横に向かい，濠を右に見て登って行くかなりの勾配の村道風の坂が写真の左側部分に見られる。これが葵坂である。坂を上り詰めた水落ち口の左の辺りには葉を落とした樹木が数本見られる（写真が冬撮影された証拠）。葵坂を上って行く左側（濠と反対側）には坂の勾配に沿って建てられた2階建の大きい土蔵2棟とそれに連なる大名屋敷の長屋が，飾り気のない坂道を物々しくしている。

広重の「江戸名勝図会」（前出の図6-6）にもチラリと大名屋敷の長屋が画かれているが，広重の晩年の時期（広重の没年は1858年）と上記の写真撮影の時期（ベアトの来日は1863年春頃らしいと，前出の「F.ベアト幕末日本写真集」の中の「横浜写真小史」で斉藤多喜夫氏は推察している）がかけ離れていないことを思うと，広重の絵「江戸名勝図会」とベアトの写真「肥前公の屋敷」との酷似性に合点が行くのである。

上の「肥前公の屋敷」は松平肥前守（佐賀鍋島家）の屋敷で，松平大和守の屋敷，すなわち「大和屋敷」ではない。これからして「葵坂下の旧大和屋敷」という表現が正確でないことがわかる。

葵坂と「大和屋敷」との間には広大な松平肥前守の屋敷があり，それは現在の共同通信会館，大蔵省印刷局，JTビル，虎ノ門病院などが建っている地帯である。すなわち，葵坂と「大和屋敷」との間にはかなりの距離があったことが現代人にもわかる。

さて，「明治工業史・建築篇」にこんな記述がある。
「最初，小学校として建てたる建物を大学専門科の教場に充てたる結果，明治7年2月2日，溜池葵町1番地，旧河越邸に小学校を設くることとなりたり」

ここで，「溜池葵町1番地，旧河越邸」という表現は正確さを欠いている。

溜池葵町1番地，2番地に当たるところにあったのは松平肥前守の屋敷であった。「旧河越邸」とあるのが，松平大和守が長く川越の城主であった（上野國前橋城が水害で破壊したため明和5(1768)年に武蔵國川越城に移ったが，慶応2(1866)年前橋還城が許された）ことと結びついた表現だとすれば，その番地には「旧河越邸」こと大和屋敷は存在しなかったのである。大和屋敷こと松平大和守屋敷の番地は溜池葵町3番地であった。したがって，工学校の発祥の地は，正確には，

「溜池葵町３番地，旧大和屋敷（松平大和守の邸跡）」と言わなくてはいけないのである。

余談になるが，大和屋敷のまわりの坂についてである。図6-7に見るように大和屋敷は霊南坂，汐見坂，江戸見坂という３つの坂で囲まれている。汐見坂，江戸見坂の名は坂が台地にあって眺望がよかったことに由来するものであろう。江戸見坂は大変急な坂で図6-7のＡ点（低い点）とＣ点（高い方）との間には非常な高低差がある。一人で荷車を引いては，上ることも下ることもできそうにない坂である。この坂を上り下りしてみるとそのことがよくわかる。元々は霊南坂をＣ点からＢ点まで下がり，Ｂ点で直角に右に折れて汐見坂をＡ点まで下るというふうに道がついていたのであろう。ところが急いで下におりたい人のために，後になってＣ点からＡ点まで下る短絡路がつけられた，ということではあるまいか。

瀧大吉と工部大学校

工部学校が工部大学校と改称されたのは，明治10（1877）年４月であった。文部省が東京開成学校と東京医学校を統合させて東京大学を成立させたのとまったく時期を同じくしていた。東京大学には法・理・文の３学部と医学部，それにおのおのに附属する予備門と予科などが設けられた。「東京大学」は当時の正式の名前で，現在の東京大学はこのときをもって創立の年としている。

様態やその成立の前後の経緯に触れたい気持ちがあるが，瀧大吉が目下の主題だから工部大学校と縁のない東京大学のことをこれ以上深追いするのは避ける。

工部大学校と改称された学校に瀧大吉は入学した。そしてこの学校に６年間フルに在学して明治16（1883）年に造家学科を卒業した。第５期の卒業で同期生は瀧大吉の他に３人いた。その３人は，

古井茂則。議院建築（1891年），逓信省庁舎（1910年）などを設計監督した。

船越欣哉。海軍省庁舎（1894年）の建築主任を務め，後に日本土木会社（前述）に転じた。

森川範一。22年間終始海軍省に勤め，海軍兵学校や佐世保・舞鶴鎮守府の庁舎を設計した。

近代建築の通史に工部大学校草創時の卒業生として名を現す辰野金吾，片山東熊，曾禰達蔵，藤本寿吉などは実地科（5，6年生）の課程でコンドルの設計と現場監督の手伝いをしながら，彼の教えを受けた人たちで，専門科（3，4年生）の課程ではコンドルの謦咳には接していない。したがって，彼らにとってコンドルは途中からやってきた先生だった。その点，瀧大吉の期の学生のコ

ンドルに対する気持ちは違ったものであったはずである。

話が前後するが，瀧大吉が大学校に在学中の明治12（1879）年８月，瀧吉弘の家に長男が誕生した。これが瀧廉太郎で，大吉より18歳年下の従弟であった。廉太郎には２人の姉がいた。生まれた家は前にも触れた南佐久間町２丁目の旧毛利家侍屋敷であった。

大吉は週末大学校の寄宿舎（生徒館というのが正式の呼び名）から帰って廉太郎の成長を見続けることになる。後年廉太郎が大吉を実の兄のように──戸籍上はもちろん兄であったが──敬慕することになった所以である。しかし，大吉が大学校を卒業する前年の秋，吉弘は神奈川県書記官に任ぜられ一家を挙げて横浜市伊勢山の官舎に移ったから，大吉は一人東京に残ることになり以後８年間，大吉と廉太郎が同じ屋根の下で暮らす機会はなかったのであった。二人の後日の親交については後述する。

さて，明治10（1877）年１月に来日したコンドルの５カ年の庸傭契約は明治15（1882）年１月に切れ，契約延長に当たりコンドルの籍は営繕局に置かれることになった（それまでは工部大学校と営繕局の両方に籍があった）。この頃，コンドルの仕事の中心は鹿鳴館の工事になっていて，工部大学校の５年生，瀧大吉が実地科（5年生，6年生）の実習の一環としてコンドルの現場監督のアシスタントを務めていた。

このときの経験が瀧の卒業設計に影響を及ぼしたらしく，「Music Hall」というテーマを選んでいる。瀧は成果を４枚の図面（１枚の図面の大きさは約59cm×87cmで横長として使われている）に纏めていて，その内容は，

Front View（正面図），Side View（側面図）
Ground Plan and Upper Plan（1，2階平面図），
Section（断面図）

であった。

平面的には，円筒形で２階が吹抜けの一対のコンサート・ルームとボール・ルーム（舞踏室）をそれぞれ左と右に対称に配置し，それらの中間をホールでつなぎ，コンサート・ルームの左側とボール・ルームの右側にはベランダを配し，それらのベランダの外側には螺旋階段が設けられた。なおコンサート，ボール両ルームの２階は吹抜けであるが，円形（平面的に）をなす壁からはギャラリーが吹抜け部に向かって持ち出された。

上記を主棟とすると，主棟の前面には左右に長く伸びたベランダが配され，主棟の背面には主棟につなげてリフレッシュメント・ルーム（食堂兼喫茶室。２階は吹抜け）が配置された。

以上は平面であるが，ファサードを見ると，完全に左右対称で，ドーム形の屋根の上に尖塔が載せられたコン

第6章　瀧大吉　その2　│　73

サート・ルームとボール・ルームが左右に立ち，その前の正面中央にはベランダがでんと左右に肘を張った感じで張り出している。

鹿鳴館が完成したのは明治16（1883）年7月で，瀧がこの卒業設計を提出したのは3月31日であった。瀧が卒業設計の制作に取り組んでいたとき，鹿鳴館の工事に彼がどの程度関わりをもっていたかわからないが，フリーになっていたとしても時折は現場を訪れていたであろう。室内の仕上げと装飾が進むのを眺めて，瀧は何を思い，何を考えていただろうか。瀧の卒業設計の作品を前にして，そんなとりとめのない思いを巡らしたくなる。

ついでに瀧の卒業論文について触れる。

東京大学の建築学科図書室の御好意で瀧の卒業論文を見せて戴いたが，紙質がしっかりしているうえに保存が行き届いているので，数年前に提出されたものだと説明されたら信じてしまいそうな感じ——ただし紙質は現在の再生紙を思わせるようなものだが——のものである。

卒業論文は全篇英語で書かれて——瀧だけでなく当時の工部大学校では，それが習慣だった——いて，題目は，

An Essay upon "The first steps required for the future architects in Japan"

で，それを筆者が訳すと，

「日本の将来の建築家に要求される第一歩」

ということになる。瀧はEssayと書いているが，20 cm×26 cmの縦長の紙に，35行24頁の長さに纏めたものだから，現今の期末試験の代わりに行われる課題提出のリポート程度であった。提出は明治16（1883）年3月31日であった。

以下は，瀧が壁のクラックについて書いた部分を筆者が訳したものである。

『話が脇道に入るが，塔のような高い突出したもの（軽い材料や小さいマスのものは除く）はできるだけ避けなければならぬ。このことは，次のように数理的に証明できる（**図6-8**参照）。

m_1=abcd部分の質量，m_2=cdef部分の質量

m_3=adhg部分の質量，V=速度

d=地表面から地震の起動点までの距離

H_1, H_2, H_3=それぞれ地表面から質量m_1, m_2, m_3の中心までの距離

建物が地震の最初の衝撃を受けたとき，図のA，B，Cの各部分はすべて同時に同方向へ $(d+H_1)^2 : (d+H_2)^2 : (d+H_3)^2$ と m_1V, m_2V, m_3V の積に等しいモーメントに比例する振幅をもって振動を始めるだろう。そしてそれからA，Bは元へ戻り始めるが，Cは地震の起動点からの距離の2乗，すなわち $(d+H_1)^2 : (d+H_2)^2 : (d+$

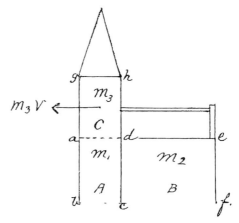

図6-8　瀧大吉の卒業論文の中の図（本文参照）

$H_3)^2$（ここにH_1はH_2に等しい，したがって $(d+H_1)=(d+H_2$ で，$(d+H_3)^2$ が最大）に比例する振幅をもってなお前と同じ方向に動いている。換言すれば，力m_3VがC部分の中心に，図示の矢印方向——A，B部分に働く (m_1V+m_2V) という力と反対方向——の力として働く。

これらの力によってcd面またはその面に平行な近傍面がd点を始点として開こうとする，あるいはクラックを起こそうとすることは明瞭である。しかしながら最初は，ジョイントのセメントの接着力と，力m_3Vと(m_1V+m_2V)に打ち克つに十分な下向きの圧力が塔に働くので，クラックは起こらない。しかし後続の衝撃はついには上記の力を凌ぐものとなり，クラックが生ずる。

上記の指摘は，cdにクラックを起こす，それゆえbdまわりにクラックを起こす条件を見出すのに役立つであろう。A，C部分は同時に動くが，B部分はそれとは独立して動くことになる。この最後の場合，2つの反対向きの力群 (m_1V+m_3V) と m_2V は，下向きのC部分の重量が偶力に対しネガティブな力を与えるので，cdにクラックを起こすよりもbdを引き裂こうとする傾向が強い。

最後に私はこう言っておきたいと思う（筆者注：これで瀧の卒論が終わったのではなく，この後，話題が変わりまだ続くのである）。

地震により建物があたかも一つのマスとして動くならば，建物は常に安全であるが，他の窓の上に大きい窓を載せるとか，壁を弱くするような手法の導入は，壁を多くのピースに分割してしまい非常に危険なので，避けなくてはならない。』

以上が瀧大吉の卒業論文の一部抜粋であった。この学生時代の構造的着眼に後年工部大学校随一の構造通と言われた瀧の資質の片鱗が，すでに現れていたと言えよう。

瀧大吉

その3

官から民間へ ...75
瀧大吉と瀧廉太郎 ...76
日清・日露の両戦役の中で ...78
建築家と戦争 ...82

(2000 年 10 月号)

官から民間へ

　瀧大吉は工部大学校を卒業すると，警視庁に入り東京府下南豊島郡落合村の火葬場の営繕工事に当たり，明治17（1884）年 12 月太政官会計局に移った。この年 6 月，雇傭満期となり工部省を離れ太政官会計局に雇聘されていたコンドルが，瀧を会計局に呼んだものと思われる。瀧は実地科（5 〜 6 年生）時代に鹿鳴館（明治 16 年完成）の工事でコンドルを助ける仕事をしていたから，コンドルは新しい職場での自分の右腕にと考え気心の知れた瀧を招いたのであろう。

　コンドルの下で瀧は，次の建物の設計と工事監督に関わっている。

　北白川邸（煉瓦造，1885 年竣工）
　陸軍大臣官邸，内務大臣官邸（1886 年竣工）
　外務次官官邸，外務大臣秘書官官邸（1887 年竣工）
　官庁集中計画（井上馨の私的要請による）

　瀧は明治 19（1886）年 4 月，新設の臨時建築局に移るが，それまでの 1 年余りの間，会計局にいた。しかし，この時期に工部省総務局営繕課が積極的に引き受けた民間の仕事を援助し，さらに工部省廃省後の残務の仕事も

しばらくの間担当している。そうした仕事の中に，

　富山県・県会議堂（木造 2 階建）

　富山県上新川郡・郡役所兼郡会議事堂（木造 2 階建）

の設計があった。いずれも洋風木造で明治 20（1887）年の 7 〜 8 月に起工されている。これは瀧が臨時建築局に入り（後述）1 年余り経ち，同局を辞めようと考え出していた時期であった。瀧が工部大学校出身者としては珍しく洋風の木造建築に通ずるようになったのには，上記の 2 つの建物に関わったことが役立ったかと思われる。また，後年「建築学講義録」を書く中でもこのときの経験が役立ったであろう。

　瀧大吉は明治 19（1886）年 4 月、工部省の廃省に伴って新設された臨時建築局に入り，2 等技手に任ぜられたが，諸般の事由から翌年 8 月同局を辞した。臨時建築局のことと辞任の事情については第 7 章で改めて触れるので今は措く。臨時建築局を辞める 2 カ月前に帝国大学（このとき工部大学校は東京大学と合体して帝国大学に移行していた）から工部大学校卒業の際取得できなかった工学士の称号を授与されている。

　臨時建築局を辞めた瀧大吉は帝国工業会社に入った。建築請負を業とする会社で，当時請負業としては日本土木会社（第 2 章で既述）に次ぐ規模の会社で，瀧は建築

部長に就いた。「明治工業史・建築篇」はこの辺の事情についてこんな風に記している。

「瀧の性質として官に在りて上官に屈するに忍びず」

「当時なお官尊民卑の風盛んにして，人々の向う所概ね官界にありしなり。此の趨勢を顧みず，奮然民間に入りしは，これ瀧の瀧たる所以」

瀧は帝国工業会社を翌明治21（1888）年10月に辞めて明治工業会社に移った。同志と計って新会社（本社は神戸）を起こしたもので同社の建築部長を担当した。同社はその年の12月に会社組織（当時関西で唯一の会社組織の建設業者）となったが短期間在職しただけで辞し，明治22（1889）年，大阪（西区江戸堀南通3丁目）で建築事務所を開いた。「土木建築工事鑑定所」と称し，「建造物家具，装飾品に関する計画，製図，予算調，鑑定，監督等」に応じた。

同時に応用化学を専門とする工部大学校卒業の工学士，斎藤賢治と謀って事務所の近く（西区江戸堀下通り3丁目）に「実業改良の先鞭者」を自任して夜学校を開設した。修業年限は1年半で毎週7時間の授業を行い，教授科目は建築と製造化学の2種で，別に予備科を設けた。

上記の夜学校の建築における科目は次の通りであった。
普通建築学，材料強弱学，建築略史，建築理学，構造学，材料論，予算方，仕様方，図学

このカリキュラムを見ると，建築の教育内容がかなり分化専門化しているのが窺える。

やがて明治23（1890）年10月，「工業夜学校講義録」を創刊する。後にこの講義録は，「建築学講義録」として東京の建築書院の助けを得て出版されることになったが，「工業夜学校講義録」発刊の意図は，夜学に通う余暇をもたない人たちや地方の「実業熱心者」の需要に応じようとすることにあった。

しかし，夜学校創設の翌明治24（1891）年，瀧は夜学校と明治工業会社の相談役を辞めて上京し，陸軍省に奉職することになった。

関西にいて3年足らずの間に次々と職を替えた瀧の行動は誠に目まぐるしいものであったが，これは移り気と呼ぶべきもののなせる業ではなく，発想したことを直ちに実行に移さなくてはいられない彼の性分と，他人と妥協することを嫌う彼の性格の双方に原因するものであったかと思われる。

瀧大吉が亡くなったとき，大学の8期後輩で職場（陸軍省）を共にしていた三橋四郎は，瀧の逝去を悼んで弔詞を書いた（建築雑誌，1902年12月号）が，その冒頭で，

「嗚呼，建築学会の奇傑と呼ばれし瀧大吉は逝けり」

と述べている。

「奇傑」という言葉は聞き捨てならない印象を私たちに与えるが，これについて曾禰達蔵はこんなことを書いている（建築雑誌，1923年8月号）。

「同人間で奇傑と称せられ，其の行為大いに人に異なる所ありたり。時に諧謔人を笑殺し，更に興に乗ずれば熱罵冷笑，人を驚倒せしめざれば止まざるの概あり。然れども其の真面目なる時は侃諤（筆者注：あくまで論じて言を曲げないこと）の議論よく人を傾聴畏敬せしめたり」

また，曾禰は後年こんな表現もしている（建築雑誌，1934年11月号）。

「微笑を含みながら往々人を其の面前において諧謔的に冷嘲し」

曾禰の言葉から察して，瀧大吉が天真爛漫，直情で世故に捉われない，竹を割ったような気性の持ち主であったことが窺える。そういう性行の故に世間は「奇人」と見たのであろうが，瀧が傑物だったから，「奇人」ではなく畏敬され「奇傑」と称されたのであろう。

瀧大吉と瀧廉太郎

明治24（1891）年——濃尾地震の起こった年である——3月，陸軍技師試補に任ぜられて（会計局課員心得，経理学校教官心得を兼任）瀧は上京し，麹町区元園町1丁目34番地（現在の千代田区一番町15番地で，麹町小学校と路を隔てた北側）に居を構えた。現在の地図で言えば，家を出て新宿通りを横切って半蔵門通りを南へ真直ぐ進めば，今の憲政記念館のある辺りにあった陸軍省に着いたから，家から歩いて十数分という通勤距離であった。臨時建築局を辞め神戸に移った直後は，神戸では仮住まい（下山手通3丁目62番地）をし，東京（麹町区1番町14番地——現在の千代田区三番町5番地，大妻高校の南隣の辺り——に家を構えていた）と神戸の間を頻繁に往復していたから，勤めを東京に移しての生活は実に3年半振りで，瀧にとって久し振りの東京暮らしであった。義父の瀧吉弘一家が，瀧大吉を東京に残して明治15（1882）年11月に横浜に移ったところまで前に書いたので，その後の吉弘一家の動きと瀧大吉との接触について記しておこう。

明治19（1886）年3月，吉弘は長男の廉太郎を廃嫡し大吉を正式に瀧家宗家の第12代目とした。吉弘は兄の吉彰（大吉の父）が亡くなり第11代目を継ぎ，同時に大吉を養嫡子とした日から，大吉が一人前になったら跡目は彼にと考え続けてきたのを実行に移したのである（加来耕三「清貧の譜」による）。ときに大吉は満24歳であっ

た。上記のことと直接関係があるかどうかはっきりしないが，その頃，大吉は吉弘の実妹（大吉にとって叔母）の娘の土屋民子と結婚している。

この従妹は，吉弘一家が明治初め大分から東京へ移住してきたとき，その家に寄寓した土屋家（前述）の娘だったから大吉と同じ屋根の下で暮らしたことがあった人である。これより前の明治19（1886）年9月，吉弘は富山県書記官に任ぜられ富山市に転住，長男の廉太郎は神奈川県師範学校附属小学校から富山県師範学校附属小学校に転校した。しかし，明治21（1888）年4月，吉弘は非職を命ぜられ東京へ出る。そして大吉の麹町・元園町（前記）の家に落ち着く。加来氏「清貧の譜」によると，それから大分に帰るまでの約1年間学校の休みの日や放課後に廉太郎を伴って東京中をよく散策したという。この頃，吉弘の胸中には遁世の念が去来していたかと思われる。

明治22（1889）年2月，吉弘は独りで大分へ帰る。途中神戸に寄り，そこで仮住まいしている大吉と会い久闊を叙したことだろう。明治工業会社を辞めて大阪へ移るのはその年の4月だから，大吉はまだ神戸にいたはずである。

故郷に帰った吉弘は大分県の大分郡長を懇請され断りきれない。吉弘は母ミチ，長男廉太郎，長女リエを東京に残して大分町（現在の大分市）での生活を始める。翌明治23（1890）年3月，吉弘の母ミチが麹町で亡くなった（83歳）。そして翌月廉太郎は大分の両親の許に呼び寄せられたが，その直後に胸を病んでいた廉太郎の姉リエが病没した（21歳）。廉太郎が後年胸を侵されたのはリエと一緒に暮らしたのが影響したかと思われる。

明治24（1891）年11月――濃尾地震の起こった翌月である――吉弘は，直入郡長に任ぜられ，一家は郡役所のあった竹田町の郡長官舎に移った。もちろん廉太郎も一緒で，彼は大分県尋常師範学校附属小学校の高等科から直入郡高等小学校に転校した。

竹田はかつて岡藩7万4千石の城下町だったところで，城の名前は臥牛城，廉太郎が後年作曲した「荒城の月」（原題は「古城の月」）は世の中では竹田城趾を想起してつくられたという風に解説されているが，父吉弘に伴われて何度も訪れた日出の暘谷城趾への回想も混じっていたであろう。

上記の「荒城の月」に関連して話を脇道入りさせると，明治33（1899）年に中学校唱歌科の教科書「中学唱歌」の編集のために歌曲の作詞作曲が懸賞募集され，まず作詞の選抜が先行し，作曲はその中から一人3曲に限って応募が許された。廉太郎は「豊太閤」，「箱根山」（「箱根八里」の原題），「古城の月」（「荒城の月」の原題）を選んで応募した。3曲とも選に入り，明治34（1901）年3

月に出版された「中学唱歌」の中にいずれも収録された。なお「荒城の月」の作詞は土井晩翠で，旧制第二高等学校の生徒のとき会津若松の鶴ヶ城に遊んだ折の印象をもとに作詞したと言われている。以上の音楽にまつわる話は加来耕三著「清貧の譜」と「瀧廉太郎年譜」（原典不明，竹田市役所商工観光課の野仲氏の御好意により入手）を参考にして書いた。

時間的に話がだいぶ先に進んでしまうが，話を散らすのを避けるため，大吉と廉太郎の話を続け完結させておくことにする。

吉弘は直入郡長たること4年弱で明治28（1895）年9月に職を退いた。以後，吉弘は社会の表面に出ることなく隠遁した。それより先，廉太郎は明治27（1894）4月に直入郡高等小学校高等科を卒業して上京し，麹町区平河町3丁目17番地の大吉の家（大吉は明治26（1893）年4月頃ここに転居）に住むことになった。現在の平河1丁目5番地で，すぐ東側に貝坂という坂がある。貝坂を南に下ると（この通りは貝坂通り），今は全共連ビル，砂防会館の前を通って平河町交差点に出る。廉太郎はこの家で大吉から英語と算術を学んだという。

明治27（1894）年の末か翌年の初めに大吉は麹町区2富士見町1丁目29番地（現在の千代田区九段南2丁目3番地で，靖国神社に近い靖国通りのすぐ南側）に転居しているが，これは廉太郎が家族に加わったので広い家を探したものと思われる。それまで大吉は陸軍省への通勤上，麹町区内の皇居西側の地を転々としていたが，明治28（1895）年1月，富士見町1丁目に転居し，翌月にはさらに本郷・西片町9番地に移った。明治27（1894）年9月，廉太郎が上野にある東京音楽学校に入学していたので，その通学の便を考えてのことであったろう。

西片町9番地（現在の西片2丁目17番地辺りかと思われる）は，当時の第一高等学校（現在は東京大学の農学部がその跡にある）の正門前（今の農学部の正門位置も同じ）の追分（後述）を西に入り（現在の本郷通りを高崎屋酒店の前の交差点を西に入ると言ってもよい），すぐ右に曲がって一寸進んだ左側にあった。今は水道局の敷地である。

少々ここで明治中葉当時の追分の様子を書いておこう。

筆者が昭和戦前の終り頃上京してきたとき，都電の停留所「本郷追分町」が農学部正門よりも巣鴨駅寄りにあった（現在の文京女子短大のある辺り）。この停留所東側の鰻の寝床のように狭い一郭が「駒込追分町」と呼ばれていたからそう命名されたのだろうが，一体昔の「追分」はどこだったのかという疑問が頭に浮かんだが，本郷の大学に入るまでその疑問は解こうとしないまま数

年が経った。

今の本郷通りは江戸時代「日光御成道」と呼ばれた。現在の道幅から見るとこれが本道であったように思えるが，追分で左に入った方が当時の国道的存在で，それが中山道であった。日光御成道は将軍が日光東照宮に参詣するときに使われる道で，大名たちはほとんどこの道を使わなかったと言われる。瀧の西片町の新居は中山道（今の白山通りができる前は白山通りという呼び方がされた）に面していたことになるのである。

瀧廉太郎の上野の杜にあった音楽学校への通学を思ってみるのは楽しい。

廉太郎は家を出て，追分のところへ出てくる。ここに「高崎屋総本店」という看板を高々と掲げる店が，本郷通りと中山道の両方に向かって店を開いていた。当時，本郷通りの道幅は現在の半分ぐらいだったと言われる。そこを大正4〜5（1915〜1916）年頃まで，神田の万世橋と北豊島郡板橋とを結ぶガタ馬車（円太郎馬車と呼ばれた乗合馬車）が走っていた。市電が通るのはその後である。市電が本郷三丁目まで達したのは明治37（1904）年で，万世橋からの線と上野広小路からの線がここでぶつかることになった。正に明治後期においても「本郷もかねやすまでは江戸の内」――「かねやす」は古い本に兼安とも兼康とも書かれた化粧品屋だった――という江戸の川柳を地で行くような東京であった。そういう意味では，大吉は廉太郎のために東京の郊外に出たという感じだったわけである。

高崎屋の創業は宝暦年間（1751〜1763）で，高崎屋を称した長右衛門が開いた。店の名は高崎の出身だったことに由来したらしい。兼康友悦が「かねやす」で粉歯磨き「乳香散」を売り出したのは享保年間（1716〜1736）と言われるから高崎屋の創業はそれより30〜40年後ということになる。

高崎屋は明治21（1888）年から番頭の渡辺某が継いで今日に至っており，当主はそのときから数えて4代目で今も当然渡辺姓である。明治期，店の商標である「○の中に「高」の字が入った」のに因んで，「マルタカ」という店を酒屋の北の並びに開き，昼はミルクホール，夜は呑み屋を営んだが，向かいの一高――一高の正門は高崎屋と本郷通りを隔てて相対していた――の生徒の放埓さに閉口し2〜3年営業しただけで店を閉じてしまったという。筆者が東大にいたとき，北隣に「あさひ屋」（高崎屋の親戚）というパン屋があり，さらに北隣に高崎屋の倉庫があったが，その辺りがその店であったかと思われる。ガタ馬車で荒らされた砂埃の立つ本郷通りを横切った廉太郎は第一高等学校のキャンパスを左に見て現在の

言問通りの坂（弥生坂あるいは鉄砲坂と呼ばれる）を下り，現在の不忍通りに出て，これを横切りなおも真っ直ぐ言問通りを上って行くと音楽学校に着いた。富士見町からの通学と較べたら，通学は断然便利になったはずである（と言っても徒歩で20分ぐらい要しただろう）。しかし，脚気を患ったりした（明治30（1897）年頃）うえに生来病身だった廉太郎には言問通りの坂の上り下りがきつく感じられる日が少なくなかったと思える。廉太郎は明治28（1895）年9月に16歳で本科に進学し，3年後の明治31（1898）年7月に同科を首席で卒業，直ちに研究科に進んだ。音楽学校在学中に廉太郎は大吉の長男の清，次男の二郎（NHK出身の脚本家瀧大作氏はこの人の長男である）を連れて朝夕よく散歩したと「清貧の譜」は書いている。ついでだが，大吉にはその他に男の子1人と女の子2人があり，合わせて5人の子供に恵まれたのであるが，長男と三男は共に10歳台で夭逝――このことは瀧大作氏の御姉君からうかがった――している。

廉太郎は明治32（1899）年9月〜10月に音楽学科のピアノ授業嘱託からさらに授業補助を命ぜられ，この頃から後世に残る作曲が続々と世に出る。「荒城の月」の話は既述したところである。

明治34（1901）年4月，廉太郎はピアノおよび作曲研究のため満3カ年の留学を文部省から命ぜられ，横浜を出帆してドイツ留学の旅に立った。大吉の家族と一緒に過ごした長い生活に別れを告げての旅立ちであった。10月ライプチヒ王立音楽院を受験し合格したが，病魔はすでに廉太郎の肺を深く蝕んでいて，12月初め聖ヤコブ病院に入院，明治35（1902）年7月文部省より帰国を命ぜられ，8月ライプチヒを発ち，ベルギー国のアントワープから船に乗り帰国の途に就いた。その帰途ロンドンに立寄った折，テームズ河畔で土井晩翠と劇的な会見をしている。明治35（1902）年10月17日，廉太郎は横浜港に着き大吉夫婦や友人たちの迎えを受けた。しかるにその日から1カ月余経った11月21日，大吉は脳溢血で倒れ2日後に他界した。大吉，42歳であった。

月が改まった12月上旬，廉太郎は大分へ帰り稲荷町339番地の両親の許で病を養う。明治36（1903）年6月29日廉太郎は自宅で永眠した。享年23歳であった。

廉太郎が亡くなって残された吉弘は大吉と廉太郎を追うようにして翌年の明治37（1904）年8月9日，63歳で亡くなった。

日清・日露の両戦役の中で

瀧大吉は陸軍技師に任ぜられて2年余り経った明治

26（1893）年12月から東京砲兵工廠の御用掛を命ぜられ，同廠の営繕工事の監督に当たっている。これより2年前（1891年）の春，ロシアはシベリア鉄道の工事に着手し東洋侵略の意図をあらわし出し，これに震撼されて日本の朝野では東洋危機が叫ばれ，あるいは東方政略の必要性が声高に論ぜられるに至った。砲兵工廠の営繕工事の盛行はこうした動きに呼応したものであった。当時，陸軍省は砲兵工廠や第一師団の常繕も直接管掌する立場にあったのである。

明治27（1894）年10月から翌年4月まで瀧は朝鮮国へ差遣された。これには一般歴史的な説明が必要である。

明治27（1894）年5月1日，朝鮮全羅南道に暴動が起こり南鮮にまでそれが拡大して東学党の乱（これは日本の呼び方で，正しくは甲午農民戦争という）に発展した。日本政府はこれに乗じて朝鮮への派兵を決め（6月2日），6月16日，陸軍の7千人の部隊が仁川への上陸を完了した。そして7月23日，朝鮮王宮を占領した。日清開戦の機を狙っていたわが国は，7月25日，海軍が宣戦布告もせずに豊島沖に清国艦隊を奇襲し，次いで陸軍も在朝鮮の清国軍に先制攻撃を行い，その後，8月1日，清国に宣戦を布告した。これが日清戦争の初まりであった。

この後，日本陸軍は9月15日，平壌で清国軍の主力を破り，10月下旬には陸軍の第2軍は遼東半島に上陸，旅順を一挙に占領した。平壌戦の後，朝鮮を北上した第1軍は国境を越えて清国領に入り，明治28（1895）年2月，牛荘・営口を占領し，同じ月，第2軍は山東半島の威海衛を占領した。清国の北洋艦隊はこれにより根拠地を奪われ降伏した。

以上の戦争推移は，井上清著「日本の歴史（下）」（岩波新書，1966年）を参考にして記述した。

戦局の推移から察するに，瀧大吉は陸軍主力部隊の仁川上陸よりかなり遅れて朝鮮に上陸し，第1軍に従って北上したのであろう。瀧の主要な任務は朝鮮廠舎（兵営）を建設することであった。

明治27（1894）年3月27日，日清戦争の講和談判は結了し，瀧は4月に帰国した。

明治28（1895）年4月，瀧は臨時陸軍検疫事務官，兼検疫部建築課長を命ぜられた。

清国から帰って直ちに検疫関係の仕事に就いたのであるが，これにはわけがあった。戦争で亡くなった約1万7千人のうち，病死者が約1万2千人で，赤痢などの伝染病で亡くなった人が多く，帰国した将兵を水際で検疫し，疑わしい者を隔離収容する必要があった。それに必要な建物を急遽建設するのが瀧の任務だったのである。

そうした建物は，広島の似島（江田島の北），山口県の彦島（下関の南），大阪府の桜島（新淀川の川口の近く）に建てられた。

明治28（1895）年10月，清国威海衛に出張を命ぜられ，12月帰国する。

当時，山東半島の一角に日本の領有権を主張するために軍隊を派遣したのであるが，この威海衛出張はその軍隊の臨時兵営を急遽建設するためであったかと思われる。このことの目的を知るためには，清国との講和条約が成立すると，いわゆる三国干渉が始まった（三国干渉により結局は遼東半島の割譲受け入れを日本は断念することになった）という事情を承知しておかなくてはならない。

明治28（1895）年の終り頃，時事新聞に威海衛の廠舎の構造が紹介されているのを「建築雑誌」が引用しているので，以下に掲げる。

威海衛の廠舎は，それ以前に朝鮮で建設した廠舎と較べると遥かに本格的な建物であった。

応急の建物であったから木造のバラック造であったが，木材は日本国内から調達され，職工も国内から送られ，寒気厳しい真冬の真只中で工事が進められた。

将校用の廠舎は1人1室が与えられ，その広さは4畳半ないし6畳で，床には琉球表の縁なしの畳が用いられた。当時琉球表の生産は瀧の故郷の豊後（大分県）が最も著名であった。天井にはアンペラ（インド産のアンペラの茎で編んだ筵）を張り，竹製の棹縁を設け，外壁は内外から板を二重張りにして寒さをしのぎ，室内側はその上に紙を張って風の侵入を防いだ。窓には敷居と鴨居を設けて障子をたて，外側に雨戸を附した。そして将校の官等に応じて3尺ないし6尺幅の押入を設けた。

一般兵舎についても述べると，1個大隊に対し8棟の兵舎が建てられた。そして一つの棟は，長手方向の中央に短手方向に貫通する幅3.6mの吹抜け廊下が設けられ，これによって分けられた左右両翼部分には，これを長手方向に貫通する土間廊下（幅1.8m）が中央に設けられた。その両脇には高さ45cmの床が設けられ，畳が敷き込まれた。この畳の床はさらに土間廊下から鍵の手に伸びた幅90cmの土間廊下で分割され，この廊下には食卓が設けられた。兵士は畳床を腰掛けにして食卓で食事したり筆をとったりできたわけである。壁，天井の構造は将校用と同じで，窓だけは紙（乾燥性の豆油を塗布）障子連子窓で将校用廠舎と異なっていた。畳床における畳の分配は兵士1人につき畳1枚で，兵士はここで寝をとった。かくて国内の兵舎と異なった点は，屋根に木材の板を葺き，床に畳を敷き，置暖炉の代わりに炉を用い，窓を紙張りにしたことぐらいで，規模や構造は国内の兵舎とほ

とんど変わらなかった。この辺に，瀧大吉の戦地における計画の苦心の跡が窺える。また，兵舎の数は数百棟に及んだというから建設資材や職人を集める手当てに心を砕いたことだろう。

　話が変わって国内のその後のことである。明治29（1896）年4月，陸軍省に臨時建築部が設置され，瀧は技師を命ぜられる。明治30（1897）年には日本各地に建設される兵営工事視察のため，しばしば出張した。

　日清戦争の開戦時には，日本陸軍は6個師団（東京，仙台，名古屋，大阪，広島，熊本）であったが，終戦から間もなくして，満州を南下するロシアの脅威に対抗するため，兵備拡張を目指しさらに6個師団（札幌，弘前，金沢，姫路，善通寺，小倉）が増設された。そして明治29（1896）年からそれに伴った営舎や施設の新築に着手した。歩兵連隊に関して言えば，第29連隊から第48連隊までが増設され，その地域は，北は青森県弘前から南は長崎県大村まで及んだ。建てられたのは連隊の兵舎・施設ばかりでなく，師団司令部や旅団司令部などの新築建物も含まれた。さらに陸軍省の本省の定員も拡張増員されたので，それに伴い建物の増改築に迫られ，経理局などが新築された。正に北は北海道から，南は九州に至るまでの陸軍の建築ラッシュであった。

　上述のような新築工事を指揮監督したのは主任技師であった瀧大吉で，彼のもとには工部大学校を卒業して日の浅い2人の工学士がいた。一人は明治25（1892）年卒業（工部大学校からの通算第12期卒業生）の田島穧造，もう一人は田島の1年後輩の三橋四郎であった。瀧と2人の後輩との間には卒業年次で10年程の差があったし，入省の年次から見ても瀧が最も古かったから，当然瀧が先頭に立って膨大な工事を指導監督しなければならなかった。一体全体，限られた人員でどうしたら工事を遅滞なく，しかも適確に進めることができるだろうかと，瀧は思い悩んで一時は茫然自失したであろう。

　ここで才気煥発の瀧は一計を案じたのである。まず第一は，官庁や会社とは関係なく独立している建築技師の保証のもとに請負業者に見積書を提出させること。第二は，その建築技師に責任をもって工事監督をさせること。第三は，工事入札に加わる請負業者の資格を納税金額に応じてランクづけ，かつ1口1万円以上の工事金額の工事を請負う業者は，学士（工部大学校とその後身に当たる帝国大学の卒業生）に当該工事を担当させることとしたのである。要するに工事業務の一部を信頼できる民間請負業者に委託するという案であった。この案は陸軍省内で裁可された。

　しかし，上記の規定の運用には問題があった。それは

学士の称号をもつ技術者（工部大学校の卒業生や帝国大学の卒業生）の就職先がほとんど全部官庁に限られ，在野の建築技師が稀有だったからである。そのため上記の規定のうち工事請負業者の資格制限は，1年程して改められた。すなわち，請負業者の納税金額による資格制限を緩和する目的で，請負業者のランク区分が従来の6から10に増やされた。また学士の工事担当を必要とする工事は，従来1日1万円以上だったものを請負額1口5万円以上へと変更された（しかもこの制限は当分施行しないこととされた）。だが見積書の提出に当たっての学士の保証捺印と，学士による工事監督の規定は取り除かれなかった。

　田島穧造が陸軍省を辞めて民間に出たのは，上述の隘路を打開するための連繋行動であったと見ることができよう。田島は3人の学士のうちで最も若かったし，陸軍省での在勤年数も少なく民間へ気楽に出やすかったと言えよう。

　田島は帝国大学造家学科を明治25（1892）年7月に卒業すると，日本銀行の建築部に入った。当時，日本銀行本店の新築工事（1890年10月に起工）が進行中であった。田島の日本銀行就職は，同銀行の設計者であり，大学の恩師である辰野金吾が，田島と同じ佐賀県唐津の出身であったことと無関係ではなかったろう。田島は唐津で生まれ東京で育った人で，当時の帝国大学造家学科の卒業生としては珍しいことに士族の出身ではなかった（同期生5人のうち4人が士族であった）。

　「明治工業史・建築篇」（前出）によれば，田島穧造は，民間へ出て，必要書面に捺印する自分を自ら「スタンプ・アーキテクト」と称したという。彼はそうした経歴をして後に台湾総督府の技師となり，土木局営繕課長を勤めた。明治39（1906）年から5年間程して官を辞して閑地に身を置いたが，明治43（1910）年乞われて東京市技師となり営繕課長を勤めた。そしてこの時代に，四谷見付橋，鍛冶橋，呉服橋（いずれも今は存在しない）の橋梁の装飾設計に関わっている。大正6（1917）年1月，病いを得て亡くなった。

　田島の経歴を見ると，陸軍兵備拡張に伴う兵営などの大量建設のために日本銀行から陸軍省へ呼ばれ，その建設が一段落するかしないときに陸軍を離れて行ったことがわかる。一方，一番若い三橋四郎は帝国大学を卒えるとすぐ陸軍省に入ったが，一段落した明治31（1898）年には陸軍省から逓信省の技師に転じている。彼は日清戦役の際，戦地に派遣され，瀧と同じように病院や仮兵舎の建設に従っているから，陸軍の兵備拡張計画が完了したらお役御免になったという感じであった。三橋は逓信

80　第6章　瀧大吉　その3

表6-1

師団		新設の歩兵連隊
第2（仙台）	既設師団	仙台（29），新潟（30）
第8（弘前）	新設師団	弘前（31），秋田（32）
第3（名古屋）	既設師団	名古屋（33），静岡（34）
第9（金沢）	新設師団	金沢（35），敦賀（36）
第4（大阪）	既設師団	大阪（37），京都（38）
第10（福知山）	新設師団	福知山（39），姫路（40）
第5（広島）	既設師団	広島（41），山口（42）
第11（善通寺）	新設師団	丸亀（43），松山（44）
第6（熊本）	既設師団	鹿児島（45），大村（46）
第12（小倉）	新設師団	小倉（47），久留米（48）

＊新設の歩兵連隊の名前の後の括弧内の数字は連隊の通し番号

省に8年程いて，明治39（1906）年，東京市に転じ営繕課長となったが，2年後辞職し，以後官公庁に仕えることはなく，建築事務所を開き，主として民間の設計に専念した。そしてその中で「三橋の大建築学」と称された有名な「和洋改良大建築学」4巻を書き上げた。彼は幕臣旗本の家の出身であった。大正4（1915）年11月5日，病によりウラジオストックで客死。享年49歳であった。彼もまた帝国大学の卒業生として青春を富国強兵のために捧げた人であった。

　明治時代，日本には建築を教える大学は一つしかなかった。その大学の卒業生は建築界のエリート中のエリートであったはずである。そのエリートが強兵のため政府・軍部に吸い上げられ手足として利用されたことが，陸軍における瀧大吉らの活躍から窺うことができよう。なお，エリートたちは陸軍よりも海軍の方に多く吸い上げられたのだが，それについては追々触れることにし，瀧の話を続ける。

　前記のようにして請負業者側の条件整備は一応進んだが，監督する陸軍省サイドに問題が出てきた。それは，技師の下で手足となって働く技手が多数必要とされたのにその要求が満たされなかったことである。この問題は明治29（1896）年において浮上した。

　枝道に入るが，日清戦争が終わってから日露戦争が起こるまでの陸軍の軍備について書いておきたい。

　まず明治27（1894）年10月，第7師団が創設され，もともとの屯田兵制度が正規軍化された。札幌に歩兵3個連隊を編成し師団司令部も札幌におかれた（旭川に移るのは日露戦争後である）。

　軍備拡張は既設の近衛師団の他に6個師団を増設して常備兵力を12個師団としようとするもので，明治29（1896）年3月，改正陸軍管区表が公布された。これにより表6-1のように各地に歩兵連隊が新設されることとなった。

　なお，各師団には騎兵と野戦砲兵の1個連隊ずつが師団司令部の所在地に新設されたのであった。

　上記の表における師団司令部の所在地は日清戦争の直後のもので，日露戦争の後に第10，第12の師団では，師団司令部がそれぞれ福知山から姫路へ，小倉から久留米へ移されている。

　上記の新設連隊の配置を眺めると，20連隊のうち12連隊が県庁所在地に，残り6連隊も各県内の有力都市に設置されたことがわかる。こうした各地において，陸軍省の要求した技術力をもつと考えられる請負業者が工事を請負い，陸軍省の定めた仕様書に従って兵営その他の施設の建築が進められたのである。瀧大吉の構想した木造の耐震技法（第8回で前述）は，上述の工事を通して請負業者の監督員（工事が行われた現地で雇われたり，募集に応じて全国各地から集まった中級技術者たち）や，下請け工事に当たった地元の大工棟梁に伝えられたわけである。しかし彼らの多くは地震の怖ろしさを経験したことがなかったから，耐震には関心はなく，陸軍省仕様の構法を耐震構法として捉えるよりは，東京から伝えられた西洋式の木造技法として興味深く受け止めたことだろう。したがって，陸軍省によって播かれた種子が地方の土に根づいても，それは洋式の木造建築を建てるための専用の構法として認識されるのに止まったと想像される。そう考えなければ，筋違，方杖，火打，土台，洋式トラスの小屋組，小屋組の固めなどの洋式手法がモディファイされて日本式の軸組構法（主として住宅）の中に導入されるという現象が，明治後期にほとんどまったく起こらなかったことの理由を説明することはできない。多くの大工棟梁が定型化された木造技法の保持・継承にこだわり，外国の技法の導入に拒絶反応を示したことが主因であったのは疑う余地のないところである。

　ところで瀧大吉の構想した木造の兵営などの耐震技法を，残念ながら筆者は構造図面を通して見たことがないが，そんな骨董品探しの骨折りをしてみても必ずしもその図面から陸軍省仕様の木造耐震手法の全貌が看取できるとは限るまい。それよりも瀧個人の考え方に注目した方が余程賢明であり得策であろう。瀧の考え方についてはすでに述べたところであるし，三橋四郎の前掲の著書に陸軍省で採用された技法が紹介されている（第8回で触れたし，後章でも詳述する）。

　纏めの意味で復習整理してみると，明治26（1893）年1月造家学会で「耐震構造」と題して行った講演の内容は，「建造物に関する震災予防意見」として瀧が陸軍経理局に提出し全国の師団経営部に配布されていたものを基盤にしたものであった。だがそれは瀧がほぼ同時期に書いた「建築学講義録」第5章「大工職」の内容と大差ないものであった。瀧個人の意見がそのまま陸軍省の考え

方だったのだからそれは当然のことであった。瀧は濃尾地震直後の明治24（1891）年12月から陸軍経理学校の教官として授業しているが，その中で「建築学教程」という本を自ら編纂し使用していたが，この本の出来上がりは「建築学講義録」よりもやや早い時期であった。この経理学校の講義の中で濃尾震災における見聞を参考にして瀧の木造耐震技法に関するアイディアが昇華されて行ったと考えてよかろう。かくて木造の陸軍施設の仕様書は瀧の考え方が随所に散りばめられて出来上っていたと考えられるのである。

瀧は明治30（1897）年4月，英，仏，蘭3国の領有する印度支那半島とその南方の国々に出張した。

明治31（1898）年2月には台湾・澎湖諸島，清国の福州，厦門へ出張。

明治34（1901）年3月，清国へ出張。北京，天津などの兵営築造に従事。11月竣工で帰国する。

上掲の瀧の出張の目的がどこにあったかは，明治33（1890）年に起こった義和団の乱とそれに続く日本の軍隊の動きを見ればおのずから納得できる。

井上清の「日本の歴史（下）」の記述を柱にしてそれを簡述してみよう。

日本を含む8カ国連合軍は明治33（1900）年8月，北京を占領して義和団を鎮圧し，巨額の償金と北京に軍隊を駐屯させる権利をとった。この際，列強の注意が華北に向いている隙に，連合軍の主力をなす兵力を誇る日本軍は，単独で福建を占領し，さらに厦門への出兵の口実をつくるため，厦門の本願寺布教所に放火し，これを暴徒による焼き打ちと非難し，居留民保護の名のもとに，かねてから厦門の港で待機していた軍艦「和泉」から陸戦隊を上陸させ（8月24日），台湾から1個旅団を厦門に派遣しようとした。しかし英国から日本政府へ強硬な抗議がなされたので，政府は計画を中止したのであった。時の内閣を統べるのは，陸軍出身の山縣有朋であった。

上述の内容から瀧の明治31（1898）年2月の出張が何を目的とするものであったか理解可能である。占領後，北京と天津に築造した兵営は煉瓦造であった。清国から帰国して1年経った明治35（1902）年11月，瀧大吉は脳溢血で倒れ逝った。時に瀧大吉，ほぼ享年満41歳であった。

以上，陸軍省時代の年譜は，「建築雑誌」1902年12月号に掲載の「故工学士瀧大吉氏の伝」（三橋四郎）によった。

瀧の陸軍省時代は日清・日露の両戦役と共にあったと言ってよく，彼はその中で戦争の裏方として心身共に疲弊して逝ったように思えてならないのである。今，瀧は東京の青山墓地に疲れた身体を横たえ静かに眠っている。

建築家と戦争

瀧大吉の砲兵工廠への関わりについては前述したが，日清戦争中の明治27（1894）年12月，東京砲兵工廠の摂理から陸軍大臣に対し官吏賞与金の下賜について稟議方が上申されているが，そのリストアップされた95名の筆頭に陸軍技師，瀧大吉の名があり，賞与の額は隔絶した最高額で百円と記されている。文官中筆頭の賞与を受けたわけで，瀧の精励の程が偲ばれると言えよう。

民間人の建築家の協力も少なくなかった。明治はそういうことが当然の時代であった。以下はその一例である。

文部省の建築課長であった山口半六は在勤約7年，疾患を理由に同省を辞して，療養のため西下し居を大阪に定めた。しかし有能な彼の閑居を世間が許すはずがなく，桑原工業事務所（今日言うところのコンサルタント会社）に入って建築の設計監督に従事することになる。

明治27（1894）年8月，日清戦争が始まり，その翌月，山口は呼ばれて京都府宇治郡宇治村に急遽建設されることになった火薬製造所の設計監督に従事することになった。建物の一つ一つの設計監督を民間にバラバラに発注するのを止めて一人の専門家に一括委託しようという当局の考えであった。

火薬製造所の建設は大阪砲兵工廠の管掌で，現在は京都大学防災研究所がその敷地跡を使用している。宇治川がほぼ南北に流れる附近には東に奈良街道（大津道）があり，その街道に沿って木幡村（北）と宇治郷（南，今の宇治市）の間に製造所は建てられた。そして街道を隔てたすぐ東には宇治火薬庫が設けられた（火薬庫の北には黄檗山万福寺がある）。製造所の西端は宇治川に臨み，そこに荷揚場が設けられた。宇治川が淀川に繋がるという船運の便が火薬製造所立地の理由であったことは想像にかたくない。製造所の工場建物は用途の性格上，当然レンガ造ということになった。当時京阪神においてレンガ造に通じた建築家となれば，東京の文部省で豊富な経験を積んだ山口をおいて他に人はいない。固辞する山口も遂に設計監督の纏めを引き受けざるを得なかったろう。委託費は当時の金で450円であった。その後，工場の拡張と新築が続いて日清戦争が終わった後の明治30（1897）年にまで及んだ。明治29（1896）年は前述のように威海衛に日本軍が駐留するという緊迫する事態があった年であった。

火薬製造所の工場の建築的価値については言及する必要はあるまい。筆者の興味は，山口半六が火薬製造所の設計監督に係わったことにある。

第7章

工部大学校の終焉と残照

その1

工部大学校の終焉 ...83
東京大学の成立 ...85
小島憲之 ...87
工部大学校のキャンパス ...91

（2000年11月号）

工部大学校の終焉

　工部大学校の廃校の辺りに話をタイム・スリップさせてみたいと思う。

　工部省営繕課勤務だった辰野金吾が，工部大学校造家学科の教授兼任を命ぜられたのは，明治17（1884）年12月のことだった。これに先立つ3カ月前に，工部6等技師と工部大学校教授補を兼ねていた曾禰達蔵が造家学科の助教授を命ぜられていた。工部大学校の第1回卒業生で同期だった2人を，教授と助教授に据えたことにどのような人事的伏線があったのであろうか。

　人事というのは秘匿されたものだから，人事の意味に想像を巡らそうとしたりするのは愚の骨頂である。そこでそのことはまったく措いて，この語りにとって最も重要な当時の時代背景に思いを巡らしてみることにしよう。

　明治10年代のわが国の経済状態についてである。

　明治10（1877）年，西南戦争が終わるとインフレーションとなり，米価を初めとする諸物価が上がり，金利も上がった。このインフレは国立銀行の濫立による不換紙幣の濫発が原因で，そのため紙幣価値が下落したことにより招来されたものであった。このインフレにより好

況景気がもたらされ，その好況の中で需要は増大し消費が増加して輸入超過を招いた。その結果，金融逼迫と金利高騰が起こった。

　松方は明治14（1881）年10月，大蔵卿に就任するや中央銀行（日本銀行）を創設し，兌換銀行券を発行するなどして金融制度を確立すると共に，財政の緊縮と通貨の収縮を計った。このデフレへの誘導策が奏功し，景気は下向に転じたものの，下向に次ぐ下向で遂に明治17（1884）年には恐慌状態に陥った。そして物価は下落し，不景気の嘆声は全国の巷に満ち満ち，商業は沈滞し農工業は萎縮してしまった。

　政府の財政緊縮政策の影響を受けて，明治10年代後半に入ると官庁営繕工事は影を潜め，明治16（1883）年2月には，官庁営繕を所轄していた工部省営繕局は廃局置課の措置を受けて営繕課に降格され，9月には総務局営繕課となった。その影響で工部省は，市町村の公共建物の設計監督，さらには民間の建物，私邸の仕事まで引き受けるような状況に追いやられていったのであった。

　上述のような時代背景であったから，工部大学校造家学科は学生数が少なく閑古鳥が鳴く状態であった。建築という職業は，そんな時代の中にあっては，国民にとっても若者にとっても魅力のないものだったのである。

辰野が兼任教授を命ぜられたとき，工部大学校造家学科の学生数は次のとおりだったと想像される（後の卒業生の数から推して）。

6年生1名，5年生1名，4年生ナシ，3年生ナシ

建築に魅力がなかった理由について曾禰達蔵は，こんな風に言っている。

「建築学は当時頗る不人気なものであって往々富国強兵もしくは利用厚生に縁遠き，いな妨害ある学科と嫌われ財を散するのみの贅沢な学術と言われた」（「建築雑誌」，1916年1月号）

辰野教授と曾禰助教授は，着任早々に工部大学校全体としての「学課並びに諸規則」の改正作業を行っている。それに基づいた時間割を見ると，造家学科においては，3年生，4年生の午前8時から午後4時まで行われる講義（造家図学を含む）と巡回（工事，意匠の2科目）の授業を，月曜から金曜まですべて辰野金吾と曾禰達蔵が2人で共同担当している。時間割は建前の話で，実状は助手の協力を得ながら自由気儘に授業が行われたのではあるまいか。明治18（1885）年の新学年開始時に，専門科（3，4年生）には1人，実地科（5，6年生）には1人しか学生がいなかったから，寺子屋式の気儘な授業が可能だったであろう。学生2人とは何ともひどい。

コンドルの名前は前出の時間割から消えている。

これは御雇外国人教授に代えて日本人を教授に当て，授業は日本語で行いたいと当路の人々が考え出していた中で，雇備延長中のコンドルに再度雇備満期の期日が迫っていたという事情が関係していたと考えられる。因みにコンドルは，明治17（1884）年6月から工部省を離れ，太政官会計課と雇備契約を交わしていたから，立場上工部大学校との関わりは非常勤講師的になっていたのであった。なお，曾禰は「学課並びに諸規則」の改訂が終わり新学年が始まると，警視庁御用掛として会計局勤務を申しつけられているから，造家学科には辰野だけが残る形となったのであった。

ついでながら，ジョサイア・コンドルの工部大学校における授業振りについて考えてみたいと思う。コンドルの来日は，明治10（1877）年1月で，教師としての経験はなかったから，それに対する力量は未知数であった。

コンドルが来日して日本の建築教育の方法論と，明治の建築のデザイン様式が方向づけられることになったわけだが，良かったにしろ悪かったにしろ，それが日本の近代建築にとっての運命だったのである。幸いなことに，コンドルに対する今日の史家の評価は悪いものではない。

コンドルは大学校で建築教育に専念できたわけではなく，彼は工部省の営繕局にも技師として出仕し（これが

本務），設計と工事監督にも携わった。もっともコンドルにとっては教えるよりもこちらの仕事の方が楽しかったであろう。

明治10年代における工部大学校造家学科の時間割を見ると，3年生の授業の半分は「造家製図」に当てられ，その造家製図の時間はすべて午前中に置かれていた。また，4年生の授業は，

「造家学の講義と造家製図が全面的に行われたと記録されているだけで時間割が具体的に示されていない」（日本建築学会編「近代日本建築学発達史」の11編2章）

という状態だったから，察するに時間割は単なる名目でコンドルの意志と彼の仕事の都合で授業の時間と内容は自由自在に操作されていたものと思われる。

5，6年生は「実地修業」が建前だったから時間割はなく，専らコンドルが手掛ける工部省の設計と工事監督の手伝いをさせられたのである。

要するに工部大学校におけるコンドルの立場は，全校生徒数人の分校における先生のようなもので，3年生から6年生までを1カ所に集め，1人で同時に教えていたのである。コンドルはそれを午前中に集中的に行い，午後からは工部省に出掛けて行き技手たちと打合せを行い，暇なときは午後も大学校にいた，そういう仕事振りであったと想像される。

コンドルにも教わる生徒の側にも幸運だったことは，学生の数が少なかったことである。そうでなければコンドルは到底教授兼技師の一人二役を演ずることはできなかったであろう。

因みにコンドルの教えた造家学科の卒業生の数についてである。コンドルは明治15（1882）年1月に雇備満期となり，明治17（1884）年6月まで雇備延長され，さらに講師として明治22（1889）年にまで及んだが，コンドルが一人教授として孤軍奮闘したのは，辰野金吾が

表7-1　明治22年までの造家学科の卒業生数

年次	卒業生数
明治12（1879）年	4
13（1880）年	2
14（1881）年	3
15（1882）年	5
16（1883）年	4
17（1884）年	1
18（1885）年	1
19（1886）年	1
20（1887）年	0
21（1888）年	1
22（1889）年	0
計	22

帝国大学工科大学教授に任ぜられた明治19（1886）年4月までと見なすことにする。仮にそうした場合，明治18（1885）年に3年生だった学生はコンドルの教えを受けたことになり，その彼らの卒業年次は明治22（1889）年である。表7-1に明治22年の卒業生までの数を掲げる。造家学科の学生数が寥々たるものであったことを表7-1は明確に示している。

辰野と曾禰が「学課並びに諸規則」の改正に取り組んだことについては前に触れたが，これは工部大学校全体としての教科見直しの一環であった。大学校がこうした動きをとったのは，文部省の動きから察して大学校が，東京大学に合併させられてしまいそうだという不安が学校全体を覆っていたからであった（後述）。

東京大学の成立

すでに第6回で触れたが，文部省が，東京開成学校と東京医学校を合併させて東京大学を成立させたのは，工学寮工学校が工部大学校と改称した年と同じ明治10（1877）年であった。

「東京大学」という呼称は当時の正式なもので，現在の東京大学の遡源に当たる大学だからというので「東京大学」と書いたのではない。なお，現在の東京大学は，明治10（1877）年の「東京大学」成立を以て創立とし，それ以前の前身としての学校の存在は前史時代の中に位置づけられているのである。

上において東京大学の成立に触れたのは，工部大学校が東京大学とはまったく無縁の別の存在だったことを示したかったからである。工部大学校は「工部省の学校」で，東京大学は「文部省の学校」だったのである。後に工部大学校は，帝国大学成立の前段階として東京大学工芸学部と合併させられる（これについては後述）のだが，現在に至る東京大学の系譜から見ると，東京大学工芸学部が嫡流で，工部大学校はこれに吸収合併させられたと見るのが客観的には正しい。

東京大学工芸学部が成立したのは明治18（1885）年12月で，理学部から工学科，採鉱学科，応用化学科の3学科を取り出す形で，工芸学部が編成された。これに属する学科は，土木工学，応用化学，機械工学，採鉱冶金学，造船学であった。建築に関係する学科はなかった。

旧理学部で工学科は，化学，数学，物理，星学，生物，地質，採鉱の諸学科と並ぶ一学科に過ぎず，その内容は機械と土木を対象にしたものだった。

因みにそのとき工部大学校には次の6学科が用意されていた。

土木学，機械学，電信学，造家学，実地化学および冶金学，鉱山学（注：造船学は明治17（1884）年創設）

東京大学の旧理学部は4年制（予科課程4年を前提にしたうえで）で，工学科は最終学年の4年生になると機械工学と土木工学の専修に分かれ，この土木工学専修には一教科目として「造営学」が第2学期（1月～3月）に毎週3時間用意されていた。土木技術者になる者に建築に関する教養的知識を教授するのが目的であった。「造営学」については後述するので今は措く。

工芸学部の開設は明治18（1885）年12月15日で，1週間後の12月22日に工部省が廃省になっているから，工芸学部の成立は工部大学校を将来文部省に移管するための前段階的改編に過ぎないように見えるが，実はそうではなく，背景には以下に述べるような複雑な事情が絡んでいたのである。

工部大学校と東京大学工芸学部の合併は，一言で言えば，帝国大学を成立させるための文教改革の一要素として位置づけることができよう。この改革の実行において中心的役割を果たしたのは森有礼で，これを背後から支えたのは伊藤博文であった。

森有礼は薩摩藩の出身で，明治3（1870）年外務省に入り米国に派遣された。少弁務使として米国に滞在中の明治4（1871）年の末頃から教育改革や教育制度に具体的に強く関心を持つようになり，明治5（1872）年1月に岩倉使節団一行がワシントンに到着し滞在したとき，現地で文部省入りを打診した節がある。

明治12（1879）年9月，文部省は「学制」を廃し代わりに「教育令」を公布したが，英国公使として赴任する直前，森は「教育令」の案を見て文部省に対し意見を述べている。後年「帝国大学令」づくりをした森の文教政策が孵化されつつあったことを窺わせる。

明治15（1882）年3月，参議伊藤博文は憲法調査のため欧州に向かい，ベルリンとウィーンに滞在して勉強に励んだが，伊藤の欧州滞在中に森は伊藤と教育政策について論議する機会を得ている。このときの会談が，伊藤をして森に教育行政を担当させてみようという気持ちを抱かしめたようである。

森は明治17（1884）年5月，参事院議官——参事院は法律規則の制定や審査に参与する機関で，議長は参議兼宮内卿の伊藤博文であった——を拝命し，文部省御用掛に任ぜられた。この年6月，鹿鳴館で初めて舞踏会が開催され，いわゆる鹿鳴館時代が幕開けされている。

そういう時代の流れの中で，森の文教に関する政策と理念は具体化に向けて第一歩を踏み出したのである。

以上では，犬塚孝明氏の著書「森有礼」（吉川弘文館，

1986 年）を参考にした。

明治 17（1884）年 12 月，司法省所轄の法学校が文部省に移管されて東京法学校と改称された。

ついでに述べると，明治 18（1885）年 9 月，前記の東京法学校は東京大学法学部に合併され，さらに 12 月には同大学の文学部にあった政治学科，理財学科がこれに吸収され法政学部に改編された。しかし，それは後の話で，話はまだ明治 17（1884）年の年末にいる。

同時時期に文部省が（森が）工部大学校も自省の管轄下に移したいと考えたことは想像にかたくない。工部大学校の立場は微妙になった。

工部省権少技長の辰野金吾が明治 17（1884）年 12 月に工部大学校の教授兼任を命ぜられたとき上述のような状況下にあった。辰野の人事は，英国留学から帰って 1 年半経ったから，そろそろ工部大学校造家学科を首席で卒業した彼を教授とし，彼に同学科の発展を託そうというような敷かれたレールの上を走らせる甘い動きではなかったと思われる。

では，工部省の工部大学校維持の具体策はどんなものであったかということになるが，筆者にはまったくわからない。

とにかく工部大学校が動いたとしても，それは網の中に捕えられたものの最後のあがきに過ぎなかった。法政学部新編成（先に触れた）と同時期に工部大学校も工芸学部に吸収したいと考えた構想が実現しなくても，森有礼は慌てなかった。東京大学に総合大学の形態を整えさせようというのは森の信念であり，すでに触れたように伊藤博文の同意という裏打ちもあった。森は工学部新編成の先に横たわる，農商務省所管の駒場農学校と東京山林学校の吸収改編もすでに視野の中に取り込んでいたはずである。

明治 18（1885）年 12 月末，太政官制が廃され工部省が廃止となり，森は第 1 次伊藤内閣の文部大臣に就く。これを見て，「明治 19（1886）年 1 月になると，工部大学校学生の反対運動が活発化する」（東京大学百年史・通史 I）。そして文部大臣森有礼への上申告を起草する。工部大学校を東京大学に合併させようと企図している森文相の下に，合併反対の理由を書いて差し出しても無意味なことはわかりきっている。

東京大学百年史（前出）は「旧工部大学校史料附録」に掲載された学生の上申者を引用しているが，所詮反対の根底にあったのは，愛校心（在学生にとって）とか母校愛（卒業生にとって）だったろう。学生たちが言いたかったのは，東京大学と工部大学校は共に大学という名称を持っているが，

「ソノ精神ノ存スルトコロ，組織ノアル所ニ至リテハ全ク相同ジカラズ」（「旧工部大学校史料附録」）
であり，学生たちの結論は，
「工部大学校廃止ノ不可」（同上）
だったのである。さらに言うならば，学生たちが最も言いたかったのは，自分たちは定見がないのではない，また強者の言いなりになるような弱虫ではないということではなかったかと思われる。

上の反対運動はその後の経緯から見て，大局的には遠吠えに終わったが，造家学科にとっては少なからぬ好影響が出ることになった。

辰野金吾の官歴を見ると，上記の工部大学校学生の合併反対運動最中の明治 19（1886）年 1 月 28 日依願免本官となっている。その直前の辰野の本官は工部省工部権技長（太政官辞令）で，工部大学校教授を兼任していた。辰野の依願免本官の時期は，工部省出仕の彼のすぐ後輩たち（工部大学校卒業の）に対する非職通達の時期と較べて遅い。後輩の一人，渡辺譲（工部大学校第 2 回卒業生）は，工部省廃省——明治 18（1885）年 12 月 22 日——に際し，
「非職。今般その省被廃候につき廃官の輩は，更に補任せられるまですべて前官非職と心得るべし」
という辞令を受け，6 日後の 12 月 28 日には，追って通達するまでは，従前のとおり事務を取扱うよう命ぜられ，翌年 1 月 26 日に内務技師補に任ぜられている。辰野金吾の依願免本官は渡辺譲の内務技師補任命と同時期に当たっていたことになる。

辰野が願い出て工部省勤めの本官を辞めたことについて，その背景を推測してみたいと思う。

依願免本官の辞令を受けた同月同日，辰野は「建築会社創立のため土木用立組に聘せら」れている。土木用立組は鹿鳴館の建設（明治 16（1883）年 7 月に完成）に当たり，井上馨に乞われて大倉喜八郎が堀川利尚と一緒に起業した組織で，後に藤田組の土木建築部門と合併して日本土木会社（第 2 章，第 4 回で既述）となった。

藤森照信さんが「日本の近代建築（上）」に，
「辰野は工科大に移籍せず，野に下りて知り合いの経師屋の二階の畳の間に製図台を据えて日本人初の設計事務所を開く」
と書いているが，土木用達組とこの設計事務所開設がどうつながるかわかりにくい。土木用達組の仕事は非常勤顧問だったと見ると話はわかりやすくなるが，その詮索は今当面するテーマではないので措く。注目すべき大事な事柄は，辰野が官を辞して民間で設計の仕事をしようという決心をしていたらしいことである。

前述の辰野の決心について考えてみたい。

工部大学校が自分そのものであるように思っていたであろう辰野には，反対運動をする学生以上に合併反対の気持ちが強かったと想像される。その気持ちが官を辞する決心を引き出した一つの要因であったかと思われる。しかし，当時の建築界の状況を想像すると，官を離れてやり甲斐のある設計に遭遇する可能性について辰野は何程の自信を持ち得ただろうか。官を辞する決心をしたのには他の要因があったのではあるまいか。

依願免本官の辞令を受けてから半月も経たない２月半ば（２月12日）になって，辰野は工部大学校から建築学教授を嘱託される。因みに２月22日，辰野と工部大学校同期の曾禰達蔵は会計局営繕課を辞し，翌３月６日に新設予定の帝国大学工科大学の助教授に任ぜられる。辰野がその工科大学の教授に任ぜられたのは，それから１カ月経った４月10日であった。そして不思議なことに曾禰は６月９日依願退職して海軍省に移った。

新設発足する同じ学校の同じ学科の教員の人事が恣意的とも見える程にてんでんばらばらに行われた理由は解しがたい。これと前に触れた辰野の不可解な行動とを思い合わせると，仮想としての疑問が湧いてくる。

辰野金吾は合併して形成される予定の帝国大学工科大学の造家学科教授として，当初擬せられていなかったのではあるまいか。

人間に対する評価というものは，時代によって変化するものであるが，明治10年代後半（1883〜1887年）の辰野に対する評価を当時のままで考えてみたい。当時，辰野はそんなに異彩を放つ存在でもないし，盛名も持っていなかったのではあるまいか。後年の辰野の名声と実力と権威をもって当時の辰野を想像してはいけないであろう。私たちは彼の死後につくられた名声の影響で，明治10年代後半の彼を過大評価してはならないだろう。

辰野は工部大学校の兼任教授であったが，すんなりと新設予定の帝国大学工科大学の教授に横すべりしたのではないように思える。造家学科の教授決定の裏にはどろどろしたものがあったのではないか。辰野が経師屋の２階に製図台を据えたとき，辰野の耳には教授に擬せられている人物の名前がすでに届いていたのではあるまいか。届いていたからこそ，官を辞す決心をしたと見た方が現象を理解しやすいように思える。

―――――――――――

小島憲之

東京大学工芸学部への吸収合併に対し工部大学校が猛反発する中で，合併に向けて教授陣編成の作業はどのように進んでいたのであろうか。

人事に関する事柄は秘匿される所が多く，隠微なものであるから，公文書や日記などを登場させても，事件の真実を伝えるものとして俄かに信じることはできない。そうすると，小説めかしい妄想を逞しくするより他に道はない。

総合大学構想を引っさげ政策担当官として両三年にわたり画策してきたうえで文部大臣に就任した森有礼に，工部大学校側が同校廃止反対の上申書を提出した所で受け入れられるはずがない。帝国大学工科大学――工科大学は工学部に当たる――立ち上げの構想は，工部大学校側の思惑に反して着々と進んだ。

工部大学校側が最も反対して譲らなかった根拠は，工部大学校が東京大学工芸学部に吸収されるという形が教授編成案などにおいて見え見えだったからであろう。後日決定された帝国大学工科大学の教授陣の陣容を見ると，その様子が想像できる。すなわち，最終的には工科大学の教授11名（学長と教頭心得を含む）のうち８名が東京大学側で，残りのわずか３名が工部大学校側であった。

恐らく当初の教授編成案では東京大学側の教授の数は上記よりももっと多かったであろう。工部大学校側が「吸収合併だ」と大反発した点はそのことであったのであろう。造家学科の教授候補は当初，辰野金吾ではなかったように思える。

以下は小説めかしい筆者の空想である。

東京大学側と文部省筋は，東京大学工芸学部成立以前から理学部工学科の土木学専修で「造営学」という科目を教えていた米国の大学出身の小島憲之という人物を教授に擬していたのではあるまいか。

小島の東京大学奉職歴はすでに４年に及んでいて，米国通で英語に堪能な彼は大学の同僚教授たちからその面での信頼が厚く，評価も低からぬものがあったろう。小島を知る人が彼を評して，世辞気がなく，上下に媚びず，何ら野望も物慾も持たずと評した（例えば，小島の教え子の建築家森井健介）彼の精神的貴族性は，すでに現われていて，大学の周囲の人々から尊敬を受けていただろう。小島は文部省の御用掛として出仕し，建築の顧問を勤めるばかりでなく，教育や英語問題についても意見を述べていたから，彼に対する文部省の信望は厚かったろう。そんなことで，わが国における英語教育の開拓者として知られ，大学予備門，東京大学教授を歴任した神田乃武は小島の終生の友人だった。

以上のようなわけだから，東京大学と文部省から小島憲之を造家学科の教授にという声が起こってきても不思議ではなかった。

小島憲之という人物の経歴についてである。

小島憲之の出自については，

「東京の人，小島信民氏の二男にして安政2年6月20日を以て生まる」（古林亀次郎編「現代人名辞典」，大正元年を底本とした「明治人名辞典・下巻」，1990年による）

「旧幕士にして安政4年6月栃木県雀宮（筆者注：現在は宇都宮市に属する）に生まる」（「日本現今人名辞典」，明治33年を底本とした「明治人名辞典II，下巻」，1993年による）

とあり，「建築雑誌」，大正7（1918）年12月号に所載の小島憲之の年譜には，出生地の記述なしで次のように記されている。

「安政4年6月15日生」

上のように小島憲之の出自については今一つはっきりしないものがあった。しかし，偶然にも田辺美江（東京大学美術博物館），木下直之（東京大学総合博物館）両氏から御教示や御協力を得る機縁に恵まれ，小島の御子孫にコンタクトすることができた。

小島憲之は下野国雀宮の芦谷家第16代，治作と道（常陸笠間藩侍医の娘）の第4子，次男として生まれた。兄弟姉妹11人であった。芦谷家は平家の猛将の末裔で，江戸時代は庄屋と脇本陣を勤めた家柄であった。

ついでながら小島憲之の妻トシ（寿）は内藤氏の出（後述）で，彼女の妹が憲之の末弟，芦谷十一郎の妻になっている。

憲之が小島家の養子になったのは5歳のときであった。養父の小島信民については，憲之の長女の夫に当たる西村好時（明治45（1912）年東京帝大建築学科卒業→西村建築事務所長）が「建築士」，1959年5月号所載の小島憲之追憶の座談会で，「有楽座の前身の有楽座の設立に関係したひと」だったと言っているが，養子縁組の経緯については明らかでない。

以下，前出の「建築雑誌」を参考に年譜を書き記すと，明治2（1869）年1月，横浜で米国人コールニスについて「英学を修め」始めている。

小島憲之の米国留学について小島の次男の新吾氏（平成5（1993）年に亡くなった）が雑誌「建築士」（1959年5月）の座談会で語っているのによると，憲之を米国へ連れて行ったのは，ハウスという米国人だった。ハウスは戦前登山家として有名だった黒田正夫の母の養父だった人で，大学南校の英語の先生だった。明治3（1870）年4月，憲之はこの大学南校に入学した。この学校の前身は旧幕府の開成所から移行した開成学校で，さらに明治2（1869）年8月に大学南校となったものであった。小島

憲之が入学して4カ月後の8月に政府は各藩に貢進生を大学南校へ入学させるよう命じている。そして翌月，静岡藩の目賀田種太郎を米国へ留学生として派遣し，同校はその後，明治4（1871）年2月までに3次にわたり13名の留学生を海外に留学させている。小島憲之は貢進生の留学して行くのを見て，自分もいつの日かと考え始めていたであろう。

明治5（1972）年9月，学制の発布により大学南校は第1大学区の第1番中学と改称された。小島新吾氏がハウスを「第一中学校の英語の先生」だったと語っているのは，この第1番中学のことであろう。小島憲之は成績優良で「非常に見込まれて」（新吾氏談）ハウスの助手になったとされるが，これは優秀な上級生が下級生を教える制度によるものであったろう。

明治6（1873）年，ハウスは米国へ帰るというので，小島憲之を「ぜひ連れていきたいと政府に願い書を出して」（新吾氏談）連れて行く。米国行きを願ったのは小島憲之で，ハウスがそれを快諾したという事の経緯も考えられるが，それを詮索するのは措く。

留学は自費留学だったようで，その費用の全部か一部かはっきりしないが，ハウスから借り，これを帰国後に分割払いで返却したとされる（新吾氏談）。

小島憲之は明治6（1873）年2月，コネティカット州のハートフォードの中学校に入学しているが，これはハウスの帰国先だったかと思われる。時に憲之数え17歳（満15歳），まず英語と基礎学力を養ってという方針に本腰入れた留学の態度が看取される。ハートフォードは同州の首府で，エール大学のあるニューヘブンの北50数kmの所にある。小島憲之が到着した年までハートフォードはニューヘブンと州都を分け合って（174年間議会を隔年で開き合って）いたが，奇しくも憲之到着の翌々年以後，ハートフォードは単独の州都となったのであった。州都分け合いという奇妙な形は，1664年にコネティカットとニューヘブンという2つのコロニーが合併したことに由来するものであった。

ハートフォードは保険（インシュアランス）の街として世界中に知られている。世界中で保険会社の本社が最も多く置かれているし，各種の保険制度がこの街の会社から誕生しているからである。

参考のため主な保険制度の誕生の年を記すと次のとおりである。

火災保険　　1794年（寛政6年）
事故保険　　1863年（文久3年）
雹害保険　　1880年（明治13年）
自動車保険　1898年（明治31年）

明治8（1875）年9月，小島憲之はニューヨーク州のイサカ──すぐ北には大学町として有名なシラキュースという市があり，その北はオンタリオ湖東岸──にあるコーネル大学に入り，建築学を学んだ。在学中ペノックス家に寄宿する。因みに同大学の建築学科の創立は1871年で，まだ草創期にあったのであった。

小島憲之の孫に当たる三宅菊子さんから提供戴いた資料によると，小島は最終学年（4年生）の冬学期には建築学科の学生会（Architectural Association）の会長を勤めている。学生会のアクティブ・メンバーは，4年生5名，3年生と2年生が各3名，1年生5名，合計16名（これが建築学科全体の学生数）で，米国の大学の学生数も当時はこのように少なかったのである。

コーネル大学在学中，小島はボート部のコックスを勤めたが，これは彼が日本人としても小柄で軽量だった体格を見込まれたのであろう。大学の同窓生で構成するオーケストラの指導者も勤めたというから小島は西洋音楽好きだった（日本へ帰ってからもこの趣味は続いた）ことになるが，この趣味への誘いを憲之は，どこで誰から得たのであろうか。ハートフォードでハウス一家からと想像したくなるが，筆者にはハウスその人がよくわからないから，想像の域を出ない。

維新直後，大学南校を初めとし各地の学校で教師を勤めた外国人は，プロテスタント各派の宣教師を兼ねて来日した者が多かったからハウスも同じ類いの人ではなかったろうか（調べはついていない）。

小島憲之にとっての卒業式は1879年6月19日（木曜日）に行われ，卒業証書授与に先立ち全学9学科（学生数が少ないから学部ではなく学科と呼んでおく。芸術，文学，理学，自然史，数学，獣医，建築，土木，機械の9学科）から選ばれた20人の学部（アンダー・グラデュエイト）の卒業生が卒業論文の発表を行ったが，小島はもう一人の建築学科のクラスメートと共にこの発表会の演者に選ばれている。演題は「住宅における衛生予防措置」であった。因みにこのときの建築学科の卒業生は4名，大学全体の卒業生（バチェラー取得者）は67名であった。

上述のように小島憲之のコーネル大学卒業は明治12（1879）年6月であったが，ちょうどこの頃山口半六（年譜は後章で紹介する機会がある）がパリの中央芸工学校（L'Ecole Centrale des Arts et Manufactures）を卒業している。それは明治12（1879）年8月だったから，6月に卒業した小島の方が，外国の建築の大学を卒業したことで2カ月早い。かくて日本人で最初に外国の大学で建築学を修めたのは小島憲之ということになる。

因みに山口半六は大学南校で小島の1年後輩で，日本を発った（国費留学生として）のは小島より3年余り遅かったが，小島が大学に入る前に米国で中学生活を送ったために，山口と小島の大学卒業はほぼ同時期になったのであった。

なお，小島がコーネル大学の建築学科を卒えたとき，工部大学校の造家学科からはまだ第1回卒業生は出ていなくて，卒業生が出るのは小島の卒業より半年近く後であった。

小島憲之は大学を卒業すると，中学時代を過ごしたハートフォードに帰って，ここのジョージ・ケラル氏の設計事務所で1年半程働き，その後欧州に渡り，英，仏，独，伊，ベルギーを経て，印度，中国を廻り，明治14（1881）年10月に帰国した。この頃，辰野金吾はロンドンに滞在修業中で日本にいなかった。

小島が帰国したとき，コンドルが来日し工部大学校で学生を教え出してから5年近くが経過していて，造家学科の基礎は固まりつつあったが，造家学科は不人気で，第3回までの卒業生は僅かに9人を数えるに過ぎず，在学生は各学年に1名ずつという寥々たる状況であったから，客観的に見て，工部大学校造家学科は，小島を教授スタッフに迎えることを必要とする環境になかった。

そのうえ，次のことも小島の工部大学校就職にとって不利であった。すなわち工部省も工部大学校も，英国をお手本とする創省以来の伝統の中に浸っていて，「工部」には米国帰りの小島を快く受容しようという雰囲気が乏しかったと推測される。

そういう四面楚歌の小島に対して力になったのは，目賀田種太郎ではなかったかと思われる。

目賀田は，明治維新後の徳川宗家の駿河への移封に従って駿府（後の静岡）に移り，徳川藩の静岡学問所の5等教授を勤めた（目賀田には昌平黌，開成所で学んだという裏打ちがあった）。明治2（1869）年頃の話である。静岡学問所が当時日本の頭脳であり知性だったことは，前に触れたところである。

明治3（1870）年7月，新政府は16〜20歳の俊秀を各藩から「差出せ」，これを大学南校に収容して貢進生とした。目賀田はこのとき17歳で，静岡藩から派遣され，後に大学南校派遣の留学生に選ばれ，明治3（1870）年9月末に日本を発って米国に向かった。前にも触れたが，このとき小島憲之は大学南校に入学して5カ月経った所であった。目賀田はハーバード大学で法学を学んで明治7（1874）年8月に帰国し，文部省に勤仕した。しかし翌年7月，語学もできず，ろくに勉強もしないで留学している官費留学生を監督するため，文部省から米国出張

を命ぜられた。そして明治12（1879）年9月まで滞在した。そんなわけだから小島が帰国した明治14（1881）年10月には目賀田は文部省にいたことになる。小島は職探しのため文部省を訪れ，そこで目賀田に会う機会を持ったはずだが，同時期の米国滞在を1年余り共有していた2人だが，米国で相知る機会があったかどうか明らかでない。

しかし，2人が文部省で会ったとき，大学南校に学んだ同窓生として，また米国滞在中のおのおのの思い出が互いに重なることを知って，両人は親しみを覚えたことであろう。小島の文部省御用掛就任と東京大学理学部勤務が帰朝した月に速決されたのには，目賀田の好意的配慮が大いに力あったと察せられる。もちろん，外国の大学を卒業した者を手厚く処遇しようという雰囲気が文部省内に漲っていたことも見逃すことはできない。

小島が東京大学理学部工学科で担当することになった講義は造営学と図学であった。これらの科目は，明治11（1878）年10月から英国人ジョン・スメドレーが嘱託講師として担当し始めたものであった。

「造営学」についてである。

理学部の中にあった工学科は4年生になると（当時東京大学は4年制であった），土木と機械の専修に分かれ，その土木工学専修の中に「造営学」という科目が設けられていたが，機械，採鉱冶金の学科の学生も聴講したようである。

この科目設置の目的は，将来「造家結構（筆者注：現代的な言葉で言えば，「建築構造」の意）の好悪を判別」できる能力を養わせようとした教養的な科目であった（「東京大学一覧」による）。

1年経った明治15（1882）年9月から小島は東京大学予備門の兼務を命ぜられ，12月には東京大学教授に任ぜられ，理学部兼予備門の勤務を命ぜられた。予備門は明治10（1877）年4月に東京大学が成立したときに発祥したもので，東京英語学校を文部省直轄から東京大学付属とし，開成学校の普通校（予科）と併合して東京大学予備門（4年制→3年制→4年制）と称したものである。実質的に東京大学法理文3学部の予科となったわけで，校舎は9月に神田一ツ橋の上記3学部の校舎内に置かれた。因みに東京大学が成立したとき，法理文3学部は東京開成学校の校舎のあった神田一ツ橋に，医学部は東京医学校のあった下谷・和泉橋通り（旧藤堂藩邸跡）に居を定めたものであった。

法文2学部が本郷に移ったのは明治17（1884）年で，翌年理学部が移ったから，小島は理学部での「造営学」，「機械図学」の講義と予備門での講義のために同じ神田

一ツ橋の校舎——現在学士会館が立っている（神田錦町3丁目）辺り——に通ったことになる。

小島は予備門で具体的に何を教えたのだろうか。

小島が勤め出した明治15（1882）年9月に東京大学予備門は科目改正を行っているが，「第一高等学校六十年史」（昭和14年）を参考にすると，小島が担当したのは英語と次の画学関係であった。

第2年第3学期の「画学」の中での用器画法（1週2時間）

第3年全学期における「画法」（用器画法と同意），（1週2時間）

なお，予備門は明治17（1884）年4月，予備門学科課程を改正し，予備門の本黌，分黌（医学部の予備門）とも修業年限を4年（明治14（1881）年7月から4年制が3年制に改められていた）とし，外国語を本黌が英語，分黌がドイツ語とする以外はすべて課程を同じにした。そして9月から本黌，分黌の名を廃し「予備門」一本とした。この予備門では「画学」の中の用器画法は，4年生の第1〜第3学期に1週2時間課されている。なおその前の8月に，予備門は東京大学より分離されて文部省直轄となり，これに東京外国語学校の仏法科と東京法学校の予備科を附属させることになった。こうして文部省の東京大学総合大学化は着々と軌道上を走っていたのである。

以上，小島憲之という人物の若き日の閲歴と米国から帰って数年間の活動について述べた。

本来，外国人教師に代えて日本人を教授に充てるという政府の方針が決まり，工部大学校がコンドルの後継教授探しの必要に迫られたとき，外国の大学の教育事情にも詳しく，日本の大学での教授歴もあり，当時必要とされた英語能力にも秀れた小島憲之がコンドルの後継者として工部大学校の教授に任命されてもおかしくなかったはずであるが，それを拒んだ事情として，小島が文部省の人間で，辰野が工部省の人間であったこと，辰野がコンドルの弟子であったこと，工部省が英国贔屓であったことなどが挙げられよう。かくて明治17（1884）年12月，辰野金吾が工部大学校造家学科教授の兼任を命ぜられることになったのである。この任命日付を見て，読者は，工部大学校が森有礼の東京大学総合大学化の構想に対し秘かに危機感を感じ出していた時期であったことに思い至らなくてはならない。その辺の事情は本章で先に触れた所である。思えば小島憲之は不運な人であった。

小島憲之のことだけ書いたが，後に工科大学の学長となる古市公威は，フランス留学の時期を同じくした文部省勤仕の山口半六を工科大学の造家学科教授にと頭に描

90 ｜ 第7章　工部大学校の終焉と残照　その1

いていたかもしれない。

山口半六は 1876 ～ 1879 年の間, L'Ecole Centrale des Arts et Manufactures に在学しているが, 古市も 1876 年に同校に入学し, 1878 年に卒業し学位を得ている。まったく同じ時期に同じ学校にいたわけである。

さらに山口は卒業後 2 年間, 実務と瓦製造を学ぶためパリに滞在したが, この時期古市もパリにいてソルボンヌに在学していた。山口の帰朝は明治 14（1881）年で古市のそれは明治 13（1880）年であった。

上記のようなわけだったから, 山口と古市は相知る以上の仲であったと想像される。工科大学学長を予定される古市公威が, 工部大学校側の反対運動を柔げることに腐心しながら造家学科の教授選考に当たる中で, 彼の頭の中に山口半六の名が浮かび上らなかったはずがない。それが実現しなかったのはなぜか。

以下, 小説めかしい妄想を書きたい。

工部大学校が東京大学工芸学部との合併に反対した最大の理由は,「東京大学工芸学部に吸収される」という形が, 教授構成の検討が進むにつれ見え見えになってきたことであった。辰野に対して失礼（失礼の事情が明らかになればお詫びする）だが, 彼が設計で成功の成算もないのに下野したのは, 一種の反対運動のジェスチャーではなかったろうか。そんな勘繰りもできなくはない。それを裏付ける証拠もないが, ジェスチャーではなかったという証拠もないのではあるまいか。これは日本の近代建築史においてアンタッチャブルな話柄で, その真相を知らずに平気で書いたりしていたら, 素人の非常識と笑い物になるのではと内心恐れつつ, これを書いている。

東京大学と文部省は工部大学校の反対運動の矛先をかわすために, 東京大学からの教授数を減らし, 工部大学校の教授ないしは出身者の教授の席を増やす方向を模索する。当然, 辰野金吾の名が造家学科の教授として上ってきた。その筋から打診を受けて小島も山口も身を引く。そして辰野だけが残ったということではなかろうか。妄想めかしい筆者の推量であることは言うまでもない。

上述のように考えないと, 曾禰達蔵の助教授任命が帝国大学開設の時期と一致するのに, 辰野の教授任命が 1 カ月も遅れたことの理由は解しがたいのである。

工部大学校のキャンパス

いま, 車と人の往来が激しい東京の虎の門交差点に立って, 大沢三之助という人が書いた文章を思い出している。

「今は昔となりましたが, 虎の門見付の濠や石垣が大

江戸の名残を留めていた時分, その傍にルネサンス式赤煉瓦造の立派な大建築が巍然として聳えていたのを記憶しております」（「建築雑誌」, 1938 年 2 月号）

大沢三之助は明治の人で, この文章は彼が大学を出て 40 年余り経ったときに書かれたものである。ルネサンス式赤煉瓦造の建物はボアンヴィルが設計した工部大学校の本館講堂（図 7-1 参照）であった。

この赤煉瓦の建物と大沢という人物, 並びに大沢が見た講堂が工部大学校時代のものだったか,「旧」工部大学校となったときのものだったかという時代考証も後にするつもりだが, 今は大沢の文章に出てくる虎の門見付とその周りの濠と石垣などに注目して, 幕末と明治初年の虎の門界隈に思いを馳せ, ありし日の工部大学校とその周辺の環境を偲んでみたいと思う。

虎の門交差点は, 一般の交差点と較べると異形で広い。中央に島と呼ぶのが適当と思われるような広いスペースがあって, この交差点の利用に不馴れな歩行者には寸刻戸惑いを与える。

こんな異形の交差点となったのは江戸時代のここの地形をそのまま残したからである。ここには台形をした小広場があり, 濠を渡る橋を前にして城内にある虎之御門（見付）の桝形と対峙していたのである。その枡形の位置は, 現在の郵政省のビルの西端辺りであった。

「虎の門」の名の起こりだが, 江戸時代に以下のように龍虎梅竹に象って門や橋の名前が名づけられていたのである。すなわち,「龍」は「龍（辰）の口」（内濠の水が和田倉門近くから道三堀に落とされた所。これについては後に触れる）,「虎」は「虎の門」,「梅」は赤坂の「梅林坂」,「竹」は「竹橋」を指していたのである。因みに江戸城は幕末までに 36 の見付を備えるに至ったが, 見付は必ずしも櫓多門を備えてはおらず, 木戸もなく橋だけ架したようなものもあり, 見付の構えは一定していなかった。

「虎の門」は桝形を設け櫓を構えた上格の見付だったが, その東側の「幸橋御門」は門だけで, 芝増上寺への将軍の参詣時の御成道に設けられていた。さらにその東側の「新橋」は木戸のみだったが, 後に「芝口御門」と号して東海道の出口の門としてここに櫓多門が設けられた。「虎の門」の西隣は溜池を隔てて「赤坂御門」（赤坂見付）で, 北斗形と称して門に注連縄を張っていた。その西側には「喰違土橋」があり木戸だけだった。明治 7（1874）年 1 月 14 日の夜, 右大臣岩倉具視が赤坂の仮皇居を退出して馬車で帰邸しようとし, ここにさしかかった所で数人の凶漢に襲われたが九死に一生を得た。世にいう「喰違の変」で, 岩倉が征韓の閣議を独断でくつが

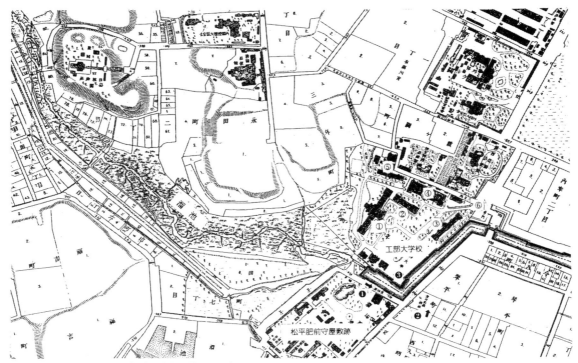

図 7-1 工部大学校と溜池界隈（明治 20 年頃の地図による）
　①本館　②左翼棟　③専門科教室→博物館　④生徒館　⑤教師館　⑥正門
　❶葵坂　❷金刀比羅神社　❸次回掲載の写❼-1 の石垣出隅

えしたのを憤った高知県士族らの挙であった。

　虎の門見付から発して江戸時代の見付を連想したが，まずもって，ありし日の工部大学校の三年町キャンパスの位置を明らかにしておきたい（図7-1参照）。

　先程，虎の門の桝形と現在の郵政省ビルの位置関係について述べたが，以下はこれらの周辺の現状である。

　郵政省ビルに対し桜田通りを隔てた所に，三年坂と呼ばれる西の方へ緩やかに上って行く坂の上り口がある。

　この坂を西へ上って行く右側に大蔵省のビル，左側に文部省と会計検査院のビルがある。

　文部省と会計検査院の南側には，現在，国立教育会館，霞が関ビル，霞山会館ビル，東京倶楽部ビルがある。これら 6 つのビルの立つ広大な一郭は，幕末，延岡藩主，内藤能登守の上屋敷であった。

　明治 5（1872）年，この一郭が工部省の所轄する工学校（第 6 章で前述した）の建設用地と定められた。

　工部省の創設は明治3(1870)年閏10月であったが，当初，工部省の庁舎がどこにあったか不明であるが，明治4（1871）年 7 月，虎之御門内の旧延岡藩邸が東京府から工部省に譲渡されていたことは確かである。しかしその後ここにあったはずの庁舎は，明治 5（1872）年 2 月の夕方，和田倉門内の会津屋敷（松平肥後守の屋敷）跡の兵部省添屋敷より出火した大火——新橋，京橋間はもちろん木挽町一帯をも焼き築地海岸にまで達した——の中で類焼した。そこで本省は火災後，虎之御門の外にあった同省勧工寮に移された。このとき，工部大輔（次官に相当）は伊藤博文，工部少輔（工部大輔の次の職格）は山尾庸三，その下の工部大丞は佐野常民であった。当時工部省を動かしていたのは彼らであった。

　伊藤と山尾は長州藩の出身で，2 人は幕末の攘夷活動における同志であり，文久 3（1863）年 5 月，井上馨，野村弥吉（後の井上勝），遠藤謹助と一緒に脱藩して英国留学に赴いたことは広く世に知られている。山尾は英国に滞在すること 4 年，各種工業の隆盛状況を調査し，慶応 4（1868）年 4 月帰国した。この経験により山尾は明治初年における本邦随一の工業通と目され，後年，工部卿にもなる。佐野は肥前藩の出身で，西南戦争の際，博愛社を創設し，日本赤十字事業を創始したことで知られる。

　工部省が虎の門に拠ったことは有名で，明治 18（1885）年 12 月，廃省に至るまでこの地で活動した。

工部大学校の終焉
と残照

その2

工部大学校の校舎 ...93
東京女学館 ...96
工部大学校生徒館 ...98
工部大学校旧校舎の末路 ...100

（2000年12月号）

工部大学校の校舎

　三年町キャンパスに建てられた工部大学校の校舎については追々述べることにして，まず前出の講堂についてである（その位置は第11回の図7-1参照）。

　講堂は工部大学校のシンボルと見なされた一文字平面の建物で，「中堂」（講堂，図書室など備えた）が，中央にでんと外観3層をもって高く構え，建物全体を美々しく，かつ重々しくしていた。

　この講堂は明治8（1875）年4月に着工し，明治10（1877）年6月に竣工した。コンドルは竣工の年の1月に来日しているから，この講堂が仕上げの段階に入ったのを傍見していたことになる。

　村松貞次郎さんはこの講堂を，御雇外国人の設計した建物の中で，

　　「内部空間の充実を最初に見せたもの」（「日本近代建
　　築の歴史」）

と評価し，藤森照信さんはこの中堂を「様式の定石を正確に押さえる」「クラシック系ならではの緊張感が漂う」ものと評し，さらに

　　「工部大学校の完成によって，日本にはじめて本当の

ヨーロッパ様式がもたらされた」（「日本の近代建築
（上）」）

と書いて，ボアンヴィルの建築の水準の高さに対する評価を一層定着させている。

　講堂よりも先に教室用として建てられた建物は，小学校の教場から専門科の教場に移行した棟（第6章で先述）で，これが竣工したのは，明治6（1873）年12月であった。この教場棟は，講堂が明治10（1877）年6月に竣工したのに伴い博物館に用途替えされ，諸学科用の模型標本等の陳列，並びに本邦産製造品の見本・ひな型の陳列等の用に供され，世間の人々に縦覧を許した。「明治工業史・建築篇」はこの建物についてこう書いている。

　　「堀脇に屹立せる2階建煉瓦造にして外国人マクビン
　　の設計なりしという。最初中央に高き時計台ありたり。
　　後日，堀に埋立てたれども，なお石垣の上方に依然と
　　して雄姿を現わせり。唯屋上に時計台なくして寂寞を
　　感ずるのみ」

さらに加えて，

　　「本建築用煉瓦は英国製なりという。また本建物は明
　　治5年頃のものなりという」

と記されている。

　上掲の引用文の内容について少々補注をしておきたい

❼-1 工部大学校の博物館（右）と幼年舎（左）
（『よみがえる明治の東京　東京十五区写真展』玉井哲雄編，角川書店，1992年3月より）

❼-2 江戸城外濠に面する石垣出隅跡
（本文参照）

と思う。

「東京大学百年史」では，小学校，すなわち後の博物館となる建物の設計者をアンダーソンとしているが，「明治工業史・建築篇」では設計者はマクビンだとし，アンダーソンは工事監督者だったという見方をしている。マクビンの方を上位職と見た見方だが，工部大学校における職格は，マクビン（英国人）は測量師長で月給350円，これに対しアンダーソンは造家棟梁で月給100円であった。マクビンは土木技術者であったから，彼は名義上の設計者で，なにがしかの指示や助言はしたが，実質的に建築の仕事をしたのはアンダーソンであったかと思われる。

ついでの話になるが，英国人，セームス・ウーデンという人物がアンダーソンとほぼ同じ期間に工部省に「煉化職小頭」あるいは「石工科造家棟梁」として傭われている。察するにアンダーソンを助けて工部大学校の煉瓦造校舎の建設に携わったものと思われる。

アンダーソンの話に戻る。

彼は明治7（1874）年4月まで工部大学校付として働き，その後，工部省製作寮営繕局に移って，「造家職工小頭」として明治8（1875）年3月まで勤めた。上記の期間，アンダーソンの年齢は30歳台前半であった。後年，彼は横浜で船大工兼建設業者として過ごし，53歳で亡くなった。そして文字通り骨を日本の地に埋めた。

さて前出の博物館についてである。

一文字形をなす博物館の平面の長軸は上述の石垣に沿って走り，その一部は現在の文部省の建物の西側部分と重なる位置にあった（第11回図7-1参照）。写❼-1に濠の石垣に沿って立つ爽やかな博物館の姿が見られる。

博物館の位置の詳細についてである。

現在の虎の門交差点に面する国立教育会館――文部省の南隣のビル――の庭の文部省寄りに石垣の一部が保存され，これに連なっていた石垣の前面（東側）位置が同館の1階ロビーの床に印づけられている。この印を南に延長すると，第11回図7-1上の❸点に当たる石垣の出隅にぶつかる。写❼-2がその出隅の跡で，現在，虎の門三井ビルの玄関前に保存されている。この写真で中央遠くに見えるビルが前出の国立教育会館で，右に見えるのが虎の門三井ビル（玄関）である。第11回図7-1を参照して戴くと，往時この三井ビルの側が外濠であったことがわかる。この石垣出隅の手前を左に進んだ所に赤坂ドンドンの水落ち（第6章で前述）があったわけで，外濠の水はドンドンの方から流れてきて，この石垣出隅の所で直角に折れて国立教育会館の方に流れ，虎之御門に達していた。ここでまた東に向かって（写❼-2で言うと右の方へ）折れ，現在の外堀通りのワン・ブロック北側を一直線に東へ流れ（今は埋め立てられてしまっている），幸橋御門（この桝形は現在の第一ホテルとJR線路の間にあり，幸橋はこの桝形と現在の外堀通りとの間に架かっていた）の東寄りの所で，一石橋→呉服橋→鍛冶橋→土橋と流れてくる外濠とぶつかり，合流して汐留川となり浜離宮の所で東京湾へ注いでいたのであった。

上に述べた辺りの外濠を，工部大学校の生徒たちはキャンパスに附属する景色と見なし，親しみをもって捉えていたことであろう。

話が枝道に入るが，ついでに工学校，工部大学校の学生の寄宿舎生活を想像してみるための前座話として，学校の至近に存在した溜池に思いを馳せてみたいと思う。

明治6～7年頃には，溜池にまだ水が湛えられていたから，休日に溜池の周りを散策するのは学生にとって楽しいものであったかもしれない。それとも水が汚れ，池の端も荒れて散策の気持ちを誘うようなものではなかったかもしれない。その辺の事情は筆者にはわからない。

溜池の埋立が始まったのは明治8（1875）年だから，工

学校が大和屋敷跡（第6章参照）にあった頃も、三年町に移った当初の頃も溜池の水は枯れていなかったはずである。しかし当時の写真を見ると、現代の行楽地の水辺で感ずるような水に対する親愛感を呼び起こす雰囲気は、明治初年の溜池にはない。そのことを裏付けるかのように、明治10年頃までに工学校に在学した人たちの後年における回想の中には、溜池の思い出話はほとんどまったく登場していない。ということは、当時の溜池とその周囲が情緒に乏しいものであったということではあるまいか。

地図を見ると、明治20（1887）年頃には第11回図7-1に見るように一条の小川が流れ、周りは沼、湿地という状態になっている。因みにその頃、葵坂（第6章参照）はまだ存在していた。

しかし間もなくして、工部大学校の廃校によりキャンパスからは学生の姿は消えて行ったのである。

埋立が完全に完成するのは明治44（1911）年であった。完成の2年前には市電が開通し、今の山王下と溜池の交差点の所にそれぞれ同名の市電の停留場が設けられた。

なお後年、市電の通り（現在の外堀通り）の地下に地下鉄（渋谷・上野間）が走り、わが国最初の地下鉄である上野・浅草間（1927年開通）とつながり、これにより現在の営団銀座線の前身が成立したのである。昭和14（1939）年の話である。

因みに平成9（1997）年には銀座線の虎の門駅と赤坂見付駅の間に「溜池山王駅」が新設された。それを記念して建立された「溜池発祥の碑」が今、溜池交差点（外堀通りと六本木通りの交点）に立っている。「赤坂溜池町会・文責」として東京都港区が立てた石碑である。

石に刻まれた碑文はこんな文句で始まっている。
　「溜池は江戸時代のはじめ、江戸城の防備を兼ねた外堀兼用の上水道として作られ水道の発祥地ともなり、徳川秀忠時代には鯉、鮒を放し蓮を植えて上野の不忍池に匹敵する名所となった。」

これは溜池の水が清らかで上水の機能を持っていた頃の話で、今の榎坂（米国大使館の北側にある六本木通りに下りる坂）の辺りには榎の並木があり、水茶屋があったというから溜池の水際には情趣が溢れていたのである。しかし江戸も中期を過ぎると水は汚れ、上水の機能を失ってしまった——江戸の西側地域からの上水の供給網が整備されたのが原因——ので、清澄な風情は失せてしまったのである。それでも、
　「江戸後期には日枝神社より赤坂四丁目に通じる料金を取った銭取橋が架設され「麦とろ家」数軒と出店で、にぎわった。」（前出の石碑）

と言われるから、工部大学校の学生が三年町のキャンパスに入った頃と較べたら、江戸後期には池の水景に情緒があったのだろう。

ところで前出の石碑の全文を通読すると、この石碑建立には「赤坂溜池町会」の存在を示すことに目的があったかと思える。一節に、「大正10年5月に正式な町会として溜池町会が発足」したとあるが、それより早い明治45（1912）年の地図には「溜池町」の名が確かに認められる。現在は「溜池」とか「赤坂溜池」という町名は存在しない。戦後に例の住居表示変更によって町名が消滅したのである。ついでに記すと石碑に、
　「溜池角の小松ビルは元は演伎座という芝居館として人気を煽り」

と述べられている演伎座はかつて溜池町にあり、その名前は明治40（1907）年頃の地図に見出されるが、いつ開館したのかは知らない。

前記の溜池町は、現在の外堀通りの山王下・特許庁両交差点間の通りに沿う宮城と反対側の細長い鰻の寝床のような地帯で、元は干拓された溜池の水際の土地であった。現在は赤坂国際ビル、小松ビル、日本NCRビル、三会堂ビルなどがこの地帯に立っている。

校舎に話を戻す。

講堂から直角に突出して左翼と称される教室棟（第11回図7-1参照）が竣工したのは、講堂が完成して3カ月後であった。当初計画では右翼棟も増築し「コ」字形とする予定であったが、その計画は実施されないままで工部大学校は廃校に至った。

講堂と左翼棟が完成した頃の日本の国情に目を向けてみよう。

明治10（1877）年2月15日、南国鹿児島には珍しい大雪が降る中を私学校生徒をはじめとする鹿児島各地に集まった兵が熊本を目指して進発した。西南の役の発端であった。熊本鎮台司令官谷干城は熊本城に篭城し、鎮台兵と薩軍との間には50余日にわたる攻防戦が展開されたが、17日間にわたる田原坂の激戦（3月）を経て4月14日薩軍は熊本城の包囲を解くに至り戦争は峠を越えた。政府軍は、撤退して熊本、大分、宮崎、鹿児島の各県に転戦する薩軍を攻撃する。講堂が完成した6月には人吉（熊本県）、臼杵（大分県）で激戦が行われた。左翼棟が完成したのは西郷隆盛が鹿児島の城山で自刃した翌日であった。

近代建築の通史書は読者に一般史の素養があるものと仮定して馬車馬のように建築の歴史を述べているから、読者にその素養がないと、社会的時代感覚を欠いて建築の歴史が読まれることになる。

薩軍が鹿児島を発って熊本城を目指し北上の途にある頃，コンドルは来日して旅装を解き，田原坂の激戦が終わって，間もなく工部大学校と改称した学校が発足し，西南戦争が終息段階に入った時期にその学校の教室棟が次々と完成して行った。そんな風に建築の世界と社会の動きを結びつけ捉えておいて欲しいものである。

工部大学校のキャンパス，キャンパス内での学生の生活振り，キャンパス周辺の街の環境などについて触れてきたが，キャンパスを取り巻く交通事情（明治19（1886）年までの）について記しておきたいと思う。

新橋・横浜間の鉄道が開通したのは明治5（1872）年9月12日だったが，この鉄道を利用して国許から上京してくる学生はごく少なかったろう。大部分は船で上京してきて，東京の港である築地の波止場に着く。今の勝鬨橋（隅田川に架かる橋）の西たもとの北側にあったのだが，当時は勝鬨橋はなかった。隅田川に面して船入れ堀（バース）が設けられていて，船はここに着く。そこは町名でいうと南飯田町で，今の築地7丁目住友生命ビルが立っている辺りである。明治初年，波止場の北に隣接する今の明石町辺りは外人居留地で，異人館が立ち並び異国情緒が溢れていた。

行李をかついで学生が船から下り立つと人力車や荷車が待っている。徒歩ならば築地本願寺を右に見ての道，あるいは海軍兵学校の校地（今の中央卸売市場のある所）を左に見ての道を通って新橋停車場を目指す。停車場の傍に辿り着けば，虎の門は指呼の間である。

さてキャンパスから東京の街中への交通だが，銀座，日本橋へは歩いて行ける距離である。浅草，大川（隅田川）端，上野界隈へは乗合馬車を利用した。時代はやがて乗合馬車から軌道を利用した馬車鉄道（馬車鉄と俗称）へ移行し，明治20年代初め頃からは馬車鉄から電気鉄道への動きが企業計画として急速に高まるのであるが，それは工部大学校が廃校になってからの時代に属した。因みに馬車鉄に代わって市内電車が走り出すのは明治36（1903）年から（数寄屋橋―神田橋間）であったから，工部大学校の学生がその恩恵に浴することはなかった。

工部大学校が虎の門に存在した頃の東京は，道路が唯一の交通機関で，人力車と荷車と人間が交錯して往き交っていたのである。そして東京は晴れた日には砂塵が舞い，雨の日は泥濘に足を奪われる街であったのである。

――――――――――――

東京女学館

新しく発足した帝国大学工科大学の本館が完成し，三年町の旧工部大学校跡から同学が本郷へ移転したのは明治21（1888）年7月であった。その跡地へ焼失の厄に遭った学習院が神田錦町3丁目から移転し，旧工部大学校の講堂と生徒館を臨時に使用した。しかし明治23（1890）年9月に四谷尾張町に新校舎が竣工するとそこへ移った。

学習院が去った旧工部大学校の跡地には，入れ替わるようにして東京女学館が入り，跡地を管理する帝国博物館から旧生徒館と旧炊事場の2棟を借用することになった。

東京女学館は，欧米の貴婦人に劣らぬ日本貴婦人を育てようという目的で創立された女学校で，当初は上流社会の子女が集まったが，その後は市民層の子女を受け入れ，「虎の門」と異称され世に知られることになる独自の校風を築いた。

「虎の門見付の濠や石垣が……，その傍にルネサンス
　式赤煉瓦造の立派な大建築が巍然として聳えていた」
と書いた（前出）大沢三之助は，東京女学館が虎の門の旧工部大学校跡に引っ越してきたとき，これから第一高等中学校の3年に進級しようとする所だった。第一高等中学校は前年に本郷・向ヶ岡の新キャンパス（今の東大農学部の位置）に移転していたが，麻布・森元町（現在の港区東麻布）に家のある大沢はどのようにして本郷まで通っていたのだろうか。

東京市内に便利をもたらした市電は当時まだ開通していなかった（市内電車が走るのは1903年以降）。また飯田町（今の飯田橋）・上野・両国・新橋の各駅で囲まれる地域には鉄道が乗り入れていない（これについては既述）状態だったから，飯倉・狸穴に近い麻布・森元町から本郷へ通学することなど不可能だった。そうだとすると2年生までは本郷近くに下宿し，3年生からは半年前に開寮した寮（まだ完全な全寮制ではなかったが）に入ったかと思われる。

脇道に入って大沢三之助の通学の足取りを気にしているのは，「ルネサンス式赤煉瓦造」の講堂が大沢にとってどれ程身近な存在だったかを想像してみたいという気持ちからである。

麻布・森元町（今の港区東麻布）から飯倉の交差点へ出れば後は桜田通り（現在の）を真直ぐ歩いて虎の門の辻に達するから，昔の人の足にとっては近所という感じだったろうから大沢が「ルネサンス式赤煉瓦造」を仰ぎ見る機会は子供の頃から少なくなかったであろう。

大沢は明治27（1894）に大学を卒えてから大学院に入り，明治30（1897）年から東京美術学校（現在の東京芸術大学の前身）の図案科で建築装飾，製図を非常勤講師として教え始めている。そして明治32（1899）年1月からは東京帝国大学工科大学の講師を嘱託され「日本建築」

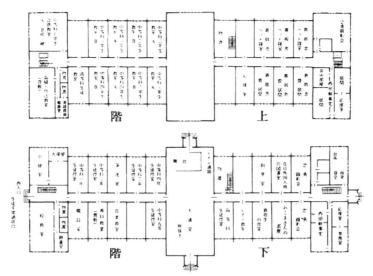

図 7-2　工部大学校生徒館の様子を伝える東京女学館の教室配置図（「東京女学館百年小史」より）

の講座を分担している。明治 35（1902）年，前記の美術学校の教授となり，図案科において建築コースの中心となって教育に当たり，同校建築学科創設を目指した前史時代においてバックボーンの役目を果たした。そしてその後大正元（1912）年に宮内省の技師に転じたが，引き続き大正 10（1921）年まで非常勤講師として建築装飾史と建築史を講じた。因みに東京芸術学校に建築学科の独立創設が認められたのは大正 12（1923）年で，この頃大沢は同校と無縁になっていた。

上述の大沢の年譜と市電開通の歴史とを重ね合わせてみると，虎の門の辻が，大沢にとってインティメートになったのは，大沢が東京美術学校，宮内省へ通勤するようになってからであったかと思える。

馬車鉄に代わって東京の街に市内電車が走り出したのは明治 36（1903）年からで，明治 30 年代後半から大正のごく初めにかけて虎の門の辻を赤坂見付方面と芝口（新橋）を結ぶ線路が走っていた。大沢はこの系統の市電を利用するために，森元町の自宅から人力車を利用するか徒歩で虎の門の辻まで出たと思われる。上記の系統線路に虎の門で直交する線路（三田─飯倉─虎の門─桜田門）が通るのはいつか筆者にははっきりしないが，早ければ明治 30 年代後半，遅ければ大正のシングル年代だったろう。

明治 30 年代の虎の門に触れたら，「虎の門」と異称されたお嬢さん学校，東京女学館のことに触れなくてはならない。

明治 30 年代を盛りに大正時代にかけ，「虎の門」の女生徒の女中を伴っての往き帰り——人力車に乗っての登下校も少なくなかった——は虎の門の界隈に常に華やぎをもたらし，この界隈に男子の学生たちの足を引きつけたようである。

大沢は「建築雑誌」に例の「ルネサンス式赤煉瓦」の回想を書きながら，上記の華やいだ虎の門の辻の光景を暫し懐かしさをもって思い起こしたかもしれないのである。

ボアンヴィルの設計した赤煉瓦の旧工部大学校講堂は東京女学館によって使用されなかったが，その講堂前の空閑地は女学生たちにより「お庭」と呼ばれて利用された。雑草を混じた芝で覆われた「お庭」の「春は桜が美しかった」（「東京女学館百年小史」）という。

東京女学館が使用したのは旧工部大学校の生徒館だけであった。学校の規模が小さかったから，生徒館を教室として使い，一部を寄宿寮として使うことで事足りたのである。

明治 20 年代，東京女学館は当初の見込みに反して生徒が集まらず頭を痛めたようである。交通手段として馬車鉄と人力車しかない時代に女学生が遠路を通ってくるはずがない。その証拠に，東京女学館に活気が漲るようになったのは，市内に電車が走るようになった明治 30 年代中葉以降である。

東京女学館が工部大学校旧生徒館をどのように利用したか触れてみたいと思う（**図 7-2** 参照）。

工部大学校の学生たちが食事と習学のために使った 1 階中央の食堂は講堂として使われた。この講堂は 2 階まで吹抜けで，これを中心に建物の西側半分が教場に使われ（2 階が教室，1 階は生徒控室），東半分は 2 階が寄宿舎，1 階は寄宿生食堂やピアノ教室に当てられた。

寄宿舎の使われ方を「東京女学館百年小史」は次のよ

うに記している。

「北側三室はおのおのベッドが３台ずつ置かれ，南側
　三室は畳敷の和室で，生徒は六人一組で，和室に六つ
　机を並べて勉強し，夜は三人ずつに分かれて，和室に
　布団を敷いて三人，洋間のベッドに三人が寝た」

工部大学校時代の室の使い方が上のような使われ方で
あったかどうかは詳かでないが，工部大学校時代の生徒
館においては１室が６人で使用されたことは確かである
（これについては後述）。

女生徒たちはこの寄宿舎に住むことを嫌ったらしいが，
暗く陰気で，日当たりが悪く，じめじめしていたからで，
工部大学校の生徒たちも同じ思いであったろう。

工部大学校生徒館

工部大学校の生徒館は，窓の少ない倉庫のような外観
で，見ただけで内部の暗鬱さが思われる建物であった。
東京女学館の女生徒たちが寄宿舎としてそこに住むのを
嫌った理由がよくわかる。

時代を遡って生徒館の建設経緯に触れてみたいと思う。

以下の記述は多くを「東京大学百年史・通史」に負っ
ている。

講堂と違い，生徒館は一気に建てられたものではなく，
生徒の増加に合わせて建て増しされたものであった。

● 第１次　東半分　約397坪（1,314m²）
　明治６（1873）年10月〜明治７（1874）年９月
● 第２次　西半分　約274坪（907m²）
　明治８（1875）年４月〜同年９月
● 第３次　約32坪（106m²）
　明治11（1878）年９月〜明治12（1879）年２月

以上のように建て増しが進められた。いずれも煉瓦造
２階建であった。

第１次〜第３次を合わせると約703坪（2,327m²）で
便所は館外に別に設けられた。設計者ははっきりしない。
「明治工業史・建築篇」は設計も監督もアンダーソン
（前出）と見ているが，これは生徒館の第１次工事の話で，
第２次工事に着工の直前に彼は工部省を辞めている（明
治８（1875）年２月）。その頃工部省にボアンヴィルが
いたが，プライドの高い設計家が低質なデザインの建物の
増築を引き受けるはずがない。そうなると，アンダー
ソンの辞めた後を継いだ「造家職工長」のフランス人，エ
ドマンド・パスションの担当だったかと推量したくなる
が，もとより当て推量である。

生徒館の外観は上述のとおりであったが，内部は英国
式の諸設備を備え，当時としては際立って立派なもので

あった。「東京大学百年史」は，「旧工部大学校史料」の
記述を引用しその様子を伝えている。それを筆者の手で
書き改めると以下のようになる。

生徒館では１室６人の学生を収容し，（専門科）進学
後はなるべく学科が同じ者を同じ室に入れた。設備とし
て石炭ガス発生炉を備え，これを利用してキャンパス内
外の点灯をし，また生徒館は暖房の設備を備え，浴場は
スチームにより湯を沸かした。生徒用のベッドのフレー
ムは鉄製で，ベット床は鋼製バネが格子状に組まれ，そ
の上に厚さ７〜10cmの毛蒲団を敷き，これに白の上等
毛布を２枚重ね，さらに日本製掛蒲団をその上に掛けた。
枕は毛蒲団と同じ毛入袋で，その長さは寝台幅と同じで
約90cm，幅は約30cmで厚さは７〜８cmであった。夏
季にはベットの上から西洋蚊帳を垂下した。

なお便所は生徒館の外に設けられ，便器は洋式の腰掛
け式であった。

完成した生徒館の平面は形状ばかりでなく部屋割も東
西対称で，その中心軸に当たる所に大食堂（１，２階吹抜
けの大空間）が設けられていた。この吹抜けのために２
階は東側部分と西側部分に分断され繋がっていなかった。
この様子は図7-2を眺めると理解しやすい。

各階の東端と西端には階段室が設けられ，その１階部
分に出入口があった。

２階建の各階とも中廊下を持ち，廊下の南側と北側に
室が設けられた（おのおのの階に20室）。室の面積は40
室すべて同じで，筆者の推定では１室の面積は30m²（約
９坪）程度であった。この各個室には学科を同じくする
同級生が一緒に起臥した。窓が小さかったから暗く陰気
な室だったことは前に触れた。こんな雰囲気の中で勉強
ができるはずがない。生徒たちにとって室は脈絡のない
話を交わしてただ寝るだけの場所であった。生徒たちの
勉強は専ら大食堂を自習室とし，全員がそこに集まって
行われたのである。この辺りの様子を本腰を入れて説明
するために，生徒たちの日常スケジュールや規律につい
て話を起こしたいと思う。

まず，工部大学校が全寮制（すべての生徒が生徒館に
入寮しなくてはならない）であったことを思わなくては
ならない。寮で生活し学校へ通うのである。

工部大学校は官費の学校であったから，生徒は官支給
の制服を着け，食事はすべて官給（生徒が寮の中に食物
や酒を持ち込むことは厳禁）であった。

制服は後年の（昭和戦前期しか筆者は知らないが）海
軍の下士官の制服（士官のものより簡素な感じがするか
らこう書くのであるが）に似たものであった。制服制帽
（帽子もまた海軍下士官型であった）が世間から「粋な格

好」と見られたことについては第6章で述べた。

　次に1日の日課である（「東京大学百年史」による）。

　午前6時　〜午前7時半　習学
　午前7時半〜午前8時　　朝食
　午前8時　〜午前12時　授業
　午前12時　〜午後1時　　昼食
　午後1時　〜午後4時　　授業
　午後4時　〜午後5時　　体操
　午後5時　〜午後6時　　夕食
　午後6時　〜午後9時　　習学
　午後9時　〜午後10時　休息

　教場と生徒館内では官服以外の衣服の着用を許されなかった（外出するときはもちろん）から，常に前垂れをかけて官服の汚れるのを防いでいた。官服を脱ぐのは午後9時以後であった。

　午後6時から9時までの習学は，6人用のテーブル50卓を備え暖房がきいた大食堂に集合して行われた。この時間には「外人助手1名が臨席するなかですべて英語で行われる講義のノート整理」（「東京大学百年史」）などがなされた。照明はガス灯であった。

　上の行動スケジュールを眺めると，スケジュールそのものはタイトではないが，自由に思索したり読書する時間はなさそうである。戦前の陸海軍の幹部の卵を教育する学校の生活は，こういう他律的な団体的生活だったようである。その点戦前の旧制高等学校における寮生活では，個人の自由意思が尊重されていた。経験者が懐かしさをもってその寮生活を振り返る所以であろう。それに対して工部大学校の初期の卒業生が生徒館での生活を懐かしんだ回想記は少ない。

　工部大学校の生徒の日課や規律を眺めることを通して，近代国家建設の期待の重みが彼らの肩にかかっていたことを痛感させられる。また，その彼らの精神と思考によって明治国家が築成されたのだということを改めて感じさせられるのである。

　帝国大学工科大学の本館の竣成は明治21（1888）年7月だったから，上記の生徒館での生活を経験した最後の造家学科の卒業生は明治24（1891）年卒の人たちということになるが，彼らの経験日数は余りにも短かかったから実質的には明治23（1890）年卒業の4人——横河民輔，葛西万司，宗兵蔵，岡本恭太郎——までであったと言えよう。

　前述のように旧工部大学校の講堂は東京女学館によって使用されなかった。この講堂は帝国大学工科大学が一時使用して本郷へ去った後，放置されていたが，ひょんなことで再度のお役に立つ日がやってきた。帝国議会開

設に間に合わせるべく建設された木造2階建の仮議院建築（帝国議会仮議事堂，現在の内幸町，日比谷公園の西南方に1890年11月議会招集日の前日に完成）が第1議会（第1回の帝国議会）開会中に失火で焼失した（1891年1月）ので，旧工部大学校の講堂が急遽臨時に議事堂の用に供されたのである。

　焼失後，仮議院建築は吉井茂則（工部大学校第5回卒業生）の努力により突貫工事で再建され（木造）明治24（1891）年11月に完成している（同月末に開会された第2議会に間に合った）。このとき設計と監督を指揮した吉井は，最初の仮議院建築（内務省土木局の管掌）ではドイツ人ステヒミュレルの設計に従い工事監督に当たっていた。

　吉井茂則について年譜を記すと，旧土佐藩の藩士岡林茂基の次男として安政4（1857）年8月土佐国高知に生まれ幼にして吉井家の養子となった。明治4（1871）年官命により英国に留学し，帰朝してから明治10（1877）年工部大学校に入学，瀧大吉と同期であった。以下箇条書をすると，

　明治18（1885）年，陸軍省御用掛
　明治20（1887）年12月，臨時建築局4等技師に任ぜられ，帝国議院の建築主任
　明治24（1891）年6月，内務省3等技師，大阪府会議事堂を設計
　明治25（1892）年9月，逓信省に転ず
　明治30（1897）年11月，鉄道省技師兼任
　明治36（1903）12月，逓信省営繕課長
　大正3（1914）年10月，依願免官
　昭和5（1930）年10月20日逝去（享年74歳）

　内務省においては大阪府会議事堂の設計（1892年6月起工，1893年10月竣工）に携わったが，この議事堂の工事が始まると間もなく佐立七次郎が去って技師が空席となった逓信省に招かれ，以後22年間同省の営繕を取り仕切り重鎮として部下の指導に当たった。明治31（1898）年帝国大学の卒業生三橋四郎が陸軍省から逓信省に移ってきて吉井を助ける。三橋は明治36（1903）年に東京市に転出するまでに吉井の指導の下で，

　赤間関郵便電信局（煉瓦造2階建），明治33（1900）年竣工で現存。
　京都郵便電信局（煉瓦造3階建），明治35（1902）年竣工，中京郵便局として現存。

を設計している。

　明治34（1901）年，前年に帝国大学を卒業した新進の内田四郎が逓信省に入り設計陣に加わった。

　明治17（1884）年築の逓信省庁舎が明治40（1907）年

第7章　工部大学校の終焉と残照　その2　｜　99

1月に焼失し，呉服橋・常磐橋間の未使用の高架鉄道アーチ橋を利用し木造の仮庁舎が工期44日で建てられた。これは吉井の設計と言われ，「一本の釘も打たざること，煉瓦セメント等を毀損せざるよう施工すべし」という条件付きでの建築であったと「郵政建築の百年」は書いている。

　焼失後の逓信省庁舎（煉瓦造3階地下1階，1909年3月）と貯金局（煉瓦造3階地下1階，1910年3月）はルネサンス様式の大建築で吉井とこれを助けた内田の傑作とされる。吉井と内田の共作としては他に東京中央電話局京橋電話分局（1910年，煉瓦造3階）が注目を浴びたと言われる。吉井が逓信建築の礎を築いて大正3（1914）年に逓信省を去った後は内田が同省を牽引し，後に逓信建築の三羽烏と呼ばれるに至った若手の部下を育て，大正10（1921）年惜しまれて引退した。

　吉井茂則の年譜紹介が思わず長くなってしまったが，吉井が逓信建築の流統の礎を築いたことに触れたかったのである。

工部大学校旧校舎の末路

　工部大学校の跡地は，なぜか宮内省の帝室博物館の所管として長く大正の時代まで残された。ルネサンス式赤煉瓦造の講堂は，仮議院としての使用を終えた後も残され，生徒館は東京女学館の教場として残り続けたが，共に関東大地震（1923年）で損壊し構造体としての生命を失い取り壊された。

　東京女学館の建物（旧生徒館）は，地震による損傷が甚だしかったため学校当局が書類等の取り出しを一部に留め内部に入るのを躊躇しているうちに夜となり，屋根瓦のずれているのが原因となって飛び火を受けて類焼してしまった。屋根瓦の下は木の野地板で，その下も木造のトラスだった——これは欧米の煉瓦造ではごく一般的な構法だった——ために着火したのであるが，これは煉瓦造の建物の類焼パターンの一つに過ぎず，関東大震災における煉瓦造の類焼パターンは多様であった。もっとも焼失の1次原因は，煉瓦造の躯体が壊れ，そのため火が内部に侵入した点で共通していたのであったが。煉瓦造は地震に弱くて，そのうえ震後に類焼しやすいことに気付いて日本の建築界は関東大震災を契機としてやっと煉瓦造に引導を渡すことになった。気付くのに半世紀の時間を要したのである。その間，煉瓦造建築という外国人はその居留地を日本全国に広げて行った。その伝播の状況を歴史物語として語るのもよいが，誰が居留を許し，誰が伝播の提灯持ちをしたかを明らかにすることも

歴史の使命ではあるまいか。そういうことを通して工部大学校が存在した価値意義が，現代的に問われて然るべきではあるまいか。

　かくて関東大震災により，三年町にあった工部大学校の旧校舎は跡形もなく消えたのであるが，煉瓦造の旧校舎群に建築的に問題がある兆しは，すでに明治27（1894）年6月の東京近傍地震において露呈されていたのであった。

　上記の明治27（1894）年の東京近傍地震は，濃尾地震が起きてから3年も経ないときに発生したので，その震災調査は入念に行われた。

　以下は，旧工部大学校の校舎についての被害調査の結果である。

　旧工部大学校の講堂の中堂（明治10（1877）年，ボアンヴィルの設計）について，

　「階上階下とも処々亀裂を生じ，塗天井の如きは一区画として亀裂のあらざるなし」（震災予防調査会報告第4号）

と被害状況が述べられているが，この記述では亀裂が構造的なものか，仕上げに属するものか判然としない。

　さて旧工部大学校本館の左翼棟（明治10（1877）年，ボアンヴィルの設計）であるが，東側（虎の門交差点寄り）と北側（大蔵省寄り）の軒蛇腹がほとんど全部墜落してしまったと報告されている。しかしこの被害は，構造的被害というよりは構法上の被害で，その原因は施工時の監督不行届にあったと解される。すなわち，施工の際，煉瓦がひび割れを生じているのに気づかずそのまま積み上げてしまったため，「累年の間に雨水割れ目より流れ込みたるもの（が），今度の震災に逢って割れ目より剥落したもの」と報告書は述べている。

　旧本館（講堂の異称で，中堂の左右に教室棟が接続していた）にあった製図室について次のような被害状況が報告されている。

　「旧製図室の内部は天井蛇腹の破損甚だしく殊に西南隅を最とす。南側天井蛇腹の如きは剥落して煉瓦顕われ其の局部に於ける木摺は悉く腐朽せり」

　その原因は，「常に雨水の漏泄に基くものならん」と指摘され，地震がきっかけで天井蛇腹が破損したものと見られ，構造上の震害ではなかったことは明らかである。

　旧工部大学校本館の講堂の内部は，その装飾が秀れたものとの評が高かったが，その3階建の各階とも所々亀裂を生じ，「塗天井の如きは一区画として亀裂のあらざる無し」という状況であった。しかし，それが構造的被害なのか仕上げ上の破損なのか，原因は究明されずに報告されている。

旧工部大学校の話がさらに続く。化学と機械の実験室の建物（時期的に見てアンダーソンの設計監督と察せられる）は、迫持（アーチ）に被害が出た。この迫持は尖形迫持であったが、この種の迫持は、頂部と腰部の煉瓦に被害が多かったと言われた。また上記の建物においては、軒の近くにある窓の上から軒までひび割れが認められた。

　さらに化学実験室は、「四隅の軒蛇腹及び各窓の上下左右に亀裂多く」とされ、これと並ぶ機械工学実験室では、「壁中の亀裂は其の方向悉く異にしていずれも傾斜せり。西側階上三連窓の間柱（筆者注：窓と窓の間の柱に当たる部分をさしている）の如きは柱の上部に於いて一寸許り北向きに傾斜し実に危険を極む」。また建物の四隅にあるひび割れの幅は5～6分に達したと書かれている。

　関東大震災においては煉瓦造の建物の被害の度合が大き過ぎたため、建築的な被害原因の追究を困難にしてしまった（例えば、建物が完全に倒壊してしまったら被害の真の原因を把握することは不可能である）のに対し、東京近傍地震では被害が小さかったことにより、かえって被害の発端と被害の進展状況を視察者にわかりやすく露呈することになり、震災調査を通して多くの有益な知見が提供されたのであった。工部大学校の旧校舎群の被害はその典型的例であったと言えよう。とにかく東京には維新後建てられた洋風建築（煉瓦造や石造）がたくさん立っていたので、煉瓦造の耐震性を知るうえで誠に好個のテストの機会となったのであった。

　「煉瓦造の大廈高楼にして損害を受けざるものすくなからず」（震災予防調査会報告第4号、1895年）ということだったから煉瓦造の被害をあげつらうことが憚られるが、コンドルが設計した建物である鹿鳴館の震災に触れておきたいと思う。

　鹿鳴館は明治16（1883）年の竣工であったが、築後10年を経ていないのに死傷者が出る被害が生じた。構造というより、構法上の欠陥が原因の被害であった。以下はその被害である。

　正面玄関の甍と軒蛇腹が落ち、その一かけらが車寄せの陸屋根の上に墜落し、それを貫いて荷物運搬に来ていた2頭立馬車を押し潰し、馭者1人が即死し、馬は1頭が死に、他の1頭は腰を砕かれて倒れた。また他のかけらは居合わせた華族会館の書記（1名）に重傷を負わせた。報告書を書いた中村達太郎は、

　「出入口に甍飾りを附する場合には軽き材料を以て構造するを必要とす。石材の如きは実に危険」

と言っている。

　次は工部大学校の旧校舎群が姿を消したことに関連し

●7-3　工部大学校跡記念塔（筆者撮影）

ての話である。

　曾禰達蔵が亡くなった（1937年12月）とき、大熊喜邦（東京帝国大学を1903年に卒業）は「建築雑誌」1938年2月号にこんなことを書いている。以下の文章において主語は、工部大学校第1回卒業生、曾禰達蔵である。

　「震災後（筆者注：関東大震災後）かの工部大学校の本館左翼の建物（筆者注：図7-1の②の建物）が唯一残っていたのを見られ、何とかして保存をしたいという希望を持たれた（中略）、到底保存には堪えない上に会計検査院建築のため取り壊しを余儀なくされたので、せめてその趾だけでも標識したいと考えられた」

　その結果、昭和14（1939）年に会計検査院の内庭に左翼棟の材料（煉瓦、石材、鋼材）を用い、それを組み合わせて記念塔が建てられた。その建立位置は左翼棟の中心であった。これは今では内庭から会計検査院の建物の西側に移され、外堀通りから霞ヶ関ビルを右に見て三年坂に通ずる道と上記建物との間にひっそりと立っている。それが写●7-3である。記念塔の下部は煉瓦を組んだ所に石作りの彫り物（建物外部に用いられていた）が縁取り的に取り付けられていて（風化して傷みがひどい）、上部には高々と風見（左翼棟の屋根の上に載っていた）が取り付いている。傍らに「工部大学校跡」と題した説明板が立っているのだが、余程注意していないと記念塔の存在に気付かず通り過ごしてしまうくらい「ひっそり」と立っているのである。

第8章

工科大学造家学科の草創 ...103
小島憲之と一高 ...107
中村達太郎 ...109

小島憲之と一高

その1

(2001年1月号)

工科大学造家学科の草創

明治19（1886）年3月，帝国大学令が公布され，東京大学は改組して帝国大学（日本に帝国大学は一つしかなかったから，「東京」という2文字を冠する必要はなかった）と改称され，法，医，工，文，理の5つの分科大学（現在の学部に当たる）が設けられた。

このとき工科大学造家学科も成立し，同学科は次の教授陣でスタートした。

教授　辰野金吾

講師　ジョサイア・コンドル

このとき（3月）小島憲之は東京大学予備門教諭（現在的には教諭という言葉は奇妙に聞こえる）に任ぜられ，工科大学兼務を命ぜられた。翌4月には予備門が第一高等中学校と改称された。

明治19（1886）年の教育制度改革は昭和の終戦直後のそれと並ぶわが国における教育の大革命だったから，明治19（1886）年に何が起こったかを説明しておく必要があろう。

明治19（1886）年4月，小学校，中学校，師範学校に関する政令が公布された。中学校は尋常，高等の2等に分けられ，尋常は各府県に1校，高等は全国に5校設けられることになった。小島が勤務する第一高等中学校は5つの高等中学の一つで，東京大学予備門がこれに移行することになったのである。

さて昭和戦後における教育制度の改革におけると同様，明治19（1886）年の改革においても学生は制度改革の混乱に振り回され困惑させられている。それを学生の側から見てみると以下のようなことであった。

明治23（1890）年工科大学造家学科卒業の宗兵蔵は，明治18（1885）年に東京大学予備門理科を卒業している。理科の卒業生は20名で，法科は27名，文科は26名という卒業生数で，同期生は全体で73名であった。これにより，予備門の規模がわかるし，当時における予備門卒業生の稀少性が想像できよう。

ところで宗が予備門に入学した頃は，予備門は東京大学の予科的存在であり，予備門本黌（法・文・理各学部に進む者を対象）の修業年限は3カ年——予備門分黌（医学部に進学する者を対象）は5カ年——であったが，明治17（1884）年に修業年限が4カ年（本黌分黌の区別も名称もなくなり一律に）となった。しかし，宗は修業年限延長とは関係なく明治18（1885）年に予備門を卒業する。したがって，この年8月に予備門が東京大学から離

第8章　小島憲之と一高　その1　103

れて文部省直轄になっているが，それとも無関係であったことになる。宗兵蔵は法・文・理系の予備門最後の卒業生（医系だけは翌年にも卒業生があった）であった。

宗は修業年限2カ年の第一高等中学校工科に入学し直して——このとき，後年，辰野金吾と共同して建築事務所を開くことになった葛西万司は予備門とは無関係に，直接第一高等中学校に入学している——明治20（1887）年に卒業し，帝国大学に進学する。大学で宗と葛西は同期で，ほかに同期には横河民輔と選科の岡本鍳太郎がいた。

その横河と岡本は工部大学校で同級だったが，横河は工科大学造家学科の本科生となれたが，岡本は本科生になれず選科に進んだ。横河と岡本のほかに同級には茂庄五郎と下田菊太郎がいたが，茂も本科に進めず選科に進んで岡本よりも卒業が1年遅れた。下田は後述のように工科大学に進んだが卒業していない。岡本と茂が不幸な目に会ったのは，工部大学校卒業を間近にして同校が廃校され，新学制の混乱の中に放り出されてしまったからであった。

下田菊太郎について触れておきたい。

「建築家下田菊太郎伝」という副題を持つ「文明開化の光と闇」（相模書房刊）という本が林青梧氏の手によって1981年に書かれている。それによると下田は慶応2（1866）年5月に羽後国仙北郡角館で生まれ，維新後一家は秋田市に移った。江戸時代，下田家は秋田藩佐竹家に代々槍を以て使えたといわれる。明治15（1882）年上級学校受験のため慶應義塾に入り，さらに三田英語学校に転じた。そして翌年工部大学校に入学した（以上林氏の本による）。

下田の私家版自叙伝「思想と建築」——マイクロフィルムに収められ，村松貞次郎さんの研究室に保存されていたという——を林氏に貸与するなどこの本の上梓に協力を惜しまなかった近江栄さんは，この本の終わりに添え書きを寄せ，

「林青梧先生が下田の生涯の究明に注がれる情熱にはただならぬ意欲が感じられたが，じつは小説の主人公探しなのであった」

と書いている。この言は，林氏の本の性格を明らかにするものと言えよう。一方，林氏は「あとがき」の中でこんな風に書いている。

「日本近代建築史は，辰野金吾を頂点とする一党派によって歪められ，正常な歩みを阻まれたようだ。（中略）彼等によってほうむり去られた下田の無念を晴らすのではなく，それを記録に残すことは，後世の誰かに課せられた義務であり，云々」

「積年の辰野金吾教授との折り合いの悪さから退学（筆者注：帝国大学工科大学造家学科を退学）を余儀なくされてしまった」（近江栄さんの添え書きにおける言葉）ときから，下田菊太郎の群れからの離脱が始まった。林氏によれば，下田が米国を目指して横浜を発ったのは，明治22（1889）年の9月下旬であった。以下，林氏の本の筋を追うことにする（同書は時間軸に対する関心が乏しいので年次は筆者が当て推量する所が多いことを断っておく）。

まずサンフランシスコのページ・ブラウン建築事務所で3年程働き，その晩期にはコロンブス400年記念万国博覧会におけるカリフォルニア館建設の現場監督で出色の働きをした。その後，シカゴで盛名を馳せるダニエル・H・バーナムの事務所に移る。

下田のシカゴ滞在中，日本から近代建築史の舞台に名を出す日本人名士たちが何人かシカゴを訪れているはずだが，片山東熊が東宮御所御造営の用務で欧米に出張（明治30（1897）年2月〜翌年3月）した折，シカゴに寄った事件には林の本は触れているが，明治26年夏，コロンブス4000年記念万国博覧会（前出）に付帯して開かれた万国学術会議・建築学大会に出席のため曾禰達蔵が訪れた折のことや，大学の同期生であった横河民輔が明治30（1897）年初めに鉄骨事情調査と三井本店の鉄骨工事の打合せの旅でシカゴ訪問した折のことなどには寸毫も触れていない。歴史物語と小説の違いというものであろう。

下田は，日清戦争の頃，イリノイ州建築士の免許を取得し，それを機に独立して建築事務所を開き，米国婦人ローズと結婚した。明治31（1898）年10月，下田はその妻を伴って帰国する。

帰国した下田は，然るべき作品を残す機会から遠ざけられ，群れを離れた者の悲哀を嫌というほど味わされる。近江さんはこれを，

「建築界の帝王・辰野への反逆は，余りにも大きな代償として，帰朝後の下田の生涯に影を落とし続けたのである。」

と表現している。上の「反逆」は在米中，帰国後を併せての数々の事件（林氏の書き物によると，中にはあらぬ誤解が原因のものもあった）を包含するもののようである。下田の中には蓄積されていく鬱憤と衰えぬ自負が交錯し，それが不幸を深めていったように思える。藤森照信さんは，「下田はクセの強い性格がわざわいして"建築界の黒羊"——下田自身の弁——として終わる」（「日本の近代建築（下）」）と書いている。「建築界の黒羊」という言葉は，下田の自叙伝「思想と建築」に現れる言葉で

あろう。

私家版の「思想と建築」を直接あるいは間接に読んだと思しき数人の史家は、各自の書いた通史書の中で下田の不運不遇についてはまったく触れていない。すなわち、村松貞次郎さんは、鉄筋コンクリートの「技術の普及を図ったが」「無視され」「異端に終わった」（「日本近代建築の歴史」、1977年）とし、山口広さんは「シカゴで本格的な近代建築技法を身につけながらその手腕を作品に発揮できず、僅かに帝冠様式とともに名前の記された下田菊次郎」を「早く来すぎた近代建築家」と位置付けている（新建築学大系5「現代・近代建築史」、彰国社、1993年）。また、藤森照信さんは、

「壁はヨーロッパ系のデザイン中心でまとめその上に日本式の瓦屋根を載せる（中略）やり方の元は下田菊次郎の帝国議会案（大正9年）にあり、下田はローマ神殿風の壁体の上に日本の城や御所の紫宸殿風の屋根を載せ、"帝冠併合式"と称したが、後に帝冠式と呼ばれるようになる」（「日本の近代建築（下）」）

と書いている。

因みに議院建築（国会議事堂）として下田が提唱した帝冠様式の案は第44議会（大正10（1921）年2月）で採択されたが、建築の衝に当たる当局はこれを握り潰したとされる。その採択の行われる前、伊東忠太は「議院建築の様式について」と題して、帝冠様式の主義と手法は共に誤りであり、国辱でもあると指摘し、下田の提案の採用に反対している。

伊東は、辰野金吾に命ぜられて議院建築の設計を懸賞にするのがよいと提案をした（伊東自身が1936年にそう語っている）人だが、上記の帝冠様式に対する反対の時期は、辰野の他界から2年後のことだったから、反対は辰野の指示ではなく、伊東の内なる真実の気持ちの発露であったろう。帰国後無視されたり、いなされたりするだけでまともな対応を受けなかった下田にとっては、反対されはしたものの、真剣に自分の案と対決してくれた帝国大学時代のすぐ後輩であった伊東の真摯な姿勢を嬉しく受けとめたのではあるまいか。もちろん筆者の当て推量である。

林氏によれば、昭和6（1931）年12月26日、下田は東京の雪の積もる路上で行き倒れた。享年65歳であった。ローズ婦人は胸を侵されてすでに20数年前に亡くなっていた。死を前に意識朦朧とする中で、下田の脳裡を駆けめぐったものがあったとしたら、それは何であったろうか。

林氏の小説を読了した直後、筆者は心が暗く重くなるのを禁ずることができなかった。だから一読を強くお勧めする気持ちはないが、せめてその存在を示しておきたいと思い、以上のように長話をしたのであった。

ついでながら、宗兵蔵と横河民輔について年譜を記しておく。茂庄五郎については前に第2章で年譜を紹介している。

宗兵蔵は、元治元（1864）年、福島藩士宗竜九郎の長男として江戸藩邸で生まれている。大学卒業後、宮内省の嘱託となり、片山東熊の下で帝室奈良博物館の工事に従事し、さらに明治28（1895）年初めからは帝室京都博物館の工事に関係していたが、その年に淀橋浄水場ポンプ汽罐所建築の監督のため東京市水道局技師に移り、明治31（1898）年海軍技師（横須賀鎮守府）、明治39（1906）年藤田組建築部長を経歴して大正2（1913）年50歳のとき独立して建築設計事務所を開いた。阪神学校建築（甲南高校、灘中学など）や個人住宅などを多く手掛けた。昭和19（1944）年80歳で亡くなった。

横河民輔は元治元（1864）年兵庫県加古郡二見町に生まれた。明治23（1890）年に帝国大学を卒えると直ちに東京・日本橋区鉄砲町に建築事務所を開いて三井に出入りし、明治35（1901）年に鉄骨補強式煉瓦造（煉瓦の壁で荷重を支え、鉄骨は補強材と使用した方式）の三井本店（三井銀行を含む）を完成させている。以後以下のような活動を続けた。

明治36（1903）年、設計を業務とする横河工務所を開設
同年から2年間、東京帝国大学でわが国で最初の鉄骨構造の講義を行う
明治40（1907）年、横河橋梁製作所を創立
大正4（1915）年、横河電機研究所を設置
工学博士の学位を受ける
大正9（1920）年、横河電機製作所を創立

上記の年譜は、横河が建築の世界では民間にあって設計の仕事に徹したこと、また後半生は秀れたアイディアに恵まれ、起業家として実業の世界で成功したことを物語っている。近代建築の歴史書に名を現わす人物だから、これ以上横河に触れる必要はあるまい。

余談めいた長話をしたが、明治19（1886）年の学制改革に遭遇した学生達が苦労した様子に触れてみたいというのが話の目的であった。

ところで学生達を受け入れる工科大学の方にも戸惑いが多かった。本郷に建設着手した工科大学本館（その位置は現在の工学部一号館南側のコンドルの銅像が立っている辺り）がすぐには完成しなかったから、同本館が完成する明治21（1888）年7月までの約2年間は三年町の旧工部大学校キャンパスが使用された。

造家学科は工科大学として出発はしたものの，情ない
ことに学生がいないのに等しかった。3年生と1年生はい
なくて，2年生に工部大学校から移った中浜西次郎とい
う学生が1名いるだけであった。これでは辰野もコンド
ルも手持ち無沙汰だったろう。小島憲之が工科大学兼務
を命ぜられても，造家学科でなすべき仕事はない。造家
学科の人事が動き出すのは明治21（1888）年に入ってか
らであった。以下「東京帝国大学五十年史・上冊」（1932
年）に基づいて記す。

5月，曽山幸彦が助教授に任ぜられる。9月にフランス
人アウギュス・サラベルを招聘したが，彼は翌月逃げて
しまった。そこで10月になって小島憲之を兼任教授に迎
え，宮内省内匠4等技師の片山東熊に「図画講師」を嘱
託する。

翌明治22（1889）年1月には宮内省内匠1等技手の木
子清敬に「日本建築学」の授業を嘱託している。

なぜか「東京帝国大学五十年史・上冊」に中村達太郎
の名が初めて登場するのは遅く，明治24（1891）年にお
いて，

「7月助教授中村達太郎教授に任ぜられ，造家学授業を
担任し」

とある。中村達太郎が工科大学造家学科に関わり始める
のは他の文献によると授業嘱託として明治20（1887）年
8月だが，「東京帝国大学五十年史」はこのことに触れず，
さらに中村の教授就任の時期も誤記している。正しくは
助教授就任は明治20（1887）年12月，教授就任は明治
27（1894）年1月であった（「建築雑誌」，1942年10月
号による）。また上記の7月7日は「任内務技師」の日
付であった。

造家学科の教員人事をさらに追うと以下のとおりで
あった。

明治25（1892）年2月松岡寿（陸軍教授）に装飾画お
よび自在画の授業を嘱託。

同年3月　授業補助嘱託であった石井敬吉，助教授に
任ぜられる。

同年4月　曾禰達蔵に授業を嘱託。

明治26（1893）年9月，大学に講座制が布かれ，工科
大学には21講座，うち造家学科には3講座が設けられた
（造家学科の中に中村達太郎の名がないのに注意）。

第1講座　助教授　石井敬吉（10月2日付分担）
　　　　　講師　　小島憲之（9月20日付分担）
第2講座　教授　　辰野金吾（9月9日付担任）
第3講座　講師　　木子清敬（9月20日付分担）
　　　　　講師　　松岡寿（同上）

上記の人事を見ると，講座制施行を機に兼任教授を5

年間勤めた小島憲之が講師に転じ，明治24（1891）年に
帝国大学を卒えて大学院に2年間在籍した石井敬吉を助
教授に据えている。大学社会では助教授の方が講師より
上格であるから，小島を降格させて石井を抜擢したとい
うことになる。人事を差配したのが辰野金吾だと想像す
ると，彼が造家学科の教員スタッフ構成に関しどのよう
な将来計画を持っていたか知りたくなるが，そのような
ものが文書としてはもちろん，日記などとしても残され
ていることはないだろうから，事は闇の中である。

上記の人事を見て気付くことは，講座制がしっかり確
立していた時期ではなかったし，第一に人材がいなかっ
た時期だから，小島を将来同じ学科における自分の片腕
にと辰野が考えるのなら，小島を石井とは別の講座に張
りつけることができたはずである。それをしなかったの
は，小島を将来教授にという意思が辰野になかったこと
を示すものと言えるだろう。同じ講座に小島と石井を置
き，しかも小島より比較にならない程若い──事もあろ
うに，石井は一高工科の卒業で小島が英語と用器画を教
えた生徒であった──石井の方を上格に据えた人事に
は，意図が感じられる。

半年後に起こった造家学科の人事異動により，その意
図が明らかにされることになった。すなわち，

明治27（1894）年1月31日，非職助教授（原文のま
ま──筆者注：中村は1892年2月～1893年12月末
の間，欧米に留学していた）中村達太郎教授に任ぜら
れ，第1講座担任を命ぜられる

同年同月同日，助教授石井敬吉，造家学第1講座分担
を免ぜられる

同年同月同日，講師小島憲之の嘱託を解く

明治28年2月，助教授石井敬吉，第三講座分担

かくて小島憲之は完全に帝国大学造家学科と無縁に
なったのであった。そして小島は二度と建築界に帰って
来ることはなかった。

どうしてこんなことになったのか。

人事判断においては理性よりも感情が支配しやすい。
小島と辰野は性格が対照的であるために，2人の間には，
互いに相手を好ましいと思う感情がなかったのではある
まいか。

明治の人間には，出自や身分による差別意識，出身地
や学校の閥意識が強烈だったが，2人も例外ではなかっ
たのではあるまいか。

辰野には，造家学科の教授の本命と目された小島に対
する恐怖心がありはしなかったか。英語を自由自在に操
る小島に対し，辰野にはコンプレックスと恐怖心があっ
たのではあるまいか。明治という時代には，英語の能力

が学問の能力を左右した（特に非理科系統の学問で）という事情を知らないと辰野の気持ちを理解できないだろう。辰野のコンプレックスと恐怖心は，自分と小島の学問的興味が近いということにより一段と増幅されていたかと思われる。

造家学科で，小島は在職中，材料と歴史を講義した。材料の講義は「ビルディング・コンストラクション」という本の材料の章の内容の紹介で，歴史の講義は古い時代からゴシックまでで，ルネサンス以後は辰野が担当した。小島も辰野も，大学を出てから設計事務所で設計の見習いをしてきたから，今で言えば，デザイン志向であった。講座制の建前から見ると，小島と辰野の学問的興味が近過ぎることは難点であった。これは，人事を論ずるとき，辰野にとって拠り所になったかと思われる。そこで辰野の造家学科の教員スタッフについての構想を忖度してみよう。

辰野は，自分が担当できるのは，当面は設計製図と歴史と考えていたかと思われる。そこで将来自分の片腕となる別講座の教授には上記以外の分野を担当して貰わなくてはならない。それと学科内の雑事を処理するためには，秘書能力のある教授にサポートして貰わなくてはならない。そんな風に考えたとき，人柄も良く，学殖もあり研究意欲も旺盛で，秘書能力は彼の右に出る者はないと言われる中村達太郎の存在がクローズアップされてきた。そんなことではなかったかと想像される。

小島の解職と非職中の中村達太郎の教授任命は，同日付の発令だから両者には当然関連があったと考えなくてはなるまい。しかし隠微な人事問題に関しては公私の史料は残されていないだろうし，あの世に行ってしまった人間達に口はない。歴史を闇の中からせめて霧の中へ持ち込むためには，上のように妄想に頼るより他に道はないのである。

小島は解職された後，会費を払い建築学会の正会員としては留まるが，学会活動とは一切縁を切ったし，建築界との接触はもちろん建築という職業とも縁を絶った。この事実は，小島の進退に関する辰野と小島の話し合いが友好裡に終わったものでないことを物語っていると言えよう。

辰野にもう少し包容力があったならばと思うし，もう少し時間をかけて事を展開すべきだったという感じを抱く。辰野は事を急ぎ過ぎた。急いだ理由と辰野を追い込んだものは，講座制の導入とその他に何だったのだろうか。

小島憲之と一高

小島にとっては，明治20（1887）年の半ばに完成した木造2階建，建坪88坪（約260 m² の一ツ橋高等女学校教師居館が建築家として最後の作品となった。この頃小島は第一高等中学校の教諭が本務であった。

なお，小島には他にも作品があったようで，「建築士」（1959年5月号）の座談会で小島新吾が，「東京音楽学校の分教場は父の設計だと聞いております」と語っている。同じ座談会で森井健介は，今の芸術大学の文庫（現在の上野図書館の前身に当たる昔の東京図書館で図書閲覧所と呼ばれたもの）も小島の作品で，その完成は明治22（1889）年だったと語っている。当時の小島憲之の立場は文部省の建築顧問ということだったらしい。

さて建築界と縁を絶った小島は第一高等中学校で何を教えていたのだろうか。第一高等中学校は明治19（1886）年4月に発足したが，旧予備門制定の角帽を以て正帽とした（明治19年5月）ことからわかるように東京大学予備門の伝統をそっくりそのまま継承しようとした学校であった。因みに当時高等中学校は大阪に第三高等中学校が存在するだけで，第二（仙台），第四（金沢），第五（熊本）が創設されるのは1年後の明治20（1887）年4月であった。

当時発行された「第一高等中学校一覧」を見ると，教諭の欄に，

「画学，英語　バチェロル・オフ・アーキテクチュール（米国コルネル大学）　小島憲之（東京出身）」
とある。小島の担当は画学と英語の2科目だったのである。参考ながら，画学の担当としては小島のほかに笠井直という福井県出身の助教諭が一人いた。

高等中学の修業年限は本科2年で，別に3年制の予科が併置されていた（7月から）が，小島が担当したのは本科での用器画（予科にはこの科目はなかった）で，その内容は次のとおりであった。
第1年1～3期　射景図法
第2年1期　　図法幾何
　　　2期　　陰影法　製造図
　　　3期　　遠近法　製造図
ついでながら本科は次の8科に分かれていた。

英法科，政治科，独法科，仏法科，文科，工科，理科，医科

小島の用器画が教授された対象は，工科と理科の生徒であった。なお，小島は明治21（1888）年から発足した東京美術学校で「幾何画法」（用器画遠近法）を教え始め

ている（実質的に教えたのは明治23年からで，亡くなるときまで続いた）。

　さて小島の英語は，何科の生徒を担当したかわからないが，多分，工，理，医の理科系統の生徒ではなかったろうか。もしも文科も担当としたのであれば，夏目漱石は明治23（1890）年の卒業だから小島から教わったことになる。ついでながら漱石の「文科」の同級には正岡子規と斎藤阿具（漱石が借家して「我が輩は猫である」を書いた家の家主になる）がいたことは有名である。

　「第一高等中学校一覧」を見ると，明治23〜24（1890〜91）年度版には，

　「英文学部教員　　英語：教授　小島憲之
　　図画部教員　　　用器画：教授　小島憲之」

とある。

　その後，英文学科，画学科と呼称が変わり，明治25（1892）年から画学科主任となる。そして明治28（1895）年から英語の担当を止め，画学（用器画）の教授として専念するようになる（明治28（1895）年は，小島が工科大学造家学科と完全に縁無しとなった次の年に当たっていた）。明治32（1899）年から以後，英文学科（後に第一語学科）と画学科の主任を続ける。明治33（1890）年には，小島の名前は教授リストの筆頭に置かれている。

　因みに高等中学校の教諭が教授と改称されるのは明治23（1890）年10月からで，高等中学校が高等学校と改称されることになったのは，明治27（1894）年6月（このとき高等学校は全国に5校）からであった。

　思えば明治27年という年は，小島が年初に造家学科を完全に解職された年であったから，小島は第一高等学校（以下「一高」と略して書くことにする）の発足と共にもやもやした気分を一新し，帝国大学に進学する若者の育英の仕事に埋没して行くことを自らに誓ったことだろう。

　曾禰達蔵は，小島が亡くなったとき追悼して，

　「君は……英文学精通者なるを以て時勢は君をして自らこの方面に向わしめたり」（「建築雑誌」，1918年12月号）

と書いているが，それは世間の眼を意識した曾禰の書き方ではなかったろうか。曾禰は小島が建築界を離れた事情をしかと承知していた人間の一人だったはずである。小島は好んで建築を捨てて英語を教える道に入ったのではあるまい。小島はやみくもに反骨に走ることを好まず，若き俊才育英の道に没入することを選ぶことにより建築から遠ざかろうと努め，自己を埋没する手だてとして図学と英語の教授に道を求めたと想像される。

　小島の建築作品や文章は残されていないようだから，今となっては建築に対する小島の熱き思いを知る手だて

はない。

　明治の歴史を胸一杯に吸って小島憲之の一高における教員生活に思いを馳せ想像を楽しんでみたいと思う。

　一高は，高等中学校時代の明治22（1889）年3月に神田一ツ橋から本郷に校舎を移した。現在の東京大学の農学部のキャンパス（正確には地震研究所，応用微生物研究所，野球場などが含まれている）の位置である。当時この土地は東京大学のキャンパスの北隣にあったが，同大学の所有地ではなく，旧水戸藩中屋敷跡として放置されていたのである。この土地の正式な地名は，向ヶ岡弥生町で，一高生が「向陵」と自称することになった所以はこの地名にあった。しかし「向陵」という言葉が生徒の口を介して世間に膾炙（かいしゃ）されるようになるのは，翌明治23（1890）年2月に寄宿舎東寮，西寮の2寮が，ついで9月に南寮，北寮が出来上がり，木下広次校長が寄宿寮に自治制を許可したとき以降である。いわゆる一高の自治寮，すなわち有名な一高の全寮制度──生徒全員が在学中すべて寮に入る──の初まりである。

　因みに「向ヶ岡」は，江戸時代に上野の山の向かいにある丘ということで，そう呼ばれるようになったらしい。「弥生」の方は，旧水戸藩中屋敷跡地に，水戸斉昭（烈公）の歌碑が建てられていて，その和歌の前書きの中に「やよひ」という言葉があったから「弥生」をとったのだとされる。

　上述の因縁で明治に入って町名無しの土地に「向ヶ岡弥生町」という名前がつけられたのである。「弥生式土器」とか「弥生時代」という言葉が生まれたのは，この辺りから土器が発見されたのに由来している。今は冠の「向ヶ岡」がなくなり弥生町になってしまったが，これは戦後の住居表示制度のせいである。向ヶ岡の存在を日本中に知らしめる因となった一高が，昭和10（1935）年9月に東京帝国大学農学部と敷地を交換して駒場（今の東京大学教養学部のある所）に移転してしまったのだから，「向ヶ岡」という名前がなくなったことにこだわる必要はないかもしれないが，駒込追分町，駒込東片町，駒込蓬来町と「駒込」を冠していた町を「向丘1丁目，2丁目」と呼び改め，「本郷肴町」の都電停留場のあった辻を「向丘2丁目」交差点と呼び替えてしまったような歴史と由緒無視の行政筋の判断はいかがなものかと思う。

　小島憲之が英文学科の主任だった頃，夏目漱石は一高の英語の教師（非常勤講師）を勤めている。明治36（1903）年から明治40（1907）年にかけての間である。専任と非常勤の教師の集まりで小島と漱石が顔を合わせていた光景を想像するのは楽しい。小島は謹言実直な漱石好みの一高の教授だったようだから，漱石は人知れず小島とい

108　第8章　小島憲之と一高　その1

う人物を自分の小説の中のモデルとして利用していたかもしれない。「三四郎」の広田先生の岩元禎（後述）ばかりでなく、「虞美人草」の宗近は、一高で明治34（1901）年から昭和7（1932）年まで教授を勤めた菅虎雄（一高文科で漱石より2年先輩）だったと言われる。

漱石が英語教師を勤めていた頃、小島は教授として古参となり、教頭に次ぐ席次にあった。漱石の小説「三四郎」に登場する「偉大なる暗闇」と仇名づけられた広田先生のモデルは岩元禎教授だと言われるが、彼は漱石の講師着任の4年前から第一高等学校の教授に就任している。英語とドイツ語の違い——岩元はドイツ語と哲学概論を教えた——はあっても語学教師として小島と岩元の間にはそれなりのつき合い——両人の性格から察して濃淡のない——があったろう。

岩元の教授就任の前年には、名校長と謳われることになる狩野亨吉が着任している。狩野は次のような人であった。

「富貴顕達には一顧だにされず、とくに経済に関しては無関心で小児にも劣るようなところがあった。（中略）そのころ官吏は満15年勤めれば恩給年限に達した。先生はそれを待たずに下野されてしまった。」（亀井高孝「私の接した歴代校長」、「嗚呼玉杯に花うけて」、講談社、1972年）

「栄達ということにおよそ無感動だった。……44歳で依願退職し、その後、東北帝大総長に推せんする話などさまざまあったが、そのつど辞退し、古書にうずもれてくらした。……ついには極貧におちるという、いわば鬼気を感じさせるような人生を選んだが、当人はそのことに自足しきっていた。」（司馬遼太郎「街道をゆく」の「秋田県散歩」の章）

司馬氏は安藤昌益の発見を狩野の偉業の一つに挙げている。狩野は独身であった。その点前出の岩元禎も同じであった。

岩元は教室の内外で逸話の多い人だったようで、大正15（1926）年に一高の文科を卒えた時光紀山という人が「嗚呼玉杯に花うけて」（前出）の中で、こんなことを書いている。

「岩元式名文で教科書を訳しきたり訳し去るのである。生徒はそれを、きちんと膝に手をおいて聴いていなければいけない。ノートをとっても本に書き込んでもいけない。」

「岩元さんの哲学はノートにギリシャ語がいっぱい出てくる。……書かないと怒られるので黒板に書かれたギリシャ語をうつす。」

「哲学の試験はノート棒暗記であるが、クラスのほとんど全員が落第点である。昔はみんな零点をつけたらしいが、後には40点ぐらいになった。」

「岩元さんはすき焼きが好きであった。たばこの煙がもうもう立ちこめた2階の書斎の片隅には、ミロのヴィナスの小さな模像がおいてある。岩元さんは泡盛の一升びんをおいて、オリーブ油を使ったすき焼きを食べるのである。」

岩元は明治32（1899）年から昭和7（1932）年まで一高教授を勤めたから、時光氏は彼の教授時代の後期に教わったことになる。「博識と旺盛な研究心」（「街道をゆく」の「本郷界隈」の章）を持った幽境に住むような人だった。

岩元が本郷3丁目の角の青木堂の2階に通い、席を定めて——先客がいると、店員に頼みそこをどいて貰ったという逸話がある——コーヒーの味を楽しんだことは有名である。青木堂は1階で洋風の食料品を売り、2階は喫茶室で殺風景なガランとした広間だったらしい。

青木堂の1階には、当時珍しかったバター、チーズ、外国の罐詰・ビスケットなどが並べられ、2階からはコーヒーの香ぐわしい匂いがしてきて店先にはハイカラな雰囲気が漂っていた。座談会での三宅千重子さんの話によると小島は、

「青木堂でもないものはよく外国から直接取り寄せていました。学校の帰りにしょっちゅうよっていました。そんなわけで青木堂のツケは随分ありました。」

ということだったらしい。後に理由に触れるが、小島には家庭人として食材を揃えることが日常の勤めになっていたことを思わなくてはならない。

小島も青木堂の2階でコーヒー（あるいはココアかもしれないが）を味わい、ときには岩元教授と出遭い、一言二言交わしたかもしれない。

読者には脇道話と思えるような話を長々と書いたが、その目的は一高には狩野亨吉や岩元禎のような名利に超然とした教授達が雲集していたことを伝えたかったからである。

小島は彼の周りのそういう教授達の生き様に共鳴し、やがて迷うことなく彼らと同じような生き方——それは小島の本来的生き方でもあったろう——の中に沈潜して行った。そんな風に筆者は想像するのである。

中村達太郎

中村達太郎についてである。

中村は尾張藩士を父に持ち、万延元（1860）年に誕生して江戸・麹町の藩邸で育った。工部小学校から工部大

学校に進み，明治15（1882）年に卒業（第4期生）して工部省に入った。直ちに皇居御造営事務局に出向し，明治20（1887）年7月まで勤仕し，その終わり近くで宮内省庁舎の設計（コンドルの助手）と工事に関係した。これらのことについては第1章（第2回）の「皇居御造営事務局」の項で触れた。

皇居御造営事務局の廃局は明治20（1887）年とされる（「明治工業史・建築篇」）が，宮内省庁舎の完成が明治21（1888）年10月で，その残務整理が終わって完全に解散したのは同年12月だった。

因みに片山東熊が宮殿装飾の御用で赴いたドイツ出張から帰国したのは，明治20（1887）年11月で，翌月，匠師に任ぜられ，御造営残業掛専務を命ぜられている。

中村達太郎が宮内省庁舎の建築に関係したことは先に触れたが，それと平行して監事の平岡通義を助けて秘書的仕事も行っていたようで，「明治工業史・建築篇」には，その辺の事情が次のように記されている。

「監事平岡通義の手足となり，相談となり，外国との電報往復及びその他専門的対話交渉について参与せり。」

「在独逸国の片山東熊より電報にて宮殿表向の窓硝子をステインドグラスになしたしとの上申ありし際，室内照明欠乏を増やすとの理由にて，平岡は中村の言をいれ，不承諾との返電をなした」。

中村がいつ皇居御造営事務局を辞めたのかはっきりしないが，明治20（1887）年9月工学士の称号を認許され，12月から帝国大学造家学科の助教授を命ぜられ，授業を担当することになった。しかし，明治20（1887）年の秋に，中村が宮内省庁舎の現場監督に当たっていたということを当時1年生だった葛西万司が記憶し，後年そのことを語っている（「建築雑誌」，1913年12月号）。中村の担当科目は，

明治21（1888）年〜23（1890）年　家屋構造

明治24（1891）年〜29（1896）年　家屋構造，造家学であった。「家屋構造」においては，主として西欧の構造法（ビルコン）について講述したようで，建築の部位や材料の日本語名称が定まっていない時代だったから西洋の名称をそのまま使ったり，苦心して日本語に訳して教えたとされる。「西洋の建築上のテクニカル・タームが，大てい博士の翻訳によって日本語となり」（曾禰達蔵）と讃えられたのは，こうした講義や著述を通して中村の並々ならぬ努力があったからであろう。

中村は生涯精励家であり人格者という評判が高かった。若い頃から内外の専門書を精読し学殖の蓄積に精出した。

教え子の伊東忠太は後年，

「先生は驚くべき精励家である。日々登校せらるるや，片時といえども時間を空費せられない。……殆ど常に眼を書類の上に注がれている。その蘊蓄の深いのは偶然でない。」（「建築雑誌」，1913年12月号）

と回想している。

そういう中村だったから明治21（1888）年からの開講に向けて誠実に準備を進めた。その成果が，

「建築学階梯・上巻」（1888年4月）

として著わされる。続いて中巻（同年9月），下巻（1889年12月），続編（1890年5月）が出版された。

「建築学階梯」はわが国の近代建築史上に日本人の手により最初に現われた著書であったが，体裁と内容は「事典」である。また明治39（1906）年6月に出版された中村の「日本建築語彙」は不朽の用語辞典として高く評価され今日に及んでいる。ではあるが，今日的な教科書的内容の初出という意味では瀧大吉の著わした「建築学講義録」（第6章で触れた）を挙げなくてはなるまい。

さて前記のように，明治27（1894）年1月31日，「非職助教授（原文のまま）」中村達太郎が教授に任ぜられ，第1講座を命ぜられ，これに伴い同日付で講師の小島憲之は嘱託を解かれた。助教授石井敬吉は第1講座分担から第3講座分担に転じている。なお，石井は後の明治31（1898）年12月には大学を離れ東宮御造営局技師に移る。その後の彼の年譜は第9章で後述する。

上記において中村達太郎に関する「非職助教」という言葉が気になる。なぜなら「東京帝国大学五十年史」によると，中村は前記したように明治24（1891）年7月に教授に昇任しているからである。

一方，「非職」という言葉も気になる。これは明治25（1892）年2月から，1年10カ月欧米各国に留学しているので，留学中は「非職」とされたのであろうか。

明治26（1893）年9月に講座制が布かれたとき非職中であっても，中村は帰国の途につく直前であったはずなのに，造家学科の講座編成リストの中に彼の名をまったく見出せないのは，今日の常識からすると不可解である。このとき，小島憲之が兼任教授から講師に降格されているのを思い合わせると話がミステリーじみてくるが，それは筆者の思い過ごしだろうか。

一高の教え子達 ...116

小島憲之と一高

その2

（2001年2月号）

　いつ居を定めたか明らかでないが，小島憲之の居宅は本郷の弓町1丁目（現在の本郷1丁目）にあった。現在の水道橋グランドホテルの立っている付近である。白山通りの広い道から東京ドームを背にしてそのホテルの入口に直角に入る細い道があるが，この道は幕末には小路で「外記坂」と呼ばれた。坂の左手に外記様の屋敷（後述）があったからである。

　ついでながら，この坂道の一本南側に平行してやはり東西方向に走る坂道があった。壹岐坂である。ただし現在の新壹岐坂と混同してはならない。東京ドームの北側を通り，白山通りを斜めに↘方向に横切って入る広い道が新壹岐坂で，この坂は壹岐坂を斜めに横断しているのである。

　壹岐坂は江戸時代には壹岐殿坂と呼ばれ，元和（1615〜1623）の頃，坂の南側に唐津6万石の小笠原壹岐守の下屋敷があったのに因んでつけられた名前で，幕末には青山大膳亮の屋敷があった。この屋敷跡の南隣は現在の都立工芸高校の校地である。

　元に戻って外記様屋敷の話である。少々談義が長くなるが小島憲之と関係があるので辛抱して戴きたい。

　外記様とは内藤外記（後述）のことだが，幕末ここに彼の屋敷があった。諸本によると，内藤肥後守外記正当

は文久2（1862）年御役御免，勤仕並寄合となっているが，その前年は書院番頭を勤め，遡って安政2（1855）年の江戸安政地震の際には定火消を勤めていた。定火消は幕府直属の消防団で，江戸に10組あり，それぞれ旗本が指揮をとっていた（経費が掛かるので裕福な旗本が当たった）。外記の定火消役宅（常時100人くらいが駐在し火見櫓を上げていた）は本郷御茶水にあったが，拝領屋敷は上述の本郷御弓町にあり，敷地2,000坪であった。別に下屋敷として本所南割下水に1,200坪，品川大井村に約1,000坪を拝領していた。書き遅れたが石高5,700石，大身の旗本であった。外記正当は江戸安政地震の6年前，嘉永3（1850）年に火消役，その4年前に火事場見廻を仰せつかっている。さらにその4年前の天保13（1842）年には駿府加番城代であった。

　外記正当の父親も火事場見廻→定火消役を勤め，祖父，内藤伊豆守は浦賀奉行を勤めている。曾祖父，内藤安芸守（→甲斐守）外記正範は芝・西久保土取場に屋敷を拝領し，定火消→書院番頭→駿府城代などを勤めている。こうして見てくると，代々定火消を世襲職としていたことになる（既述のようにこの職は裕福な旗本が命ぜられるのが慣わしであった）。石高は代々変わらず5,700石であった。本郷の御弓町に屋敷が移ったのは，諸本の

第8章　小島憲之と一高　その2　　111

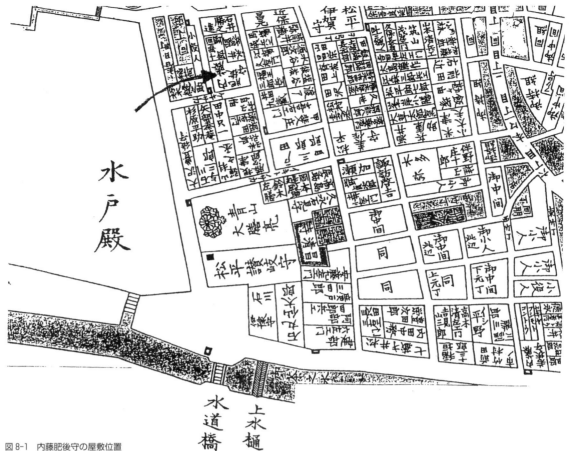

図 8-1　内藤肥後守の屋敷位置
長い矢印が内藤肥後守の屋敷。すぐ下が「外記坂（ゲキザカ）」で，その右下に甲斐庄喜右衛門宅と「壱岐殿坂（イキノトサカ）」が見える。
(「嘉永・慶応江戸切絵図で見る幕末人物事件散歩」，人文社，1955年より)

記録から察し1830年（文政～天保の頃）の頃であったかと思われる。

　小島憲之の妻，トシ（寿）は前記の内藤肥後守外記正当の娘で，兄弟姉妹の数は極めて多かった。大槻文彦（文学博士）の妻になった姉があり，妹のトミ（富）は前に触れたように小島の生家芦谷家十一郎の妻となった。小島憲之の居宅は妻の実家の内藤肥後守の屋敷跡に建てられたわけである。

　小島は弓町1丁目（戦前の町名。以下同じ）の家から現在の白山通りを南下し，水道橋を渡り神保町の辻を通って東京大学予備門（現在の学士会館本館がある辺り）に通うこと8年，さらに本郷・向ヶ岡の一高に通うこと28年，どちらの学校にも近かったから通勤には便利だったろう。

　明治20年代の小島の居宅付近を想像してみよう。

　弓町1丁目（現在は本郷1丁目）と弓町2丁目（現在は本郷2丁目）は隣同士でそれぞれ西と東にあって，この一郭は，北側は東西方向に走る春日通り（現在の呼称），南側は同じく東西に走る壱岐坂で限られ，西側，東側は

それぞれ南北に走る白山通り（現在）と本郷通り（現在）で限られていた。

　上の春日通りを隔てた弓町と反対側の一郭には，真砂町（西側）と菊坂町（東側）——現在は両者併せて本郷4丁目を形成している——があった。この界隈には，裏長屋や学生相手の下宿屋が多かった。

　当時，壱岐坂を北に入った小路（戦前の弓町1丁目）には「本郷のクスノキ」と呼ばれ有名だった大楠（樹齢約600年）があった。幕末この大楠は，甲斐庄喜右衛門という旗本の屋敷（図8-1参照）の中にあったが，この屋敷は小路を隔てて内藤外記の屋敷と筋向かいに（外記屋敷の方が北）位置していた。そんなわけだから小島憲之の居宅を訪れるのには，この大楠が目標になったはずである。なお上記の大楠については，司馬遼太郎が「街道をゆく」の「本郷界隈」の章で触れている。

　さて，筆者が話題を置いている明治20年にタイム・スリップしてみると，真砂町には旧松山藩の育英会である「常磐会」の寄宿舎——木造2階建2棟とそれに集会所・図書館・食堂が付属していた——があり，ここに明治21

（1888）年，正岡子規（子規は号で，本名常規）が入って
きた。それまで子規は神田・一ツ橋の第一高等中学校に
通いながら下宿を転々としており，その挙句の果てこの
寄宿舎に入ったのだが，ここは舎監（内藤鳴雪）がいて
寄宿生（約30人ほど）を監督したから，子規の日常は
それまでより少しは規律正しくなったかもしれないが，子
規は自分の室から菊坂町のごみごみした家並を見下ろし
たり，細い谷間の先の台地を遠望しながら俳句づくりに
熱中した。それを文弱と罵る寄宿生がいたから子規には
寄宿舎生活は鬱陶しかったろう。この辺のことは「街道
をゆく」（司馬遼太郎）の「本郷界隈」の章に書かれてい
る。

　明治22（1889）年3月，第一高等中学校は新校舎が落
成し帝国大学の北隣に移った（先述）から，子規にとっ
て学校は近くなったが，果たして毎日学校へ精勤しただ
ろうか。明治20（1887）年から授業の際は制服着用と
決まり，制帽は丸形となった。柏葉を「人」に交差させ，
中央の円内に「一中」の文字を入れた徽章——その円と
「一中」の文字をとったものが後の一高の徽章となり昭
和26（1951）年の終焉時まで続いた——をつけた丸帽を
かぶった子規の姿を想像すると微笑ましくなる。「文科」
の同級生17名の中に夏目漱石がいたことは前に触れた。
　第一高等中学校の世に有名な寄宿舎——建物よりも
皆寄宿制度と自治制度，並びにその籠城主義によって有
名になったのであるが——が新築されたのは，明治23
（1890）年3月だったから子規はこれと入れ替わるように
して卒業してしまったことになる。なお，子規が野球の
ユニフォームを着てバットを持った写真が残されている
が，一高の野球部が本格的に発足し活躍するようになる
のは，移転した向ヶ岡のキャンパスに練習場ができてか
ら以後のことだから，明治23（1890）年卒業の子規と一
高野球部との関係ははっきりしない。一説によると，子
規は四番打者で，当時定まっていなかった野球用語の訳
を熱心に試みたりしたらしい（一高同窓会誌「向陵」に
よる）。

　一般歴史の話題を持ち出すと，子規が第一高等中学校
を卒業した明治23（1890）年には，
　　9月　立憲自由党結成
　　11月　第1回議会開会
　　12月　東京・横浜間電話開通
があり，その前年（明治22（1889）年）には，
　　2月　大日本帝国憲法公布。森有礼文相刺殺される。
　　7月　東海道線全線開通
　　10月　大隈外相，爆弾を投げられ失脚，条約改正の交
　　　　　渉挫折

という事件があった。

　この頃，真砂町の東隣の菊坂町を貫く菊坂の脇の露地
を入った奥の裏長屋に樋口一葉が引っ越してきていた。
越してきたのは明治23（1890）年9月といわれる。小島
憲之が第一高等学校教授——教諭という呼び方が改め
られた——を命ぜられる直前のことである。一葉はここ
で和服の洗い張りをしたり針仕事をして細々と生計を立
て母と妹を養い，暇をつくって上野の図書館へ通った。
　ここにおよそ3年ほど居て下谷の竜泉寺町368番地（今
の竜泉1丁目。今の下谷署と首都高速1号上野線を隔て
た反対側の一郭）に引っ越した。さらに本郷に戻って丸
山福山町4番地（現在の西片1-17-17）に移り住み，こ
こが終焉の地となった。文学散歩をするのが目的ではな
いから一葉のことはここで措く。
　ついでながら，後の明治40年代初めに石川啄木が上京
してきて，最初に身を寄せた蓋平館とか赤心館という下
宿は菊坂の近くにあり，朝日新聞に職を得て妻子を東京
に呼んで間借りした理髪店「喜之床」は春日通りに面す
る弓町2丁目にあった。
　子規，一葉，啄木のことに触れ余談したのは，小島憲
之が明治20年代に本郷・弓町に住んでいた頃の近辺の風
景と時代背景を示したかったからである。（時代背景の把
握が不十分で建築の歴史を読んでも無意味である）。
　小島憲之の公私の生活舞台であった明治時代の本郷を
読者が理解するための足しにと思い，もう少し余談を続
けたいと思う。もちろん小島と不離の話としてである。
　小島の家から現在の春日通りに出て東の方（上野広小
路方面）に向かって歩き出すと，程なくして本郷3丁目
の辻に出る。ここには小間物屋の「かねやす」（第6章の
「瀧大吉と瀧廉太郎」の項で触れた）があった。市電が
東京市内に開通し，この辻にも市電が通じて万世橋から
の線と上野広小路からの線がここでぶつかる（それによ
り線路がL字型をなす）ようになったのは市電開通の翌
年の明治37（1904）年のことだった。現在の白山通りに
も市電は通り，駕籠町から神保町まで線路が通った。そ
れまでこの辺りの市民は何を交通手段に使っていたかと
いうと，馬車鉄（ガタ馬車，円太郎馬車などとも呼ばれ
た）と人力車で，荷物の運搬には大小の荷車が使われた。
それが行き交う道は狭く，現在の東大正門の前を通る本
郷通りの道幅は現在の半分ぐらいであった。そして明治
20～30年代の本郷の街には，人力車とガタ電車と学生
が溢れ，露天の商いで賑わっていた。
　漱石は小説「三四郎」の中で，野々宮に「かねやす」
でリボンを買わせたり，三四郎と美弥子に本郷通りを歩
かせたりしているが，小説の時代背景は明治40年代で

あった。当時,「かねやす」は外構えも内装も古雅だった。本郷通りはガタ電車（本郷通りを通って板橋まで達していた）が行き交って埃っぽかった。そしてそれらの状況は明治20～30年代と大きく変わるものではなかった。

明治・大正の時代,一高生は日曜日ともなれば無聊を慰めるために数人が誘い合わせて教授の自宅を訪れ,先生と談笑し,夫人の手料理を御馳走になって帰ってくるという習慣があった。東京に実家を持った者が土曜の夜から帰宅してしまうと寮の部屋は淋しくなる。その寂寥感を振り払おうとして地方から出てきた連中が家庭の雰囲気を求めて教授の家を訪れる。そんなことであったかと思われる。

小島憲之の家は本郷・弓町1丁目にあり,一高から近かったから一高の生徒たちの多くが上述の目的で訪れたことだろう。

小島憲之の孫の三宅菊子さん（小島の次女の千重子の長女）の話によると,小島の家には生徒達が始終来ていたそうである（もっともこれは明治40年代から大正初めにかけてのことかと思われる）。生徒の訪問を受けることにおいて小島家も例外ではなかったわけである。

ついでながら小島の家庭のことについて触れておきたい。

小島と妻トシ（寿）との間には二男五女が設けられたが,一番上のワカと一番末の磯は夭折している。

長男達太郎について筆者は知る所が少ないが,次男の新吾は水戸高校（旧制）から東京帝大建築学科に進み,昭和4（1929）年に卒業して建築畑に入った。建設省営繕局長→西松建設→日本新都市開発→下元建築事務所→千代田建築事務所と経歴して平成5（1993）年1月に亡くなった。

長女の浪は,建築家西村好時に嫁した。西村は東京帝大建築学科を明治45（1912）年に卒業した人で建築事務所を開設して活躍した。息子の西村時彦（東京帝大建築学科昭和19（1944）年卒業）がその事務所を継いだが数年前に亡くなった。

次女の千重子は医学士・三宅高寛氏に,三女の京子は工学士・中村孝三氏に嫁したが,三宅,中村の両氏共一高の出身であった。京子は今も健在である。

小島の妻トシ（寿）は40歳前後に産後脳溢血で倒れ以後半身が不自由になったので,小島が子供達のために母代わりをした。このため小島の家庭外での活躍は随分制約され,友達づき合いは友達が小島の家を訪ねてくるということだったらしい。娘さん達は成長してからは甲斐々々しく母を助けた。小島先生の困惑を忖度することもなく小島家に押しかけてくる一高の生徒達のお目当て

は娘さん達にもあったろう。もっともそれは,娘さん達が成長した明治のごく終わりから大正の初めにかけての頃であったかと思われる。東京美術学校の生徒も押しかけてきたという。

家庭における小島憲之についてである。

「パパ様がお帰りになると,家中がピリッとしたと母がよく申しておりました。」

と三宅菊子さんが筆者への手紙の中で書いておられる（母とは憲之の次女千重子のこと）が,典型としての明治の父親像を上の文章に見ることができよう。小島は家ばかりでなく,学校でもこわかったらしい。一高の製図では遅れて講義室に入ってくると,黙ってにらみつけたという。それが生徒達にはこわかった。製図の作業に対しても厳しかった。

子供の躾に厳しい一方で,「子供達を可愛がり,音楽や絵が好きで,よく音楽会,展覧会,食事に連れて行った」（三宅菊子）ようである。小島の音楽好きについては前に触れた。家庭生活では洋行帰りのハイカラな面があり（食料に関しては前述した）,外国から帰ったとき持ち帰った自転車を愛用して近所の評判になった。世話好きで甥達を引きとって育てたり,米国の友人の娘を預かったりしたという。

外国生活を長く経験してハイカラだった小島に,本郷の寄席「若竹」に行く趣味があったらしい。そのときには,子供を誘いハンチングをかぶって行き,いつもお定まりの太い柱の陰の席に隠れるようにして座った。義太夫の呂昇が好きだったという。座談会で三宅千重子さん（次女）と中村京子さん（三女）がこもごもそんなことを語っている。以上については多少解説が必要かと思われる。

まず「若竹（亭）」の場所であるが,何分にも筆者はその時代に生きていないし,「若竹（亭）」が姿を消したのは明治末とか大正初め,また関東大震災後とも言われるから,昔の人が書いたものによらなくてはならない。住所としては東竹町だが,

「今の神田明神から後楽園に通ずる道路との交差点辺」

「兼安からお茶の水の方へ歩き大横丁を越した先に」

というような説明が2つの回想的随筆の中に見出される。これらから察して今の本郷通りと新壹岐坂の交わる辺り,すなわち「壹岐坂上」交差点辺りと思えるが,はっきり場所は特定できない。何にしても小島の家から見ると歩いて10分程度の距離である。

「若竹」は東京でも有数の寄席で,明治30～40年代には娘義太夫が学生間に人気があった。前出の呂昇は関西の義太夫の女王,豊竹呂昇のことである。徳田秋声は次

のように言っている。

「自分はそこでかの女の妙音に聞きほれた。（中略）その美音だけは天下一品である。」

また，書棚から取り出した本には，一高を大正2（1913）年に卒業した原一雄さんという医師が，一高時代の思い出として，呂昇について書いた記事がある。

「弾き語りで独りで演じた。実に上手で人の心をひきつけずには置かない至芸であった。」

「最後の連れ弾きで語る……謡い振りには伴奏の三味線の音の冴と相俟って全く私を魅了してしまった。この後は独りで時々寄席に行くようになった。」

と書いている。小島も呂昇に魅了されたのだろうかと想像すると微笑ましい。

「若竹」のことを書いたら，同亭と共に本郷の娯楽場として双璧だった「本郷座」のことにも触れなくてはなるまい。現在の文京区本郷3-14-6に同座はあった。大雑把に言えば，「若竹」と至近であったと言ってよい。

本郷区役所が用意した標示板の説明によると，明治6（1873）年に本郷在住の奥田氏が奥田座をここに開いたのに始まり，2年後町名変更を受けて春木座と改称した。明治10（1877）年に市川団十郎他の歌舞伎の名優が出演して脚光を浴びたが，明治35（1902）年本郷座と改称した。新派の川上音次郎一座がここの舞台で新派の全盛時代を築いたというから，小島も一度や二度は本郷座に足を運んだかもしれない。小島が芝居通であったことや明治期に東京随一の様式劇場であった有楽座によく出掛けたという話を耳にしての想像である。本郷座は関東大震災で焼失，昭和5（1930）年には常設映画館に転向したが，昭和20（1945）年の空襲で3度目の消失に遭い，長い娯楽場としての歴史の幕を閉じた。

話を明治20～30年代に戻したい。

一高生が寮からどの道を通って弓町の小島先生宅を訪れたか想像してみるのは，本郷に地縁を持つ筆者には楽しい。

ガタ馬車の通る本郷通りは，埃っぽくて騒がしかったから一高生は，西片町の広大な福山藩（阿部氏）の中屋敷の台地を右に見て，今の言問通りを下って白山通り（現在の）にぶつかり，左に折れる道を選んだかと思われる。坂道だから人影も少ない。明治30年代の一高生だったら朴歯の下駄を履いて黒マントを羽織り，人影の薄いのを幸いに寮歌を唱って坂をゆっくり下って行ったかもしれないが，明治20年代の一高には，寮歌らしいものがまだ生まれていなかった。一高の寮歌として有名な「嗚呼玉杯に花うけて」が生まれるのは，明治35（1902）年の第12回記念祭においてであった。

一高の教授として小島は長らく弓術部長を務めた。初め同人の集まり「反求会」として発足した会の生い立ちから面倒を見て，やがて明治24（1891）年，校友会に加わって弓術部と名を改めた頃から部長を引き受けた（亡くなるときにまで及んだ）。当時師範を置いていなかったので，初めは小島が指導の任に当たった。その腕前は，「先生が斯道の奥義を極められ，一代の名手たるは本多師範の常に推奨措かざる所なり。（中略）金弓会において菊池大麗先生の弓友として，更に皆中せられしこと一回あり，但し尺二の的に毎回必ず百射せしものなりと。」（向陵誌，一高寄宿寮発行，1930年）

ついでながら上記の一高弓術部を通覧していたら，大正5（1916）年の宗教大学との練習試合に坂静雄（理科の生徒）さんの名前を発見した。京都大学建築学科の創立当初から同学科の構造部門を背負って立ったわが国建築構造会の重鎮であり碩学である坂静雄さんである。坂さんの弓術の師匠が小島であったのを知り感慨深い。

小島は山登りも好きだった。前出の「向陵誌」の中の「旅行部部史」の項に，旅行部の前身に当たる一高山岳会成立の経緯が述べられた条で，

「小島先生，菊池教頭等始終同情を寄せられ，瀬戸校長また賛成の意向を有せられ」

という記述があり，小島が生徒の山岳会成立の動きに好意的であったことが読み取れる。大正2（1913）年頃の話である。

旅行部部史は，大正7（1918）年夏に小島が亡くなったことについてこう記している。

「この夏，常に同情を寄せられた小島教授，上高地より飛騨平湯にゆかれて急病にて逝かれた。」

小島の一高時代の教え子であった伊東忠太——建築史学の碩学だった彼の説明は不要であろう——は，門弟総代としての弔辞の仲で小島の死について次のように述べている（「建築雑誌」，1918年12月号）。

「先生日本アルプス踏破を企画せらるること久し，今年終にその志を遂げ，かくしゃくとして槍ヶ岳の頂を極め，嶮崿を横断して飛騨の地に入らる，図らざりき更に歩を黄泉に移し，とこしえに再び帰りたまわざりとは。」

小島の北アルプス行は，一高旅行部の「日本北アルプス中部方面」行に参加したものではなく，三女の京子さんだけを伴ってのものだった。「建築士」の座談会に出席した下元連（小島の一高での教え子，一高を明治44（1911）年に卒業，3年後に東京帝国大学建築学科卒業。当時大蔵省勤務）と中村京子さんの話を総合して私が纏めてみると，小島さんと京子さんの行動は以下のような

表 8-1　第一高等中学校工科から帝国大学工科大学造家学科への進学者

帝大卒業年次	帝大卒業者数	一高出身者数	一高出身者の氏名
明治 23（1890）年	4 名	2 名	葛西万司，宋兵蔵
明治 24（1891）年	5 名	1 名	石井敬吉
明治 25（1892）年	5 名	5 名	伊東忠太，河合幾次，田島穧造，真水英夫，山下啓次郎
明治 26（1893）年	4 名	3 名	大倉喜三郎，長野宇平治，三橋四郎
明治 27（1894）年	4 名	3 名	遠藤於菟，大沢三之助，矢橋賢吉
明治 28（1895）年	2 名	1 名	関野貞
明治 29（1896）年	5 名	2 名	鈴木禎次，橋本平蔵
明治 30（1897）年	7 名	2 名	森山松之助，山口孝吉，（日比忠彦*¹）
明治 31（1898）年*²	2 名	2 名	中条精一郎，星野男三郎

＊1　帝大造家学科の出身ではないが鉄筋コンクリートの研究で著名
＊2　この年次から第一高等学校の卒業生となった

ことだった。

　上高地の清水屋という宿屋をベースに2人はまず焼岳（2,455 m）へ登った。そして小島らが明日は槍ヶ岳へ登るという前の晩，下元連が友人と一緒に偶然清水屋へやってきて出遭ったが，下元は清水屋が満員なので投宿できず別の宿屋へ泊まった。小島らは槍ヶ岳（3,190 m）登頂を果たして下りてきて，明日は平湯温泉に行くという旨を下元に伝えると，下元らは自分達も別経路で平湯へ行くという。小島らは安房峠（1,812 m）を経て平湯温泉上村旅館に着いたが，小島は腹の激痛で床に就く。遅れて下元らが着いたが，小島はウンウン唸り続ける。4里離れた蒲田から医者がきたが，下元の話によると，これが藪医者だったらしい。翌々日，高山から人力車に乗って医者がきたが小島が息を引き取った後で，電報で呼んだ東京の医者が小島の長男と共に到着したがこれも間に合わなかった。無医村における痛恨の最後であった。後年，医者と結婚した次女の千重子さんが夫にその症状を話した所，「一番苦しいときに膵臓が痛んだのではないか」（座談会における三宅千重子さん談）との診断であったという。

　大正7（1918）年8月18日午後11時死亡。享年61歳であった。

一高の教え子達

　小島の葬儀は8月22日，谷中斎場で行われた。

　小島の葬儀の際，一高の教え子の代表として弔辞を読んだ伊東忠太は，第一高等中学校（以下一高と略して呼ぶ）に名称が改まってから3回目の卒業生であった。卒業は明治22（1889）年であったから本郷・向ヶ岡の新キャンパスを知らないで卒業したことになる。

　伊東忠太が卒業したとき，一高工科の卒業生は24名で，このうち伊東の他に河合幾次，真水英夫，山下啓郎が工科大学造家学科に進んだ。ところで彼らより1年前に工科を卒業した田島穧造が1年遅れたので，造家学科の明治25（1892）年の卒業生は5名となり，卒業生全員が一高の卒業生という珍しい現象が起きた。どうでもいい余談だが，田島だけが平民で，他の4人は士族だったから，当時の一高生の出自が窺える。

　造家学科の卒業生が，一高オンリーというのは不思議な気がするが，伊東が一高に入学したときには高等中学校は全国に一高と三高（第三高等中学校。大阪から京都に移り後に第三高等学校となる）しかなかったのである。因みに二高（仙台），四高（金沢），五高（熊本）が設置されたのは明治20（1887）年で，5つの高等中学校が高等学校と改称されるのは明治27（1894）年でこのときまだ六高（岡山）以下のナンバー・スクールは誕生していなかった。だから造家学科の卒業生が一高卒業生のみということも可能性としてはあり得るわけだが，奇観には違いなかったろう。

　工科大学造家学科が一高工科の延長のような奇観を呈するのは明治30年代初めにかけて続くが，その様子を示すと表8-1に見るとおりである。因みに表中に現われる時代の第一高等中学校工科の毎年の卒業生は初め24～25名だったが最後には45名となった。

　表8-1を眺めると，日本近代建築の通史書の紙上に名を現わす一高卒業生の数は優に十指を越えている。このことにも興味を引かれるが，それにもまして関心を深めさせられるのは，なぜ一高卒業生に建築専攻の志向が強かったかという事実である。

　東京を文明開化のメッカと目し，日本で唯一つの大学への道を目指して，笈を負い上京して一高に入ってきた若者が，地方の高等中学校に入学した同ジェネレイションの若者よりも，文明文化に対し鋭敏な感覚を持ち，また人生の生き方がはしこかった――良い意味でも悪い意味でも――ことが，一高生の上述の傾向を生んだ一つ

表 8-1（続）

帝大卒業年次	一高出身者数	一高出身者の氏名
明治 32（1899）年	ナシ	
明治 33（1900）年	2 名	保岡勝也ほか
明治 34（1901）年	ナシ	
明治 35（1902）年	1 名	古宇田実
明治 36（1903）年	4 名	大熊喜邦，田辺淳吉，北村耕造ほか
明治 37（1904）年	3 名	中村伝治ほか
明治 38（1905）年	ナシ	
明治 39（1906）年	4 名	岡田信一郎ほか
明治 40（1907）年	5 名	内田祥三，笠原敏郎ほか
明治 41（1908）年	3 名	
明治 42（1909）年	2 名	長谷部鋭吉ほか
明治 43（1910）年	1 名	内藤多仲
明治 44（1911）年	2 名	森井健介ほか
明治 45（1912）年	3 名	山下寿郎，武富英一，竹腰健造
大正 2（1913）年	3 名	
大正 3（1914）年	4 名	福岡五一，清水幸重，下元連ほか
大正 4（1915）年	2 名	野田俊彦ほか
大正 5（1916）年	4 名	伊部貞吉，小林政一ほか
大正 6（1917）年	1 名	
大正 7（1918）年	4 名	岩元禄，島田藤，八木憲一ほか
大正 8（1919）年	1 名	古茂田甲午郎
大正 9（1920）年	2 名	滝沢真弓，矢田茂
大正 10（1921）年	3 名	長倉不二夫，坂静雄ほか

の大きな要因であったろう。しかしそれだけでは説明づけられないように思える。

　そこで浮かんでくるのが小島憲之の生徒たちへの感化である。授業（用器画法）の中で小島がそこはかとなく建築論を語ったりすることがあったろう。それが生徒達に建築への関心を誘い，憧憬を掻き立てたであろう。

　また小島は自宅に訪ねてきた生徒達を前に，新しく建った建物のデザインについて感想を述べたり，生徒たちの求めに応じて，留学した米国の話や欧州，印度，支那（今の中国）を巡遊したときの印象を語ったりしたであろう。

　一高生の工科大学造家学科進学の際立った多さは，上のような推量をしないと説明できないように思える。

　小島が工科大学造家学科を解職されたのは明治 27（1894）年 1 月だから，それ以前の小島が建築に熱情を抱いていた時期に一高で教えを受けた最後の生徒が，造家学科を卒業するのは明治 29（1896）年ということになる。その観点からすると明治 31（1898）年東京帝大卒業の中条精一郎はその時期外の教え子だったが，社会人になっても小島の家をしばしば訪れたようである。

　建築から離れようと考え出した小島は，一高の授業でも家を訪ねてくる生徒にも建築について語りたがらなく

なる（筆者の推量だが）。その影響が出て，明治 30 年代に入ると，がたんと一高生の建築志望が減少した（そんな風に捉えたい）。それを見てみるために東京帝大建築学科（明治 30（1897）年に改称）を出た一高卒業生の数を記し，加えて通史書に名前が登場する人達の名前を挙げると，**表 8-1（続）**のとおりである（暦年は東京帝大建築学科卒業の年次である）。

　以上，一高で小島から用器画を教わった人達である。ただし，すべての人が小島の感化を受けて建築の道へ進んだとは限るまい。後年，小島が建築への情熱と関心を失ったことは前にも触れたが，それでも一高の生徒の間には，成績点数について「大学では建築科に入ることにしておけば大てい先生は手心をしてくれる」（座談会で下元連の談）とかいう伝説があったし，弓術部に入ると小島から注意点を貰わない（同上）という噂があったようである。もっとも長年教師稼業をした筆者の経験からすると，小島にそんなことがあったはずがなく，それは生徒達の作り話であったろうと思われる。

　因みに明治 45（1912）年東京帝大卒業の竹腰健造や小野二郎（大正 4 年東京帝大卒業），坂静雄（大正 10 年東京帝大卒業）は小島の晩年にその指導を受け一高の弓術部で活躍している。小島が亡くなった翌年 5 月，一高の弓道場で一周忌が行われたとき，小島家の側からは憲之の次男の新吾氏と憲之の末弟の芦谷十一郎氏が出席しているが，上記の弓道の教え子達も参列したはずである。

　先に，東京帝大の造家学科または建築学科を卒業した一高出身者のリストを掲げたが，東京帝大建築学科の卒業生数が，時代によって次のように変遷していったことを承知して，それらを見ると東京帝大への学生の供給源は一高だけではなくなっていたのがわかるだろう。

　　明治 32 年〜34 年　　　3 〜 4 名
　　明治 35 年〜37 年　　　7 〜 8 名
　　明治 38 年〜41 年　　　6 〜 11 名
　　明治 41 年〜45 年　　　13 〜 16 名
　　大正 2 年〜10 年　　　12 〜 19 名

　また若い世代の読者は，以下のことを承知しておくとよかろう。京都帝国大学に建築学科が開設されるのは大正 9（1920）年 8 月で，第 1 回卒業生が出るのは大正 12（1923）年 10 月であること，また全国に第一から第八まで 8 つしかなかった官立高等学校（これら 8 つはナンバースクールと呼ばれた）が，新設ブームに乗って 17 校（校名は所在地名を冠に附した）増えたのは大正 8（1919）年〜12（1923）年の間であった。

第9章

臨時建築局

その1

井上馨とドイツ育ちの日本人 ...119
臨時建築局の人事 ...121
辰野と妻木の葛藤 ...125

（2001 年 3 月号）

井上馨とドイツ育ちの日本人

　明治中葉，明治国家建設のための動きは急であった。

● 明治 14（1881）年 10 月 12 日，明治 23（1890）年に国会開設の詔書が出された。

● 明治 15（1882）年 3 月 14 日，伊藤博文，憲法取調べのため渡欧（翌年 8 月帰国）。

● 明治 18（1885）年 12 月，太政官制を廃止し，内閣制を定め実施。

● 明治 19（1886）年 3 月，帝国大学令公布，次いで翌月，小学校令・中学校令・師範学校令公布。

● 明治 20（1887）年 7 月，井上馨外相，各国公使に条約改正会議の無期延期を通告。
　同年 9 月，伊藤博文首相，外相を井上馨から大隈重信に更迭。

● 明治 22（1889）年 2 月 11 日，憲法発布式典が開かれる。
　大日本帝国憲法・衆議院議員選挙法等公布。この日，文相森有礼刺殺される。
　同年 7 月，東海道線全線開通。
　同年 10 月 18 日，大隈外相，爆弾を投げられ，条約改正の交渉頓挫。同年 12 月，山県有朋内閣成立。

● 明治 23（1890）年 11 月，第 1 議会開会（憲法発効）。会期中の翌年 1 月 20 日，議院建築（国会議事堂）焼失。

● 明治 24（1891）年 10 月 28 日，濃尾大地震起こる。
　同年 11 月 26 日，第 2 議会開かれる。

　一般の歴史書ならば，これで明治中葉の歴史叙述は終わりであるが，近代建築史は一般歴史の裏で起こった建築界の動き――それが政治によって動かされたものであるという認識が大切であるが――に目を注がなくてはならない。

　さて，明治中葉における中央官庁の工事営繕と庁舎建設の状況を年次順に記すと，次の通りであった。

● 工部省の営繕局，営繕課に降格（明治 16 年 9 月）

● 工部省廃止（明治 18 年 12 月）

● 臨時建築局創設（明治 19 年 2 月）

● 国会議事堂着工（明治 21 年 6 月）

● 司法省庁舎着工，裁判所庁舎着工（明治 21 年 7 月）

● 臨時建築局廃止（明治 23 年 3 月）

　これだけ見ると，工部省の廃省に対応して工事量が減った官庁工事の営繕を臨時的に臨時建築局に移し，同局が国会議事堂，司法省，裁判所などを建築し「臨時」の役目を終えると，同局は廃止されたという風に読みと

第 9 章　臨時建築局　その 1 ｜ 119

られる恐れがあるが，実際はそうではなかった。

　そのことの説明を行うのに先立って，井上馨が明治11（1878）年工部卿に就任し，次いで翌年9月から明治20（1887）年9月まで外務卿（→外務大臣）の座にあったことに触れておかなくてはならない。

　井上は外務卿に就任すると直ちに，わが国にとって不利な既存条約の改正に着手した。条約改正は明治政府成立以来の懸案であった。井上がその実現のために欧化主義をとり，その象徴として鹿鳴館（明治16（1883）年竣工）を建築したことは有名である。文明開化と欧化は条約改正のための伴奏音楽で，軽佻浮薄な模倣熱はここに極まった。中央官庁を集中して建設しようという考えは，第1章で触れたように皇居造営計画の中で起こったが，財政難などのため，いつの間にか立ち消えになっていたが，井上は鹿鳴館建設の延長線上の仕事としてこの焼けぼっくいに火をつけようとした。近代建築史上で「中央官庁集中計画」と呼ばれるところの構想であった。

　井上馨は，鹿鳴館の建設を通して親しくなったコンドルにこの計画案の作成を託すことを思いつき，コンドルの工部省との雇備契約が切れるのを機に，明治17（1884）年6月，コンドルと太政官会計局との間で雇聘契約を結ばせた。コンドルは井上の要請に応えるために，6ヶ月後に気心の知れた教え子の瀧大吉を警視庁から会計局に呼ぶ。瀧は以前に述べたように工部大学校の生徒時代に実地実習の一環としてコンドルの下で鹿鳴館の設計監督の手伝いをしたという経歴の持ち主であった。瀧がコンドルの助手として会計局で陸軍大臣，内務大臣，外務次官の官邸などの設計監督に携わったことは第6章で触れた。

　井上はコンドルが作製した（明治18（1885）年1月）中央官庁集中計画の素案が2つとも気に入らなかった。藤森照信さんはこれについてこう書いている。

　　「（コンドルから）届けられた図面は，大学のキャンパスにでもふさわしい静かなものだった。」（「日本の近代建築（上）」，岩波新書）

　コンドルの図面に失望した井上馨はドイツのベルリンにあるエンデ・ベックマン建築事務所とコンタクトをとる。その橋渡しをしたのは外務大輔（後の外務次官）の青木周蔵と松ヶ崎万長という人物だった。

　ドイツへの傾倒を強めていた井上外相は，条約改正の推進のためドイツ駐在の公使青木周蔵を呼び寄せ外務大輔の任に当たらせた。それは明治18（1885）年12月のことで，内閣制度新発足の直前のことであった。ところでエンデ・ベックマン事務所に官庁集中計画の作製を委託する話はそれ以前に井上とドイツ駐在中の青木の間で進められていたのであった。そして日本にいて，井上と青木の話合いの仲立ちをしたのが松ヶ崎万長であったろう。その松ヶ崎を井上に紹介したのは青木だったに違いない。松ヶ崎と青木は共にドイツ在住が長く互いに相知る仲だったはずである。その辺りの事情を以下に記す。

　青木周蔵は弘化元（1844）年に長門国厚狭郡小埴生村（現在の山陽町埴生に当たり，JR山陽本線埴生駅の西に所在する）の医者三浦玄仲の長男として生まれた。このとき井上馨10歳，山県有朋7歳，伊藤博文4歳であった。文久3（1863）年20歳のとき山口に出る。この年の4月長州藩は藩庁を山口に移している。22歳のとき，長州藩の有名な蘭学医青木周弼の弟で，これも蘭学医であった研蔵の婿養子となり周蔵と改名した。24歳のとき藩より長崎留学を命ぜられ，翌明治元（1868）年，さらに藩より医学修業のためプロシア留学を命ぜられ，フランスに3ヶ月余り滞在後，翌年4月ドイツに入国した。

　明治3（1870）年10月，大学東校より留学を命ぜられた形をとり官費留学生となったが，この頃医学を捨てて勉学の対象を政治学に移した。明治6（1873）年1月現地にて官途に就き外務省1等書記官となった。翌年一時帰国した後，ドイツ特命全権公使を命ぜられドイツに帰った。明治10（1877）年──西南戦争の年──ドイツの貴族の娘エリサベットと結婚。明治12（1879）年8月ドイツより帰国して条約改正取調御用掛を勤め，翌年5月再びドイツへ公使として赴任した。

　青木は家庭ではドイツ語を話し，ドイツ滞在が長かったことからその考え方は何事においてもドイツに規範を置いていたと言われる。後に臨時建築局の建築吏僚の人事に彼が関わることになったとき，井上に対し彼がどのような意見を述べたか推量するのには，青木周蔵の上記の習性を承知しておく必要がある。

　次に松ヶ崎万長の年譜である。

　安政5（1858）年10月，公卿堤哲長（孝明天皇の侍従長）の次男として京都に生まれた。慶応2（1866）年6月，松ヶ崎の姓を孝明天皇の遺詔により賜った。この辺りは日本建築学会論文報告集・号外（1966年10月）に所収の森井健介氏と岩下秀男氏の共同論文と，五月女勉氏の東京理科大学における卒業論文（五月女氏は筆者の研究室に籍を置いた）に従って書いている（以下においても同じ）が，藤森照信さんは「日本の近代建築（上）」で，「松ヶ崎万長は孝明天皇の御落胤と噂される」と書いている。明治6（1873）年8月皇室の御手許金を以て外遊の途につき，翌年6月ベルリンに入った。

　松ヶ崎は陸軍の軍人として修業することを要請されていたが，ベルリンでは普通学の基礎勉強を積んだ後，ドイ

ツ留学の最後の1年間をベルリン工科大学（Technische Hochschule）で過ごし，エンデについて実地実習を行った。わずか1年間の建築修業とそれに先駆する9年間（年譜は明らかでない）の滞在とがどのようにつながるのかはわからない。

松ヶ崎の滞独10年のうち青木周蔵が日本に帰国していた期間の9ヶ月を除けば，2人は終始ベルリンに滞在していたことになるし，松ヶ崎の出自を考えると，青木の松ヶ崎を見る目は普通の留学生に対するものとは違ったろうから，青木と松ヶ崎の交わりは相知る程度以上の濃密なものであったと推察される。

明治18（1885）年1月に帰国した松ヶ崎は，4月から皇居御造営事務局に出仕し始める。松ヶ崎は留学が長かったせいで，日本語は上手に話せず，文字も書けなかったが，よい人柄だったらしい。ドイツ語は堪能だったからエンデ・ベックマン事務所と日本側との間の折衝には彼の語学は大いに役に立ったことだろう。

井上馨から官庁集中計画実行の指令委託を受けたエンデ・ベックマン事務所はベルリンにあった。エンデはデザイナーで松ヶ崎万長のベルリン工科大学時代の師匠で，ベックマンはエンデより3つ年下の実務家であった。2人は当時ドイツで有数の建築家と目され活躍中であった。

ベックマンは臨時建築局発足（後述）の翌月にドイツ人助手を伴って来日し，鹿鳴館に泊りながら議院建築や数箇の官庁庁舎の略図面を作り始めた。この時期からわかるようにエンデ・ベックマン事務所への設計委託の決定と雇聘の通達は臨時建築局の発足よりもかなり早かった。井上は私的に密かに動いていたのである。

臨時建築局の人事

臨時建築局は国会議事堂の建設と官庁集中計画の実行を目的に明治19（1886）年2月に創設された。創局の主唱者は井上馨であった。そのことを知れば，官庁集中計画の実行目的が那辺にあったか説明は不要であろう。

臨時建築局は内閣直属の機関であったが，同じような性格の機関として「東京市区改正局」開設の要望が同時期に内務省（内務卿は山県有朋）から内閣に上申されていたが実現しなかった。だから井上の「臨時建築局」は山県の「東京市区改正局」との競合にせり勝って開設された訳である。この辺りのことは後に項を改めて書く。

さて臨時建築局の総裁は井上馨外相が兼任する。井上はベルリンのエンデ・ベックマン事務所との兼ね合いを考えながら同局における建築技術者の組織づくりの構想を練ったはずであるが，同事務所へ計画案実施を委託し

た経緯から推してその構想づくりに当たっては青木周蔵に相談をもちかけ，その意見を参考にしたと想像される。

臨時建築局開設前からの貢献を買われてまず松ヶ崎が呼ばれ，4等技師に就任する。開局の翌月のことであった。建築技術者の採用は一気に決められたものではなく，次々に呼び込みの形で集められたようである。すなわち明治19（1886）年4月，工部省から内務省土木局営繕局に移っていた渡辺譲が呼ばれ，次いで約1週間遅れて河合浩蔵（工部大学校第4回卒業生）が勤め始める。瀧大吉もコンドルと一緒にこの月臨時建築局入りしている。4月末日，渡辺は1等技手，河合と瀧は2等技手を拝命した。この頃，後に述べる高山幸次郎という人物が4等技手を拝命している。

最も臨時建築局入りが遅れたのは妻木頼黄で，5月に4等技師として就任している。東京府に勤めていたから残務処理を終えるのに時間を要したと考えられる。

かくて臨時建築局の建築技術者の主立った顔触れが決まったが，その陣容を見ると現在の日本社会に広まっている年功序列の観念——最近はこの観念が薄められつつあるが——からすると，奇異の念を抱かされるものがある。参考のため職格と大学卒業年次，年齢（数え）を記すと次の通りであった。

4等技師	松ヶ崎万長	ベルリン工科大学
	（29歳）	1884年卒業
4等技師	妻木頼黄	コーネル大学（米国）
	（28歳）	1884年卒業
1等技手	渡辺譲	工部大学校
	（32歳）	1880年卒業
2等技手	河合浩蔵	同上，1882年卒業
	（31歳）	
2等技手	瀧大吉	同上，1883年卒業
	（26歳）	
4等技手	高山幸次郎	

ここで話を止めて，4等技手の高山幸次郎の年譜を記しておきたいと思う。

高山は明治7（1874）年工部省製作寮技術1等見習上級として就職する。元は大工であった。幸治を名乗っていたが，明治20（1887）年頃から幸次郎と名を改めた。幸治郎と書いている文献があるが，これは誤りである。

高山が工部省に入ったとき林忠恕がすでに製作寮備として在省したが，林は横浜郵便役所の現場にいた。因みに朝倉清一はその頃，すでに林や高山より上役で10等出仕という地位にあった。林と朝倉の年譜については第1章の「工部省の三羽烏」の項で先述した。

高山は製図が巧みであったとされるが，西洋式建築を

当初，林忠恕より習い，後にボアンヴィル付きの助手となり製図の才能を伸ばしたと言われる。ボアンヴィルが設計した赤坂仮皇居内の石造謁見所に不測のミスが生じたことは第1章で触れたが，高山はこの設計図面を製図したはずだし，「施工の立川」と言われた立川知方が現場を担当したようである。その立川が営繕局長平岡通義に，皇居御造営は木造によるべきで煉瓦造は不可と主張する上申書を提出したことについても第1章で既述した。その際，立川と平岡局長との立場について言及は避けたが，平岡が皇居の構造として木造と煉瓦造のいずれが適しているか複数の部下に問うた行為の中に，平岡の意図が秘められていたかと思われる。

話を高山幸次郎の年譜に戻す。

明治13（1880）年高山は工部省営繕局8等技手に補され（そのとき林忠恕は6等技手，朝倉清一は4等技手として在職），ようやく属僚としてのレールに乗る。そして製図屋から設計への道に進み，傍流化して行く林忠恕とは別に主流派の中に入って設計に参画する。

すなわちコンドルを助けて宮内省庁舎の設計（立川知方は現場主任）に参加し，後に皇居御造営局第三部設計課長となる。それより前，両国矢の倉の煉瓦造2階建桜井邸の設計監督を手掛けているが，それは高山個人としての最初の煉瓦造建物であった。

高山は明治20（1887）年臨時建築局が開局されると4等技手として迎えられ，河合浩蔵，瀧大吉と机を並べて仕事を始めた。しかし明治20（1887）年8月瀧大吉と時を同じくして臨時建築局を辞す。瀧と気脈を通じての辞職であったかどうかはっきりしないが，辞職してからの道は瀧とはまったく無縁であった。

高山は野に在って第3回内国勧業博覧会場（上野公園で開催）の建築全般の企画設計にチーフとして関与し，その中で唯一の煉瓦造（2階建）であった参考館（約2,260m²，後に帝国博物館陳列室→別館として転用）の設計に当たった。参考館の施工は日本土木会社（現場主任は高原弘造）で，木造の○○館と称された各種建物は清水組が施工を担当した。

この頃当代一の製図家であった高山は明治22（1889）年前半，「建築雑誌」に「斜面遠近之図」（パースのこと）の画き方について寄稿している。

明治30（1897）年高山は片山東熊に呼ばれ，足立鳩吉（かつて皇居御造営局で現業課長を勤めた）と共に片山に随行して欧米に出張した。期間はこの年の2月から翌年3月にかけてで，目的は東宮御所御造営のための資料収集であった。東宮御所は後に（大正期に入り）赤坂離宮と称されることになったもの（現在の迎賓館）で，明治31（1898）年8月，高山は東宮御所御造営局技師を命ぜられ（片山東熊は技監を命ぜられた），東宮御所完成後は宮内省内匠寮に移る。上野の帝国博物館の敷地に建てられた表慶館（建築中は奉献美術館と称され，石と煉瓦混用の2階建）は片山の指導下で高山が設計を取り仕切ったもので，明治34（1901）年8月起工し（現場監督は新家孝正），同41（1908）年10月に竣工した。しかし高山は竣工を見ることなく，半年前に他界した。片山を助けて設計に当たり宇治山田郊外に建てられた微古館（明治42年竣工）の完成も高山は見ていない。

高山の年譜を述べるために話が明治末年まで行ってしまったが，話を本題に返そう。

臨時建築局における建築吏僚の奇異な人事——現代的に見て——の事情を詮索するために，妻木頼黄の年譜について予備知識を得ておこう。

妻木頼黄は安政6（1859）年12月，江戸の赤坂築地で生まれた。父親の源三郎頼功は旗本で石高1,000石。頼黄の誕生後間もなくの文久元（1861）年6月目付外国掛，12月長崎奉行となったが翌年8月長崎で卒した（このとき頼黄数え年齢4歳）。

頼黄の維新後のことを「日本の近代建築（上）」はこう書いている。

「17歳のときニューヨークに渡って商店の小間使いとして働いていたが，ガラス拭きをしている姿をたまたまニューヨーク領事の富田鉄之助に見つかり，勉学の必要を諭され，帰国して工部大学校に入った。」

「明治8年慶応義塾」に学ぶという経歴（「大正過去帳」による）は米国から帰国後のことで，入塾目的は受験準備であったと解される。明治11（1878）年秋，工部大学校造家学科に入学したが，4年生を終わった（専門科課程を修了）とき，卒業まで2年を残して退学した。そして米国に渡りコーネル大学に入り建築を修めた。退学の動機ははっきりしないが，専門科課程におけるコンドルの教え方に不満を感じ，これから先2年間コンドルの設計監督の手伝いをさせられるのに等しい実地科課程に疑問を抱いての退学ではなかったろうか。

その契機となったのは小島憲之との出会いではなかったかと思われる。以下は確かな史料なしでの想像である。

第7章で書いたように目賀田種太郎が留学生監督のため明治8（1875）年7月米国に到着する。富田鉄之助に勉学の必要を諭された妻木は彼の紹介でその目賀田に会い，帰国を決意する。妻木は幕臣の子という同じ生い立ち持つ6歳年上の目賀田に諭されて大いに感ずるところがあり，心を開かされたであろう。

妻木は日本に帰り工部大学校に入学した後も，米国か

ら帰り（明治12年9月）文部省入りした目賀田を時折訪ねていたであろう。そうした機会に，小島憲之という人物が米国に留学し建築を修めて帰国したという話を目賀田から聞かされ，小島を訪ねる。明治14（1881）年晩秋のことだったろう。そのとき妻木は大学校の4年生に進級したところだった。

妻木は小島から米国の大学の充実した建築教育の様子と米欧の建築事情を聞かされて心を動かされた。妻木が翌年大学校を退学して米国に渡り，小島の母校であるコーネル大学に入学したのには，上のような背景があったと想像したい。そんな訳だから，妻木は終生小島憲之を尊敬すること厚かったであろう。妻木は明治17（1884）年5月，コーネル大学の建築学科を卒業する。そしてニューヨークのロバートソン建築事務所でドラフトマンとして働くと共に工事見学を重ね，その後，欧州に渡り英仏独伊を巡遊して，明治18（1885）年9月帰国，11月東京府に入った（家屋橋梁掛命ぜられる）。

臨時建築局の建築技術者の人事序列についてである。

松ヶ崎が建築についての閲歴らしいものがないのに筆頭技師に据えられたのは，井上馨と青木周蔵が彼の出自に敬意を表すると共に，彼の語学力がドイツの建築事務所との折衝において役立つことを期待したからであろう。

現在的な人事感覚から見てわからないのは，妻木がかつて在籍した工部大学校の先輩達すべてをさしおいて，その上司に当たる地位に就いたことである。妻木は退学しなかったら工部大学校の第6期卒業生だったはずで，それに対し，渡辺譲は第2期，河合浩蔵は第4期，瀧大吉は第5期の卒業生だったから，この3人は明らかに妻木より先輩であった。先輩3人は全員技手で，後輩の妻木が上格の技師に任ぜられたのである。

人事における年齢秩序の感覚というものは，明治新政府にはなく，人事秩序を支配したものは藩閥の意識であった。年齢秩序などという感覚は，幕末から維新へかけての動乱の中で跳梁した井上馨にはなかったろう。一方，青木周蔵は革命家ではなかったからこの点で井上と違う感覚だったろうが，青木は筋金入りの外国崇拝者だった。だから米国の大学を卒えた妻木を高く評価する風があったろう。青木のこの態度に対してドイツかぶれ，ひいては外国かぶれの井上は異論をさし挟むことはなかったと思われる。

しかし，後世の人間から見ると，国家のために働くことを期待して国家が創設した学校の卒業生を政府の要人が外国の学校の出身者よりも軽視したという姿勢は理解しにくい。

国家が未成熟のうちは，国家の権力と個人のそれとは個人の意識の中で別物であったかと思われる。そのため工部大学校は山尾庸三がつくった学校という意識が井上の中にはあり，彼にとっては同校が国家の学校という認識は薄かったのだろう。井上は格別山尾に対して悪感情は抱いておらず，だからと言って特段の好意も持っていなかったようである。

当時の井上馨の頭の中を大きく占拠したのは条約改正達成のことで，臨時建築局はそのために道具として使われたと考えてよかろう。したがって，井上が入魂して臨時建築局の建築吏僚の人事に当たったとは思えない。青木は外務大臣室で井上から持ちかけられた相談に意見を述べる程度で，松ヶ崎を筆頭技師に送り込んだことで万事終れりという感覚であったろう。

深窓育ちの上に日本の慣習と事情にうとい松ヶ崎に井上と青木の欠を補って人事を秩序づけることを期待するのは無理であった。かくて珍妙な技術者組織によって技術者間に歪曲された感情が燻蒸されることになった。

後に妻木と渡辺譲と河合浩蔵は一緒にドイツに出張する（後で詳述する）ことになったが，この3人の感情の間柄について河合は渡辺が亡くなったとき，こんな風に書いている（『建築雑誌』，1930年9月号）。

「われわれ建築局に奉職以来洋行中も帰朝後も，妻木君とは犬猿も只ならぬものであった。平生人と争わない両氏（筆者注：妻木と渡辺）が事毎に争われたから興味があった。」

そのような状態になった主因は，前述したように先輩後輩の関係を無視した同局内の人事にあったと考えられる。井上人事の失敗は，臨時建築局の技術者間に分裂をもたらしたばかりでなく，後に建築界に派閥対立を惹起することになる禍の種を撒くことになったのであった。

前にも触れたように臨時建築局の開設以前から井上は官庁集中計画の実現に向けて私的に動いており，開設前に計画案の設計監督をベルリンのエンデ・ベックマン事務所に委託しており，これを受けてベックマンが臨時建築局開設の月に早々と助手一人を連れて日本に到着した。

ベックマンが来日し，日本側と話し合った結果，建設のプライオリティーが，議院（議事堂）と司法省と裁判所に与えられることになった。焦眉の条約改正遂行のためには国として法律と裁判体制の整備を急ぐ必要があり，そのためにはそれらの象徴としての建物を飾り立てることが必要というのが井上の魂胆であったろう。

さて建設する建物が決まったところで，ベックマンは，臨時建築局の技術者がベルリンにある自分達の事務所にやってきてドラフトマンとして3つの建物の図面を画いて欲しいと希望し，同時にそれらの建物を施工するため

に必要な西洋式の現場技術を日本人の職人が修得することの必要性も強調し，各種の職方のドイツ行きを奨め，その職人に自らが奨学金を出すことを約束した。

ベックマンの申し出を受けて政府は妻木頼黄と渡辺譲の派遣を決めたが，それを聞いて一緒に行きたいと希望した河合浩蔵の願いも聞き入れられ（ベックマン奨学金による），3人がドイツに出張することになった。

一方，職人の派遣の方は，民間会社からセメントや煉瓦の製造を勉強させるため社員を私費で派遣したいという希望が出てきたので，その3名も含めることになり，この3名の他に職工8名，ベックマン給費生6名が決まった。これに前記の技術者3名を加えて総勢20名となり，一行は明治19（1886）年11月に横浜を出帆した。そして53日を要して翌年1月初めにベルリンに到着した。

上の一行20名にコンドルが添乗したのは面白い。コンドルは賜暇によりこの機会に英国に一時帰国するチャンスも与えられたのだが，それは表面上の話で，技術者の大半がいなくなった臨時建築局に窓際族と化したコンドルを置いておくのも目障りだから，一時休職状態にと当局が考えたのではあるまいか。

ベルリンに着いて妻木と渡辺は早速ドラフトマンとして働き出すが，河合は初め職人達の独逸語学修における通訳の役を担当させられた。製図は別々のドイツ人主任について，妻木が議院，渡辺が裁判所，河合が司法省を担当し，3人は4月からベルリンの Technische Hochschuie（工科大学）に聴講に出掛けたが，ドイツ語のできない3人がどの程度講義を理解したかはさだかでない。通史書は「ドイツ留学」と書いているが，3人はドラフトマンとして図面を画きに赴いたのである。

早く父母を失っていた妻木頼黄が明治改元を迎えたのは，数え10歳のときだった。御目見得以上の家柄（父の代には知行高1,000石）の長男だったからといって両親を失い10歳では，徳川宗家の駿河移封にお伴する訳にもいかない。維新後の新政府が打ち出す藩制改革，廃藩置県，秩禄処分などの変革措置の中で頼黄はいやというほど没落士族の悲哀を味わされた——大身の家柄であればその度合も大きかったろう——ことであろう。妻木の米国渡航は，そうしたことに対する鬱積を振り払おうとするのが目的と動機だったかと思われる。

ここで妻木頼黄の出自に触れてみたいと思う。

妻木家の出は遠く土岐源氏に遡り，代々美濃国妻木郷に住した。

平凡社「大人名事典」（1954年版）によると美濃妻木城主，妻木貞徳という人物についての記述がある。天文10（1541）年の生まれで，源二郎または伝兵衛と称した。

初め織田信長に仕えたが本能寺の変の後，息子に家督を譲って美濃国妻木村に退隠した。関ヶ原の役に際し尾張犬山城主石河氏に石田三成に与することを勧められたが，辞して従わなかった。元和4（1618）年75歳で没した。これが妻木頼黄の直系の先祖であるかどうか私にははっきりしない。というのは幕末，妻木姓で「頼○」という名の旗本が頼黄の家の他にいくつか存在したからである。その中で有名なのは，妻木頼矩（斎宮，多宮，中務，務とも称した）で牛込若宮に屋敷を持ち知行高500石であった。

頼矩は19歳のとき，小姓組頭から寄合におとされると発心して学問を志し，昌平黌に入って勉励し秀才の名をほしいままにするに至った。嘉永4（1851）年，数え27歳で昌平学問所の教授方を命ぜられ，安政元（1854）年には甲府徴典館学頭に進んだ。さらに万延元（1860）年数え36歳で江戸に帰り，儒者（幕府最高の学者の位）を拝し，奥右筆所詰となった。文久2（1862）年に目付となる。この頃から長州藩の吉田稔麿が脱藩し，幕府の内情を探るため秘かに頼矩の家に住み込む。このことと，坂下門の変（文久2年，水戸浪士が老中安藤信正を坂下門で襲って傷つけた）の処置に際して水戸浪士の扱いについて寛大論を上申したことで幕閣の咎めを受け目付を免ぜられた。そこで隠居したが，慶応3（1867）年目付復帰を命ぜられ，外国御用掛となり，さらに翌年3月大目付に進んだ。慶応4（1868）年正月，大阪城を引渡す役を命ぜられ，長州藩に引渡し後江戸に帰った。同年8月，徳川宗家が駿遠に移封され，徳川家達が駿府に向かったとき，頼矩は江戸に残り，公用人，公議人として留守居に当たる。明治2（1869）年，静岡（駿府が改称）に移り，静岡藩権大参事を命ぜられ公議人を勤めた。同僚の他の権大参事8人の中には，後に東京府知事となる大久保一翁（藩政補翼兼家令），山岡鉄太郎（鉄舟，藩政補翼）などがいた。明治4（1871）年，廃藩置県に際し名古屋権大参事に転じたが，翌年辞して野に下り，その後，横浜毎日新聞の主筆に招かれたが，明治7（1874）年12月，文部省の属書記を嘱託され，晩年は参事院，帝国博物館で気楽な勤めをし，棲霞，自閑居士の号にふさわしい生き方に徹した。明治24（1891）年1月，66歳で病没。

頼矩の年譜は以上の通りだが，文政8（1825）年の生まれだから明治改元のときには数え44歳だったことになる。彼が頼黄の家とどの程度親戚付き合いしていたかはっきりしないが，広い意味で互いに妻木一族だったことは間違いない。静岡市に住む歴史家，前田匡一郎氏の御教示によると，頼黄の家は頼矩の家から天文8（1539）年に別家したようである。それは，江戸開府より半世紀以

124 第9章 臨時建築局 その1

上前のことだから，幕末の頃には一族とはいえ頼黄，頼矩両家は他人同士のようなものであったとも思われる。

妻木の出自と若き日の年譜について長話をしたのは，明治30〜40年代における議院建築をめぐる辰野金吾と妻木頼黄の葛藤——多くの通史書が必ず触れているので説明省略——を理解するためには，妻木に関するそれらを読者が承知しておくことが必要だと考えたからである。辰野の年譜は通史書を通して広く知れ渡っている。

辰野と妻木の葛藤

木造の仮議院建築（仮議事堂）を本建築に建て替えようという考えが，内務省の内ばかりでなく世論としても熟成されて行く中で，妻木の胸中には，ドイツのエンデ・ベックマン事務所で議事堂の製図を担当した（ケーラーの指導の下に）のは自分であったという自負が常にあり，それが本建築の議事堂は自分が関わらなくてはならないという使命感にまで高揚されていったかと思われる。しかし仮議院建築の建設に深く関わり，大きな功績を残した吉井が省内にいては，使命感を口にすることはもちろん計画立案の必要性を口にすることすら憚られたであろう。

その吉井が明治25（1892）年9月逓信省に転じた。そしてその翌年，妻木は「不朽不燃堅牢無欠なる本議院」の計画を立てることの必要性を意見書として提出した。

辰野が帝国大学の造家学科で学生に議院建築の計画の演習を課すことを突然始めた（以後も毎年続く）のは，この頃で，それは明治28（1895）年に卒業した関野克が学生だった時から始まったようである（「建築雑誌創立50周年記念号」，1936年10月）。

妻木の意見書提出と辰野の演習開始の時期の一致は偶然だったとは考えにくい。この指摘は重要である。

上の辰野の行動は何を意味していたのであろうか。辰野には工部大学校造家学科の第1回卒業生であることについての誇りとそれに付随する使命感があったであろう。建築界の牛耳を執りたいという願望もあったであろう。さらにイギリス留学中にロンドンでW.バージスの許で造家学を修業をした（1880年9月から1年間）折，議院建築の設計の試みをした経験も辰野に議院建築について強いこだわりを持たせる要因になったであろう。さらに辰野の心底には元々妻木に対する複雑な気持ち——臨時建築局における妻木の突出に誘発された——が横たわっていたかと思われる。その複雑な感情は妻木が議院建築の立案にイニシアチブをとり出したことを契機に一段と鬱屈していった。片岡安は明治30（1897）年帝国大

学造家学科を卒業して，辰野と共に大阪に建築事務所を開き，辰野の近くにいたことのある人だが，辰野の感情を「やきもちもあった」（前出の「建築雑誌」，1936年10月号）と回想している。

明治30（1897）年，内務省に議院建築計画委員会が設置され，審議の結果，

「現在内務省に於て計画中に係る木材を以て本議事堂を建築せんとするの議は中止せられんことを望む」
という結論を出したが，その余の具体的なことは決まらず散会となった。しかしこの審議の過程で，妻木が内務省を指揮して計画案を立てることが委員の間で暗黙裡に了解されていることと，その空気が回を重ねるにつれ固まって行くことを辰野は強く感じ，不快感と焦燥を感じたものと想像される。

明治32（1899）年再び内務省内に議院建築調査会が設置される。ここでは外国人を審査員（5名）として競技設計により日本人の間から案を求めるということと，建築は「永久的且つ耐震構造」によることとを決議して明治34（1901）年に散会された。

ところで辰野は明治35（1902）年12月遍願して東京帝国大学を辞める。藤森照信さんは，

「突如，この要職（筆者注：東京帝国大学工科大学長）を放り出し，翌年民間に下りて設計事務所を開く。ちょうど50歳の時だから，恐らく人生50年の節目を考えての行動に違いない」（日本の近代建築（上））
と辰野の辞職を捉えているが，筆者は品性が下劣だから，議院建築の競技設計に応募することを前提に大学を辞めて事務所を開いたのではないかと邪推したくなる。そんな推量を書いた史家はこれまでにいないが，辰野の本心を辰野以外の人間が当て推量し合っても無意味だから，この話は措くことにしよう。

明治43（1910）年，辰野の策動が効を奏し興論が換起されて大蔵省内に議院建築準備委員会が設置されるに至った。官制改正に伴い明治31（1898）年から大蔵技師の専任となり（内務技師も兼任した）妻木は，辰野の教え子であった帝国大学出身の矢橋賢吉，武田五一（いずれも大蔵省）らを指揮して大蔵省案を用意し，委員会が開かれると冒頭にこれを提示し賛否を問うた。

辰野は「頭からそれを否定」（伊東忠太による。「建築雑誌臨時増刊」，1936年10月）する。建築学会の会長の職にあった辰野は準備委員会設置の空気を察知すると，早くも建築学会の場で「我が国将来の建築様式をいかにすべきや」という討論会を開催する段取りを進め，委員任後3日目に当たる5月30日に大蔵省の委員会に望む準備を整えていたのである。

大蔵省の委員会で会議が開かれた前後に，辰野とその周辺の人々は種々の画策を行っている。すなわち辰野自身は委員の一人である伊東忠太に「懸賞競技の提案をせよと命令」（伊東忠太による）し，建築学会の会員や有志の人々は講演会を開くとか，雑誌や新聞に書くとかし，帝国大学の若い卒業生達は会を結成して駆け廻り各方面に働きかけをしたりして，大蔵省案が廃案となるよう直接間接的な画策を行ったのであった。

30名の委員のうち，懸賞競技に賛成したのはわずか5名（建築関係以外の委員で賛成したのはわずか1名）で，建築関係の委員は4対1で賛成に廻ったと言われる。賛成したのは辰野金吾，片山東熊（以上本委員），塚本靖，伊東忠太（臨時委員）の4名で，反対は妻木頼黄であった。片山は最初旗幟不鮮明だったが辰野に頼まれた伊東に口説かれて賛成に廻ったらしい。

建築界の内輪揉めがシロウト委員の心証を悪くした面もあったろうが，辰野が興奮して感情的になり策動したこともマイナスに働いたであろう。それより何より，もともと準備委員会の段取りをしたのが大蔵省であり，妻木であったのだから，辰野が勝てる訳がない。競技設計の提唱は否定され大蔵省案が容認される結果となった。しかし同案は財政面の理由などにより予算化されることなく自然消滅の形をとった。したがって，妻木の勝利は陽の目を見ることなく，辰野の敗北も世の中に曝されることなく，辰野と妻木の争いは痛み分けに終わった。そして大正時代に入り2人の老雄は病魔に襲われ，あるいは気力を失って次々にこの世を去った。

一体全体辰野と妻木の争いは何だったのであろうか。村松貞次郎さんは，妻木と反妻木派の対立を事務局側とアカデミー派の対立という形で捉え（「日本近代建築の歴史」），藤森照信さんは，「ドイツ派とイギリス派の間に死闘を引き起してゆく」と表現しているが，歯に衣着せぬ表現をするとすれば，妻木と工部大学校OBとの死闘であったと捉える方が適当なように思える。藤森さんは史家の立場から建築的視点に立ち，「ドイツ派」と「イギリス派」，あるいはドイツ派と「反ドイツ派」という表現をすることにより専門性と良識を保とうとしているように思える。それに対して以下は門外の徒で品性下劣な筆者の妄想である。

工部大学校を中退した米国帰りの妻木が臨時建築局の発足を契機に，工部大学校の卒業生を超えて君臨するようになったことに対し辰野には不快感があったであろう。

工部大学校を主席で卒業した第1回卒業生としては，一時は後輩であったくせにという思いが強かったろう。それが妻木を嫌う第1の理由であったかと思われる。第2の理由は，辰野の体質が米国嫌いだったことによるかと思われる。新発足した帝国大学造家学科の教授人事で小島憲之を遠ざけたのもその体質がなせる業だったように思える。辰野の妻木に対する不快感の因はそんな風に説明できるのではなかろうか。

辰野には議院建築を設計したいというこだわりがあった。そのこだわりは，辰野が唐津藩という田舎小藩の足軽級の下士の家に生まれたことから発した出世願望や功名心──自己顕示欲と言ってよいかと思われるが──と無縁ではなかったろう。

辰野の不快感やこだわりは，妻木に対する私憤を引き起し彼は興奮する。辰野はそれを正当化するために公憤の形をとろうとして身近の弟子達を動かし，さらに会長という権力を利用して学会をも動かそうとする。激情家の策動というものは隠事でないから表に現われる。表層に現われたものだけが後世において史実となり，それが歴史を書かせる。歴史は建築様式の争いとしても捉えられるし，学界と官界の対立，あるいは帝大閥とアンチ帝大閥との対立としても捉えることができよう。言い換えれば歴史は美しく書くこともできるし，醜く書くこともできるということである。

歴史がどんな風に書かれようと辰野と妻木の争いは，個人的な喧嘩で，互いに性格の違う権威を背に弟子達や部下達を巻き込み，争いをグループ間のものにまで高揚させてしまった。その争いがどんなに凄烈なものであったかは，妻木が夜道を一人で歩くことを恐れたという伝聞から察することができよう。

辰野の名声は彼の嫡流を中心とする後世によりつくられたが，妻木は大学人でなかったため，彼の流統を継ぐ者もなく後世において孤立したのである。

辰野は後世において美化され鑽仰されているが，人物は世間的な平凡人であったように思われる。すなわち，辰野は片山東熊が亡くなったとき追憶して次のようなことを語ったらしい。

「建築家としての功績の偉大なるは，世界を通じてその例を見ざるところである。斯かる名誉あり勲功ある片山博士にして授爵の恩命に接せざるは我々専門家の立場より見て不可思議の感が起らざるを得ない」（「建築雑誌」，1917年12月号）

この言葉は，辰野が爵位とか勲章などに強い関心を抱いていた世俗的な人物であったことを窺わせるのである。

臨時建築局

その2

臨時建築局の人事余話 ...127
ホープレヒト案 ...130
エンデの不幸 ...132

（2001 年 4 月号）

臨時建築局の人事余話

臨時建築局の人事に関する話柄の落穂拾いをしておこう。

私事になるが，筆者は若い日に「明治工業史・建築篇」の次のくだりを読んで，その中の「故あって」について解せない思いをしたことがあった。

「片山東熊も臨時建築局技師を拝命せし後，また独逸派遣を命ぜられたる一人なりしなり。しかるに故あってこれを辞し，且つ臨時建築局技師をも辞したり。片山は，井上総裁の性質を呑み込みおりしを以て，辞表を直接井上に差し出すことの不利なることを察し，山県有朋に依頼して井上馨に説かしめ，以て難なく辞任することを得たり。」

この文章に出てくる，工部大学校を出て 10 年にもならない若い片山と，時の内務大臣山県有朋とがいかなる関係にあったか知りたくなる。

幕末，片山が兄と共に奇兵隊に馳せ参じ，軍監（参謀の意）山県有朋の下で四境の役に参加し，また戊辰の役に際し奥州に出征したことについては，前に第 1 章で述べた。

奇兵隊が四境の役で小倉に出陣したとき，軍監の山県は 28 歳，片山はわずか 11 歳の名もなき隊士であった。2 年後の東征に当たっては山県は北陸道鎮撫総督兼会津征討総督の参謀——山県の奇兵隊を率いての東征は遅れ，彼が活躍したのは開城した江戸城にこれまた遅れて入って以後のことであった——として長岡，会津に転戦したが，このとき山県は 30 歳，随従した片山は 13 歳であった。そんな年齢差だったから本来なら一隊士の片山の存在を山県が知るはずがなかった。

片山東熊を山県有朋に近づけたのは，片山の兄の存在だった。片山の兄は維新後に山県を慕って陸軍に入り，山城屋事件に際して山県を救ったとされる。

山城屋事件というのは，兵部省の御用商人，山城屋和助——長州人で元奇兵隊士野村某で，北越戦争には山県の部下として転戦，維新後は横浜で貿易商となった——が山県の特別の計らいで兵部省に出入し，軍需品の納入を独占して儲け，やがて生糸相場に手を出して失敗し，その前後に兵部省の官金を無抵当で借り受けたという事件であった。山城屋がパリで上記の公金を使って派手に遊興していたことから事が露見して司法省の調査するところとなり，山県の名も表に出た。このときの司法卿は江藤新平で，明治 5（1872）年に就任していた。

山県はこのとき陸軍大輔兼近衛都督であったが，近衛隊の中から事件を機に山県排斥の動きが強まったため，7月に兼任の近衛都督を辞任した。しかし世論の攻撃が激化したので山県は山城屋を帰国させ返金を命じたが，山城屋は結局返金しないまま11月に関係書類を焼却して陸軍省内の一室で切腹自殺した。この事件で，片山の兄は，「汚職の罪をかぶって詰腹を切り山県を失脚から救う」（「日本の近代建築（上）」）挙に出たというが，その詳細は筆者にはわからない。司法卿江藤が執拗に山県を追究したので，明治6（1873）年4月，山県は陸軍大輔を辞職せざるを得なくなった。その頃，片山東熊は横浜で英国商館のボーイとなり英語を勉強中であった。

片山が工部大学校時代に小石川・目白台の「椿山荘」（木造）——1万8千坪の土地を山県は購入し，自ら造園を指揮した——を，さらに卒業後には富士見町の山県邸（煉瓦造2階建）を設計する機会を得た（第1章で触れた）のは，彼の兄の存在と無縁ではなかったはずである。また後年，彼が宮廷建築家と称され，吏僚としても建築家としても考えも及ばぬような高い位階勲等を与えられることになったのには，山県のパトロンとしての存在があったことを見落とす訳には行くまい。

上では片山と山県有朋の関係を見たが，次は片山と平岡通義の関係である。

平岡については以前第1章で触れたが，彼は工部省営繕局のトップにあったとき，同郷の後輩ということで，工部大学校の第1回卒業生の片山東熊に人知れず期待を寄せていたかと思われる。

平岡は明治15（1882）年9月に，工部省を離れて皇居御造営事務局の監事に就任したが，この頃片山は有栖川宮熾仁親王殿下に陪従して欧州各国を巡遊する途にあった。

片山は前年の1月から工部省技手として有栖川宮邸——コンドルが設計監督した建物で，当時の霞ヶ関1丁目，現在の霞ヶ関2丁目（現在の外務省庁舎の西側にある国会前庭和式庭園の辺り）——の建築掛を命ぜられコンドルを助けていたが同邸の室内装飾・家具類の調査と欧州巡遊を命ぜられ，さらにそれと兼ねて，ロシアの皇太子アレクサンドル三世の戴冠式に列席する有栖川宮殿下に陪従することも命ぜられた。この使節団には随員代表として山県有朋も加わっていた。片山の陪従を可能にしたのは殿下の御配慮と山県の計らいであったかと思われる。

片山は明治17（1884）年，上の渡欧から帰朝し，工部省御用掛のほかに外務省御用掛を兼ね，8月には北京公使館移転建築のため清国に派遣され，明治19（1886）年9月，工を竣えて帰国した。帰国した片山は平岡の許へ帰朝挨拶に出掛けたであろう。そして想像だが，こんな会話が交わされたのではなかろうか。

平岡「皇居もいよいよ室内の装飾と家具調度を整える段階に近づいてきているが，経験の深い片山君が丁度帰ってきてくれてよかった。是非協力をお願いしたいな。」

片山「できたら，もちろん協力させて戴きたいのですが，臨時建築局へ着任挨拶にいきましたところ，ドイツ出張の話を持ち出されました。」

平岡「技師と技手が大勢職工を引率してベルリンへ出掛けると聞いているが，それに君も加わるのか。」

片山「いや私としてはドイツ行きは余り気が進まないでいるのです。それに臨時建築局の雰囲気が何となく気になるのです。後輩連中の話を聞くと外国の大学を出た連中と後輩達との間の関係がしっくりしていないようです。私としてはできたら御造営局の方へ移りたいのですが……。」

以上は筆者の空想した平岡と片山の架空の会話である。これは，片山が臨時建築局から4等技師の辞令を貰った直後の時点を仮想したものである。

臨時建築局の建築技術者の中で采配を振っているのは，片山よりもずっと若くて経験の浅い先任の2人の技師達で，彼等は片山と同格の4等技師として遇されていた。彼等はいずれも外国の大学の出身者で，それに対し工部大学校出身の片山の後輩達はいずれも技手として冷遇されており，そのため2つのグループ間には深い溝ができていた。片山は後輩の技手達が異口同音に発する愚痴に耳を傾けながら，ここは自分のいるべき所ではないという感懐を抱いたことであろう。

山県有朋に挨拶に赴いた片山は，臨時建築局の上の状況とそれについての自分の感懐を率直に伝えたであろう。以下は再び筆者の想像する架空の会話である。

山県「臨時建築局の人事はそんなに歪曲されているのか。それでは工部大学校の連中はやる気をなくす訳だ。そんな所にいる必要はないだろう。わしからも平岡さんに頼んで御造営局の方へ移れるよう努力してみよう。」

片山「ドイツ行きを断ることになりますと，井上閣下はお怒りになると思いますが。」

山県「井上さんの所へは言訳に行くな。わしが君の意向を井上さんに伝え，よしなに計っておこう。心配するな。」

山県は子分の面倒見がよい人だった。山県は片山を子分視していたから，この頃井上に対し不快感を強めていた（後述）彼としては，子分の片山を井上の許で働かせることに強い抵抗を感じたろう。あるいは，抵抗感が先行して片山を積極的に井上から遠ざけようと山県が考え

たのかもしれない。山県が派閥の形成に一生執着し続けた人であったことを思うと、忖度にはそれ程の誤りはないだろう。

さて、長談義になるが、山県が井上に対して不快感を抱いていた理由についてである。

人生において年齢の多い少ないなど問題ではないが、参考のため記せば、山県は天保9（1838）年の生まれで、井上の生まれは天保6（1835）年だから、山県の方が井上よりも3歳若かったことになる。

井上は長州湯田の出身だから松下村塾に学ぶ機会はなかった（学んだとする本があるが、それは誤り）。一方、山県はわずか1ヶ月ぐらいながら松下村塾に籍を置いたことがある。山県は自分は学問には無縁な人間と決め込み槍術で身を立てたいと考えていたが、安政5（1858）年6月、伊藤俊輔（後の博文）らと共に藩命で東西の事情探索のため上洛し、尊皇攘夷思想の洗礼を受け、帰藩すると一心発起して松下村塾に入門したのであった。

山県が維新後に徴兵制の樹立を推進したことは有名で、明治10年代に入って「陸軍の山県」と称されるに至ったが、新政府の官僚として実績を上げ、政治の中枢で活躍するようになった伊藤博文とその脇役の井上馨の存在に山県はこの頃から次第に関心を抱くようになっていたかと思われる。山県の異常なまでの権力意識については史家が異口同音に述べているところであるが、その権力欲はこの頃から山県の中で燻蒸され始めていたものと思われる。

以下、「東京百年史・第2巻」（東京都発行、1972年）を参考にして記す。

山県は参謀本部長時代の明治14（1881）年に陸軍卿大山巌と共に東京防衛を建議している。国防の観点から東京のあり方を観望した訳だが、明治16（1883）年に内務卿になったとき、この経験が内務省内で起こりつつあった東京の市区改正問題に山県の関心を引きつける素地になった。

東京府の第7代知事、松田道之は、東京の市区改正の構想を纏め明治13（1880）年6月に「東京中央市区劃定之問題」と題して府会に提出した。

松田知事の後継の第8代知事、芳川顕正の就任は明治15（1882）年7月で、内務少輔のままでの府知事兼任であった。

芳川知事は明治17（1884）年11月に東京市区改正の構想を「市区改正ノ儀ニ付キ上申」と題して内務卿山県有朋に提出したが、これを機に山県は一段と東京の市区改正に関心を示すことになったかと思われる。もっともこれより早く明治17（1884）年2月に山県内務卿から太政大臣三条実美に対し「道路ノ制ヲ更定スルノ議」と題する上申書が提出されている。山県が内務卿に就任してから2ヶ月目のことであった。この議が山県自身の発案によるものか吏僚の発議によるものか不明だが、後者によるとしても東京防衛に思いをめぐらした経験を持つ山県にとって東京の都市計画に関する問題は大いに興味を引くものであったろう。

これを契機に東京府に市区改正委員会が発足し、以後、委員長芳川顕正のもとで東京改造計画が着々と進み、その上申を受け内務卿の山県はこれを太政大臣三条実美に上申すること数度に及んだ。すなわち、

● 明治18（1885）年2月／市区改正委員長・芳川顕正より内務卿へ、品海築港（筆者注：品川沿岸に築港しようというもの）について上申（同月、内務卿より太政大臣へ上申）

● 明治18（1885）年3月／市区改正委員長より内務卿へ、市区改正および築港について上申（同月、内務卿より太政大臣に上申）

● 明治18（1885）年10月／市区改正審査会長・芳川顕正より内務卿へ、東京市区改正並びに品海築港審査会議決内容の上申（同月、内務卿より太政大臣へ上申）

上のように芳川顕正が旗頭となって東京の市区改正と品海築港の構想が発展したのであるが、その背景には内務卿山県と大蔵卿松方正義の強い支持があった。上記の構想は、東京市区改正審査会に受け継がれ、その審議の中ではパリが東京の理想的都市像と目されていたようである。そして東京を再編するのには築港が必要という考えも容認され、その具体化のために審査会は最後に「東京市区改正局設置」の建議を議決し内務卿と太政大臣に提出したのであった。明治18（1885）年10月のことである。

ここで井上馨の主張する臨時建築局の創設要望と上記の東京市区改正局の設置建議が鉢合わせることになった。東京市区改正審査会が内務省の中に設置されたことは、東京の市区改正が内務卿山県有朋の直轄指導下に入ったことを意味するもので、山県の東京市区改正に寄せる思いが並々ならぬものであったことを物語っている。山県の東京市区改正に賭けた思いは、芳川顕正が道路・橋梁・河川の補修を優先すると述べたことから明らかなように軍事的機能と商品流通過程の整備に対する関心から発していたと見られる（前出の「東京百年史料・第2巻」、1972年）。とすれば、内閣に東京市区改正局を設置することを芳川に建議させたのは山県であり、同局設置に賭けた山県の思いの強さが推し測られるというものである。

以前に述べたように農商務卿谷干城は臨時建築局の創

設に難色を示し，一方内務卿山県は東京市区改正の設置の必要性を説いたが，外務卿井上馨は臨時建築局の創設を強弁し，内閣制度発足後初の首相となった伊藤博文を私的に説いて遂に臨時建築局の創設と自己の総裁就任に漕ぎつけた。山県破れたりであった。

臨時建築局総裁就任後，市区改正計画が中央官庁集中計画にとって目の上の瘤であることに改めて気付いた井上馨は，警視総監三島通庸を副総裁に呼び込む（兼任の形で）べく画策する。それを察知した内務大臣山県と大蔵大臣松方は反対に回る。しかし市区改正推進派は破れて明治19（1886）年7月，三島は副総裁に就いた。山県再び破れたりであった。内務省は警視総監を管轄する立場にあったのであるから大臣山県と次官芳川（芳川の次官は山県の登用による。この頃から芳川は阿波藩出身であったが，山県閥に組み込まれていた）にとっては屈辱であり，井上の越権行為に対し地団太踏んだことであろう。

片山が北京から帰朝したのは，上記事件から2ヶ月とは経っていない9月のことであった（前述）。子飼いの片山が臨時建築局入りすることを山県が快く思うはずがない。このように捉えると，片山が帰朝直後から皇居御造営事務局への転属の機会を探っていた事情がわかりやすくなる。もちろん筆者の推測である。

片山は清国から帰って2ヶ月経った明治19（1886）年11月，臨時建築局を依願免官となり，12月皇居御造営事務局出仕となる。そしてこの月，皇居宮殿の装飾類と家具調度整えの用務を帯びて独逸に派遣され，ハンブルグに滞在して翌年11月に帰朝した。なお井上馨から遷都の建議と東京市区改正審査会の議決不認可の要求が伊藤博文首相の許に提出されたのは，片山が独逸に向けて出発した直後であった。だから井上の市区改正決議粉砕の挙に対し山県が憤怒したのを知らずに片山は日本を後にしたことになる。

ここで，片山の臨時建築局辞職と関連して片山と山県，片山と平岡の間で共有されていたと思われる郷土意識について触れておきたいと思う。

同じ萩の街に生まれ育ったという同郷意識は，互いの気持ちを接近させる触媒として藩閥意識以上に役立ったことであろう。これを理解しなくては，片山と山県，片山と平岡の関係は理解できまい。

萩の街は日本海に面している。この街に向かって南東から阿武川が流れてきて，左に橋本川，右に松本川と分かれ日本海に注ぐのだが，これら2つの川によって囲まれた三角洲に萩の街は形成された。元は一帯が葦原で，慶長13（1608）年，毛利36万石（毛利輝元）によってここ

に居城が築かれ城下町がつくられた。城郭は三角州の酉北隅の指月山の麓に平山城として築かれ（山頂は詰丸として備えられた），現在「堀内」と称されている地区が往時の三の丸——重臣達の家が立ち並んでいた——で，この三の丸の濠外の東側と南側（いずれも三角州上）に城下町が開かれていた。

因みに，高杉晋作の家は三の丸の濠のすぐ東側にあり，山県有朋の家は南東の川島，片山の家は北東の今古萩町にあった。いずれも三角州上の御城下にあったのである。北の片山の家と南の山県の家との距離は1km半ほどと近かった。

平岡の家は，三角州の東側を南北に流れる松本川の東側の松本にあったと言われるが，その位置を筆者は正確に掴めていない。松本は古田松陰の松下村塾のあった所である。現在，松下村塾の跡は松陰神社（伊藤博文の旧宅位置は境内のすぐ南側）にあるが，この辺りの地名は，萩市棟東松本である。棟東は幕末には椿東分（または椿郷東分）と呼ばれ，松本はその一部をなす大字であった。大化改新の頃，椿木郷がおかれ，東大寺再建の折には木材の伐出に関連して椿木郷の一帯が発達したと言われる。松本川の西側にある川島（山県有朋の家があった）も往時は椿木郷の一部であったと言われるから松本川の東側が江戸時代に椿（郷）東分と呼ばれた謂われがわかる。松本はその名を持つ村の大字だったのである。

地名の話が長くなったが，目的は平岡が松下村塾の近くの松本で生まれ育ったことを述べることにあったから，ここらで話を措く。なお片山の家のあった今古萩町と松下村塾の距離は歩いて2km程であった。

ホープレヒト案

ドイツ人，ベックマンが臨時建築局の開設とほとんど同時に日本に到着したことについては本章の初めで先述したが，ベックマンは到着後間もなく，臨時建築局とは別に政府（内務省）が東京の市区改正を別途検討していることを知り，自分に与えられた課題との関係について井上に問い質し，その上で井上に進言をした（『世外井上公伝・第2巻』，1933年）。これが動機になって井上は自分の意図する官庁集中計画を制約する市区改正の動きを粉砕しようと考え，そのための第一歩として警視総監の職にある三島通庸を呼び，臨時建築局の副総裁を兼任させたのである。警視総監は内務省の管轄下にあったのだから，内務大臣の山県有朋がこの人事に対し不快感を抱いたのは当然だったろう。三島を呼び込んだ効果が現われてやがて第2ステップの展開となる。明治19（1886）

年12月，井上は遷都の秘密建議書を首相の伊藤博文に提出したのである。「世外井上公伝・第2巻」（前出）によると，遷都先としては利根川を挟む次の地域が選ばれた。

● 群馬県（上州）側…赤城山南麓から現在の伊勢崎・太田両市にかけての地域
● 埼玉県（武州）側…現在の本庄，深谷の両市とその西側

なお建議書はさらに次のように述べている。

「本都ノ区域ヲ方3里トシ」

「断然先ヅ本都ヲ新造シ，次ニ東京ニ及ブノ宸断アランコトヲ」

注目すべきは上記の遷都建議の他に同じ建議書の中で東京市区改正にも言及し意見を述べていることである。それを筆者の言葉で書き表すと次の通りであった（「明治の東京計画」を参考にした）。

① 臨時建築局の職制管掌の中に「東京市区改正」の一項を加えたい（正に我田引水の提言である）。
② 東京市区改正審査会の決議を不認可にして欲しい。
③ まず東京の市区改正の大計画を立てること。

③ は大風呂敷を広げようとしたもので面白いから詳細を抄録してみると，

「皇城から東西南北に向かって道幅20間（車道10間，人道をその両側に5間宛）4本の大路を開通し，その両側にそれぞれ15間幅を家屋建築地として買い上げ，水道を敷設し，宅地には石造または煉瓦造の2層以上の家屋を築造する」

ということであった。

さて，ベックマンが在京中に計画を立てて残して行った官庁集中計画における各建物の位置についてである。

● 博覧館と博覧会場…位置は，現在の日比谷公園を核的に含んで晴海通り（北），外堀通り（南），日比谷通り（東），桜田通り（西）で囲まれる長方形敷地。ただし，上記敷地の桜田通りに沿って現在，旧法務省，裁判所合同庁舎，農林水産省，通産省の建物が立っている狭い敷地には司法省・裁判所以外の諸官省を配置する。
● 議院…現在の国会議事堂の位置
● 司法省…現在の隼町の国立劇場の位置
● 裁判所…現在の有楽町1丁目の日比谷パークビルの位置
● 中央駅…現在の内幸町1丁目のインペリアルプラザと有楽町1丁目の日比谷シャンテの間の付近
● 練兵場…現在の皇居外苑（二重橋の東側）の位置

なお，次の建物はベックマンの計画以前に建てられていたことを承知しておかなくてはならない。

● 外務省…現在の位置
● 参謀本部…現在の国会前庭の和式庭園の位置
● 陸軍省…現在の国会前庭の洋式庭園と憲政記念館の位置

ところでエンデ・ベックマン事務所が推薦するドイツ人ホープレヒトが明治20（1887）年3月に来日した。井上馨が内務省筋がつくった既存の市区改正計画の見直しを求めて招聘したのに応えての来日であった。ここで日本側が予期していなかったハプニングが出来した。ホープレヒトが，博覧会場を空閑地として広くとっているベックマン案は宜しくないと批判し，別の案を自ら提示するという事態が起こったのである。

ホープレヒトは本国で自分の方がエンデやベックマンより格上だと自認していたから，ベックマン案に対し遠慮容赦はなかった。

ホープレヒト案は，ベックマン案における博覧会場の南側部分（現在の国会通りと外堀通りの間の部分）を削りとった残りの正方形部分（これは陸軍操練所（日比谷練兵場）の敷地に当たり，この正方形敷地の東半分は現在の日比谷公園がちょうどすっぽり収まるという位置・大きさ関係であった）に全官庁の庁舎を設置するというもので，その中身は中央に中庭風に大きく庭園をとり，その周囲の口の字形部分に諸官省の庁舎を配置するという案（スケッチ的）であった。この案ができあがったのは，「明治の東京計画」（前出）によれば明治20（1887）年5月〜6月頃（ホープレヒトが帰ったのは5月であった）とある。

ベックマン案とホープレヒト案の大きな違いは，前者が諸官省の用地として，現在の日比谷公園を一部に含む当時の日比谷練兵場の敷地全体を避けているのに対し，後者はその避けた所に逆に諸官省を集中させようというものであった。どうしてそんな正反対な案が登場したのか。これを考えてみるのは建築的に面白い。

ホープレヒトの滞日の最後の月に当たる5月に，ベックマンの相棒のエンデが，ベックマン案を洗練させたものを携えて来日し，東京でホープレヒトと彼の提示した案とに遭遇したのであった。それはエンデにとってばかりでなく，日本側にとっても悲劇的な出来事の幕開けであった。

エンデはホープレヒトが案を提示したという事態そのものに驚き，さらにその案を見て一層驚いた。

ホープレヒトの来日目的は，内務省が作成した東京の市区改正の既定方針にメスを入れることにあった訳で，ベックマン案を批判し，ましてその代替案を提示するなどということは明らかに越権行為であった。エンデはそう思ったはずである。

こういうボタンのかけ違いが起こった原因と責任は日本側にあった。第1にはホープレヒトとの接渉がうまく行かなかったことである。この辺りの調整がスムーズに行われなかったのは、筆頭技師の松ヶ崎に力が不足していたからであろう。第2には安易にホープレヒトを招聘し、彼が提示した案を再び安易にアクセプトした井上馨の責任を挙げなくてはなるまい。

エンデの不幸

エンデのミスは、ホープレヒトのドイツ国内における権力に屈して彼の提示案を渋々呑んだことにあった。それがエンデにとっての不幸の始まりであった。

エンデにとって不幸は他にもあった。第1はエンデが来日したとき、臨時建築局には建築がわかる技術者が技師の松ヶ崎万長と2等技手の瀧大吉しかいなかったことである。もう一つはコンドルが英国に帰っていて日本にいなかったことである。

コンドルが英国から帰ってきたのは明治20（1887）年6月——約7ヶ月日本を留守にしていたことになる——であったから、彼が帰国したときすでにホープレヒトとエンデの論議には結論が出ていた。エンデは涙を呑んでホープレヒトのスケッチ案を受容することにし、その案をベースに各官省の建物を配置したのであった（「明治の東京計画」の記述による。「明治工業史・建築篇」はこの辺りの事情説明を欠いている）。

以下に近代建築史の通史書に書かれていない事柄を想像で書いてみる。

コンドルが日本にいなかったのはエンデにとって最大の不幸であった。ベックマンが来日したときにはコンドルは日本にいたから、ベックマンは現在の日比谷公園の位置の地盤が軟弱であることをコンドルからたっぷり聞かされたであろう。それを傍らで聞いていたはずの松ヶ崎は事の重大さが理解できていなかった。そのためホープレヒト案が登場したとき、その案に飛びついた井上馨を技術者として説諭することができなかったし、ホープレヒトとの意見調整にも力が入らなかった。というのが筆者の推量である。これが間接的にエンデの不幸を招くことになった。

兎に角、当時の日本で、東京の軟弱地盤を知り、その軟弱地盤の上に建物を実際に建てた経験を持つ人物としてコンドルの右に出る者はいなかった。

コンドルは「造家必携」という本（コンドルの口述で、曾禰達蔵と松田周次の筆記・翻訳。1886年刊）を著わしているが、その内容は基礎に関する本と言っても過言で

ないくらい基礎（地質と基礎の工法）に紙数を割いて（約80%）おり、「泥土層」における基礎の実例として、築地の海軍兵学校生徒館（ダイアックの設計、1883年竣工の煉瓦造）、開拓使物産売捌所、鹿鳴館、千住製絨所（デボンベルの設計）を挙げている。そのうちの売捌所（永代橋際に1880年に竣工した煉瓦造2階建）と鹿鳴館（現在の内幸町1丁目、1883年竣工の煉瓦造2階建）はいずれもコンドル自身の設計になるもので、

「余ノ意匠ト指揮ヲ以テコレヲ築キタリ」（売捌所）
「余ノ意匠スル所ニシテ」（鹿鳴館）

と誇らしげに語り、鹿鳴館の基礎については、

「けだし東京府下、難工築礎（筆者注：難工事の基礎の意）の一におるべし」

と胸を張っている。

売捌所と鹿鳴館では共にいわゆる「筏地形」が採用された。これについては後に詳述する。

上述のようにコンドルは東京のダウンタウンの軟弱地盤に重い煉瓦造建物を建てるため大いに智慧を搾ったのであった。それには、皇居造営時に宮内省勤仕を兼ねていたので御雇外国人エンジニア達に混じって地質調査に参画し、その中でエンジニア達から裨益されたことが役に立ったと思われる。また英国の設計事例を学ぶ努力もしたことであろう。そしてその成果が「筏地形」の採用であったと言えよう。

さて、上述のような東京の軟弱地盤について豊かな知識を持つコンドルだったから、陸軍操練所の地盤については危惧の念を抱き、これを来日したベックマンに伝えたであろう。井上から自分の案を否定され、臨時建築局におけるコンドルの立場は窓際族化していたが、それでもベックマンにアドバイスするのは自分の義務だとコンドルは思っていたであろう。

コンドルからアドバイスを受けたベックマンは、実務家で構造が理解できる人だったから、その言に耳を貸し、コンドルのアドバイスの内容の真実性を確かめるためにボーリング試験を行うことを依頼した。試験を担当したのは河合浩蔵で、その試験位置は、「明治工業史・建築篇」に書かれているところによると、

「大正時代の日比谷公園と司法省敷地との間なる道路の近傍」

であった。上記の道路は、現在の日比谷公園と、法務省・最高検察庁の入っている合同庁舎6号館との間の道路の付近と思われる。

ベックマンが当時の陸軍操練所の広大な敷地を諸官省庁舎の建設に当てず、計画図面の中心に当たるその位置には、広漠としたのっぺらぼうな博覧会場用地を置くと

いう一見奇異な計画を立てたのは上のような事情が背景にあったと察せられる。

村松貞次郎さんも藤森照信さんも，さらには遡って「明治工業史・建築篇」もベックマンの立案の背景にコンドルのサジェッションがあったことを書いていないが，多分筆者の推察は間違っていないと思う。コンドルが自分の置かれた地位を意識して直接ベックマンに自分の考えを伝えなかったとしたら，コンドルの意を体してベックマンに地盤軟弱で危ないと意見を述べたのはコンドルの教え子の河合浩蔵と瀧大吉であったかと想像される。河合と瀧は年齢は違ったが気脈が通じ合う仲だったから2人一体の舌鋒は鋭く，その結果，「言い出した河合に地盤調査をさせたら」ということになったのだろう。

ベックマンの「東京改造計画」（「（日本の近代建築（上）」に現われる言葉），近代建築の通史書では都市計画的視点から評価されるだけに止まり，その背景に地盤の問題があったことが余り強調されておらず（「明治の東京計画」には指摘があるが），その上それに関しコンドルの間接的ないしは直接的な助言があったであろうことを通史書がまったく触れていないのは残念である。

ところで「明治工業史・建築篇」は，突忽に

「ビョクマンの相棒なるエンデ来たりて，ビョクマンの良き計画を覆えしたり」

と書いて，何の事情説明もしていないから，読む者には，なぜエンデが来日して突然パートナーのベックマン案を覆えしたか理解しにくい（若い日の筆者はそうであった）。村松貞次郎さんは「お雇い外国人・建築土木」の中で，

「ホープレヒトとエンデ共同の考案を以て」

と書いただけで，どのような経緯で「共同の考案」が生まれたかの説明を略しているから，読者として釈然としない点では前出の「明治工業史・建築篇」の書き方と大同小異である。筆者が釈然としないその「つかえ」を後になって取り除くことができたのは，ホープレヒト案の内容を具体的に明らかにした藤森照信さんの著「明治の東京計画」であった。それが筆者に推測のヒントを与えてくれたのである。

上のような訳だったから，コンドルが日本を留守にしていた期間に起こった事態に話柄を移してみたい。話の初めの方は前に触れたことを繰り返すが御勘弁願いたい。

ホープレヒトが来日して滞在したのは，明治20（1887）年の4月一杯と5月前半であった。コンドルが帰朝したのはその年の6月だったから，ホープレヒトはコンドルに会うことなく帰ったことになる。この指摘は重要である。

一方，エンデの方は5月の初めから7月中旬一杯まで滞日したから，滞日期間の後半でコンドルに会う可能性は存在したことになる。エンデは来日早々ホープレヒト案に遭遇して驚き，初めは日比谷練兵場は大き過ぎて美術上好ましくないとか，地盤がよくないから「地形する」のには費用がかかるなどと言って難色を示す（これについて「明治の東京計画」が国立国会図書館憲政資料室蔵の「三島通庸関係文書」を引用している）が，結局はホープレヒトの案，すなわち日比谷練兵場（陸軍操練所）を敷地とする案を呑んだのであった。エンデのその態度をホープレヒトに遠慮した結果と捉える立場があるが，確かに遠慮もあったろうが，筆者はエンデをそうさせたのは日本側の姿勢ではなかったとか想像したい。ただし，確かな史料に基づいての推測ではない。ここから先は想像だが，井上馨が計画の完成時期と費用の2点を勘案し，広げた大風呂敷の中に小さいながらも纏まった物をしまって風呂敷を閉じたいと考え始めていたところにコンパクトで格好な規模のホープレヒト案が登場し，井上はこれに飛びついたのではあるまいか。そうだとしたらエンデは井上の圧力に押し切られたということになろう。そう考えると，「明治工業史・建築篇」の次の記述は，ホープレヒトの介在を歴史として記述しておらず，正鵠を得ていないことになる。

「ビョクマン（筆者注：ベックマンのこと）の相棒なるエンデー来たりて，ビョクマンの良き計画を覆えしたり。（中略）」

「明治工業史・建築篇」が史実を把握していないことと，エンデに対し好感を以て書かれていないことが次の文章から看取される。

「エンデーは美術建築家にして，ビョクマンの如く実地家ならざりき。さればエンデーはビョクマンの最初の立案の如く日比谷練兵場内へ八省を建築せば，便利上無比の模範的官衛となるとのことに心酔し，毫も地質の柔軟なることを顧みざりき。」

ホープレヒトが日本を離れると，エンデは早速地盤調査に取り掛かる。5月半ばのことでコンドルは未だ帰国していない。「明治工業史・建築篇」を読むと，エンデが自説を断行するための手段として地盤調査を行ったような印象を受けるが，「明治の東京計画」を読むと，そういう印象を与える書き方が客観的に正鵠を得たものでないことを教えられる。

「建築雑誌」，明治20（1887）年9月号にエンデの意を受けて実施した地盤調査の結果が，「日比谷練兵場建築基礎試験の報告」と題して掲載されている。報告書は臨時建築局技手の佐藤豊次郎の名で書かれており，**図9-1**に

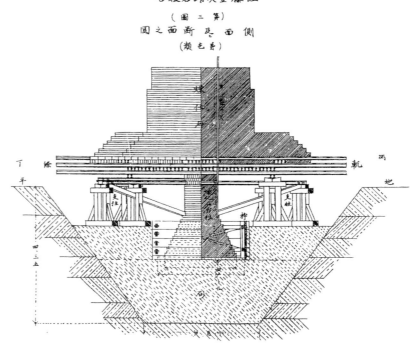

図 9-1 陸軍操練所の地盤試験の様子（「建築雑誌」，1887 年 9 月号より）

示すような載荷試験が陸軍操練所（日比谷練兵場）の東南隅（現在の内幸町 2 丁目の富国生命ビルの南側）と西南隅（現在の霞ヶ関 1 丁目の郵政省ビルのある辺り）で行われたのであった。

載荷試験のため西南隅では，上方で 10 m 四方，底で 3.45 m 四方，深さ 4.35 m の穴が掘られ穴の中に図 9-1 に見られるように砂を入れて締め固め，その上に煉瓦造の礎盤を設け柱を立て，これに煉瓦石とレールを重錘として載せた（荷重を加えた）のであった。地質は砂層と粘土層が交互をなす非常に堅い地盤であった。一方，東南隅の方は，上方 10 m 四方，底面 6 m 四方，深さ 2.2 m の穴を掘り，コンクリート基礎を想定して 5 m 四方厚さ 80 cm の大きさとし，これに西南隅の場合と同じ方法で荷重を加えた。「明治工業史・建築篇」は，結果について，

「地下十数間の間は，無底の泥沼にて無類の悪しき土質」

と記している。

上のようなことで日比谷練兵場の地盤が好ましくないことがわかってきたにも拘らず，かつてベックマンの要請で河合浩蔵がボーリングを行って不良地盤と判明していた位置を，エンデは一転して司法省の敷地と定め，

「ボーリングの結果（筆者注：河合のボーリング結果を指すと思われる）に毫も信を置かず，一大試験穴を掘りて実際の地質を眼前に見んと希望した」（「明治工業史・建築篇」）

のであった。そしてドイツ人オスカー・チーツェと吉井茂則に担当させて「大穴を掘らしめた」（同前）。その大きさは 100 尺（30 m）平方，深さ 16 尺（約 4.8 m）という巨大なものであった。

コンドルの帰国は明治 20（1887）年 6 月というだけで，6 月の何日かわからないので明言できないが，コンドルが上の暴挙を戒めるチャンスは時期的に見てなかったかと思われる（仮に戒めるチャンスがあったとしても，コンドル帰国の前から計画が進んでいたのだから，コンドルは口を挟むことを遠慮したであろう）。

吉井がなぜ，またどのような立場で上記の大穴掘りに駆り出されたかはっきりしないが，彼の年譜を調べると当時吉井は陸軍省勤仕であった。筆者の想像では，瀧大吉が地盤調査を無意味となじり，協力しなかった（彼は工部大学校の最終学年における実地実習で鹿鳴館の工事監督の手助けをしていたから，その地盤事情をとくと承知していたはずである）ので，止むなく当局は吉井を呼んだのではあるまいか。

先輩の 3 人がドイツへ出掛けてしまい，自分は 1 人残

134 第 9 章 臨時建築局 その 2

され，毎日日本語が上手でない筆頭技師の松ヶ崎の相手をさせられ，しかも実のある仕事がない——ベックマンとエンデが日本へ連れてきたドイツ人技術者が主導的に仕事をしていたから，瀧の仕事は使い走り程度のレベルの低いものだったはず——，そういう状況の中で瀧には鬱積するものがあったろう。さらに忖度すれば，松ヶ崎の折衝力や調整力の不足のせいでドイツ人の技術者達が局内で跳梁するのを瀧は不快と感じ，一方，恩師のコンドルを窓際に追いやり，挙句の果て休職同然に帰国させてしまった上司の仕打ちを瀧は腹に据えかねてもいたろう。

　エンデの滞日の終わり頃，瀧は穴掘り役は御免となり，エンデに付き添って，京都，大阪へ，また愛知，兵庫に赴いている。エンデの日本古建築視察のお伴をしたのだが，この旅の中で瀧はエンデに向かって再三再四，日比谷練兵場の地盤不良を説き，エンデに計画案の変更を迫ったことだろう（もちろん京都行き以前に，瀧は恩師コンドルの地盤対策の実例をエンデに進講していたであろう）。これが後に，エンデの計画断念の決断に影響を及ぼしたはずだと筆者は推量している。

　エンデは，

　「矢板を基礎の周囲に打ち込み，砂2ｍ以上を段々に入れ，毎回水をポンプにて掛け，締めつけ突き上げる方法」（「明治工業史・建築篇」）

を計画していたようで，この砂地業を完成させた後，いよいよ先述の載荷試験をした。エンデは漸く，

　「沈下多くして到底厚重建築のできざることを始めて悟り得た」（同前）

のであった。かくて経費3万余円を費やした果てにエンデは，司法省の敷地とすることを断念し，新たに敷地を西に移す（後に司法省が建てられた位置——現在法務総合研究所および法務図書館として利用されている）よう計画を変更したのであった。

　政府はエンデの帰国直前に彼と契約を交わし議院・官衙の計画並びに工事監督を正式に委託することを決し，エンデは議事堂の略図面を大急ぎでつくった上で帰国した。なお，帰国に当たり彼が鹿鳴館の修繕を指示し，それを日本政府が受け容れたことを書き添えておかなくてはならない。この一事から，鹿鳴館の設計者コンドルがすでに完全に窓際族視されていたことが窺える。もっと酷な表現をすれば，すでに政府により弊履のように捨て去られていたのである。以後，コンドルは民間の設計にシフトして行くことになるのである。

　それはさておき，エンデによる載荷試験はまったくの茶番劇であった。政治によって主導された上に建築の吏僚に人を得なかった日本側は，エンデによって引っ掻き回されたのである。チーツェと吉井に大穴を掘らせて行った前出の載荷試験に要した費用3万余円は，当時の金にすると，大変な額であった。それを知るため，同じ頃に建てられた建物の工事額を参考に記すと，

● 東京府集会所（設計，久留正道），明治19（1886）年11月竣工，煉瓦造2階建，建坪74坪，約16,400円
● 富山県々会議事堂（設計，瀧大吉），明治20（1887）年11月竣工，洋風木造2階建，建坪127坪余，6,500円

ということであった。煉瓦造なら2つ，木造なら4つ〜5つ建物が建つ金額だった訳で，一体，エンデの載荷試験の計画を日本側の吏僚はどのように受け止め，計画の実施を許したのであろうか。再び筆頭技師松ヶ崎の責任が問われなくてはならない。

　載荷試験が無駄骨になったとわかったとき，臨時建築局の内外からエンデ批判の声が上がる。エンデは，罪をホープレヒトと，彼の案の跳梁を許した日本側の態度に帰し，免罪が当然と主張したと言われる。エンデはむしろ犠牲者で，罪の原点は彼以外のところにあったと見るべきであろう。

　ホープレヒト案は，前述のようにベックマンが利用を断念し博覧会場と銘うち敢えて空閑地としたその場所に各省の庁舎を集めて建てようとしたもの（各省の略平面も配置も示さないごく素案的なものであったが）であった。ホープレヒトは日比谷入江の海水部分を埋め立てた跡が陸軍操練所に当てられていたことを知っていたのであろうか。それを知っていて，そこに煉瓦造ないしは石造の重い建物を建てようとしたのだとしたら，シビルエンジニアとしての素養を疑いたくなる。

　コンドルが陸軍操練所の位置が軟弱地盤であることを教え，ベックマンを諭した場に居合わせたのにも拘わらず，ホープレヒトの主張を抑えて調整することを怠り，陸軍操練所の敷地をそのまま利用しようとするホープレヒト案を鵜呑みにした松ヶ崎の建築家としての素養にも疑問を抱かざるを得ない。また，ホープレヒト案に屈したエンデは建築家とはいうものの意匠屋に過ぎず，構造にうとい人物であったと言わなくてはなるまい。

　それもこれも元はと言えば，コンドルが日本を留守にしていたことから生まれた悲劇だったのである。

臨時建築局

その3

日比谷入江の存在 ...137
徳川による天下普請 ...139
筏地形 ...140
臨時建築局の終焉 ...146
妻木頼黄の台頭 ...147

（2001年5月号）

日比谷入江の存在

　敢えて書くのを遅らせたが，井上馨によって否定されたコンドルの官庁集中計画案について触れておきたいと思う。以前触れたように，この計画案は臨時建築局が開設される以前に作製されたものであった。

　「明治の東京計画」を参照すると，コンドルの作製した配置図は2つ存在したようである。2つが同時に井上馨に提出されたものか，別々の時期に提出されたものかはっきりしないが，想像を逞しくすれば，初出の案は，現在の晴海通りより南側にあった陸軍操練所（日比谷練兵場）の敷地の東側半分（現在の日比谷公園と過不足なく位置的にかつ大きさ的に一致する）は西洋式庭園とし（この点が重要かつ注目に値するところである），残りの西側半分と，そのさらに西側の隣接地（陸軍操練所に属さない）──現在，合同庁舎2号館，同3号館が立っている一郭──とに諸官省の庁舎を配置しようとするものであった。一方，もう一つの案（ホープレヒト・エンデ案と同工異曲）は，初出案に不満を持った井上馨に再考を促され渋々作製したものであったと推測されるが，その確かめは史家に任せたい。

　コンドルの初出案について重要と思われる2つの事柄を指摘しておきたいと思う。

　重要さの一つは，かつての日比谷入江（後述）の中にあった部分を公園にしていることである。地盤条件を考慮し，重い建物は建てないという方針であったと察せられる。恐らくコンドルは，ベックマンを説得するのに，地盤の様子を述べたうえで井上馨に否定された自分の初出案を持ち出し，それを梃子に自分の考えを伝えたことであろう。

　重要さの第二は，コンドルの初出案の精神が，今日の日比谷公園と霞ヶ関官庁街北半分の配置に生きているという事実である。ドイツ人の案ではなく，井上馨が没にしたコンドル案が今日の東京の中に現実に生きていることを，私たちは改めて認識してみる必要があるだろう。

　さて，補足的な説明として日比谷入江の存在について触れておきたいと思う。目的は前述した日比谷練兵場（陸軍操練所）の敷地が日比谷入江の中にあったこと（それが軟弱地盤の原因）を明らかにしたいのである。

　鈴木理生氏の2冊の著書「江戸と江戸城」（新人物往来社，1975年），「幻の江戸百年」（筑摩書房，1991年）と，それを土台にして書かれた野口武彦氏の「安政江戸地震」（筑摩書房，1997年）とに準拠して以下に記す。

徳川家康の江戸入府の直前，現在の銀座，丸の内の辺りを過不足なく含む半島状の微高地が，本郷台地という洪積層台地の延長として（海や川の浸蝕で削りとられ本郷台地と較べるとはるかに低く平らになってしまった状態で）江戸湾に向かって伸びていた。この半島状の部分は史家により江戸前島と呼ばれているものである。

この江戸前島という半島の先端は，現在の新橋駅付近で尽きて東京湾となり，江戸前島の西側（皇居寄りの側）は，東京湾から鋭く錐状に北に向かって湾入した日比谷入江の汀線になっていた。その入江を隔てた西側の対岸は現在の皇居，霞ヶ関，赤坂台地であった。ここで日比谷入江の汀線を明らかにすると，湾入した入江の北端の咽喉元は今の大手門の前辺り（ここに小石川の方から平川が流れ込んでいた）で，ここから和田倉門，日比谷通りを経て（ジグザグしながら）新橋駅（そこから南は東京湾であった）に至る線が入江の東側の汀線で，大手門から坂下門，桜田門，虎の門，愛宕山東麓を結ぶ線がほぼ入江の西側の汀線であった。したがって，現在の皇居外苑，日比谷公園（とそのすぐ西隣のブロック）などは入江のど真中にあったことになる。

コンドルが設計した鹿鳴館は，現在の帝国ホテルの南側にある大和生命ビルの所に建てられたから，日比谷入江の東側の汀線に近い入江の中にあったことになる。従って地盤は軟弱で，地中には流通する水みちがあったと言われる。建築面積が約 1,200 m² と大きかったので，以前に設計した開拓使物産売捌所（後述）のように基礎底全面に煉砂利（後にはコンクリートと称された）を施すことはできず以下の処置をとった。

壁下を幅広く根切りし（板杭――シートパイル――は用いず），その下に長さ 2 間（3.6 m）の松杭を互いに接近して打ち，杭頭を切り揃えたうえで，杭頭下 30 cm の深さまで土を掘り取り，そこに砂利を突き込んで固め，その上にセメント 1，玉川砂利 4.5 の割合で練った煉砂利を厚さ 60 cm（薄い壁の下）または 105 cm（厚い壁の下）に打った。そしてその直上に煉瓦の壁脚（算盤と呼ばれた）とさらにその上に腰積を設けた。

以上はコンドルの口述書「造家必携」によって記したが，コンドルはその中で「東京府下難工築礎の一」と鹿鳴館の基礎地業工事を評している。

安政 2（1855）年 10 月 2 日の江戸地震は，いわゆる江戸直下型地震であった。従来，被害情報が町方に偏り，そのため「下町で特に被害が大きかった」（理科年表）とされてきたが，野口武彦氏の「安政江戸地震」を見ると，江戸城とその東側の外濠（神田橋〜常盤橋〜呉服橋〜鍛冶橋〜数寄屋橋を結ぶ外濠）との間の地域――大手前・

西丸下・大名小路の 3 地区に分けられた（後述）――に甍を連ねていた諸大名の上屋敷（現役の老中・若年寄の屋敷も含まれていた）に倒壊と焼失（倒壊または類焼による）が多発し，それによる死者の数は 736 人で，江戸の全藩邸の死者の 37％ に達した。

上の被害を仔細に見ると，現在の丸の内ビル・新丸の内ビルのある所から東側の外濠に近い地域にあった屋敷の被害が軽少で，馬場先濠（内濠）に沿う日比谷通りとその延長線の西側のブロックの屋敷に大被害が多かったことが目につく。この地帯は旧日比谷入江の水中にあった所だったのである。

上の記述に現われた大手前，西丸下，大名小路の 3 地区の位置を明らかにしておこう。

「大手前」は，道三堀（和田倉門の辺りから／状に曲がり呉服橋付近に達していた濠）から北側の外濠（神田橋〜常盤橋〜呉服橋）との間の地域を指し，「西丸下」は現在の皇居外苑に当たり，「大名小路」は道三堀を北限，数寄屋橋と日比谷御門を結ぶ（現在の泰明小学校前を経由し）〜状の濠を南限とし，西は日比谷通り，東は呉服橋〜数寄屋橋間の外濠で限られる地域を指すものである。

旧日比谷入江の存在を知ってか知らずか維新後，西丸下には太政官代の正院と式部寮，元老院，近衛騎兵隊，陸軍調馬廐と警視庁練兵所（楠木正成の銅像が立っている一帯）が置かれた。また大名小路（後に「丸の内」と呼ばれるようになった）は陸軍用地に当てられ（陸軍用ばかりではなく，現在の東京中央郵便局の所には司法省と大審院，三菱銀行・東京ビルの所には東京裁判所，東京駅のプラットホーム南端付近には警視庁が置かれた），陸軍の各部隊が駐屯し，練兵場が鍛冶橋と数寄屋橋の間の皇居寄りの一帯（現在，その跡には東京都関係の建物が散在している）に設けられていた。皇居の防衛を目的に旧大名小路（丸の内）に陸軍の各部隊が駐屯したものと言われている。

上記の丸の内一帯を軍用地引越のため政府が払い下げようとしたが，それに応じようとする者がなく，明治 23（1890）年，見かねて岩崎弥之助（三菱会社の 2 代目社長）が買い取ったという話は有名である。弥之助は整地した後，雑草を繁るに任せたので，荒涼とした一望の草原と化し，俗に三菱ヶ原と呼ばれることになった。後年，ここが三菱の丸の内ビル街となるのである。

大名小路，すなわち現在の丸の内についての余談は以上で終わりとする。

徳川による天下普請

　明治初年,江戸っ子ですら,皇居前の広場や内濠沿いの通り（現在の日比谷通り沿い）がかつて入江の中にあったことなど知らなかったろう。日比谷入江の埋立は,徳川家康の正式江戸入府——慶長8（1603）年で豊臣秀吉の死後5年目——からほぼ3年経って始められた第1回江戸城天下普請の中で実施されたのであった。

　その天下普請についてである。

　慶長8年8月（実動は約1年後であった）から天下普請を命ぜられた西国大名31家の手によって,江戸城の石垣用の石材と建築用の木材の江戸への搬送が始まった。それを受け入れる場所が日比谷入江の沿岸で,入江は港の役割をした訳である。

　慶長11（1606）年3月,建設資材が整ったところで江戸城本丸（現在の皇居東御苑の位置）と城の外郭工事が始まった。このとき日比谷入江が埋められたのであるが,その埋立に用いられた土は主に前述した呉服橋〜数寄屋橋間の外濠掘削によって生じた残土であったかと思われる。神田山を削ってその土を日比谷入江の埋立に用いたという憶測をするのは間違いである。家康が隠居地の駿府（今の静岡市）で没する（享年75歳）のは元和2（1616）年4月で,家康の側にいた旗本が江戸に帰るのはその後である。その駿河旗本衆のために幕府が用意した屋敷地が駿河台で,屋敷地を造成するために神田山は削られ平地化された。そういうことだから日比谷入江の埋立は,駿河台造成より10年余り早かったことになる。

　日比谷入江が埋め立てられるのと同時に代替水路建設の目的で江戸前島の尾根部を掘って前述の外濠が掘削されたのであるが,それを述べる前に第1回天下普請より前に行われた幕府直営の工事に触れておく。

　家康の本格的（正式）江戸入府は前に触れたように慶長8年だったが,仮の江戸入りがあったのは天正18（1590）年8月1日と言われている。その頃は,江戸前島は家康の領地とは認知されていない土地であった。家康は秀吉の目を盗んで江戸前島を取り込んでしまうのだが,そのことのために,江戸の地誌には,

　「草創期の江戸の原型についての記述はほとんどない」（鈴木理生「幻の江戸百年」）

　「天正18年（1590）から寛永8年（1631）までの41年間の,草創期の江戸に関する同時代作成の地図は全く発見されていない」（同前）

という。

　さて,天正18（1590）年に徳川直営の江戸普請工事が行われたが,家康はこの時期まだ将軍にはなっていない。秀吉が関白職を養子の秀次に譲り太閤と称したり,征韓令を下したりするのが翌年（天正19年）だったから,秀吉は徳川直営の江戸普請が行われたときはまだまだ元気だったのである。

　直営工事の柱は,平川の付け替え工事と小名木川の確定工事の2つだったが,ここでは前者だけに注目する。

　平川は小石川の低湿地の水を集めて,現在の大手門近くにあった日比谷入江の北端咽喉元に注いでいた。平川の上流は2つに分かれていて,西から上平川（平川の上流と見てよかろう）,東から小石川が流れ下ってきていたのだが,これらの川はいずれも本郷台地（その南端は神田山）の西側の低地を流れていた。一方,本郷台地の東側を台地に沿うようにして南下している旧石神井川という川があった。この川の河口の手前に「お玉が池」と呼ばれる池があり,そのすぐ南側の地点（今の江戸橋近く）で旧石神井川は今の東京湾に注いでいた。今はお玉が池の痕跡は何も残っていない（地名も残っていない）が,現在の神田岩本町,神田須田町2丁目,神田松下町の辺りに当たる。お玉が池と言えば,北辰一刀流千葉周作の道場があった所である。

　さて平川の付け替え工事のことだが,鈴木理生氏の「幻の江戸百年」の記述の助けを借りながら話を進める。

　小石川が今の白山通りを春日町,水道橋,神保町の各交差点を通って一ツ橋交差点付近で,次述する上平川（平川の本流）と合流していた。上平川の上流は支流が多かったが,鈴木理生氏の「江戸と江戸城」によると,小石川と合流する直前の上流は現在の外濠川（すぐ後に述べる）——飯田橋から一ツ橋交差点に向かい流れる——で,飯田橋から上流は現在江戸川と呼ばれている。

　外濠川は飯田橋駅と水道橋駅との中間で神田川から離れて南に折れ今の首都高速・5号池袋線（高架高速自動車道）の直下を流れ,昔の飯田町貨物駅——明治27（1894）年10月甲武鉄道の飯田町駅として出発し,後に国有化と共に貨物駅に変わり（1933年）,それが今から10年位前に廃され,現在は傍らにエドモントホテルが建てられている——を右に見て南下し現在の一ツ橋交差点に達していた。徳川幕府の直営工事実施前は,一ツ橋交差点付近で2つの川が合流し,平川として現在の気象台の前を通り大手門近くで日比谷入江に注いでいたが,この平川の入江への流入を止めるため幕府は一ツ橋交差点付近から東に向かって人工の川を掘り,平川の流れを切り替えたのであった。この人工の川は現在外濠川（一石橋から下流は日本橋川と呼ばれている）,すなわち神田橋→常盤橋→一石橋の流路として残されている。

上記の外濠川の掘削と平行して，日比谷入江の東側汀線上にあった現在の和田倉門付近から一石橋にかけて道三堀と呼ばれる水路が開削され，一石橋で上記の外濠川と合流された。この道三堀はスタート地点の和田倉門の付近で，現在の馬場先濠の方から一石橋側に向かって石樋によって水が落とされ，その水の落ちる様子が竜の口から水が吐き出されるようだということで，その辺りは「竜（辰）の口」と呼ばれるようになり，地名として親しまれた。現在の日本興業銀行の東側の地（明治時代の永楽町2丁目）にあった幕府の評定所は江戸時代「竜の口の評定所」と呼ばれたし，英国人ウォートルスによって設計され明治4年築と推定される煉瓦造平家建（東京で最初の煉瓦造で屋根は瓦葺で建坪約230㎡の大蔵省「竜の口分析所」は，明治5（1872）年に勧工場（物産を並べて販売する場所）が特設された折，その一部に転用されたが，後に勧工場が上野に移り博物館となってからも居据り「竜之口勧工場」として人々に親しまれた。しかし，明治23（1890）年に三菱会社に土地が払い下げられた（三菱ヶ原となった）のを機に同社の手により取り壊された。

余談が過ぎたので平川の付け替え工事に話を戻す。

道三堀と外濠川・日本橋川の開削により，江戸前島の付け根の西側に当たる日比谷入江の東岸（後の和田倉門付近）と付け根の東側に当たる現在の江戸橋近くとが直線状につながった訳で，これは日比谷入江と旧石神井川の河口を直線でつないだことを意味するものであった。

さて，天正の平川付け替えから16年経って第1回の天下普請が行われ，それがひとまず完成して慶長11（1606）年9月，2代将軍秀忠が江戸城に居を定めることになったのであるが，この第1回天下普請における大きな目的は日比谷入江を埋めることにあった。

日比谷入江を完全に埋めては入江に流れ込む水の排水処理ができないから，排水路をつくらねばならないが，それは後日に完成することとして，とにかく埋立が始まった。入江の中に普請お手伝いの大名の屋敷を割り当て，埋立は自分達の手で行うよう幕府は命ずる。その埋立土は，外濠を掘削して出る土を当てることにしたかと思われ，外濠は一石橋（道三堀と日本橋川の交差点）→呉服橋→鍛冶橋→数寄屋橋→山下橋→土橋→幸橋→虎の門→溜池を結んで設けられ，この外堀の水は一石橋→土橋（この間は江戸前島の尾根の線であった）と溜池→土橋の2系統で土橋（土で築造した堰）の所に集め，ここから人工の汐留川を開削して東京湾に流送させるという計画であった。虎の門→幸橋→土橋→汐留川を結ぶ線から南側の日比谷入江の入口部分に当たる海部分——現在の新橋1丁目～6丁目に当たる——も埋め立てられた。このための土をどこから運んだかだが，虎の門の南側の現在の虎の門2丁目～6丁目の台地を削ったと思しき地形が残ることや，その付近に江戸時代「土取り場」という地名が存在したことを想起すると，その辺りの土が運ばれたのではないだろうか。確かな史料がある訳ではない。因みに現在の新橋駅と増上寺を結ぶ線の西側に存在した海の部分は寛永年間までに完全に埋め立てられた。何にしても自分の屋敷予定地ばかりでなく，別の割り当てられた土地も埋め立てなければならないから，お手伝い大名達は土の入手に苦心したことだろう。これに対して，駿河台に屋敷を割り当てられた駿河帰りの旗本は，幕府が土地を造成し，分け与えてくれたから費用も掛からず，拱手傍観していればよく安穏であったのである。

余談が長く続き過ぎた。余談の目的は，日比谷練兵場の敷地が，徳川入府以前には日比谷入江という海の中にあったこと，したがって明治初めにこの敷地の地盤が軟弱であったことを明らかにすることにあったのである。

筏地形

軟弱地盤の地業・基礎という話柄で，コンドルの筏地形について書いてみたい。

コンドルが初めて東京の軟弱地盤に挑戦したのは，明治13（1880）年に竣工した開拓使北海道物産売捌所の設計監督においてであった。「明治工業史・建築篇」は，

「（売捌所は）煉瓦造2階建の美麗なるものなるが，地質宜しからざるをもってコンドルは基礎工事に非常に注意し，ついに筏地形を施したり」

と書いている。

当時の外観写真を見ると，白亜の豆腐のような恰好をした総2階建で，ヴェランダも塔もない。屋根は寄棟で瓦葺き，軒の出はない。屋根から煉瓦造の煙突が頭を出している。日本人何某の設計だと説明されれば，何の疑問もなく信じてしまいそうな変哲のない建物である。

この建物は隅田川畔の永代橋のたもとに関東大震災に遭うまで立ち続けた。異国風の煉瓦造の建物は，大川を船で行き来する人々や日本橋と深川を結ぶメインストリート——日本橋→小網町→新堀（後述）→永代橋→深川の道が当時は深川への主要な道であった——を往還する人々の目を引きつけたことだろう。

開拓使という言葉は，開拓のための組織とか役所という意味で，初代長官は佐賀藩主，鍋島直正，2代目長官は公卿出身の東久世通禧，3代目長官が有名な黒田清隆であった。

北海道開拓の歴史を述べるのが目的ではないから話を端折るよう努めるが，箱館戦争の平定をみたのは明治2（1869）年5月半ばで，明治新政府は7月に開拓使を設置する。長官が現地に着任したのは2代目からで，次官には明治3（1870）年から黒田清隆が就いた。彼は薩摩藩の出身で，箱館五稜郭攻撃において参謀として功を立て，そのまま北海道に留まっての仕官であった。時に29歳。翌年長官代理となり，現地にあって全権を握った。明治3（1870）年10月，樺太を視察して帰り，北海道防衛のため──士族救済の目的もあった──屯田兵制度の創始を具申したことは有名である。以後，北海道のため献身した。黒田が米国から西部開拓に経験を持つケプロン以下の技術者を招いて産業を振興しようとしたことは世に広く知られる──「ボーイズ・ビー・アンビシャス」のクラーク博士の存在は，特に広く知られる──ところである。だがそれは黒田の努力が向けられた一面で，彼は北海道開拓のため骨身を惜しまず広く動いた。献身すること10年，東京に物産売捌所を設けたのも黒田の意思であったろう。水産業だけが産業であった北海道にとって，内地への移出は，鰊粕，塩鮭，昆布などの水産物に限られていたが，それに農産物，鉱産物，官営工場からの工業生産物の移出が加わることが可能な体制が徐々にできつつあった。物産売捌所の東京開設はそうした裏打ちを背景にしての計画であった。

　江戸時代，各藩は藩の専売品，特産品を売捌く目的で江戸に蔵屋敷を持っていたが，それは多く東京湾岸と隅田川岸辺に存在した。北海道物産売捌所は，そういう風習に倣って箱崎の洲（箱崎町）に荷揚土場と簡単な事務所を持っていたが，北海道の発展が進むにつれ政府機関との連絡や情報収集のため事務機構の拡大整備の必要性を感じ出していた。そのため事務所建築を充実し，同時に物産陳列室，饗応室なども付置したい，そういう考えから物産売捌所が建築されることになったのであった。

　先程から筆を進めながら，「北海道開拓の村」（札幌市厚別区厚別町小野幌に所在）のビジターセンターとして使用されている開拓使本庁舎の復原（？）建物の偉容を思い出している。この復原建物は外観の再現を目指したものであるが，とにかく高くて──中央に八角の塔屋があるせいである──大きいのに圧倒される。こんな異国風の大きな建物が荒野の真中に立ったとき，それを遠望して北海道移住者はどのような感慨を抱いただろうか。

　開拓使本庁舎の着工は明治6（1873）年7月で建坪約560m²，総2階建。中央に前述した塔屋が聳えていた。原設計は木骨石張りであったが，石材の供給と石張り技術の面から石張りは断念し，木造で実施された。設計者は諸説あって定まらない。この建物は明治12（1879）年1月に焼失した。

　明治11（1878）年の初め，工部省から物産売捌所の設計受託について打診されたとき，コンドルは来日後初めての作品となる上野公園内の帝国博物館の設計を手掛けているところであった。東京湾の波止場近くに建設したいと施主が希望していると聞き，興味を示す。本郷の加賀屋敷跡の官舎と虎の門の役所との間を人力車で往復する毎日が続き，ゆっくり隅田川の景色を眺めたことがなかったからコンドルは心を躍らせて建設予定地の視察に赴いたことだろう。

　幕末というより江戸時代を通じてずっと隅田川には5つの橋しか架かっていなかった。隅田川は千住辺りから下流を指して呼ぶようだが，「大川」とも別称された（この稿でもしばしば「大川」と呼ぶ）。

　5つの橋のうち最も古いのは千住大橋で，文禄3（1594）年に架けられた。幕府は江戸城防備の策から隅田川に橋を架けることを嫌ったが，その後4つの橋を架けた。最初に架橋されたのが両国橋で，万治2（1659）年で，明暦大火の翌々年のことであった。江戸市中の2/3が焼失した上記の明暦大火のとき，避難する市民が隅田川の右岸まで逃げのびたが，川を目前に多数焼死した惨事が架橋を促す動機になったと言われる。

　両国橋に次いで，以下のように架橋された。

新大橋　元禄6（1693）年
永代橋　元禄11（1698）年
吾妻橋（東橋，大川橋）　安永3（1774）年

　吾妻橋の架橋がずっと遅れたのがわかるが，上の架橋の順序は隅田川左岸の開発発展が進んだ順序を示すものであるから順序に注目して欲しい。

　コンドルが永代橋の西側もとに立ったとき，上流には上記の4つの橋が架かっていた訳だが，隅田川は蛇行しているから見えたのはすぐ上の新大橋だけだったはずである。ついでながら，永代橋を初めとしてすべて隅田川に架かる橋は当年は木造であった。

　永代橋は東詰まで長さ約220mで対岸は深川・佐賀2丁目で，コンドルは橋の中央に立ち，大川の勢いよく流れる川面を眺めながら，少年時代にテムズ川に架かる橋の上から見た光景を懐かしさを以て思い起こしていたことであろう。以下は筆者の手になる永代橋の歴史である。

　最初に橋が架けられたのは元禄11（1698）年で，上野寛永寺の根本中堂を造営した際の残りの木材を使ってこの橋は架設された。当時の橋長は約200m，幅5.9mで，対岸（深川）のかつて永代島（後述）と呼ばれた辺りに橋が架けられたことから永代橋という名前が起こっ

た。船の往来のため非常に高い橋で，「江戸第一の大橋」
と言われた。

　享保4（1719）年に洪水で永代橋は破損し（それ以前
は洪水による落橋はなかった），この橋が従来から，維
持・修理に金のかかる物入りの橋だったので幕府は廃橋
を決めたが，深川の町内が経費を負担し，かつ通行人か
ら橋銭をとることの許しを得て危うく廃橋を免れた。し
かし寛保2（1742）年には大水で橋が流されるという災
に遭った。また文化4（1807）年8月，深川八幡の産土
祭りの日に橋の中央から深川寄りの橋板が落ちて大穴が
あき，群衆が大川に墜落して死者（死傷者という説もあ
るが）1,500人余りを出す惨事が起きた。

　深川の開発についてである。

　徳川家康は江戸入りに先立って，天正18（1590）年2つ
の直営工事を以て江戸普請の口火を切ったが，その一つ
が前に触れた平川の付け替えと道三堀開削の工事で，も
う一つが小名木川の確定工事（汀線の内側に舟が通れる
水路をつくり，海の側に小規模な埋立を行った）であっ
た。現在の小名木川がそれである。

　上の小名木川確定工事の後，江戸開府に当たり家康は
慶長8（1603）年摂津（大阪府）から深川八郎右衛門を頭
領とする集団を招いて，隅田川左岸に地を与え（現在の
江東区常盤町の辺り――隅田川の新大橋と清洲橋の中
間――で隅田川とつながる小名木川の西端に当たる所）
現在の堅川（小名木川の北にあり，それと平行して東西
に走る水路）から南方の海にかけての地域の陸地化工事
を委託した。現在の深川の地名は頭領の八郎右衛門の姓
をとったもので，初めは深川村と称した。

　その後，寛永6（1629）年に第4次江戸天下普請が始
まり，これと並行して深川の開拓が進められた。8人の
頭領に引率された8つの組（漁業者集団）がこれに参加
し，清澄町，佐賀町，相川町，熊井町，富吉町，諸町，黒
江町――これらの町名は元禄年間に始まり，明治初年の
地図に認められるなど8町ができた。もっともこの8町
が立ち上がる前は総称して深川猟師町と呼ばれていたが，
この猟師は漁師を意味するもので，天下普請に従事する
労務者に鮮魚を供給することを業として命ぜられたとい
う。この辺りの記述は「幻の江戸百年」に従っているが，
同書はさらに，長盛という僧が上記の漁業者の助けを借
りて洲渚（砂洲）を陸地化して（江戸城建設の残土を運
び）幕府に寄進し，その見返りに永代寺と富岡八幡宮の
建立許可を得たと書いている。この島が永代島でその面
積は6万坪余（約19ha）で，位置としては前出の猟師町
の東続きの砂洲であったと考えられる。その完成の時期
は深川猟師町の完成よりも当然遅かったと見たいが，あ

る書に「承応中（著者注：1650年代初め）には沼地を埋
めて永代寺門前町其の他となしたり」（塚本靖著「埋立地
と震害」，建築雑誌，1923年9月号）という記述がある。
しかし，永代寺は富岡八幡宮と共に寛永4（1627）年創
建されたと伝える書物もありはっきりしない。

　地下鉄東西線門前仲町駅を出て永代通りから深川不動
尊の参道に入ると，両側に食物屋や食料品を売る店舗が
立ち並び参詣者で賑わっているが，その参道の右手に小
さな御堂をもつ永代寺がある。深川不動尊は元禄の頃，
この永代寺へ成田山不動尊から出開帳したのが始まりで，
江戸市民の信仰を集め，1日と15日の縁日には参詣者
で賑わったと伝えられる。今では不動尊と永代寺の勢力
は主客転倒している。また富岡八幡宮は不動尊の東隣に
あり，勧進相撲――発祥は貞享元（1684）年で江戸時代，
本場所が31場所も催された――で有名で，落語に出て
くる「富くじ」もここの境内が舞台になっている。

　江戸の街と不動尊，八幡宮をつなぐために市民が幕府
を動かして永代橋を架けさせることになったと言ってい
いだろう。因みに永代橋を深川の方へ渡った所は今では
永代1丁目と呼ばれている（昭和戦前期にはすでに永代
1丁目であった）が，そこは明治初年には相川町，熊井
町，富吉町と呼ばれていた。

　明治11（1878）年の初め，冬空の下にコンドルは永代
橋の中央に立って目を河口の方へ転ずる。橋の先は河口
で（当時は永代橋から下流に橋はなかった），河口の鼻
先には石川島が見えた。島の北端（手前側）に見える建
物は造船所の施設だと聞かされる。正式の名称は石川島
平野造船所であった。

　造船所の奥の方には，懲役場から名を改めた監獄署が
あると聞かされ，また石川島の南側の裏には佃煮で有名
な佃島があると聞かされたと察せられるが，コンドルは
監獄にも佃煮にも興味を示さなかったであろう。

　石川島についてである。

　往時（徳川幕府が起立した頃），隅田川の河口の鼻先
には三角形の洲嶼があり三国島と名づけられていた。寛
永3（1626）年，幕府から石川氏（旗本）に島が与えら
れたことから石川島の名が起こったが，その石川氏が寛
政3（1750）年に替地を賜り島を離れた後，島には府内
の無宿浮浪の徒が集められて「人足寄場」となった。

　この島の河口寄りの所に，幕府により造船所が設けら
れたのは幕末の安政3（1856）年で，ここで日本人の手
で初めて洋式軍艦（旭日丸）が建造された。維新後は
官収されて海軍省により管轄されることになり，明治5
（1872）年10月石川島造船所と命名された。その後，明
治9（1876）年に平野富二に払い下げられ，石川島平野

142　第9章　臨時建築局　その3

造船所と改称された。後年の石川島播磨重工業（株）の前身である。

余談が続くが、次は佃島についてである。

明治維新後、石川島と佃島は、併せて「佃島」と呼ばれることになったのであるが、コンドルが永代橋の上に立っていた頃は、2つは別々の島で、大きな石川島の南側には狭い水路を隔てて、西に（明石町寄りに）佃島、東に台場——元治元（1864）年に幕府が築いた砲台——があった。

佃島の創始の時期については2説あり、一つは天正18（1590）年、もう一つは慶長17（1612）年とするものである。ではあるが、許しを得て佃島を造成し、移り住んだのが摂津国西成郡（今の大阪市西淀川区）の佃村と大和田村の漁師であったことは確かなようである。

移住した漁師の数は33人とも34人とも言われ、頭領は森孫右衛門であった。江戸の近くの海と川で漁をすることを官許されると共に鮮魚を幕府に納入することを命ぜられた。当時日本橋川の河口であった小網町の洲に居住し、幕府に納入した余りの魚を街売りすることを思いつき、元和2（1616）年許しを得て、日本橋川の左岸の日本橋と江戸橋の間に当たる本小田原町の地に魚市場を構えた。これが日本橋魚市場の濫觴であった。その後、漁師達は官許を得て石川島の南側の洲嶼を造成して島となし、佃島と称して正保元（1644）年からこの島に住むようになった。鎖国が完全実施された寛永18（1639）年から5年後の出来事であった。

漁師達は島の東北隅に故郷大阪の住吉神社から分神を奉遷し、大鳥居を立てた。後にこの島は佃煮と佃囃子——3年に1度8月に催す——で有名になる。有名だった「佃の渡し」は、対岸の鉄砲州との間を船頭が竿や櫂で舟を漕いだもので、大川の渡しは数ヶ所あったが、江戸時代から長く続いて最後まで残ったのがこの渡しだった。昭和39（1964）年9月佃大橋が完成したのを機に長い歴史に終止符が打たれた。

江戸時代には永代橋の西詰に船番所——大川を通行する舟を検査したり、運上金を取る幕府の役人の詰所——があり、幕末、西詰の番所の前は小さな広場になっていた。明治の初め、コンドルがそこに立ったとき、その一郭だけ新永代町という町名を与えられ、広場の面影がまだ残されていた。

この広場の北側は開拓使の敷地になっていて（幕末に久世大和守や松平伊豆守の下屋敷があった所）、その広い敷地に——今の日本橋箱崎町のほぼ南半分——には木造の小さな倉庫や付属施設が散在していた。因みに後に述べる事情のため開拓使が廃止された後は、上の敷地は日本郵船会社（明治時代最大の海運会社）や三井倉庫の使用に供されたのであった。

さて北海道から江戸へ送られてくる鰊粕、塩鮭、昆布などの海産物は一旦上述の敷地の土場に荷揚げされ、そこで仕分けされたうえで倉庫に入れられ、あるいは小舟で日本橋川を遡って日本橋の魚河岸へ送られた。荷車で運ぶとすれば、日本橋川の左岸を川岸伝いに北堀新町、小網町と進めば一本道で魚河岸に達する。距離にして1km半足らずである。土場を箱崎町に設けた理由は以上の状況説明によって明らかであろう。

上の魚河岸は、関東大震災の災禍により築地に移るまでは、江戸時代からずっと鮮魚や海産物の集散の中心であった。明治政府は美観と衛生の観点から長年にわたり魚河岸の移転を計画し続けたが、業者の反対があり、大震災に遭うまでは魚河岸移転は実現しなかった。

以下余談である。今、日本橋の東北のたもとに乙姫広場と称される猫の額のスペースが残されているが、ここに「日本橋魚市場発祥の地」という柱状の石碑が立っている。一心太助が登場する魚河岸は鎌倉河岸で、ここの魚河岸と混同されている向きがあるが、それは誤りである。鎌倉河岸は大久保彦左衛門が住んでいた駿河台の下にあった河岸で、同じ日本橋川（外濠川）の左岸にあったために混同を招いているが、鎌倉河岸魚市場の方が日本橋魚市場より上流にあったのである。

さて、コンドルは開拓使の箱崎の敷地とその周辺を広く見て廻り、永代橋の西詰の幕末に舟番所があった位置に物産売捌所の建物を建てることを心に決めた。隅田川を渡って深川に達する当時のメイン・ストリートは、日本橋から日本橋川に沿いその左岸を小網町、北新堀町と進んで永代橋の西詰に達するものだった。コンドルは物産売捌所の玄関をこのメイン・ストリートに面して設けようとした訳である。建物が竣工した後、玄関の前の橋留まりには客待ちの人力車が屯し、食物を売る屋台が並ぶことになったが、コンドルは果たしてそれを予期していたであろうか。

東京大学の加賀屋敷跡の官舎から、あるいは虎の門の工部省か工部大学校から人力車に乗って日本橋に達し、日本橋川に沿って道を下りながら、彼は売捌所の位置は決めたものの基礎をどうしたものかと思案にくれたことだろう。開拓使の吏僚は「木造でよい」と言い、あるいはむしろ「木造にすべきだ」と言ったが、コンドルは頑として応ぜず煉瓦造で行くことにしていたから、重い建物を支える基礎のあり方に腐心していたのである。

コンドルは英国生まれの建築家だから煉瓦造には馴染みが深かったし、来日以来日本人が異常とも思えるくら

い煉瓦造に対し憧憬を抱いていることを見ていたから，彼は煉瓦造を設計することが自分の使命であり，義務であると思い込んでいたであろう。

さて物産売捌所の筏地形についてである。

「明治工業史・建築篇」は売捌所の仕様書を引用しているが，その中に売捌所の北に設ける船入堀について次のような叙述がある。

「この建築地所は甚だ粗悪の地質ゆえ，地形根切の外一切その近傍に溝等を掘るべからず。但し当建築場所の後にある船着場取り広めの儀は，地形杭打ち込み方成就の上，建築創業前に着手すべし」

売捌所の地盤が船入堀の拡張工事により撹乱されることを恐れ，売捌所の地形杭を打ち終えてから船入堀の工事に着手するよう命じているのである。

売捌所の地盤について，「造家必携」の中でコンドルは次のように口述している。

「河海の近きを以て，地質甚だ不安定の泥土なるが上，その層盤極めて厚くして深く，これを探るも次層を知るに至ら（ず）」

そこで側石（現在の構法概念からすれば布基礎に相当する）の外面から外に向かい1.8mの範囲の建物下部を一面に深さ45cmまで根切り掘り（掘坪450㎡し，その周囲に長さ4.5m，断面24cm角の松杭を約1.8m間隔に打ち，この松杭の両側に12cm角の松材を横に上下2本ずつ（互いの間隔は約1m）渡し（かつ松杭に切り込ませ），その両側の横材の間に厚さ12cm，長さ3.6mの松材を連列し隙間なく縦に打ち込んだ（板杭というべき形となる）。これは建物の重量や水流により泥土層が横逃げするのを防ぐためであった。次に囲杭内の根切り部分を1m掘り，水を排出して泥土層面を乾かした後，底面を平準にした。この平準面に松材を縦横格子状に組んだ（縦が上段，横が下段となるようにし，ところどころ縦横材の重なる交点をボルトで締めた）枠組（これを筏と呼んだ）を置き，この筏枠組の間と上に深川工場製セメントと川砂と玉川砂利で作ったコンクリート（当時は「セメント練り砂利」と呼んだ）を厚さ1m（3尺3寸）となるよう，高さ2.1～2.4mの高足場より投げ込んだ（一層ずつ万遍なく平らに行きわたるように）。

コンクリートは「堅質且つ鼠色のハイドローリック・セメント，あるいは善良のポルトランド・セメントと清潔なる大粒砂利，あるいは焼粘土，あるいは煉瓦屑とをよく混合せしもの」であること，その調合はセメント1に対し砂利あるいは煉瓦屑（7.5m以下）0.5とすると仕様書は謳っている。

明治11（1878）年3月，工部省はコンドルを設計者と

して開拓使に推薦した。そして6月から前述の囲杭の工事が始まり，明治13（1880）年7月，物産売捌所はほぼ竣工し開業した。しかし，明治15（1882）年10月，この建物は日本銀行に転用され，同行がここで営業を開始することになった。その原因は一言で言えば黒田清隆の失脚であったが，そのまた原因となると，国の財政事情，北海道官有物の関西貿易商会（五代友厚）への払下げ，明治14年の政変，伏魔殿的な権力闘争などが絡み合っていたとされ，その因果関係を論理的に説明することは筆者の手に余る。一般の歴史書を読者が精読下さることを期待したい。

現在の永代橋は，物産売捌所が建てられた頃の木橋の永代橋から下流150mほどの所に架けられている。橋の長さ（スパン）は185.2m，幅は22.0mである。明治30（1897）年10月にわが国の道路橋として最初の鉄製の橋という触れ込みで架けられたものが，関東大震災（1923年）の際大破したので，これに代わって昭和3（1928）年に架け替えられた（前と同じ位置に）のが現在の橋である。

「中央区史」（1958年）が引用している横地入輔という人の文章を孫引きすると，現在の永代橋の一代前の鉄橋が架けられた明治30（1897）年頃には「まだ高等商船学校の校舎が南新川の出口の角」にあり，洋式帆船の練習船が「校舎に対峙するように，大川の中央から少し西寄りに繋留されていた」という。高等商船学校が対岸の越中島に移転するのは後年のことである。

ついでながら，現在の永代橋の西詰の南側には「船員教育発祥の地」という石碑が置かれていて，碑文には，

「内務卿大久保利通は，海運政策を進めるに当たり，船員教育の急務を提唱し，三菱会社長，岩崎弥太郎に命じて明治8年11月この地に商船を開設させた」

「永代橋下流水域に成妙丸を繋留して校舎とし，全員を船内に起居させて行われた」

とある。

さらに横地氏の文章を引用すると，

「秋から冬へかけて朝々，この辺一帯は活気に漲っていた。汽船の汽笛黒煙り，商船学校の朝のラッパ，新川筋には朝の積荷が始まる。各酒問屋の倉庫から，その店々の桟橋へ無数の菰被りの酒樽がころころと転送されてくる。樽ころと言われる酒屋の若者は幅1尺程のアユビ板（筆者注：アイビ板ともいう。幅30cm，長さは9mくらい）の上を巧みにその傾斜を利用して自店の伝馬船へ酒樽を積み込むのである。それがどの問屋も一せいにするので壮観でもあった。」

明治30（1897）年頃は灘五郷や堺辺りからの酒樽の

輸送は，帆船の樽廻船への船積みが姿を消し（著しく衰微し始めたのは，物産売捌所が竣工して間もなくの頃から），蒸気船一辺倒に変わっていたが，汽車積みでの輸送はまだ稀少であった。

新川の名前が現われ，酒樽のことが出てきては，話柄をそれに転じなくてはならない。

新川は霊岸島をほぼ東西に横断している堀割である。霊岸島には船入堀を凵形にめぐらした越前堀と呼ばれるもの――佐賀の松平越前守の下屋敷（蔵屋敷）にめぐらした堀だったことから越前堀の名が起こり，明治初年から町名としても名があったが，現在は新川2丁目の一部になっている――があったが，横断する堀割は新川だけであった。

新川は江戸時代から下り酒――灘を初めとする西日本から送られてくる酒のこと――の本拠地として知られてきた。下り酒を委託販売形式で仲買小売人に販売する問屋が新川の岸辺に軒を列ね，土蔵造りの酒倉がその影を新川に落としていたのであった。なお新川の酒問屋街というときは，近くの新堀（この後で触れる）や南茅場町（現在の日本橋茅場町1丁目）の河岸の問屋街も含めて通称していたようである。上の河岸の情景も，明治後半に入って酒樽の汽車積みの盛行により精彩を失い，戦後の昭和24（1949）年には戦災によって生じた灰燼によって新川は埋め立てられてしまった。しかし昭和30年代半ば頃までは，「東京の酒類卸問屋街としての王座を保持して」（「中央区史」，1958年）いたのであった。

繰り返しになるが，江戸時代，上方で回船問屋の手で樽廻船に船積みされた酒樽は，樽廻船が江戸港に入ると，大川口で伝馬船に積み替えられて隅田川を遡り，新川や新堀の河岸に軒を連ねる土蔵造りの酒倉に接岸し，陸上げされた訳である。

次は新堀の話である。

一ツ橋辺りで平川を付け替えて外濠川となった流れは竜之口から流れてきた道三堀と一石橋でぶつかる。一石橋を過ぎたら外濠川は日本橋川と名前を変える。日本橋川は日本橋，江戸橋，鎧橋，茅場橋を通り，大川（隅田川）に注ぐのだが，霊岸島と箱崎の間にさしかかる所から，新堀と別称されるようになる。明治年間，新堀の北側は北新堀，南側は南新堀という町名で呼ばれていた。

物産売捌所は上の北新堀町の南端に建てられた。新堀の隅田川に注ぐすぐ手前には現在，梯子を横にした形（フィーレンディル形式）の鉄橋，豊海橋が架かっている。現在の永代橋の方（換言すれば永代通りの方）から歩いてきて豊海橋を渡ると，そこが木橋時代の永代橋の西詰であった。今そこには永代橋解説板をはめ込んだ石

の塊りが据えられている。この石の塊りの向かって右脇を通って大川端に向かうと，リバーサイドテラスに出る。満々と水を湛えて河口に向かう隅田川の流れは壮観である。

リバーサイドのテラスとは反対方向（日本橋方向）へ新堀に沿うようにほんの一寸歩くと，大川を見下ろすように立つ超高層の日本IBM箱崎ビルの敷地の一部を削って黒御影石の低い記念碑が据えられている。この碑には旧物産売捌所の外観を浮き彫りにした銅板がはめ込まれ，碑文は次のように刻まれている。

「明治十五年十月十日　日本銀行はこの地で開業した
　明治二十九年四月　　日本橋本石町の現在地に移転した

創業百周年を記念してこの碑を建てる
　　　　昭和五十七年十月
　　　　　　　日本銀行総裁　前川春雄」

日本橋・本石町の日本銀行は明治23（1890）年10月1日起工し，同29（1896）年2月に竣工した。辰野金吾の作として知られ現存しているものである。本館は地下を入れて4層で，地下6mの所に土丹層があり，この上に「大玉砂利厚さ2尺（60cm）程を入れて平均し，その上に厚さ8尺5寸（約2.6m）のコンクリートにて1枚地形となした」（明治工業史・建築篇）。また「壁等も頗る堅固なることは地下室の壁厚9尺（2.7m）の所あることにても知り得るべし」（同前）ということであった。

旧物産売捌所は，日本銀行が日本橋・本石町に移転後は同行の集会所・倉庫等として使われ，後に勧業銀行の使用するところとなったが，関東大震災の際焼失し，昭和3（1928）年に解体された。

黒御影の石碑を背に南を向くと，道を隔てて壁に「三井倉庫」と四文字を大書した小振りのビルが立っている。そのビルの後（南側）が新堀である。真昼の新堀には往き来する船の姿はなく，川は昼寝しているように静かである。左手が先刻書いた豊海橋で，古地図を見るとこの橋は「乙女橋」とも呼ばれていたらしい。初めて架橋されたのは初代の永代橋が架けられた翌年であった。

豊海橋の日本橋側（上流）には湊橋という橋が架かっているが，ここまでが新堀で，その一寸上流（霊岸島と箱崎を離れた所）からは日本橋川である。

明治の初め，新堀の河岸にも新川と同じように土蔵造りの倉が並び，その影を川面に落としていたことだろう。コンドル設計の物産売捌所の壁が白亜だったことから，新堀に望むそれらの土蔵造りの倉の壁は白かっただろうと想像されるのである。

臨時建築局の終焉

　明治19（1886）年5月から列国共同で行われた条約改正会議が開かれ、明治20（1887）年4月下旬に裁判管轄条約案が修正議了された。エンデが来日する直前のことであった。この頃、井上馨の頭の中は上の条約案のことで一杯で、ホープレヒト案とエンデ案の優劣比較などには上の空であったろう。井上は、条約案修正に対する内外からの批判の火の粉を振り払うのに忙殺され、エンデが行った載荷試験が無駄に帰したと聞いても、話が耳にはいらなかったであろう。

　裁判管轄条約案の内容に対する朝野の非難が熾烈だったことについては一般史に詳しいから略すが、エンデが日本を発ってから旬日して伊藤博文首相は井上馨外相に条約会議の無期延期を通告させる。明治20（1887）年7月のことであった。そして2ヶ月後の9月17日、伊藤は在任8年に及んでいた井上外相を辞任させた。それから日ならずして井上は臨時建築局総裁をやめ、三島通庸も副総裁を去った。そして、同局の業務は内閣から内務省へ移されたのであった。

　かくて井上により井上のためにつくられた井上の臨時建築局は崩壊したのであった。

　井上は総裁を離れた身なのに、辞職後3ヶ月近く経って未練がましく議院建築の設計に注文をつける手紙をエンデの事務所へ送ったりする。芳川はそれと同じ月の12月、ドイツへ派遣していた2人の技手渡辺と河合を妻木と同格の四等技師に昇格させ、その後間もなく3人の技師に帰国を命ずる。妻木は帰国の経路を当初から渡辺・河合と異にする方針をとっていたが、出立の（明治21（1888）年4月）直前になって俄に病を発し残ることになり、結局帰国は渡辺・河合よりも4ヶ月遅くなった。渡辺・河合が帰国の途に就く前月の明治21（1888）年3月、芳川はエンデ・ベックマン事務所と契約業務内容を正式に更改し（引導を渡し、委託内容を狭めた）、そのうえで総裁代行を退いた。すなわち、設計監督の依頼は議事堂、司法省、裁判所の3つとし、海軍省と同大臣官邸は設計のみに限るとしたのであった。

　臨時建築局を掌中に収めた内務大臣の山県は、おもむろに権力の失地回復を計り始める。空位になっていた臨時建築局総裁に長州出身の山県閥の品川弥二郎を推すが、駐独公使の品川は職に留まることを固執する。そこで止むなく同年2月山尾庸三を総裁に推した。

　山尾は総裁に就任すると直ちに帝国大学教授の辰野金吾を呼んで3等技師を兼任させる。4等技師の松ヶ崎万

長、妻木頼黄よりも上格である。その年の12月には松ヶ崎万長が工事部長（5月に任命された）を辞して臨時建築局を去ると、後任の工事部長には辰野が任命されたが、辰野は同年8月、日本銀行の設計を担当することになり、視察のため渡欧する。そこで辰野の後任として明治21（1888）年7月以来裁判所の建築主任を務めていた渡辺譲が工事部長心得に登用され、裁判所の建築主任の後任には東京府庁舎の工事に当たっていた妻木頼黄が充てられた。4等技師として渡辺より先任であった妻木を抜いて渡辺が上位のポストに据えられたのである。

　上述の辰野・渡辺の登用人事により井上体制とは打って変わった工部大学校派体制が確立された訳であるが、これは山県の指図ではなく、山尾総裁の意思であったろう。山尾は工部大学校の創設を建議し、その草創期の基礎固めに力を尽くした人であった。

　工部大学校の卒業生が指導層になることにより、日本の工業社会は官庁も産業界も秩序づけられ、それによって日本は舶来一辺倒の技術や文化から脱却しなくてはならない。それが工業に対する山尾の生涯を通しての変わらざる信条であったはずで、上の人事はその信条を貫いたものであったと言えよう。

　ついでながら、明治の初めから工部省内で鉄道のことに関して牛耳を執り、明治18（1885）年鉄道局長官となった井上勝は、工部大学校の卒業生に対して事あるごとに冷淡な態度を以て臨んだので明治10年代後半に同校の卒業予定者（特に土木分野の）の間には工部省に就職するのを忌避する空気が醸成されていたと言われる。井上勝がそうした偏頗な考えを抱いた背景には山尾に対する悪感情があったとされる。井上勝が野村彌吉と称していた頃、井上勝と山尾は同藩の伊藤博文、井上馨、遠藤謹助と共に密航して英国へ留学（文久3（1863）年）し、2人は一緒に滞在すること数年に及んだというのに人間の感情というのは複雑なものである。

　山尾は「工部大学校」風を吹かしたと言われる。このことと、井上勝が6歳年下で工部省内で山尾の後塵を拝し続けたことなどが重なって井上勝が山尾を疎むようになったかと思われる。

　近代建築の長い歴史の上から見れば、臨時建築局の異常人事もドイツ人技術の失策も瞬時の幕間狂言であった。しかしそれによってわが国の建築と建築界の進もうとした方向が軌道修正されたことを見落とすことはできない。すなわち本流視された英国風の建築スタイルに代わってドイツ風が台頭することになったし、学歴的には嫡流に属さなかった妻木頼黄が嫡流の工部大学校の卒業生を押しのけ、「迫り」に乗って表舞台に登場する契機が生まれ

たのであった。妻木が舞台上で活躍したことについては
後に触れる。

妻木頼黄の台頭

　山尾新総裁の体制下で中央官庁集中計画は検討し直さ
れ、コンドルの当初案とほぼ同じ方向で行くことが決定
された。現在の霞ヶ関官庁街の配置はこれに基づいたも
のとなっている。このとき、コンドルはすでに山尾総裁
との間で雇聘延長契約を結び終えて、臨時建築局を本務
とする立場にあった（帝国大学造家学科の講師を兼ねな
がら）。明治21（1888）年9月のことで、この頃妻木は
まだ欧州から帰国の船旅の中にあった（帰国は10月）。
　さて官庁集中計画の終末劇についてである。
　新任の山尾総裁の下に、設計は辰野、工事は松ヶ崎が
統べるという体制がとられ、日比谷練兵場の利用計画は
コンドルの当初案に決まり、司法省と裁判所の工事が始
められた（ドイツでの製図担当に従って司法省の工事は
河合浩蔵、裁判所の方は渡辺譲の担当と決まった）。一
方、議院の建築は吉井茂則が担当した。吉井は、瀧大吉
が去った後、臨時建築局に陸軍省から臨時に出向し、明
治20（1887）年12月に臨時建築局4等技師として迎えら
れていたのであった。しかし以上は工事の担当、すなわ
ち建築主任の話で、設計担当の権限は依然エンデ・ベッ
クマン事務所の手中にあったのであった。
　さて、上述のように工事担当の体制ができあがったと
ころで、明治21（1888）年9月、渡辺が工事部長心得を
命ぜられ、松ヶ崎を助けることになった。これには辰野
が外国視察に赴くため、工事部長を辞任したという背景
があったが、渡辺の昇格には工部大学校出身者の臨時建
築局支配の体制を維持しようとした権力者の意思が感じ
られる。ところがその直後の10月に妻木が日本に帰っ
てきた。妻木と渡辺は4等技師という点では同格である
が、妻木の方が先任であるという点で補職の面で問題が
起こったかと想像される。
　11月、渡辺は裁判所の建築主任を妻木に譲る。渡辺は
依然工事部長心得だから補職面では渡辺の方が妻木より
も格上であったが、ドイツで裁判所を担当していたのは
渡辺だったことを思うと、渡辺には複雑な思いがあった
であろう。
　さて、渡辺は四谷尾張町に新築される学習院の校舎（煉
瓦造2階建）を担当することになり設計に着手する。そ
して明治22（1889）年1月、学習院から営繕工事監督を
嘱託された。上の人事は渡辺にとってみれば、出向を命
ぜられたも同然だった。しかも学習院校舎の起工は同年

10月だったから工事監督の辞令を受けてから随分間が
あったことになる。
　それより前、明治21（1888）年12月、山尾総裁は契
約満期を機にエンデ・ベックマン事務所と縁を切る措置
をとった。井上失政はようやくこのとき終止符を打った
訳である。工事部長であった松ヶ崎はこれを機に辞職す
る。工事部長の後を誰が襲ったかわからないが、学習院
の工事担当に移ってから以後臨時建築局廃局に至るまで
渡辺が部長心得であり続けたことは確かである。とにか
く、官庁人事というのはスタートで万事が決まってしま
うものらしく臨時建築局に入ったとき妻木が4等技師で
渡辺が1等技手であった差は後々埋められることなくつ
いて廻ったのである。同局が廃局となったとき、妻木は
3等技師に昇任されたが、渡辺は4等技師のままで非職
となり、両人が後に同時期に内務省に転任されたときは、
妻木は内務3等技師、渡辺は4等技師（河合も4等技師
だった）に任ぜられている。妻木の存在は渡辺にとって
ばかりでなく、工部大学校出身者にとっては目障りな目
の上の瘤だったと思われる。後世の史家によって、妻木、
河合、渡辺はドイツ派を創始した建築家と見なされてい
るが、河合と渡辺が草葉の蔭で知ったら、妻木と一緒に
させられるのは迷惑だと顔をしかめるかもしれない。
　明治23（1890）年3月、司法省や裁判所の完成を見な
い段階で臨時建築局は廃局となり、残務は内務省土木局
に移管され、7月、妻木、渡辺、河合は内務省に移った。
妻木は3等、渡辺と河合は4等の技師に任ぜられた。
　井上馨演出による臨時建築局の官庁集中計画は、大風
呂敷を広げたままで放り出され、一場の茶番劇と化した。
大山鳴動して鼠二匹であった。かくて妻木は工部大学校
の先輩を抑えて格上の技師に任ぜられ官界における建築
ボスへの牢固とした足掛かりを得ることになったので
あった。その後、妻木は内務省を足場に、大蔵省勤めも
兼ねて官界でのスタンスを広め固めて行くのだが、煎じ
つめればその足掛かりの種を播いたのは井上臨時建築局
総裁の人事であった。
　以前触れたように渡辺と河合は妻木とそりが合わな
かったから妻木の采配の下に働くことを快しとしなかっ
たであろう。渡辺は臨時建築局在職のまま学習院の工事
に関わり、その後コンドルが設計した海軍省および海軍
大臣官邸の建築主任も兼ね、内務省に移ってからもこれ
に従事したが、明治24（1891）年請われて清水組に移り
技師長となる。当時、清水組は坂本復経が死去し技師長
の席が空いていたので、清水満之助が請い、辰野金吾が
推して渡辺を迎えようとしたのであった。学習院は煉瓦
造2階建で、明治22（1889）年10月起工、翌年9月に

第9章　臨時建築局　その3　147

❾-1 河合浩蔵の設計した旧司法省（現存）

竣工した。渡辺は翌々年初めに清水組に入った。渡辺は妻木と席を同じくすることを快しとせず、それが渡辺をして内務省を去らせる大きな動機になったようにも思えるのである。

因みに坂本復経は安政2（1855）年肥前国に生まれ、明治4（1871）年佐賀藩の命を受け上京して燈台学寮に入り技術1等見習中級に至ったが、明治7（1874）年辞めて工学寮に入学、土木を専攻した。しかし、測量中に怪我をして1年遅れ、造家学科に転じて明治14（1881）年に工部大学校を卒業（第3期生）した。卒業後、工部省営繕局に入り、北白川宮邸建築掛などを経験し、同省廃止に伴い内務省に入り（内務技師補）土木局勤務となったが、在局1ヶ月で清水組に移り技師長となった（このとき31歳）。移ってすぐの明治19（1886）年8月清水満之助と共に欧米漫遊に出発して翌年3月帰国した（満之助は旅中に病を得て翌月亡くなった）。そして外遊の目的であった永田2丁目鍋島邸の西洋館（煉瓦造2階建）の設計に早速とり掛かり、9月起工したが、翌年（明治21年）5月急逝した。享年33歳の若さであった。坂本急逝の後、鍋島邸は辰野→片山が監督を引き継いだ。坂本は工部省在任中から清水満之助の顧問となり清水組の工事一切に干渉したと言われる。

渡辺に関連し河合浩蔵の話をしておく。

河合浩蔵については後に随時触れるつもりであるが、今は河合が内務省を去った時期について記しておきたい。

河合が設計監督を担当した司法省の庁舎は臨時建築局時代の明治21（1888）年に起工し明治28（1895）年12月に竣工した。現在もこの建物は桜田通りを隔てて警視庁と向かい合い屹然と立っている（写❾-1）。関東大震災ではほとんど被害を受けなかったが、昭和20（1945）年の東京大空襲で煉瓦壁を残して焼失した。そのため屋根を天然スレートから瓦に変えるなどして改修工事を行い、昭和25（1950）年から法務省本館として再利用され、現在は法務総合研究所および法務図書館として使用されている。

その後、河合は大阪控訴院および大阪地方裁判所庁舎（竣工は1900年）を、さらに神戸地方裁判所庁舎を設計監督した（竣工1904年）。明治38（1905）年4月、神戸市に建築事務所を開いて神戸に永住を決意した（東京には立派な邸宅を残して）。何が河合をそうさせたかわからないが、世間には辰野とそりが合わなかったという憶測がある。推薦による博士号授与の制度があったのに河合がその栄に浴することができなかったのは、そのせいだとする説が巷間にはあった。因みに妻木頼黄は明治35（1902）年夏に工学博士号を受けている。

しかし辰野に対する感情ばかりでなく、官庁建築を牛耳る妻木に対する微妙な感情があったであろうことを見落してはなるまい。

上に述べたようにして、妻木と一緒に内務省に移った渡辺と河合は、一人は民間に出て、もう一人は司法省に移った形で東京を去り、内務省に残ったのは妻木一人となった。もっとも妻木達が内務省に移った翌年（1891年）、吉井茂則が内務省に入ってきた（3等技師として）。臨時建築局4等技師だった吉井の内務省入りが遅れたのは、帝国議院の仮議事堂の建設に関わっていて、最初の議事堂（木造2階建）が明治23（1890）年11月に竣工したが、翌年1月に焼失したので、2代目の議事堂建設の突貫工事を担当することになったからであった。しかし吉井は、彼が設計した大阪府会議事堂が起工すると間もなくの明治25（1892）年9月逓信省に移った。内務省在省わずかに1年余りだった。因みに吉井が最初の議事堂の工事に関与したのは、ドイツで議院建築の図面を画いていた妻木がまだ帰国しておらず、明治21（1888）年6月の着工に間に合わなかったからであった。

かくて工部大学校で妻木の先輩だった人々はすべて内務省を去り省内には妻木だけが残された。自然の成り行きだったのか、背後に糸を引くものがあったのか謎である。

妻木頼黄は内務省3等技師として工部大学校で1年先輩であった吉井茂則よりも11ヶ月先任であり、2年先輩であった河合浩蔵よりも6ヶ月先任であった。したがって、妻木は吉井、河合に対し職格上は優越していた訳であるが、後者2人が工部大学校での先輩であり、年齢的に上である（河合は3歳、吉井は2歳妻木より年上）ことは常に彼の頭の片隅にこびりついていたことであろう。

148　第9章　臨時建築局　その3

第10章

震災予防調査会

菊池大麓と震災予防調査会 ...149
震災調査 ...151
山崎定信 ...152
東京直下地震と煉瓦造 ...153

（2001年6月号）

菊池大麓と震災予防調査会

濃尾地震の惨禍に鑑みて文部省の所管のもとに明治25（1892）年6月，「震災予防調査会」が設置された。この設置に尽力したのは貴族院議員，菊池大麓とされる。彼は濃尾地震から2ヶ月も経たない明治24（1891）年12月17日に彼自身の発議に基づいた建議案を貴族院に提出して演説を行い，結びの部分で菊池は，

「（地震の）取調ベヲシテ少シデモ震災ヲ予防スル方法
トイウモノヲ施スコトガ目下急務デアリマショウ」

と言っている。地震の学理の研究よりも震災を予防する方法を前面に押し出し，地震そのものの研究はその一部分に位置づけるという考え方がこの言葉には滲み出ている。機関の名前として「震災予防調査会」という名前が選ばれた理由は，菊池の言葉から自明である。

菊池大麓は貴族院議員といっても政治屋ではなく，学者の出身で，英国のケンブリッジ大学で数学，物理学を修めて帰国した後，東京大学教授となり（1877年），後年，東大総長，文部大臣，京大総長，帝国学士院長，理化学研究所長などを歴任した人であった。

菊池大麓は箕作秋坪の次男として安政2（1855）年江戸に生まれた。父の秋坪は津山藩出身で後に開成所教授となった人で，箕作阮甫の養子となり阮甫の次女「つね」を妻としたが，「つね」が亡くなった後，箕作省吾——幕末の蘭学者で阮甫の門人，弘化4（1847）年25歳で早世した——に嫁し未亡人となった阮甫の三女「しん（ちま）」（亡妻の妹）と再婚した。

秋坪と「つね」の間には4人の男子があった。

●長男，奎吾……15歳で幕府派遣の留学生として渡英したが，19歳のとき事故死。

●次男，大麓……初め大六と称した。奎吾らと一緒に渡英。後に菊池家（父親の秋坪は菊池家の出）の養子となる。

●三男，佳吉……動物学者。東京大学教授。

●四男，元八……動物学から史学に転じ，東京帝国大学で外交史，陸軍大学・海軍大学で戦史を講じた。

遅くなったが秋坪の養父，箕作阮甫についてである。阮甫は寛政11（1799）年津山藩主の侍医大庵の子として生まれ，京都に出て医術を習得，津山に帰って藩主の侍医となり，後に宇田川玄眞の蘭医学の影響を受けてこれを学んだ。幕府の命を受け蘭書の翻訳や外国奉行の下で通訳を勤め，安政3（1856）年蕃書調所（開成所の前身で明治に入り開成学校へと移行した）の開設に際し教授

となった。

菊池大麓は上記の阮甫の孫に当たるわけで，慶応2 (1866) 年10月，中村敬宇らに引率され幕府の遣英留学生12名の1人として江戸を出発英国に赴いた。時に大麓12歳であった。前述のように長兄の奎吾も留学生に選ばれた。そのとき奎吾と大六（大麓）の父，秋坪は外国奉行支配調役次席翻訳御用を勤めていた。留学生の試験課目は語学が主であったから，選抜された者の多くは洋学者・洋医学者の子弟であった。

留学生には外山捨八（後に正一と称す。維新後，静岡学問所教授，開成学校・東京大学の教授を経て東大総長，伊藤内閣の文部大臣──在任約2ヶ月──となる。文学者），福沢英之助（諭吉の弟）らがいた。

菊池大麓の出自に触れ長談議になってしまったが，話を震災予防調査会に戻す。

日本の地震学研究の先駆者であった関谷清景や大森房吉が地震学を専攻するようになったのは菊池の奨めによると言われるから，菊池が濃尾地震の発生よりもずっと早くから地震学に強い関心を抱いていたことがわかる。

「震災予防調査会」の発足時の委員は，会長の加藤弘之（帝国大学総長）の他に次に示す10名であった。

幹事　菊池大麓（帝国大学理科大学教授）
　　　古市公威（同工科大学教授，内務省土木局長）
　　　小藤文一郎（帝国大学理科大学教授）
　　　辰野金吾（同工科大学教授）
　　　関谷清景（非職・同理科大学教授）
　　　巨智部忠承（農商務省地査調査所技師）
　　　田中館愛橘（帝国大学理科大学教授）
　　　中村精男（中央気象台技師）
　　　長岡半太郎（帝国大学理科大学教授）
　　　田辺朔郎（帝国大学工科大学教授）
　　　大森房吉（理学士）

関谷清景は肺を患い大学を離れて兵庫県須磨において療養中であったので，関谷の教え子で大学を卒えた（1890年）ばかりの大森房吉がこれに代わる形で委員の末席に名を列ねているのが見られる。上記の顔触れが揃ったのは明治25 (1892) 年3月であった。

震災予防調査会にはそのための建物は存在せず，委員にかなり多額の研究費が与えられるという形で運営が進められた。なお，委員の顔触れは，1年後の明治26(1893)年5月に会長に菊池大麓が就く（幹事兼務）のと同時に19名に増員され，お偉いさんが名を列ねる委員会タイプの集まりから実務処理的な集まりへと変わったのであった。建築の分野からの委員は辰野金吾1人であったのが，これを機に曾禰達蔵と片山東熊が加わった。

委員の顔触れを眺めると，地震学の分野からは弱冠の大森房吉1人で手薄な感を受けるが，当時は研究者の層が薄かったのだから止むを得ない。大森は後に日本の地震学を背負って立つ重鎮となり，大正6 (1917) 年9月からこの会の会長事務取扱となり，さらに大正12 (1923)年11月から第6代会長となった。そして震災予防調査会が発展的に解散して東京帝国大学の附置研究所（「地震研究所」が正式名称）となる（1925年11月）直前まで会長の職にあった。

震災予防調査会は建物が存在しない兼務者の集まりであったため，「年が経つにつれ，この会の特色とする理学と工学の協力性が次第に欠け」（萩原尊礼「地震学百年」，東京大学出版会，1982年），ついには幹事の大森房吉が「ほとんど一人で活動するという状態になって，大森は会の研究費をほとんど独占する形になった」（同上）。解散して「地震研究所」に移行した理由は，そのような活動不活発の事情にあったと言えよう。

大森房吉の名前が出ると，東京大地震襲来についての彼と今村明恒の論争が想起されるが，それについては「地震学百年」に要領よく過不足ない感じで書かれているのでここでは触れない。2人の学者を論争に駆り立て，あまつさえ2人の間に不仲を起こさせることになった原因は，興味本位の新聞の煽動にあった。

「地震学百年」によれば，大森には弟子を養成しようという気持がなかったから弟子は1人もいなかったというし，今村は地震学教室の助教授とはいうものの，本務は陸軍幼年学校の教官で助教授の方は無給だったから，大森教授に対する従属精神はまったくなかったようである。今村は「卒業後長い間不遇の地位に甘んじなければならなかった」（「地震学百年」）から，平常の彼の心情には曲折するものがあったろう。

大正4 (1915) 年11月半ばの千葉県中部から沖合にかけての群発地震に端を発する論争によって，「大森と今村の仲は，ますます気まずいものになって」「今村は平素は地震学教室には来ないで，土曜日の昼過ぎ大森が帰宅した頃に現れて助教授室の机に向かって半日を過ごした」（「地震学百年」）という。　ついでに記しておくと，震災予防調査会の第2代の会長には菊池大麓が就任（1893年）した後第3代は辰野金吾（1901年就任），第4代は真野文二（1903年就任），第5代に再び菊池（1913年末）で，菊池が1917年に亡くなった後1897年から幹事を務めた大森房吉が会長事務取扱となり，1923年（関東大地震後）に会長に転じた（幹事は今村明恒）。その後，1925年11月から「地震の学理及び震災予防に関する研究を掌る」目的で東京帝国大学に地震研究所が附置

150 │ 第10章　震災予防調査会

されることとなり，調査会はその任務をこの新しい研究所に譲り解散した。

震災調査

震災予防調査会の活動が始まったのは，設立の翌年（明治26（1893）年）秋頃からで，人造地震を起こして建物の耐震性を調べる目的で2つの委員会が発足した。

家屋構造調査委員会は委員5人で，建築サイドからは辰野金吾，片山東熊，曾禰達蔵の3人，土木から石黒五十二と田辺朔郎が参加した。人工地震を起こす委員会には関谷清景，大森房吉の他に田中館愛橘，眞野文二，田辺朔郎が参加し，起震法について検討を行った。

耐震試験家屋は木造ではなく，煉瓦造が取り上げられた。いかにも辰野ら3人が発想しそうなことだった。

この家屋は二重切妻づくりの瓦葺で建坪25坪（約83 m²，軒高約5.6 m，軒の出約1.05 m）で周囲の壁は放物線をなす形とし，帝国大学の構内に建てられ，工事監督には石井敬吉が当たった。

辰野はこの家屋について，「耐震家屋」とは言うものの，将来「強震もしくは劇震に遭逢して始めて実際その適否を証し得るもの」と述べ確たる自信を口にしてはいないが，この言葉に建築界のリーダーとしての辰野の苦悩と見識が感じられる。周囲の壁を放物線とした理由としては，

「水平動の震波を受けて構造全体に強弱の差違なく均一の力量（ユニフォーム・ストレングス）なるべき（筆者注：構造体全体が一様な強度を持つようにという意）を目的とし」

と述べている。

基礎は地震の際，不同沈下の起こらないように「1枚盤礎」（筆者注：一体のべた基礎の意）とし，そのコンクリートはセメント（浅野工場製の浅野セメント）1，川砂3，川砂利7の割合で調合された。また，煉瓦は日本製瓦会社製のもの。煉瓦積みに用いるモルタルは浅野セメント1，川砂4の配合とされた。

また，木石の混用，石と煉瓦の混用を避けて「不同質物体を相互離絶」させる方針をとり，木造小屋組トラスは煉瓦壁の上に据え置くだけで結合を避けた（暴風で飛ばされないよう一種の方法は講じたが）。

以上が耐震家屋の試作方針で，「人造地震」を与える方法としては，「爆裂薬」の使用を廃し，「簡易なる木製の台」を使用し揺する方法がとられた。

ところで試作した耐震家屋の設計だが，工科大学助教授の中村達太郎が裏方として辰野を助けたと考えてよか

ろう。中村は家屋構造調査委員会の初会合が行われた翌月には，1年10ヶ月にわたる欧米留学から帰国しているから時期的に見て辰野を助けるのに十分間に合っているはずである。そうでなければ「ユニフォーム・ストレングス」というアイディアは得られなかったであろう。

震災予防調査会による耐震家屋の試作と設置はその後も続けられ，明治29（1896）年早春に木造試験家屋が肥後（熊本県）と後志（北海道）に1棟ずつ建てられた。また同じ年の秋には北海道の根室に木造平家屋13坪の試験家屋が建てられ，その後明治30（1897）年夏には東京の深川にも中村達太郎が担当して木造家屋が建てられた。しかし，それらの試験家屋が後にどのように役立ったかは明らかでない。

このように書いていると，河合浩蔵が提案した「地震の際大震動を受けざる構造」のことが思い出される。その内容は「建築雑誌」の明治24（1891）年12月号に掲載されている（同じ年の5月に建築学会においての講演が活字化されたもの）。

河合浩蔵の上の提案は，濃尾地震の前に提案がなされた点と，わが国の免震構造の嚆矢であった点で高く評価されるべきだが，その具体の構造が現在的視点から評価に耐え得るものかどうかはここでは論じない。

上の提案の動機は，河合が出仕していた内務省土木局——講演当時河合は内務3等技師であった——の局長古市公威（第7章第10回に登場）が度量衡原器を収納する建物（煉瓦造平家屋，洋小屋トラス）の設計を依頼したことに端を発したものらしい。敷地が軟弱だったため，丸太を並列した層を縦横交互に数層敷き重ね，その上に木材の角材で捨て算盤をつくり，さらにその上に厚さ60 cm余りのコンクリートをべたに打ち一体の基礎としたもので，その上に立つ建物の平面は等辺三角形（頂点に当たる隅には丸味をもたせたが）とした。また地震波を遮断する目的で建物周囲に空堀を深く掘ることを考え，天秤器などの精密機器の基台には車をつけて滑るようにした。要するに地震により度量衡原器が狂わないようにとの配慮であったが，建物がどこに建てられたのか（あるいは実現しなかったのか）筆者にはわからない。

さて震災予防調査会の活動の話に戻ろう。

明治27（1894）年3月22日に根室沖で地震が起こり，「根室・厚岸で家屋・土蔵に被害」（「理科年表」）が出た。M7.9であった。「根室毎日新聞」のこのときの報道内容を筆者の手で要約し書き改めてみよう。

煉瓦造は日本の建築としてはまったくもって不適当に思えるから，わが国の家屋は木造に限るべきであろう。しかし，唯一残った煉瓦造の蔵を見ると，セメントの吟味

や細部の補強に対する注意の如何が建物の強弱を左右するものだという感が深い。

石井敬吉（第2章，第8章で前出。年譜は後述）は，調査会の依嘱を受けて4月1日から3週間北海道に出張して，このときの震災の調査に当たったが，これが調査会発足後の建築サイドとしての最初の震災調査であった。石井は前にも述べた（第2章）ように，濃尾震災のときにも大学院生として調査に参加し，後に明治27（1894）年6月20日に起こった東京直下地震の際も，教授の中村達太郎を助けて震災調査に当たっている。さらに明治29（1896）年8月31日の陸羽地震の後でも被災地に赴いて調査を行っている。

なお，大学の学部3年生のときには，辰野金吾を顧問に担ぎ出して自分が信者であった東京・本郷の本郷組合教会の会堂の設計に当たっている。彼は茨城県笠間町の生まれで，明治24（1891）年7月帝国大学工科大学を卒業し，明治27（1894）年1月造家学科の助教授を命ぜられ，設計製図や規矩法を教えた。

石井は，明治31（1898）年12月，東宮御所御造営局が設立されると技師となり大学を離れたが，これは大学の1年後輩の伊東忠太と2年後輩の塚本靖の教員スタッフ入り人事と関係するものがあったかと思われる。翌年3月から満1ヶ年米国に出張を命ぜられ，明治33（1900）年帰国，東宮御所の鉄骨工事において渡米の成果を披露した。明治40（1907）年内匠寮技師に任ぜられ，3月辞して大学の1年先輩である横河民輔の経営する横河工務所に入った。そして同所で構造を担当し，帝国劇場を初めとする当時の大建築の設計に参画し鉄骨構造への造詣を益々深め，大正に入ってからは鉄筋コンクリート造の煙突やサイロの設計法について説き斯界のため貢献するところが少なくなかった。

山崎定信

震災予防調査会において建築サイドの面々に活躍の場が訪れたのは，明治27（1894）年6月20日午後2時4分に起きた東京直下地震の震災調査においてであった。

このとき建築サイドから参加していた震災予防調査会の委員は，辰野金吾，片山東熊，曾禰達蔵，中村達太郎の4名であった。このときの震災調査は，初仕事ということで張り切り，被害が小さかった割には調査が細密に行われた。この調査で中心となって活躍したのは4ヶ月前に委員に就任した中村達太郎（帝国大学教授）で，これを助けたのは帝国大学助教授石井敬吉と山崎定信で，山崎は石井と同期で選科を卒えた人であった。その他に

は帝国大学の大学院生，塚本靖（後年，欧州建築史を専攻し，東京帝国大学教授となった）と，卒業式前後の休みを利用して調査に参加した新工学士の3人（遠藤於菟，大沢三之助，野口孫市）が協力した。

上述のことからわかるように，辰野，片山，曾禰の3名は調査会委員とはいうものの実質的調査は中村達太郎に任せ切り，彼におんぶした形となっていたが，この形は以後の地震調査においても踏襲されたのであった。

ここで脇道をして前出の山崎定信について触れておきたいと思う。

山崎は，慶応2（1866）年金沢で生まれた。生家は豪富をもって知られる家であった。明治17（1884）年工部大学校に入学したが，寮（生徒館）で賄征伐を行ったことを咎められ退学を命ぜられた。しかしその後帝国大学工科大学造家学科の選科に入り直し，明治24（1891）年7月に卒業した。卒業後，京都の東本願寺の学校の建築に従事した後，明治25（1892）年8月岩手県内務部に入り土木係を命ぜられた。盛岡で1年4ヶ月を過ごした後，明治27（1894）年1月に東京へ呼び戻され，震災予防調査会の耐震構造物標本製図方を嘱託された。そして同年6月の東京直下地震に際しては，中村達太郎を助ける中心人物となって被害地を踏査したのであった。

その後2年間，震災予防調査会に関係したが，明治29（1896）年1月，上海紡績会社から招かれて清国上海に渡り工場建設に当たった。同年6月帰朝し，9月に海軍省に技師として入り，主として佐世保鎮守府に拠り日清戦争後の海軍の拡張増強のための仕事に建築技術者として関わった。しかし明治32（1899）年1月，病を得て，函館の旅館で他界した。享年34歳（数え年）であった。

山崎定信の名は日本近代建築の史書に現われないが，筆者は彼の岩手県赴任と，それに続く東京直下地震の被害調査における彼の貢献に注目したいのである。

山崎定信の岩手県赴任は明治25（1892）年8月であった。何が山崎を岩手に赴かせたのであろうか。以下は筆者の推測である。

盛岡は明治17（1884）年11月7日の大火で総戸数の19％が焼失する痛手を受けたが，明治22（1889）年2月，わが国で市制が施行されたとき市となり，翌年11月には東北本線が盛岡まで開通し（青森まで全通したのはそのまた翌年），市勢は隆盛の手掛りを得つつあった。そのような盛岡に，山崎を招いたのは岩手県知事となった服部一三だったと考えられる。

服部一三は山口県吉敷村（現在は山口市内）出身の士族で嘉永4（1851）年生まれ。明治3（1870）年に渡米し，理学を修めて明治8（1875）年8月に帰国し，文部官僚

の道に入った。彼が東京大学の法学部長，副総理を勤め，日本地震学会の初代会長に推されたことは第1章で触れた。

服部が文部省から岩手県知事に移ったのは，明治24（1891）年4月で，時に数え41歳。在任は7年4ヶ月の長きに及び，戦前の岩手県知事20人のうち第2位の在職年数（前任の石井省一郎は7年2ヶ月で第3位）であった。彼は「岩手，兵庫などの県知事を長く勤め，貴族院議員で終わったが，常に地震学の発展に陰ながら尽くし，昭和2（1927）年の丹後大地震の直後には，地震学の研究費を惜しむなと，貴族院の壇上から獅子吼した」（萩原尊礼著「地震学百年」）と言われる。萩原の文章を補うと，服部は岩手→広島→長崎→兵庫という順で県知事を歴任している。昭和4（1929）年1月，79歳で他界した。

濃尾地震が起こったのは明治24（1891）年10月であった。盛岡にいた服部が懇意な辰野金吾に，辰野の教え子を1人岩手県に派遣してくれるようにと依頼し，その結果，山崎が明治25（1892）年8月に赴任したということであったかと思われる。それを証拠づける資料に出遭っていない――史家にその証拠となる史料探しを期待したい――が，多分筆者の推測は間違っていないだろう。

服部知事は濃尾震災に鑑み県内に耐震建築――特に耐震住宅だったかと察せられるが――を普及することを意図し，山崎にその啓蒙運動を期待すると共に，県庁内の建築技術者の教育（技術の教授）を依頼することを目論んだと推察される。山崎が1年4ヶ月後に東京に戻り，文部省の予算管理下にあった震災予防調査会の仕事に携わることになったのは，服部が文部省のキャリア出身だったことと無縁ではなかったろう。

上述のように捉えると，筆者の推測はストーリーとして筋が通るように思えるのである。

山崎が岩手県において服部知事の要請に応えてどのような足跡を残したか，筆者は史料を持っていないから若い史家にその発掘を期待したい。恐らく山崎は耐震建築のみならず岩手県の建築文化の基礎づくりに貢献するところが少なくなかったであろうし，それらが近隣県へ波及した効果は看過できないものがあったろう。ただそれを実証する事例や資料が日の目を見ずにいるのは残念なことである。

拙著「地震と木造住宅」の中で書いたように，わが国の木造建築の耐震化技術が，明治期においてどのような媒体を通して中央から地方へ播種されたかについて，筆者は模索しているが，山崎定信の岩手県での業績が明らかになれば，それが一つの傍証となり得るのではないかと思っている。

表10-1

	全半壊	死者	負傷者
神田署内	17	2	19
本所署内	11	0	8
深川署内	39	8	39

読者は長い脇道話が続いたと思われるかもしれないが，筆者としては山崎定信という人物を近代日本建築史の日陰から引っぱり出してみたかったのである。

東京直下地震と煉瓦造

さて前述の明治27（1894）年の東京直下地震については，「理科年表」が次のように記している。

「M（マグニチュード）7.0。震央は東京湾北部。青森から中国・四国地方まで地震を感じた。東京・横浜の被害が大きかった。神田・本所・深川で全半壊多く，東京で死24（筆者注：深川で8），川崎・横浜で死7，鎌倉・浦和方面にも被害があった。」

「東京地震地図」（宇佐美龍夫著，新潮社，1983年）によると，震央は

「現在の江東区に当たり，正に東京直下型」

であった。また同書は，

「横浜市・（神奈川県）橘樹郡で被害大」，「（東京の被害は）死者24，全潰22，半壊68，破損4,922」

と記し，さらに東京の被害等級を，安政2年江戸地震（1855年）と関東大地震（1923年）を「大被害」としたとき，その下の等級の「中被害」に当たるものであったが，震度階の方は，関東大地震の「6」，安政2年江戸地震の「6」と同クラスであったと推定している。

こうしてみると，明治27年の東京直下地震は地震としてはかなり大きいものであったことがわかってくる。

震災の模様を「東京地震地図」を参考にしてもう少し明らかにしておこう。

「理科年表」が「神田・本所・深川で全半壊多く」と言っているのは正しく，全半壊と死傷者の数は，**表10-1**となっている。

さて建物の破損の百分率（被害率）を構造別に見てみると次の通りであった。

煉瓦造　10.2％　　　土蔵　8.5％
石造　　3.5％　　　　木造　0.5％

構造としては木造が一番丈夫で，煉瓦造が最も弱いということがわかる。煉瓦造の破損の百分率が10.2％ということは，地震のとき立っていた煉瓦造の建物のうち10.2％が破損したという意味である（地震による被害を

絶対数で述べる向きがあるが，これは非科学的で本来は百分率で示すべきである）。

この東京直下地震で上述のような被害率が現れたため，専門家の間でも素人の間でも，煉瓦造に対する不信感が一段と高まったのであった。

木造家屋の被害としては，軒先と棟の屋根瓦の墜落損傷が大部分で，土蔵では同じ傾向が見られたほかに塗り壁の剥落と墜落が目立った。

濃尾地震の際，煉瓦造の建物の被害が大きかったために，国内では一般人ばかりでなく建築界にも煉瓦造に対する不信感が登場してきていたから，明治27（1894）年の東京直下地震の後，煉瓦造建物の震害調査が震災予防調査会の手によって精力的に行われたのは当然の成り行きであった。

ところで東京直下地震のとき，それまでに著名な建築家によって建てられていた煉瓦造建物の被害の様子はどんなだったのだろうか。「震災予防調査会報告第4号」を参考にその様子を探ってみたいと思う。

以下は煉瓦造建物の被害である。

明治新政府が最初に建てた官庁建築，大阪の造幣寮は煉瓦造であった。これを設計したトーマス・ジェームス・ウォートルスは，この工事が山を越したところで，東京に呼ばれる。大蔵省が木挽町5丁目に官舎を建てて（1870年）彼を招いたのである。大蔵省の御雇外国人技師として大蔵省金銀分析所（1871年頃竣工），竹橋陣営（1871年），銀座煉瓦街（第1次工事完成は1873年）を早速設計したが，これらの煉瓦造建物は東京直下地震までには姿を消してしまっていた（最も遅くまで残っていた金銀分析所が明治23（1890）年に三菱社の地所整理により取り壊されたことについては第9章で触れた）。

ウォートルス設計の建物として東京直下地震まで残っていたものに麹町の英国公使館があった。もっとも公使館裏門内にあった「長方形の煉瓦造にして前面に吹通し椽側（筆者注：ベランダのこと）を有す」英国領事館を，その立面の古さからウォートルス設計の建物と想像しての話である。その建物は，内外共にひび割れを生じた所が多く，「恐らくは地形の不完全に起因する」ものであろうと報告書は言っているが，建設当時の煉瓦積みモルタルの接着力不足もまたひび割れの原因であったろう。この建物は後年，関東大地震（1923年）で震災を受け，取り壊された。

英国公使館に次ぐ古い煉瓦造として旧工部大学校生徒館（地震当時は東京女学館が使用。その位置は現在の会計検査院の東半分を含み文部省寄りにあった）が残っていた。建坪約671坪（約2,210m²の2階建で，明治

6（1873）年8月起工，翌年（1874）9月の竣工であった。また初め小学校舎として建てられたアンダーソン設計の博物館（1873年12月竣工）も残っていて地震を受けた。しかしアンダーソンが設計した上記の2つの建物には被害らしいものはなかった。これに対しボアンヴィルの設計した工部大学校の北翼（1877年9月竣工。その位置は現在の会計検査院と霞ヶ関ビルの間にあった）には東側と北側の軒蛇腹がほとんど全部墜落する被害が出た（しかし壁には亀裂発生は見られなかった）。なお，関東大地震では上記の工部大学校の3つの建物は，使用不能の被害を受けたうえ，飛火により火を発した講堂（現在の霞ヶ関ビルの西側に同ビル位置に沿うようにして立っていた）の火が燃え移ったためいずれも類焼した。工部大学校の他の校舎の明治27（1894）年時の被害については第9章で触れたので省略する。

コンドルの設計により明治12（1879）年に竣工した築地の訓盲院は，1階の窓と窓の間の柱形部分が根元で傾き，また2階の広間の北端の壁において窓下に水平亀裂を生じ，かつ窓の間に2条の水平亀裂が現われたが，これについては後にまた第11章で触れる。

明治14（1881）年5月にカペレッティの設計により完成した九段の遊就館（軍事博物館という性格のものであった）は，「一幅の泰西名画の中の古城のように」（「日本の近代建築（上）」）美しい明治名建築の一つ（伊東忠太による）と言われたものだが，軒の隅飾りはいずれも破損し，階段室上の2階の間仕切壁（煉瓦半枚積み）の中央部には3条の太い垂直亀裂が生じた。この建物は後に関東大地震で激しく罹災した。

道草をして，このときの遊就館の罹災の様子について述べたいと思う（以下，「建築雑誌増刊第460号」（1924年9月）の薬師寺主計の記述による）。

遊就館は明治14（1881）年の竣工で煉瓦造一部2階建，建坪615坪余（約2,030m²で，中庭を持つ「ロ」の字形の平面で，間仕切壁が比較的多く，小屋組は木造トラス，2階床は木造であったが，1階床は土間コンクリート，屋根は瓦葺き，軒高43尺（約13m），壁厚は階下煉瓦3枚積み，階上は2枚積み，最長の壁長は48尺（約14.5m）であった。所在地は麹町区富士見町で地盤は良好であったが，基礎の一部は盛土の上にあった。

被害の状況は，

①軒パラペットは墜落，破損，亀裂などが生じ完全な部分はなかった。

②切妻壁はすべて破壊し，上半部が墜落したものもあった。

③十数個の小尖塔が存在したが，多くが切断，廻転，顚

落などした。

④窓上の迫持石の多くが脱落し，窓額縁石の転落が多かった。

⑤壁の全面にわたり縦横に亀裂が生じ，欠落部分もあってほとんど崩落の状態であった。

被害原因は「設計及び施工の細部において耐震的手法を欠けるもの」と判断され，その具体的内容として指摘されたものは以下の通りであった。

①外壁の化粧煉瓦積みと裏積みは芋目地で，モルタルは石灰混じり（筆者注：明治前半にはこれが通常であった）のもので凝結力が弱かった。

②切妻壁と小屋組との間に強固な緊結がなかった。

③窓上の迫持石，窓額縁石などは鉄物で主壁に緊結することを怠っていた。

④軒パラペットの重心が主壁の外部に持ち出されていたにも拘わらず補強策がとられていなかった。

⑤小尖塔の類は軒先部分において雨仕舞のため銅板を差し込み有効断面を著しく減少させていた。

⑥煉瓦積みは空目地の部分が多く，そのほか「施工手法粗雑」であった〈筆者評注：いわゆる手抜き工事に属する性格のものである〉。

ところで遊就館と同じ頃のカペレッティの作品として知られるものに参謀本部の庁舎があった。煉瓦造3階建で，明治14（1881）年の建築と言われ，軟弱な粘土層の上の盛土に建てられたものであった。大正5（1916）年に建物中央部の軒の煉瓦壁頂部に鉄筋コンクリート造臥梁を構築したのと，その中央部の1，2階吹抜けの玄関アーケードおよびその上の床に鉄骨梁を配し，鉄筋コンクリートで補強する工事を施したのが功を奏して，関東大地震の時は「建物大なるにかかわらず被害比較的少なし」という程度で難を免れたが，各階の窓の上下に小亀裂が生じ，階段室（一文字形平面における長手方向中廊下の両端に位置した）の両側（中廊下に面した壁通り）の壁に2，3階を通ずる亀裂が生じた。なお，明治27（1894）年の東京直下地震では，建物中央部の北側3階中央廊下（一文字平面の長軸に対し直角に走る廊下）の櫛形をなす上部迫持（廊下の両側の壁の間に架けられた）に亀裂が入って危険だったと報じられている。

要するに煉瓦造の建物は中程度以上の地震が来ればまったく安全という訳にはいかない代物だったのである。

カペレッティに限らず明治前半の御雇外国人は地震の怖ろしさなど無想だにしなかったから，単に積み木を積むように煉瓦を積むだけで補強のことなどまったく念頭になかったし，したがって煉瓦造職人の無知に基づく手抜き仕事——意図的に手を抜いたのではなく無知の故

に結果的に手抜きとなったと察せられる——に対しても監督を怠ったということであろう。東京直下地震と濃尾地震を経験するまで日本における煉瓦造の構築はまったく以て出鱈目だったと言っても過言でなかったのである。

さて道草をやめて，東京直下地震における被害の説明に戻る。

四谷・尾張町の学習院の校舎は明治22（1889）年10月に起工し明治23（1890）年9月に竣工した煉瓦造2階建（一部3階）で，設計は渡辺譲で，第9章で触れたように臨時建築局から学習院へ一時出向の形で彼が設計と現場監督に当たったものであった。この建物は煉瓦造としてこの地震で大きな被害の出た建物の一つであったことを特記しておかなくてはなるまい。以下は震災予防調査会の報告書を集約し筆者の手で書き改めたものである。

この建物は建坪4,130 m² の当時の煉瓦造としては広大なものであった（因みに外部壁面は石色塗仕上げ，内部は白漆喰塗仕上げであった）。濃尾地震の前年に竣工していたため，煉瓦造の建物に対する耐震的配慮の必要性が認識されていなかったことが被害の根本原因で，広大な建物——広大なもの程構造計画の必要性が増すものであるが——であったことが，被害を増幅させたと考えることができよう。すなわち，工部大学校出身のエリートとは言うものの煉瓦造の建築に対する知識というものが明治中葉まではその程度だったということであろう。以上は，報告書を読んでの筆者の印象と総評である。

さて被害の詳細——と言っても調査者の目は精細な観察に及んでいないが——である。

①廊下の壁の張り出したもの3箇所（中村達太郎の報告）。

②大階段の上の東西に面する外側壁が少し張り出し，南北に面するアーケードとの接ぎ際において垂直クラックを生じた（同上）。

③南翼の一室において外側壁と東西に面する間仕切との接ぎ際に垂直クラックを生じた。これと同様の例が随所に散見された（同上）。

④壁にクラックの入っていない室はないというくらいであった（山崎定信の報告）。

⑤「出隅・入隅その他所々」にクラックを生じた（同上）。

陸軍大臣官邸はコンドルにより設計され，明治19（1886）年に完成した2階建煉瓦造の建物であったが，被害は大きく，開口のあるなしに拘わらず「縦横傾斜の亀裂あらざるなく」という状態で，大階段際の階上廊下の円形迫持の中央および両端には亀裂が生じ，正に落ちようとする状態となり，北側東の切妻にあった円迫持の石は墜落した。

外務省の秘書官々舎もコンドルの設計で，明治20（1887）年に完成した煉瓦造2階建であったが，その被害は次の通りであった。

● 正面の2階の窓迫持が所々墜落。
● 軒蛇腹に達する多数の亀裂発生。
● 内部2階広間にある櫛形迫持に生じた亀裂の幅は広くかつその数は数多。
● 内部の四隅の2階天井蛇腹が墜落。
● 階段際の妻板と壁の間には幅2cm前後の空隙が生じ昇降に危険を感ずる程であった。

またコンドルが設計した鹿鳴館は明治16（1883）年竣工で，竣工後10年しか経っていなかったが，その被害により人畜に対し最大の死傷を出した。第9章で既述したが被害状況を以下に再述する。

正面の甍（筆者注：破風が強いむくりになっていたが，その下の櫛形部分を指す）の飾りおよび軒蛇腹が墜落して玄関車寄せの陸屋根の上に落ち，これを突き破っててまたまそこにいた華族会館の書記1人に重傷を負わせ，また荷物運搬にきていた2頭立て馬車に当たり，駅者は即死し，1頭の馬は死に，他の1頭は腰を砕かれて倒れた。上の事件はこの地震による人畜被害として最も激しいものであった。

コンドルが設計し臨時建築局（組織については既述）によって工事された明治21（1888）年竣工の宮内省庁舎（煉瓦造2階建）にも軽いながら被害が出た。すなわち，「震災予防調査会報告」（第4号）によれば，

「北側の棟上にある切妻は墜落」
「地質硬固なる西部に於いては損害なしと雖も，東部は頗る破損を被れり。これ東部地質の柔軟なるによるならん」

ということであった。

報告に記されたように庁舎は硬軟の地盤にまたがり，庁舎の前面（東側）は地盤が軟らかく，後方（西側）は硬かった。そのため工事に当たり全面に松の杭地形を施したが，硬い後方部分では杭の打込みが大変難しかったと言われる。震後，建物補強のため「木材を縦横に施して補強をなし，以て後の大震に備えた」（明治工業史・建築篇）とされるが，関東大震災（1923年）に耐えた（？）後昭和6（1931）年に取り壊された。

コンドルが設計した建物の被害だけを並べ立てているような印象を与えるかもしれないが，日本近代建築の通史に名前が登場する建物の被害に注目したらそういう結果になってしまったのである。殊更にコンドルに対して悪意を抱いてのことではない。コンドル設計の建物の名が多く登場したのは，明治中葉までに東京に建てられた煉瓦造建物の中で彼の手になるものが多数を占めたことを物語るものと言えよう。

しかし，コンドルの設計監督した煉瓦造建物に大小の被害が発生したことは，同情すべき事情（煉瓦やモルタルの品質，煉瓦造施工技術などの諸点）があったとしても，コンドルが地震に対する考慮なしに設計し，あるいは工事監督したということを物語るものではあろう。換言すれば，濃尾地震（1891年）以前において，コンドルは地震国における煉瓦造の構造のあり方というものに深く思いをめぐらすことがなかったと言わざるを得ない。この指摘は重要だと思う。地震の怖さを知らなかったコンドルに対し惻隠の情を抱くことと，その故にこの指摘を遠慮することとはきっちり仕分けすべきだと筆者は思っている。

ところで明治27（1894）年の東京直下地震から日本人建築学者は何を学んだのであろうか。「震災予防調査会報告第4号」は煉瓦造建物の破損被害を以下のように分類し纏めているから，破壊性状に関する彼らの理解が濃尾地震当時よりも進歩したと見ることができよう。ただし，破壊の原因究明からは未だ程遠い段階にあったのではあるが。

以下は報告書が示した破損タイプの分類である。
①外周壁の孕み出し
②窓の上下に水平亀裂
③垂直亀裂——直交する2つの壁（外周壁同士，あるいは外周壁と間仕切壁）の接ぎ際，上下重なった窓の間などに。
④斜め亀裂——壁全面に，あるいは外周窓の隅から斜めに，軒の隅角から窓に向かって斜めに。
⑤迫持の頂部および起点腰部に亀裂。廊下上部に架けた迫持，2つの壁に挟まれた迫持に亀裂。
⑥軒近くにある窓の上から軒までの亀裂。
⑦軒で被害の多いのはその隅角——軒蛇腹の出隅，軒飾りの張り出し縁の類など。
⑧甍（筆者注：破風の下の三角形あるいは櫛形などの部分のこと）の墜落。
⑨煙突の水平亀裂，転倒——屋根の付け根，軒の付き際において多く現われた。屋根から離れた上部，屋根と天井の間での水平亀裂も少なくなかった。

煉瓦造建物の被害について書いてきたが，通史に名前が登場する有名建築家の設計の建物には被害のないものが少なくなかったのも事実だから，**表10-2**にそれらの名前を列記しておこう。

コンドルの設計した海軍省は竣工の直前であった。工部大学校の卒業生達が現場主任（初め渡辺譲，後に船越

表 10-2

建物	設計者	竣工年
外務省本庁	ボアンヴィルまたはカペレッティ	1881 年
上野博物館	コンドル	1882 年
海軍大学校	ダイアック	1882 年
帝国大学法文科大学本館	コンドル	1884 年
銀行集会所	辰野金吾	1885 年
帝国大学工科大学本館	辰野金吾	1888 年
第一高等学校	山口半六	1889 年
華族女学校	新家孝正	1889 年
農商務省庁舎	新家孝正	1891 年
東京府庁舎	妻木頼黄	1893 年
三菱 1 号館	コンドル	1894 年
海軍省庁舎	コンドル	1894 年（竣工直前）

欽哉がこれを継いだ）を務め，明治23（1890）年に起工された。1階と2階は煉瓦目地が石灰モルタルであったが，起工の翌年濃尾地震があり，その震禍経験を参考にして3階にはセメント・モルタルを用いたことで知られている。因みにこの建物に用いられた煉瓦は純国産（日本煉瓦会社製）であった。

次は辰野金吾の設計した建物の被害の有無に注目してみたいと思う。

銀行集会所は辰野金吾が最初に設計した煉瓦造建物で，辰野が留学から帰って間もなく工部省吏僚の立場で設計したもので，洋風煉瓦造2階建であった。明治18（1885）年11月の竣工で，日本橋・坂本町に立っていた。「殆ど無難なる銀行集会所に於いてすら，方形窓の上にある円形窓との間に細微なる」垂直のひび割れを生じたと指摘されている。

帝国大学工科大学の校舎は本郷キャンパスに明治19（1886）年8月に着工，明治21（1888）年7月に竣工していた。建物は「工科大学本館」と呼ばれ，辰野金吾が設計し，文部省の秋吉金徳技師が現場主任を務めたものであった。

上記の工科大学本館は，現在の東京大学の正門を入った左側──かつて教師館が数棟並んでいた跡──に建てられ，煉瓦造2階建，東京大学本郷キャンパスとしては明治17（1884）年9月竣工の法文学部校舎──設計はコンドル──に次いで2番目に建てられた煉瓦造であった。また，辰野自身にとっては坂本町銀行集会所（前述），兜町の渋沢栄一邸（明治21（1888）年）に次いで3番目に手掛けた煉瓦造の建物であった。残念ながらこの工科大学本館は大正12（1923）年の関東大震災において被災し取り壊された。なお，この建物の階上の廊下の特殊構

法については，第3章（第5回）で触れた。

これまで述べてきた東京直下地震による煉瓦造建物の被害は，第1には構造計画的に欠陥があったこと，第2には施工が粗略であったことが原因だったと考えられる。いずれも根底には地震に対する無知と煉瓦造に対する非常識があった。しかし，それより何より地震国日本に煉瓦造というものを導入したこと自体が諸悪の根源だったのではあるが。それはともかく地震後，構造的原因の究明ができず，構造計画的方法論も策定できないままに建築界は，「慎重施工」あるいは「入念仕事」をお題目のように称える道へと入っていった。慎重に施工せよ，入念に工事をせよということが，ひたすら唱道されたわけである。煉瓦造建物の被害原因の大半は施工粗略にあったと言ってよかったから上記の唱道は誤りではなかったが，煉瓦造の地震に対する構造的欠陥を克服する手段方法が見出せなかったのだから建築界の悩みは一通りではなかった。

以下はその時代の辰野金吾の悩む姿を伝える話である。

佐野利器は明治33（1900）年7月に東京帝国大学工科大学の建築学科に入学した。そして1年生の3学期（1901年）に辰野金吾の講義時間において次のような出来事に出会った。

「辰野先生はルネッサンスの講義の序論で，日本の建築界の状態を話して聞かせられた。（中略）明治24年の濃尾地震では煉瓦造の建物が，がらがらやられた。そして自分は日本銀行の工事中であったが困った結果，ドームを低くしたり，補強をしたりしたが，煉瓦造・石造を耐震的にするにはどうしてよいか判らない。低くして鉄骨を入れてみるくらいで何等理論は判らない。耐震構造の研究はこれから諸君のなすべき仕事の一つであると説かれた。」

上記は「佐野博士追想録」（1957年）に佐野利器自身の追懐として載せられたもの（薬師寺厚の編集による）である。辰野金吾が濃尾地震，東京直下地震を経験して悩んでいた頃の様子を垣間見ることができる。辰野金吾のこの講義中の述懐が佐野利器をして構造の道へ入らしめることになったのであるが，そのことについては後に改めて記す。

第10章　震災予防調査会　157

第11章

鉄砲洲・築地と
1894年東京地震

その1

鉄砲洲 ...159
立教学校 ...162
立教学校の被害 ...165

（2001年7月号）

鉄砲洲

　明治27（1894）年6月の東京直下地震（1894年東京地震と呼ぶことにする）における軟弱地盤上に建てられた建物の被害に特に注目してみたいと思う。その意図があったために，第10章においては以下に登場する建物の被害については触れずじまいだったのである。

　「震災予防調査会報告第4号」においては，永代橋の西詰に立っていた明治の本格的煉瓦造建築としてごく古いものに属する旧開拓使物産売捌所（地震当時は日本銀行）については報告されておらず，被害の有無ははっきりしない。「破損を受けざる煉瓦家屋」という項の中にもこの建物の名前は現われないから，無被害だったとは断定できないが，関東大震災で震災を受けるまで使用されたのだからまずは無難に近かったものと推定される。

　さて軟弱地盤の上に本格的な明治建築がかなりの数建てられていた場所ということになれば，鉄砲洲・築地界隈ということになるので，この地に注目してみたいと思う。

　まず鉄砲洲と築地が海の中にあったという歴史から話し始めたい。

　鉄砲洲は，現在の中央区湊1～3丁目，入船1～3丁目の一帯を指すようで，地図を見ると，この一帯には鉄砲洲稲荷神社，鉄砲洲通りなどというように名前に「鉄砲洲」を冠したランドマークが存在する。

　しかし，幕末から明治初年にかけての頃の本を見ると，湊1～3丁目の南に隣接する現在の明石町（幕末には新湊町6～7丁目，新栄町6～7丁目，明石町に分かれていた）を鉄砲洲に含めているものが多い。例えば福沢諭吉は「福翁自伝」の中で，

　「鉄砲洲の奥平中屋敷」

という風に呼んでいるのである。

　幕末，豊前国中津藩主奥平大膳大夫の中屋敷は，新栄橋の北詰，すなわち現在の明石町・聖路加国際病院のある所にあった（図11-1の❾）。今は新栄橋が架かっていた水路（ここは築地川と呼ばれていた）は埋め立てられて「あかつき公園」となり，橋は姿を消したし，奥平中屋敷の跡を偲ばせるものもないが，旧新栄橋の南詰に当たる所（聖路加国際病院の南側の道路沿い）に「慶応義塾発祥の地」碑と「蘭学の泉」碑が据えられている。以下はそれらの碑の由来についてである。

　福沢諭吉が江戸へ来たのは安政5（1858）年，25歳のときで，鉄砲洲の奥平中屋敷に住んだ。中津藩は江戸の

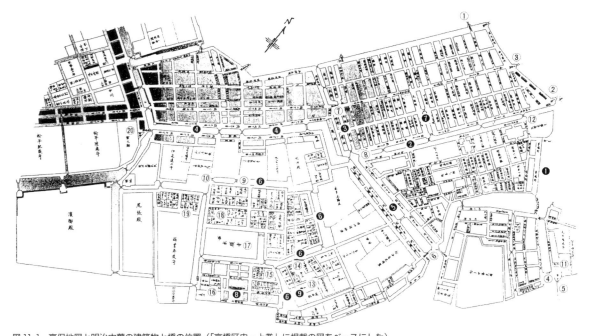

図 11-1　享保地図と明治中葉の建築物と橋の位置（「京橋区史・上巻」に掲載の図をベースにした）
❶日本橋川　❷楓川　❸京橋川　❹三十間堀　❺八丁堀　❻築地川　❼紅葉川　❽波止場　❾中津藩中屋敷
①呉服橋　②江戸橋　③日本橋　④豊海橋　⑤永代橋　⑥稲荷橋　⑦京橋　⑧弾正橋　⑨万年橋　⑩采女橋　⑪開拓使物産売捌所　⑫第一国立銀行　⑬立教学校　⑭立教中学校　⑮工手学校　⑯築地ホテル　⑰西本願寺　⑱訓盲院　⑲海軍大学校　⑳新橋駅

藩邸に蘭学の塾を開きたいということで，長崎や大阪の適塾で，勉学経験を積んでいた福沢をその先生にと呼んだのであった。諭吉は翌年横浜に見物に出掛け，英語の必要性を痛感し，以後その勉強の手だてを色々探すが目的は達せられず，僅かに英蘭対訳の辞書を入手できたのに止まっていた。そんな折，幕府が米国へ使節を派遣する話を耳にした諭吉は，使節を護衛する軍艦咸臨丸の艦長木村摂津守を直接訪ね，米国行きのお供をしたいと願い出て許され，万延元（1860）年正月米国に向けて出帆した。37日を要してサンフランシスコに到着したのは有名である。5月に帰国し，その後渡欧，再渡米を果たす。帰国後鉄砲洲の塾で，英書だけを教えるうちに塾生の数も次第に増えたが，幕末の世情騒然の状況の中で塾生の多くが散じてしまう。やがて鉄砲洲は外国人居留地となることに決まり，鉄砲洲の中屋敷は上地を命ぜられ，慶応3（1867）年12月，諭吉は鉄砲洲を去って芝の新銭座に移り，塾を開設して慶応義塾と名づけた。以上が「慶応義塾発祥の地」碑の由来である。

備前中津藩は藩医として前野良沢を抱えていたことでも有名である。彼は晩学で47歳で蘭学を志し，その後杉田玄白，桂川甫周らと語らい鉄砲洲の彼の自宅に集まってオランダの解剖学書「ターヘル・アナトミア」の翻訳に取り掛かり，4年の歳月を費やして安永4（1774）年に「解体新書」4巻を完成させた。その後前野の門下に は大槻玄沢が現われ，玄沢は長男の玄幹（盤里）と一緒に築地小田原町に蘭学塾を開いた。玄沢が師の志を継いで「解体新書」を改訂したことと「蘭学階梯」などを著わしたことは有名である。

「解体新書」に関わった桂川甫周は和蘭式外科に長じ幕府の奥医になったが，彼も築地に塾を開き門下に宇田川玄随らの人材が輩出した。

上述のように中津藩中屋敷を核にして幕末の鉄砲洲には長崎に代わって蘭学発展の温床ができあがっていったのであった。以上が「蘭学の泉」碑の建立由来である。

次は鉄砲洲の由来だが，関連して八丁堀，さらに遡って楓川，舟入堀の造成など江戸の土地造成の歴史にも一寸触れてみたいと思う。

第9章で先述したように日本橋川は江戸開府後人工的に開削された川だが，この日本橋川の河口は，本郷台地の東側を流れる古い天然の川である石神井川の河口近くに設けられたから，石神井川の河口からの土砂の堆積が進行していた所へ日本橋川からの排出土砂が加わり旧江戸前島の東北の附け根には急速に洲渚化が進んだ。それをベースにして埋立造成が進められできたのが，俗に「八丁堀」と呼ばれる広大な埋立地（現在の中央区兜町1～3丁目，茅場町1～3丁目，八丁堀1～4丁目）であった。八丁堀埋立地がほぼ完成したのは早ければ大坂冬の陣（慶長19（1614）年）の頃かと思われる。寛永元

160　第11章　鉄砲洲・築地と1894年東京地震　その1

（1624）年には八丁堀の江戸湾寄りの海辺が造成され霊岸島が誕生している。

八丁堀埋立地よりも少し前に，江戸前島の東海岸には第2次天下普請を行う前段階として10本の舟入堀（後述）と八丁堀舟入水路（後述）の建設が行われ完成していた。

現在の首都高速都心環状線（高速道路）の江戸橋ICと京橋ICの間は，昭和39（1964）年の東京オリンピック開催を前に，楓川を埋め立てその直上に道路を高架してできたものであったが，江戸時代の初めにはこの楓川（図11-1の❷）の線が江戸前島の東の海岸線であった。

江戸前島東海岸線に八丁堀埋立地と地を画す形で，呉服橋〜数寄屋橋の外濠に平行に楓川を掘り，さらに楓川に対し直角に西に向けて（江戸城側に）10本の舟入堀（現代のバースに当たる）を掘削した。このうち8本は堀留めであったが，2本は外濠まで掘り貫かれ，それが図11-1に見られる❼紅葉川と❸京橋川であった。完成したのは慶長17（1612）年であった。

江戸湾に入った船を楓川に導くために，現在の霊岸島の西（現在の亀島川を隔てた所）に舟入水路の入口を設け，ここから水路を一直線に楓川の南端（現在の京橋ICの近くで，図11-1の❽弾正橋のある辺り）まで掘削した（京橋川は八丁堀の延長線上にあることになった）。この舟入水路が「八丁堀」であった（図11-1の❺）。「八丁堀」の謂われは，この舟入水路の長さが8丁（約860m）あったからだとされる。完成は慶長17（1612）年であった。これにより楓川と八丁堀舟入水路はL形をなす（「｜」が楓川で，「—」が八丁堀舟入水路）ことになった。

ところで，10本の舟入堀は掘削されたものの後に埋め立てられ，元禄3（1690）年までには京橋川と紅葉川を残し他の8本はほとんど姿を消してしまった。一方，八丁堀舟入水路の方は，埋め立てられることなく昭和時代にまで及んだが，今は埋められて面影はない。

八丁堀舟入水路は，江戸湾からの船を導くために水路の東側先端が江戸湾に突出していたが，その先端位置は現在の亀島川に架かる高橋の南，東京都下水道局の桜川第2ポンプ所（稲荷橋の跡）がある辺りであった（図11-1の❻）。鈴木理生氏の「幻の江戸百年」に引用掲載された「武州豊嶋郡江戸庄図」を見ると，この八丁堀の舟入水路の両側には堤防が築かれていて，堤防の北側にはすでに八丁堀埋立地が展開しているが，南側は海である。この堤防南側に鉄砲洲の原形が現われ八丁堀舟入水路と，⼛字状（「—」は八丁堀舟入り水路で，「｜」は鉄砲洲）をなすのは遅くも承応2（1653）年の古地図においてである。そしてその4年後の明暦3（1657）年（明

暦大火の年）の地図を見ると，八丁堀舟入水路の南側の埋立がかなり進み，現在の築地1〜7丁目が海であるのを残し埋立地が広く展開している。そして元禄2（1689）年の地図では築地1〜7丁目は完全に陸地化され，いわゆる「築地」が完了している。

鉄砲洲の名は，寛永年間（1624〜1643年）に砲術家の井上・稲富両家が大筒の弾丸の飛ぶ高さと距離を測定したり，発射演習をした場所であったことに由来する。

八丁堀舟入水路の現状に触れてみたいと思う。

いつの頃からか八丁堀舟入水路は桜川と呼ばれるようになり，川の両岸は桜河岸と呼ばれる。今はその川は埋め立てられ，数階建のビルが川の跡に両側から覆いかぶさるように立っている。

幕末，八丁堀には，稲荷橋と中之橋という2つの橋しか架けられていなかった。桜川の江戸湾に注ぐ所にあった稲荷橋は，今は名前を残すよすがもなく，その跡には東京都下水道局「桜橋第二」と冠名のついたポンプ所が立っている。明治10年に架けられた桜橋のあった所には「桜橋ポンプ所」が立っている。桜橋と稲荷橋の間には前記の中之橋（図11-1で❺八丁堀のマークの下に見える橋）があった。今はその橋の跡を新大橋通りが通っていて車の往来が激しい。

現在，桜川の跡には前述の2つの東京都下水道局ポンプ所の他に，敬老館，女性センター，区民館，保育園などの公共施設が立ち並び，さらに木立に年数が感じられる桜川公園という名前の公園も設けられている。

八丁堀はいつの頃か桜川と俗称されるようになったらしいが，正式には関東大震災後の復興の中で正式に桜川と呼ばれるようになった。因みに桜川の埋立は昭和23（1948）年から始まり桜橋付近は昭和41（1966）年，中之橋付近は昭和47（1972）年，最後の稲荷橋付近は昭和49（1974）年に埋め立てられたのであった（中央区の教示による）。

楓川，京橋川，八丁堀（桜川），三十間堀という4つの水路（図11-1）が出会う所にあった「三ツ橋」の話をしておきたいと思う。

明治のごく初め楓川には最北端の海運橋（第一国立銀行がその東詰にあった）から最南端の弾正橋（今も交差点の名前として残っている）まで5つの橋が架かっていた。京橋川には京橋を真中に5つの橋が架かりその最東端に白魚橋があった。三十間堀（現在の蓬莱橋交差点から316号線に沿い白魚橋料金所に至り，そこで東へ折れて弾正橋交差点に達していた水路）には8つの橋が架かり（その真中辺りに三原橋があった），堀の最北端に真福寺橋が架かっていた。

前出の弾正橋，白魚橋，真福寺橋が４つの水路が出会う所にあった３つの橋であった（八丁堀に当たる桜川には出会い所近くに橋がなかった）。これら３つの橋を江戸の人々は「三ツ橋」と呼んだのであった。現在の中央区はかつては水路の街であったが，戦後の高度成長と自動車交通の発達の中で水路は埋め立てられて今はなく，唯僅かに交差点の名前にかつての橋の存在を知ることができるだけになってしまったのである。

ところで前出の弾正橋についてである。

東京最初の鉄橋としてこの橋が登場したのは明治11（1878）年のことであった。長さ15.2 m，幅員２mのアーチ式の鉄製道路橋で，アーチは断面がほぼ溝形をなす鋳鉄製の直線材を５本つなげて構成されたものであった。鋳造は工部省赤羽製作所によって行われた。大正２（1913）年，付近に新しく橋が架けられこれが弾正橋と呼ばれることになったため，古い鉄橋は「元弾正橋」と名を改められた。その後，関東大震災後の帝都復興事業区画整理により元弾正橋は廃され，昭和４（1929）年深川の富岡八幡宮とその東側の平久川との間の水路（旧木場の堀割）に架かる橋として移設された。今も橋は八幡橋として現存し人間が渡れるようになっているが，水路は遊歩道に変身してしまっている。

幕末，外国との接渉の中から大川口の鉄砲洲から築地へかけての辺りに居留地を建設する話が持ち上がり，維新の変革の中での曲折を経て居留地が現在の明石町の中に定められた。そして造成が進み，競り貸しが行われ明治４（1871）年に至り外国人の居住が可能な状態に達した。同年７月の人口調査によると，居留地は人口72人，戸数43戸という小じんまりしたもので，国別に見ると人口，戸数共に米国と英国が抜きん出て多かった（以上「中央区史」による）。

因みに居留地が廃止されたのは明治32（1897）年７月で，これは条約改正によりわが国における外国の治外法権が撤廃されたことによるもので，このことは一般歴史に詳しいので省略する。

ところで居留地廃止までの間には書いておくべき若干の変遷があった。

明治５（1872）年２月26日の和田倉門内の会津屋敷跡から出た火は大火となり，丸の内の中央（旧大名小路）を貫き，京橋大通り，木挽町，三十間堀界隈を焼き，築地ホテル館（後述）を灰燼に帰せしめて波止場にまで達した。図11-1を参照するとその焼失地域の大きさに驚かされるであろう。

大火後，わが国がホテル館その他の焼跡を海軍省用地に編入することになり，それに伴い居留地が狭隘すぎる

という各国公使の要望を容れ，後の明治22（1889）年と明治26（1892）年に貿易商社の跡地を居留地に編入したのであった。その部分は明石町にある現在の聖路加看護大学の校地そのものに当たるもので，明治中葉にその土地を競り借りで手に入れたのは後に触れる立教中学校であった。かくて居留地は現在の明石町の町域そのものと一致する大きさとなった。この居留地（明石町）はここでは鉄砲洲に属すると考え，築地とは区別しておくことにする。

立教学校

明石町の居留地内にあった立教学校は，1894年東京地震において「被害家屋中最も惨状を極めた」（震災予防調査会報告書）もので死傷者も出た。その様子は後に詳述するが，その前にこの立教学校の故事来歴に触れておきたい（以下に引用する諸資料は立教大学の池田貞夫氏の御好意により御提供戴いたものである）。

立教学校は立教大学を核とする現在の立教学院の祖源である。

最初，米国聖公会伝道会社の息のかかった英語教授の私塾としてスタートした。生徒は５名で明治７（1874）年２月のことであった。明治13（1880）年10月，ジェームス・マクドナルド・ガーディナーが米国から来日し校長に就任したのを機に居留地37番（図11-1の⑬）に校舎を新築することになった。明治14（1881）年に着工したが，建設は計画通り進まず（その事情は後述），煉瓦造３階建（小屋裏を３階と見て）の新校舎が落成したのは明治16（1883）年春──「立教学院歴史」（1901年）の「立教学院百二十五史」に収録された貫民之介の「立教学院小史」（1908年）による──であった。なお，竣工年については，松波秀子さんが「宣教師・教育者・建築家としてJ.McD.ガーディナー」（住宅建築，1996年７月号）で，「1882年末に竣工した」としていることを記しておく。

さて，居留地37番に建てられた煉瓦造の新校舎を使用し，「立教大学校」と名を改め新しい校制をもって再出発したのは明治16（1883）年春であった。教科内容から見て「大学校」にふさわしかったかどうか疑問であるが，これには新校長のガーディナーが学校の制度を米国のカレッジ式にすることを欲し，校名もそれにふさわしくしたいと主張したという背景があった。これに対し日本人関係者の中には「名のみ大なるを避けん」とする反対があったらしいが，結局ガーディナーの主張が通った。かくて，

「新校舎の屋壁高き処に"立教大学校"の名刻せられたり」（貫民之介「立教学院小史」）
となった。

おそらく伝え聞きを基に書いたかと思われるが、元田作之進は「立教大学校」への校名変更についてこんな風に書いている（「立教学院歴史」、前出）。

「立教学校の名称が立教大学となりたるは、その学科程度の俄かに変じたるが故にあらず。また学校長あるいは設立者の意見にもあらず。石工が文字の配置上恰当なりとて任意に校舎に彫刻したるなり」

これに対し貫民之介は「立教学院小史」において、次のように訂正を試みている。

「これは全く何かの訛伝にして、その文字は当時の教師の一人、工藤精一氏の厳父某（大蔵省出仕）の揮毫せし所、筆蹟見事なるものなりき。石工が恣にせし所には非ざるなり。」

石工の逸話の存在は、「大学校」という呼称に対し関係者の一部に強い反対があったことを傍証するものであろう。

その後、明治23（1890）年10月、校名を元の立教学校に復し、学制は尋常中学校の半ばから高等中学に至る5年の課程とした（これは明治19（1886）年に中学校令が公布され、中学校が尋常と高等に分けられたことと関係し、また背景にはミッションスクール人気の衰退やアメリカ式カレッジの模倣をやめ大学課程の学校を目指せと叫ぶ学生達の運動の影響もあった）。

さて、1894年東京地震で大被害に遭った校舎の建設についてである。校舎の外観は写⓫-1に示す通りであり、校地は現在の明石町の聖路加国際病院の敷地の西北隅（居留地37番）に当たる所であった（図11-1の⑬）。

前出の貫民之介の書いた「立教学院小史」によると、
「最初の見積り2階建なりしを中途にして3階となすことにし、ために大工頭領との間に悶着を生ぜしのみならず、総煉瓦の大廈なれば当時建築上の経験に乏しく、遂に請負師3人まで倒産、第4年目に至りて漸く竣工せしむるを得たり」

ということであったが、階数の変更をしたというのは煉瓦造という構造であったことを思うと、不手際と言わざるを得ない。請負師が3人倒産したというのも異常である。ガーディナーは弱冠23歳で、「正規の建築教育も受けず実務経験もなく」（松波秀子さんは前出著において、ガーディナーがハーバード大学卒業であるが、建築教育は受けていないことを明らかにしている）という状態だったから、彼と日本人請負者は設計図もなく大胆にトライ・アンド・エラーを重ね、独学を進めて行ったの

⓫-11 1894年東京地震に遭う前の立教学校校舎
（「立教中学校100年史」、1998年より）

ではあるまいか。当時は日本人で建築の正規教育を受けた者は十指にも満たず、しかも教育を受けた者もその知識のレベルは素人に毛が生えた程度だったのであるから、ガーディナーの行動を「素人の無謀」と一概に批判することはできない。

貫民之介は竣工した建物についてこんな風に書いている（前出の「立教学院小史」）。

「外観は頗る見事のものにして屋根は凸凹起伏、石材を以て飾られ中央に高さ十間余の尖塔聳え、頂に金色の十字をつけたり、当時この建築を見物せんと市内各所より来る者また多かりき。階下は教場に用いられ、階上は寄宿舎とせらる。」

上の叙述を後世の記録（「立教学院設立沿革史」、1954年など）を参考にして補うと、建物の概要は次の通りであった。

ゴシック調の小屋裏利用煉瓦造2階建──立教学院関係の沿革史や周年史は煉瓦造3階建という言葉で統一されている──で、建坪はおよそ80坪約270m²。1階には教室、事務室など10室があり、2階は実験室、学生自習室、暫時同居する神学校の教室に供せられ、ほかにウィリアム主教の住居用の小さな室2つが設けられていた。3階（小屋裏）は寄宿舎に充てられた。煉瓦は米国製でその後のわが国の煉瓦と較べ縦横共に長かったという。煉瓦が淡赤色だったのに対し棟や窓周りの装飾に用いられた石材は青味を帯びていたという。

しかしこの建物に故障が出てくる。

「建築の跛弱は争うべからず、2階建の基礎に対するに3階建を以てし、あまつさえ屋上の四辺に多くの石材を用いたるが如き、階上にては歩むにさえ震動を覚えたりき。果せるかな、翌17年9月15日東京に大風あり、損害甚だしく容易に手を下し能わざる程なりき。」（貫民之介の前出著）

この記事を参考にして立教学校の煉瓦造校舎について若干の想像と批評を加えてみよう。

階上の床の振動障碍は，木材床梁の端部と煉瓦造との取合いに欠陥があったものと想像されるが，ガーディナー，日本人大工両者の経験不足が原因であったかと思われる。

「大風」というのは台風のことであろうが，台風で煉瓦造に大きな構造的損害が生ずるというのは常識的には解せないから，開口部や蛇腹周りの雨仕舞の悪さ，すなわち，構法的欠陥に原因する損害かと思いたくなる。

しかしながら震災予防調査会の報告書の中に次のような記述があるので，構造的欠陥が原因だったと思わなくてはならない。

「この建物は大風の節，全体の動揺甚だしく危険を感ぜしを以て前記の如く鉄材を以て両壁を結束したるなりと」

ここに「前記の如く」とは次の記述を指すものである。

「大切妻はすべてボールトを以て相対する側壁を結束しあり」（「震災予防調査会報告書第4号」）

「大風」による建物の動揺について「立教学院歴史」（元田作之進著）は，

「暴風の時の如きは大いに震動を感じたり」

と記しており，震災予防調査会の報告内容と符合しているが，調査に当たった山崎定信らが立教学校の関係者から事情聴取したものをそのまま記録したためであろう。

床の振動や大風による建物振動に不安を感じた学校関係者は東京府技師に建物の検査を依頼する。検査依頼先が「東京府技師」であったことは，「立教学院歴史」にも「立教学院小史」にも明記されている。案ずるにこの東京府技師は妻木頼黄であったかと思われる。妻木の東京府御用掛就任は明治18（1885）年11月であったから，その就任は大風があってから1年余り後に当たるので，大風と検査依頼の間に時間が空き過ぎの感がないでもないが，妻木でないと否定する史料もなさそうである。

検査の結果について「立教学院歴史」は，

「基礎堅固ならず危険の恐れあることを確認したり」

と記している。

また「立教学院歴史」と「立教学院小史」には記されてないが，「立教学院設立沿革史」（1954年）には，

「三階に数箇所に太い鉄棒を貫通して，前後から建物を締めつけ，応急処置とし」

と書かれている。後世の書である同書が何を史料にそう述べたか明らかでないが，震災予防調査会報告書の記述内容と符合するものがあるのでこれを参考にしたとも考えられる。

東京府技師が基礎が堅固でないために建物が大風で振動したと診断したとされるが，その診断の当否は措くとして，別の原因として次のことが考えられなくもない。切妻の壁厚が薄いことやモルタルの接着力不足が原因で，切妻壁が大きな曲げ変形を生じ，それが因で切妻壁の脚元に水平亀裂が入ってしまう。そのため風を受けて切妻壁が揺れたという風には考えられないだろうか。濃尾地震の前の出来事だったので「東京府技師」に思いの至らなさがあったかもしれない。

それはともかく，上のような補強実施と共に3階にある寄宿舎を他所に移すことが検討され，明治26（1893）年秋にはそれが実現され，南飯田町（後の小田原1丁目1番地，現在の築地7丁目）の新栄橋東南詰に新築された四軒長屋2棟を借りて寄宿生を移し，問題の校舎は教室の用に供するだけとした。また地震の前年の明治26（1893）年秋には校舎建て替えを真剣に討議し，

「檄を米国に飛ばして校舎新築の寄金を募り，チング校長（筆者注：ガーディナー校長は明治24年に校長を辞していた）は早春（廿七年）これがために米国に赴かれた」（貫民之介の前出書）

のであった。

地震直前の明治27（1894）年春，チング校長が寄付金募集のため帰米したとき携えた檄には，こんな風に書かれていたのであった（「立教学院歴史」）。

「一の危機に遭遇せり。即ち校舎の不堅固なることにして，平時においてはこれを用い得べしといえども，一朝地震の変あらんか校舎は忽ち転覆する所とならんとするの恐れあり。東京の如き地震地においてはいつこの地震の来るや殆んど図るべからざるなり。目下止むを得ざるよりしてこの校舎を用いつつあるも，吾人は実に恐怖の中に用いつつあるなり。」

上のような状況の中で危険視されていた校舎が地震に遭遇したのは不幸で，同情を禁じ得ないものがある。

最後に1894年東京地震の後における立教学校の学制変遷に触れておく。

明治27（1894）年6月に文部省により高等学校令が制定され，従来の高等中学校は高等学校に改められ，官学中心の高等専門教育の体制が文部省の手により固められたのであった。

震災を受けた年の4月に学制改革（第3次）を決意したのは，上の文部省の動きに影響される所が少なくなかったと思われる。補充科，普通科（5年），専修科（3年）の3層とする案で，補充科は小学校高等科卒業者を受け入れるもので修業年限1年，普通科は文部省の示した尋常中学4〜5年から高等学校1〜3年に相当し，専修

科は大学に相当させようとするものであった。実施は震災の後の明治27（1896）年9月からであった。

　その後，明治29（1896）年4月，第4次改革を行い，文部省令に完全に準拠した尋常中学校に学校の主体を置くこととし，「立教尋常中学校」（5年制）が開設され，同時にその上級学校として2年制の「立教専修学校」が併設された。しかし尋常中学校から専修学校への進学者は極めて少なく数年後に自然消滅の道を辿ることになった。

　明治32（1899）年，立教尋常中学校は「立教中学校」と改称（中学校令の改正に対応し）され，明治33（1900）年9月には傘下の3つの学校を包含し学園全体を「立教学院」と称することにした。

　明治40（1907）年9月，専門学校令に基づく立教大学が創立され，六角塔校舎（後述）の脇に校舎が建てられた。その後，大正7（1918）年9月に現在の豊島区西池袋3丁目に移転し，大正11（1922）年大学令による大学に昇格したのであった。

立教学校の被害

　以下は1894年東京地震における立教学校の被害についての震災予防調査会の報告である。

　胴蛇腹から上は全面的に被害を受け，無事な所はなかった。切妻の煉瓦造は，墜落したもの大小併せて6箇所，転倒寸前の危険な状態に陥ったもの2箇所を数えた。写❶-1は問題の校舎の南面外観であるが，大小さまざまな切妻が存在し突起が多かった（「コンペイトー小屋」と通称された所以）ことがよくわかる。

　これらが上述のような損壊を生じた訳である。

　また大きい切妻は，相対する側壁をボルトで結束し地震以前に補強をしていた（前述）が，それが次のように崩壊した。

　「震災の際その一方は建物の内部に転倒し，天井を抜き，床を破り，他の一方は外部に転倒せり。またまさに転倒せんとするものはボールトのため，その局部に殊に凹所を生ぜり」

　震災予防調査会の報告書は，別の箇所では次のようにも表現している。

　「南面の破風は落ちて鉄棒頭の空しくその跡に残るあり」

　1954年刊行の「立教学院設立沿革史」は端的で，上のような表現よりも素人にはわかりやすい。すなわち，

　「3階の全部と，中央の高塔が全く崩壊した」

のであった。

　煉瓦造における一般論としての切妻の構造的問題点に

ついては後述することにして，先に調査会の報告書が指摘している構法的欠陥を以下に列挙しておこう。

①煉瓦の積み方が「粗悪」であった。

②モルタルが「粗質」であった。

③表積みの煉瓦は，建物全体において化粧煉瓦が用いられ，芋継ぎであった。

④屋根小屋組は「頗る細小なる材木」を用いていた。

　以上で，「震災予防調査会報告書第4号」に記された立教学校の校舎の被害状況を紹介し尽したが，悲しいことに建物の崩壊により死傷者が出た。それについて「立教学院小史」は，

　「明治27年7月20日，時あたかも学年試験を終わり，久保田，玉置の両教授残務を処理しおりし午後2時10分，俄然として一大地震あり，両氏難を避けんとする間もあらず，外壁なる煉瓦巨石忽ち崩壊し来り，玉置氏は不幸にして無惨の即死を遂げられ，久保田氏は軽傷をうけて僅かに一命を免がる」

と記し，また「立教学院歴史」は，

　「学年試験を結了し，職員の数名止まりて試験点数を調べつつある時，かの大地震ありて校舎を破壊し，書記兼舎監の玉置角之助氏不時の死を遂げ，久保田氏は辛うじて一命を免れられたり」

と記している。

　玉置氏は新栄橋東南詰の寄宿舎の舎監と学校の書記を兼ね，久保田富次郎氏は学校の教師を勤めていた人であった。

　「立教学院設立沿革史」（前出）は，

　「玉置氏は玄関から校門に向かって走ったが，高塔の下で，落下の石と煉瓦のために圧死。久保田氏は運動場の中央に直走し，頭部に軽傷を負っただけであった。」

と述べており，切妻壁の墜落現象を裏付けている。

　この辺りで一般論として切妻壁の倒壊について考えてみたいと思う。一般に煉瓦壁の破壊は，壁面の曲げ（構造力学的には「面外曲げ」と呼ばれる）により生ずる。曲げモーメントの生ずる断面の引張側に当たる煉瓦，あるいは目地の部分が引張を受けると破断しやすいからである。換言すれば，煉瓦の引張強度，あるいは目地の付着強度が小さい（一般には後者の方が小さい）ので，煉瓦または目地に亀裂が生ずるのである。切妻壁は塀と同じように直立して立つから脚元に最大曲げモーメントが生じ，そのため切妻壁の脚元ないしはその近くには水平亀裂が生ずることになる。ずっと後年のことになるが市街地建築物法施行規制——大正9（1920）年に施行——では，切妻壁体は煉瓦造としてはいけないと規定するに至

る。地震の度に建築界が苦汁をなめさせられ続けたためであった。すなわち規定はこんな風であった。

「第78条 切妻壁体ハ高サ3尺（筆者注：91cm）ヲ超過スル扶欄モシクハ扶壁（筆者注：共に現在言う所のパラペットのことである）ハ石造マタハ煉瓦造トナスベカラズ。但シ切妻壁体ニシテソノ頂部ヲ鉄筋コンクリート造屋根ニ緊結シタルモノハコノ限リニアラズ」

地震の度に切妻壁が墜落を繰り返した結果，上の条文ができたのであり，その最初の被害例が立教学校校舎であった訳で，わが国の震災史上，同校舎の惨事は永遠に記憶されなくてはならない。

高等建築学第8巻第15編「煉瓦及び石構造」（八木憲一著，1934年4月）には次のように注意書きされている。「地震の恐れなき地方でも，切妻壁は特に帯鉄，山形金網，もしくは縦に鉄筋を通す等のことによって補強すべきである。切妻の頂部は煉瓦積の場合にも笠石に石を使用し，石それ自身が滑らぬためには千切，ダボ等にて石相互及び壁体との連絡をとる必要がある。」

しかし，上記は構法的な注意点で，抜本的には構造的な配慮が必要であったと考えられる。40年後に「家屋耐震並びに耐震構造」（高等建築学第26巻，佐野利器，武藤清共著，1935年）はそのことを次のように述べている（筆者の手で書き改める）。

①切妻壁の中央に直交して煉瓦壁を配する。

②切妻壁の背後に，鉄骨または鉄筋コンクリート造の小屋組を2連設け，これらを剛強な屋根でつなぎ切妻壁を支持させる（切妻壁の背後に，面外に大きく動きやすい木造または鉄骨のトラスを配し，切妻壁とそれらの間に隙間を設ける（あるいは結束が緩い）のは，地震により小屋組が切妻壁に水平力を加えることになるので好ましくない）。

③「切妻壁はこれを補強することは容易の業ではない。即ち耐震構造上嫌うべきものの一つである。」

煉瓦造3階建の立教学校の校舎は，上述のように崩壊し死傷者を出したのであるが，地震後の9月，居留地37番の崩壊した校舎と道路（南北方向の）を隔てた54番の聖三一会館（借用）を用いて授業を開始する。

聖三一会館は立教学院と同系統の米国聖公会に属する施設で，明治22（1889）年末に竣工した聖三一大聖堂の付属施設として明治24（1891）年に建てられたものであった。この建物は1階が煉瓦造，2〜3階がハーフティンバー式木造で，これに急勾配の切妻をもつ高塔が付属──「塔上に音階1オクターブの聖鐘チャイムが取り付けられ」ていた（「立教学院八十五年史」，1960年）──していたが，地震には大丈夫だったようで，仮

教室として使われた訳である。

聖三一会館での授業開始と同時に，立教学校は居留地50〜60番（現在のどこに当たるかは後述）で校舎と寄宿舎の建設に着手したが，これについては後に触れることにし，次に1894年東京地震における居留地内の他の被害について述べることにする。

震災予防調査会の報告書は，築地居留地内の「神学校」の被害について，平家および2階建の部分は被害が少ないが，

「高塔に至りては実に甚だしく損害をこうむれり。即ち窓は一箇所として迫持煉瓦の墜落せざるものなく，窓なき所といえども，頂上軒蛇腹より下層地上に達するまで連綿として亀裂を生ぜり。殊に隅々を最も甚だしとす。その屋根は木造にして石盤葺なり。震災には石盤の落ちたるもの一枚もなく些少の害もこうむらざりき」

と山崎定信が報告している。

この「神学校」は，聖三一神学校であったはずである。

地震当時，築地居留地内には，キリスト教系各派の教会と教会系の学校（後の学校名で言うと青山学院，明治学院，立教学院，関東学院，暁星学園，女子学院，雙葉学園，女子聖学院，立教女学院）が数多く存在したが，神学校としては東京一致神学校（明治学院の系統）が明治20（1887）年に，カソリック神学校（暁星学園の系統）が明治21（1888）年に築地居留地を離れていたから，居留地に神学校として存在したのは立教学院が属する米国聖公会派の聖三一神学校だけであったと考えられる（池田貞夫氏の御好意で入手できた中央区明石町資料室の清水正雄氏作製の「明治17年を中心とした居住者一覧図」と「居留地30年間をとおして見た学校と宗教施設の位置図」を参考にした）。

ところで筆者の照会に対し池田貞夫氏が三一神学校の年代が違う2つの古写真をお送り下り，「三一神学校の塔の部分に相違が見られ，この地震によるものではないか」と御示唆下さった。2つの三一神学校の写真は高塔の屋根の形が明らかに違い，一方は著しく急勾配の切妻屋根を持ち，他方は屋根の立上りが低い方形屋根を持つもので，前者が地震を受けた建物で，後者が地震後の建物と認知できる。

以上を要するに山崎が「高塔」と書いたものは聖三一神学校の高塔であったと見てよかろう。

上の聖三一神学校の本館の落成は明治23（1890）年秋で，設計はガーディナーと思われ，本館は北側に配され，その北端に八角形の図書館が置かれ，高塔は南側に配されていた。立教学校の仮教場に使用された聖三一会館は，

図11-2　震災後建てられた立教学校の寄宿舎（左）と校舎（右）（「立教中学校100年史」，1998年より）

神学校の南隣の敷地に神学校竣工の翌年に建てられたものであった。ガーディナーが設計監督した上掲の2つ（神学校，聖三一会館）の建物と立教学校校舎の3つのうちで地震による被害が，竣工年次の若いもの程小さかったことは，ガーディナーの建築学習の深まりと関係があるように思えて面白い。

立教学校は，聖三一教会に間借りして授業開始するのと同時に，かねてから敷地借用の手当てをしておいた居留地の57〜60番の敷地に寄宿舎，校舎を建設すべく着工した。この敷地は，現在の聖路加国際病院1号館と聖路加看護大学のある区画（ブロック）の西半分に当たる所で，従来貿易会社があったのを居留地に編入したばかりの敷地であった。かくしてこの頃になると，現在の聖路加国際病院と聖路加看護大学のある一帯は，立教学校を含む米国聖公会系の建物によって占拠されたのであった。ただし，病院施設建設の兆しは，その当時はまだ存在しなかった。

地震後の明治28（1895）年12月，居留地57〜60番の北側部分に寄宿舎が竣工（図11-2）した。平面は中庭を持つ「ロ」の字形で3階建。1階は煉瓦造で床はコンクリート，2階と3階は1人1室で約100名を収容する寄宿室で，ほかに4階に1室があり祈禱室に当てられた。

校舎は57〜60番の南側部に建てられ，1階教室ができあがると明治29（1896）年4月から使用した。校舎全体の完成は明治32（1889）年7月であった。寄宿舎と同じように1階のみ煉瓦造で，2階は木造という2階建で，1階に9室，2階に7室を設け，平面は「く」の字形——これは道路が斜交していたのに影響されたもの——で，「く」の字の屈折点には5階建の六角形平面の高層塔（2階以上は木造）が聳え，「八角塔」（図11-2の校舎の右端に見える高い塔部）と通称された。

寄宿舎，校舎ともに1階を煉瓦造，2階以上を木造としたことはガーディナーが耐震の工夫を凝らしたことを示すものと見られるが，筆者としては以下のように想像してみたい。

聖三一会館に附属した高塔（塔上に音階1オクターブの聖鐘チャイムが取り付けられた）は，1階が煉瓦造で2〜3階がハーフティンバー式の木造であったが，それが地震に耐えたのをガーディナーが観察して耐震のためのヒントを得たと思ったのではなかろうか。

上記の寄宿舎と新校舎は，大正12（1923）年の関東大震災においては安全であり，「壁に一つのヒビも入らなかったのを見て避難してきた人々が驚愕した」（「立教学院設立沿革史」，1954年）と言われる。

また「寄宿舎は全く無傷，校舎は六角塔が心持ち傾いた」（立教中学校刊行の「いしずえ」（1982年）の中で伊藤俊太郎さんが書いている）という説もあるが，惜しいことに9月1日の晩，類焼して六角塔も姿を消したと言われる。

ガーディナーは寄宿舎の設計において，アクセント付けのため屋根に起伏作りを試みたが，木造部分の上に設けた屋根であるにも拘らず切妻は一切廃し，寄棟ないしはそれに類する屋根形を採用している。ガーディナーとしては煉瓦造における切妻の被害に懲り工夫を凝らしたつもりであったろうが，羹に懲りて膾を吹く感を与えるものがある。

ガーディナーは明治24（1891）年に立教学校を離れて建築事務所を開き，建築家としての資質を磨き，多くの煉瓦造建築を残した（これについては松波秀子さんの前出書が詳しい）。明治村に残されている聖ヨハネ教会堂（重要文化財で1906年築。京都市下京区にあった）はその作品の一つである。

【謝辞】今回の本文中「立教学校」と「立教学校の被害」の項を書くことができたのは，立教大学の大学史資料室の池田貞夫氏の御厚情により，同学所蔵の諸資料を御送付戴き，それらを参考にさせて戴いた御蔭である。また池田氏は資料検索と資料のコピー・送付作業に多大な時間を割いて下さったはずである。併せて同氏の御好意に対し厚く御礼を申し上げる。

鉄砲洲・築地と 1894 年東京地震

その 2

築地界隈 ...169
藤本寿吉 ...171
築地界隈の被害 ...176

（2001 年 8 月号）

築地界隈

　江戸時代，築地は鉄砲洲と区別された。これは鉄砲洲が明暦 3（1657）年の明暦大火以前に海を埋めて土地造成されていたのに対し，海中の築地の部分の埋立がそれより遅れたという歴史と大いに関係があったはずである。

　現在，築地と名のつくのは 1 丁目から 7 丁目までであるが，これが江戸から昭和戦前にかけての広義の（換言すれば俗称としての）築地であった。しかし正式町名としては幕末から昭和戦前まで，現在の 6 ～ 7 丁目（南小田原町，南飯田町など→小田原町→築地 6 ～ 7 丁目と変遷）を除く地域が築地（1 丁目～ 5 丁目）と称されたのであった。以下ではそんなことを勘案して現在の築地 6 ～ 7 丁目を「新築地」と呼び，1 ～ 5 丁目を「旧築地」と仮称することにしたい。

　古地図を見ると，新築地の造成が旧築地より遅れたのが明らかにわかる。新築地の造成完了は万治 2（1659）年頃かと思われる。新築地の造成は潮流や波浪の影響で困難を極めたらしいが，工事中に御神像が拾い上げられ，それを御神体に波除稲荷神社（現在の築地 6 丁目に現存）が起立された頃に新築地の突堤工事は終止符が打たれた。

　ある文献を孫引きすると天保 2（1831）年に築地明石橋の南 1,200 坪余りを埋めたとあるから，これが新築地の海側（当時は海側だが，今は月島側と言うべき）に張り出した現在住友生命やニチレイのビル群が立ち並ぶ隅田川の川縁部分かと思われる。

　この川縁部分は，明治時代には南飯田町海岸と呼ばれ，「その大部分が魚着場の波止場で占領され，押送り船が八挺櫓，十挺櫓で，櫓拍子揃えて乗り込んでくる」（「中央区史」，1958 年）所で，「魚がここから魚問屋の手を経て市中へ売り捌かれた」（「中央区史」）という。

　上記の南飯田町海岸には波止場として船入堀が掘られ明治中葉頃までは帆船も繋留できたが，明治 30 年代後半（1900 年代初め）になるとその堀は縮小された。それでも戦後まで堀の名残りがごく僅か残されていたが，今は埋め立てられ住友生命ビルとニチレイビルの間のグリーンベルトとなっている。

　このグリーンベルトのすぐ南は，現在，勝鬨橋の西詰で，そこに銀座 4 丁目交差点方面から東進してくる晴海通りが取りついている。勝鬨橋は昭和 15（1940）年のオープン——月島と築地・銀座側を繋ぐ目的で架けられたもので，長さ 246 m，幅員 22 m の橋が 3 つのスパンに分けられ，その中央スパンが開閉（1 日に 3 度）したが，

今は「あかずの橋」と化している——だから1894年東京地震の頃には姿はなく，築地の波止場からは目の前の海（今は隅田川になってしまったが，昔は目の前は海だった）を真帆・片帆に変わって登場した西洋式帆船（すでに汽船に押され衰退の域に入ってはいたが）や汽船が走るのが見られた。また晴れた日には房総の山々がくっきり見えたはずである。

築地について語ったら，日本近代建築史の通史書の初めの方に必ず名前が登場してくる築地ホテル館の話をしなくてはならない。

その名前を知っていても，それがどこに建っていたか知らない読者も少なくないであろう。

築地ホテル館は図11-1の⑯（第19回に掲載）に見るように波止場のすぐ南に波止場を見下ろすように建てられた。安政7（1860）年海軍操練所が置かれた所であった。波止場に着いて緩やかな坂を上り大廻りして海と反対側に回ると，旧大名屋敷の長屋門があり（それが前門），それを入って小さな石造アーチを架けた中門を潜るとホテルであった。玄関の位置がはっきりしない不思議な平面だったというが，桐敷真次郎さんは「明治の建築」で「海岸に面した側が正面である」と言っている。ホテルの位置は現在の築地6丁目，勝鬨橋の西詰の南側で，今はその跡に中央卸売市場関係の建物や「おさかな資料館」などが建ち，それらの裏には波除稲荷神社が昔通りに位置している。

基本設計はブリッジェンス（第1章その2で触れた）で，実施設計を清水喜助が担当した。発注主は幕府で，慶応3（1867）年着工し，翌年に竣工した。竣工後「江戸ホテル」と命名され，半官半民で経営され（清水が参加），明治4（1871）年9月からは完全民営となり清水が経営に当たった。

「明治工業史・建築篇」によると，間口42間（約76m），奥行40間（約73m）——上記については他書と齟齬があるが——で，主部は2層，中央に5層の高塔（高さ約28m）を持つ木造で，建坪703坪（約2,300m²），その他に平屋建部分128坪（約420m²）があった。さらに書き加えると，

「木造桟瓦葺にして，外装は瓦張り，ナマコ壁及び漆喰塗にして，内部は多く漆喰塗り，木部ペンキ塗り」（堀越三郎「明治初期の洋風建築」）

「平屋に26室，1階に37室，2階に39室，合計102室あり，便所及び浴室は各所に集中して設けられ，各寝室には暖炉の設計あり，海岸面の室にはヴェランダを附した」（同前）

「全体の姿はヴェランダとナマコ壁に塔を加えて構成

されているが，ポイントはナマコ壁にあり，これだけ大きな建物の表面を黒と白のパターンでおおう例は空前であった。」（藤森照信「日本近代建築（上）」）

ということで構造躯体は純日本式木造で，塔部を初めとし各部の細部に和風の手法を凝らしたのに，外観は洋風めかそうとした何とも奇妙な建物であったが，後に各地で澎湃（ほうはい）として起こった擬洋風の建築の手本となった。記述が少々通史書の領分に入ったのでここらで筆を止める。

なお前記の南飯田町海岸のうち築地ホテル館の前の海岸は「ホテル下」と呼ばれ東都随一の遊泳場であった。すでに述べたように築地ホテル館は明治5（1872）年に大火で類焼し，その後一時空地のままになっていたが，やがて海軍の兵器製造所が置かれ，この建物が1894年東京地震を受けた。後にこの場所には海軍経理学校が置かれ昭和の終戦時にまで及んだ。

新築地の話はそれくらいにして旧築地についてである。築地の本願寺（昔は西本願寺と呼ばれた浄土真宗本願寺派の寺）が，佃島の門徒の奉仕を受けて土地を造成し浅草から移ってきたのは延宝7（1679）年であった。旧築地は西本願寺を中心にした城郭のようなもので，四周をロの字形の水路で囲まれ，この水路はすべて築地川と呼ばれ，南飯田町海岸の北端からこの濠の一辺に一直線につながる水路（図11-1の❾中津藩中屋敷と⑮工手学校の間に三味線の撥状の水路が見える）もまた築地川と呼ばれた。

明治初めの旧築地を語るからには大隈重信と梁山泊のことについて触れておきたくなる。

明治2（1869）年7月，大隈重信は明治新政府の大蔵大輔に任命されたが，この年の2月に結婚し，4月には政府から西本願寺の隣に地所約5,000坪（約16,500m²）を有する邸を貰い新居を構えている。「西本願寺の隣」は現在の築地4丁目（明治初めは築地3丁目）の「新喜楽」のある所だと昭和戦前の「京橋区史」（前出）が書いているが，戦災に会わず今も「新喜楽」はその時代と同じ場所にある。大隈の邸が移った後原っぱとして放置されたが，後に触れる訓盲院が建てられたのはこの原っぱのど真中で，新喜楽はその訓盲院が引越した跡地の一角（図11-1の⑱訓盲院の印のすぐ左下の角地）に建てられたものであった。

とにかく大隈の屋敷は広かったので，大志を抱いて東京にやってきた地方の青年がこの邸に出入りし，あるいは寝起きしゴロゴロしていた。伊藤博文（大隈の邸の隣に住んでいた）や井上馨もここに顔を見せ談論風発わいわいやっていた。これが世間から「築地の梁山泊」と名付けられることになった所以であった。大隈重信の人柄

がこうした雰囲気を作り出したもののようである。

明治5（1872）年の大火で焼けた（前述）銀座に煉瓦街を建設しようという計画は，築地の大隈の邸で大隈，井上，伊藤などが酒を飲みながら喋り合った中から生まれ，それが太政官に上申され，そこで自分達が投げた球を大隈と井上がキャッチして，それを東京府へとさらに送球したということであった。銀座が「築地の梁山泊」と目と鼻の間にあったことを思わなくてはなるまい。

現在の首都高速道の京橋ICと汐留ICの間の汐留寄り2/3の区間には，往時その真下に築地川と呼ばれる水路があった。もっともこの川は川というよりは，築地本願寺を囲むように□の字形に配された濠とかクリークと呼ぶべきものの一辺であった。そのことはすでに述べた。

現在の晴海通りは銀座4丁目の方からきて，この川に架かっていた万年橋（図11-1の⑨）の跡（万年橋の名は交差点の名前として残っている）を通り，さらに築地本願寺の南脇を通り抜けて勝鬨橋に達しているのであるが，明治中葉にはこの晴海通りと平行して，前述した築地川に架かる采女橋（図11-1の⑩）から今の国立癌センター，中央卸売市場の北脇を通って海（現在の形では海というより隅田川と呼ぶべきだが）に注ぐ水路が存在した。これを便宜上，仮にT水路と呼んでおくことにしよう。

今の国立癌センターの所には，明治初め海軍兵学校があり，同校が明治19（1886）年に江田島（広島県）に移転した後には海軍大学校が置かれたが，この敷地のT水路を隔てた北隣の区画（今の晴海通りがその北限）は原っぱで，俗に「海軍ヶ原」と呼ばれ，その西半分は海軍の練兵場に使われ，東半分の原っぱのど真中に，「南向きの赤煉瓦造りで尖った洋館（筆者注：切妻屋根のせいで「尖った」と感じたものと思われる）がたった一軒たっていた」（「中央区史」）。これが目や耳の不自由な人の教育のために建てられた訓盲院と呼ばれる建物であった。この建物の周りは「夏はバッタ捕り，トンボ釣り，冬には凧揚げの子供達の恰好な遊び場であった」（「中央区史」）。

ついでながら訓盲院の東隣には，西本願寺の寺域の南半分があり，ここには末寺が密集していた（本院は北半分にあった（図11-1））。

海軍ヶ原の原っぱに建っていた訓盲院についてである。

明治4（1871）年，工部省工学寮頭の山尾庸三は英国留学中の体験から目と耳の不自由な人の教育の必要性を太政官に建白したが，政府の容れる所とならなかった。

訓盲院の設立の相談が複数の人間により初めて行われたのは，明治8（1875）年5月で，集まったのは古川正雄，中村敬宇，津田仙，岸田吟香，築地病院の院長H・フォールズ，並びに後に日本福音ルーテルと呼ばれるこ

とになる教会の宣教師ボルシャルトの6人であった。6人は楽善社を組織し，6月訓盲院創設の建言書を東京府知事大久保一翁に提出したが，許可が得られず請願を重ねてもやはり許可が下りない。そこで設立運動を一層強め，明治9（1876）年3月漸く許可を得ることができた。その直後，入社してきた山尾庸三の助言に従い，外国人とキリスト教の力を借りることを排し，日本人有志が中心になって事業を推進することを決める。

12月，紀尾井町1番地の官有地数千坪を借用することを許可されたが，敷地が平坦でなかったので，山尾庸三の努力により海軍省の用地，築地3丁目15番地を東京府に還付して貰い，これと紀尾井町の土地を交換した。訓盲院の建築は工部省営繕局に依頼し，明治11（1878）年9月着工した。設計はコンドルで，工部大学校の生徒藤本寿吉が設計と現場監督を助けた。

訓盲院の建物はわが国で民間が施主となって建築した最初の煉瓦造（2階建であった）で，明治12（1879）年12月に竣工した。コンドルが来日して最初に手掛けた建物であり，最初の煉瓦造であったことに史的意義が感ぜられる。

訓盲院の事務は明治13（1880）年1月初めから開始された。その後，明治18（1885）年12月に至り訓盲院は楽善会から文部省の手に引き継がれ，商議委員には山尾庸三，中村敬宇，津田仙らが選ばれた。明治23（1890）年生徒数が増加したため小石川区指ヶ谷に移転した。だから上記の訓盲院の建物は1894年東京地震を受けたときには「旧訓盲院」と呼ぶべき存在であった。地震後いつの頃かわからないが，商社筋の手に渡りこの建物は姿を消してしまったのであった。元訓盲院の1894年東京地震における被害は後述する。

藤本寿吉

ここで枝道に入り，コンドルを助けて訓盲院の図面を画き現場の監督に当たった工部大学校の生徒，藤本寿吉の出自と大学校卒業後の経歴のあらましを書いておきたい。

藤本寿吉は福沢諭吉のいとこに当たる豊前国中津藩の藩士藤本元岱の次男として中津に生まれた。上京して福沢の慶応義塾に学んだ。慶応義塾は鉄砲洲から芝新銭座に移り，塾名を慶応義塾と定めて出発したのが明治3（1870）年の暮で，翌年3月に三田（島原藩中屋敷）へ再移転——以後長くここに居を構えることになった——したのであるが，藤本寿吉の入塾は三田へ移ってからかと思われる。

慶応義塾は英語教育に重点を置いた塾であった。明治5（1872）年4月の「慶応義塾学業勤惰表」（「図説・慶応義塾百年小史」による）の素読出席の第7等（12等に分けられ，1〜4等は教師の等級に当たり，5等以下が生徒の等級であった）の生徒27名の中に「藤本寿吉」の名があり，「ヶ一」（欠席1回の意味）と記されている。因みにこの年の在学生徒数は311名であった。藤本の慶応義塾での修学の終わりがいつであったか明らかでないが，義塾の近くの攻玉塾（後の攻玉社中学の前身）で数学を学ぶ傍ら，その塾で英語を教えていた時期があったらしい。そして明治7（1874）年藤本は工部大学校造家学科に入学し，明治13（1880）年に同校を卒業した（第2期生であった）。大学校在学中「実地科」の課程の中で訓盲院の図面を画いたことはすでに述べた。

藤本は大学校卒業後の10年間を精一杯に働き目覚ましい活躍をして疾風のようにしてあの世へ去ってしまった。彼の在世中，先輩の辰野金吾が留学→仕事のない官員生活→海外出張という経歴のためほとんど建築家として無為だった——辰野が実質的に仕事をしたのは明治18（1885）年11月竣工の坂本町銀行集会所（煉瓦造2階建）と明治20年7月着工の英吉利法律学校（煉瓦造）ぐらいのもの——のと較べると，藤本の卒業後の活躍は目覚ましく，経験は広く厚くて和洋の建築に通じ施工用図面も画けたし現場指導もできた。したがって，藤本が他界した時点で建築の実務に関して辰野は藤本に遠く及ばず，特に木造に関しては藤本の足元にも寄りつけなかった。藤本をそうさせた所の足跡を辿ってみたいと思う。

藤本は福沢諭吉の親戚筋に当たり，しかも卒業生として塾維持の活動にも熱心だったから，福沢や慶応義塾（三田派）の人々の依頼を受け，あるいは彼らの推挽を受けて仕事を引き受ける機会が少なくなかった。大学校卒業直後の作品数において藤本が辰野を始めとする先輩同輩を圧倒した所以はそこにあったかと思われる。これに関連し藤本の1年先輩の曾禰達蔵は，実地経験の浅いのを意に介さずそうした仕事を引き受けた藤本の「自信の強さ」に驚嘆すると共に，施主の期待に答えて良い仕事を成し遂げた技倆を「見上げたもの」と賞讃している。

藤本は大学校を卒業すると直ぐさま工部技手として洋風木造2階建の文部省本庁舎を設計し，さらに現場監督に当たった。この建物は下見坂張りペンキ塗りで，関東大震災で焼失するまで神田一ツ橋界隈に西洋の匂いを長く漂わせた。着工は明治13（1880）年8月で翌年の3月に完工した。設計を助けたのは工部大学校造家学科の学生（藤本の2期後輩）宮原石松（卒業後工部省に入ったが早世した）だけで，藤本は設計が終わった後は一人で

⓫-2　十五銀行（「京橋区史」より）

現場に出て陣頭指揮をしたと言われる。この仕事で藤本を内面から支えたものは，工部大学校在学中の実習の中でコンドルを助けて訓盲院の図面を画き，さらに工事が始まると現場に出て，唯一人で監督に当たった経験から得た自信であったかと思われる。

文部省本庁舎の設計監督を手始めに，三田派の人が施主の木挽町の厚生館（洋風木造2階建の一般演説会場）などを手掛け，藤本は洋風木造建築に対する経験と造詣と自信を深めていった。そして後日，明治18（1885）年に宮内省から招かれて洋風木造の箱根離宮の設計を命ぜられることになるのであるが，そのときまでにいくつかの煉瓦造建築も手掛けている。その中で最も代表的で，かつ古かったのは華族銀行（十五銀行の前身）で，その竣成は明治15（1882）年であった。煉瓦造2階建（写⓫-2）で工部大学校の卒業生が最初に設計した——日本人が最初に設計したと言ってもよいが——煉瓦造の建物で，その史的意義は重い。因みに辰野金吾にとって最初の煉瓦造設計であった坂本町銀行集会所の竣工は明治18（1885）年11月で華族銀行より3年遅かった。

脇道に入り華族銀行について触れたい。

場所は三十間堀と汐留川の合流点の前で，汐留川に架かる蓬莱橋の前にあった。当時の木挽町7丁目で，華族銀行が建つまではそこにはブリッジェンスが設計した新橋駅と似た蓬莱舎の建物——木骨石張り瓦葺2階建で，2階の窓は半円迫持を有していた——があった。この建物の落成は明治5（1872）年で，新橋駅の竣工（これもブリッジェンスの設計）も同じ年であったから，これら2つの建物をわざわざ見物しようと人が集まってくる始末となったという。

蓬莱舎は，当時後藤象二郎——土佐藩主山内容堂に大政奉還を説いたことで知られる維新の元勲——の経営する会社で，同社は，トーマス・グラマー（英国人，第1章で触れた）が関わって明治政府に売られた九州の高

島炭坑の官営事業がうまく行かなくて民間に払い下げということになったとき，井上馨・益田孝・渋沢栄一のグループ（先収会社という商社）と争って手に入れた高島炭坑を経営するのが主体の会社であった。後藤は元老院副議長の職につきつつこの会社を経営し，官職を辞した後それに専念したが，負債山積し苦境に立っていた所へ高島炭坑が火災に罹り，遂に明治9（1876）年の末に破産してしまった。その結果，蓬莱舎の建物は，華族の金禄公債證書を資金に岩倉具視が音頭をとって設立された華族銀行（後の明治10年に設立された国立第十五銀行の前身）の手に渡った。その後は明治16（1883）年に取り壊され，その建物の材料を使用して銀行の建物が建立されたのであった。煉瓦造2階建ですべての窓の上部には半円迫持が設けられ，総じて蓬莱舎の旧屋と似た感じの悪くないエレベーションであった。これを藤本が設計した訳で，彼にとってばかりでなく，日本人にとっても最初に設計した煉瓦造建物であったことは先述したところである。

余談になるが，一方，辰野金吾の煉瓦造の設計についてである。すでに帝国大学工科大学造家学科の教授となっていた辰野は，日本銀行の設計を嘱託されその資料収集のため海外出張を命ぜられ，明治21（1888）年夏欧州に向かって旅立った。このとき，辰野が設計した2つの煉瓦造建物が東京で工事中であった。一つは英吉利法律学校（後の中央大学で，明治20年7月起工），もう一つは東京英語学校（明治21年4月起工）で，共に煉瓦造2階建であった（落成後これら二つの建物は一つの建物とされた）。倉庫を思わせる冴えない外観の建物で，「デザインの名手とはいい難い。いわゆる芸術家としてはむしろ下手である」（「日本近代建築の歴史」）という辰野評——上記建物についてではなく，全作品に対する——を村松貞次郎さんに語らしめた辰野の資質の片鱗がうかがえると言ったら言い過ぎになるだろうか。辰野留守中の上の2つの建物の工事監督を藤本寿吉は辰野から任されたのであった。

ついでながら，上記の煉瓦造建物は1894年東京地震の後で平屋建に改められた。震災予防調査会報告にはそれらの被害について言及はない——辰野設計の坂本町銀行集会所については，「方形窓の上にある円形窓との間に細微な垂直な亀裂」を生じたが「殆ど無難」と報告されている——が，2階建を敢えて平屋建に改修した具体的理由は明らかでない。

藤本は辰野から英吉利法律学校などの工事監督を依頼される以前に，十五銀行に続いてすでに煉瓦造の慶応義塾の講堂を設計監督していた。オリジナルの三田演説館

❶-3　慶応義塾講堂（小泉信三「福沢諭吉」より）

（明治18（1875）年5月築）の南側に隣接して建てられたもので煉瓦造2階建で，その外観は写❶-3に示す通りであった。辰野の英吉利法律学校よりも秀れたエレベーション——これから藤本の卒業設計を連想させられるが，それについては後述する——である。この講堂は大きなホール形式のものではなく数個の教室を収容する棟であった。後年，講堂の一部には塾監局の事務室が置かれたが，関東大震災で破損し取り壊され，その跡に塾監局として鉄筋コンクリート造の建物が新築された。

さて，「慶応義塾百年史・中巻（前）」によると上の講堂の新築計画が立てられたのは明治18（1885）年の冬で藤本に設計が委託され，翌明治19年夏に着工した。この新講堂の建築費として塾員（卒業生）の中村道太（当年，横浜正金銀行頭取を退いた所であった）から1万円の寄付がなされた。工事は明治20（1887）年8月に竣工し9月から使用した。建坪は139坪（約460 m²で400〜500人の学生を収容するもので，明治23（1890）年に大学部が設置——文学，理財，法律の3学科——されるとその講堂として使用された。

藤本が講堂の設計監督の仕事をすることについては，彼が福沢との交際が疎遠でなく，また塾員としての活動もそこそこでなかったことが関係していたであろう。例えば慶応義塾の経営が苦しくなり，明治13（1880）年秋に維持のための醵金集めが行われた際，醵金発起人の形で印刷物に彼の名前と醵金額が掲げられ，「藤本寿吉　5ヶ年賦　60円」（「慶応義塾百年史・上巻」）とある（60円は額として少額に属するものであった）。

ところで講堂の建築に着手する頃から福沢諭吉は大学への発展を目指していたようで，民間事業には資金を貸しながら教育事業には資金を貸さない政府に向かい書翰をもって，

　「岩崎弥太郎は船士を作り，福沢諭吉は学士を作る，その間に軽重あるべからず」

と詰問したと伝えられている。

話変わって藤本寿吉の工部大学校卒業に当たっての設

計と論文についてである。

藤本は卒業設計のテーマとして「Design for a Hospital Containing 300 beds」（300病床を持つ病院の設計）を選んだ。

作品は大判のケント紙2枚に纏められて，平面図は縦64.5cm，横91.0cmの紙に縮尺1/200で画かれ，側面図は縦57.3cm×121.4cmの紙に1/100の縮尺で画かれている。

2枚のケント紙の右下隅には，

「Designed and drawn by J.Fujimoto

March 3rd 1880」

と書かれ，その左上にコンドルのサインが次のように認められている。

「Examined March 1880 Josiah Conder,

Professor of Architecture」

これらから作品が明治13（1880）年3月にできあがり，同じ月に採点されたことがわかる。

さて平面図のコンテンツであるが，縦長の棟が5つ平行に並び，それらの中央通りを横に渡り廊下が一本貫いている。そして5棟の中央には，管理室，薬局，医者（外科医・内科医）の特合室，図書室，学生控室，手術教室（Operating Theatre），厨房，リネン庫などが収容される棟（中央棟と呼ぶことにする）があり，これを中央軸にして左右対称に2棟ずつ病室棟が配置されている。

病室棟の一つのタイプ（筆者が仮にWタイプと呼ぶ）は，上下に26ベッドずつの大部屋病室が対称的に配され，中間はコア的存在として（渡り廊下が取りついている）3ベッドの病室（2つ）と1ベッド個室，ナース・ステーション（2つ），流し場（2つ），リフト，階段室を備えていて，バスとWCは各大部屋病室の端（平面図でいうと縦長の棟の上端と下端）にある。

病室棟の他のタイプ（仮にSタイプと呼ぶ）は，渡り廊下が取りついた部分から上は，前述のWタイプのプランの上半分とぴったり同じで，下半分には26ベッド大部屋はなく，代わりに控室，バスと着替え室，階段室，Day room（読書娯楽室）が設けられている。

上述のWタイプとSタイプの病室棟は中央棟の反対側にも対称的に配置されているから，配置を文字を用いて示すと次のようになる。

病室棟Wタイプ～病室棟Sタイプ～

中央棟～病室棟Sタイプ～病室棟Wタイプ

ただし，右側のWタイプとSタイプの病室棟には，室の名前の記入はなく，壁も黒く塗り潰されていない。

立面図は「Ward Elevation」とあるように病棟の立面で左端のWタイプ病室棟が画かれている。立面図から推

して煉瓦造で2階建，病室棟の長さは106m，中央に入口があり，これを中心に左右対称に窓が配され，窓は上部に半円迫持を持ち，後年の十五銀行（華族銀行）と慶応義塾講堂の窓部のデザインはすでに卒業設計の中で萌芽していたのが看取される。窓はシングル半円迫持と連続半円迫持とが巧みに配されて，屋根は中央にマンサード（屋根窓3つが付く），両端に切妻が配されていた。

現在，東京大学建築学科図書室に収蔵されている藤本の卒業設計の作品は上述のように2枚だけ（現在の学生作品に見られる能書並べはまったくない）であるが，2階建で2階の平面がないのは不思議である。したがって，これが作品のすべてであったかどうかについては疑問が残る。

ところで藤本寿吉の対象とした病院はどんな種類のものだったのであろうか。中央棟に学生控室や手術教室があったりするので大学病院かとも想像されるが，はっきりしない。肺の疾患に気付き病院に強い関心を抱いていたとか，すでに病院通いが始まっていたことなどが影響して病院を卒業設計のテーマに選んだと考えられなくもないが，そうだとすると結核療養所を頭に描いていたとしてもおかしくない。しかし証拠がないから想像の域を出ることはできない。

さて英吉利法律学校と東京英語学校の現場監督に当たる前に，藤本は宮内省に命ぜられて箱根離宮の洋館部（洋風木造2階建）を設計監督し（明治18（1885）年3月から明治19（1886）年7月）完成させていた。ルネサンス様式スレート葺きイギリス下見張りと言われるが，写真を見ると過飾を排したすっきりした建物である。

箱根離宮が完成すると息つく間もなく，藤本はコンドルの設計を助け製図を行った深川の岩崎男爵邸（煉瓦造2階建）の現場監督に当たる。不足する図面を画き施工図を画いて頑張るが肺の疾患がすでに著しく進行していて，洋館の完成を期に病を養うべく神戸郊外の須磨浦一の谷に転居した。しかし時すでに遅く明治23（1890）年7月藤本はあの世へ旅立った。

藤本の他界は濃尾地震の1年余り前だった。辰野は濃尾地震における煉瓦造の被害を見ても策が立たず拱手傍観したが，鋭敏な藤本が存命していたら日本の建築界の反応はもう少し違っていたかもしれない。

藤本は明治前半において煉瓦造も木造もこなせる「当代随一の建築家」で，工部大学校出身者の中て出色の人であったかと思われる。蓬莱舎と慶応義塾講堂の写真（写❶-2と写❶-3），さらには箱根離宮洋館部の写真を眺めると，通史書が何故にそれらの存在に触れないのか疑問に思わざるを得ない。

表 11-1　藤本寿吉の卒業論文目次構成

第1章 概説	1頁
第2章 岩盤上の基礎	4頁
第3章 直接基礎	
第1節 直接基礎の一般理論	6頁
第2節 堅硬な土の上の基礎	13頁
第3節 圧縮性の土の上の基礎	15頁
第4節 泥沼上の基礎	20頁
第4章 水面下の基礎	
第1節 杭基礎	25頁
第2節 管状基礎	27頁
第3節 水面下に置かれた中実基礎	32頁
第4節 水面下に乾いた状態で置かれた構造	34頁
第5節 束柴積み重ね基礎	36頁
第5章 日本式木造家屋の基礎	40頁
第6章 杭及び杭打ち	44頁
第7章 コンクリート	52頁
第8章 ダム	59頁

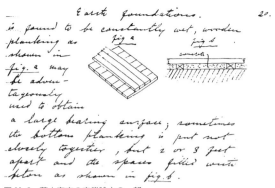

図 11-3　藤本寿吉の卒業論文の一部
（東大建築学科図書室の御好意による）

蓬莱舎は明治 15（1882）年の竣成で，日本人が設計した煉瓦造の建物として最初のものであった。慶応義塾講堂の着工は明治 19（1886）年夏で，竣工は明治 20（1887）年8月であるから逓信省の先駆的煉瓦造建築として通史書にその名をよく現わす横浜郵便局の竣工（1889年3月）よりも早かったことになる。通史書で日陰者扱いされているが，横浜局よりも早く世に出た名古屋郵便電信局（1887年末か翌年1月）と較べてみても，慶応義塾講堂の方が竣成が早い。ついでながら名古屋郵便電信局の外観は同講堂のそれとよく似ている（窓の形は異なっているが）から同講堂の影響を受けたのかもしれない。あれこれ考えると，藤本寿吉の存在が通史書で軽く見られている（デザイン的に劣るところはないと思えるのに）理由がわからない。早世が理由だとしたら，明治の洋画創世期に 29 歳で夭逝したが後世において盛名を得た青木繁のことを，藤本は草葉の陰で羨ましく思っていることだろう。日本の近代建築の通史書の中で藤本の業績は，辰野という大きな山の陰に隠されてしまっているのである。

次に藤本の卒業論文について書く。

卒業設計を提出したのが3月3日で，卒業論文の提出が3月25日だったのだから当時の学生は大変だったろう。藤本の卒業論文の題目は，
「Essay on Foundation」
であった。そしてコンドルは4月に採点している。

藤本の卒業論文は外国の本や雑誌，さらには彼の聴いた講義などを参考にして，彼の中で体系的に纏められたもので，よく纏められていると感ずる。現今のわが国の大学の構造部門では教授の手掛けている第一線的研究を断片的に手伝った「お手伝い記録」が卒業論文とされる場合が少なくないが，藤本の論文を読むと，学生が既往の知識を学び，自分なりの立場でそれを整理して体系的に纏めてみることの方が社会に出て行く学生のためになるのではないかという感を深くさせられる。

藤本が卒業論文の題目として Foundation を選んだのは，自分の意思によるのかコンドルのサジェッションによるのかさだかでない──多分半々だと思われる──が，藤本は実地課程における訓盲院での実習の経験から基礎の重要性を理解していたであろうし，一方コンドルは東京に来てからの経験から東京で設計するためには基礎に関する知識が絶対に必要だと意識していたと察せられるのである。殊にコンドルがそのときまでに永代橋際で開拓使物産売捌所，築地で訓盲院を手掛けいずれも基礎の構築で悩まされた経験を持っていたことを思ってみなくてはなるまい。

藤本の卒業論文は，A4 判に近い（縦は A4 と同じだが横は A4 判よりやや狭い）紙に本文 64 頁で纏められたもので，その目次構成は表 11-1 の通りであった。

表 11-1 の目次から推察できるようにコンドルが鹿鳴館で試みた筏地業のアイディアそのものは藤本の論文には登場していないが，アイディア的に近いものを求めれば図 11-3 の右図（fig-b と書かれている図）がそれに当たろうか。左図（fig-a）のように木材の板を密に並べて重ね，抗圧面積を広くするか，あるいは右図のように下側の板の間隔を 60〜90cm に広げ，その明いたスペースにコンクリートを充填する方法があると藤本は書いているのである。

藤本は明治 21（1888）年2月創立の工手学校（後述）の造家科の草創期に教務主理を勤め，また講義は「仕様書」を担当し，同科発展の基礎作りに力を尽くした。また明治 19（1886）年3月に発足した建築学会が会則を改め，同年9月に正式にスタートしたとき，会長に次ぐポストの幹事の役に片山東熊と共に就き，在任1年であったが同学会の基礎固めのため尽くした。しかしながら，役所

の仕事の傍ら民間の建築（設計と監督）にも携わり，夜は工手学校の教務処理に関わり文字通り全力投球の生活を続けたのが藤本の死期を早めたと言えるであろう。

次は藤本寿吉に関連して工手学校についてである。

同校は明治21（1888）年2月，木挽町の農商務省内の徒弟講習所の校舎を借りて開校したが，1学期経ってから築地病院跡を購入してそこに移った。当時の南小田原町4丁目8番地（現在の築地7丁目の北西隅）で，築地川を隔てた居留地の対岸に川に面して木造の校舎が建てられた。夜間の学校で当初は予科半年，本科1年であった。学校の性格は職工学校的で，教員は帝国大学の若手教授や帝国大学の卒業生により構成され，建築科の他に土木，機械，電気，造船，冶金の諸学科が設けられ，いわゆる現場のフォアマンの養成を目的にして教育された。藤本寿吉が建築科の教務主埋を務めたことは既述したが，妻木頼黄は十数年にわたり同校の会計主任として力を尽くし，同校の経済状態の基礎固めに貢献したと言われる。

明治21（1888）年創立時の講師の顔触れを見ると，片山東熊（地形および瓦職），藤本寿吉（仕様書），久留正道（製図），中村達太郎（同前），河合浩蔵（屋根職）という工部大学校の第1～4期生と山口半六（建築材料）の名前が並んでいる。そして，以後も帝国大学の教授陣と建築界の第一線で活躍する帝国大学出身の中堅・少壮の建築家が教壇に立った。同校は修業年限の変遷（延長）を重ねながら，築地に長くいて「築地の工手学校」として声望を高め，

　　「明治から大正前半にかけての日本の建築界は，帝国大学の出身者とそれをたすけて実務に当たった工手学校の卒業生たちによって牛耳られていた」（村松貞次郎「日本近代建築の歴史」）

と後人の評価を得るまでに至った。

戦前の官庁営繕の最大の仕事は，現在の国会議事堂の設計監督であったが，この仕事を担当した大蔵省営繕管財局において多くの工手学校卒業生が活躍している。

小林金平は，「この人がなければ，ディテールは引けない，とまでいわれるほどに実務に詳しかった」（田中一ほか「田中一対談集・建築縦走1910～1960」，建築知識社，1985年3月）と言われる。彼は妻木頼黄が建築主任を務めて完成させた東京裁判所（明治27（1894）年竣工）の製図を担当したのに始まり，妻木の信任を得て妻木の下で長く活躍している。十五銀行日本橋支店（明治44（1911）年竣工）は妻木との連名となっているが，実質は小林の設計監督と言ってよい。これは珍しい例で，たいていは妻木の名のもとに小林の名が隠れてしまった作品が少なくなかったのである。

ついでながら現在の国会議事堂の設計を大蔵省営繕管財局内で実質的に支えたと評判された「両小林」のもう一人の小林正紹もまた工手学校の出身で，彼は実施設計を実質的に担当した人物だと言われている（前出の田中一対談集による）。

東京帝国大学出身のエリート達も上記の両小林には一目も二目も置いたと言われている。

村野藤吾氏——故人だが建築家としての彼の盛名を知らぬ人はないだろう——は大正7（1918）年に早稲田大学建築学科を出た人だが，彼が見た工手学校の出身者についてこんな印象を語っている（前出の田中一対談集）。

「私は，日本の西洋建築と称するものが，今日までになった実際の下働きの中心は，工手学校出の人の力だと思う。工手学校出というのは，技手でとまりです。軍隊でいえば，特務曹長までで，出世がとまってしまう。しかし，実際の兵隊を動かすのは，特務曹長なんです。工手学校というのは，ほんとに立派な人が出ている。実際にできるんだ。昔は5Bの軟らかい鉛筆で薄美濃紙に書いていた。われわれは書き直しましたが，彼らは直すことは絶対しなかった。それをそのまま現場へ持って行く。木造建築は，そのくらいに，なかなかうまかったです。もちろん原寸も書く，ディテールもうまい。」

築地界隈の被害

築地界隈に立っていた建物の1894年東京地震による被害を「震災予防調査会報告第4号」の記述を借用して述べることにする。

まず元訓盲院の建物の被害についてである。

「階上広間の北端の壁においては，窓下に水平亀裂を生じ，且つ窓間にも2条の水平亀裂を現出せり」

「階下窓の間柱（筆者注：窓と窓の間の煉瓦造柱形をさす）は傾斜したり（筆者注：煉瓦造柱形が窓の中がまちに当たる石の下端で水平移動し，柱形が外に向かってお辞儀する恰好になった）」

上記の2つの被害現象は，ともに煉瓦壁面（あるいは柱形）の面外への曲げによって壁面（あるいは柱形）に水平亀裂が生じたものと解される。これは煉瓦造壁体の泣き所の一つに当たる典型的な被害現象であった。

元訓盲院の建築に学生時代藤本寿吉が関係したことに関連し，藤本が設計監督した愛宕山の山上の愛宕館の地震被害についてここで触れておこう（断っておくが元訓盲院と愛宕館が建築的につながりがある訳ではない）。

愛宕館は八角形煉瓦造5階建（下の3層は上の2層よ

りも床面積が大きかった）で，愛宕塔とも呼ばれたものであるが落成した年は不明である。被害状態は次の通りであった。

①最上階（5層）の窓の上下に水平亀裂が生じた。特に窓迫持の上部には水平亀裂がほとんど周囲全体にわたり生じた。

②隅々の出柱は4～5階を通して2～3箇所ずつ亀裂を生じ，甚だしい場合には8～12mmの「食い違い」（亀裂幅）を生じた。

③3階の上にあった手摺の手摺子は亀裂がないものがない状態であった。したがって，3階の内部には亀裂が多かったが，漆喰の墜落は見られなかった。3階の机上にあった硝子瓶などは大部分転倒していたという。

次は海軍大学校の被害についてである。

現在の築地5丁目の国立癌センターから中央卸売市場の北隅にかけての広い土地に海軍兵学校が設けられたのは明治13（1880）年のことであった。同校は明治19（1886）年9月に広島県江田島に移転したので，その跡に海軍大学校が置かれ，この学校が1894年東京地震を受けることになったのであった。

築地の海軍兵学校は明治13（1880）年6月に起工し屋外工事を残して明治15（1882）年に落成した。

コンドルは「造家必携」で生徒館の基礎について，

「東京府中未だかくの如き堅牢無比の築礎を見ざるなり」

と述べ，ダイアックが「深く心を用いて計画」したものだと激賞している。

ダイアックについては第1章（第1回）でプロフィールを紹介したので，早速「造家必携」を参考にしてその基礎について述べよう。

海軍大学校の敷地の地盤条件は「造家必携」によれば，表土は埋土で，その下は厚い海泥層，さらに下は土丹層となっていて，支持層までは深かった。「造家必携」から知り得る地盤情報はこれですべてである。

さて上のような地盤に対しダイアックが採用した地業の方法は次のようであった。実はこの方法は曾禰達蔵が体験したものをコンドルに伝えたもので，コンドルは実見していないはずである。曾禰が工事に従事する機会を持ったのは，明治12（1879）年11月工部大学校造家学科を卒業した翌月工部8等技手に任ぜられ，営繕局出仕を申しつけられると同時に海軍兵学校御用掛を命ぜられたからであった。半年後の翌年6月工事が始まった。

建物の下を全面根切りする。ただし，壁下は床下よりも深く掘る。そしてその根切りの周囲に松丸太を連続してシートパイルのように打ちめぐらした後，根切り内に

60cm，もしくは90cm間隔に支持杭（木材）を打ち込む。その後，壁下の支持杭の間には山砂利を突き込んで地固めし，その山砂利の上に栃木県葛生村産のねずみ色生石灰を1，玉川粗砂2，玉川砂利4の割合で練った練砂利を打ち込み，さらに床下部分にも支持杭上部に練砂利を打つ（床下部分には山砂利突き込みは行わない）。こうして建物下全面にわたり支持杭の上に練砂利がべたに打ち込まれ，その上面が平らに均らされた。以上が地業の方法であった。

海軍大学校は2階建の大きな煉瓦造で，明治15（1882）年に落成していたから築後12年目で1894年東京地震を受けたことになる。この煉瓦造建物は，廊下迫持に亀裂を生じ（ただし，南北方向迫持は異状なし），また東西方向の棟瓦が2箇所，それぞれ長さ2m余りにわたり崩壊したとか，南北の軒瓦が各1箇所長さ2m弱にわたり墜落したという程度の損傷はあったが，大雑把に見ると建物被害は「無難」に近かった。なお建物周囲には地面の陥落や隆起が散見された。また木造2階建官舎および木造平屋建の学生控所の煉瓦造の煙突が屋根瓦の際から折れ，中には落下したものもあったと報告されている。

海軍大学校は建坪570坪（約1,900m²）という大規模であったが，上述のように損傷軽微であった。これは建物が虚飾を排したシンプルな容体であったためと思われる。もちろんダイアックが入念に基礎・地業を行ったことも役に立っていたであろう。関東大震災（1923年）の際にも震災は免れたが，飛火のせいで焼失してしまった。

工手学校の教場棟は木造2階建で，本体は被害を受けなかったが，「大教室の煙突は軒際において亀裂を生じ，少しその位置を転じ」正に墜落直前の状態に達した。木造平屋建の事務室においても煉瓦造煙突が軒の所で水平亀裂を生じた。いずれの例も曲げを受けたのが亀裂発生の原因だったと解される。築地海岸にあった築地炭鉱鉄道株式会社の洋風木造2階建もまた本体には損傷なかったが，屋上に突出した煙突が，屋根瓦の線で折れて転倒している（原因は前述と同じ）。

築地は埋立地であったが，上述のように洋風の2階建木造建物は被害を受けていないことがわかる。地震力が小さかったと見るか，洋風木造は地震に強いと見るか，それとも埋立後200年も経てば地盤軟弱と見なくてよいのか，地震に耐えた理由は筆者にはさだかでない。

第12章

久留正道

その1

山口半六と久留正道 ...179
東京音楽学校本館 ...181
久留正道と木造校舎 ...183
学校建築上震災予防方 ...185
文部省の木造 ...186

（2001 年 9 月号）

山口半六と久留正道

瀧大吉が，陸軍省の兵営や諸施設の工事を通して木造建築の耐震化の技法を全国に広めたことを第6章で述べたが，この章では文部省の学校建築を通して，木造の耐震化の技法の全国的普及と啓蒙に貢献した久留正道という人物に光を当ててみたいと思う。

文部省の建築というと，通史書ではデザイン面から山口半六について述べることが多く，久留正道の構造面での業績はその陰に霞んでしまっている。それを惜しんで，久留に光を照射したいのである。

山口半六は雲州（現在の島根県）松江の藩臣の次男として安政5（1858）年8月に生まれ，久留正道は安政2（1855）年3月に江戸で旗本下士の長男として生まれた（本章の末尾で後述）。年齢の上では，久留の方が3歳ほど上ということになる。

山口は明治3（1870）年笈を負って上京，翌年南校（大学南校の後身）に入る。久留は一家と共に徳川宗家に従って駿府に移住したため出京が遅れ，明治4（1871）年上京して南校（東京大学の前身）に入った。2人は同じ年に南校に入学したわけである。共に建築学への志望の芽はまだまったくなかった。

山口は，明治9（1876）年文部省留学生としてフランスに渡り，パリにある中央芸工学校に入り建築学の勉強を始めた（この辺りのことは第7章第11回で書いた）。山口のフランス留学には，上京前に郷里でフランス人についてフランス語を学んだのが役立った。久留は，南校で英語を学んだ後，明治6（1873）年10月工部大学校の前身の工学寮工学校に入り，化学地質鉱石学を学んだが，後に造家学に転向した（本章の末尾で後述する）。

山口がパリの学校を卒業するのは，明治12（1879）年8月。久留の工部大学校卒業は，明治14（1881）年5月で第2等及第であった（工学士の称号を受けるのは明治20（1887）年9月）。

山口は，パリにあった中央芸工学校の先輩の事務所で実地修業と煉瓦製造会社での煉瓦製造研修を経て，明治14（1881）年6月帰朝した。久留は，その5月に工部大学校を卒業（第3回卒業生）している。工部大学校第2回卒業生の藤本寿吉が，工部省技手として洋風木造イギリス下見張り2階建の文部省庁舎の設計監督をして完成させたのはこの年の3月であった。

山口は帰朝後，郵便汽船三菱会社に入って営繕工事に従う。久留は工部省に入って工部8等技手。山口と久留

の日本の建築界へのデビューは同じ年であった。

山口の文部省出仕は明治18（1885）年で、久留の出仕は翌年11月であった。久留は4年半勤めた工部省の廃省に遭遇し、その後内務省生活を11カ月経験して文部省に入ったのであった。

上述のように両者の間に学問・実務経験について大差は認められないが、山口が文部省において職位の上で久留の上に立ったことになったのは、山口に入省の時期に一年の長があったことと、彼が外国の学校の出身であったことによるのであろう。そのことのために通史の上で、明治20年代前半における文部省の学校建築の手柄は山口にもたらされ、久留は補佐役として評価されるのに止まることになったのであった。この不公平は、歴史を書く者の責任である。

森有礼は明治18（1885）年12月、第1次伊藤博文内閣に文部大臣として入閣し、大臣就任以前から文部省にいて1年有余温めていた抱負を孵化させ、学校組織の再編と統一という大改革に取り掛かった。すなわち、明治19（1886）年文部省に入って次のことをした。

●3月／帝国大学令公布
●4月／師範学校令、小学校令、中学校令、諸学校通則など公布

森の教育大改革の根底をなすものは、国家富強のための高等教育の充実強化と専門研究者の育成で、それは長年欧米各国に外交官として駐在した体験の中から生まれた思想であった。帝国大学開設は総合大学を構想したもので、中学校を尋常と高等に分け、後者は帝国大学へ進学するエリートの養成機関として位置付けられた。

なお、森の文部省入りは参事院議長伊藤博文の発意によって実現されたもので、この辺りのことは第7章（第11回）ですでに触れた。

帝国大学の各分科大学の校舎と5つの高等中学の校舎・寮舎の建築は、文部省の所管と定められたから、それに対応するため省内の文官の職にあった山口半六は建築担当にシフトされ、また内務省から久留が呼ばれて、山口と久留の二人三脚がここから始まった。明治19（1886）年11月のことである。

帝国大学理科大学の本館（明治21（1888）年）は、山口の作とされている。第一高等中学校の本館（明治22（1889）年）も山口の作といわれている。いずれも煉瓦造2階建で大正12（1923）年9月の関東大震災で大きな損傷が出た。元の第一高等中学校、すなわち大震災当時の第一高等学校の本館の壁には随所にクラックが入り、文部省は診断の結果、危険と判断し10月9日爆破した。本館のシンボルであった時計塔が、土煙と共に傾いて行く

姿を撮った写真は有名である。

全国5つの高等中学校（当時は5校ですべて）の本館と寄宿舎が建てられたが、本館が木造だったのは第二高等中学校（仙台）だけで、他の第一（東京）、第三（京都）、第四（金沢）、第五（熊本）の高等中学校はいずれも煉瓦造2階建であった。ただし、寄宿舎はいずれも木造2階建であった。上述の建物の設計監督は、あるものは山口とされ、他は久留とされ、あるいは2人の共同とされ通史書の間に記述の統一はない。そもそも官庁組織のもとでの設計監督の行為は一体誰が責任をとり、誰の業績に帰すべき性格のものなのだろうか。そんなことを考えてみたくなるのである。

山口と久留の設計監督行為の仕分けが明確でないものに、東京高等商業学校、東京高等師範学校、東京音楽学校奏楽堂などもある。いずれも官立の学校である。

山口は胸を患い病勢が年と共に進み、そのため明治25（1892）年2月会計局建築掛長の職を辞した。そして病を癒すため大阪に転居し、傍ら桑原工業事務所で設計監督の仕事に当たった（この頃のことは第6章第10回の末尾で書いた）。明治32（1899）年独立して事務所を開くと共に、療養のため居を神戸に移した。しかし療養とは名のみで、依然として建築の設計監督や顧問業、さらには各都市の都市計画などの仕事に忙殺されている。明治32（1899）年1月起工、明治35（1902）年5月竣工の兵庫県庁舎は山口の最晩年における遺作として知られているが、その工事の半ばの明治33（1900）年8月22日逝去した。満42歳の誕生日を迎える前日のことであった。

山口が建築掛長を辞した後、久留は技師に任ぜられ、その後を継いだが、久留はその直前の約1年間を非職の立場にあった（その事由はわからない）。

建築掛長に就任後の久留は、文字どおり文部省の学校建築を統括し、一人で背負って立った感があった。

「官公私の学校建築には久留の携わらざりしことなく、随って同人の手目を経たる学校殆ど数えるにいとまあらず」（「明治工業史・建築篇」）

久留の業績としては後出のものを除くと、

●国立帝国図書館（台東区上野、明治31年1月～明治39年3月、技師眞水英夫が担当）
●日本女子大学校の本館および理科教室（北豊島郡高田豊川町、明治33年9月～明治34年4月）
●学習院（北豊島郡高田村、明治39年7月～明治42年8月、柴垣鼎太郎と共同、木造校舎数棟）
●秀英舎工場（牛込区市ヶ谷区加賀町、大正3年）
などがあった。

久留の晩年の年譜を記しておく。

明治33（1900）年4月，初代の大臣官房建築課長。大正3（1914）年4月17日逝去（享年59歳）。柴垣鼎太郎が課長の職を襲った。

東京音楽学校本館

近代建築の通史書は，山口半六と久留正道がコンビで設計監督した文部省建築として専ら煉瓦造の建物を挙げるので，その名が表に現われないが，学校建築に注目するという視座からすると看過できないものに東京音楽学校の本館がある。

文部省という役所が，建築界に耐震観念のない濃尾地震（明治24（1891）年）以前に建てた校舎として，また文部省が校舎の建築に関し技術面から最初に示達を出す（後に触れるようにそれは明治25（1892）年）以前に建てた校舎として，この建物は大変歴史的意義が深いと考えられる。東京音楽学校は，現在の東京芸術大学音楽学部で，この建物は奏楽堂を主部として持ったため奏楽堂と俗称されることが多い。遺構の所在地は上野公園内の同学部キャンパスである。

この建物は，明治22（1889）年10月に起工され，翌年5月には開業式を行い使用を開始している。平面形状は図12-1に見るように「山」の字をなし，一文字部分（中央家）は長さ78m，その左右の端から後方に向け短い翼家が出ており，一文字部の中央に後方に向けて30m伸びる突出部（この2階に奏楽堂が設けられた）が附くというものであった。なお軒高は，一文字部分で約9.9m，翼部で約8.5mで，屋根は中央家，翼家それぞれ寄棟の桟瓦葺きとし，正面から見ると立面は「山」の字形を示していた。

以下，文化財建造物保存技術協会編「旧東京音楽学校奏楽堂移築修理工事報告書」（東京台東区発行，1987年9月）に拠って記す（資料収集に当たって東京芸術大学施設部の京田昭男氏の御好意を頂戴した）。

中央家は1階の正面中央に玄関ポーチを設け，1階に事務関係の諸室と教室，2階に教室が設けられ，後部中央（奏楽堂部分）1階には中廊下を挟んで左右に教室・食堂，宿直室などが配され，2階部分が有名な奏楽堂で舞台と階段床の客席を備えていた。「外観はルネサンス様式を基調とし」，ほぼ同時期に建てられた官立の高等中学の校舎と較べると「装飾性の高い木造建築」であった。なお，外壁は隅柱と玄関周りの柱をあらわした鎧張り下見ペンキ塗り，窓は上げ下げ式であった。

構造は，「移築修理工事報告書」によると以下のとおり。

「基礎石上に土台を据え」

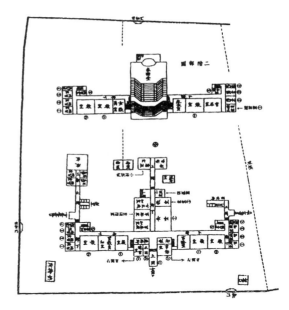

図12-1　1899年当時の東京音楽学校本館平面図
（「旧東京音楽学校奏楽堂移築修理工事報告書」より）

「土台上に通した柱・管柱・間柱を建て，足固め・胴差・間仕切桁で固め」

「二階管柱を胴差・二階梁・台輪上に建て，敷桁・間仕切桁で継ぐ。柱は窓・出入口の両脇に建て，柱間に適宜間柱を配す」

附言すれば，

「軸部柱と間柱を密に建て，両面に下見板・木摺を釘留めする一種の壁構造と考えられ，部材断面の長辺と短辺の比が二対一（筆者注：原文には「一対二」とあるが誤りであろう）の部材が多く用いられている」

とあるから今日いうところのツーバイフォー系統の構法の影響を大きく受けたものであったかと思われる。

壁の内部側は木摺水平張り（外部側は前述のように鎧張り下見）で，木摺は幅65mm，厚11mm，これに麻の「下げお」を木摺に打った釘に引っ掛け漆喰3回塗り（塗厚15mmと推定される）した。ただし，奏楽堂だけは腰壁を設け板張りが施された。

工事は町の棟梁2人に任せられた（前野嶤さんの研究による。日本建築学会大会学術講演梗概集，1984年10月）ようで，彼らは昔からの慣習に従って和風の継手，仕口を使い，主要構造部の組立には釘を使わず——釘は輸入した洋釘が，下見板，垂木，母屋，幅木，床板，階段床根太の取付だけに用いられた——2階梁や陸梁の配置は柱位置と無関係，通し柱に胴差を四方差し（図12-2）するという風であった。洋風木造とはいうものの，それは外見で中身に当たる構造は，町場の大工の建てる和式

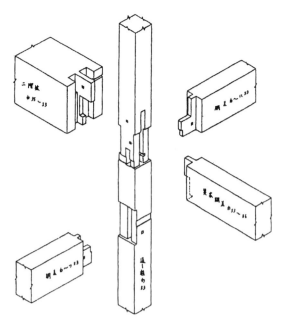

図12-2　東京音楽学校本館における通し柱と横架材の仕口
（「旧東京音楽学校奏楽堂移築修理工事報告書」より）

だったことがこれらからわかる。

もっとも，すでに文部省の仕事に出入りして補強金物の使用には慣れていたのか，あるいは久留らの指導を初めて受けてのことかはっきりしないが，次のような金物使いが行われた。

- 短冊金物：通し柱と胴差（ボルト2本使用），小屋組における眞束と合掌の接合（ボルト3本使用）
- L形金物：出隅・入隅の通し柱と胴差の接合（ボルト2本，通し柱へは釘2本とボルト2本併用の場合もあり）
- 箱金物：小屋組における眞束と陸梁の接合

上の金物類は英国からの輸入品だっだらしい。久留は当年の英国書を通してそれらの使用法を心得ていたと考えられる。

ボルトは小屋組トラスの随所で使われているし，陸梁や2階梁の継手にも使われている。中央家の対束小屋組の「対束用吊ボルト」（径22mm）としても使われたと工事報告書は記している。

申し遅れたが，小屋組トラスはいずれも洋式で，中央家奏楽堂部分（16.4m×30mの平面）では対束小屋組（スパン16.4m），翼家では眞束小屋組（スパン8.2m）であった。なお，陸梁の端部近くには水平な火打梁を設け固めているのが注目される。その中央家のトラスには羽子板ボルトも使われ，羽子板ボルトは2階梁と胴差の緊結にも使用された。

かすがいは中央家のトラスの方杖と合掌および添合掌の結合，中央家の階段式床の大引と登り梁の結合に使われた。

工事報告書には詳細に釘についての記述があるので，それを抜き書きしてみる。釘は輸入品と考えられ，長さはインチの近似値と思われた。いわゆる洋釘は，皿頭が厚くかなり楕円形に近く，皿頭下の首が四角で四方にダイス目が残っていた。また身には継目が縦に通り皿頭から二つに割れている釘が目立ったという。洋釘の釘長の範囲は37〜128mmで，段床の根太や母屋などには断面が四角（手打ちではない輸入の工業製品）の角釘（長さ98〜130mm）も用いられた。

上述のように濃尾地震の直前頃には，文部省の木造建物には金具金物が広く使われていたことが看取される。もちろん英国書などを読んだ知識に負うものであった。

さて，筋かい，方杖などの耐震目的の部材の導入についてであるが，これらは使われていなかったようで，その証拠に「移築修理工事報告書」には，これらの部材について別しての記述はない。設計者が黙っていれば，大工が筋かいや方杖を適当に入れるというようなレベルには到底達していなかったのである。ただ奏楽堂に化粧方杖が使われたことが記されている。

中央家突出部2階の奏楽堂は，16.4m×30mという大きな平面で，内部に間仕切がなかったから陸梁と側柱との接合部周りの固めには久留は心を痛めたことだろう。陸梁の端部から▽形（上辺1.53m，右辺約1.3mで斜辺が方杖に当たる）をなす化粧方杖ピースを吊り下げ，側柱に添えている。ところが，窓間の中央では側柱がないから方杖の尻を受けることができない。そこで間柱と同断面の材を柱間に架け渡してこれを受木扱いし，大入れ釘留めとし方杖尻を受けるようにしている。

最後に壁内と床下に防音と保温を目指して，特殊な工夫がなされたことに触れておきたい。

奏楽堂部分の階段式床下には，根太間に一段ごとに平均3束の稲藁が穂を階段床の昇り方向に向けて敷き並べられた。また，奏楽堂部分の下見坂と木摺の間の壁内では，木摺に釘を打ち付け，これに束ねた藁の束ね藁紐を引っかけ，穂を上に向けるようにして藁を挿入した。

翼家では，床下の根太下端に下板を取り付け，根太間に大鋸屑（構造材を挽いたものからと思われるかなり粗い大鋸屑）が挿入され，周壁にも大鋸屑が詰め込まれた。

上に述べた大鋸屑の使用は，東京音楽学校本館よりも少し前に建築された第四高等中学校でも行われた（これは保温が目的）。そして両校での施工経験をもとに，明治25（1892）年1月の文部省示達「寒地ニ適セル小学校舎ノ構造方」の中で，床は二重床とし籾殻または藁を敷

き込むよう謳うことになった。

山口半六は，この「構造方」の通達の公示を見届けるようにして文部省を辞めたから，「構造方」の纏めを実質的に指揮したのは久留であったと見てよかろう。

示達「寒地ニ適セル小学校舎ノ構造方」の重要箇所を以下に抜粋してみよう。

「教場ハ南方ニ面シ北側ニ廊下ヲ設クルヲ可トス」

「校舎ノ構造ハ煉瓦造或イハ石造ヲ最上トシ，塗家コレニ次ギ，木造ヲ又其ノ次トシ，而シテ若シ木造ナルトキハ周囲ノ壁ヲ木摺トセズ土壁トスルヲ可トス。モットモ其ノ厚キハ5寸以上トスベシ。但シ煉瓦造或イハ石造ナルモ内部ハ必ズ土壁トナスヲ可トス」

「家根ハ茅葺ヲ最上トス。瓦コレニ次ギ板葺（葺下1寸以下）ヲ其ノ次トシ，殊ニ鉄板葺ハ屋内ノ空気ヲ冷却シ，又鉄板ハ寒暖ニ因リテ伸縮シ継手屢々損所ヲ生ズル等ノ虞アレバ用ユベカラズ」

「窓明キノ面積ハ（中略）広キニ過グル時ハ室内ノ空気ヲ冷却スルノ虞アリ注意スベシ」

「窓建具ハ煉瓦造或イハ石造，木造ナルニ係ラズスベテニ重戸トスベシ（中略）。外戸ハ硝子障子ナルモ内戸ハ紙障子ニテ可ナリ」

「廊下ハ間内廊下（筆者注：内廊下のこと）トスベシ。コレハ雨雪ノ床上ニ吹キ込ムヲ防ギ（後略）」

「床ハ二重床トシ上下ノ板ノ間ニ籾殻或イハ打藁等ヲ敷キ込ムヲ可トス」（筆者注：これは東京音楽学校本館の流儀）

「暖室器ノ構造ハ（中略）空気ヲ温スル方法ヲ選ムベシ。火熱ヲシテ直チニ身体ニ触レシムルハ宜シカラズ」

以上は，寒冷地の学校建築についての最初の指導方針として，大変興味深いものがある。

久留正道と木造校舎

明治27（1894）年6月20日，1894年東京地震が起きて，東京では，

「神田・本所・深川で全半壊多く，東京で死24」（理科年表）

という被害が出た。

この地震による建物の被害については「震災予防調査会報告第4号」が詳しい（第11章で述べた）が，この報告のための調査は煉瓦造建物についてのみ行われた感があり，木造建物には調査の目はほとんど注がれていない。木骨煉瓦造，木骨石造，瓦張り壁の被害について僅かに記すのみで，「日本造家屋」（木造）に関しては，「被害は

割合に少なし」と一行の記述で終わっている。

しかし，文部省の立場から見ると学校建築の被害に関して寒心に耐えない点が多かったらしく，地震の2カ月後の明治27（1894）年8月に「学校建築上震災予防方」という示達を出している。このとき建築掛長は久留正道であった（山口半六はすでに辞めていた）。当時文部省には，明治25（1892）年に帝国大学工科大学を卒えて直ぐに入省した眞水英夫がいたから，この示達の作成には彼が掛長の久留を助けたと考えられる。

「予防方」の示達には，濃尾地震における学校建築の被害の省察結果が盛り込まれていたはずだが，その示達の中で「木造校舎構造ニツキ地震予防上注意」と題する項に謳われた内容を以下に要約して記す（後に改めて詳述する）。

●校舎は平家建がよい
●梁間方向（短手方向）の長さが異なる2つの建家同士，あるいは2階家と平家同士を接続しないようにする（筆者評注：振動性状が違うことによる影響を考慮したもので，明治の中葉にすでにこうした知見を得ていた炯眼に敬意を表したい）
●石の基礎の上に家を据えるときは，足固め，または土台を配する
●「校舎ノ内外及ビ周囲ハ筋違ヲ十分ニ打チツケ，壁ハスベテ木摺壁トシ土壁ニスベカラズ」
●小屋組は西洋式にする
●瓦葺きの場合は引掛け桟瓦にする

これらの知見が明治27（1894）年の夏までに，文部省によって得られていたことに注目しなくてはならない。

以上の内容を通観すると，学校建築は洋式構法で行うのだという文部省の堅固な方針が看取される。この指摘は重要である。

従来，庄内地震――明治27（1894）年10月――の後で，震災予防調査会の報告として出された「木造耐震家屋構造要領」によって，木造建築の耐震化の道が一挙に開かれたとする見方があるが，これは「学校建築上震災予防方」の存在を看過した嫌いがある。

●土台を設けること
●壁は土壁ではなく木摺壁とすること
●内外の壁に筋かいを入れること

などという今日的にも有効な耐震要諦が，有名な「木造耐震家屋構造要領」よりも半年近く前に公表されていたことに注目すべきであろう。

しかし，文書で震災予防の方針を通達することは容易なことで，それより問題は文部省のこの方針が実践されたかどうかである。そう考えて筆者は，それを調査検証

する作業を大分中学校について行おうとしたのであった。そのことについては後に触れる。

ところで，文部省は「学校建築上震災予防方」で，煉瓦造建築に対しても地震予防上の注意を述べている。そのうち重要なものを挙げておく。

第1は，梁間方向（短手方向）の長さが異なる2つの建家同士，あるいは2階家と平家を接続しないようにする。これは木造のところで述べられた事柄であった。

第2は，窓を隅から少なくとも3尺（90cm）以上離すこと（筆者評注：非常に優れた指摘である）。

第3は，屋根は方形造がよい。妻飾りの類を設けるときはその部分を木製にすること（筆者評注：屋根を切妻造にすると建物の端の壁面に三角形の部分ができ，ここを煉瓦造としていたために，明治時代の地震では，ここの部分が倒れて被害が生じた。それを防ぐ抜本的方策として方形造とすることを奨めたのである）。

第4は，煉瓦を積むために用いるモルタルには，セメントを混ぜること（筆者評注：そういうモルタルはセメントモルタルと呼ばれる。濃尾地震を契機に建築界ではこのことが一斉に叫ばれたから，これは久留正道の独創的知恵ではない）。

先程，眞水英夫という人物の名が出てきたので，ここで眞水のことを書いておく。眞水は帝国大学工科大学を明治25（1892）年に卒業している（第12回卒業生）。同級生には彼の他に，伊東忠太，田島穧造（既出）など4人がいた。眞水の設計した建物で最も知られるものは，久留課長の指導下で参画した帝国図書館で，この建物は明治31（1898）年1月に着工したが，物価の高騰と経費不足で工事が延び延びとなり，竣工は明治39（1906）年3月となってしまった。これは米国へ視察に赴いた眞水が帰国してから種々新たな発想（米国の影響を受けた）をし，この要求のため経費不足を生じ，そのため工事が遅滞したということだったらしい（「明治工業史・建築篇」）。伊東は眞水に呈した弔詞の中で，眞水が辰野金吾設計の東京駅を痛烈に批判した事実を回想している。眞水は早く野に下り事務所を経営する傍ら世事に恬淡として趣味の道に生きたという。

「学校建築上震災予防方」が公布された翌年（1895）の4月，文部大臣官房会計課（建築掛はこの課に属した）から「学校建築図説明及び設計大要」という通達が出された。内容は，木造の校舎と寄宿舎などについての設計方針を示したものであった。

明治20年代に入って文部省は，久留が先頭に立って次々に学校の設計監督を行っている。それらの中で木造として有名なものに次のものがある。

● 第一高等中学校寄宿舎（東寮・西寮）／明治22（1889）年
● 第五高等中学校寄宿舎（2階建）／明治23（1890）年
● 第四高等中学校物理化学実験教場（平家建）／同上年
● 大分尋常中学校（2階建）／明治27（1894）年

一高の寄宿舎は，本館（煉瓦造）より1年遅れて，明治23（1890）年3月から使用されている。木造瓦葺きで小屋裏利用の切妻造3階建で屋根窓が設けられた。外装は押縁下見板張り。この建物が文部省の直轄設計であったという証拠はない（反証もないが）が以下に記す。

東寮と西寮は同一デザインで，1階と2階が自習室で，3階の小屋裏が寝室に当てられた。屋根は矩勾配またはそれに近い急勾配で，3階は中廊下でその南側と北側に寝室が設けられ，小屋組通りが寝室の仕切りになった（寝室の桁行長さは，3.6mと推定される）。寝室は片側に梁間方向（中廊下に直角方向）の通路（板敷き，幅90cm程度）があり，残りのスペースは床が上った畳敷きで，ここに通路側を枕にし身体を桁行方向に伸ばして寮生達は寝た（鮪が並べられたように）のである。もちろん，各人の蒲団の間に仕切りなどはない。寝て足を伸ばした側は板張り（小屋梁から下の部分に当たる）の間仕切で，そこに木製の板の棚が2段取り付けられた。棚には扉もないし仕切りもないから，寮生達の持ち物は衆人の目に曝されていたわけである。

さらに寝室について述べると，天井はなく，屋根の野地板の下に仕上げ板が張られただけであった。そんな天井部分に各寝室当たり1個の屋根窓が配された（これが寝室にとって唯一の採光箇所だった）。寝室の間仕切の板張りは高さ2.5mぐらいまでで，その上部は小屋組だったから小屋裏内は空気も音も全棟筒抜けで，冷暖房はもちろんなかった。

以上では，寝室の模様を写真を頼りに推測したが，当時一高の生徒は恵まれた家庭に育った子弟が多かったから，上のような寝室で暮らす寮生活は辛かったろう。

一高の東寮・西寮は，濃尾地震の前に建てられたから，構造的に耐震的配慮はなされなかったろう。もちろん既述の文部省示達「学校建築上震災予防方」公布以前の建築であった。明治33（1900）年，築後僅か10年で建て替えられたのは，文部省がその辺のことを心配したからであろう。

第五高等中学校（以下，五高と呼ぶ）の寮舎（寄宿舎）についても述べておく。

五高の寮舎は，長さ52間（約95m）の寮棟が3棟半（食堂，厨房，浴室などは別に設けられた）あり，各棟は総2階で，その1階は自習室専用，2階は寝室専用とさ

れた。各階とも梁間は6間（10.8 m）で，それが幅6尺（1.8 m）の中廊下で南北の室に分けられた。自習室にしろ寝室にしろ南面する室と北側の室とでは，居住環境に大きな差があった。

五高の寮舎が竣工——煉瓦造本館は明治21（1888）年2月の起工で，明治22（1889）年12月に竣工し，寮舎の竣工はそれより1ヶ月遅れた——してから5年経って建てられた文部省の直轄設計監督による大分尋常中学校（後に大分中学校→上野丘高等学校）の寄宿舎も以下の点で五高の寮舎と同じであった。

● 総2階
● 階上に寝室，階下に自習室
● 自習室と寝室の大きさ・形状は同じ
● 階上，階下ともに中廊下

学校建築上震災予防方

1894年東京地震における木造建物被害について，震災予防調査会の報告書はほとんど触れていない。また，基礎については，項を起こして個別建物の被害例を記述しているが，地変についてはまったく記していない。「東京地震地図」を見ると，「土地に亀裂が生じたり，凹所が生じた」現象が芝・赤坂に多く，そうしたところでは「砂や泥を噴出した」が，調査会報告書はそういう状況には目を向けていない。芝区桜川町や同区赤坂溜池附近で「建物の屋根や壁に小被害」が生じたのは，砂泥を噴出した現象につながるような「もと池や沼だったところ，土地の造成をしたところ」で地盤が軟弱だったことに起因したと考えられる。

小石川区竹早町8番地（現在の文京区小石川4丁目の竹早高校のあるところ）の洋風木造瓦葺の東京府尋常師範学校（明治22（1889）年築）の数棟の2階建建物は同校の報告書によれば，地震による上部構造の被害は，

「別に大なる影響をこうむらず唯処々の壁の破損を生じたるに過ぎず」

という状態だったが，その破損箇所は東と北の崖際に近いところに多く，西および南の高台（小石川高台）に属する部分では，ほとんど破損は認められなかった。これが震災予防調査会の報告書に見られる木造建物に関する唯一の被害報告であった（筆者評注：校庭の東と北の崖に近い部分はすでに傾斜地にかかり低かったので，建物の建築前に土盛り造成がなされていて，これが上部構造の破損を惹起したものと思われる）。

何にしても1894年東京地震では，地震による学校校舎の被害は絶無ではなかったろう。そうした状況を踏まえ

て1894年東京地震から2ヶ月経った8月に文部省から「学校建築上震災予防方」という通牒が出された（背景についてのこの捉え方は「予防方」の序言の内容から見て正しいであろう）。木造と煉瓦造について述べられたものであるが，木造についての概略についてはすでに細切れに述べてきたところである。長期にわたり文部省の建築行政を取り仕切った山口半六は，1894年東京地震の半年程前に辞任して大阪市に転居していたから，「予防方」を作成したのは山口に代わった久留正道と帝国大学を出たての眞水英夫であった。注目されるのは「予防方」の中に，後述のように「木造構造ニ附キ被害ノ要点」という項が設けられていることで，濃尾地震における被害も見ていた久留と眞水（調査行に従ったことは第1章で既述）が，その知見も加え纏めたものと考えられる。

「予防方」の木造に関係する部分を抜き出してコメントを試みてみよう。

1. 木造構造ニツキ被害ノ要点
①校舎ノ配置及ビ形状不十分，②側石据付方，
③足堅メヲ設ケザルコト，④壁，天井等構造方，
⑤小屋組立テ方，⑥家根（筆者注：屋根）瓦，
⑦昇降口及ビ玄関構造方，⑧付ケ庇
3. 木造校舎構造ニ附キ地震予防上注意
①地形ハ地質ト家屋ノ性質トヲ斟酌シ充分堅牢ニスベシ
②校舎ハ平家建ヲ可トス
③梁間ノ広狭ヲ異ニスル甲家ト乙家ト接続スベカラズ，或イハ2階家ト平家ト接続スベカラズ。但シ已ムヲ得ザル場合ニ於テハ廊下ヲ設ケ接続スベシ
④側石ハ1段通ニ据ウルヲ可トス
⑤石据トナストキハ足堅メ或イハ土台ヲ据付クベシ
⑥校舎ノ内外及ビ周囲ハ筋違ヲ十分ニ打付ケ，壁ハスベテ木摺壁トシ土壁ニスベカラズ
⑦天井ハ板或イハ紙張リトスベシ
⑧小屋ハ西洋式ヲ用ウベシ，但シ丸太材ヲ使用スルモ差支ナシ
⑨瓦葺ナレバ引掛桟瓦ヲ用ウベシ
⑩昇降口及ビ玄関ノ庇ハ切妻造ニスベシ
⑪葺下シ及ビ付ケ庇ヲ廃シナルベク本家内へ廊下ヲ設クベシ

「被害の要点」では項目を列挙しただけで詳細な解説はないが，「地震予防上注意」の内容が連動してその欠を補っているのがわかる。「地震予防上注意」の内容について筆者のコメントを以下に記す。

②で校舎は平家建がよいとしているが，これは建物の重量が大きいと震害が大きくなる傾向をすでに把握していたことを示すものである。

③は，振動性状の異なる建物ブロックは隔絶した方がよいとする今日の考え方をすでに確立していたことを物語るものである。

④⑤を眺めると，基礎は石を並べるものという当時の時代的考え方が看取される。

⑥では筋かいの挿入を奨め，壁は和風の土壁をやめて洋風の木摺壁にすることを勧奨している。瀧大吉らの考え方（陸軍省の建物で実行されていた）が素直に受け容れられている。

⑧は洋式小屋組の採用を奨めたものだが，屋根・小屋組部分の面内的剛性を高める上で，洋小屋組が和小屋組よりも秀れているという認識があったかどうかはわからない。

以上の注意指針からわかるように，今日的観点から見ても耐震に対する立派な見識を久留や眞水が持っていたことが窺える。

文部省の木造

すでに述べたところから理解戴けるように「学校建築上震災予防方」は木造校舎の構造の耐震化についての通達で，「学校建築図説明及び設計大要」は構造とは無関係に設計計画上の方針を通達しようとするものであった。したがって，両者はワン・セットと見るべき性格のもので，これらによって学校校舎の設計に関する文部省の指導方針が総合的に確立されたと見ることができよう。山口半六が去った後，眞水英夫の助けを得て久留正道が長年蓄積した経験を纏めて世に伝えようとしたもので，集大成と呼ぶべき傑作であった。

さて，前述のように「学校建築図説明及び設計大要」は「学校建築上震災予防方」が公布された翌年の4月に出された通達であった。上記2つの示達公布の間に庄内地震が起こり，学校の校舎の全半壊が多発したので，前者はそれを教訓に耐震方策を追加的に通達したように思えるが，そうではなく耐震化については一切触れていない。では「学校建築図説明及び設計大要」の制定目的は那辺にあったのであろうか。

明治15（1882）年に「文部省示諭」として，小学校建築について建築技術的指導指針が示された後，

● 明治18（1885）年8月／「教育令改正」
● 明治19（1886）年4月／勅令「中学校令」（中学校は尋常と高等に分けられ，それぞれ府県費，国費で校舎の建設と管理が行われることとなった）
● 明治23（1890）年10月／勅令「小学校令」

と布告がなされ，これで一応わが国の学制の祖形ができ

あがった。

しかし，上記布告・示達に対応した建築的指導指針のフォローはなく，技術的指導指針は「文部省示諭」から先には進まないでいたから，十年程の時間経過により時代に合わない規定が目に付くようになってきていた。一方，地方では文部省の指導指針に従わないで市町村（市町村制の公布は明治21（1888）年4月）が独自に学校建築を行っているのが，文部省としては気になりだしていた。

そこで文部省は「学校建築ノ模範ヲ示ス」ことを決心し，それが「学校建築図説明及び設計大要」公布となったのである。

文部省がこの決心を抱くに至った理由としては，文部省が地方で建てられる木造の学校建築の設計に直接携わることにより，地方での学校建築の問題点が明らかになったことと，文部省自身技術的な蓄積を重ね，文部省に自信が生まれていたことが挙げられよう。換言すれば，久留正道が木造の学校建築の設計理念確立に手応えを感じ始めていたということである。

明治27（1894）年竣工の大分尋常中学校は，文部省によりモデルスクール視され，「学校建築図説明及び設計大要」には，尋常中学校の実施設計例として同校の図面と設計条件が載せられ参考に供された。

尋常師範学校の仮想設計例は，明治34（1901）年に建てられた山形師範学校に強い影響を及ぼし，「理化学講堂切断図」は後年建てられた「数多くの国立学校（高等学校，専門学校），中学校，師範学校の理化学教室の類型を生んだ原型」（菅野誠・佐藤譲共著「日本の学校建築」）となった。

なお，設計実例としては，大分尋常中学校の他に次の学校のものが掲げられた。
● 岡山県川上郡日里村尋常小学校
● 埼玉県北埼玉郡忍町行田尋常小学校
● 栃木県梁田郡久野村尋常高等小学校
● 神奈川県三浦郡初声尋常高等小学校
● 東京府南多摩郡八王子高等小学校
　また，仮想設計例としては次のものが示された。
● 高等小学校図（仮想設計）
● 小学校校舎切断図
● 尋常師範学校図（仮想設計）
● 尋常中学校・尋常師範学校通常教室および理化学講堂切断図

「学校建築図説明及び設計大要」の総説では，「外観の虚飾を去り質朴堅牢にして土地の情態に適合する」ようにせよと述べているが，これは13年前に示達された「文

部省示諭」の趣旨をそのまま継承したものであった。

次に構造・構法に関係する具体の要件について述べると以下のとおりであった。

● 校舎は平家建（これは文部省の既定路線の踏襲）
● 校舎の平面形は，長方形，凸凹形，もしくは工字形（筆者評注：明治15（1882）年の「愛媛県小学校建築心得」や翌年の「宮城県小学校建築心得」などと合致するものであったから，総じて地方側には混乱はなかったであろう）
● 中廊下を設けて教室を左右に配列する等のことあるべからず（筆者評注：擬洋風の学校建築では中廊下を採用してきて通風が悪く，暗く，夏蒸し暑いなどの苦情が多く，北側教室は寒い，中廊下部分が騒々しいという不満が聞かれていたが，これに対し文部省が裁断を下し，中廊下を否定したわけである。しかし，この裁断の後で，それまでは和風では南側廊下，洋風では北側廊下という傾向で収斂しつつあった各府県で，新たに南側廊下と北側廊下のいずれを可とするかという論争が起こり混乱が出たのであった）
● 廊下は，幅6尺以上の中廊下とし，庇下に廊下を設けるのは不可とした
● 教室の形状は長方形とし，部屋は南向き，または西南，東南向きとする
● 地盤からの床の高さ窓の位置窓上の欄間（回転または引違いの硝子障子）の矩計が示された
　地盤〜1階床板上端 /2尺以上
　1階床板上端〜窓台上端 /2尺5寸（中学校以上では2尺5寸〜3尺）
　窓台上端〜欄間下端 /4尺以上
　欄間高さ /2尺以上
　1階床板上端〜天井板下端 /9尺以上
　（筆者評注：天井を高くとること，教室の外側窓の上部に欄間を設けること，などが注目される）
● 教室の窓総面積の標準は床面積の1/6〜1/4
● 窓の建具は引違いとし，ガラスまたは紙張り
● 寒地の窓建具は場合により二重となし，その外戸は硝子張り内戸は紙張り障子
● 暖地においては，窓下に1〜2箇所，幅3尺高さ1尺程の窓を設ける
● 出入口の戸は引戸または引違戸。開き戸とするときは外開きとする。ただし，出入口の内法寸面3尺5寸までは片開き戸，3尺5寸以上は両開き戸とする
● 教室内の天井は板張り
● 階段は一直線につくらず中間に踊り場を設け，曲折構造とする

● 階段の蹴上げは「文部省示諭」より大きくなり5〜6寸，踏面は8寸以上となった
● 渡廊下は吹抜構造
● 外部を下見板張りとするときは生渋を塗る
　小学校については，要件は以下のとおりである。
● 教室の大きさは1坪につき生徒4人を容れ得ること
● 講堂は別につくらず，教室の仕切を取り外して講堂の用に当てること（筆者評注：ぶち抜き教室を文部省が公認した初めであった。愛媛，宮城両県では「試験等のため」仕切を取り外すとしたが，文部省は「講堂の用に」と目的を明示した）
　尋常中学校，尋常師範学校の寄宿舎については，なるべく平家建とし，場合によっては中廊下を設け，一方を自習室，一方を寝室としてもよいとしているが，大分尋常中学校は2階建で，1階自習室，2階寝室の方針をとりやや食い違いが見られる。

　なお，文部省は「学校建築図説明及び設計大要」の「付録」において「公立学校建築設計請求に関する注意」と謳って，設計と監督を文部省が受託することを公にし，委託の仕方を示している。これは，地方に建築技術者がいないのに鑑み，文部省が積極的に全国の学校建築の啓蒙指導に当たろうという決意を表明したもので，学校建築の防災性・耐久性の質的向上という点から見て，誠に画期的な特筆に値する事件であった。このとき，わが国の学校建築は防災性の面で確実に階段を一段昇ったということができよう。それにしても今日的に見ると，官省の設計監督受託の発想は極めてユニークで，その着想の妙に驚きを感ずるのである。

　設計監督の受託は，受託公表の前に文部省はすでに大分尋常中学校で試験的に試みており，その結果に自信を得て文部省は通達にまで踏み切ったと推測される。この試みは全国的に見て未開の状態にあった学校建築のレベル向上と均質化に大きく貢献したと評価したい。然るに学校建築の画一化と類型化をもたらしたとする批判が後世にある。だが当時，建築としての学校建築の祖形すら持たなかったというわが国の状況についての時代認識が，それらの批判には欠けているのではあるまいか。

　文部省の動きは，学校建築の洋風化を通して耐震耐風技法を全国的に普及させようとする種蒔き作業であって，エンジニアリング面からみれば，その貢献は高く評価されて然るべきで，非難されるべき性格のものではなかった。むしろ問題は，地方が中央官省の動きを鵜呑みし，地方性を加味する努力を怠ったことであろう。

大分尋常中学校 ...189
久留正道 ...196

久留正道

その2

(2001 年 10 月号)

大分尋常中学校

　大分尋常中学校は，明治17（1884）年に開校され，その後，学制の改変により大分中学校と改称され，戦後の学制変革で上野丘高等学校に移行して今日に及んでいる。

　開校当初，大分尋中（以下このように呼ぶ）は，城の脇の現在県庁舎が立っている荷揚町——第6章で述べたようにこの町は瀧廉太郎終焉の地であった——にあった。明治25（1892）年，大分尋中の移転問題が県議会で審議（前年は予算が提出されたが，予算が高額だったため否決されていたので再度の上程であった）されたが，移転先は前年から上野とするか鶴崎とするかの2説に分かれていた。当時，上野は豊府村の村はずれにあった。後に大分銀行を創立する県議の小野吉彦が，

　　「上野の台地で支障なければ敷地を全部寄付しよう」
　　　（大中・上野丘高物語「一世紀の青春」）

と申し出たことにより，明治25（1892）年，上野移転に決まった。県の年間予算30数万円のうちの2万円（18,280円で落札。工事総額約22,566円）を大分尋中の新築移転に向けたというから大分県の熱意が窺える。これには荷揚町の校舎の収容能力が170名余だったのに，生徒数が，

　　明治21（1888）年 /114 名
　　明治23（1890）年 /171 名
　　明治24（1891）年 /185 名
　　明治25（1892）年 /216 名
　（明治26（1893））年 /（265 名）

という風に増加の一途を辿っていたという事情があった。

　校舎の設計監督を文部省に依頼した動機は明らかでないが，文部省が設計監督した隣県熊本の五高の校舎の偉容に心を動かされたものかと思われる。かくて大分県は設計監督の一切を文部省に委託したのであった。

　大分尋中の校舎の新築工事は，明治26（1893）年の春に始まって翌年の5月に完成した。文部省が後に「学校建築図説明及び設計大要」の中で，尋常中学校の実施設計例として大分尋中の平面図を掲載したことから察して，同校校舎の設計監督を受託するに当たって，文部省は——「久留正道は」といった方が当たっているかと思われる——校舎建築のあり方を世に知らしめようという抱負に燃えていたと思われる。その証拠に，現場に文部省の担当者が2年間常駐したといわれる。

　校舎と同時に寄宿舎も建てられ，**図12-3**に見るように2階建の棟が東西を桁行方向にして3列に並び，階上が寝室，階下が自習室に当てられ（階上も階下も中廊下

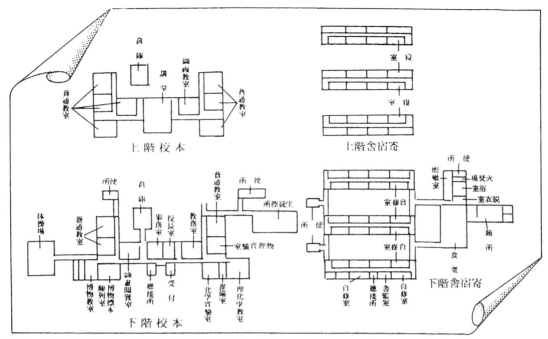

図12-3 大分尋常中学校平面図（図面の上が北，「上野丘百年史」より）

だった），各階8室ずつで1室は6畳敷きで3人が収容された。

　大分尋中が開校したとき，大分城の外壕と上野丘の麓まで人家はほとんどなかったというから，随分辺鄙（へんぴ）なところに立地されたものである。外濠と上野丘との間に大分駅ができたのは，開校から17年後の明治44（1911）年であった。

　校舎の建築的内容については，この後で詳述することにし，この校舎が昭和45（1970）年に取り壊されるまでの経緯を簡述しておく。

　日本の建築界で，名を知られることになった2人の人物が，この校舎で青春時代を過ごしている。1人は構造学者として東京工業大学教授を勤めた谷口忠，もう1人は建築家として世界的にも有名な磯崎新である。谷口は大分中学校，磯崎は大分第一高等学校（上野丘高等学校と改称されたのは昭和26（1951）年）と呼ばれたときの生徒で，谷口は大正7（1918）年，磯崎は昭和25（1950）年の卒業である。

　谷口は明治33（1900）年生まれで，市内の金池小学校と大分中学校を卒えて，東京高等工業学校の建築科に進んだ。そして東京帝国大学の佐野利器の下で助手を勤め才能を顕わし，東京工業大学の開設（昭和4（1929）年東京高等工業学校の大学昇格により開校した）に当たり教授に任ぜられた。わが国の耐震建築の確立のため，礎を築いた構造学者の一人である。昭和11（1936）年に，大分中学校創立50周年を記念して建てられた記念講堂の設計に当たった。この講堂は，木造切妻屋根で正面玄関側が2階建で，奥が平家建の講堂であったが，惜しいことに昭和36（1961）年の火事で焼失した。

　磯崎新は，昭和29（1954）年に東京大学の建築学科を卒業し，今は磯崎新アトリエの代表をしている。彼の年譜はもとより，その作品業績はすでに世に知られているから，その紹介は措く。大分市内には「世界の磯崎」として飛翔する前の青年建築家磯崎の作品がいくつか建てられているが，それを紹介する人間として筆者は適任ではないであろう。

　昭和36（1961）年の火事の後，新校舎の設計に着手し，旧本館と称されていた大分尋中の校舎を50m程北側にある体育館（旧）のところに移転し，旧本館の後には新しく鉄筋コンクリート造の管理棟（現在の上野丘高等学校の本館）が建てられた。

　ところが，昭和39（1964）年9月18日，大分尋中の校舎（現在の視点に立ち，以下，旧本館と称することにする）が県の重要文化財に指定された。この辺りから今に生きる外部の第三者には理解しにくい事態が起こる。以下は，上野丘高校の保存する資料を参考に（日高稔校長と事務室の長野哲郎氏の御好意により借覧），筆者の手で書き纏めた理解しにくい事態の進行経緯である。

　昭和39（1964）年5月，上野丘高等学校から県教育委員会に宛てて「本館の文化財指定について」申請がなさ

れ，それを受けて県教育委員会は調査を九州大学の青木正夫助教授（当時）に委託した。

青木さんは，昭和39（1964）年8月に次のように報告している。

「近代的な中学校の形態をとった校舎として全国の中学校の中で最も初期のもの」

「理化学講堂（階段教室——現在は改造されている）の矩計図も掲載されている（筆者注：創建時の工事報告書に）が，当時としては非常にその発想及び技術的程度の高いもので……中央で設計がなされたものであることを裏付けている」

「この時代の校舎で創建当初に近い形で現存するものは殆どなく，貴重な文化財といえよう」

「ただ意匠的には特に優れたものとはいえないのは残念である。……堅実一点ばりの学校が奨励されたことからそれを望む方が無理といえよう」

以上のように大分尋中の校舎を建築的に評価位置付けした上で，青木さんは，

「是非とも末長く文化財として保存されることを切に願うものである」

と結んでいる。

県教育委員会の県重要文化財指定の決定は，上述の調査報告を背景になされたのであったが，指定通知書を出したとき同委員会はこれにより移転費補助の措置が引き出せることを期待していたかと思われる。

ところが，これより前に大分県は旧本館を取り壊すべく国に申請を行い，その結果，昭和37（1962）年8月20日付で「危険建物」と認定され国庫負担金の交付決定を受け，すでに半分（200坪——約660m²）を取り壊してしまっていたのであった。そんな中で文化財指定が決まったので，大分県は慌てて昭和40（1965）年1月に急遽文部省に申請を行い，旧本館の残り209坪（約690m²）の取り壊しを延期したいと申し出た。理由はもちろん，大分県重要文化財として指定されたからで，県としてはこのとき，旧本館の取り壊さなかった部分は曳き移転し永久保存した上で，記念館として教育関係者などの利用に供したいという考えであった。

県当局は移転費用7,000～8,000万円を捻出する気持ちはなく，国の重要文化財指定を受け国庫の補助で移転を実現したいという肚づもりであったらしい。文化庁はこの移転保存に好意を以て望み前向きの姿勢をとったといわれ，その結果，昭和44（1969）年には国指定を待つばかりの状態にまで到達したのであった。しかし，県が旧本館の解体復元と解体後の管理まですべて国でやって欲しいと主張したため，文化庁との話し合いがこじれてし

⓬-1　解体直前の上野丘高等学校旧本館の俯瞰図
　　　（同校の好意による）

まった（文化庁が「虫がよすぎる」と二の足を踏んだものと推察される）。

既述のように，昭和40（1965）年に旧本館の取り壊しは中途で一時ストップされていたが，それから4年が経過する間に，県教育委員会とPTAの要請を受けて旧本館の南側には鉄筋コンクリート造4階建の校舎が近接して2棟建てられ（昭和43（1968）年建築。**写真12-1**ではそれらは見ることができないが，写真のすぐ左側に位置していた），また東側には鉄筋コンクリート造3階建の管理棟（写真12-1の上方左側にその屋上が白く見える）がぴったり接近して建てられてしまった。また，写真12-1の右上に見るように，美術，音楽などの室をもつ平家建も建てられていた。旧本館はそれらの建物で取り囲まれ，正に取り壊しか解体移転かと匕首を突きつけられた状態に立ち至っており，学校側としては，

「校舎が狭く，学校運営上非常に不便。また老朽化していて火事の危険もあり」「一刻も早く移転してほしかった」（前出の「一世紀の青春」）

ということで，校長は「明治村への買い取りを打診したり」，「本館中央部分だけでも移転保存を」と奔走したりする状態に追い込まれた。

しかし，移転保存に要する費用の捻出には目処が立たない。だから「組織立った保存運動も起きない」し，県は依然として県費投入の意志を示さない。当時の大分県知

第12章　久留正道　その2　191

⓬-2 解体直前の上野丘高等学校旧本館の玄関
（同校の好意による）

⓬-3 大分尋常中学校の校舎（右端は理化学教室，左に見える切妻部分の階下は玄関，階上は講堂）

事は，大分県人ではあるが大分中学校の出身ではなかった。

　鉄筋コンクリートの新校舎を旧本館に近接して建設する措置をとった県教育委員会は，県と文化庁の間の話し合いが決裂すると，昭和44（1969）年10月，学校に「解体移築の早期実現方」を要望する。これを受けてPTA会長は「県指定重要文化財本館についての要望」を昭和45年6月に県教育委員会に提出する。その文章の一部を引くと，

　「昭和45年にはぜひとも，管理棟（筆者注：校長室，教員室，事務室を有する棟の意）を完成することにより，同校の改築計画を完了し，学校運営の正常化と教育効果の向上をはかりたいので，すみやかに国指定重要文化財とされ，当該建物の解体移築を促進くださるようお願い申し上げます」

ということであった。なお，要望者の提出した文章を見ると，旧本館を「老朽危険校舎」と見なすPTA会長の言葉が見出される。

　かくて昭和45（1970）年11月，上野丘高等学校旧本館の解体工事が始まった。11月4日（午前9時）解体現場に集った人々は次のとおりであった。

　　県文化財委員会委員／大分工業高校教諭　村松幸彦
　　記録図面作成者／富重設計事務所
　　工事施工者／溝口組建築部長　後藤一之

　　県理財課／広瀬宏
　　上野丘高等学校／麻生教頭，吉井事務長
　　県社会教育課／橋本係長

　上記のうち広瀬宏さんは一昨年亡くなった。筆者がお会いしたり，電話したりして，解体時の校舎の様子をうかがうことができたのは村松さんと後藤さんであった。

　以下は，明治27（1894）年竣工の大分尋常中学校の校舎についてである。

　大分尋常中学校の敷地は5,665坪（約1.9ha）で，その本館，雨天体操場，生徒控所，寄宿舎（3棟）などの平面図は図12-3に示すとおりであった。なお，寄宿舎には食堂，賄所，洗面場，浴場，便所などが附属して建てられた。なお，写真12-1は解体直前の旧本館（明治27年竣工の校舎）の俯瞰図で，この旧本館を取り囲む建物について（一部は前に触れたが）以下に記しておこう。

●写真の左外側（見えない）／鉄筋コンクリート造4階建校舎2棟
●写真の左上方（白い屋上が見える）／管理棟（職員室，大会議室，校長室などを収容）
●写真右上方（平家建）／美術室・音楽室・日本間
●旧本館の左側／用務員室，購買部（明治時代は倉庫）

　この写真は右側が南で，玄関（写12-2）は南側の中央突出部にあった。

　大分尋中の校舎（旧本館）の平面図は，図12-3に詳示されているが，階下の博物教室（西側）と理化学教室（東側）は共に階段教室であった（写12-3）。普通教室は階下に3つ，階上に7つ，合計10室あり，特別教室は上記2室の他に物理実験室，化学実験室，図画教室があり，講堂は階上中央にあった。

　各室の大きさは，間を単位に設計され次のとおりであった（東西長さ×南北長さで示す）。

●博物教室，理化学教室（共に階段教室）／5K（間）×5K（間）（25坪）

- 普通教室／4K × 5K（4室），4K × 4K（3室），5K × 4K（2室），他に図画教室（下記）と同じもの1室
- 図画教室／4.5K × 4K
- 物理実験室／4K × 4K
- 講堂／6K × 8K
- 廊下幅（壁芯芯）／1K

因みに，
- 雨天体操場／6K × 8K（48坪）
- 生徒控所／5K × 10K（50坪）
- 倉庫／4K × 5K（20坪）

かくて本館の建坪は次のとおりであった。
- 2階建部分　　　　　／278坪
- 平家部分　　　　　／100坪
- 渡り廊下　　　　　／40坪
- 便所　　　　　　　／19坪
- 総建坪　　　　　　／437坪（約1,450 m²）

また，寄宿舎の建坪は，
- 自習室・寝室（2階建）／270坪
- 渡り廊下　　　　　／38坪
- 便所　　　　　　　／12坪　　小計　320坪
- 食堂（平家）　　　／60坪
- 賄所（平家）　　　／42坪
- 浴室（平家）　　　／40坪　　小計　142坪
- 総建坪　　　　　　／462坪（約1,530 m²）

であった。

次に本館について意匠的なことを書く。外壁は鎧下見（南京下見，イギリス下見などとも呼ばれる）ペンキ塗りであった。窓は上げ下げ式のガラス窓で，2階建部分では階上，階下ともに窓の上に欄間はない（写12-4）。しかし，平家建の特別教室では上げ下げ窓の上に回転式の欄間（写12-3）があった。

「廊下側と窓側（筆者注：「外側」の意）の窓は，互い違いになっており，風通しはよくない」（「日本の学校建築」）

と指摘されているが，事実平面図を眺めると窓の割り付け方針が読みとりにくい。なお，写真によると上げ下げ窓の上部も下部も組子の組み方は中央を大きく開けた「井」の字（写12-4）をなし，しゃれた感じを与えるものであった。

次に校舎2階建部分の矩計（解体時実測）を記す。
- 高さ／11.95 m
- 軒高／9.02 m
- 布基礎（切石積）の天端／地面から60.0 cm（布基礎の換気口は，1階の窓の直下に設けられ，形は上部が円弧をなしていた）

⑫-4　大分尋常中学校の校舎の北西部分
（同校の好意による）

- 1階床高／地面から78 cm
- 1階天井高／370 cm
- 1階床・2階床間距離／430 cm
- 2階天井高／334 cm
- 1階上げ下げ窓の下枠高／床上82 cm
- 1階上げ下げ窓の内法／215 cm
- 2階上げ下げ窓の下枠高／床上85 cm
- 2階上げ下げ窓の内法／200 cm
- 1階・2階教室入口ドア内法／210 cm
- 1階・2階教室入口ドア上欄間内法／41 cm

次に校舎2階建部分の構造である。
- 大引／120 × 120 mm
- 1階根太／50 × 70 mm
- 土台／150 × 150 mm
- 胴差／150 × 300 mm
- 土台・胴差間内法／420 cm
- 2階床根太／60 × 120 mm
- 敷桁／150 × 200 mm
- 胴差・敷桁間内法／344 cm
- 柱（1，2階共）／150 × 150 mm

（筆者注：後藤一之さん（前出）の記憶によると，隅柱は一般の柱より断面が大きく6寸（18 cm）角ぐらいで，下見板から露わしになっていたということであった。その記憶が正しいことは，立面図や写真で出隅柱を見ると立証される）

校舎2階建部分の小屋組についてである（図12-3）。
- 勾配／58/100，日本瓦の下地は杉皮葺
- 垂木／50 × 70 mm
- 母屋／120 × 120 mm
- 鼻母屋／150 × 180 mm
- 合掌／150 × 210 mm

- 真束／150 × 150 mm
- 方杖／150 × 150 mm
- 釣束（挟み）／75 × 150 mm
- 陸梁／150 × 210 mm
- 小屋筋かい（挟み）／75 × 150 mm
- 小屋振れ止め／75 × 150 mm

小屋組部材の接合用金物は以下のとおりであった。

- 合掌—真束—合掌／短尺金物
- 合掌—方杖／かすがい
- 方杖—真束／かすがい
- 合掌—釣束／16 φボルト
- 釣束—陸梁／16 φボルト
- 真束—陸梁／箱金物
- 合掌尻—陸梁端／16 φボルト
- 小屋筋かい（挟み）交叉部／飼木使用で16 φボルト
- 小屋振れ止め（挟み）真束部／16 φボルト

（筆者評注：小屋組の組み方と部材接合用金物の使い方は，戦後の本に掲げられたものと変わりなく，明治中葉に小屋組の構造は西洋式の技法をとり入れ確立していたことがわかる）

1階建部分（特別教室）の矩計などは，次の通り。

- 軒高／5.08 m
- 天井高／370 cm
- 上げ下げ窓の下枠高／床上82 cm
- 上げ下げ窓内法／215 cm
- 上げ下げ窓直上の欄間内法／50 cm

1階建部分の構造は，床組，軸組，小屋組ともすべて2階建部分の部材断面と同じで，小屋組の勾配も変わらない。

以上長々と書いてきた仕様は，旧本館解体時につくられた図面を参考にしたものであるが，構造の詳細については手掛かりを得る資料が残されていない。そこで解体に立ち会われた村松幸彦さんにお手紙を書き，解体時の写真の有無や，構造詳細のわかる図面の所在などをお尋ねしてみた。それに対して村松さんから御返事を頂戴した。その冒頭に村松さんは次のように書いておられる。

「その後県施設整備課，教委理財課などの関係をあたりましたが，上野丘高校所有の図面や関係書類以外のものは見当たりません。県公文書館も明治期のものは少なく，当時の解体業者（元請KK溝口組）も記憶がうすく，私の記憶と当時のメモ帳にて御返事をする他に現状としては御返事のしようがない」

筆者も，溝口組の建築部長（当時）だった後藤一之さんと電話でお話したが，壁組内の筋かいの存否についての記憶はないとのことで，僅かに陸梁上面に陸梁と敷桁の隅を固める目的で火打梁のような形——火打梁より遥かに長い材を用い——で半割の斜材が入っていたのをかすかに憶えているというお話をうかがうことができただけであった。

さて，村松幸彦さんの御記憶とメモ帳をもとにした——証拠となる写真はお持ちでないとのことであった——筆者への御返事の内容を，以下に筆者の手で書き改めてみることにする。

①筋かいは「2階建の柱間1間間隔にはタスキまたは片筋違が柱（5寸角）同寸で入っていたが，平家建（階段教室）の部分にはなかった」。（筆者注：参考のため，筆者は階段教室として知られる久留の設計した第四高等学校の物理化学実験教場における筋かいの有無について調べをしたが，それについては後述）

②「火打土台，火打梁はなし」

③「洋風小屋組は2階建の小屋組には，箱金物，短尺金物，鎹 等の金物が使用してあった（筆者注：これらについては前述のとおり）が，平家建の部分はボルトのみ（筆者注：これについては前述したが，その内容は村松さんの記述と異なる）で小屋組は柱上に1間間隔で配置」されていた

④「床組は2階講堂部分は梁せい1尺3寸の松材を1間間隔に配し，根太間に4寸5分角の力根太を入れて」あった

以上は村松さんの御教示であったが，別に筆者の調べを記す。

上野丘高校の昭和46（1971）年卒業生の卒業アルバムには旧本館の解体時の写真が掲載されている（正面玄関の2階がすでに取り壊され，1階部分だけになっている）が，その受付・応接所（明治時代の呼称で解体時には夜警室になっていた。図12-3）の下見板取り外し状態を見ると，壁は西洋式の間柱構造で間柱の間隔は40 cmぐらい（柱間隔の予測と間柱の割り付け数から見て想像）であった。

さて，階段教室を持つ校舎として有名で，文部省が明治23（1890）年8月に竣工させた第四高等中学校の物理化学実験教場——設計は久留で，工事監督は山口——の壁に筋かいが使用されていたか否かの話である。

文部省設計，明治23年竣工，階段教室という大分尋中との類似性を頼りに，四高の階段教室のことを調べるため，西日本工業大学の菊池重昭さん（建築史家の故菊池重郎さんの長男）を通じて，明治村の建築部に筋かいと火打の有無について問い合わせたところ，建築部長の西尾雅敏さんから，

「この教室には，筋交い，方杖，火打ち梁の痕跡は見

当たりませんでした」
という返事を菊池重昭さん宛に戴いた。

四高の階段教室は、「東海の明治建築」（日本建築学会東海支部編, 1968年）によれば、「棟札によると」「竣工は明治23年8月で, 工事監督は山口半六, 設計管理は久留正道である」とされる。

これから推して久留が4年後に竣工させた大分尋中の階段教室でも筋かいを挿入しなかった可能性が考えられるが, 次の事件が四高と大分尋中の中間に起こっていることを思わなくてはならない。

四高の階段教至の竣工は, 明治23（1890）年8月で濃尾地震の発生より前であった。大分尋中の校舎の竣工は, 明治27（1894）年5月で着工は前年の春であったから, 当然設計は濃尾地震の後に行われたわけである。

ところで,

「土台を配する」「校舎の内外及び周囲は筋違を打ちつけ」「壁はすべて木摺壁とし」

と謳った「学校建築上震災予防方」の公布時期は, 明治27（1894）年8月だったから, 四高の階段教室, 大分尋中の校舎よりも時系列的に後年だったということになる。したがって,「震災予防方」の存在は, 大分尋中の校舎に筋かいが挿入されたか否かの証人にはなり得ないことになる。そうだとすると, 久留が大分尋中で筋かいを入れたか入れないかについては, 村松さんの記憶だけが証人台に登ることになる（後藤さんに記憶がないことは前述した）。しかし, 後に「予防方」で謳うことになる土台配置と木摺壁（間柱の下地, プラスター塗り仕上げ）採用が大分尋中で実行されているから, 問題の筋かい挿入もモデルスクール視した大分尋中で久留は実施したのではないかと想像したくなるのであるが, それを証拠づける確たる史料は見当たらない。残念ながら結論なしに話を散らかしたままにして, 後人の研究を期待することにする。

最後に大分尋中と「学校建築図説明及び設計大要」の設計方針を比較しておく。

「学校建築図説明及び設計大要」に謳われた,
①中廊下はいけない
②体操場はなるべく敷地の南方または東方を選ぶ
という方針は大分尋中で実現されているが,
③教員室は体操場に面する
④図画室は三方より採光する
⑤教室の左側にある窓は「窓上に回転もしくは引違い建て硝子障子の欄間を附設すべし」
などという点では、「学校建築図説明及び設計大要」とは異なる方針がとられている。

なお, 大分尋中の校舎竣工後6年目の明治33（1900）年4月, 大分県立大分高等女学校が創立され, さらに4年後の明治37（1904）年3月, 同校の本館, 講堂, 屋内体操場が竣工している（寄宿舎の新築と移転は, 前年に完了）ので、「学校建築図説明及び設計大要」の方針や大分尋中の前例が, 大分高女にどのように反映されたか見てみよう。

大分高女の場合, 本館は一文字形平面で完全に南面し, 北側片廊下のすっきりした室割り付けで, 2階の中央に講堂が置かれ, 直下の1階には管理系統の室が置かれている。屋内体操場は南側に独立して建てられ渡廊下で本館につながっている。

寄宿舎は, 本館の北側に本館と平行する形で2階建の3棟が一文字形, 北側片廊下で配置されている。裁縫教室（1階）, 作法教室（2階）をもつ独立棟が本館から最も遠い寄宿棟の東側に渡廊下でつながれているのは面白い。便所は本館でも寄宿舎でも独立棟として建てられ渡廊下でつながっている。総じて, 大分高女の平面と配置には地元の大分尋中の本館, 寄宿舎からの影響は少なく, むしろ「学校建築図説明及び設計大要」との強いつながりが感じられるのである。

なお, 大分高女の校舎竣工は明治37（1904）年3月であったから, その設計は遅くも明治36（1903）年初めに始まっていたであろうが, それよりも前の明治33（1900）年4月に文部省訓令により「師範学校・中学校及び高等女学校建築準則」が公布されているから, その中の設計要領がかなり大分高女の設計に組み入れられているのではないかと思われるが, 設計図書を見ていないので何ともいえない。参考のために「師範学校・中学校及び高等女学校建築準則」の要点を抜き書きしておく。
①教室は幅3〜4間, 長さ4〜5間
②天井の高さは床面から10尺以上。床の高さは2尺以上
③講堂の天井高さは床面から15尺以上
④採光窓の下縁の位置は床上2.7〜3尺。その上縁は床上9尺以上（採光窓の上部は欄間をもって代えることができる）
⑤教室および講堂の採光窓の面積は床面積の1/6以上
⑥窓は引違い構造とする
⑦廊下の幅は6尺以上。廊下は片廊下とする。廊下は教室の主なる採光窓の方面に設けてはならない
⑧階段は幅4尺5寸以上。蹴上げ5〜6寸, 踏面8寸〜1尺。中間に踊り場を設け且つ手欄を附すこと
明治時代に, 西洋式木構造（木造の構造の意）の技法の全国普及に貢献したのは陸軍省と文部省で, それを推進したのは, 前者では瀧大吉, 後者では久留正道であっ

たといってよかろう。読者の中には久留よりも山口半六の名を挙げるべきだと主張する人があるかもしれないが，山口の興味は煉瓦造に向けられており，また山口の経歴から見て，こと木造の知識に関しては山口は久留と比肩（ひけん）できるようなレベルにはなかったかと思われる。久留は内務省→文部省を経歴する前に，工部省で次の木造建物の設計監督を経験し，西洋式の木構造の素養を培っていたはずである。すなわち，工部技手の時代に神奈川県府中郡役所（1885 年 8 月竣工，洋風木造 2 階建，イギリス下見張り），東京府集会所（1886 年 11 月竣工，煉瓦造 2 階建，軒高約 10.5 m）を手掛けている。そして文部省に入って明治 20 年代初頭，上司の山口半六を助けて各高等中学校（前述）の設計監督に当たったときには，木造に関わるもの——第二高等中学の本館および第一から第五までの高等中学の寄宿舎——は久留が一手に引き受けて設計を行い監督に当たったものと推察される。

久留正道

　本章の初めでごく簡単に触れたが，久留正道の出自について書いてみたいと思う。主に参考にするのは静岡市居住の史家，前田匡一郎さんの著書「駿遠へ移住した徳川家臣団」と，「建築雑誌」1914 年 5 月号に掲載された故久留正道の年譜である。

　久留正道は，安政 2（1855）年江戸に生まれ，初め金之輔と称した。父親の勘右衛門（正供）は，明治維新に際し徳川宗家が駿河に転封されたとき，陸軍隊の書院組の中の新御番に属し駿府に入った。徳川慶喜が駿府に移ったのは明治元（1868）年 7 月 23 日で，宗家の徳川亀之助（家達）の駿府到着は 8 月 15 日であったから，勘右衛門はこの頃駿府入りしたと思われるが，時期ははっきりしない。幕末の禄高は 300 俵 10 人扶持であったから，家筋は御家人よりは上の旗本——ただし，旗本の最下級——だったことになる。書院組は元は奥詰銃隊と呼ばれ，御目見得以上の身分の者で構成されていた隊で，駿府入りした隊員数は 291 名（役付を除くと 227 名）であった。書院組は陸軍中核の隊であったから隊員は駿府（府中）に駐屯したはずであるが，久留家がどこに居住したかは明らかでない。

　ところで筆者の調べによれば，駿府入りした徳川旧幕臣の中には，勘右衛門のほかに久留姓をもつ武士が 2 人いた。一人は久留善三郎（家族 4 人同伴，藤枝の田中藩に配属された），もう一人は久留恵次郎（家族 3 人同伴）であったが，彼らが勘右衛門の親戚筋であったかどうかはわからない。松浦武治という人が「徳川慶喜と幕臣た

ち」（田村貞雄編著，1998 年）という本に寄せた記事に，久留善次郎という名の人物が登場しているが，その居所から見ると，久留恵次郎と同一人物ではなかったかと思われる（確かな資料はないが）。

　久留正道は，明治 4（1871）年上京して開成学校に入り英語を学び始める。静岡学問所を退学しての行動と想像したい。前出の前田匡一郎氏の著書「駿遠へ移住した徳川家臣団・第 3 編」によると，その後の経歴として，

「明治 7 年　工部省鉱山寮一等見習上級
　明治 12 年　工部省鉱山局八等技手」

と記されているが，久留の工部大学校造家学科卒業は明治 14（1881）年で，5 月に工部省に入り 8 等技手を命ぜられている年譜と，どうつながるのか戸惑いを感ずる。

　久留が亡くなったとき，「建築雑誌」に載せられた彼の経歴書を見ると，工学校に入るのは明治 6（1873）年 10 月で「旧工部省鉱山寮に於て化学地質鉱石学等を修業」とある。

　一方，前田匡一郎さんから提供を受けた明治 7（1874）年官員録（コピー）を見ると，鉱山寮の「技術一等見習上級」の欄に「トウケイ（筆者注：これは東京府士族を名乗っていた証拠である）久留正道」とある。役所に入った形をとり官費で学校に通っていたということであろう。

　問題は久留がいつ造家学に転向したかであるが，工部大学校が発足したのが明治 10（1877）年 4 月であったことを考えると，このとき造家学科に転科し以後 4 年間学んで卒業したものと見たい。

　久留の卒業は 2 等及第で，学士号を授与されなかった（授与されたのは明治 20（1887）年 9 月）ことは本章の初めで書いたが，彼の卒業論文と卒業設計について触れたいと思う。

　卒業論文のテーマは「日本建築の歴史と理論」（筆者の和訳）で，その提出は 1881 年 4 月 10 日，縦 26 cm，横 20 cm の紙に全文英文により 45 頁を費やして書かれている。その章立てを記すと（和訳は筆者による），

1. 序論
2. ログ・ハット
3. 和洋様式の混合
4. 封建制度下の建築
5. 現代様式

　卒業設計は，テーマは「陸海軍倶楽部」（筆者の和訳によるもの）で，原名は Design for the Army and Navy Club）で，縦 58.7 cm，横 87.2 cm のケント紙 5 枚に纏められ，これまでに引用した藤本寿吉の 2 枚，瀧大吉の 4 枚よりも枚数の上で多いことになる。

第13章

小島のハートフォードへの道 ...197
小島憲之の帰国直後の日記① ...202
小島憲之の用器画教科書 ...206

若き日の小島憲之

その1

（2001 年 11 月号）

小島のハートフォードへの道

　小島憲之の誕生日を断定しかねていた（第7章第11回）が，安政2（1855）年6月20日が正しい[1]。

　そうすると，明治3（1870）年4月大学南校に入学したとき，憲之は数え16歳だったことになる。入学すると彼は同校の中助教であった矢田部良吉の家に住み込み，矢田部の塾の生徒になる[2]。

　憲之が矢田部の塾に入った年の末に，わが国最初の外交官——役職名は少弁務吏——として米国に赴任する森有礼の属官として矢田部は米国に赴いた。属官は3人で，矢田部はその中で最下級の役職（大令吏）で，彼の上役には外山正一（役職は少記）らがいた[3]。このとき矢田部19歳，外山22歳，トップの森は23歳であった。

　矢田部の教職から外交官への転進は高橋是清の推薦によるものだった[2]と言われるが，後に矢田部はニューヨーク州イカサにあるコーネル大学に入り植物学を専攻する。小島憲之が後にコーネル大学に進んだのには，矢田部の影響が大きかったと思われる。

　矢田部が渡米するよりも2ヶ月余り前，大学南校の貢進生（政府が各藩に対し15〜20歳の若者を石高に応じ1〜3名大学南校へ派遣するよう命じた制度により入学した学生）の中から公費留学生が米国へ派遣されていた。そしてその後も13人が海外へ留学して行った。学内から留学に赴く同輩を見て，小島が留学に憧れたのは当然であろう。明治6（1872）年，そのチャンスが訪れた。大学南校は前年校名を改め，第一大学区第一番中学と称されていたが，同校の英語教師ハウスが帰米に際し小島を米国へ連れて行くことになったのである（第7章第11回）。

　明治6（1872）年2月21日，小島は退学願を提出するが，退学願を出したときの小島の名前は作二郎で，同じ月に養父信民が提出した航海免状（パスポート）下附願における頭書書きの小島の名前は作次郎になっている[1]。しかし同じ月，信民がハウスに礼状を出した（同時に緋縮緬一反を贈っている）ときには，「私次男憲之」と呼んでいる。

　芦谷治作の次男として生まれたのに由来する小島の名前「作二郎」「作次郎」が，「憲之」に代わるのはこのときからと思われる。なお，憲之が帰国したとき，信民が外務省宛に航海免状を返納する届を提出した際は，

　「東京府士族，信民次男作次郎こと，小島憲之」
と書いている。

　小島憲之の養父信民の出自と経歴についてである[4]。

第13章　若き日の小島憲之　その1　　197

天保6（1835）年に代官手附の家に生まれ，後に小島伊八郎の養子（長男）となった。14歳のとき代官局手附となり，諸国の天領の陣屋勤めをした。32歳のとき維新に遭遇。新潟奉行広間役として新潟在勤中であった。

因みに手附についてである。手附は地方官吏の上層で，幕府の下級幕臣（御家人）から採用された。代官の手先と言われたいわゆる手代は，手附の下の現地採用の地役人で，農民や町人の中から採用され，侍姿をして行政の実務に当った者である。

信民は維新後，新政府に出仕し，開成学校，大学校で会計を担当し，大蔵省租税寮を経て，明治4（1871）年8月，36歳のとき神奈川県に移った。憲之が渡米の途に就いた明治6（1873）年2月には神奈川県典事の職にあり，明治12（1879）年大書記官を最後に退官した（時に44歳）。以後，信民は届書などに「東京府士族，従六位」と書くのを常とした。50歳を過ぎてから東京府養育院幹事，東京改良演芸会（有限会社）理事長を各5年間務めた。

憲之が何歳のときに信民の養子になったか，筆者にはわからない。信民の神奈川県在職中に憲之の実父の芦谷治作と実弟の芦谷憲高が，同県に採用され勤務しているが，採用時期が，憲之が信民の養子になったのより前か後か筆者は知り得ていない。

憲之を米国へ伴ったハウスについてである。漠然と宜教師ではないかと想像していた（第7章第11回）がハウスに関する年譜[5]から，彼が Edward Howard House という人物であることを知った。

以下，上掲の英文年譜[5]のほかに「米日西洋人名辞典」（竹内博編著，1995年）を参考にして記す。

ハウスは，1836年に米国のマサチューセッツ州ボストンで生まれ，幼少の頃から音楽に興味を抱き，14歳からオーケストラ作曲を学び始めた。そして18歳のとき（1854年）から「ボストン・クーリエ」誌の記者として音楽と演劇の評論を書き始め，後に「ニューヨーク・トリビューン」，さらに1870年「ニューヨーク・タイムズ」へと移った。その間，南北戦争（1861～65年）に際しヴァージニア州で北軍の従軍記者となり，戦後はニューヨークとロンドンにおいて劇場の経営に従事した。

万延元（1860）年，咸臨丸（艦長は木村摂津守芥舟で，勝海舟がこれに随従）が訪米したとき，ハウスは現地で日本人にインタビューする機会を持ち，このとき日本人のナイーヴティ（天真爛漫，純真）に感銘を受け，以後日本人に好意を持つようになったという。

明治2（1869）年ハウスは初来日する。そして明治4（1871）年に大学南校の教師となり，英語と英文学を教

える。翌年6月台風による損傷修繕のため横浜港に入ったペルー国籍の汽船マリア・ルーズ号にマカオから中国人苦力225名が乗せられていたことが，一人の苦力の脱走から発覚した。事件を知ったハウスは即時解放を主張し，これは新聞にも採り上げられ，日本政府（時の外相は副島種臣）は裁判を行い苦力解放の処置をとった（これは英米の公使の指図と援助のもとに行われたと言われる）。この事件を通してハウスは日本国内で有名になった。マリア・ルーズ号事件の裁判の中で，ペルー艦長から日本にも人身売買の事実があるではないかと反論されたのがきっかけとなり，裁判終了後太政官が芸者・娼妓や前借金による奉公人を無償で解放すべしと布告することになったことは一般の明治史に詳しい。

上記事件の直後頃から身体を壊したハウスは，雇傭契約期間の途中で米国に帰る。このときハウスが小島憲之を米国に伴ったのである。

ハウスのその後の年譜を記す。

明治7（1874）年，再来日。日本の台湾征伐に当たり，「ニューヨーク・トリビューン」の特派員として台湾に赴いた。

明治10（1877）年，大隈重信の援助により週刊英字新聞「東京タイムズ」の刊行を始め，日本政府の目指す治外法権撤廃や条約改正を援けるための論陣を張った。彼は外国の外交団が日本政府に加える理不尽な圧迫を見逃さず，激しくそれを批判したので，外交団からシャットアウトされ，明治13（1880）年米国に帰った。

明治15（1882）年[5]（？），3度目の来日をして，東京大学で英文学の講義を始めたが1年足らずで辞め，明治17（1884）年，米国に帰った[5]（1884年帰米は文献[5]によったものだが，後出の小島の1885年における日記から判断すると，ハウス帰米は1885年が正しい）。帰米後「Yone Santo, A Child of Japan」（1889年）を書いてボストンで出版した。これは日本におけるミッション・スクールの裏面をシニカルに描いた小説で，養女の黒田琴をヒロインのモデルにしたものと言われる。

明治26（1893）年，4度目の来日をし，西洋音楽の普及につとめ，宮内省で音楽の指導にも当たり，また自らも作曲とピアノ弾奏に余生を楽しむ道を求めた。しかし彼は，中風が原因で身体の半分が麻痺し，それが長期に及び苦しんだ。明治34（1901）年12月，養女の琴に見とられて四谷塩町の自邸で死去。享年66歳。今彼は北区田端4丁目の大竜寺の墓域に眠っている。

明治6（1873）年2月24日，小島憲之は横浜港を出帆して米国に向かった（満年齢17歳8ヶ月）。

小島は，ニューヨークに着くまでの航海日記をポケッ

ト型のノートブック（幅 7.5 cm × 長さ 12.8 cm × 厚さ 1.5 cm）に日本語で記している[6]。以下これに拠って小島の旅を追ってみたいと思う。

小島は日記の表題をこう記している。

「太平海常飛脚アラスカ号船中日記（明治六年）」

上の飛脚船について小島は，

「長さ 346 フィート，即ち我が 55 間 4 尺余，横幅 47 フィート，即ち 7 間 5 尺半余。船将の名，ラクラン（Lachlan）」

と詳記している。

旅日記は次の言葉で始まる。

「神武天皇即位紀元二千五百三十三年，第二月廿四日第十二字（筆者注：「時」の意）過ギ横浜ヲ発ス。コノトキ風無クシテ船中至ッテ安穏タリ。已ニシテ日ノ没スルニ及ンデ日本島再ビ見エズ。夜ニ入リ雨降リ風起リ，船ノ少シク騒動スルヲ覚ユ。」

やがて船の揺動が激しくなり，「容易ニ寝ニ就キ難」くなった。この飛脚船に E.H. ハウスと友人の箕作佳吉が同船していた。

箕作も小島同様自費留学であった。箕作と小島はこのときまでに，大学南校と矢田部の塾において友人だったのである。ハウスが同船していたことから考えると，小島と箕作は同じ状況と条件の下でハウスに伴われたのではあるまいか。

箕作は箕作秋坪の三男で，菊池大麓がすぐ上の兄であったことはすでに書いた（第 10 章第 18 回）。

前述したように出発の晩から海が荒れたので船酔いし，翌日は三度の食事もとらず，「伏シテ終日寝室ヲ離レズ。箕作佳吉モマタ同様」とある。

小島の船日記はハウスと箕作について触れること極めて少なく，自分の心情を記すことは絶無であった。

西洋人がトランプをしているのを見て，「カルタノ如キ物ヲ以テナグサメ」と書き，甲板で西洋人がゲームをしているのを見て，小島はこのゲームを以後伏せ字を使って「〇打」と書いている。

また，船中最初の日曜日にキリスト教式礼拝を見て，小島はこんな風に書いている。「経ヲ読ミ」という書き方が面白い。

「今日ハ"ソンデー"ナルヲ以テ，西客公堂ニ集リ船中医師ヲ初メトシ，経ヲ読ミ以テ神ヲ拝ス。」

太平洋を渡る間，毎日船が進んだ距離が記されている。

3 月 21 日午後 1 時過ぎ，サンフランシスコ港に到着する。港には駐米領事のダン氏（筆者注：団琢磨であろう）が「日本人ノタメ待チ居タリ」と記されている。

「横浜出帆来廿七日ノ長航路無事，目出度シ。初メテ

上陸スルヲ得タリ」

グランドホテルに宿をとり，早速夕食後ハウスと一緒に「芝居」を見に行き，ハウスの友人の紹介で館内を隈なく見学，歩道の存在に注目し，夜道を歩いて明るいのに驚き，「夜ノ景色昼ヨリ勝レリ」と書いている。翌日，パナマ行きのコンスチチュウショナル号という船に乗り，正午過ぎ米国東部を目指して出港する。

航海日記の中で，街の動きと景色に目を向け，感想を述べているのはサンフランシスコにおける 3 月 21 日だけであった。ホテルは旅館と呼び「家内ニ飛脚伝真機局ノ設ケアリ」「食堂沐浴場格別」と記していた。

メキシコのマグダレナを出港したところ（3 月 28 日）で，ハウスが病を発し，小島は終夜箕作と一緒にハウスの部屋で看病している。また，この日から毎日「寒暖計」の温度を書き始めている。

ケープ・サンルカス，マサトラン，コンザニリヤ，アカプルコとメキシコの太平洋岸の港に寄った後，4 月 10 日パナマに入港する。翌日，ヘンリーチャンスリー号に乗り移り運河を通ってカリブ海に出る。

4 月 14 日，サントドミンゴ島（今のヒスパニオラ島のことか？）を眺め，夕方キューバ島を左側に見ながら通り過ぎるが，この前の頃から日記の記述は詳しさを欠く上に，欠落の日が続くのが目につく。

4 月 20 日，ニューヨークに着いたが，「ニューヨーク」の字は出てこなくて，唯「朝方七時頃入港，八時上陸，ウエストミンストル旅館」に到着と書かれているだけで，連日芝居見学のことが記されている。この辺りはずっと箕作を含む 3 人と行を共にし「4 人連れ立って」いたようであるが，4 人の中にハウスが含まれていたかどうかは日記からはわからない。奥平という人物——小島より一足早く米国に留学していた元中津藩知事の奥平昌邁ではなかったかと思われる——が 4 人の中にいたらしいが 23 日に宿を引き払っている。

25 日，Egi と佐藤という人物に会い夕食を共にしコンサートに出掛けているが，Egi は明治 3（1870）年から明治 9（1876）年にかけて在米し，ニューヨークのコロンビア法律学校を卒えた江木高遠であったと想像したいが，そうだとしたら，日本に帰国後，明治 13（1880）年に米国に出張し，ニューヨークで客死した江木であったことになる。

また，佐藤は，佐藤百太郎であったと思われる。彼は千葉県佐倉の生まれで，公費を以て明治 4（1871）年 7 月から明治 9（1876）年まで渡米し，商学と運上所規則を学んだ。小島がニューヨークに着いたとき同地にいたのであろう。帰国して大蔵省運上所に勤めたが，後年は

百貨店の経営に当たったと言われる。

26日には馬車で市中見物をし，矢田部良吉に手紙を出している。この頃イサカのコーネル大学にいた旧師の矢田部に米国到着の挨拶をしたのであろう。

矢田部は，嘉永4（1851）年9月，今の静岡県の韮山で生まれた。前述したような状況のもとに渡米し，コーネル大学で植物学を学び，明治9（1876）年帰国して東京大学で日本人最初の植物学教授となった。彼の名は植物学の先駆者として記憶すべきであろうが，井上哲次郎，外山正一と一緒に「新体詩抄」を発表し，詩歌の変革に取り組んだりもした。明治24（1891）年東京大学教授の非職を命ぜられ，明治31（1898）年東京高等師範学校長に任ぜられたが，明治32（1899）年8月47歳のとき鎌倉で水泳中溺死した。

4月27日，小島は早朝出立してジョン・チャイルド（John Child）という人物をスタッテン島（Staten Island, リッチモンド区とも呼ばれる。ニューヨーク市の五つの区の一つで，マンハッタン島の南西，ニューヨーク湾内にある）に訪ね，「饗応に預かり夕方帰省」している。夜はモールド先生宅に音楽会があり，これに赴いている。

4月28日は午前中，ブルックリンの学校に行き教室などを見学している。そして午後，ボストンを目指して旅立ち，夕方ニューヘイブンに着いて「Northrop 先生宅に一泊」している。この先生は，コネティカット州の教育委員長で知日家であった。翌日は馬車で郊外を見た後，エール大学に赴き，ここで Nara（奈良？）という日本人に会っているが，約束して会ったのか，偶然遭ったのかはわからない。後年，海事主計総監になった奈良真志という人物が当時在米していたから，小島が出会ったのはこの人物である可能性が高い。

この後，Northrop 家に立ち寄り，日本からの女子留学生，「山川ならびに増田しげ」両嬢に「面会」している。山川は明治後期東大総長になった会津出身の山川健次郎の妹，山川捨松で，後に大山巌（陸軍元帥，参謀総長，日露戦争に満州軍司令官として出征）夫人となった人である。なお，山川健次郎はエール大学に在学中でニューヘイブンにいたはずだが，小島と会っていない。

上に現われた「増田しげ」は益田繁子のこと，さらに正確に言えば永井繁子であった。彼女は明治の財界人として著名な益田孝の実妹であったが，生まれると間もなく静岡県士族永井久太郎の養女となった。繁子は山川捨松，津田梅子より1年早く帰国し，その後1年経ってから瓜生外吉と結婚する。瓜生外吉については，帰国後の小島を語るときに紹介することにする。

山川，永井両嬢は明治4（1871）年11月，岩倉遣欧使節と共に日本女性初の留学生として渡米した5人娘のうちの2人で，彼女等はニューヘイブンで2人の牧師達の許で別々に暮らしていたのである。山川嬢は小島と会った翌年の9月，土地のヒルハウス・ハイスクールに進学した。小島は，両嬢に会って米国の学校の様子を聞くようにとノースロップに奨められたのであろう。

さて2人の女性留学生に会った後，小島は午後ハートフォードに向かった。そして Samuel L Clemens（小島は「高名な著述者」と書いている）の家に泊まる。その晩，「留学生鹿児島県の人　Tajiri 氏」が訪ねてくる。後年，帰国して親しい友となる田尻稲次郎との初会であった。

田尻は大学南校に学び，渡米は明治4（1871）年だったから米国に来て足掛け3年目で，当時彼は数え24歳であった。ハートフォード高校在学中であったか，すでにそこを卒業してエール大学に入っていたかはっきりしないが，その端境期だったことは間違いない。

ニューヘイブンに寄り，ハートフォードに来た道中で箕作と一緒だったかどうか小島の日記からはわからない。第一，ニューヨークに着いてからのハウスとの行動関係も，日記から知ることはできないのである。

5月2日，田尻が訪ねてくる。前日は小島が田尻を訪ねたが，田尻が病気で会えなかったのである。恐らくこのときの田尻との面会が，小島にハートフォード高校入学を決心させることになったと思われる。

5月3日，正午にハートフォードを発ち，午後5時にボストンに着いた。「Porker's House 旅館」に入り，夜は「芝居」を観覧している。翌日は朝カムスタン先生に同道して貰い，ボストンハイランドにあるデレウェル氏宅を訪ね，午後「ハアバルド（筆者注：ハーバード）学校に至り」，前出のニューヨークで初会したチャイルドに会っている。

5月5日，ハイスクールを訪ね，ここで「長井」という日本人に会い，夕方「長井」が訪ねてくる。カムストンもやってきて夕食を共にし，その後「ミュウジャム芝居」に至る。この日「ハットを求」めている。「長井」は察するに永井久一郎のことではないかと思う。小島より4歳年上で大学南校の出身であった。彼は愛知県出身で，明治4（1871）年に米国に渡り，2年後の1873年11月に日本に帰っているから，小島と会ったとしても年代的におかしくない。帰国して文部省に入り，累進して大臣秘書官となり，芳川顕正大臣のもとで教育勅語の起草に参与した。永井荷風はこの人の令息である。

5月6日，ハイスクールで授業の様子を見学し，図書館を見る。この日，永井がきて食事を共にし芝居に出掛

けている。

5月7日，午後3時ボストンを出立し，ハートフォードに帰り，クレメンス先生宅に泊まっている。

5月8日，この日からキーフ先生の家に引っ越す。クレメンス先生宅で田尻に会う。

5月17日，ハウスに書状を出したのに応じてであろうニューヨーク滞在中のハウスがハートフォードにやってきた。

5月19日，ハイスクールに行き試験を受け，翌日入学を許可された。ハウスはこれを見届けて翌21日バッファローに向けて出立している。そのハウスは7月19日転住の目的で英国のロンドンに向った。

7月20日，小島はハート宅に移り，翌日からハウスに手紙を出したことだけを記す日々が続く。

7月30日，箕作がイサカに向けて出立する。彼の目的が何であったかはわからないが，矢田部に会うこととコーネル大学を見ることが目的だったかと推察される。この日「嶋津忠亮サッフィルドに帰る」と書かれている。嶋津は旧佐土原（宮崎県）藩主で当年25歳，昌平黌を出て明治2（1869）年渡米し，サンフランシスコ，ボストンに滞在，帰国して赤坂区長→貴族員議員。

9月1日，ファミングトン（Farmington，ハートフォードの南西部）を去りボルドマン家に下宿する。

9月3日，「高校開業」。すなわち，ハートフォード高校に入学したのである。小島の経歴としてハートフォード高校入学を明治6（1873）年2月とするものがあるが，この日記からそれが誤りであることは明らかである。

10月10日，箕作，セジウィッキほか3人とターコット山に遊ぶ。

11月12日，ハートフォードに初雪が降る。

明治7（1874）年4月24日，「グラジュウエションの式」が行われたと書かれている。この月で，ここまで書いてきた船中日記は終わっている。なお，日記は8月，9月はほとんど記事なしで，10月からは記事が粗になり，明治7（1874）年に入って2月〜3月はまったく記事がなくなり，4月に少し書かれた後，日記は幕を閉じている。

因みに小島がイサカのコーネル大学に入学するのは，それから1年4ヶ月後のことであった。

以上の小島日記から，小島が渡米してハートフォードに腰を落ちつけた事情が想像できるように思える。

箕作佳吉は，小島と同じようにハートフォード高校で学び，エール大学を卒業し，さらにジョンズ・ホプキンス大学（メリーランド州ボルチモア）に進んだ。箕作については中村浩路さんが次のようなことを書いている[2]。

「日露戦争中に故箕作佳吉博士の家に客寓せられたGoldswait なる老媼は，博士及び小島翁が Hartford, Conn. の High School（中学校）に在学中その家に寄寓し，Matron として Landlady としての世話を受けられた方と承りました。」

箕作は明治14（1881）年12月帰国，文部省御用掛を経て東京大学教授となり，わが国の動物学の基礎作りに貢献した。小島が帰国後非常に親しく交際した友人の一人であった。明治42（1909）年9月，52歳で亡くなった。

箕作佳吉のことを書いたついでに，小島の滞米晩期におけるワシントン D.C. 近辺への旅行について触れておきたいと思う。

それは明治13（1880）年11月末から12月末までのことで，小島は当時ハートフォードの建築事務所で働いていたから，この旅はいわゆるクリスマス休暇中の旅であった。以下は小島の旅日記（英文）に従ったものである。

11月29日にハートフォードを出発，ニューヨークに赴き，ホテルに宿泊しているハウス先生を訪ね，ここでワシントン D.C. への同行について打ち合わせをする。

12月5日の夜，汽車でニューヨークを発ち夜を車中で過ごし，翌朝早くボルチモアに到着した。ボルチモアにはエール大学を卒えてジョンズ・ホプキンス大学に進んだ箕作佳吉がいたから，彼に大学の建物などを案内して貰い，午後ハウスとお琴にデポ（乗物が何だったかは不明）で落ち合いワシントン D.C. に向かった。

11日までそこに滞在しているが，ハウスとお琴の名前は出てこない。11日，ワシントン D.C. を発ってボルチモアに向かったが，入れ違いに箕作がワシントン D.C. に出掛けたので彼の帰りをボルチモアで待ち，帰ってきた彼に会い，13日ボルチモアを出立，デラウエア州の東北端のウィルミントンへ。

そして15日には，州境を隔てウィルミントンに隣りするペンシルバニア州のケネット・スクウェア（Kennet Square）へ赴く。ここでイサカ（コーネル大学の所在地）で知り合った多くの友人と会い，その名前が列記されているが，建築学科の同級生や下級生の名前は見出されない（筆者の調べによる）。察するに，大学時代の下宿先だった Pennock 家の人達も集まりに一緒している（どういう事情で同家の人達がこの町にきたかは不明）から，Pennock 家に同時期に下宿していた友人達が集ったのではあるまいか。

17日，ケネット・スクウェアを離れフィラデルフィアへ向かい，以後ニューヨーク，Port Chester（ニューヨーク州）に寄って，20日ウエスト・ハードフォートに帰っ

た。

　以上の旅日記は，ハートフォードに帰ってから書かれたと思われる短編で，この旅日記を読んで，小島と箕作が米国滞在中にすでに牢固な親友関係を確立していたことを知った。また，ハウスが明治 15（1882）年の 3 度目の来日以前に養女のお琴を，米国においてすでに伴っていたことも知ったのである。

小島憲之の帰国直後の日記①

　小島憲之が明治 15（1882）年 10 月 18 日から翌年 12 月末にかけて，書いた日記を借覧する機会を得た[6]ので，日記の内容に関し解説を加えてみたいと思う。ただし，私的部分には触れない方針をとることにする。

　日記が始まっているのは明治 15 年 10 月 18 日で，当時小島は准奏任扱いの文部省御用掛で，東京大学理学部と東京大学予備門勤務（同年 9 月から）を兼ねていた。文部省に出向くことはなく，学校に出掛けるのが専らの仕事であったことが日記を読むとわかる。

　10 月 18 日は，次の記事だけである。

　「専修学校に於て英語学の受業を始む」

　専修学校は，後の専修大学の前身に当たる学校で，明治 13（1880）年 9 月に創立され，京橋区木挽町の明治会堂の別館を教室に用いていた。2 年制の経済科と法律科が設けられ，前者の授業は午後 3 時半〜 5 時半，後者の授業は午後 6 時半〜 8 時半に行われていた。

　わが国で最初に経済学を教えた学校で，私学として法律学の専門課程を教えた最初の学校でもあった。この前後の記述は，「専修大学 120 年」（1999 年）を参考にしている。

　小島が講義を始めた頃，専修学校では創立者 8 名のうち 4 名が去り，残っていたのは目賀田種太郎，田尻稲次郎，駒井重格，相馬永胤の 4 名だけであった。この顔触れを見ると，小島が講義を誘われた理由が理解できる。

　専修学校の経済学は田尻と駒井による講義が大部分を占めていたが，田尻は大蔵省を本務とし，兼務で東京大学で経済学と財政学を講じてもいた。法律科の教師陣には，目賀田，相馬，鳩山和夫などがいた。

　田尻は，小島がハートフォードで会った田尻である。彼はハートフォード高校を出てエール大学に進み，財政経済学を専攻した。明治 12（1879）年に帰国し，翌年 1 月大蔵省に出仕，少書記官に任ぜられ東京大学講師を兼任した。彼は嘉永 3（1850）年江戸の薩摩屋敷で生まれているから，小島より 5 歳年上であった。後年，大蔵次官，会計検査院長，貴族院議員，東京市長を勤めた。

　専修学校のもう一人の重鎮，駒井重格は三重県桑名の人で，嘉永 6（1853）年生まれだから田尻より 3 歳年下であった。藩主松平定教と同行し明治 7（1874）年 12 月から 12 年（1879）年まで米国に留学し，ニュージャージー州のニューブランズウィックにあるラトガース大学に学んだ。この学校はオランダ改革派教会により設立された歴史を持ち，布教のため来日した G.F. フルベッキ（大学南校教授，第 5 章第 7 回）らにより日本人留学生が多数米国へ送られたことで知られている。駒井は経済学を専攻して帰国し大蔵省に出仕し，後に岡山県で中等教育に尽くした後，大蔵省国債局長，東京高等商業学校長等を歴任，明治 34（1901）年没，49 歳であった。

　小島が専修学校に講義に出掛けたのは，週 1 回水曜日であったことが日記からわかるが，明治 15（1882）年 12 月 27 日太政官に出頭して「東京大学教授の職に任ず」という辞令を貰い，年が明けた頃から専修学校に出講する記事は日記に現われなくなる（3 月には辞めたようである）。

　12 月 22 日，専修学校の講義に出ようとしたが，神田・中猿楽町の順天求合社に移った教室の番所（現在の千代田区西神田 2 丁目か神田神保町 2 丁目の辺りであるが正確な位置は未確認）がわからなくて欠講している。

　因みに，その後，専修学校は明治 18（1885）年に神田区今川小路 2 丁目 8 番地（現在の神田神保町 2 丁目の専修大学神田校舎のある位置）に自前の校舎を建設し再移転（この件については後述）している。なお，2 年制の専門学校から 3 年制に移ったのは，明治 16（1883）年 9 月の入学生からであったが，この頃すでに小島は専修学校に出講しなくなっていた。

　小島は，日記を書き始めた明治 15（1882）年 10 月までには結婚していたようで，11 月 26 日に「おとし同道，田尻・駒井を訪う」と妻「おとし」の名が日記に初めて登場する。小島の妻の出自とその実家内藤家については第 8 章第 14 回で述べた。当時，小島憲之夫妻は深川の平井新田 66 番地に養父母と一緒に住んでいたが，今の江東区 5 丁目の交差点「東陽 5」の近くであった（終戦頃の深川区平井町 1 丁目に当たる）。

　現在の木場公園の仙台堀川以南の部分が，憲之夫妻が住んでいた頃は木場町と呼ばれる（終戦頃は木場 3 〜 4 丁目），いわゆる木場で，格子状に展開する堀割と堀割の囲いの中に設けられた貯木用水面で，辺り一面水郷めかしい風景であった。その水郷の東端の川（今は大横川と呼ばれる）を隔てたすぐ東側に小島の住まいがあった。

　永代橋の東詰から住まいまでは 2km あったから，憲之はこの間を人力車に乗ったようである。

因みに平井新田は，明和2（1765）年に平井満右衛門が江戸城の堀をさらった廃土を利用し木場の東南部を埋め立てたもので，自分の姓をとって平井新田と称し，塩田を開いたが，数年で塩田の事業は失敗した。寛政3（1791）年大津波によって壊滅し，その後は武家地になり2〜3の藩の下屋敷が置かれた。

憲之の勤め先である東京大学の理学部と予備門は，今の神田錦町3丁目の学士会館，神田税務署，東京電機大学などが存在する広大な一郭（千代田通りと白山通りで東西を限られた）をキャンパスが占めていた。明治15（1882）年当時，この地は「神田一ツ橋」と呼ばれ，このキャンパスに東京大学は理学部，予備門のほかに法文2学部と本部事務室も置いていた。ついでながら，医学部はすでに今の本郷キャンパスで開校されていて，後に法文2学部が明治17（1884）年8月に，理学部が明治18（1885）年夏にそれぞれ本郷へ移転し，残された大学予備門は東京大学から離され文部省直轄の学校となった。

そんなことであったが，明治15〜16（1882〜1883）年当時，東京大学理学部も大学予備門も神田一ツ橋にあったので，憲之にとっては勤め先は2つでも勤めの行先は1つだった訳である。

小島は日記で出来事を記すだけで，感想を述べたり，日記の中へ自分の感情を投入したりすることはまったくなかった。

小島の日記を通覧すると，周囲に小島を建築に誘う雰囲気はないし，小島自身にも建築に擦り寄って行こうとする思いの熱さは，行上，行間のいずれからも感じられない。1年3ヶ月近くの日記で小島が建築と建築人，あるいは工学関係者に接触した機会は次に記す僅かな機会だけであった。

明治15（1882）年11月3日（天長節で休日），田尻稲次郎と連れ立って番町の吉原某の邸へ赴き，フランス人サルダの「新工夫建築法」について話し合っている。吉原がどういう人物かはわからない。

11月21日（火），大学を下校した後，上記と同じ件で番町吉原邸を訪ねている。

明治16（1883）年1月9日（火），大学へ出勤後，神田乃武と連れ立って青山にコックスを訪ね，それよりジョサイア・コンドルを訪ねたが，コンドルは留守であった。ウィリアム・ダグラス・コックスは，ロンドン生まれの御雇外国人教師だったからコンドルと親しかったのであろう。明治9（1876）年来日し駒場農学校の英語教師となり，日記に名が出た頃は大学予備門に転じていたから神田乃武と顔見知りであったはずである。小島が帰国後ようやくコンドルに会ってみようという気を起こしたこ

とが窺われる。

11月20日（土），午後3時から京橋区木挽町（小島は築地と書いているが）の明治会堂で「英人教師ユウイング」の講演を聞いている。演題は「〇萩教と理学との関係」と書かれているが筆者には意味が解せない。ユウイングが地震計を考案した人物だとすれば，J.A.Ewing（ジェームス・アルフレッド・ユーイング）である。当時，彼は27歳の青年で東京大学の理学部の機械工学の御雇教授で，物理学の講義も担当し，長岡半太郎や田中館愛橘は彼から直接物理学を教わったと言われる。日本に滞在したのは足掛け6年（1878〜1883年）で，上の講演をした年に故郷スコットランドへ帰っている。ユーイングは水平型振子の地震計を考案したことで有名である。

2月15日（木），「東京地震会」（筆者注：正しくは日本地震学会で，明治13（1880）年4月に創立され明治25（1892）年まで続いた）の会員に「撰挙ヲ受ケシニ付，本日午後集会ニ出席ス」とある。

2月27日（火），夕方6時から九段下の茶店玉川堂で開かれた工学会に出席。

3月6日（火），「安達〇四郎なる者学校へ来り横浜正金銀行建築のことにつき談話す」

6月2日（土），「江東・青柳楼に至り工学協会の催し，ユウイング饗応会に出席す。会費1円50銭」

6月4日（月），「学校より赤坂英国人コックスを訪ね」，さらに麻布コンドルに招かれ「辰野金吾ほか日本人2人」と会っている。このとき辰野が3年半の欧州留学を終えて5月26日に帰国した直後だったことを思わなくてはならない。正に辰野が日本に帰って9日目のことだったのである。

6月9日（土），学校を出て数人を訪ねているが，その中に辰野金吾の名が見える。しかし，辰野に会えたかどうかは書いてない。

小島は，明治14（1881）年1月，大学卒業後1年3ヶ月働いたハートフォードのジョージ・ケラルの事務所に別れを告げて欧州遊歴に旅立った経歴を持つが，この旅の中でロンドンに滞在していた辰野金吾に会っているらしいが，確かな証拠を筆者は持っていない。そのとき2人がお互いをどの程度知っていて，どのような初会の挨拶を交わしたかを想像するのは楽しい。

6月27日（水），麹町区永田町の鍋島邸へ赴き，その後「有栖川宮新築住居を観覧」している。因みにこの建物はコンドルの設計監督になる煉瓦造2階建で，明治14（1881）年2月に起工し，明治17（1884）年7月に竣工している。したがって，小島は起工後2年4ヶ月，竣工まで約1年の段階で工事中の建物を見学した訳である。

6月28日（木），午前中，4年生（筆者注：理学部工学科の土木専修の4年生）を連れて工部大学校の建築を見学している。見学したのは明治10（1877）年に完成したボアンヴィル設計の本館（講堂）と左翼棟だったかと思われる。案内したのはこの月の初めに会ったコンドルだったろう。小島はどんな感想を持ったか一言も書いていない。この日の午後，小島は大学に戻って菊池大麓の講演を聞き，その後ローンテニスをして遊び，夜は箕作佳吉と一緒に三河屋という店で夕食をしている。

　6月30日（土），小島の東京建築見学は熱を帯びてきて，この日は再び工学科の4年生を連れて九段の遊就館（カペレッティ設計，明治14（1881）年竣工）を見学している。辰野金吾が英国留学から帰国したのが刺激になったのか，帰国後の中で小島はこの頃最も建築に接近していた。

　9月4日（火），午前中，工部大学校図書館（筆者注：本館の中堂の部分にあったもの）に赴いているが，建築見学が目的だったか他用があったのかは不明。

　10月7日（日），9月末から野尻という人物が訪れてくるようになり，この日深川で野尻と米国人などを含む4人と「氷蔵建築」について会談している。

　11月27日（火），午後出校し退校後，文部省所管の体操場（筆者注：大学予備門のキャンパスの北隣神保町寄りにグランドがあった）を「縦覧して帰る」。文部省の建築顧問役としての仕事をしたのであろうか。すでにこの頃法文2学部と本部事務室の本郷移転の話が具体化していたはずだから，移転後残されるグランドの利用計画に関わる縦覧だったかもしれない。因みに後にグランドの東半分は民間に払い下げられ，西半分は商業学校（後の東京高等商業学校）の校地に変わっている。

　12月20日（木），午後4時から大学において地震会（正しくは地震学会）が開かれてこれに出席。この年8月28日にジャワ島で起きた地震動についてドイツ人ハグネルが講演したと記されている。

　小島は，日記を書いた明治15（1882）年の10月〜12月の間は東京大学の理学部と予備門の兼任教師の立場だったが，この期間における74日間のうち大学へは20日出ている。卒業式（10月28日）後の休暇や冬休みの期間を除いて考えると，3日に1日ぐらい出校したことになる。兼務の教師としては出校は多くもないし少なくもないということだろう。定常的な大学での講義についてはまったく書いていないが，12月の下旬，理学部1年生に用器画，4年生に「建築学」（小島の使った言葉で，第7章第11回で書いたようにこれは工学校4年生に対する「造営学」であったはずである）の試験を行っている

から，この学期に教えた科目はこの2つであったろう。

　小島は，非常にタフで大学を「退校」（小島の好んで使った言葉）すると必ずと言ってよいくらい友人や知人の宅を訪れ，それから帰宅している。明治15（1882）年の10月〜12月の間にそうして会った（このうち，ほとんど全部は小島の方から訪ねたもの）人との回数を数えてみると次の通りである。すべて米国留学の経験者であった。

神田乃武　　8回，　　田尻稲次郎　7回
E.H. ハウス　7回，　　箕作佳吉　　5回
駒井重格　　4回，　　瓜生外吉　　3回
矢田部良吉　2回

　瓜生外吉は海軍の軍人である。筆者が子供の頃，日露戦争や東郷平八郎の物語を読んだとき，彼の名前が出てきたのをこの年齢になっても憶えている。海軍軍人の彼がなぜ小島と少なからず会っているのか不思議に思い，彼の留学歴を調べてみた。

　彼は金沢の出身で，海軍兵学校（後の海軍兵学校）を卒業し，明治8（1875）年6月渡米してアナポリスの海軍兵学校に留学し砲術等を勉強している。アナポリスはメリーランド州にあり，ワシントン D.C. とボルチモアからほぼ等距離に位置している。小島が学生時代を過ごしたコネチカット州やニューヨーク州とは遥かな距離にある。だから米国における瓜生と小島の接点はまったく考えられない。その彼が小島の帰国後程なくして親しく交際するようになったのは何故か。

　瓜生は，明治14（1881）年11月に帰国している。そして海軍中尉に任官。後に日清戦争を挟んで明治25〜29（1892〜1896）年にフランス公使館付武官となり，日露戦争に従軍し，昭和12（1937）年81歳で亡くなっている。

　小島の1年3ヶ月にわたる日記を読んだ感じから，筆者はふと思いつくことがあり，明治初期の日本人の留学史を調べることを思い立った。そして久野明子さんが書いた大山捨松の伝記[8] に出会い，瓜生のことがわかった。

　まずは小島と交際の多かった神田乃武の年譜である。

　神田は安政4（1857）年2月，江戸築地で松井永世（松井家は能役者の取締役に当たる能触頭の職にあった）の次男として生まれた。幼名は信次郎。明治元（1868）年12歳のとき，神田孝平の養嗣子に迎えられた。孝平は岐阜県の人で，京都で漢籍を学び，後に江戸に下り，儒者の門に入ったが蘭学に転じ，幕府に仕えて藩書取調所で数学教授出役→教授職→頭取となった。明治維新後は，議事取調御用掛・公議所副議長等を経て兵庫県令となり，その後文部少輔，元老院議官などを歴任，貴族院議員と

204　第13章　若き日の小島憲之　その1

なった。この間，明治7（1874）年明六社に入って啓蒙運動に参加している。

明治元年，孝平は西下の折に養嗣子とした乃武を伴う。乃武は大阪の適塾（緒方洪庵の蘭学塾）に入塾して英語を学び，後に大学南校に入学した。前述した森有礼の少弁務吏としての渡米に当たって，孝平は乃武を森に託し私費留学生として米国に送った（明治4（1871）年1月）。同行の森の部下に外山正一，矢田部良吉という後に明治の文化を背負う人達がいたことについては先述した。乃武はニュージャージー州ミルトンの牧師の家に住み込んで学んだ後，マサチューセッツ州のアマースト高校，アマースト大学に学び，明治12（1879）年バチェラー・オブ・アーツの学位を得た。この間，デービス夫人のクリスチャンホームに住み，人間形成において大きな影響を受けたとされる。その後，教育の道を志しウエストフィールド州立師範学校（マサチューセッツ州）に入って教授法を学んだ。明治12（1879）年12月に帰国したが，この頃ほとんど日本語を忘れていたという。翌年，東京大学予備門（明治19（1886）年，第一高等中学校と校名改称）の講師となり，明治22（1889）年まで教授。

また，明治14（1881）年からは東京大学法学部と理学部で准講師も勤めた。神田について特筆すべきこととしては，わが国の英文法の教育と英語教授法の改革に貢献したこと，外山正一らと正則予備校（現在の正則高校の前身）を創立し，明治23（1890）年から校長を勤めたこと，ローマ字会を興し矢田部良吉らと共に幹事を務めローマ字の普及に努めたことなどがあった。そのほかに高等商業学校（現在の一橋大学の前身），東京大学文科大学，学習院で教授を経歴し，東京外国語学校（現在の東京外国語大学）の校長も勤めた。また，東京女学館の第4代館長を兼務したりもした（大正7〜11年）。大正12（1823）年12月没，享年67歳であった。以上乃武の年譜については，主に「東京女学館百年小史」（1988年）を参考にし，「新版世界人名辞典日本編」（1973年）などの助けも借りた。

神田乃武の年譜を眺めると，瓜生外吉や小島憲之との間に米国留学の年代的な重なりは認められるものの，留学地については同一性は認められない。しかし，アマーストはハートフォードのほぼ真北65kmにあるから，ハートフォードの高校にいた小島と会ったことがないとは言えないし，ウエストフィールドはハートフォードの真北37km程の所にあったから，ハートフォードの建築事務所で働いていた小島が神田を訪ねた可能性がないとは言い切れない。

上のように考えて，筆者は小島と神田の米国滞在中の交流にかねてから関心を寄せていたのであるが，小島憲之の滞米中の日記を借覧させて戴く機会を得て[6] 調べが少し進んだので以下にそれを記しておきたいと思う。

「神山乃武先生追憶及び遺稿」[7] という本が昭和2（1927）年に出版され，その復刻版が平成2（1990）年に出されている。この本には神田のエッセイ「A White Mountain Trip（1879）」が掲載されている。

White Moutain は日本の地図を見ると，「ホワイト山地」と訳されている。ニューハンプシャー州の北部，コネテイカット川（河口はニューヘイヴン）の上流メリマック川の左岸に展開する山塊で，緯度は約北緯44，主峰ワシントン山は海抜1,917m，この山の西側からメリマック川が発している。サマー・リゾート，ウインタースポーツ・エリアとして古くから知られている。以上がホワイト山地の簡単な紹介である。

神田乃武は，7人の男女の友達と明治9（1876）年8月の約1ヶ月間をここで過ごし，ワゴン（4輪で通常は2頭以上の馬が引く車）を駆って周辺を逍遥（しょうよう）している。

この夏，神田はアマースト大学の2年生を終わったところ，小島はコーネル大学の建築学科の1年生を終わったところであった。

神田の上のエッセイには小島の名前は出てこない。小島の紀行文（英文）を調べてみると，なんと驚いたことに同じ年の同じ月に同じホワイト山地に出掛けているではないか。もしかして2人は同行したのではないかと思い小島の文章を追ってみたが，同行した形跡は認められなかった。

神田は8月3日の朝，アマーストを汽車で出発してホワイト山地の西北の麓に当たる Bethlehem に向い，小島は8月4日朝，箕作佳吉と連れ立って汽車でハートフォードを出発，コネティカット州に沿って北上し，Bethlehem に到着している。小島の文章にはワシントン山を取り囲む地名が次々に出てきて，泊地を移動させていることがわかるが，同行者が他にいたのか，いなかったのかは，記してないからわからない。神田の名前も出てこない。

当時，かつてのイングリッシュ・コロニーズ地帯に住む学生達にとっては，ホワイト山地は夏休みを過ごす恰好のリゾート地であったから，神田も小島も，そして箕作もその風潮に従って出掛けたのであろう。

小島と神田の間に交流があったことは，小島の別の旅日記を見てわかった。この旅日記は英文の短篇で小島は，

「Notes about my journey to Amherst and Durfield, in the Summer of 1879」

と題している。

この旅日記が書かれた明治12（1879）年夏は，小島に

とってはコーネル大学を卒業し，9月からハートフォードの建築家ジョージ・ケラルの許で働き始める直前の時期に当たり，神田乃武にとっては，アマースト大学を卒業した直後で，9月からコネティカット州との州境に近いマサチューセッツ州ウエストフィールドの師範学校に入学しようという時期に当たっていた。2人がこのときまでにすでに相知る仲であったことは小島の文章からわかる。

明治12 (1879) 年 8 月 20 日，小島は汽車でハートフォードを発ってパーマー (Palmer, マサチューセッツ州) に向かった。パーマーは直線距離で 20 数 km アマーストの南にある街で，神田が駅で待っていてくれた。

小島は，神田が多年にわたり世話になっているホームのデービス夫人に真心こめて出迎えられる。先に神田の年譜の箇所で名前の出てきたデービス夫人である。夫人は小島の筆によれば 50 歳ぐらいで，その立居振舞と人柄を褒めちぎっている。神田の人間形成にとって夫人の感化が看過できないものであったことが，小島の文章から読みとれる。

小島はアマースト大学で開かれたサマー・スクールに出席してフランス語やドイツ語を勉強したのであるが，そのスクールで出会った人物について描写するところが少なくない。また，デービス夫人のホームに住まう人達についても克明に記している。

小島と神田の帰国後の交わりが，刎頸（ふんけい）の交わりであったことを，小島の帰国後の日記から窺い知ることができるが，両者の交わりが滞米中すでに発端していたことを小島の旅日記から知ることができたのは，筆者にとって望外の幸せであった。

小島憲之の用器画教科書

小島憲之が東京大学予備門→第一高等中学校→第一高等学校を通じ用器画の授業に専念したことは，第8章で詳述したが，彼は中学校図画科教科用として数冊の本を出版している。以下にそれらを紹介する[6]。

「投影図法・上」は，明治44 (1911) 年 12 月の発行，著作は小島と川村孝の共同，発行所は晩成処，発売所は目黒書店で，明治45 (1912) 年 2 月に文部省検定を受けている。売価は 35 銭。

同時に小島と川村は，同じ発行所，発売所を通じ，「投影図法・下」（金 35 銭），「平面幾何図法」（金 30 銭）も出している。文部省検定済も同じ月日であった。

さらに小島と川村は，踵を接するようにして，「透視図法」（金 35 銭）を明治45 (1912) 年 2 月に発刊（発行所，

❸-1 小島憲之の著した「用器画教科書」の表紙[6]

発売所は上記と同じ）している（写❸-1）。文部省検定済は同年 3 月であった。

上記の諸本の出版は，小島が没する（大正7 (1918) 年 8 月没，日は 18 日とする文献が多いが，小島の孫筋の中には 15 日とする人もある。筆者はまだそれを確かめ得ていない）6〜7 年前のことであった。当時，小島は校長，教頭に次ぐ席次であり，第一語学科（旧英文学科）と第 4 理学科（画学科）の主任を兼ねていた（小島自身はこの頃は図画のみを授業担当していたが）のであった。

【謝辞】本章を書くことができたのは，ひとえに小島遼子さんが小島憲之の日記その他の資料多数を借覧する機会をお与え下さった上に，種々のコメントも下さった御蔭である。その厚い御好意に心から御礼申し上げる。また憲之の御孫筋に当たる方々からも第7章，第 8 章公表以後，種々の情報を頂戴した。ここに記して謝意を表する。

【引用文献】

1) 小島遼子さん御所蔵の小島信民が残した複数の届書から確認した。
2) 中村浩路：今よみがえる英語と人生の達人，本田増次郎③，岡山商大論叢，2001年 2 月−小島遼子さんの御好意により資料入手。
3) 犬塚孝明：森有礼，吉川弘文館，1986 年
4) 小島遼子さん御所蔵の小島家御内留による。
5) ""Twenty-five Tales Memory of Tokyo's Foreigners", Supplement to Tokyo Municipal Library, Vol.23, 1989（小島遼子さんから受贈）
6) 小島遼子さんの御好意により借覧
7) 神田記念事業委員会編：神田乃武先生追憶及び遺稿，1996 年（底本は 1927 年 7 月発行された）
8) 久野明子：鹿鳴館の貴婦人大山捨松，中央公論社，1988 年

若き日の小島憲之

その2

小島憲之の帰国直後の日記②...207
小島憲之の私事...210
明治18年の日記...212

（2001年12月号）

小島憲之の帰国直後の日記②

　久野明子さんの本[8]によると，永井繁子は，「バッサー在学中に，アナポリス海軍士官学校に留学していた瓜生外吉と知り合い，帰国後二人は婚約した」。

　「バッサー」とは，女子大学バッサー・カレッジのことで，ニューヨークのマンハッタンの最南端から直線距離で100km程北のPoughkeepsieという町にあった。ハドソン川は北からほぼ一直線にマンハッタンに向かって流れ下るのであるが，その左岸にこの町はへばりついている。ビールの醸造会社を起こし巨額の富を築いたマッシュ・バッサーが，町に金を寄付し女子のための大学が起立したのは，慶応元（1865）年で，永井繁子と山川捨松が，この大学に入学したのは明治11（1878）年9月であった。

　明治14（1881）年の春，明治4（1871）年に渡米した5人の女子留学生のうち，体調を崩して渡米した年の秋に帰国した2人を除いた3人（山川捨松，永井繁子，津田梅子）に，約束の留学期限（10年間）が切れたから帰国するようにと日本政府から命令が届いた。永井繁子は，自由な在学状況にあったことと健康上の理由から帰国し

たが，捨松と梅子は，日本政府に願い出て1年間の滞在延期が許された。

　明治15（1882）年10月31日，バッサー・カレッジを卒業した捨松と，ワシントンD.C.にあったアーチャー・インスティチュートを卒業した梅子はシカゴ，サンフランシスコを経由して，11月21日帰国した。

　帰国後間もなく，ニューヘイブンでわが家同然の世話になったベーコン牧師の末娘のアリス（山川捨松よりも2歳年長）に，捨松は明治16（1883）年1月8日付でこんな手紙を送っている。

　「繁の家にはよく行きます。自分の時間の半分を繁の家で過ごしているのが現状です。この2週間は楽しいことばかりであって，ほとんど繁のところで過ごしました。繁と瓜生氏以外は誰もいないので，とても居心地がよいのです。繁の周りには若い人がたくさん集まってきます。年頃は私達と同じ位で外国で勉強した若い男性がほとんどです。この方達とは，日本から外に出たことのない人達と比べると，とても気が合うのです。ほとんどの方が独身で，大学の先生とか政府の重要な地位にある方ばかりです。」[8]

　繁子は，捨松が手紙を書いた前月に，瓜生と結婚し新婚家庭を築いたところだったのである。

小島憲之の明治16（1883）年1月の日記を見ると、1月3日、午後5時より妻のおとし同伴で神田乃武の宴会に臨み、瓜生、山川、河田、高嶺その他と同席している。

山川は山川健次郎で捨松の兄、当時東京大学教授で物理学講座を担当していた。後年、東京・京都両帝国大学の総長を勤めた。

高嶺秀夫は、山川と同じく会津若松の生まれで、山川と同い年で藩校日新館で顔見知りの仲であった。当時28歳で東京師範学校長を勤めていた。慶応義塾で学んだ後文部省に入り、師範学校取調べのため明治8（1875）年米国に派遣され、ニューヨーク州のオズウェゴー師範学校に入学、ペスタロッチ主義の実物観察教授法を学んだ。そして明治11（1878）年帰国。後年、東京高等師範学校、東京美術学校、東京音楽学校の校長を歴任した。

この夜、集まった人達は皆、捨松を知り、彼女に好意を抱いていた人々であった。うがった見方をすればこの夜、神田はそういう人々を招いたのであろう。

小島が瓜生家のサロンに出入りしていたことは、彼の日記から窺えるが、神田が小島を招いたのは、捨松に対する自分の気持を一番話し、相談相手になって貰っていたという事情があったからと思われる。神田にとって小島は米国滞在中からの親友であった。

大庭みな子さんは著書「津田梅子」[9]の中で、こんなことを書いている。

「この手紙（筆者注：津田梅子が Adeline Lanman 女史に書いた1月16日付の手紙）を梅子が書いた少し前に、捨松と梅子は繁子夫妻の友人ということで、同じころ留学していて当時まだ独身だった神田乃武のパーティーに招かれている。そして恐らく神田は捨松に気があり、……すでに求婚めいていた意思表示をしていたかもしれない様子である。」

年が改まる前の12月9日と大学始業の1月8日、憲之は瓜生家を訪ねている。神田の思慕の気持を瓜生夫妻に伝えようとしたのかもしれない。

久野明子さんの本[8]によると、瓜生夫妻の結婚披露のパーティーのため、繁子の実兄の益田孝は、捨松が主唱して結成した英語演劇クラブに対し、政財界の大物を前に英語劇を上演して欲しいと依頼している。1月25日の当日の劇に捨松、梅子、神田、瓜生は出演するが、小島は無関係だったらしく、彼の日記にそれらしい記事はない。

英語劇上演の後、捨松はアリスに宛てて手紙を書いている（1月28日付手紙[8]）。

「私は今とても困った問題に直面していて、どうしてよいかわかりません。……勿論、私の家族はその問題

を知っていますが、誰も私に同情してくれません。」

「実は、ある若い男性から結婚の申込みを受けてとても困っているのです。」

「彼には返事は半年ほど待って欲しいと頼みました。今の私の気持は、イエスともノーとも決めかねるので（以下略）」（2月20日付の手紙[8]）

この手紙の中で、「彼は美男子で27歳、彼の話す英語は、」「梅を除いては日本で一番上手だと思います。現在は、大学で英語を教えておられます。しかも、彼は熱心なクリスチャン」[8]と捨松は書いている。

以下は、小島の日記である。

2月1日、「退校の後、神田同道瓜生宅に至る」

2月17日、「神田同道、代地（筆者注：浅草区代地）に至り杏下股引等買物なす」

2月20日、「退学校の後、駿河台なる瓜生方に至る。神田来り居り、同道して帰る。」

2月24日、「学校より神田宅に廻り帰宅す」

2月27日、「神田同道、高嶺秀夫の新宅を見舞う」（筆者注：高嶺秀夫夫人は、英語演劇クラブのメンバー[8]。）

2月28日、「学校より神田（筆者注：「神田」は神田乃武の家を指す）に至り」

3月3日、「学校より神田宅に廻り」

3月8日、学校より築地居留地のハウス宅を訪ねた後、「瓜生夫婦面会の為立寄る」

3月10日、「学校の後、神田同道小川町まで散歩」

3月12日、「学校より神田同道して大場房二郎下宿に至り、漢学稽古……談話する」

3月14日、「専修学校より大場房二郎宿に至り、神田と共に漢学稽古する。即ち日本外史源氏を初む」

3月16日、「学校より大場房二郎宅に至る。それより神田方へ廻り米人ストルンズと三人連れにて万代軒に至り夕食」

ところで2月下旬から3月下旬にかけての頃のこととして、久野さんはこんな風に書いている。

「「彼」との結婚にどうしても踏みきれなかった捨松は、思い切って今までのことは総て忘れて欲しいと手紙を書いた。すると「彼」は、ぜひ捨松に直接会って話がしたいと山川家に訪れてきたのである。」[8]

しかし、捨松は風邪を理由に会わなかった。しばらく経ってから捨松に「彼」から長い手紙が届く。久野さんはそう書くが、まだ「彼」という表現を用い、読者に「彼」が何者であるかは告げない。

以下は3月18日付で捨松がアリスに宛てた手紙である。

「申込みを断るべきではなかったのではと後悔しています。あれから彼に会いました。……とても憂鬱そう

で悲しげな様子で……。二三日前にもある舞踏会でお会いしました。」[8]

このことを書いた2頁後で久野明子さんの本は,「彼」が神田乃武であったことを告げている。

再び小島の日記である。

3月22日,「学校より瓜生宅に廻り同人ならびに家内,神田乃武,山川の妹同道して上野に至り動物館等を見物し同園内の精養軒に於いて食事して帰る」

この日の小島日記の記事は上の通りで過不足はない。小島の日記にはいつもまったく感情がないのが怨めしく思われる。

上の集会がプロポーズ事件に最後の区切りをつけるためのものであったか,区切りがついた後のものであったかはっきりしないが,いずれかであったことは間違いなかろう。その後捨松は4月12日付アリス宛の手紙でこんな風に書いている[8]。

「例の彼はすっかり立ち直ったようです。……彼に何度かお会いしましたが。平常心を取りもどしておられました。(中略)今,私と繁は彼の気持を梅の力に向けさせようとしているところです。」

こうして神田の捨松への愛の告白は終焉を迎えたのであるが,すでに記した2月初めからの小島の日記を読み返してみると,小島が神田と会談し,あるいは一緒に散歩する中で神田の話を聞き,相談にのっていたことが日記の行間から読み取れるのである。

神田の求婚話はここで終わりにしたい。妻を失って3人の娘を抱える参謀陸軍卿,陸軍中将大山巌と捨松との婚約が6月に成立する。捨松は会津育ちで,大山は会津の旧敵薩摩の出身で,2人の間には18歳の年齢差があった。久野明子さんの本によると,2人の婚約に向けてのデートは遅くとも4月の半ばまでには始まっていたかと思われる。捨松の決心が何であったかについては諸家の解説がある。大庭みな子さんはこう書いている。

「当時の家族制度で女性が独身を通して仕事を持ち続けたとしても,何ほどのことができようかと絶望したのがいちばんの理由であろう。」[9]

また,捨松の曽孫に当たる久野明子さんは次のように書いている。

「捨松の心の中には,もし結婚をするならば,官費留学生としての責任と義務とを果たせるような結婚でなくてはならない」,「もし捨松が女子留学生第一号という重荷を背負っていなかったならば,この若きハンサムな「彼」と人生を共にしていたかもしれない。」[8]

4月12日,学校から帰る途中,瓜生夫妻と神田が歩いているのに「筋違にて対面,同道して柳橋より小舟宅ま

で来る」とある。筋違とは筋違門を指すのだが,明治初年には筋違御門もその傍にあった神田川を渡る筋違橋も壊されていたから「筋違」は漠然とその御門のあった附近を指すものと見てよい。今に生きる人達には万世橋の近くあるいは交通博物館のある辺りと思って貰えばよい。戦前を知っている人達には広瀬中佐の銅像のあった広場辺りだと知って貰えばよい。

江戸時代,筋違御門は神田川の右岸(南側)にあり,上野へ行く御成門だった。そしてその門の外,上野側には「加賀っ原」と呼ばれる幕府の火除地(いわゆる神田明神下)があり,門の内は八辻が原と呼ばれ8本の道がここで落ち合っていた。一方,門の外は三辻で,門の内外いずれから出入りするにしても道筋が斜めになったことから「筋違」の名が起こったと言われる。

小島が瓜生夫妻と神田に筋違門跡辺りで会った時点に話を戻したい。

明治16(1883)年の春,駿河台の瓜生家を出て夕暮に間もない茗渓沿いの道を瓜生夫妻と神田は何を語らいながら筋違門跡まで下ってきたのだろうか。散歩のための散歩ではなかったように思える。飯田町3丁目(現在の九段下と飯田橋駅の中間辺り)に住む神田にとっては,瓜生の家も散歩の方向も自宅とは反対方向であったはずである。

大胆な想像をすれば,瓜生夫人繁子が神田に津田梅子との結婚を奨めるための散歩ではなかったろうか。捨松が4月12日付のアリス宛の手紙で,繁子と一緒になって神田を梅子に奨めていると書いていることは,すでに紹介したところである。それは久野さんの本の記述に従ったのであるが,大庭みな子さんの本にはこんなことが書かれている。津田梅子が5月26日付でランマン夫人アデリン(Adeline)に送った手紙である。

「結婚させようと根気よく奨める繁や捨松やあなたにはお気の毒ですが,私は他人を喜ばすために結婚する気はありません。」[9]

梅子は,この頃すでに志を抱き遠い彼方を見つめていて結婚は眼中になかったであろう。大庭みな子さんは次のように書いている。

「(捨松は)神田を梅子の結婚相手に推薦し,繁子の兄からも働きかけた様子で,神田もその気になり,梅子にも求婚したように思われる。」[9]

大庭みな子さんの本より早く出版された久野さんの本も,上田憲一氏著「維新の留学生」(主婦之社)の中の文章を引いて,神田が梅子に求婚したことを記している。

話変わって小島の6月14日の日記である。

「箕作,神田同道,品川増田宅に至り大弓・ローンテ

ニスなどする」

増田は益田，益田孝は品川の御殿山に広壮な邸宅を構えていたから，その邸内でテニスを楽しんだのである。上の日記には女性の名前は登場しないが，久野明子さんの文章にはこんなくだりがある。

「アメリカ帰りの三人娘はよく益田邸に遊びにいっては当時はまだ珍しかったテニスに打ち興じたりしていた。」[8]

小島の日記の裏には女性達の影が隠されているように思える。捨松と繁子が梅子と神田の仲を取り持とうと企てたテニス会ではなかったろうか。

小島の日記には，品川の益田邸を訪れてから2週間経った6月28日において，

「午前，第4年生同道工部大学建築観覧。大学に於いて菊地大麓演説あり，後ローンテニスの遊びをする。箕作同道三河屋に於いて夕食して帰る」

とある。6月14日，女性達とテニスでの再会を約して別れたので，この日，小島と箕作がテニスの練習に励んだと想像するのは，げすの勘繰りであろうか。

げすの勘繰りのついでにもう一つそれをしてみたい。

前に書いたが，4月に入って神田と小島は急に連れ立って大弓に興ずるようになった。初め小島が神田神保町の大弓場に出掛け（4月10日，11日），14日に小川町の大弓場に神田を連れ出し，16日，19日は二人一緒に神保町の矢場へ，23日には箕作も誘い込んでいる。しかし，三人共以後は矢場通いを止めてしまう。一体，3人の矢場通いは何だったのであろうか。3人と女性「ザ・トリオ」との間で，品川の益田邸で大弓をし，テニスをしようという話が出て，それを受けて男性3人が上記のように矢場通いを開始したと解するのは，げすの勘繰りであろうか。時期的に見て，男性3人の矢場通いは，神田が瓜生夫妻と筋違の辺りまで散歩した日の2日前から始まり，矢場通いを止めたのは，4月下旬で，品川の益田邸を訪れて大弓したのは6月中旬であった。

ところで小島の弓術の腕前が並でなかったことは第8章第14回で触れたが，小島が弓を始めたのがこの時期だったのか，それ以前すでに弓を経験していたのかはさだかでない。後の明治18（1885）年の日記を見ると，小島は再び弓を間欠的に楽しんでいる。

神田が益田邸で津田梅子に会ったとき，神田にはすでに他の女性との結婚話が持ち上がっていたらしい。というのは，7月18日，小島は瓜生と同道して越後屋に赴き，神田の婚礼祝いを求めているからである。因みに神田の結婚披露宴はずっと後になって10月13日，富士見軒（麹町区富士見町1丁目）で行われている。

7月6日，小島の日記にはこう書かれている。

「出校，神田同道瓜生を訪う」

とある。この日，神田は瓜生夫妻に自分の結婚のことを正式に告げ，夫妻に対し長い間の自分の結婚に対する親切な取り計らいを謝したものと想像される。

―――――――――――――

小島憲之の私事

明治16年の新年から小島は東京大学教授であった。この年の小島にとっての大きな私的な出来事は，家を求めて移ったことであろう。小島の8月の日記には「3日神田区甲賀町8番地に移る」と書かれている。平井新田が勤務地から遠かったせいで，日記によると小島は早くから移る家を探していたのであった。

引越後小島の日記は，平井新田の家を「深川宅」あるいは「平井新田（宅）」と呼び，養父母を「深川親父」「深川母」と呼ぶようになる。引越し後，月給を貰うと小島が養父母に月々の仕送りをするのが日記に出てくる。

芦谷家の実父は「芦谷親父」と書いている。

小島の新居に関連して，明治15～16（1882～83）年頃の駿河台の街の姿を思ってみたい。

そもそも武蔵野台地の先端の本郷台地が，江戸の町にまで突き出した先は神田山と呼ばれていたのであるが，この神田山が幕府による第3次天下普請――元和6（1620）年からスタートした――における神田川放水路の開削により，湯島台（北側）と神田台（南側）とに分けられた。平川，小石川，旧石神井川という3つの川が，江戸の町に入るのを避けるため神田川放水路で一旦受け止め，これを隅田川に放流させようというのが開削の目的であった。神田台の部分が駿河台と呼ばれるようになったのは，徳川家康が元和2（1616）年に駿河国駿府で没し，随従していた旗本達が江戸に戻ることになったとき，その屋敷地を神田台に与えたことに由来する。

明治10年代，いわゆる駿河台は，数箇の町に分かれていたが，いずれも町の名前に「駿河台」を冠していた。駿河台西紅梅町，駿河台袋町，駿河台北甲賀町，駿河台南甲賀町という風にである。

明治中葉，神田川（放水路）の今の御茶ノ水駅附近は，小赤壁とか茗渓と呼ばれ景勝の地と目されていた。山を切り開いて川を通した人工が絶景をつくり出した訳である。明治10年代には今の御茶ノ水橋も聖橋もなく，駿河台から湯島台に渡るには昌平橋か水道橋によらねばならなかったから，小島の新居からは迂回してそれらの橋に達しなければならず不便であった。そのため小島は勤務先が本郷に移ると，本郷キャンパスに近い神田川の北側

の本郷弓町にあった内藤家（妻の実家）の屋敷内に居を移したのであった。

南甲賀町8番地は，現在は神田駿河台3丁目で，位置でいうと，三井海上火災保険の本社ビル（昔，中央大学があったところ）と道を隔てた南側に当たる。当時この辺りは瓦葺きの木造平家か2階建が庭の木に囲まれて立つ屋敷が連なっていた。近くの11番地（今の御茶ノ水スクエアの東側）に明治法律学校（後の明治大学）が自前の校舎（木造2階建）を建てて引っ越してくるのは，小島が新居を構えてから3年後（小島は本郷弓町に転居していた）であった。その頃，今の明治大学のキャンパスのあるところは，小松宮御用邸（神田区駿河台袋町）で広大な敷地は鬱蒼たる樹木で覆われていた。ここに明治大学が本拠を移したのは，明治44（1911）年10月であった。

現在の明治大学キャンパスと御茶ノ水スクエアの間を通る道（今の明大通り）は，小島が引越した頃は細い一直線道で，北に進むと神田川の土手に突き当たったが，そこには御茶ノ水駅も鉄道の線路もなかったし，御茶ノ水橋もなかった。だから小島が引越した頃には，今の御茶ノ水駅のある辺りは神田川を見下ろす土手で，神田川を隔てた先の湯島台側には，清々と左側に女子師範（後に東京女子高等師範に昇格），右側に師範学校（後に東京高等師範に昇格）の校舎が見え，後者の右には湯島聖堂の森が連なっていた。小島は毎朝家を出て，それらの景色を背にして神田一ツ橋の大学へ向かったのであった。

小島憲之の交友について触れてみたいと思う。

明治15（1882）年12月31日，東京大学教授に任ぜられたことの感謝と年末の挨拶を兼ねてであろうか，小島は上野精養軒に親しい友人を招いて「饗応」（小島の言葉）している。出席者は，神田乃武，田尻稲次郎，駒井重格，箕作佳吉，島津忠亮，松平定教（旧桑名藩主，ラトガース大学理科卒業）であった。

明治16（1883）年4月1日には，小島は自分達の結婚披露の宴会を開いている。来賓は28名であった。

菊池大麓，外山正一，矢田部良吉夫妻，箕作佳吉，服部一三，伊賀陽太郎夫妻，原口要夫妻，村岡某，松井直吉，桜井錠二夫妻，田尻稲次郎，穂積陳重，瓜生外吉夫妻，神田乃武，中村弥六，川村清雄，久原某，高嶺秀夫，鈴木知雄，ハウス於琴，目賀田種太郎，鳩山和夫夫妻。

来賓には，文部行政の要路の人々，明治の学者として著名な人々の名前が列なっている。米国から帰った直後の小島の交際範囲が看取され興味深い。

来賓として招かれた人達のうち，穂積陳重，桜井錠二，神田乃武，鈴木和雄，松平定教は，この年結婚披露宴を

開き小島を招いている。

小島は大学の教授達と連れ立って諸所へ出掛けることが多かった。菊池大麓，外山正一，矢田部良吉，穂積陳重（法学部長），箕作佳吉，松井直吉（日本人として最初の化学の教授），桜井錠二（同前）など錚々たる連中が常連仲間で，郊外へ出掛けたり，小島が彼等を新富座や「無名会」と称する寄席に誘っている。菊池大麓が芝居や寄席を愛したことを知るのは興味深い。

無名会は両国中村楼で開かれ，月1回，義太夫，常磐津，浄瑠璃，琴，講釈，落語，人情話などを楽しんだのであるが，小島は芸曲の演目の題と演者の名前を克明に記している。小島が後年，娘義太夫のファンだったことは第8章第14回に書いた。無名会に一緒に出掛けたグループは2つあって，一つは大学のグループで，もう一つは深川の養母，妻お寿，ハウスの養女お琴を伴うものであった。芝居は新富町の新富座行きに限られていた。当時，日本橋・浜町2丁目（現在の日本橋浜町2丁目）の久松橋の東詰には千歳座（明治6（1873）年喜昇座として起立，千歳座と名を改め後に明治座となる。現在の明治座は明治時代の位置よりもワンブロック隅田川に寄っている）があったが，小島は明治15〜16（1882〜83）年頃には足を運んでいない。

小島が専ら足を運んだのは新富座で，同座は明治4（1871）年秋に起立した新富町の町屋の中にあった。銀座大火で焼けて焼野原になった町に，浅草の猿若町にあった三座（中村座，市村座，守田座）の一つ，守田座が移ってきたのは明治5（1872）年で，明治11（1878）年に新築され，団・菊が舞台に立ち，明治の高官が観劇に訪れ賑盛を誇っていた。

新富座は，当時新富町6丁目（現在の新富2丁目）にあった。築地橋を北に渡った今の京橋税務署（都税事務所）があるところである。税務署の建つ前は，松竹の本社があった。友人から一緒に芝居に行きたいと乞われると，小島は新富座の正面入口前の大茶屋の俵屋に出向いて席を用意している。

新富座は居留地のハウスの家からは文字通り指呼の間であったが，小島はハウスを同道していない。小島とハウスは連れ立ってどこかへ行ったり，外の会合で小島とハウスが出合ったという記事は，小島の日記には見出せない。ハウスはすでに中風の後遺症に悩まされていたのかと思われる。

神田乃武は前記の大学グループと行動を一緒にすることはなかった。また，小島が彼と2人で芝居や寄席に行くこともなかった（神田にその趣味がなかったのであろう）。

趣味と言えば，小島と神田は，漢学を学ぶために先生宅に出掛けたり，おのおのの宅に先生を呼んで教えを受けている。それに箕作が加わることもあった。3人には，若い時期に米国に暮らしたため漢学の教養を欠いているという自覚があったのであろう。

第7章第11回において「建築士」1959年5月号に掲載された座談会での小島新吾氏の談に基づき，「費用の全部か一部かはっきりしないが，ハウスから借り，これを帰国後に分割払いで返却したとされる」と書いたが，新吾氏は座談会でこうも語っている。

「その費用（筆者注：留学の費用）は全部か一部か分かりませんが800ドル。ハウス氏に借りたもので，その金を日本に帰ってからハウスさんに分割払いで返しておりまして，日記をみると，1ドルは1円20銭のわりで返して，その利子を1％つけていました。800ドルが750ドルになり，700ドルになり，といちいちきちょうめんに書いております。」

新吾氏の談は小島の日記によったものと解される。

月の16日か17日に月給を受けとると，上記の借りた元金と利子を払うために小島は必ずその日のうちにハウス宅へ行くのであった。なお，小島が月給日にハウス宅を訪れるときに，箕作佳吉がしばしば示し合わせたように訪ねている。

小島の日記が書かれた時期，ハウスは築地の外国人居留地49番地に住んでいた。今の明石町の明石小学校の北西隣で，邸は西側を通る道を隔て軽子橋の東詰と相対していた。再び来日した明治17（1884）年からは，49番地よりは隅田川寄りの9番地と14番地に住んだ。しかし，2年後米国へ帰った。因みに14番地には，明治38〜40（1905〜1907）年に，女子聖学院の校舎があったが，同校はその後，北区中里の現在地に移っている。

明治18年の日記

小島憲之は「明治18年1月1日より同20年7月3日迄」日記を残している[6]。だが充実して書かれているのは明治18（1885）年だけで，翌19（1886）年1月2日を過ぎると，白紙がベースになり，養父宅への毎月の仕送りの金額と日附が記されるだけのものとなった。

明治18（1885）年の年頭の挨拶回り先の名前を挙げてみよう。

政府顕官……大隈重信，大木喬任，森有礼，神田孝平，
学者・官僚……加藤弘之，菊池大麓，服部一三（文部省），矢田部良吉，杉浦重剛，平山太郎（文部省），浜尾新（文部省），フェノローサ，ハウス

学者の友人……高橋是清（共立学校），穂積陳重，箕作佳吉，田尻稲次郎，駒井重格，鈴木知雄
知人……松平定教（旧桑名藩主），瓜生外吉

1月と2月，小島は乞われて共立学校で高橋是清の代理として英語の授業を持っている。当時同校は淡路町2丁目（今の千代田区神田淡路町2丁目）にあった。大学予備門に入るための予備校として有名だった学校で，正岡子規も小島の出講直前の頃まで高橋是清から英語を習った。

この年，すなわち明治18（1885）年，専修学校は今川小路2丁目（現在の専修大学の神田校地──千代田区西神田3丁目）に自前の校舎を建設する。田尻と駒井に乞われ，この校舎建設に小島は関わった。

1月4日朝，田尻と駒井が小島の家にやってきて，一緒に専修学校の新年宴会に出掛けている。そして午後，駒井と同道して小島は箕作佳吉宅を訪ね，そこへ目賀田種太郎と田尻が来て，一同五人が会し，歩いて小島の家へ赴き，夕飯を共にしている。田尻，駒井，目賀田と専修学校の創始者が三人集まったのだから，当然このとき同校の新校舎建設の話が出ていたはずである。

2月1日夜，田尻，駒井と鈴木充美（専修大学の法律科で教えていた）が小島宅を訪れている。そして8日の夕方，小島は図面を携えて駒井宅を訪れている。

5月17日の夜，駒井が小島宅を訪れたことを記した後，小島は珍しく，「学校新築の積り，期待す」と感想めいたことを書いている。翌日夜，出入りの大工の新次郎が小島を訪ねてくるが，この男が専修学校の工事に関係したと考えてよかろう。5月下旬に入ると，小島と駒井は他人を交えて毎晩のように出会う日が続く。

6月10日，小島は駒井を訪ね，一緒に専修学校の校舎の新築現場に赴いている。6月28日，午後，駒井と大工の新次郎が一緒に小島を訪ねてきて，夕方駒井と小島は鳥料理屋に出掛けている。ほぼ校舎の工事が完了したので三者が集ったのであろう。

8月16日，田尻，駒井と同道して小島は新築の校舎を見ている。校舎（竣工は7月）の工事の検分が目的であったと思われる。

専修学校の校舎に関わっていた頃，小島の文部省御用掛としての仕事が俄に増え始めていた。5月22日，東京大学の会計課に呼ばれ，某建物を見分し，6月3日に天井窓の図面を同課に渡している。

6月13日には，文部省の久保田会計局長に面会，午後上野の東京教育博物館に至り，文部省書記官の手島精一と会い，「新築書庫」の件で話をしている。この書庫新築の件について，以下「上野図書館八十周年略史」を参考

にして書く。

当時，文部省所管の東京図書館なるものが存在し，本郷湯島の旧昌平黌跡にあった湯島聖堂を使用していた。しかし，近代的な国立図書館としての機能を発揮するためには建物の新築が必要で，そのためには移転が必要という考え方が以前から当局内部には伏流していた。

明治17（1884）年8月，文部卿大木喬任は，東京図書館長平山太郎に対し，上野の東四軒寺跡へ図書館を移転新築することを認めるから，本年度中に図面仕様等を整えて伺い出るよう命じている。

さて日記によると，明治18（1885）年1月23日小島は平山太郎に面会，2月24日には「午後，平山太郎同伴上野内新築地所（筆者注：東四軒寺跡）見に行」き，2月27日，3月3日には平山太郎が大学に小島を訪れている。そうした前段階があって，3月7日，小島は平山宅を訪れて「図面模様類」を提出し，11日には平山に再び会っている。

明治18（1885）年の6月2日，文部省は突如として東京図書館を東京教育博物館に合併せしめ，上野にあった後者の館内に移転することを決定した。そして同日，図書館の館長であった平山太郎は，文部権少書記官として転出し，図書館と教育博物館の両方を統べる館長には，文部省御用掛であった箕作秋坪が就任した。秋坪は小島の親友であった箕作佳吉の父親で，秋坪やその子供達4人については，第10章第18回ですでに紹介した。

さて，小島が文部省の久保田会計局長と手島少書記官に会って「新築書庫」について話し合ったのは両館合併の文部省決定から10日余り経った日のことだった。

22日には手島が小島を訪れ，書庫新築のことで話し合っていることが小島の日記に記されている。

さらに翌23日には，小島は博物館営繕掛の服部鉄五郎を伴い文部省に至り山口半六と会い，書庫新築の話をしている。当時山口は文官として文部省に入ったばかりで，技師に転ずるのは後日のことであった。27日には上記の服部が小島を大学に訪ねている。そして29日，小島日記には，「午前，教育博物館に行き箕作秋坪君に面会す」とある。

着工に先立つ7月，8月の小島の動きを飛ばしてしまったので，後戻りして彼の日記を見てみよう。

7月6日朝，服部鉄五郎が大学に入来したので，「書庫建築製図を同人に託」している。

8日，「文部省に至り会計局長と面会」，「午後上野博物館に行く」。11日，「夜，山口半六入来」。

14日，「朝，上野博物館に行く」。

19日，「夕景より呉服橋旅店に山口半六を訪問，留守」。

「それより箕作秋坪に面会，講義室の事相談」。

25日，「午後，上野博物館へ行き，手島に面会」。

31日，「服部鉄五郎入来。新築図面並びに仕様を持ち来る」。

8月1日，3日，6日，上野博物館へ出張。

7日，「午前博物館出勤，午後大学営繕掛」。

8日，「朝，大学営繕掛に至る」。

12日，15日，19日，20日，午後博物館に出る。

21日，「午前大学に至り，障子明かり窓築造現場見分す（筆者注：7日，8日に大学営繕掛に赴いた理由がこれで明らかになった）」。「午後，上野博物館出勤す」。

22日，「午後博物館」。

以上からわかるように，小島は足繁く教育博物館へ赴いているが，これは博物館構内に東京図書館の書庫並びに図書閲覧室を増築することの申請準備を助けることが目的であったと推察される。

8月26日，「教育博物館構内の書庫並びに図書閲覧室の増築のこと」を東京図書館は文部省に申請し，本省はこれを受けて，書庫を教育博物館在来の煉瓦造2階建書庫——明治13（1880）年完成，林忠恕の設計——に隣接して建築することを決定した。

そして書庫は，煉瓦造2階建で小島憲之が監督（設計は前記した服部鉄五郎）することになり，直ちに着工した。

小島の博物館現場への出張は，9月には13回に及び，その月の14日，「午後服部鉄五郎入来」の記事がある。

上記の間，「上野図書館八十周年略史」によれば，着工して間もなく，「経費の都合上，予定の建築が不可能となり，工事を中止」したが，その後書庫は完成し，「9月18日に移転を完了し，整備を終わって仮閲覧室を設け，10月2日を以て開館し」たのであった。

博物館の現場へは10月には14回出向き，19日には博物館からの帰途服部鉄五郎を伴い上野池之端の料理屋で夕食を共にしている。27日には会計局長等が博物館を訪れ，小島は彼等に会っている。

11月は12回，12月は11回博物館現場に出勤している。

上述の様子からわかるように小島は東京図書館書庫の完成のため情熱を傾け献身している。まさかこれが小島にとって最初にして最後の煉瓦造建物の設計監督の機会になろうとは，小島は思ってもいなかっただろう。

書庫は寄棟煉瓦造3階建で，その概要は「東京上野の五百年」（保坂三蔵編，1983年）によれば，

「1，2階の窓は縦長平楣，3階は丸窓。北東側中央にある主出入口は白煉瓦と赤煉瓦の横縞の入ったサラセン式の尖頭アーチにしてあり，明治の洋風建築特有

第13章　若き日の小島憲之　その2 ｜ 213

のゴテゴテした物でなく単純で，現代の眼で見ても品の良い建築である。」

　書庫の完成は，明治19（1886）年であった。今もこの書庫は残り，東京芸術大学の美術系大学院（文化財保存学専攻）の用に供され「赤煉瓦2号館」と称されている（写⓭-2）。小島が書庫完成のために9月～12月の間，月に11回～14回のペースで現場に出向いていたのが，彼の明治18（1885）年の日記から窺えるのは興味深い。

　この時期における小島の日記の中で私の目を引くのは，妻木頼黄の名前が3回出てくることである。

　9月27日，「留守宅，妻木入来」。

　9月28日，「午後博物館出張，夕，妻木黄頼入来」（筆者注：妻木の名前を「黄頼」と誤記しているが，3年間の空白が妻木の名前を忘れさせたのであろう）。

　11月28日，「4年生に試験す。博物館，妻木同伴帰宅夕食す」。

　9月に妻木が小島を訪れているのは，妻木が7年間有余の留学から帰国したので，その挨拶のためであったろう。第9章第15回で書いたように，妻木は小島から米国の大学における充実した建築教育の話を聞き，心を動かされ，明治15（1882）年工部大学校を退学して渡米した人であった。

　11月，妻木が小島を訪れたのは，妻木がドイツへ出張留学（第9章第15回）することになったので，暫しの別れの挨拶のためであったかと思われる。

　明治18（1885）年における小島の私的出来事の書き残しを小島日記から抜き書きしておきたいと思う。

　小島は2月半ば頃から家探しを始め，下旬に南甲賀町の家を売り，3月1日に本郷弓町の内藤家の邸内に引越している。内藤家は小島の妻おとしの実家である。この頃，おとしの出産が近づいていた。

　内藤家の屋敷は広く，大きな築山を持つ庭があった程だから小島家はその屋敷の一角に家を構え，後に明治32（1899）年2月には17坪を建て増している。3月13日，長男寿之が生まれたが，旬日ならずして死亡。

　8月，ハウスは米国へ帰ることになり，11日夕方ハウス一家はイセッキス号で横浜を出帆。この日小島，箕作の両夫妻は見送りに横浜へ出向いた。

　小島の趣味は広く，月1回の頻度で出席するものに，英語会，ローマ字会，無名会（芸曲を楽しむ会），観画会などがあった。度々ではないが，千歳座（後に明治座と改名。本章で前に触れた），新富座にも出掛け，時にコンサートにも出向いた。また，この年7月末から乗馬を始め，週1～2回の頻度で通っている。10月には唱歌会（英語の唱歌会かと思われる）に数回つめて出席してい

⓭-2　小島憲之の建てた東京図書館の書庫

る。

　明治19（1886）年1月，東京大学工芸学部との合併が具体化し，工部大学校の生徒達が激しい反対運動を始める。この予期せぬ事態のため，合併後の東京大学工科大学造家学科の教授として，本命視されていた東京大学側の小島の地位が揺らぎ始めたと推察されるが，小島の日記は期を同じくするようにして書くことを止めてしまっている。だから教授候補として小島に代わって，工部大学校側の辰野金吾の名が上ってきた事態の推移を，小島日記から読み取ることはできない。

　省内の部署が違うとは言え，東京図書館書庫の新築や東京大学の建物の営繕を通して，顧問として小島と文部省との関係は良好であった。良好どころか文部省筋の小島に対する評価は高まっていたはずである。その小島が，東京図書館書庫の新築工事の完成を目前に本命視されていた東京大学の教授の座から降ろされることになったのには，どのような背景があったのであろうか。

【引用文献】

6）小島遼子さんの御好意により借覧
7）神田記念事業委員会編：神田乃武先生追憶及び遺稿，1996年（底本は1927年7月発行された）
8）久野明子：鹿鳴館の貴婦人大山捨松，中央公論社，1988年
9）大庭みな子：津田梅子，朝日新聞社，1990年

第14章

庄内地震と建物の構造改良

その1

庄内地震 ...215
酒田の町屋 ...216
野口孫市 ...217
被害原因の部位別考察 ...219

（2002 年 1 月号）

庄内地震

明治 27（1894）年 10 月 22 日の午後 5 時半過ぎに「庄内地震」が起きた。

震源は，山形県酒田市（当時は酒田町）の中心地から東南へ 7km の辺り——現在の飽海郡平田町で，マグニチュードは 7.0 であった。被害が庄内平野に集中し，震源も同平野の中に当たっていたので「庄内地震」と名付けられた。

山形県下の被害は，

「全壊 3,858，半壊 2,397，焼失 2,148，死者 726」（国立天文台編「理科年表」）

であった。

庄内平野には煉瓦造の建物は皆無だったから，被害はすべて木造建物であった。被害は震央に近く，庄内平野で最も人口の多い酒田町が最激甚であった。酒田町は最上川の河口の右岸（東岸）に位置しており，左岸（西岸）は日本海に面していたが，被害は町の西南の砂丘近傍で多かった。酒田町の周囲の村々でも民家の被害が少なくなかったが，酒田の南および 20km の所にある鶴岡町での被害は極めて少なかったから，局地的な震災であった

と言えよう。

このときの建物の震災については，震災予防調査会から報告書（「震災予防調査会報告第 3 号」，1895 年 6 月）が公刊された。

これを書いたのは，曾禰達蔵と中村達太郎（2 人は調査会の委員であった）で，それぞれの報告が「建築雑誌」にも転載された[1][2]。また，それとは別に 2 人の帝国大学の大学院学生，塚本靖と野口孫市によっても現地調査の結果が報告された[3][4]。4 人とも主に公共建築物と社寺の被害に注目したが，曾禰と中村は年長の故に，塚本，野口よりも技術的に突っ込んだ記述が多かった。記述レベルはともかくとして，建築の教育を受けた人間が，地震による被害を観察し，被災の原因を述べると共に構法の是非を論評したのは本邦で最初であったから，その史的意義には没することができないものがあった。

曾禰が被害原因として指摘したものを，現代の言葉を使い筆者なりにまとめてみると，次のとおりであった[1]。

①山形県下震災地の共通的欠点

● 「軟和な土質」なのに極めて粗漏な基礎であった

● 基礎の上に建てた柱の脚元をつなぐ足固めがない

● 盛土は震動で崩れてしまうから無益である

②洋風建築の欠点

図 14-1　酒田の2階建町屋[3]

図 14-2　酒田の平家建町屋[3]

- 側石の据え方が不完全
- 建物が大きくかつ高いのに軸組はすべて従来どおりの日本風である
- 梁間を広くし軒を高くしていた
- 小屋組に太い木材を用い重くしていた

③社寺建築の欠点
- 過度に屋根が重い

④在来の構法の欠点
- ホゾ，ホゾ穴，貫穴の存在が原因で建物が傾く
- 梁類の継ぎ方不可
- 柱と小屋の取り付け方不可
- 通し貫による柱の固め方不十分

一方，中村は被害原因として次の3点を挙げると共に，これらのことは庄内地方に限ったことではなく，全国共通の欠点だから，家屋の構造を改良するのが焦眉の急だと述べている[2]。

①地形が完全でない。すなわち，地盤が悪い
②ホゾ穴をうがって柱を弱めている
③屋根が重い

さて，次に4人の視察報告を総合して被害状況をもう少し詳しく見てみたいが，その前に塚本靖（後年，西洋建築史を専攻し帝国大学工科大学造家学科の教授となり，建築学会会長を務めた）の記述[5]に従い，酒田町の町屋の意匠と構造について記しておきたい。しかし，酒田の在におけるその事情は，飽海郡の中で酒田町に次ぐ繁華な町であった松嶺町でさえも，塚本により，どの家も「茅舎随屋」と評された[3]くらいであるから，これから述べる相対的にレベルの高い酒田町の平均的町屋の類が，庄内平野一円に建てられていたとは考えないでほしい。

酒田の町屋

酒田町の町屋の地震当時の作りについてである。

農家が平家建だけに限られたのに対し，町屋には2階家と平家があった（図 14-1，図 14-2）。

町屋は前面の道路に面して切妻を立てる。2階家は総2階をとらず，2階部分をセットバックしていた。1階は3室からなり，表の間は6〜8畳で，その前面に道路に面して奥行約90cmの土間が設けられ，土間の右か左には便所が設けられていた。中の間は家の中で最も立派な室で床と押入を備え，通常8畳で光線を側面からとる。2階家の場合，階段は中の間にある。奥の一室は厨房ないしは厨房の他に閑室を備えていた。

次に町屋の構造である。柱は多くの場合，「土台石」（玉石の意）の上に直接立て，土台石の上に土台を据えたものは稀であった。用材はスギが最も多く，マツとケヤキがこれに次ぎ，ヒノキを用いるのは非常に稀であった。

壁は60〜90cm間隔に「木摺貫」（塚本靖の言葉，水平貫の意）を配置し，茅や丸竹で下地をつくってこれに粘土を塗り，外面は板張りまたは杉皮張りとする。

屋根は一般に板葺き，杉皮葺き，柿葺きのいずれかで勾配は4寸〜5寸5分，稀に存在する瓦葺きの場合5寸5分，庇屋根は2寸勾配ぐらいである。杉皮葺きの場合，屋根面一杯に板を張り，その上に杉皮を葺き横に竹を打ち付け，丸石を乱載していた。なお，瓦葺きにおいては，土居葺きとするか，単に銅線で瓦を連結するだけであった。

因みに庄内平野で見られた屋根葺きの種類は上記の4種に限られ，このうち瓦葺きは公共建築物と社寺——社寺には往々茅葺きが見られたが——に多く，在郷の民家では一般に柿葺きか杉皮葺きであった。こうした中で酒田の町には瓦葺きが多いのが目立った。

ところで地震当時，酒田の町に1870年代から1890年代初頭にかけて建てられた官公衙や学校の校舎にはかなりの数，洋風めいたものが見られた。すなわち，その外観は瓦葺き，外装下見板張りというもので（図 14-3）あったが，建物内部の造作は和洋混交で，構造に至っては，壁は通し貫（幅15cm程度）に小舞下地の土塗り，小屋組は和小屋というふうに完全に日本式の木造であった。もっともごく稀には間柱（断面は見付け6〜6.6cm，見

図 14-3　玄関の倒壊した酒田尋常高等小学校（「建築雑誌」, 1895 年 7 月号より）（建物は全体として右, すなわち東側へ傾いた）

込み 16.5 〜 18.5 cm の範囲）を壁組の中に配した洋式の木造もあった。

因みに東に傾いた酒田尋常高等小学校（図 14-3）の隅柱は 21.5 cm 角で建て登せ柱, その他の柱は 18 cm 角であった。

酒田の洋風建築が甚だしい震害を受けた原因として, 曾禰は次の点を挙げている[1]。

①基礎と軸組が日本式で不適当だった
②「外観を広大にせんがため梁間を広くし軒を高く」していたこと
③小屋組に太い木材を用い屋根を重くしていたから, トラスを組んで木材を細くすることを考えるべき（洋風建築の場合）だ

大学院学生だった野口孫市は, 木造西洋館がほとんど皆被害を受けた（酒田町では無事だったのは稀）原因として, 次の 2 点を挙げている[4]。

①構造に筋違を入れず, ただ通し貫を入れただけだった
②指し口（筆者注：仕口の意）が丁寧でなかった（「指し口粗雑にして通し貫の如きも楔を以て締め堅めたるもの少なく, しかも筋違及びボルトに至っては遂に用う所あるなし」）。そのため建物が十分傾く余地があり, それため傾いてからもその仕口を破損しないから倒れるに至らないのであると妙な論理を展開したのであった

野口孫市

庄内地震の震災調査に当たった野口孫市は, これより先の東京近傍地震（明治 27（1894）年）, またこれより後の陸羽地震（明治 29（1896）年）でも調査報告を行っているが, 東京近傍地震の年に帝国大学工科大学造家学科を卒業（第 14 回卒業生）した人であった。同級生には, 遠藤於菟, 大沢三之助, 矢橋賢吉がいた（いずれも通史書に名を現す人々だから紹介は略す）。

野口孫市について語るべき場がこの後出てきそうもないから, ここで彼のことについて書いておきたいと思う。

野口は, 明治 2（1869）年 4 月姫路の城下（後の姫路市）で生まれた。長じて大阪にあった第三高等中学校（後の第三高等学校）に入学した。三高と言えば京都というのが今日の常識だが, 同校が大阪から京都に移転したのは明治 22（1889）年 8 月であったから, 野口は大阪と京都の両方で三高生活を送った訳である。因みに三高の祖源は, 明治 2（1869）年大阪城の西側に設けられた舎密局（せいみきょく）まで溯る。翌明治 3（1870）年理学校と改称され, 大阪洋学校が改称してできた開成所の分局となる。正式には理学校をもって三高の源流と見てよいだろう。政府が東京に大学南校と医学校を設け, 今日の東京大学の祖形を成立させた翌年の話で, 上記の開成所は大学南校の所管する大阪分校という体裁となった。

帝国大学造家学科を野口より 1 年先に卒業した三高出身の塚本靖（後述）は, 三高時代の野口を,
「頭脳明晰な, 身体強壮な人でした」
「同君が建築に志したのは高等学校にいる時から」
と語っている。

晩年の野口について, 恩師に当たる辰野金吾は弔詞の中で,
「旺盛の気力を包むに蒲柳の盾を以てす」
と述べているが, 強健な野口の身体を病魔が蝕みだしたのはいつの頃からだったのだろうか。野口が肺を患って苦しむのが目立つのは明治末年, 40 歳頃からで, 神戸須磨の病院で療養の効もなく大正 4（1915）年 10 月長逝した。享年 46 歳であった。

野口は大学を出て大学院に進み, 耐震構造について研鑽したと言われる。明治中葉, 建築界において構造に長じた人としては, 瀧大吉と野口孫市が挙げられるのが常であるが, 野口はどの程度まで大学院で構造を勉強したのであろうか。野口の構造についての学識を推し量ることのできる論文や論説, 訳論という直の資料は見当たらない。

野口が明治 29（1886）年 10 月, 逓信技師に任ぜられたとする略歴記述が野口逝去の年, 彼の工学博士取得に関連して「建築雑誌」に掲載されているが,「郵政百年史資料」（郵政省編）の所載の「営繕関係技術職員録」には明治 27（1894）年〜明治 32（1899）年の間に技師としての名はない。あるいは技手だったのかとも思われるが, 筆者の手許にはそれを明らかにする資料はない。

野口は明治 32（1899）年, 大学時代の恩師で住友家の

建築顧問でもあった辰野金吾の推薦により住友家に聘せられ，約1か年欧米に出張する。そして明治33（1900）年6月に帰朝した。欧米出張の直接の目的は，帰朝後直ちに設計に取り掛かり起工した所の建物（後述）に関係する資料を収集することにあった。野口の欧米行は，彼の自発的意志によったものではなかったのである。にもかかわらず，幸運にも彼はこの旅行の中で「黄金の釜」に出会うことになった。時あたかも欧州はアールヌーボーの絶頂期にあったのであるが，その見聞は帰朝後の野口の作品にどのように滲出されたのであろうか。それについてのコメントは通史書に譲るが，藤森照信さんは「日本の近代建築（下）」でこんな風に書いている。

「（住友家須磨別邸は）様式的にはアメリカのヴィクトリアン住宅をベースにしているが，イギリスの19世紀末の傾向も入り，どこの何と特定できない」
「明治末のアメリカ建築の群の中で最初に明快にアメリカンボザールを見せてくれたのは野口孫市の大阪図書館（筆者注：住友家から大阪市に寄附された）である」

通史書の中で，野口孫市のデザイン思潮に熱心に照射を試みたという点で「日本の近代建築（下）」の右に出るものはないであろう。そのことを記せば，これ以上筆者が出しゃばる必要はないだろう。

住友家須磨別邸や大阪図書館は，野口孫市にとって処女作に近いものであったが，これらに対する日本の近代建築史の評価を見ると，野口が余りにも短時日で構造から意匠に向けて華麗な転身を成し遂げたことに驚きを感ずる。筆者としては，野口という人にそういう才能があったと思う半面，明治という時代の意匠デザインが，創造性や格別な専門知識を要求しなかったのではないかと思いたくもなるのである。

野口が欧米に出張した頃は日本にとってどんな時期だったのだろうか。井上清は「日本の歴史（下）」で，
「日清戦争は資本家にぼろもうけをさせた」
「軍人と高級官僚に勲章と爵位をもたらし，資本家には巨利を与えた」
と書いている。日清戦争は明治27（1894）年8月に始まり，翌年4月に終息している。野口はこの戦争の直前に大学を出て大学院に進んだのであった。

住友家は江戸時代の初めに開かれた別子銅山に拠り，良質の黄鉄鉱と黄銅鉱を産出していた。明治初年の日本の銅産出は米国に次いで世界第2位で，主な鉱山としては別子のほかに尾去沢（秋田県）と足尾（栃木県）があった。足尾銅山を手に入れ銅山王と呼ばれた古河家と比べれば，住友家はその出自から見ても政商色の薄い家柄で

あった。しかし，日清戦争の中で住友家もまた産業資本家への転換の確かな手応えを感じ始めていた。野口孫市が帝国大学を卒業した年の明治27（1894）年，住友は同家の根幹事業である別子銅山の存続に関わる危機に直面した。それは新居浜の製錬所の煙害問題で地元民から怨嗟の声が上がり，この問題に住友の内紛が拍車をかけたからであった。別子銅山の紛争解決のため，本店から伊庭貞剛が現地に単身赴任したことは有名である。これが解決をもたらすことになるのだが，その結果，製錬所は新居浜から無人島の四阪島に移された。伊庭が本店に帰任したのは明治32（1899）年で，この年，野口孫市は欧米に派遣されている。住友の存亡に関わる大事件の中で住友家当主の住友吉左衛門は別邸の新築と図書館の寄附を構想していたのである。建築を以て自己の富力を表現し，あるいは後世に遺そうとする意図が新財閥の当主の心をくすぐり出していたのであろう。

住友は明治28（1895）年，銀行の創立を決心しており，伊庭が住友の2代目総理事に就くと共にそれが軌道に乗り金融業進出への確かな第一歩を踏み出した。そのため各地に支店が新築され，野口の帰朝後の主な仕事の一部になる。別子銅山の改組再編により，製錬所の他に伸銅，鋳銅の事業が大規模にスタートし，諸々の事業所施設と工場の建設も野口の主な仕事として加わった。

わが国の資本主義の歴史が幕開けしようとする時点で野口はたまたまそれに巡り合わせ，わが国の財閥の形成に建築の仕事を通して手を貸すことになったわけである。

野口の帰朝に合わせるようにして，東京帝国大学建築学科を卒業したばかりの日高勝（東大建築の第20回卒業生）が住友の臨時建築部に迎えられる。技師長の野口を助けて日高は「女房役」（日高の自称）に徹することになるのであるが，野口はこの点で部下に恵まれたと言えよう。

野口は住友の庇護の下にいて個人的にも当時としては大規模な建物を少なからず設計しているし，阪神間に建てられた大小の住宅を少なからず手掛けている。

住友家須磨別邸は明治36（1903）年，大阪図書館は明治37（1904）年に完成しているが，この時期は伊庭貞剛が2代目総理事として住友本店にいた4か年の後半に当たる。伊庭が総理事時代，住友銀行を軌道に乗せ，住友伸銅所，別子鉱山山林課（住友林業の前進），住友倉庫の設立など住友系企業の基礎を築いたことはよく世に知られているが，建築家の宿命で野口の業績はその影に完全に隠れている。伊庭は明治37（1904）年引退して滋賀県石山に隠棲する。このこともよく世に知られていることである。

被害原因の部位別考察

話を庄内地震の被害に戻したい。

屋根

上述の４種類の屋根葺き材と建物被害の大小との関係について，複数の報告者が興味を抱いて報告している。それによると，茅葺きの家屋の被害が最も多く，瓦葺きがこれに次ぎ，軽い屋根（柿葺きとか杉皮葺き）は被害が最も少なかった。

この指摘は統計処理に拠ったものではなく，印象に基づいたものと解されるので，屋根葺き材と建物種類（用途や構法）を関連させ，さらに建物種類と被害度合を結びつけるという３段論法を展開することは避けることにする。

このときの震災調査に限らず，明治から大正にかけての震災調査では被害の目立つ建物個体を調べ，統計的把握はまったく試みないのが通例だったから，建物の種類（用途や構法）や形式と被害の大小関係を把握することは，後世の人間にとって困難である。

塚本靖は次のように言っている。瓦が大きく移動したり，墜落したのをたくさん見たのであろう。

「瓦葺きはその瓦片を連結して置くを可とす」[3]

基礎

民家（農家）の基礎は，この地方では柱下の地面を真棒で突き固めて凹にし，そこに径45〜60cmの平たい丸石（玉石とか礎石と呼ばれるもの）を置くというのが一般であったが，その状態を曾禰達蔵（三菱合資会社・建築技師）は「粗糙」（筆者注：「糙」は，つかない米の意）と評している。

曾禰は，洋式木造で側石（筆者注：部位的には今日言う所の布基礎に当たる）の据え方が不完全と指摘したが，彼の目に著しく遺憾と映ったのは，側石（形状は直方体）が目地なしで空積みされていたことであった。図14-4は曾禰がスケッチしたものである。

中村達太郎（当時帝国大学工科大学造家学科教授）が，砂丘の上に立っていた酒田裁判所の被害の一因として，木杭頭の腐朽を指摘し[2]，

「必ず杭を水準下にまで打ち込むべき」

と言っている。木杭の話柄に関し震災報告に初めて現われた日本人による指摘であった。

柱の脚元まわり

庄内地震の頃，在来木造の柱の脚元まわりの構法には，住家，商家，農家に共通するものとして二つの方法があった。

一つは礎石の上に木材の土台を水平に置き，この上に柱を立てるもので，当時東京で「新築される」（この言葉が重要）木造の家は，この方法によるものが大半を占めつつあった。もう一つの方法は，土台なしに礎石の上に直接柱を立てるもので，脚元をつなぐ足固めはなかった。酒田の町では前者の方法が多かったが，その近隣の在郷では，すべて後者の方法で建てられ地震に遭遇した。

そのため酒田町の近隣の在郷では，次のような被害が出た。

①柱の下端にホゾを設けないで玉石の上に載せたものは，柱が玉石からずれ落ち，そのため建物にずれが生じ，あるいは建物が傾いた。

②柱の下端にホゾがあっても，ホゾが玉石の凹部から飛び出した。

土台が設けられていた場合にも，柱下端のホゾが土台のホゾ孔から抜け出したり，土台のホゾ孔の所で柱のホゾが土台を裂いてしまった。その結果，建物が30cm前後滑動したものが少なくなかった。

野口孫市（帝国大学工科大学造家学科大学院学生）は，基礎と土台の取り合いについてこんな風に言っている[4]。

「土台木」（筆者注：土台のこと）は必要にして欠くことのできないもので，かつ「堅固に柱と決着」すべきである。

また，土台が「ある限りまでは自由に移動」できるようにしておくのがよいと思われ，それを可能にするためには「地形」（筆者注：当時の言葉でいう根積，あるいは後年いう所の腰積み，布基礎を意味している）として従来のように丸石を置くのをやめて，「一せいに煉瓦造あるいは石造」とし，その幅を土台よりも左右それぞれ15cm余り広くし，土台の下面の根積み上端を「全家を挙げて一水平面内」にあるよう平らにすべきである。この際この根積みは「西洋館の側石」と同じように「十分堅固に築き立て」なくてはならないと言っている。上記の提案は後年，北伊豆地震（1930年）の後で，田辺平学（当時東京工業大学教授）が提示したアイディアと軌を一にするものであった。面白いアイディアであるが，現今わが国では許されていない。

柱の折損

酒田町の飽海郡会議事堂の場合，柱が図14-5のように屈折した。この柱に取り付いた鴨居のせいは19cm，柱に入れ込んだホゾの幅は36mm，入れ込み長さは13.5cmであった。

中村は，柱は「鴨居或は長押の附け傍に於て柱の屈折したる例殆ど枚挙にいとまあらず」[2]と述べ，鴨居および長押が二方から取り付いた程度でも，柱に縦割れが生

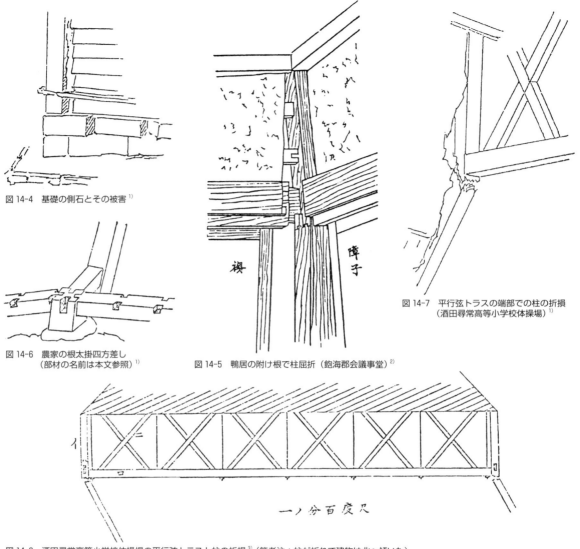

図 14-4　基礎の側石とその被害[1]

図 14-6　農家の根太掛四方差し
（部材の名前は本文参照）[1]

図 14-5　鴨居の附け根で柱屈折（飽海郡会議事堂）[2]

図 14-7　平行弦トラスの端部での柱の折損
（酒田尋常高等小学校体操場）[1]

図 14-8　酒田尋常高等小学校体操場の平行弦トラスト柱の折損[3]（筆者注：柱が折れて建物は北へ傾いた）

じ柱が傾いていたと指摘している。また，柱の折れる理由としては，鴨居を三方あるいは四方から柱に取り付けるとき柱にホゾ穴を設ける（鴨居のホゾを差し込むため）が，これが柱を弱める原因であったと述べている。

関連して以下に私見を述べたい。

一般にこうした柱の屈折の原因として，鴨居のホゾが柱の断面を欠いたことが槍玉に挙げられるが，これはむしろで2次的原因で，1次的素因は建物の構造が水平力を受けて変形しやすいことにあったと言うべきであろう。すなわち，因果関係として，建物が大きく傾いたから，断面欠損部で柱が折れたと解すべきであろう。

柱が足固め（あるいは根太掛け）との接合部で折れたのも，上の場合と同じ因果関係と見られる。図 14-6 では根太掛けが柱の四方から挿し込まれている。

ついでに記しておかなくてはならないことがある。

庄内地震の震災報告がなされた以後，地震の度ごとに柱の切り欠きが柱の折損の原因であると，識者により指摘され，その欠陥克服のためには金具金物を使い仕口を補強すべきだと決まり文句のように説法され続けることになったのである。確かに柱の折損は日本の和風木造の恥部であって，継手仕口の精巧さを芸術的な面から今日でも賞揚する向きがあるが，耐震的立場からするといかがなものであろうか。昔の木造建物の地震による倒壊は終局的には柱が折損して起こったのだという認識は重要であろう。

図 14-7 は，酒田小学校の体操場の平行弦トラス（**図14-8**）の端部が取り付く柱の折損の様子を示したものである。この図においては，柱は柱頭で折れ断面欠損部で

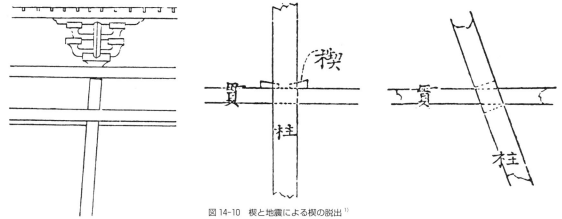

図 14-9 社寺建築における柱の屈折[2]

図 14-10 楔と地震による楔の脱出[1]

折れていないが，トラス下弦材がホゾ入れされた断面欠損部で柱は折れる可能性がある。

　この体操場は，地震の1年半程前に竣工の期を迎えたとき暴風に会い倒壊したので，酒田町の中村某が工夫を凝らし，トラスに形を似せてつくったものであった。すなわち，小屋梁から間隔を置いて鉄ボルトを吊るして下弦材に当たる梁（断面は全長を通じ一定ではなく，場所により28.2cm角とか24cm×29.1cmという値が測定された）を釣り上げ，鉄ボルトの間には角材をX字状に交叉挿入していた。曾禰は「橋梁の構造を適用」したものと見ている。上のトラスは材の配置形状はハウ式トラスに似ているが，中村某にトラスとしての認識があったかどうかは疑わしい。トラスまがいの梁を架けたが，その端部を華奢な柱で受けた所に中村某の限界があったのである。

太神楽造

　中村達太郎は，太神楽造と建て登せ柱（通し柱のこと）を用いた作りの優劣を震災視察を通して論じ，前者では，地震を受けて1階と2階の「外形が屈折」して建物が傾き，あるいは転倒してしまったが，後者では「傾斜するもその外形は殆ど一直線を保ち」[2]，修復可能で半壊と称すべきものだと言っている。そして中村は，

「耐震構造は建て登せ柱の原理によらざるを得ざるべし」[2]

と結論している（筆者評：後世の人間としては中村のこの捉え方には賛成し難いものを感ずる）。

　後年，江濃地震（1909年）の震災視察を通して中村の弟子の佐野利器は建て登せ柱を良しとする立場をとるが，その際上述の恩師の説が佐野にどの程度影響を及ぼしていたのであろうか。知りたい所である。

柱頭

　図14-9は中村達太郎が掲げた図で，ある寺の柱の上端が天井長押の直下で折れている。これは柱頭のホゾが折れた結果だが，その原因は建物が水平力を受けて大きく変形したからである。ホゾに責任を着せるのは間違いである。中村は，

「（柱と）桁，長押等との取り合いはホゾのみに依頼せず，鉄物あるいは筋違木（筆者注：木材の筋違の意）をもって堅牢に組み合わせ，且つ柱上部にもホゾをうがたざるよう構造すべき」[2]

だとしている。

　ついでながら酒田の町の寺院と神社の被害は民家より著しかった。それらを多数調査した野口孫市は「破壊したる寺院頗る多し」と言い，皆「土崩瓦解」と評し，調査を通して研究材料を得ようとする面で苦労したと記している。

　寺院の構造は東京近辺と変わらず，屋根は瓦葺きが一般であった（茅葺きも僅かながら存在した）。寺院の地盤条件が報ぜられていないので判断材料はないが，曾禰達蔵は，震災地の土質は概して「軟弱なる砂層」で，地面から硬い盤までの距離は大きいようだとし，その原因として最上川が古来水流の道をしばしば変えてきていることを指摘している。したがって，寺院の被害の激しさは軟弱地盤と関係があったかもしれない。

貫と壁

　曾禰は，通し貫は柱を固める手だてであり，両者の間にさし込む割り楔によりその固めが決まるのだから，楔が緩んだり抜けては意味がないと言った上で，

「貫孔はかえって柱に傾斜の地を与える具たるに過ぎざるなり」[1]

すなわち，貫孔の存在が柱を傾かせる素因をつくってい

第14章　庄内地震と建物の構造改良　その1　221

図 14-11　酒田裁判所における貫と間柱と筋違
　　　　（筋違と称された貫材の中間部が折れているのが見える）[2]

ると言い（柱のホゾやホゾ孔の存在も他の要因と指摘しているが），
「知るべし，通し貫は完全なる柱固めの法ならざるを」[1]
と書いている。通し貫を用いることが必ずしも，柱の傾くのを抑制する助けにならないという文意である。その理由として，曾禰は，「楔（が）地震によって脱出し，柱はために運動の余地を得て」遂に傾斜してしまうのだと言っている（図 14-10）。新築直後は楔の締め固めが行き届いているが，年数が経つと，柱も楔も乾燥し楔作用が利かなくなるということか，それとも当初の施工に問題があるということか曾禰は言及していない。

貫については，中村達太郎も厳しいことを言っている。
「貫穴は柱を害すること明らかなり」[2]
「通し貫を用い楔をもって止むるは良法に非ず」[2]
中村は楔の形（傾斜の角度）が鋭角でないと楔は利かないのだと言い，「貫を柱面に添え」てボルトあるいは逆目釘で「固着する」よう奨めている。しかし，この提案は広く実務家が採用する所とはならなかった。

筋違
庄内平野の民家における筋違の有無について誰も言及していないが，筋違は使われていなかったと想像される。官公廨では貫材を「筋違」として使った――今様の挿入の仕方ではなかった――例が2つ（酒田裁判所と飽海郡・郡会議事堂で，竣工年はそれぞれ明治 12（1879）年，明治 19（1886）年）見られたが，いずれの場合も「筋違」は折れていた。その原因の想像を可能にするほど報告は詳細にわたっていない。僅かに以下のことを知り得るだけである。

酒田裁判所の貫筋違の断面は水平貫のそれとほぼ同じで 13.5 cm × 3 cm 弱（現今の柱 3 つ割り筋違より断面は大きい）で，因みに柱は 18 cm 角であった（図 14-11）。中村はこんな風に書いている。
「完全なる耐震家屋を造らんと欲せば，筋違貫（筆者注：貫程度の断面を持つ筋違）の代りに筋違木（筆者注：角材の筋違）を用い，その上下を柱へボルト締めになすに如かざるなり（筆者注：今日的には方杖のボルト締めに賛意を表する人は少ないであろう）」
「筋違木は 45 度に近き傾斜をなさしむるをよしとす。垂直に近ければ効なかるべし」[2]

土蔵その他
土蔵は住家よりも堅牢で，根石をめぐらすか，土台を据えて足元を固めていた。参考のため庄内地方の土蔵の構造を示せば，柱は 15 cm 角くらいで 45～60 cm 間隔で，通し貫の間隔は 45～90 cm，大抵は 2 階建で，周壁は土壁で内外ともに漆喰仕上げし壁の厚さは 35～40 cm。屋根は仮屋根を置き瓦葺が多かった。

板蔵は 12 cm 角の柱を 90 cm 間隔に建て，貫は 3～4 段で，外部はスギ板を縦張りするのが通例であった。

玄関車寄の被害が目につき（図 14-3 はその一例），原因を重い瓦葺のせいにしているが，根本的原因は，屋根を柱だけで支え，かつ玉石の上に柱脚が載っていたことだと筆者は考えている。

追記
以上，曾禰達蔵，中村達太郎，塚本靖，野口孫市による震災報告書を一覧して，筆者なりに纏め評や注を加えてみた。書き終わって思うことは，震災予防調査会の委員であった長老格の辰野金吾は，震災の現地に調査に赴いたのだろうかということである。辰野による報告書が公表されていないが，中村と大学院学生の塚本，野口にすべてを任せたということなのか，だろう。なお，学部学生は 3 年生（2 人）と 2 年生（5 人）全員が調査と参加していた（「その 3」で詳述予定）。

【引用・参考文献】
1) 曾禰達蔵：建築雑誌，103 号，1895 年 7 月
2) 中村達太郎：建築雑誌，103 号，1895 年 7 月
3) 塚本靖：建築雑誌，100 号，1895 年 4 月
4) 野口孫市：建築雑誌，109 号，1896 年 1 月
5) 塚本靖：酒田の土蔵及び住家，建築雑誌，101 号，1895 年 5 月

庄内地震と建物の構造改良

その2

木造耐震家屋構造要領 ...223
三角形不変の理 ...226
土壁の中の筋違 ...228
山形県下木造改良構造仕様 ...229

（2002 年 2 月号）

木造耐震家屋構造要領

庄内地震（1894 年）の後，震災予防調査会の委員である辰野金吾の名前で，「木造耐震家屋構造要領」と題する木造家屋耐震化の方策が示された。震災地における復興建築への利用を念頭において山形県知事に提出されたものであった[6),7)]。

辰野の提言は総論的基本方針を示したもので，同時に他の委員達により，町家，小学校，農家を対象にした各論的な構造改良方針が仕様書（図を添付）の形で示された。

そもそも「木造耐震家屋構造要領」と「構造改良仕様」は，山形県知事から将来の建築法について震災予防調査会に指導依頼があったのに対する同会の回答報告書であった。この報告書を纏めるため，辰野，曾禰，片山，中村の 4 人が特別委員に指命された。だから「構造要領」と「構造改良仕様」は，特別委員会の場で協同してつくられた共同成果と考えたいのだが，いちいち「○○○○君の原案に依り」震災予防調査会の「委員会（筆者注：上記した特別委員会より上位の本委員会を指す）を経て確定したもの」と断り書きしている。原案担当者を明示

することにこだわっている理由は何か大変気になるのである。

上の姿勢がとられた理由を察するに，一つには甲論乙駁して特別委員会としての意見が纏められなかったこと，もう一つは多忙などの理由で 4 人の特別委員の集まりが悪く，十分特別委員会としての審議を尽せなかったことが考えられる。筆者がこんな詮索をするのは，従来「構造要領」と「構造改良仕様」を震災予防調査会による労作とする書き方が通史書における常であったが，果たしてそういう評価の仕方でよいのかという疑問が筆者にあるからである。

さて，辰野によるとされる「木造耐震家屋構造要領」は総論の役目を果たそうとしてはいるが，内容的には接合的構成に力点が置かれている。その他の 3 人による「構造改良仕様」は各論だと見てよい。総論・各論ともに構造的な構法について述べたものであったが，総論に示された構法の方針は必ずしも各論の中に浸透徹底していない（大きな離齬は認められないが）憾みがあり，総論・各論ばらばらの感がある。

まず，辰野の名前になる総論的耐震方策から説明しよう[6)]。

基礎構造

土質が軟弱で「不断湿気のある土地」では杭打ちをした上でコンクリートの基礎を設けるのがよいと言い，さらに「乾燥したる土地にありては杭打基礎をなすべからず」と述べている。理由の説明はまったくない。

また，「基礎上部に配列する土台石（筆者注：土台の下に並べる石の意）および束受け土台石（筆者注：現代の言葉で言えば束石）は面積広き平石（筆者注：平らな石の意）を使用しその高さの過半を土中に埋め」るよう指示している（筆者評：今日的に見ると貧弱な内容であるが，時代と山形県という地方性を考慮してこの程度の内容で妥協せざる得なかったものと考えられる。家屋の建方をこんな初歩的な指導から始めなくてはならなかったのだから当時の学者達の苦労が思いやられる）。

軸部構造

種々の提言がなされたが，今日的に見ると必ずしもすべてが当を得たものとは言えなかった。そのことを明らかにしながら話を進めてみよう。

① まず，「土台または脚固め」を使用するのは，耐震的に有効と述べている。これは，旧来の日本的木造構法の欠陥を批判した上での提言であったと受け取れる（筆者評：現行の建築基準法施行令第42条では，最下階の柱の下部には土台を設けなくてはならないと規定し，ただし「平家建の建築物で足固めを使用した場合にはこの限りでない」としているが，その考え方の源泉をこの「構造要領」に見出すことができる）。

② 図 14-12 のように柱を4つに分割する方法や，図 14-13 のように柱を2枚物とする方法が，「割り柱を用うるもまた一法なるべし」として提言されたが，後世によって受け容れられなかった（筆者評：現代的に見て圧縮力による座屈と曲げに対する抵抗とを考えると提言は妥当でなかった。柱の全断面積が同じなら一本物でもよいし分割してもよいと考えたのであろうが，力学的な知識が不足していたことがわかる）。

③ 土台（または脚固め）の交叉する隅角部には，図 14-14 のように火打材を渡しボルト結合せよと説いたが，土台（または脚固め）が合わせ梁式になっているため火打材の納まりがすっきりしていないのは難点であった。しかし，火打土台の提唱はこのときをもって嚆矢と見ることができる。

④ 柱と柱の間には，「窓，出入口等なきとき，或いは体裁を要せざる場合には筋違を入れボルトを以て貫及び柱と結合すべし」としている。筋違挿入の提言は，もはやこの頃には新規性はないが，挿入場所を明らかにした点はやはり注目しなくてはなるまい。なお，記述

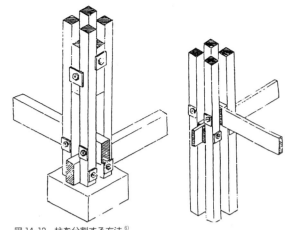

図 14-12　柱を分割する方法[6]

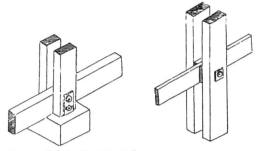

図 14-13　柱を挟み材にする方法[6]

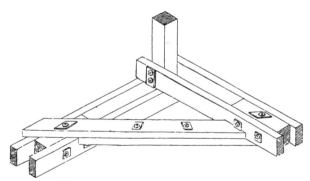

図 14-14　土台（または脚固め）と火打材[6]

のようなボルトの使用の仕方には，今日的に見て違和感を覚える。

⑤ 「敷居鴨居はなるべく柱に彫り込まず，単に木捻子（筆者注：モクネジと読む）を以て取付くべし」（筆者評：これは柱の欠き込みを戒めたものであった）

⑥ 「長押は柱面に附着せしめボルトを以て柱と結合し，なお四隅には ┐形の鉄物を用い構造の弱点を補うべし」（筆者評：地震による長押の柱からの離脱が，濃尾，庄内両地震で数多く見られたのに鑑みての提言であったろう）

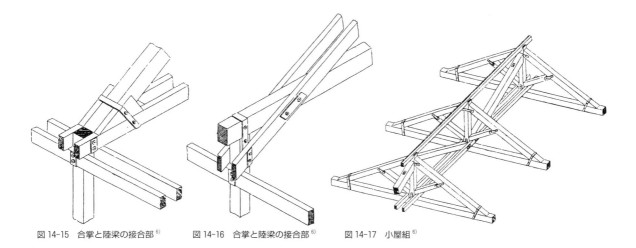

図 14-15　合掌と陸梁の接合部[6]　　図 14-16　合掌と陸梁の接合部[6]　　図 14-17　小屋組[6]

⑦「胴差・二階梁類の横架材と柱の取付方はなるべく横架材を1枚もしくは2枚として脚固め及び通し貫における如き方法によるべし」，また「桁と柱の接合はすべて柱と脚固めの接合における如くすべし」と説いている（筆者評：この提言は妥当ではない。その理由については②で述べた）。

⑧小屋梁と柱，桁との接合では小屋梁を挟み材にする方法（**図 14-15**）と合掌を挟み材にする方法（**図 14-16**）が提案されたが，これらは——特に図 14-16 は——後世によって一般手法として受け容れられることはなかった。

さて，上述の軸部構造についての提案に対し総括的論評を加えてみよう。提案の特徴は次の2点に搾られる。

①柱も梁も小屋組材も，てきる限り一本物を否定し，梁は挟み材とし，柱は断面分割の方針をとっている。

②仕口接合はボルト使用に頼っている。

こういう方針をとった背景には，従来の仕口法を採用すると，横架材と縦材（柱）との交点で，縦材に穴があけられたり，切り欠きが生じるため，地震を受けたとき，縦材が折損する原因になるという認識があったと想像される。辰野は，震災調査から得た自他の知見に自らの考察を加えた結果（辰野原案が辰野だけによりつくられたかどうか疑問だが），まず従来の仕口法を否定することを決心し，これに伴って一本物部材を退け，同時に接合にはボルトを採用する方針をとったのであろう。模倣すべき例が外国になく，実地の験しをする時間もない状況下で「炬燵の兵法」と非難されるのを覚悟で智慧を搾り出した苦哀は察するに余りある。しかし，辰野の提案の一部が「机上の空論」「絵に画いた餅」だったことは言を待たない。そのため，民間人の伊藤為吉にその非を指摘されることになったのであるが，責任を集団行動の中

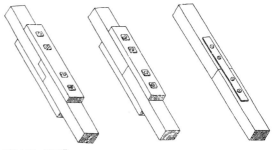

図 14-18　継手[6]

に埋没させる道を選ばず，原案作成者の名を敢えて示し，責任を明らかにしようとしたのであった。

小屋組構造

小屋組の各節点での接合にはボルト，短冊鉄物，巻鉄物（筆者注：今日の箱金物のこと）などを用いしっかり結合すること。小屋組相互の間には筋違や真束の脚元をつなぐ挟み梁や筋違を配し，あるいはこれを併用配置し（接合にはカスガイまたはボルト使用）**図 14-17** のように小屋組全体を一体的にするよう説いている（筆者評：煉瓦造の屋根には明治の初めから洋小屋組トラスを用いており馴染みが深かったから説く所にそつはない。しかし，日本式木造構法に洋式トラスを導入することをどの程度真剣に考え，また大工への普及の可能性をどのように予測していたのであろうか）。

屋根は耐震のためなるべく軽くし，瓦を使用する場合には落下しないように釘止めまたは針金止めにすることを説いている（筆者評：耐震のため屋根を軽くすることを公式に提言した初めであった。以後，この方針は建築界での決まり文句となったのである）。

継手

　継手は「なるべく簡単」なものがよく,「複雑なるもの
は多くは強きが如き外観あれどもその実かえって弱し」
とし,添え板（木材）,添え鉄板を用いボルトで結束す
る現在的な木材継手の図（**図14-18**）を示している（筆
者評：「複雑なる」継手は和風の精巧な継手を指してい
る。和風の継手を排して洋風の継手に移行することを奨
めた訳である）。

　「継ぎ柱」（筆者注：今日言う所の管柱の意）で「建て
登せ柱」（筆者注：通し柱の意）の代用をさせる場合に
は,床の上または下60～90cmぐらいの所で継ぐとして
いる（筆者評：太神楽造の是否については論ずるのを避
け,むしろ太神楽造も認める立場をとっている）。

　　「土台,脚固め,まぐさ,胴差,桁,梁及び合掌の端
　　はその接合を堅牢ならしむるため,やや突出せしむべ
　　し」

と言っている（筆者評：これはボルトの使用を背景にし
木材端部の余長を十分とれと注意したものである。現在
では,ボルト孔と木材端部との距離（端あき）を十分と
らないとボルト孔から木材端部に向い割り裂きせん断が
生ずると力学的に説明されている。したがって,ここに
述べられた事柄は内容的に正しい。しかし,当時のこと
であるから,割り裂きせん断という力学的解釈の域には
達しておらず,外国書の経験的記述を単に受け売りした
ものであろう）。

「構造要領」が言いたかったこと

　木材はできる限り,切り欠いたり穴をあけないことが
肝心で,それが避けられない場合には,「鉄材を以てそ
の不足を補い,また三角形不変の理を応用し,場合の許
す限りはどの部分においても三角形を作り,その結合は
鉄材の能力により強固ならしめ,一部全部を締結して一
体となすにあり」と結んでいる（筆者評：要するに接合
部にボルトを使い,軸組の中に三角形不変の理を活かせ
ということである。これが「木造耐震家屋構造要領」で
一番言いたいことであったろう。その意味では,結論は
簡にして要を得ており,天晴れである。三角形を構成す
ることの重要性は,濃尾地震の直後にコンドルが造家学
会の講演で指摘した所（本書で前述した）であるが,「三
角形不変の理」という言葉が公式的に登場するのは,こ
のときが最初で,その意味では記念すべき事柄と言えよ
う）。

　「三角形不変の理」とは三角形は形が変わらない（形が
崩れない）という意で,言葉として妙である。この言葉
は現在ではまったくと言ってよいくらい使われていない
が,このとき以後,昭和初期にかけては研究者や高級技

術者の間ではよく使われた言葉であった。「三角形不変
の理」という言葉が「木造耐震家屋構造要領」に発端し,
それが辰野金吾の名で顕われたことをここに指摘し,強
調しておかなくてはなるまい。木造建築に生涯距離を置
いた辰野が,わが国の木造に対しなした唯一の貢献だっ
たと言えようが,「構造要領」の性格上,著者は代表に過
ぎずその草稿づくりの主人は辰野ではなく,曾禰か中村
であった可能性は高い。そうだとすると,曾禰あるいは
中村は馬を曳いた人,辰野はその馬に乗った人だったこ
とになる。

　さて,「木造耐震家屋構造要領」はわが国の木造建築の
耐震化について,わが国の建築アカデミーが最初に行っ
た公式的提言であったという点で意義深いものであった。
そしてその提言が建築界のボス達によりなされた性格上,
後世への影響力は強く,かつ指導性を発揮することに
なったのであった。

　現代的な批評眼をもってしても「構造要領」の次の諸
点についての指導は的確であり,高く評価しなくてはな
らないものがある。

①土台を設けること

②火打土台を設けること

③筋違を挿入すること

④仕口（特に柱と横架材との）において部材断面を欠損
　させないこと

⑤小屋組相互をつなぎ固めること

⑥屋根を軽くすること

⑦継手は添え板ボルト接合とすること

　もっとも①～③はすでに瀧大吉によって指摘された[8]
（第6章第8回既述）ところであったから,④以下が「構
造要領」が新規に公にした指導方針であったと言えよう。
しかしながら,断面の欠損を恐れる余り,柱を割ったり抱
き合わせにした手法は現代的に見ると誤りであった。そ
ういう力学的考察を別にしても,柱の分割は観念的な面
から到底当時の技術者や大工棟梁に受け容れられるもの
ではなかった。ボルトの使用についても同様で,伊藤為
吉[9]によって批評を受ける（これについては後出の章で
述べる）ことになったのは故なしとしないのであった。

　　　　　　　　　　────────

三角形不変の理

　前に述べたように,コンドルは濃尾地震の直後に造家
学会で講演したとき（第3章第5回参照）,次のように
述べた。

　　「筋違を入れて三角形に致していずれの部分も変形せ
　　ぬように作り」

この言葉を受けたのが「三角形不変の理」という言葉だったのである。なお、コンドルが英語で喋ったものが日本人により日本語に翻訳されたのであるから、コンドルが演説の中で「三角形不変の理」という英語をずばり使ったのかどうかという疑問が湧くが、この点は今となっては調べようがない。

ところで「三角形不変の理」が、わが国の識者の間で唱導されたことの背景について考えてみたい。説明するまでもなくコンドルは構造の専門家ではなかったから、「筋違を入れ三角形に致して」という発想は、彼自身の頭脳の中で昇華されたものではなく、欧米での風潮を受け売りしたものであったろう。

明治19（1886）年11月から翌年6月まで、コンドルは賜暇を得て英国に帰った（第9章で先述した）が、このとき欧州の建築を実見すると共に、建築に関する新しい多くの知識を耳にして日本へ帰って来たはずで、トラス構造に関するものはその一つであったかと思われる。そういう事情を背景にして、コンドルは「筋違を入れ三角形に致して」と発言したものと察せられる。

以下は、コンドルが風説として耳にしたであろうトラス構造物の欧米における当時の実体である。少々堅苦しいがトラス理論の発生にも触れてみたいと思う。

濃尾地震や庄内地震は1890年代、すなわち19世紀の最晩期に起こったのであるが、欧米では19世紀の半ばには、すでにトラスを解くことは実務家レベルで可能になっていた。因みに解法は図解（グラフィック）が主流で、そういう手段は Graphic Statics（図解力学——図式力学と呼ぶ人もある）と呼ばれたのであった。こういう欧米での状況を承知した上で、前述してきた所のコンドルの発言や辰野の「三角形不変の理」唱導の事態を味わってみることが必要だろう。なお、辰野は力学は苦手だったと思われるから、「三角形不変の理」は観念的に理解するだけで真の理解はできていなかったろう。

19世紀前半においてトラスの設計と建設が先進していたのは米国と英国で、米国では鉄道建設の進展と共に各種の構造形式の木造橋が出現した。各種のトラス形式の構造が、常に木材を抗圧材と見なすところの構造から出発したといわれるのは興味深い。それらの中でハウ・トラス（ハウの考案、図14-19）は有名で、その解法はウィップルにより1847年に可能（数式的並びに図解的に）となった。同じ頃、ロシア人、ジューロスキーによっても解法が開発されたと言われている。両者の解法は節点法と今日呼ばれているところのものであった。

英国では、金属トラスが1845年頃から登場し、ワーレン・トラス（図14-19）の解法が1850年までに確立した。

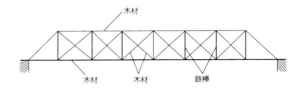

ハウ・トラス

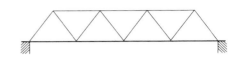

ワーレン・トラス

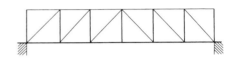

平行弦トラス

ラチス・ガーター

図14-19　19世紀に出現したトラス形式

平行弦トラス（図14-19）の解法は、二人のドイツ人により（1851年にシュヴェットラー、1862年にはリッターにより）数式解法が発表され、図解法の確立はそれより遅れ、クールマン（ドイツ）とマックスウェル（英国）によってなされた。クールマンは1866（慶応2）年に図解力学の本を著わしている。

クールマンの図解法は、1864（元治元）年にマックスウェル（英国）により、また、1869（明治2）年にテーラー（英国）により改良され、それらは1872（明治5）年に書かれたクレモナ（イタリア）の著書で紹介された。そのため、この系統の図解法は後世により「クレモナ図解法」「クレモナ図」などと呼ばれるようになった。現在に生きる建築の基礎教育を受けた人なら、クレモナ図に悩まされた記憶を大なり小なり持っているだろう。

なお、クールマンの弟子で、後年クールマンの後を継いでチューリッヒ工科大学の教授となったリッターは、1888（明治21）年に「図解（式）力学の応用」という本を出版している。

上に述べたような訳で、19世紀後半欧米では、トラスの応力計算は容易になり、橋梁トラスの設計は、一般の実務家にとって手の届くものになっていた。「三角形不変の理」という言葉は、そういう状況のもとでわが国に登

場してきたのであった。

　明治中葉，斜めに材（木材）を挿入するということは，壁においても小屋組においてもわが国では珍しいことであった。すなわち，わが国の古い木造建物では土壁の中に筋違が挿入されたものは少なく，実例として筆者は法隆寺の絵殿・舎利殿（承久元（1219）年）の存在を文献を通して知るのみであったが，最近，斉藤英俊さんから興味深い話を承った。次に項を改めてそれを書きたい。

土壁の中の筋違

　京都市にある東寺（教王護国寺）の鎌倉時代前期の創建である蓮華門（壬生通りに面する），北大門，慶賀門（大宮通りに面する，俗称東門）並びに北総門（八条通りにあり，慶長6（1601）年創建）の壁には筋違が挿入され，慶賀門では小屋にも筋違が入っていったという。また，同寺の記録には南八足門（南大門），北八足門（北大門）の壁の部材名として「筋飼木」という文字が見られ，これらは法隆寺絵殿舎利殿の筋違の納まりを参考にしたと記されているという。上述の筋違の存在については，斉藤英俊さんの御教示に拠った。

　桂離宮の古書院の土壁（竹小舞）に関し，最初ある会（木造建築研究フォーラム主催）の講演会の中で斉藤さんのお話を聞き，その後，個人的に斉藤さんとの手紙の往復を通して同氏から御教示を賜り，さらに上の講演が要旨として纏められた文章[13]を読み，上記の土壁の明治修理の様子について知るところが深まったのであった。以下は，そのことについてである。

　桂離宮の古書院は，天正17（1589）年の創建といわれるから安土桃山時代の建築であるが，中書院，新書院は衆知のように江戸時代（17世紀中葉）の建築である。

　「桂離宮御殿整備記録・本文編」[14]によると，古書院は創建当初には土壁にも小屋にも筋違は入っていなかった。しかし，中書院では小屋（桁行棟通り）の一部に当初材と思われる筋違（貫状）が1本（断面3cm×12cm，長さ約3.6mのマツ材）入っていたとされる[14]。

　桂離宮については，間取が開放的な上に軸部材が細く，また，床が高くて構造的に危うく見えるのに，よく長年地震や風に耐えてきたものだと長年不思議に思ってきた筆者は，明治中葉に古書院の壁に筋違が入れられたという斉藤さんの話に大変興味をひかれたのであった。

　古書院の土壁には，建立当初からずっと筋違は入っておらず，そうした古い土壁は明治26〜27（1893〜1894）年の修理時に竹小舞の下地が更新され，貫状の筋違が入れられた模様である[13],[14]。その筋違の挿入の仕方は，「桂

❹-1　明治修理の際挿入された桂離宮古書院の土壁内の筋違。近くに小壁のタスキ筋違，遠くに本壁のタスキ筋違が見える（「桂離宮御殿整備記録・本文編」より）

離宮御殿整備記録・本文編」[14]の写真（図3・1・20と番号が附されている――本稿に写❹-1として掲載した）と斉藤さんの講演要旨録[13]の写❺によって窺うことができる。前者の写真では，写❹-1に見るように小壁（垂れ壁）に「＊」状に，またその真下の本壁にも「＊」状に貫状の筋違が平使いで挿入されているのが見られる。後者では，小壁（垂れ壁）部に「个」（「｜」は束を示す）状，直下の本壁部に「米」状（内法貫が平使いで水平に，また縦にも平使いで貫材が挿入されたので×状の筋違と組み合わされ「米」状をなした）に貫状の筋違が平使いで挿入されているのを見ることができる。

　「桂離宮御殿整備記録・本文編」は，こんなことを書いている。

　「各壁面には現在筋違と内法貫が入れられているが，これらはすべて明治修理時のものである。当初の柱や桁に彫られた内法貫，筋違の仕口はいずれも新しく，古い仕口はみられないので，これらが明治に新規に付加されたものであり，当初はなかったものである」

　上記の文章には，次のような注記が附されている。

　「当初の鴨居上端には小壁の間渡し穴があり，間渡しを打付けた和釘穴も残っている。これによっても，当初は内法貫がなく，鴨居が直接小壁の下地を受けていたことがわかる」

　さて，明治修理における土壁の下地づくりの方法は，次のとおりであった。

　「それ（筆者注：タスキ状に組み込んだ筋違を指す）に添わせて木舞下地を編み，筋違を塗り込む形で荒壁・裏返しを行い，とも散りを施したうえ，中塗・上塗りを重ねていた。貫伏せは行われていない。木舞下地は貫・間渡しとも柱に彫り込んだ貫穴・間渡し穴に直接挿入しており，竹は間渡し・木舞ともすべて真竹の割り竹で，藁縄を用いて一部に千鳥掛けも見られた

が，大部分はからみ状に編まれていた。」（「桂離宮御殿整備記録・本文編」[14]）

さて，筋違の使用が普及していなかった当時，誰が筋違を土壁の中に挿入することを主張したのであろうか。大変興味深いことに，斉藤英俊さんはこう書いている[13]。

「博物館の設計者の片山東熊が古書院の修理のときに桂に来て，筋違を入れるように指導したのではないかと考えています。」

しかし，斉藤さんは本物の建築史家だから筆者へ宛てた手紙の中で，片山が桂離宮の修理現場を訪れたことを古文書で証拠づけなくてはならないという気持を開陳しておられた。だが，いろいろな状況から推して，斉藤さんの片山東熊説は間違いないだろうと筆者には思える。

桂離宮は，明治14（1881）年に離宮となっていたから明治修理の当時，当然宮内省の管轄下にあった。片山はその宮内省で内匠寮技師を勤め，同寮で建築担当の筆頭者であった。明治26（1893）年，震災予防調査会委員を命ぜられ，建築物の耐震に関する関心は彼の中で一段と喚起されていたはずである。また，奈良と京都で帝国博物館の建設が同時に始まり，それらは桂離宮の修理と並行するようにして進んでいたから，片山が奈良，京都の博物館の現場を訪れる機会はかなりあったはずである。すなわち，両博物館の工事期間は次のとおりであった。
● 帝国奈良博物館——明治25（1892）年6月起工〜明治27（1894）年12月竣工，宗兵蔵が主任として総主任の片山東熊を助けた
● 帝国京都博物館——明治25（1892）年6月起工〜明治28（1895）年10月竣工，足立鳩吉技手（後に宗兵蔵も加わる）が片山を助けた

斉藤英俊さんは，明治修理における筋違の挿入についてこう書いている[13]。

「最初は従来のやり方で筋違を入れない計画でしたが，途中から筋違を入れるように変更されています。そのために木舞の間渡し穴の仕口が位置を変えて彫り直されています」

片山東熊なら「途中から筋違を入れるように変更」することを決心するだけの知識を持っていただろうし，変更を命ずるだけの権限と力を持っていたことは疑う余地がない。以上長々述べた事柄が斉藤さんの片山説を筆者が支持する心証の拠りどころである。

たぶん，桂離宮の修理に当たり，片山は職掌柄着手前に部下から修理事業の内容のあらましを聞いてはいただろう。しかし，その修理工事を直接統括するのは古建築に造詣の深い9歳年上の木子忠敬だったから，特に深入りして木子に指示を与えるようなことはしなかったろう。

片山がその姿勢を崩したのは，桂離宮の修理現場を訪れて地震に対し心配だという直感が働いたからではなかろうか。片山はそういう直感を呼び起こすだけの耐震についての知識と関心を備えた人だったはずで，後に述べる所の彼が作成した「農家改良構造仕様」にその片鱗が窺えることが，その証拠である。

なお，指摘しておきたいことがある。すなわち，桂離宮の明治修理における古書院の修理工事は，明治26（1893）年6月3日に始まり同年12月27日に終わっているから，その時期は明治27（1894）年に起こった庄内地震よりも前だった。したがって，庄内地震の後で作成された「農家改良構造仕様」よりも当然前だったことを指摘しておきたいのである。

最後に，明治修理において筋違を挿入した古書院の土壁についての後日談である。

明治修理において，漆喰仕上げの土壁（竹小舞）に筋違が入れられたため，昭和50（1975）年代初頭に始まった昭和修理までの間に漆喰壁の表面には変色の差が現われ，筋違の位置が浮き出し，場所によっては筋違に添って壁に亀裂が生じた。そこで昭和修理においては，当初から壁に入れられていた筋違を撤去する方針が打ち出され，それが実行され現在の桂離宮の古書院の壁があるのである。

江戸時代の橋脚には筋違が入っていることから見て，わが国の大工が筋違を入れることにまったく疎かったとは考えられない。おそらく真壁の土塗り壁に筋違を入れてみたところ（たぶん多くの大工が試みたことだろう），上述のような明治修理後の桂離宮の古書院の壁に起きた現象が現われ，それを見て大工は筋違を入れることを断念したのであろう。

山形県下木造改良構造仕様

震災予防調査会は，庄内地震の後，前述した「木造耐震家屋構造要領」[6),7)] のほかに，「町屋一棟改良構造仕様」[10)]，「農家改良構造仕様」[11)]，「小学校改良木造仕様」[12)] も山形県に送付し，かつ一般にも公表した。

上記の3つの構造改良仕様について述べる。

町屋の構造改良仕様

「町屋一棟改良構造仕様」は瓦葺平家建の町家を対象にしたもので，曾禰達蔵が原案作成を担当したとされる。

モデルとして取り上げた建物の規模は，次のとおりであった。

平面は間口（梁間）3間（約5.4 m），奥行（桁行）9間半（約17.1 m）で，軒高は土台下端から桁上端まで13尺

（約 3.9 m）。

間取は，山形県から提供された図を参考にしたもので，街路から奥に向かって次のような順番になっている（塚本靖により記された前述の酒田の町家の標準的な間取に酷似している）。

店（10畳の広さで一部に畳敷をもつ板の間）
→中之間（10畳の他に床，押入を備える）
→茶之間（8畳）と幅1間（約1.8 m）の縁側
→座敷（4畳半の他に押入を備える）
→台所

そして店と中之間の脇には街路から茶之間に通ずる幅3尺（約0.9 m）の室内土間通路が設けられ，また，店の前と台所の後には庇が設けられた。

さて構造の説明であるが，現代術語を用いて筆者の言葉で書くことにする。

土台は幅5寸（15 cm），せい6寸（18 cm）または5寸角（15 cm）の断面で，樹種はクリ，ヒノキ。土台の交叉部隅には「筋違」と称して，火打土台（断面 10.5 cm 角）が設けられ，火打土台の端部は軽く土台にホゾ入れ（傾ぎ大入れではなく）され，ボルト締めで土台と結合された。

柱は街路に面する隅の大柱（定規柱）2本だけが5寸角（15 cm 角）で他は4寸角（12 cm 角），柱脚は土台にホゾ入れされ短尺金物ボルト締めで土台と緊結。

脚固めは断面 3.6 cm × 12 cm を柱の両側に挟み添えして，柱にボルト締め。

長さ約12尺（約3.6 m）の柱は，上端と中間を「長押」と呼ぶ横架材でつなぐ。したがって，柱の脚元まわりは土台と脚固めで固め，中間は「内法長押」，柱頭は「梁間長押」と「桁」を用いて両方向に柱同士をつなぐという考え方である。「内法長押」も「梁間長押」も断面 3.6 cm × 12 cm の材を柱の両側に添えて柱を挟む。そして梁間長押の上にそれと直交して桁行に流す「桁」も両長押と同断面の挟み材とする。

脚固めと柱の交叉点近くの両長押と柱には，今日の言葉で「方杖」と呼ばれるもの（一本物の角材）を配する（図14-20，図14-21）。現代的な考えだと，方杖は柱頭近くだけに配するものであるが，曾禰の提案によると，柱と横架材の交叉点にできる隅には，所構わず斜め材（貫の方杖）を入れるのである。この方法は，古来欧州の木造で見られる常套手法だから，曾禰の発想はその影響を受けたものであろう。

小屋組は真束小屋組で6尺（約1.8 m）間隔に設けられ，梁は軒桁（挟み材）の上に置かれる。梁の断面は 12 cm × 21 cm，合掌は 12 cm × 15 cm で，真束は挟み材（2～

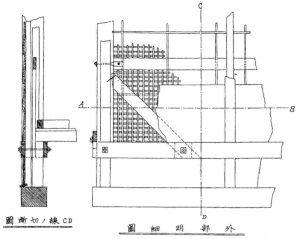

図14-20 土台・脚固め・貫と柱・方杖（町家）（曾禰達蔵による）[10]

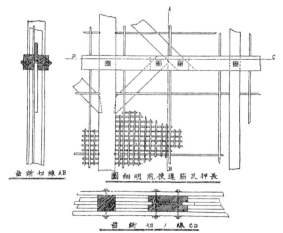

図14-21 長押と柱・方杖（町家）（曾禰達蔵による）[10]

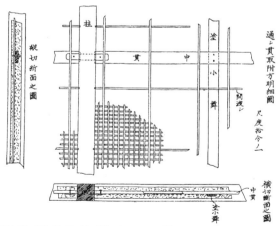

図14-22 貫と柱（町家）（曾禰達蔵による）[10]

6 cm × 5 cm) としているのが面白い。小屋つなぎ材と小屋筋違がないのも今日的に見ると興味深い（褒めているつもりはないが）。母屋は 9 cm × 12 cm，棟木は 4.5 cm × 15 cm，垂木は 4.5 m × 6 cm または 6 cm × 7.2 cm。

屋根は一応瓦葺を想定し 4 寸 5 分勾配で，野地は裏板または貫打ちとしている。

さて壁であるが，土塗り小舞壁を想定し（図 14-22）,
① 胴貫は断面 3 cm × 9 cm で端は柱にちょっと差し込み，貫際で平たい鉄板（原典では「平鉄」と呼んでいる）45 × 3 mm を柱に通し，両側の貫の端をボルト締めしてつなぐ。柱の片側にしか貫がない場合には羽子板ボルトを用いて貫端を柱にとめる。
② 筋違貫（原典ではこう呼んでいるが，方杖のこと）の断面は胴貫と同じであるが，これを脚固めや長押にとめるには，長押が挟み材になっているから厄介である。筋違貫を壁心に位置取りし（間渡しはこれに添えることになる），長押と筋違貫の間には飼木を一つずつ挿入しボルト締めする（図 14-21）。

上記に関連し，曾禰はこんな風に言っている。

従来の土塗り壁は，塗り土が固着力に乏しく，かつ塗り下地の骨組が脆弱だから強震に会うと亀裂を生じ剥落を起こす。だから，

「木摺貫を目透しに打ち（筆者評：現代の木摺下地づくりと同じ。同時代に米国や英国の植民地では木摺プラスターの構法が普及しており，外国のそれを書物を通して知っていたと考えられる）壁を下地より漆喰壁とするにしかず」

と結論している。しかし，これは言うはやすく実行は無理だろうから，止むを得ず従来の壁を用い，横胴（胴貫）の端部のつなぎ方を工夫し，さらに「壁中（の）毎区に貫の方杖を施し」建物を固めることを提案したのだと言っている。

なお，街路に面する店前の壁には，次の仕様により木摺下地壁を提案している（図 14-23）。
● 木摺は 4 分板（厚 12 mm）で幅は約 45 mm
● 目透かし（木摺板間の隙間）9 mm
● 木摺板はネズミ打ち（筆者注：斜めに張ること）

この仕様は，曾禰が壁の下地として最も推奨提案したかったもので，彼はせめて発想の片鱗だけでも紹介しておきたいと図 14-23 を図示したものかと思われる。

小学校の構造改良仕様

「小学校改良木造仕様」は中村達太郎の原案作成になるもの[12]で，平面図は山形県から提供されたもので，原案はこれに対応する骨組の構造を示すことを目的にしたものであった。

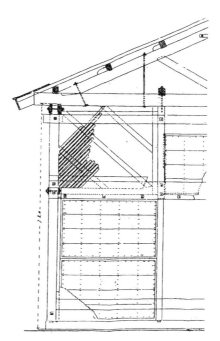

図 14-23　木摺斜め打ちの壁（町家）（曾禰達蔵による）[10]

原案は木造瓦葺平家建，下見板張りとし，軒高は側石上端から桁上端まで 13 尺 5 寸 2 分（約 4.05 m）であった。

側石の幅は 33 cm，せいは 24 cm で，間仕切の柱下の角石は 33 cm 角，せい 24 cm 以上で，床束石は 30 cm 角以上，せい 21 cm 以上（図 14-24）。

土台の樹種はクリ，あるいはヒノキで，幅 15 cm，せい 18 cm，継手は目違い継ぎ，短尺金物添えボルト締め併用。土台交叉部の隅には角材（12 cm 角）の火打土台が配され，端部は土台にボルト締め。

柱は 6 尺（約 1.8 m）間に配置し断面は 15 cm 角。間柱は柱間に 3 本立て，柱と間柱（柱 2 つ割り）を上下 2 本の通し貫（内法貫と地貫に相当）でつなぎ（柱当たりはボルト締め，間柱当たりは逆目釘打ち），間仕切部と窓間広い部には 15 cm 角の筋違木を取り付ける（図 14-24。端部仕口は図 14-25 に示すとおりであるが，その緊結性や筋違端部の位置を批判するのは野暮というべきで，まずは筋違を壁に入れた発想に対し喝采を送りたいと思う）。

次に小屋組であるが，原案にはスパン 30 尺（約 9 m）の小屋組が示され，その構造には興味深い点が二，三ある。柱頭を伸ばし，これを断面 12 cm × 21 cm の 2 本の陸梁（マツ）で挟む。小屋梁と柱頭は短尺金物でつなぎボルト締めする。このままでは日本式の折置組形式となってしまうが，陸梁を支える形で軒桁（9 cm × 15 cm）が柱頭で柱を欠いて外側から添えられる。その他に面白い

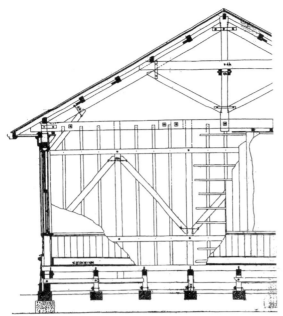

図 14-24 小学校の小屋梁と壁（中村達太郎による）[12]

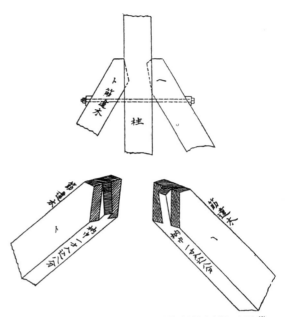

図 14-25 筋違と柱との取り合い（小学校）（中村達太郎による）[12]

のは，洋式の真束小屋組なのに2箇所ある方杖（枝束）の合掌への附け根（換言すれば，方杖の上端）を二重梁（挟み材）でつないでいる（途中にある真束の両面にも添えてボルト締め）点で，この二重梁を支える形で真束の二重梁下に小屋組面に直交して挟み梁（4cm×5cm, 真束にボルト締め）が小屋振れ止めの役目を帯びて流されている（図 14-24）。しかし，真束の脚元には小屋振れ止めは配されていない。上記に登場する小屋組材の樹種はマツである。なお，上記の小屋組には釣り束は存在しない。また，方杖（枝束）の上端と合掌の交点は短尺金物ボルト締めで緊結されている。母屋の断面は 12cm×15cm である。

床に関しては，床大引の断面は 12cm×15cm, 床束 12cm 角は 1.2m 間以内に配置し，根搦み貫を十文字に配する。脚固めの断面は 5cm×18cm, 根太は 6cm×12cm で 1 尺 5 寸（45.5cm）間に梁を渡す。

屋根は瓦葺きで 5 寸勾配，瓦は縦横 1 枚置きに銅線止めするよう指示している。

構造以外の内容としては，出入口の戸は外開き，教場の出入口は引戸とすることを奨め，また，防寒の目的で壁の内外の板張りの間へよく乾燥した籾殻を入れることを奨めている。すでに「寒地ニ適当セル小学校舎ノ構造方」（文部省会計課長通達，明治 25（1892）年 1 月）で，床を二重床とし上下の板の間に籾殻あるいは打藁などを敷き込むことを奨めていたが，壁に籾殻を入れることを

奨めたのは，この「小学校改良木造仕様」が最初であった。

農家の構造改良仕様

「農家改良構造仕様」の原案作成は片山東熊の担当であった。想定した農家は矩勾配の茅葺屋根の平家で，軒高（ただし，土台石上端から上屋梁下端まで）12 尺 3 寸（約 3.7m）。モデル平面は，上屋部分が梁間 4 間（7.2m），桁行 8 間（14.4m）で，このうち土間が梁間 4 間（7.2m），桁行 3 間（5.4m），部屋は田の字形（整形）四間取りであった。下屋部分は，切目縁を覆うため南側に庇（庇柱の出は 4 尺（1.2m））が出され，北側には榑縁（くれえん）（この端に便所を設けた）と押入のため下屋柱が 3 尺（0.9m）出され，土間の東側には物置が接続された。

小屋組は（**図 14-26**）棟束の両側に対称に小屋束が 1 本ずつ立てられ，棟と上屋梁（挟み材）の中間には二重梁（挟み材）が配された。そして部屋の真上では，この二重梁と小屋梁の間に逆 W 字形に斜材が挿入され，土間真上では抱き合わせの上屋柱と上屋梁の交わる隅に方杖を渡すような形で又首に平行に斜材を入れ，これを延長して棟束に達せしめた（したがって，左右の上屋柱からスタートした上記の斜め材は共に棟束に達し両材は逆 V 字形を形成した）。上のように，斜材を架け渡して小屋組面内を固めようとする意図は評価に値しよう。

さて，軸部の構造である。土間の上屋柱は 15cm 角抱き合わせ（梁間方向に向かって重なる）で柱頭は上屋梁

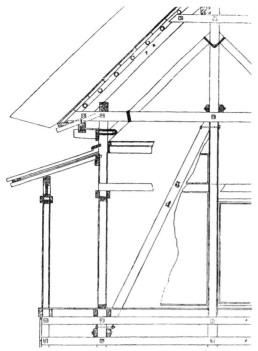

図 14-26 筋違の入れ方（農家）（片山東熊による）[11]

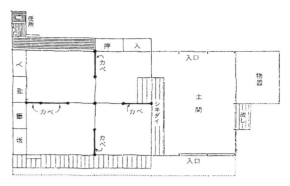

図 14-27 農家の平面と壁配置（片山東熊による）[11]

によって挟まれ（ボルト締め），さらに伸びて又首に達する。したがって，上屋梁は上屋柱から外に 45 cm 程突き出して又首の先端を受ける形となる。四間取りの部屋のある部分の上屋柱は抱き合わせ柱ではなく，15 cm 角の1本物である。間仕切内の柱も 15 cm 角で小屋の中まで建て上げている。

上述のように，軸組の組み方としては特段ユニークなところはない。注目すべき点は，その軸組の中に組み込まれる壁の仕様である。

壁は，外周壁，間仕切壁，小壁を問わず，下地の胴縁（6 cm × 3 cm）を 45 cm 間隔に入れ，「柱並びに筋違へ彫り込み取り付け（筆者評：筋違を切り欠くのはよくないからこの点は誤りである）」，塗り下地の木摺は断面 6 cm × 1.5 m のスギ板とし，鋸目をつけ（筆者注：漆喰が附着しやすいようにとの意図），目透かしは 9 mm と指示している。仕上げは「漆喰または土塗にすべし」と言っている。なお，間仕切壁には木摺の代わりに木舞を用いてもよしとし，その場合でも「なるべく筋違を使用すべし」と述べている。図 14-26 に筋違の入れ方を示す。外周壁には木摺下地を推奨し木舞下地で代用することを認めていないから，過去の震災の知見として，木摺下地の方が耐震的だという考えを持っていたことが窺える。この考え方は今日的常識と一致するものである。

「農家改良構造仕様」において筆者の目を最も引くのは壁配置である。

図 14-27 に注目願いたい。

田の字形四間取り部分の間仕切通りは，梁間，桁行両方向が交叉して十字形をなすのであるが，この十字形を形成する「―」の部分（桁行方向）の両端にはそれぞれ長さ1間半（約 2.7 m）と1間（約 1.8 m）の壁が設けられ，また，「｜」の部分（梁間方向）の両端にはそれぞれ長さ1間（約 1.8 m）の壁が設けられた（図 14-27）。したがって，十字形をなす間仕切通りのうち，建具のあけ立てが可能な部分の長さはその十字形の交叉点から上下左右（平面上で）へわずか1間（約 1.8 m）ずつの長さである。

意匠的には悲惨な状態だが，構造的には優等生の壁配置である。内部が開放的な間取の農家や住宅——もちろん日本の話である——において，片山の提案したような壁配置の精神が日本中に普及すれば，わが国から木造の震害は消滅するであろう。「絵に描いた餅」と言うなかれ。日本の建築家に片山東熊の精神の「爪の垢を煎じて飲んで欲しい」ものである。

【引用・参考文献】
6) 辰野金吾：建築雑誌，99号，1895年3月
7) 辰野金吾：工学会誌，161号，1895年5月
8) 瀧大吉：建築雑誌，74号，1893年2月
9) 伊藤為吉：建築雑誌，107号，1895年11月
10) 曾禰達蔵：建築雑誌，100号，1895年4月
11) 片山東熊：建築雑誌，102号，1895年6月
12) 中村達太郎：建築雑誌，101号，1895年5月
13) 斉藤英俊：建築の再生，「木の建築」第49号，2000年7月
14) 宮内庁編集発行，1987年3月

【謝辞】 本文でも書いたが，桂離宮の古書院の壁に明治修理時に筋違が入れられたことに関し，斉藤英俊氏から御教示と資料提供の御好意を戴いた。ここに記して謝意を表す。

第15章

庄内平野と庄内地震

その1

北由利断層帯 ...235
象潟地震と酒田の町 ...236
酒田の地勢と歴史 ...238
酒田の町と三十六人衆 ...240

（2002年3月号）

北由利断層帯

　松田時彦さんはその著「活断層」[1]の中で，北由利断層帯の存在についてこんな風に書いている。

　「能代から秋田，本荘をとおり，すこし海に出てまた陸にもどり，庄内平野の東までつづいています」

　そして，この断層帯で17世紀以降の約400年間に「M7級の大地震が8回，それぞれ異なった区間でつぎつぎに発生し」，「それらの時間差は数年から数十年」[1]であったと松田さんは書いている。

　上記の8回の地震のうち最も古いものは，正保元（1644）年の羽後・本荘地震で，本荘では城郭が大破し，家屋が倒れて死者が出た。また，金浦村（後出の象潟のすぐ北）周辺の日本海沿岸の村々で被害が目立ったという（「理科年表」による）。

　有名な象潟地震（後に詳述する）が起きたのは，文化元（1804）年で5回目の地震に当たり，これから対象にしようとしている庄内地震は7回目の地震であった。

　松田さんの御著書を読んだ影響で，庄内地震のことを書くに当たっては，北由利断層帯に沿う地域のうち，これまで見たことのない秋田以南の部分——秋田以北は

これまでに何回も訪れた経験がある——の地勢を見ておきたいと早い時期から思っていた。

　その機会がやってきて，東能代から酒田まで列車に乗り，2時間半余の一人旅を楽しんだ。窓ガラスを通してみた景色の印象を述べるのは省略するが，筆者が身を乗り出す感じで窓外の景色に目をやったのは象潟の辺りであった。

　話が横にそれるが，象潟について触れたい。

　有名な象潟地震（M7.0）が起きたのは文化元（1804）年6月であった。「理科年表」によると，羽前と羽後と併せて潰家は5,000以上，死者は500人以上という被害であった。

　象潟は縦横4kmぐらいの遠浅の入海で，象潟地震以前にはここに沢山の島が浮かんでいた。芭蕉が，西行法師の行を偲んでここを訪れ奇勝を楽しんだのは，象潟地震より150年ばかり前の元禄2（1689）年のことであった。象潟地震で入江の底が2.4mも隆起してしまい乾陸となったり沼地となってしまったため景色は一変してしまった。今は，JR羽越本線の象潟・金浦両駅間の鉄道線路を隔てた，海と反対側に平坦な田畑が展開し，その景色の中に，かつての島々が古墳丘や高い塚を思わせるような盛り上り——盛り上りは申し合わせたように老松

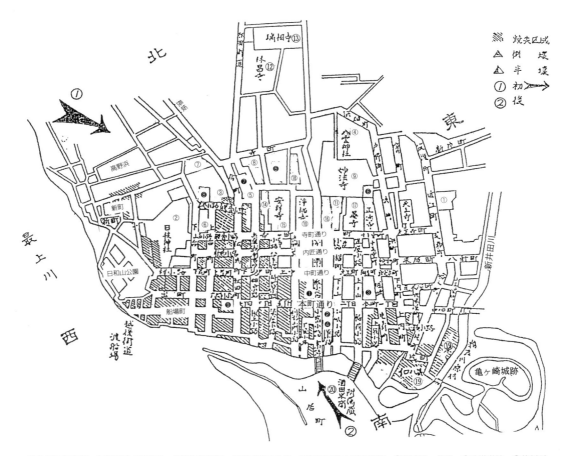

❶飽海郡警察署　❷飽海郡会議事堂　❸飽海郡役所　❹琢成第二分校　❺酒田尋常高等小学校　❻琢成第一分校　❼済世学校　❽裁判所　❾旧琢成学校　⑩日枝神社（上）　⑪日枝神社（下）　⑫厳島神社　⑬八雲神社　⑭米山座　⑮湊座　⑯監獄　⑰本慶寺　⑱妙法寺　⑲浄福寺　⑳竜厳寺　㉑林昌寺　㉒瑞相寺　㉓大信寺　㉔安祥寺　㉕浄徳寺　㉖海晏寺　㉗泉流寺　㉘いろは蔵　㉙山居倉庫

図15-1　酒田町の市街図[3]（図中のハッチした部分は庄内地震で焼失した区域）――この図は文献[3]を下敷きに筆者が手を加え作製

を戴いている――となって散在しているのである。

司馬遼太郎は，「街道をゆく」の中でこの様子を，

「金浦という浜辺の町をすぎるころから，左側（筆者注：海と反対側）の地形が，陸であるのに海であるかのような印象をあたえはじめた」

と書いている。そんな景色が象潟駅に近くなった辺りで寺らしい物影を一瞬チラリと見せた。筆者はとっさに蚶満寺であろうと思った。この寺について司馬遼太郎が「街道をゆく」の中で，寺とその住職に好意を寄せながら多くの行を費やしていたのを思い出したからである。

象潟地震と酒田の町

明治27（1894）年に酒田の町が大きな震害を受けたとき，人生僅かに50年の時代であったから，町には約半世紀前の大地震を知る者はほとんどいなくて，町民の80％ぐらいは，地震の怖ろしさを意識することなどなく暮らしてきた者ばかりであったはずである。

野口孫市は，庄内地震の被害調査報告[2]で，寺町（俗称）にあった本慶寺（浄土真宗，図15-1）の被害についてこんな風に書いている（筆者の手で書き直す）。

本慶寺は享保年中の建築で，方丈と本堂が同時に建てられたが，方丈は50年前大破のため建て直された。そして今回の地震（筆者注：庄内地震）で古い本堂は倒れ，建て直した方の方丈は安全であった。

上について少し補注をしたい。

「享保年中」は1716年から20年間である。「五十年前大破」とあるのは，天保4（1833）年10月に起きた地震――「庄内地方で特に被告が大きく」と「理科年表」は書いている――による大破を指すと見てよかろう。

話の道草をすると，上の天保の地震に先立つ29年前の文化元（1804）年6月には有名な「象潟地震」があった。天保の地震はM7.5で，文化の象潟地震はM7.0であったが，酒田の町にとっては，文化の地震（象潟地震）の方が遥かに地震による被害が大きかった。なお，被害の大小がマグニチュードの大小と逆だったことは酒田の町

だけでなく，全体的被害においても見られた。すなわち，文化の地震（象潟地震）では羽前，羽後を併せて潰家が5,000以上，死者500以上であったのに対し，天保の地震では羽前，羽後，越後，佐渡を併せて潰家475，死者42であった（理科年表）から，地震による被害は文化の地震の方が断然大きかったのである。「酒田市史改訂版・下巻」[3] は「酒田港誌」を引いて天保の地震が「大地震（で），被害（は）文化の激震につぐ」ものであったと簡潔に記している。要を得た引用の妙である。

さて，象潟地震による酒田の町の被害である（「酒田市史改訂版・下巻」[3] の記述を借用して書く）。

「六月四日夜の四つ時（十時頃），百千の雷が頭上に落下したと思うほどの衝撃があった。龍巌寺の本堂や庫裏（台所）は，雷のように鳴りわたり，釣鐘も大揺れに揺れ，鴨居がはずれたり，長押が落ちたりした。片町の潰れ家から出火して二十数軒が延焼し，子どもの兄妹が焼死した。」

「地割れしたところからは，水が吹き出して小川のようになった。裂けた地面に落ち込んで死ぬ人もいた。蔵の壁はみな振り落とされてしまい，篭のようになってしまった。」（筆者評：「篭のよう」とは巧みな表現である）

「地震の後は大津波が来るといって，近くの妙法寺山や山王山に逃げ込み，そこに仮小屋を造って避難所とした。」

妙法寺（図 15-1）は町の北の寺町の裏にある日蓮宗の寺で，山王山は町の西にある小高い丘の上に立つ日枝神社（図 15-1）のことである。

前出した竜巌寺（図 15-1）は，寺町にある真言宗の寺で，庄内地震では，塚本靖が次のように被害報告[4] をしている（筆者の手で書き直す）。

本堂は瓦葺きで，正面の唐破風が墜落し，総体としても本堂の中へ入れない状態になり，本堂と庫裏との連絡は絶たれた。庫裏は，玄関の柱が基礎を離れ，繋ぎ梁の仕口がはずれて建物全体が傾き，内部は床柱と長押の「接続部」が「挫折し」壁土が剥落した。仁王門の「瓦葺き」は「全破」した。

象潟地震のときの竜巌寺の本堂，庫裏と庄内地震のときのそれらが同じものだったか，建て替えられたのかは不明である。現在の竜巌寺は，門は八脚門，本堂は石段を十数段上った高まった敷地にあり，頭が重い重厚な感じの建物として立っている。

象潟地震のとき，最上川の河口に近い船場町の被害が大きかったが，ここは後述のように最上川の埋立地に当たっており，地面の崩壊が被害の原因であった。すなわ

ち，この町では土地が最上川の方へ 3 m ほど延びたり，ある小路では地割れのため 1.5 〜 2 m も窪み，他の所では 1.2 m 余りの地割れが深さ 3 m 以上に及び，赤い泥水がおびただしく湧出したりした。

船場町（図 15-1）では上に似た現象が明治 27（1894）の庄内地震の際にも再び起き，「酒田市史改訂版・下巻」[3] は，こう書いている。

「船場町では，地盤が割れて泥水が噴出し，水勢は道路を洗い，人や家畜や器物を押し流し，水死する者もいた。」

また，「山形県酒田震災一覧」[5] なる地図は，庄内地震における地盤の被害をこんな風に記述している。

「船場町ニテ数十ヶ所ヨリ砂水噴出シ，水カサ 4 尺ニ及べり。震焼後砂浜ノ如シ」

「新町ニモ砂泥水噴出シ近傍ニ盛リタル砂 2 尺余噴穴 2（つ）。犬位（筆者注：北西の意味の「乾」の当て字か）家屋 2 軒転倒セリ。」（新町の位置は図 15-1）

前出の「山形県酒田震災一覧」[5] は，庄内地震の際，酒田町において噴水した場所を 4 か所地図上に示している。すなわち，

● 船場町（現船場町，市営駐車場の 2 ブロック西で，前述のようにここは江戸中期以後の埋立地）。

● 新町（現南新町 2 丁目，港特定郵便局の西近く）

● 高野浜の西北（現光ヶ丘 2 丁目，消防西分署の東近く，図 15-1）

● 長坂（現光ヶ丘 1 丁目，検察庁支部の北，図 15-1）

上記の噴水は砂地盤の液状化現象によるもので，砂地盤の生成は該当土地が往昔に海あるいは最上川だったことに遠因すると考えられる。

象潟地震後，酒田の町民の野宿は地震後 4 日，ないし 8 〜 9 日間続いたと言われる。

象潟地震による被害は表 15-1（点線から上が羽前，下が羽後）のとおりであった。

地域の被害の比較には，被害の絶対数を見るべきではなく，被害率に注目するべきだというのが筆者の持論であるから，全半壊の戸数と死者数という絶対数で比較するのは当を得ないと思う。しかし，表 15-1 のように絶対数しかわからない条件下では不本意ながら絶対数に注目

表 15-1　象潟地震における羽前・羽後の被害[3]

町郷名	全半壊（軒）	死者（人）
酒田町	787	16
遊佐郷	1,304	109
荒瀬郷	397	45
平田郷	531	16
塩越（象潟）	550	85
小砂川郷	60	7

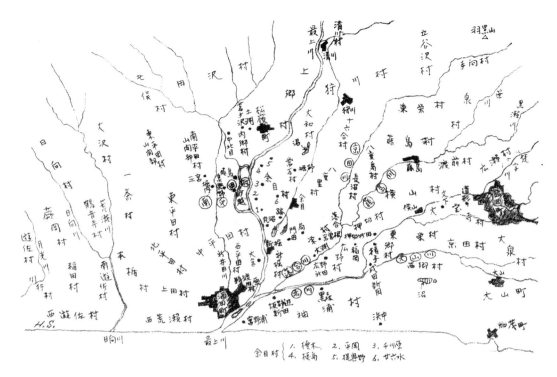

図15-2 庄内地震の頃の庄内平野三郡の地図（「改正山形県之内庄内三郡図」（1903年8月）を下敷きにして筆者が画いた）

するよりほかに手はない。

　表15-1に従うと，鳥海山（羽前・羽後両国の境に位置する）の南側の羽前国遊佐郷の被害と北側の羽後国の塩越（象潟）の被害が大きかったことがわかる。

　遊佐郷というのはどこか。現在の山形県飽海郡の遊佐町を中心とする一帯，すなわち鳥海山の南麓と日向川で挟まれた地域と大略見てよいだろう（図15-2）。因みに現在の遊佐町は明治中葉の下記諸村を併せた地域（図15-2）である（南遊佐村は日向川の北側にあったので，遊佐郷に属したはずだが，現在は酒田市の一部）。西遊佐村，稲川村，蕨岡村，遊佐村，川行村，高瀬村，吹浦村。

酒田の地勢と歴史

　庄内地震による酒田町の建物の被害を理解するためには，酒田の町の地勢を承知しておかなくてはなるまい。

　まず，最上川である。

　「酒田市史改訂版・下巻」[3]は，明治26（1893）年に「酒田町概図」が作成され，最上川河口の変遷が描かれたことを指摘し，その絵図の中で最も古いものとして文明年中（1469～1486）の絵図（図15-3）を掲げている。この図により現在の銚子口（河口）との関係が理解される。すなわち，図中の「今の宮野浦」（筆者注：現在は酒

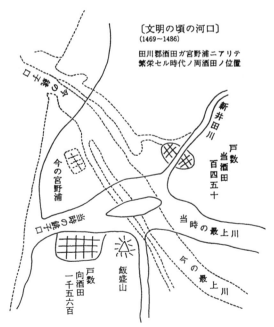

図15-3 最上川河口の変遷（酒田市史改訂版・下巻に掲載の「田川郡酒田ガ西浜引越ヲ中心トセル酒田港ノ沿革概要」から）

田市域に入っている）の位置と飯盛山（筆者注：今は酒田市宮野浦（図15-2）の地内にある）の間を西に流れ海に注いでいたのがわかる。しかしその後，河口は17世紀

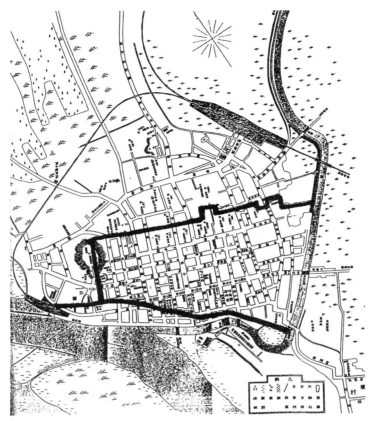

図15-4 江戸初期の酒田の町域（太い黒線の内）（「酒田市史改訂版・下巻」に所載の大正11年当時の地図を下敷きに用いた）

後半に「今の宮野浦」（図15-3）の北に移り，以後河口は北へ南へと僅かな移動をしたが，大勢として「今の宮野浦」（図15-3）の北を流れることには変わりなかった[3]。

関ヶ原の戦いで，徳川家康に味方した最上義光は，戦後賞されて今の置賜郡を除く山形県全域を与えられた。その義光は今の鶴岡にあった大宝寺城を修復して本拠とし鶴ヶ岡城と呼び，同時に酒田の東禪寺城を亀ヶ崎城と改名した。

しかし，慶長19（1614）年最上義光が亡くなると，家臣達が二つに分かれて争いを始め，元和8（1622）年最上氏は滅亡してしまう。そしてその領地は四分され，酒井忠勝（酒井氏は徳川氏の三河以来の家臣の家柄）が信州の松代から移って鶴ヶ岡城に入った。

入国に当たり港を控えた酒田の亀ヶ崎城を本城とした方がよいという意見が家臣の間にあったが，忠勝は鶴ヶ岡城が領地庄内藩の中心に位置する利を取ったといわれる。かくて明治維新に至るまで約250年間，酒井氏は鶴ヶ岡城（鶴岡）を本城とし，亀ヶ崎城を支城（城代を置いた）としたのであった。

今，酒田の街の地図（図15-1）を眺めると，亀ヶ崎城の跡（今は酒田東高等学校が置かれている）が，発達し

た酒田の旧市街の東にちょこなんと張りついていて，世の常の侍町と町人町の関係をなしていないのが看取される。元禄2（1689）年に作成された「亀ヶ崎城侍屋敷并町割絵図」（鶴岡市立図書館蔵）を見ると，城が構えられた頃，亀ヶ崎城とその城下が町人の築き上げた港町に遠慮するようにへばりついていた様子が一層鮮明に感じ取れるのである。

元禄の頃の酒田の港町は東西南北を次のように限られていた（図15-4）。
● 西…日枝神社（砂丘の上に立つ。下日枝神社と俗称）
● 東…新井田川の川岸（川岸から少し西に寄った所にもう一つの日枝神社（俗称上日枝神社）が存在した）
● 北…寺町通りに面する諸寺の境内が西から東へ連続的に並び北を限っていた
● 南…最上川の川岸

上に述べた東西南北の限界は図15-4に示すように大正11（1922）年の地図に太い黒線で示されているが，この図を見ると，元禄の頃と較べ最上川の水際線がぐっと南に下っているのが看取される。これは，長年にわたる上流からの土砂の堆積により洲化した所に若干人工的埋立作業が加えられた結果であった。図15-4は大正11

（1922）年の地図を使用しているが，最上川の川岸は庄内地震の頃のそれと変わらないと見てよい。そのつもりで図15-4を見て戴きたい。

なお，元禄の頃には，市街のほぼ目の前の最上川の川中には山居島という洲島があったが，図15-4ではこの島は存在しない。上流からの土砂により水面が洲化し亀ヶ崎城の南側部分と山居島がつながってしまったのである。庄内地震の頃，ここは山居谷とか山居谷地と呼ばれていたが，現在この部分は山居町（図15-1）と呼ばれ，観光スポットとなっている山居倉庫群（米の倉庫）はここにある。

象潟地震，庄内地震のいずれにおいても，船場町では随所に砂水の噴出現象が見られた（すでに述べた）が，これはいわゆる砂地盤の液状化によるものであったと考えられる。元禄の頃，船場町が全町最上川の中にあったことを知れば，上の現象の遠因が理解できる。

庄内地震の際，川岸に接しない船橋町以外でも見られた砂水涌出現象は，それらの場所が往昔最上川の河口の中にあったことに遠因すると見てよいだろう。

さて，最上川の北に展開している酒田の市街地の地勢についてである。

一言で言えば，最上川が日本海に注ぐ河口の沖積地に市街地が発達した訳であるが，「海と川と風との合作地帯なので，市内には凸凹さだまりない起伏が随所に現われている」（「酒田市史改訂版・下巻」[3]）。

大雑把に言うと，二条の砂丘が南北方向にほぼ平行して走っている。一つは図15-4に見る市街地の西限界（元禄の頃の）を南北方向に走る砂丘で，川岸近くの日和山公園からその北の日枝神社の境内を通り北に伸びるものである。もう一つは，元禄の頃の旧市街地のど真中よりやや東寄りをほぼ南北方向に通る砂丘である。二条の砂丘のうち後者の方が古く形成されたといわれる。しかし，砂丘の雄大さにおいては前者が優る。

図15-1，図15-4に見るような整然とした道路割り（町割り）が，遅くも元禄の頃までには完成し，庄内地震当時の状況はほとんどこれと変わらなかった。

旧市街には東西方向に4本の大通りが走っていた。最上川に近い南の方から本町通り，中町通り，内匠町通り，寺町通りである（図15-1）。本町通りには問屋や富商が軒を並べ，その背後ともいうべき中町通り，内匠町通りには商店，市場が集まっていた。寺町通りには十指を数える寺々が面していた。そして寺町の裏は未開の砂丘であった（江戸初期の話である）。

酒田の港の船着場は往昔は，本町通り，中町通りの両東端に連なる東側の米屋町辺り（新井田川沿い）であっ

たが，それが時代と共に漸次最上川の河口に近い西方に移り船場町に至ったといわれる。これは最上川の河口近くが上の方から底浅になって行ったため船着場が移動したのである。

町家の形は，妻入りが多いと塚本が報告[4]していたが，「一概に酒田の町家がすべて妻入りであったと断定できない」[3]という説がある。

酒田の町と三十六人衆

江戸時代，人目を引く所に高札が掲げられた。高札場として，大ていはその街の最も繁華な場所が選ばれたようで，昔城下町だった街に行くと，「札の辻」（高札の掲げられた十字路）という言葉が町や場所の名前として残っていることが少なくない。

酒田で一人街を歩いていてやはり「札の辻はどこにあったのだろう」かと思った。

当て推量すると，現在市役所が立っている一画（図15-1で琢成第二分校のある所）に接する十字路（本町通りと旧実小路——地図を見ても現在の通りの名を知ることができない——の交叉点）であったかと思われる。それを示す案内標示の石柱はないかと探したが見つからず，代わりに市民会館の建物（市役所の隣に立つ）の横に本町通りに面して高々と立てられた大きな説明板を見つけた。

「酒田の廻船問屋
このあたりは本町通りと称し，酒田発祥の地であり中心街である。昔は一の丁から七の丁まであり，三十六人衆を中心に多くの廻船問屋が屋敷をかまえ，出羽の国の米や紅花・海産物を主に広く関東・関西方面と交易し，大いに繁栄した。とくに鐙屋・加賀屋・上林は三十六人衆の中でも三人の町年寄として活躍し，酒田の発展に尽くした。」

とあり，さらに「酒田三十六人衆の動きと現況」と題した地図めいた図が示され，元禄9（1696）年，明治元（1868）年，昭和58（1983）年における居宅位置が示されている。またそれを補うように観光客向きに「酒田三十六人衆宅絵図」と題した俯瞰図——絵と呼ぶのがふさわしい形の——も掲げられているのである。

前掲の説明板が言うように本町通りは，1丁目から7丁目まで存在（庄内地震当時も変わらず）し，亀ヶ崎城に近い方（新井田川に近い方）が1丁目であった。今も「本町通り」の名は通りの名前として残っており，建物としては本町通りの東端（旧1丁目跡）に本間家旧本邸（明和5（1768）年築），旧3丁目跡に鐙屋（図15-1の

❷と本町通りを隔てた向かい。火事で焼け弘化2（1845）年再建）が残っている。

　ついでながら鐙屋の東側並び同じ旧3丁目には「奥の細道」に名が登場する不玉（俳号）の宅が、さらにその東の旧2丁目には玉志（俳号）こと近江屋三郎兵衛宅があった。不玉は庄内藩酒井家の侍医、伊東玄順の俳号であった。現在不玉の居宅跡には3階建の鉄筋コンクリートのビルが立っている。芭蕉が酒田に泊まった後、象潟へ赴き、「象潟や雨に西施が合歓の花」とうたったことは有名である。その象潟行きの面倒をみたのは不玉のようである。玉志についても少し触れておきたい。芭蕉が酒田に来たのは元禄2（1689）年であるが、前述の「酒田の廻船問屋」の説明板に載っている元禄9（1696）年の地図を見ると、玉志の家のあったと思しき位置には近江屋三郎兵衛の名はなく、近江屋嘉右衛門となっている。推量すると、三郎兵衛はすでに隠居して俳句など楽しみ、嘉右衛門が後を継いでいたものと思われる。嘉右衛門が三十六人衆を勤めていたのはもちろんである。

　往時、本町通りの幅員は8間（14.4m）であったと言われ、今も片側2車線の広々とした道である。庄内地震当時はもちろん、現在の酒田の旧市街部の町割は、江戸時代の初めとほとんど変わらないといわれるから、その町並を作った三十六人衆の見識には驚かされる。ところで三十六人衆とは何だったのか。少し調べてみたい（主に「酒田市史改訂版・下巻」を参照する）。

　戦国時代、秀吉による全国統一がまだ行われていない頃、酒田の町は町民の手により自治・自衛される堺のような自由都市であった。その中で、「酒田湊に出入する船や物資を管理し、倉庫業を営み、かつ武力を貯えて町を護衛する」[3]という役目を背負ったのが三十六人衆であった。そしてその中から三人が選ばれて町年寄となり町を切り廻した。

　前出の「酒田三十六人衆宅絵図」は絵図に添えてこの辺りのことを次のように説明している。

　「酒田三十六人衆は、今から約四百七十年前（1521年頃）に最上川の南岸・袖之浦から現在地に移り、湊町酒田の町づくりをはじめたと伝えられている。」

　まだ説明文は続くのであるが、上述の説明に補注をしておきたい。

　図15-3に見るように、文明の頃（1469～1486年）には、酒田の町は「向（う）酒田」と「当酒田」という2つに分かれていた。同図に書かれているように前者の戸数は後者の10倍ほどで、「向酒田」の方が栄えていたのであった。それが大永元（1521）年頃に三十六人衆は当酒田の方へ移ったのである。その理由としては、最上川

の河口移動、川底の変動、洪水などが考えられるが、それを裏付ける史料は乏しいようである。

　絵図の説明の続きである。

　「三十六人衆は、廻船問屋の経済力を背景に自由都市・堺（大阪府堺市）の制度にならって自治組織を確立し、合議制による町政を運営した。この仲間に選ばれるには、資力をもち本町通りに屋敷をかまえ問屋を営むことが条件であったといわれている。」

　上述の自治機能は、元和8（1622）年に酒井家が庄内に入府し、以後幕府と藩の行政機構が整うにつれ弱体化していった。すなわち、亀ヶ崎城の城代により任命された町奉行が町政と治安を担当し、その配下に同心、町年寄役、大庄屋、三十六人衆、肝煎、長人などが置かれることになった。町民自治の中で生まれた三十六人の役方は、これにより三十六人衆という名前で町役人としての地位と職能を与えられることになったのである。もっとも地位は与えられたが、三十六人衆の役目が定式化したのはずっと後年で、正徳6（1716）年4月に至ってであったと「酒田市史改訂版・下巻」は伝えている。

　本町通りを歩くと、有為転変・栄枯盛衰という言葉の意味を強く感じさせられる。この通りに三十六人衆の末裔の風骨を伝えるのは、僅かに町年寄を勤めた家格の鐙屋の町屋作り居宅（幕末近くに再建されたもので、細身の木材で構成され、杉皮葺きに石を置いた屋根で立っている）と新興の町人としてせり上った本間家の武家屋敷作りの旧本邸（江戸時代中期に建てられ、二千石旗本の格式を備えた長屋門、日常くぐり戸だけを使用していた薬医門、それに武家屋敷の風格を持つ漆喰の白壁塀など）だけである。両者の建築の風が対照的なのもアイロニックである。

　司馬遼太郎は、「街道をゆく」の「秋田県散歩」の章（朝日文芸文庫、1990年）で、「街道をゆく」を「書きはじめたときから、庄内へゆくことを考えていた」と言いながら、「自分の不勉強におびえて」とか、行くことに「まだ自信がない」とか言って、遂に庄内を訪れることなく亡くなってしまった。

　司馬さんの庄内に対する含羞の気持の底には何があったのであろうか。筆者は本町通りを歩きながらそんなことを思ったのである。

【引用・参考文献】
1）松田時彦：活断層，岩波新書，1995年12月
2）野口孫市：建築雑誌，109号，1896年1月
3）酒田市：酒田市史改訂版・下巻，1995年3月
4）塚本靖：建築雑誌，100号，1895年4月
5）阿部喜平治：山形県酒田震災一覧，1894年

庄内平野と
庄内地震

その2

酒田町の地震に伴う火事 ...243
酒田町の建物被害 ...244

（2002 年 4 月号）

酒田町の地震に伴う火事

「ゴウゴウと遠雷がとどろくような音が西南方向より
したかと思う間もなく，地面が 1 メートルも持ち上げ
られた。そしてドドーン，ドンドンと地面が落下して，
ほとんど大部分の家屋が，この初震によって将棋倒し
のように潰れてしまった。」（「酒田市史改訂版・下巻」
[3]）

「この日轟然北方より強風の如き音を発すると同時に
劇震を来し，多くの人家忽ちにして倒潰し，火は焔々
として起れり」（悲愴惨怛両羽地震誌・全」[6]）

上の 2 つの素人の手になる震災記録を眺めると，地震
による音が伝わってきた方向は，一つは「西南」と言い，
もう一つは「北」と言っていてまったく違う。

庄内地震の起こったのは夕飯の炊事どきであったから，
地震による建物の動揺と倒壊によって火の手が酒田の町
に上った。「酒田市史改訂版・下巻」[3] は，

「火の勢いは東西南北に広がり，火焔空を蔽って天を
焦がした。しかし，だれ一人として消防に尽力する暇
がなく，アッという間に，全市街の大半を焼失した。」
「火災は船場町から川岸へと拡がり，新井田川西岸に

あった「いろは蔵」は三日間にわたって燃えつづけ
た。」
と書いている。

上に登場する「いろは蔵」は図 15-1（再掲。第 27 回
の図 15-1）に見るように，旧市街の東南端，新井田川に
沿う岸にあった。元は酒井藩の米蔵が置かれ（江戸初期
から），おいおいその数が増え，数十の米蔵が軒をつら
ねるようになり，戸前が 48 あったところから，俗に「い
ろは四十八蔵」（略して「いろは蔵」）と呼ばれた。現在
の山居倉庫群に優る偉観であったという。維新後は官収
され，庄内地震当時は本間家により所有され，新井田米庫
として使用されていた（以上，「酒田市史改訂版・下巻」[3]
の文章を参照した）。

「悲愴惨怛両羽地震誌・全」[6] は，

「激震あるや忽ちにして九ヶ所より火災起り，この時
西北の風漸く烈しく火勢益々猛烈を極め焔烟天にみ
なぎり，黒烟地を捲き忽ち四方に延焼し終に大火災と
なり」
と述べている。

全焼した町名をいちいち挙げても酒田の町を知らない
多くの読者には退屈であろうから省略し，図 15-1 に焼失
区域（図中にハッチした部分）を示すことにする。

第 15 章　庄内平野と庄内地震　その 2　243

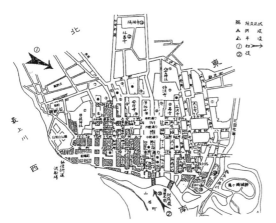

図 15-1 酒田町の市街図[3]（図注のハッチした部分は庄内地震で消失した区域。第 27 回にこれと同じで、もっとはるかに大きい図を掲載したので参照を乞う）
❶ 飽海郡警察署 ❷ 飽海郡会議事堂 ❸ 飽海郡役所 ❹ 琢成第二分校
❺ 酒田尋常高等小学校 ❻ 琢成第一分校 ❼ 済世学校 ❽ 裁判所 ❾ 旧琢成学校
① 日枝神社（上）② 日枝神社（下）③ 厳島神社 ④ 八雲神社 ⑤ 米山座 ⑥ 湊座 ⑦ 監獄 ⑧ 本慶寺 ⑨ 妙法寺 ⑩ 浄福寺 ⑪ 竜厳寺 ⑫ 林昌寺 ⑬ 瑞相寺 ⑭ 大信寺 ⑮ 安祥寺 ⑯ 浄徳寺 ⑰ 海晏寺 ⑱ 泉流寺
⑲ いろは蔵 ⑳ 山居倉庫

❶-1 飽海郡会議事堂と琢成第二分校の跡地の現状
（本文記事参照）

酒田町の建物被害
官公衙建築

野口孫市[2]、塚本靖[4]、曾禰達蔵[7]、中村達太郎[8] による震災報告書、帝国大学調査団の被害状況スケッチ集[9] のメモ、庄内地震当時の酒田町内地図[10]、現在の酒田市地図などを手に上記の震災報告書に登場する酒田町内の被害建物が立っていた跡を訪ね、庄内地震による被害を吟味してみたいと思う。読者には図 15-1 の参照を乞う。

まずは、市役所敷地脇の本町通りと旧実小路（前述）の交叉点に立っている。

交叉点の北西隅❶には地震当時、警察署が立っていた。当時は県内の 2 市 11 郡に警察署が設置されるという体制——明治 24（1891）年から——下にあったので、飽海郡警察署と称された。この建物は、明治 16（1885）年 6 月、酒田警察署と称されていたときに本町 4 丁目（当時）の宅地 233 坪余を購入して建てられたもので、木造 2 階建であった。警察署は西隣まで大火が押し寄せてきたが、火はくい止められ類焼を免れた。

「警察署も破壊された」[3] という記事があるが、破壊の程度はわからない。図 15-1（第 27 回に掲載）の引用原典に当たる図（「市消防記録による」[3]）に示された被害判定によると、倒壊にも半壊にも属さない軽微な被害だったらしいが、「翌 28 年 11 月に本町 4 丁目から利右衛門小路・下袋小路にわたる 676 坪余の敷地に新築移転した」[3] というから、ある程度の被害を受けたのであろう。

曾禰達蔵は、側石が層外に躍り出た例の一つとしてこの建物を挙げているのである[7]。因みに震後の新庁舎の建坪は 84 坪余で、工費が 2,044 円だったというから「壊れ太り」——言葉が悪いが——したことになる。

いずれの震災報告書も帝大調査団の被害スケッチ集も警察署の被害にはアンタッチドである。被害調査が許されなかったものと想像したい。

現在の市民会館（市役所と同じブロックに立つ）のある所——本町 3 丁目 2 番地（当時）——には、瓦葺き洋風木造 2 階建（下見板張り白ペンキ塗り）の飽海郡会議事堂（図 15-1）が本町通りに面して立っていた。写❶-1 は議事堂跡地の現在の様子を示している。正面真っ直ぐ伸びる路は山椒小路、それと直交する手前に見える通りが本町通り。一番手前に見える建物が市民会館で、その奥に見える建物の所に後述の琢成第二分校が立っていたのである。郡会議事堂は明治 19（1886）年 1 月の建築で、その被害に関する報告は極めて多い。

郡会議事堂も西隣のブロックまで大火が延伸してきたが、西側の実小路を境にして火はくい止められた。しかし、建物は被害を受け、控え柱式に支え材を外周四方から当てて傾倒を防ぐという応急措置が必要だった（この様子を 11 月 3 日に帝国大学の学生（2 年生）の福岡常次郎がスケッチしている[9]）。

調査団の先遣隊だったと思われる野口孫市が、福岡より早く 10 月 30 日（地震から 8 日目）に議事堂を訪れ調べをしている。

平面（図 15-5）は間口 18.2 m、奥行 12.7 m の長方形で、前面中央には、5.5 m 角の 2 階建玄関部が、背面には平家建の附属屋（小使室ほか）が接続されていた。1 階には 18.2 m × 9.1 m の日本式座敷（襖で大小 5 室に仕切られ、そのうち床を持つ室が 2 つ）が中央に置かれ、その南と北に幅員 1 間（1.82 m）の廊下（南側廊下には 2 か所に直進階段）が設けられ、2 階にはワンルームの広い

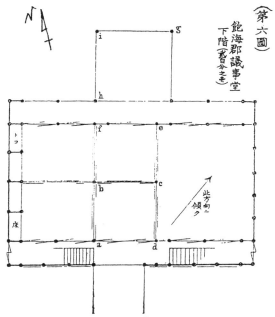

図 15-5 飽海郡会議事堂1階平面図[2]

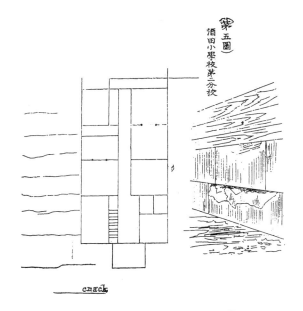

図 15-6 琢成第二分校の平面図（1階）と地面の亀裂[2]
（平面図は右が北に当たる。図中の右側のものは建物南側の側石剥裂を示している）

議場（西辺に寄せて議長席の壇が設けられ，南辺には直進階段が2か所）であった。以下は議場についてである。

議場の柱は18cm角で，1間（1.82m）ごとに建て登せ柱を配し，間柱（見付6cm，見込18cm）を60cm間隔に立てた西洋式の壁組で，隅には9cm押角の筋違を入れていた。

1階は，日本式座敷の中央部に立てられた柱6本（図15-5）のうち5本には鴨居長押が三方あるいは四方差しされ，それらの柱は，「ことごとくその附着の辺りにおいて座折」[2]された。第14章の図14-5はその様子を示すものであったのである。関連することは第14章の「柱の折損」の項ですでに書いた。上記の柱群を除き，議事堂の柱はすべて東北に傾いた[2]。なお，玄関ポーチ部（図15-5）の2階は四方壁のワンルームで，四隅の柱4本のうち2本がほとんど折れたと野口は書いた[2]——野口は玄関部につき自らスケッチを行っている——が，塚本はその折れた位置を「階上下の継手より折れ」と特定し[4]，さらに「階上（の）議場の前壁（東北面）と板床との間に幅43cm程の裂隙が生じ」と指摘をしている[4]。

学生の福岡は，11月3日と4日に議事堂で熱心に合計7枚の被害スケッチをしている。写真機のなかった時代の被害調査の困難さを知らされる。福岡のスケッチから読み取れることは少ない（報道カメラマンの災害写真が専門家の私たちの研究に益することが少ないのと似ている）が，この傾向は福岡だけに限られるものではなく，学生達全員に共通することであった。学生達は，被害のどこが構造的観点から重要なのか見る眼を持たなかったのである。

学生，福岡常次郎の名誉のために特筆すれば，彼は議事堂2階の内側四面の軸組状態をスケッチしていて，その中の西側内面の軸組（下見板が直接見える）のスケッチが筋違の入れ方をキャッチしていて貴重である。筋違の端部は今日のように柱と横架材の交点に置かれていない。一本の筋違が間柱を横切り（間柱を切断してはいない），筋違の上端は柱頭からかなり下に取り付き，下端は柱の中間に取り付いているのである。庄内地震当時の地方における筋違の入れ方の素顔が垣間見られて興味深い。郡会議事堂の被害は上に述べたとおりであったが，市消防記録は，被害程度を半壊と判定している。

学校の校舎

さて，郡会議事堂の南側（現在の市民会館の南側）に琢成第二分校（明治34（1901）年4月酒田第二尋常小学校と改称）があった。その開校について「酒田市史改訂版・下巻」[3]は，

「女子生徒を収容した琢成第二分校は山椒小路に新築され」「明治18年10月24日の落成である。」

としている。さらに校舎について，

「建坪212.25坪，和風2階建8教室，体操場，裁縫室，仕度所を設置した。」

と書かれている。図15-6はその1階平面図[2]を示している。

この学校について，塚本は次のように簡潔に報告して

第15章　庄内平野と庄内地震　その2　245

いる[4]。

「木造瓦葺木地（原文のまま）下見板張（り）平家（筆者注：2階建が正しいと思われる）にして全体右方（東南）に傾斜し，校内（の）内壁（は）ことごとく剝落し，指口（筆者注：仕口の意）の座折せる所あり。」

塚本によれば本校校舎は東南に傾いた訳であるが，野口は「建築物全体は少しく北に傾き」と言っている[2]。両者の齟齬をどう考えたらよいか。第二はそれの北隣に接する郡会議事堂が東北に傾いたという野口の報告[2]とをどう折り合わせたらよいか，筆者は思案投げ首である。前者については，塚本か野口のいずれかが方向認識を間違っていたのではないかと考えたい。後者については，現実の建物の挙動は，隣接する建物が同じ方向に倒れるはずだというように，考えることができるほど単純ではないと思う方がよさそうである。

なお，野口の報告[2]は，以下のように内容豊富で，塚本の報告を補って余りあるものがある。

「木造下見板張り2階建西洋風建築——「酒田市史改訂版・下巻」は，「和風」としている（前出）。当時は和洋どっちつかずの様式だったのだから，「和風」「洋風」の表現の齟齬に目くじらを立てることはあるまい——なり。柱は5寸8分（17.4m）角を用い，堅固に作られたり。しかれども筋違の加えられたるを見ず。」

さらに屋根は瓦葺きで破風がつき，軒の出は約2.7m。建物の平面は間口12.7m，奥行約24m——「酒田市史改訂版・下巻」に「建坪212.25坪」とあるのとの整合性に疑問が残る——で，軒高は4間（約7.3m）と野口は述べ，被害については，

「建物の南方において地盤に南北の方向に平行したる亀裂（筆者注：この記述から見て図15-6の右が北に当たることがわかる）を見る。建築物全体は少しく北に傾き，戸障子は破損し，南側の側石（は）剝裂せり（筆者注：図15-6における右側の図を見よ）」

としている[2]。

「酒田市史改訂版・下巻」には，琢成第二分校の震災に伴う改築や移転のことを書いていない。また，塚本と野口の報告を併せ参考にしても，この学校の被害は半壊には達しないものであったと思われる。この建物には，筋違を入れる配慮もなく，地面には亀裂も入ったが，その程度の被害ですんだのはなぜだったのかと考えさせられるが，史料が乏しいから思考はそれより先に進まない。

旧本町1丁目6番地，現在の本間家旧本邸西隣の駐車場の所には飽海郡役所（図15-1）が立っていた。「酒田市史改訂版・下巻」[3]によると，敷地は940坪余で，建物は3階建で，ただし野口は「木造2階建西洋館」（外

写⑮-2 飽海郡役所[3]

部下見板張り）と書いている。この齟齬の原因は写⑮-2を見るとわかる。物見塔（望楼）が2階建の上に立っていたのである。野口は簡潔に，

「家屋の中央に空隙を生ずること5寸（15cm），東部は東に傾けり」

と記すのみで，他の報告書は全然この建物の被害について記していない。大した被害ではないと見なされたのであろう。帝大調査団もこの建物に寄りついた形跡はない。

しかし，地震の年から3年目の明治30（1897）年には，建坪168坪（約560m²）の新庁舎が新築されている[3]ところを見ると，確たる史料はないものの，それなりの被害はあったと見た方が至当かもしれない。ついでに書くと，遥か後年の大正5（1916）年，郡役所と郡会議事堂が離れているということで，後者の西隣の敷地（現在の市役所の敷地）に郡役所の新庁舎が移転している。

酒田尋常高等小学校（図15-1）についてである。この学校の校舎の被害については最も被害報告が多い。

この学校は現在の中央西町の市立総合文化センター（図書館もこの内部にある）がある敷地に地震当時立っていた。現在，同センター北門脇に低い木立に左右から抱えられるようにしてふっくらした枯露柿形で胸板の厚い石碑が立っている。碑面に「琢成百年」と筆太の字が刻まれているだけで，石碑の謂れ書があるかと思い裏に廻ってみたが何もなく，側面に「昭和四十九年五月二十五日」とあるだけである。

「琢成百年」の謂われはこうである（「酒田市史改訂版・下巻」[3]を参考にして書く）。

「酒田市街地の学校系統図」を見る[3]と，明治5（1872）年の「学制」の布達に対応して酒田の町に明治7（1874）年7つの学校が起立し，翌年には8校が増設された。この辺りの出来事は，明治7（1874）年に教部大丞から酒田県令に任命され赴任した三島通庸の教育熱心と無縁ではなかったと思われる。

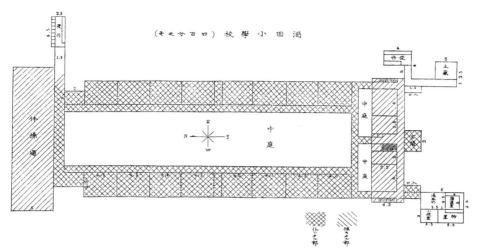

図 15-7　酒田尋常高等小学校 1 階平面図[2]（斜線は傾いた部分，交叉斜線は倒壊部分を示す）

　三島は町内の各学校から優等生を選抜し，120 人の生徒を海晏寺（図 15-1）に集めて英才教育を施したが，この学校は鳴鶴学校と呼ばれ明治 8（1875）年 2 月起立している。同年 8 月酒田県は鶴岡県となったが三島は引続き県令を勤める。明治 9（1876）年庄内巡検に来た（筆者注：天皇の東北地方巡幸に従い）太政大臣三条実美に三島は学校の佳名を請い，「琢成」という名前を頂戴した（「山形県教育史・通史篇上巻」[11]による）。明治 12（1879）年 9 月，太政官から「教育令」が布告されると三島県令は即刻これに対応するが，彼は「小学校分立を否とし，大校集成主義をとって壮大な校舎の設置を決めた」[11]。すなわち，明治 11（1878）年 8 月本町通り西端の突き当たりの秋田町（現在，市営駐車場がある所．図 15-1）に校地を定め起工式が行われ，郡長貴島宰輔が指揮をとり，大工・左官から人夫まですべて三島の出身地鹿児島から呼び寄せられて琢成学校（小学校）と酒田中学校の校舎（両校は同じ校舎）の工事が進められた[11]。そして，琢成学校・酒田中学校は，明治 12（1879）年 5 月に開校された。琢成学校は鳴鶴学校の後身と見てよく，この歴史を踏まえて「琢成百年」が，鳴鶴学校の開校された明治 8（1875）年を創立の年と見做したものと思われる。

　明治 16（1883）年 3 月，前記の琢成学校と酒田中学校の併設校舎は焼失した。酒田中学校は千日堂（後述）前の元勧業試験場に移されたが，校舎はその後再建されず同校は休校となった。

　一方，小学校の「琢成」は民家など 10 か所に分散し授業を再開し，翌明治 17（1884）年 7 月，秋田町の元校舎の焼跡に和風 2 階建の木造校舎を起工，11 月に開校した（教室数は 22 で他用の室が 7 つ）。明治 20（1887）年 5 月，酒田高等尋常小学校と改称，同年 12 月再び火災により焼失し，翌年 11 月，寺町の現在の敷地（東隣の泉流寺と西隣の本慶寺との間に空地があった）に 2 階建 757 坪余（2,523 m^2）の校舎（教室 17，他の室 10）が新築された。庄内地震を受けたのはこの校舎であった（ついでながら秋田町の旧校地には地震当時米穀会社が立っていた）。なお，同校は，地震の前の明治 25（1892）年 11 月から酒田尋常高等小学校と改称されていたのであった。

　建築とは直接関わりのない関連話が過ぎた。酒田尋常高等小学校の震災についての話に入ろう。

　酒田尋高（以下略してこう呼ぶ）は，「市消防記録」「酒田震災一覧」[5]——後者は前者の資料を参考にしたかと察せられる——のいずれにおいても全壊と判定されている（酒田町で上部構造の被害が最大であった建物の一つであったから当然の判定であった）。

　酒田尋高の 1 階平面図を図 15-7 に示す。中庭を持つ南北に長い □ 字形平面で，東側の正面の棟は管理棟に当たり 2 階建（東に傾いた），これと対称位置の奥に平家の体操場（北に向かって倒潰）があり，上記の 2 棟を連結して左右 2 列の縦に長い平家の教場棟（最も無惨な形で倒潰）があった。

　正面の 2 階建管理棟が東に傾いた（玄関を除き倒潰はしなかった）様子は第 14 章（第 25 回）に図 14-3 としてすでに示したところである。左右 2 列の教場棟が完全に倒伏した様子は図 15-8 に示す。

　なお，雨天体操場と教場棟との間には両者を連結するための瓦葺廊下（図 15-7）があったがことごとく倒潰し地に伏した。また，前出の 4 棟（□ 字形平面）の北には，地震の月に落成した新教場（梁間 8.2 m，桁行 75.5 m）が立っていたが，「ことごとく転倒」[2]した。

　酒田尋高の調査には野口孫市が（恐らく中村達太郎に

図 15-8　酒田尋常高等小学校の教場棟の倒壊[12]

従って）最初に入ったかと思われる。野口は 10 月 30 日と 11 月 1 日にここで 7 枚のスケッチをしている（調査団の中でこの建物におけるスケッチ枚数の多さで彼の右に出る者はなかった）。そのことは，野口が最も関心を示した被害建物が酒田尋高であったことを物語るものであろう。スケッチ 7 枚の内訳は，体操場 3 枚，教場の床 2 枚，教場の小屋裏と玄関 1 枚ずつであった。

帝大の学生で調査に当たったのは，野口，塚本のほかに，3 年生の関野貞，野村一郎，2 年生の鈴木禎次，池田賢太郎，堀池好之助であった。

まず，体操場の被害を見てみたい。

体操場は瓦葺き下見板張り（白ペンキ塗り）平家建で平面は 38.2 m（桁行 21 間）× 10.9 m（梁間 6 間），軒高（側石上ばから）4.8 m，天井高 3.9 m で，内部に柱は 1 本もなかった。

体操場の柱は，7 寸（21 cm）角の四隅の柱を除き断面 5 寸（15 cm）角で 1 間（1.82 m）間隔に配置されていた。

野口の報告[2]は文章が主体なため，わかりにくい部分が少なくないが，帝大 2 年生池田賢太郎のスケッチとその説明メモ[9]が野口の報告文を読み解くのに大変助けになる。

第 14 章（第 25 回）では，図 14-7，図 14-8 を掲げ，梁間方向に架けられた平行弦トラスについて略述したが，その際，トラスの取り付く柱の折損に注目し過ぎたので，池田のメモの助けを借りてトラス周辺の構造的全貌を明らかにしておきたい。

曾禰達蔵[7]と野口孫市[2]は，竣工（明治 21（1888）年）を目前にして暴風のために体操場が倒れたことを平行弦トラス設置（地元の中村太助の考案による）の理由と見做しているが，中村達太郎[8]は，大風の際建物が揺れるので「一昨年（明治 26（1893）年）に至り水平なる構成支材を三組天井下に横たえた」のだと述べている。以上の 2 説のうちどちらが正しいか判断する史料は残念ながら筆者の手許にはない。

それは措いて，以下は平行弦トラスの周辺条件である。

体操場の東側・西側の端通りは共に完全に壁（外は下見板張り，内は縦羽目）で，東西方向の北面には壁（外は下見板張り，内は縦羽目）と複数の窓（窓下端は床上 3.0 m，窓高は 75 cm，窓幅は 1.65 m）と出入口（高さ，幅共に 1.82 m）2 つが配され，南面には壁（北面と同じ）と複数の窓（窓下端は床上 60 cm，窓高は 1.35 m，窓幅は 1.65 m）と出入口（北面と同じ）3 つが配されていた。以上は体操場の外周四辺についてのことであった。

基礎と土台については学生の池田がメモ書きしているが，筆者には理解出来難い点が多い。確かなことは，基礎はまったく一体性のない側石（側石同士に接合材料も連結具も使われていない）で，土台は 16.5 cm 角であったことである。

図 15-8 は素人の画いた被害状況であるが，側石がバラバラになっている様子がよく描かれている。砂地盤の上にプアな方式の基礎が設けられていたのでは，木造の上部構造が地震動に対し一溜りもなかったのは当然である。曾禰達蔵の報告はこのことに触れている。

平行弦トラスの客観的状態は，日本式小屋組の小屋梁からトラスめかしいものを吊り下げたものであった（第 14 章の図 14-8 参照）。この吊り下げ式構造は，野口が報告した[2]ように，梁間方向に 3 本架けられた（平行弦トラスの間隔は不等）。野口のスケッチを見ると，上の 3 本のほかに東西の端通りにも架け渡されていた（トラスの下部は壁）ことが推測される。したがって，1 間（1.82 m）間隔に配置された日本式小屋組 22 個の直下に平行弦トラスめかしい構造が吊り下げられたのは僅かに 3 個だけだった訳である。

平行弦トラスの周辺の矩計関係に触れたいと思う。

「窓鴨居より天井下において室を横ぎりて，3 箇のツラスを架せり」

と野口は書いている[2]が，文章では矩計関係は完全には理解できない。幸いに曾禰の報告[7]に所載された図 15-8 や池田のスケッチ，野口の報告文[2]などが存在するので平行弦トラスの周辺の矩計関係を推測することができる。

日本式小屋組には斜材は入っていない。鼻母屋と棟木の間には母屋が 3 個入っているから母屋を支える束（12.5 m 角）の間隔は 1.5 間（2.73 m）ということになる。束の下端は，小屋梁の上面に桁行方向に流された横架材（16.4 m 角）に小屋梁の直上位置で受け止められている。

小屋梁が平行弦トラスの上弦材を兼ねるのであるが，その寸法は丸太を太鼓に落としたものであるから，トラスごとに寸法が違うし，同じトラスでもスパンを通じて

一定断面ではない。

下弦材の断面は23.8m×20cm（池田賢太郎のスケッチ帳と曾禰[7]や塚本[4]の報告の記述は一致）。

平行弦トラスの筋違（X字状に挿入）の断面は11.9cm（せい）×11.3cm（幅）で4寸角相当。上弦材と下弦材をつなぐ縦ボルトは径3/4"（19mm）で，スパン方向に1.75m（約1間）間隔に配置されていた。

小屋梁（トラス上弦材）面内の水平構面には，20cm（幅）×3.6cm（厚）の貫材が火打として所々に配置（配置の仕方は今日の在来木造と大差ないと言いたいが，挿入数は今日の半分くらい）されていた。

次は平行弦トラスの矩計である。

下弦材の下端は床上から2.02m（6′—9″），上弦材の下端（おおよそ天井面）と下弦材の下端との距離は1.9m前後だったと推測される。

長手東西方向（平行弦トラスに直交する方向）の構造については次のように書かれている[2]。

「窓鴨居と軒桁の間（筆者注：矩計における上下関係としてはちょうど平行弦トラスのせいの部分に対応する位置。図15-9）にはおよそ3寸5分（10.5cm）角の筋違を入れてボルトにて締め固めたり」[2]

この様子は図15-9を見ると理解される。

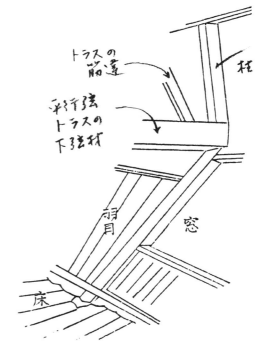

図15-9 酒田尋常高等小学校の体操場の平行弦トラスの取り付く柱の折損とその周囲の構造[7]

平行弦トラスの下弦材は，桁行（東西）方向1間間隔の柱に取りつけるため，下弦材端に設けたほぞ（せい7寸5分（22.5cm），幅1寸6分（4.8cm））を上述の柱にうがったほぞ穴に差し込み，この柱には別に下弦材と直交する方向（東西方向）からせい約5寸（15cm），厚さ3.5"（8.9m）の内法貫（鴨居直上）が挿入された。この複雑な部分で柱が折れるのは当たり前の話であった。

かくて平行弦トラスの下弦材の取り付いた位置で柱が折れた（野口がたまたまスケッチした1枚の図では，下弦材の下端からちょっと上った高さ位置で柱に斜めに割れが入っていた（このことは野口の報告書には書かれておらず，筆者の観察によるものである）。

上記した位置またはその近くの位置で平行弦トラスの下弦材が取りついた3対（北側と南側を1対と見なす）の柱が折れ，建物は北側に傾いたが，その傾き方は，桁行方向の中央で最も大きかった（建物は平面的には「（」状に変形した）。

「四（面の）壁の両端柱2本もまたボルトと筋違を加えて締め固め」「小屋組下ばにも二組の筋違を加えたり」

と野口は述べている[2]が，「筋違」は今日呼ぶ所の方杖であったかと思われる。上の引用文の初めに出てくる「四壁の両端柱2本」に「筋違を加える」という文章の内容は，構造的に曖昧でわかりにくい（厳密さに欠ける表現で，方杖が梁間方向，桁行方向のいずれに挿入されたのかわからない）。

正面2階部分（傾いただけで倒伏はなかった）が倒れなかった様子は，図15-8でわかるが，この棟は外部下見板張りで，隅柱は22.5cm角で通し柱，その他の柱は18cm角，間柱は断面16.5cm×6.6cmであった。第14章の図14-3（前出）に見るように玄関は崩壊し，棟全体は東へ傾いた。「壁（は）落ち，天井は裂けた」が，「幹部に大破を見出さず（筆者注：棟本体部分には大破は見られなかった）」であった。

「柱は堅固なれども筋違なし」

と野口は書いている[2]。

平家教場2棟は共に東に向かって倒れた（図15-8）。側石（筆者注：布基礎に当たる）は幅およそ15cmの石を2段積み上げていた（空積みであった）が，

「地形もまた不安全を極め，震動に遭うて忽ち崩壊し遂に全棟の転倒を見る」

と書かれている[2]。

小屋組は日本式であった。

次は琢成第一分校（後に酒田第一尋常小学校と改称）についてである。

創立は明治17（1884）年1月（前述の琢成第二分校

創立の前年）で，校地は妙法寺の敷地東南隅の畑地（図15-1）に定められた。当時（庄内地震の時も）は琢成第一分校と称されていたが，明治34年（1901）年4月に第一尋常小学校と改称された。

野口に報告書がある[2]が，彼は「酒田小学校第二分校」と題した上で次のように書いているが，「八雲神社を距ること遠かざる処にあり」と書いているから，これは第一分校とすべきところを誤ったものと思われる。

「瓦葺きにして西南に倒る。八雲神社と共にこの地方（の）転倒方向の異なるものの例とすべし」
とある（八雲神社の位置は図15-1参照）。

野口の被害記述は上掲の文章だけで，塚本の報告書での記述は次のようにもっと短い。

「柱脚左右前後に躍出し，屋背直下に墜落す」

柱脚が随所で基礎を踏みはずした様子を叙述しており，これが原因で「倒壊」（市消防記録における判定）を招いたものと思われる。

この学校の被害への注目度が低い理由はわからない（帝大の学生で被害スケッチをしているのは2年生の橋本平蔵だけ）。橋本は生徒用入口を画いていて，多くの柱が傾いて滅茶々々になっている様子が看取される。報道写真的で構造細部の破壊原因を示唆するものはない。

曾禰達蔵の報告書に「済世学校」あるいは「済世小学校」と記され，野口孫市の報告書には「済世学校」と書かれた学校があった。

その所在地を古い地図で求めた結果，酒田郷土史研究会の会長，岩田明，土岐田正勝（酒田市文化財審議会委員）両氏の御好意で詳しく閲覧させて戴いた「山形県酒田震災一覧」という地図の上に「サヱセ学校」と書かれた学校を本慶寺の西隣に筆者が発見し，上記の両氏を驚かせた。

この学校の名前は，「酒田市史改訂版・下巻」[3]の第4章「明治の教育と文化」の記述の中に見出すことはできない。同書の執筆者により見落されたかと思うが，それより何より小学校であったかどうかの確証も掴めない状態でこの原稿を書いているのである。

明治7～8年に酒田の町に，○○学校と称された小学校相当の学校が15校開校されたが，済世学校はその当時この種の学校として創立されたものではなかろうか。地図上で本慶寺の西隣（図15-1）に位置するから，明治初年，学校を開いた寺が少なくなかったことを思うと，元は本慶寺の境内にあり同寺が経営ないしは土地を提供していた学校ではなかったかと当て推量したくなるのである。

野口は，済世学校について，「木造平家西洋風外部下見

⑮-3 本慶寺の隣地にあった済世学校の跡地（現状）
（白い門柱は本慶寺の門で，遠くに本堂の屋根が見える）

板張り」で「梁間6間（10.8m），桁行14間（25.2m）」の瓦葺き建物だったと書き，さらに被害について，壁が落ち，柱が曲がり，破損が著しく，東に傾き今にも倒れんとするばかりであったと書いている（「市消防記録」は倒壊とも半壊とも判定していない）。さらに野口の記述を筆者が自分勝手に当て推量をしながら書いてみると，家屋の北端は南端に較べてその傾斜（筆者注：東への）が一層甚だしかったが，これは東南隅にあった大きな樹により南側（筆者注：東端の南側）の軒が支えられ，危うく転倒を免れたようである。もっともこれは野口の見方で，曾禰は次のように原因解釈をしている。

柱の固め（筆者注：通し貫を用いて柱同士のつなぎを固めることを指す）が堅固な場合には，柱の上下端に設けたほぞが折れても，建物は傾きはするものの，倒壊には至らない。そしてその例が済世学校であると言っているのである。

済世学校へは，帝大学生全員（3年生2名，2年生5名）のうち，堀池好之助（2年生）を除いた6名が出掛け，被害スケッチとメモを残している。せっかくの努力であったから，この学校の被害について少し詳しく触れておきたい。

地震被害当時，済世学校があった場所は，現在の寿町3～4番地に当る。現地を訪れ，古地図（「山形県酒田震災一覧」）と照合して，場所を確かめてみると，この敷地は元は本慶寺の境内にあったろうという確信を深めた。現在は，寺町通りに面する門から本堂まで道が通じているが，この道の左右にはかつては広い境内の一部であったろう（現在は民家が立ち並んでいる）と感じさせる雰囲気がある（写⑮-3）。門から本堂までの左側の南北に長い敷地に済世学校は立っていて地震に遭ったのであった。

梁間6間の方向が東西で，桁行14間の方向が南北で

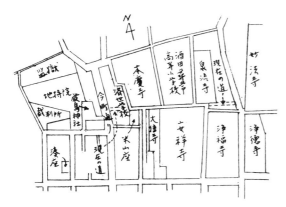

図 15-10 酒田町の西北部の地図（文献 5) を下敷きに筆者が画いた）

あったろう。先述のように東に傾いたというから，梁間方向に傾いた訳である。

実は当時の地図からわかるのであるが，済世学校の南隣の敷地続き（図 15-10）に米山座という劇場があった。本慶寺の門前左手前の位置である。この米山座も東に傾いた（野口の報告書[2]）のであった。

さて，帝大の学生達のスケッチとメモを通して済世学校の構造を読み解くことをしなくてはならない。

桁行方向の中央に玄関車寄が取り付いているが，これが東側についていたか，西側についていたかである。

関野貞が「玄関左教員室の床の間」のスケッチをしていて，これを見ると建物が左（東）に傾いている。略平面図を画いた学生（姓名不明）の御陰で，教員室の床の間の位置がわかるので，これから推して玄関車寄が西側についていたことがわかる。そうすると，玄関車寄が広い今町通りを向いていたことを図 15-10 が教えてくれる。多分，門は繁華な今町通りに面していたのであろう。

前述のように，この建物は南北に長い一文字形の平面で，画き人知らずの略図を用い推量を混じえると次のことが言える。平面は中廊下（廊下幅は 1.8 m）式で，東側には南から体操場（梁間 3 間×桁行 6 間），教場（3 間×4 間），教場（3 間×4 間）があり，西側には南から，2 間（梁間）×2 間（桁行），2 間×5 間（北側に奥行 3 尺の床と押入あり），2 間×1 間（玄関），2 間×3 間（教員室で南側に奥行 3 尺の床と押入あり），3 間×3 間（この室は中廊下の突き当たりで，中廊下は貫通してない）の小室（用途不明が多い）が並んでいた。

桁行方向の外周通りは，長さ 3 尺の壁と長さ 3 尺幅の窓（せいは 1.35 cm で，窓枠が 6 cm 角）が規則正しく交互に繰り返される立面で，隅柱は 21 cm 角，その他の柱は 13.5 cm 角であった。また，教場の天井高は 3.18 m，車寄の柱は 21 cm 角で高さ 2.70 m であった。

外周は下見板張りであったが，壁は貫 3 本の土塗り小舞，体操場と教場では腰に縦羽目が張られていた。玄関を入って左側と右側の室は，床の間を持ち，天井竿縁の和室であった。校長室と教員室であったかと想像される。

和室の被害を見ると，玄関左教員室では床の間に接する外周壁の柱が折れていて，関野は，これは「玄関軒桁」により突かれたためだとメモ書きしている。この柱に沿って床の間の右脇の内側には割れが入っていた。

和室の差鴨居の長押せいは 18.5 cm，鴨居のせい（別木かどうかは不明）は 13.5 cm で，一つの和室では差鴨居のほぞが抜け出て，柱はそのほぞ穴のところで折れ，別の和室では鴨居の下ばで三方差しの柱が折れていた。

以上のような細かいことは震災報告書には書かれていないが，学生諸氏の労を無にするのは惜しいと思い書いた。当時の地方での木造建物の建て方を朧気ながら知ることができて興味深い。

終わりに，済世学校の傾倒を見て曾禰達蔵が，次のように述べていることを紹介しておく（すでに第 14 章（その 1）で書いた）。筆者の手で口語文に直す。

「基礎と屋根に異状がなくて建物が傾斜するのは，柱のほぞ，ほぞ孔および貫孔（の不完全）に原因している」

「地震によってクサビが抜け出してしまうと，柱が回転しやすくなり建物が傾斜するのである」

「通し貫はいまだ完全な柱固めの方法でないことをしるべきである」

【引用・参考文献】

1) 松田時彦：活断層，岩波新書，1995 年 12 月
2) 野口孫市：震災予防調査会報告，7 号，1895 年 9 月
3) 酒田市：酒田市史改訂版・下巻，1995 年 3 月
4) 塚本靖：建築雑誌，100 号，1895 年 4 月
5) 阿部喜平治：山形県酒田震災一覧，1894 年
6) 両羽震災取調所編：悲愴惨憺両羽地震誌・全（鶴岡・日向源吉蔵版）
7) 曾禰達蔵：建築雑誌，103 号，1895 年 7 月
8) 中村達太郎：震災予防調査会報告，3 号，1895 年 6 月
9) 震災予防調査会発行：明治 27 年山形県震災被害之図・完（帝国大学造家学科学生の被害状況スケッチを収集したもので，酒田市光丘文庫所蔵のものを見た）
10) 酒田警察署編：明治 10 年代の警察巡邏図（酒田市史編纂室と光丘文庫の御好意により借覧とコピーをさせて戴いた）
11) 山形県教育委員会編：山形県教育史・通史篇上巻，1991 年 12 月
12) 酒田尋常高等小学校大震潰倒之図，池埜伝左衛門発行，1895 年 1 月

庄内平野と庄内地震

その3

裁判所と監獄 ...253
劇場 ...256
米穀取引所の倉庫 ...256
神社 ...258
寺院 ...260

(2002 年 5 月号)

裁判所と監獄

　下の日枝神社の境内は，酒田の旧市街地から見ると丘の上にある。その丘の東麓（旧市街地の西端）に日吉町――日本全国どこの街へ行っても日枝神社は「山王」・「日吉」という名と縁が深い――と呼ばれる町があるが，この町のど真ん中を丘に沿って（庄内地震当時，下台町通り）北に歩いて行くと道は緩やかな坂になる。その坂が突き当たった（ここで二股道に分かれる）正面は小高くなっていて，ここに現在，鉄筋コンクリート造3階建の白亜の裁判所が立っている。地震当時もここには裁判所があった。

　庄内地震当時，酒田区裁判所（山形地方裁判所酒田支部も置かれていた）の木造瓦葺き外部下見板張り（白ペンキ塗り）の2階建（一部平家建）が立っていて被害を受けた。

　野口の記述によると，当初築の建物は明治 12（1879）年建築とされる [2] が，明治 11（1878）年 9 月，「福島裁判所鶴岡支庁を酒田町上台町に移し，福島裁判所酒田支庁と名を改め，同月酒田区裁判所を設置された」 [3] という記録から推して，明治 12 年は竣工年として間違いない

であろう。

　次に建物の配置について述べる（図 15-11）。

　2階建部分は玄関を持つ本館と呼ぶべき棟および1階登記所，2階検事局の棟で，両者は明治 12（1879）年に建築された別棟建ちで，特に設けられた階段室部分により接続されていた（本館が先に建築され，後者は後年の明治 22（1889）年に建築された）。

　本館の東北に板葺き屋根の会計課および応接所（明治 21（1888）年建築） [2]，東に第一公庭（柿葺き屋根），西に人民控所（和風建築），北に小使室・湯呑所があり，いずれも平家建で，本館と渡廊下でつながれていた。

　この裁判所の建物被害調査には，野口と塚本のほかに 2 年生の鈴木禎次と福岡常次郎が入っている。

　本館は被害を受け全体として東に傾斜し，塚本 [4] は，屋内の壁（土壁に漆喰塗り）は剥落して貫と竹小舞下地が現われ，戸口と窓の間には歪傾により裂隙が生じたと述べ，野口 [2] は，内部は壁が落ち，天井は破れ，窓額縁が離れたと書いている。

　本館の玄関の被害は，以下に記す塚本の報文 [4] と野口のメモ [9] を併読することにより理解される（筆者が現代文で大意を記す）。

　「正面玄関に架けられていた石造の迫持は，個々の石

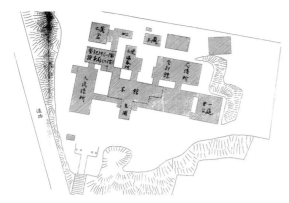

図 15-11　酒田区裁判所配置図[2]（太線で囲った部分は 2 階建）

表 15-2　酒田裁判所の壁仕様

	中村の記述[*]	福岡の記述
筋違（斜材）貫の断面寸法	13.5cm（見付）×3cm（見込）	13.5cm×2.4cm
水平貫の断面寸法	13.5cm（見付）×3cm（見込）	13.5cm×2.7cm

注※　第14章の拙文は中村の記述に従って書かれた。

を重畳したという真正の石造ではなく，1個の大石に彫刻を施し外観を似せたものである。その震害は剣石左肩の所に生じ，そのため一石全体が墜落したが，剣石は辛うじて下見坂に支持され，その位置を保つことができた」（塚本）

「玄関入口の上に架け渡した石の迫持は，柱と接する所に溝を掘り，柱の面に設けた凸起をここに挿し込んで接合したものであった」（野口の被害スケッチに添書きされたメモ）

上記の石造迫持と直接関係ないが，玄関に関連して中村達太郎の報文を次に紹介しておく[8]。

柱の上下にホゾがあっても上下動のためにホゾが孔から抜け出して位置が変わってしまうから，激烈な地震を受けた場合はホゾはその効能を発揮することはできない，と中村は言って裁判所の玄関柱をその例に挙げたのであった。

登記所は，せい 15cm の通し貫が 3 尺（約 90cm）間隔に設けられた柱の間に 1 本渡され，さらに「細小なる筋違」（野口[2]）が挿入されていたが，通し貫は脱け，筋違は折れたりして用をなさなかった。

野口自身の登記所（2 階部分）内部から見た被害スケッチは非常に貴重である。報告文にその詳細が登場しないので，ここに紹介しておきたい。なお，野口は登記所の建築年を明治 22（1889）年とスケッチの脇にメモしている。

野口は幅約 60cm の小壁ともいうべき壁を建物内部からスケッチしている。向かって左には見付 13.8cm の柱があり，右にはそれより見付幅の狭い柱ないし窓枠めいた縦材がある。

この図から壁の構造を判断すると，外側は下見板張り（壁は竹小舞下地の土塗りだったらしいが，剥落したか取り片付けられたかで，竹小舞も土塗り部分も図には現われていない）で，上記 2 本の縦材のほぼ中央に見付 5.4cm，見込 3.9cm の間柱相当材が縦に立っていて，その室内側に水平貫（見付せい 15cm）が 3 本入っていて，間柱の屋外側には野口が「筋違」と称した見付幅 8.1cm の斜材が入っている。斜材は水平貫を挟み「く」字状に入っているが，水平貫との取合いはまったく意に介さず，また，斜材同士の関係にも頓着せずに気侭に入れた（斜材の向きを反対にすることだけを考えただけで）ように見える。斜材は 2 本とも 2 本の縦材の中間で折れている。

野口のメモ（スケッチ上の）には，こんな風に書かれている（最小限に手を入れる方針で現代文に直した）。

「壁ノ落下シタル部分ヲ見ルト 3 寸貫（筆者注：スケッチに記入された幅寸法は 3 寸ではなく，実寸は 2.7 寸，すなわち 8.1cm）ノ筋違ヲ入レテアル。ケレドモ殆ンド皆折レテ，マタハ離レテ用ヲナサナイ。遂ニ以上ノ傾キ（筆者注：「傾キハ 2 尺ニツキ 1 寸 4 分東ヘ」と野口は前記していた）ヲ呈ス。ケレドモ本館ニ比スルトキハソノ害ハ非常ニ少ナイ。」

裁判所のどの建物をスケッチしたか明らかでない（筆者が裁判所と想像するだけで，実は裁判所をスケッチしたことさえも明記されていないのである——すぐこの後，これについて述べる）が，福岡常次郎の室内から見た壁の被害図のスケッチもまた極めて後世には貴重である。このスケッチを参考にして中村達太郎は報告書[8]に図（既出の第 14 章の図 14-11）を画いている。なお，中村が報告書[8]の中で図を飽海郡会議事堂の壁としているが，福岡常次郎の議事堂 2 階の室内側からの壁四面のスケッチとの関係から，議事堂とするのは間違いで裁判所のいずれかの建物と見るのが妥当のように思えるということを附言しておく。

中村の報告における記述と福岡のメモにおける記述との間に微妙な齟齬があるので，それを表 15-2 に記しておきたい。

なお，中村報告の図では，筋違（単に斜材と呼ぶのが適当）の下端の下側と胴貫上端との間の距離がさして大きくないが，福岡のスケッチではその隔たりが大きいことを指摘しておきたい。また，筋違の折れ方（筋違が平面内で「＞」字状に折れた）は中村報告の図の方が大きいことが認められるが，スケッチ的な図でそのようなことを云々するのは無意味かもしれない。中村は，図 14-11（壁長約 1.8m，間柱 60cm 間隔，貫も挿入）が，

「内法長押下において柱の裂けたること及び鴨居下より床まで壁一面に墜落した（筆者注：竹小舞が床の上に倒れ落ちた）ことを示す」[8]
と書いているが，後段の現象（現象の起こった原因追及はここではしない）が左右に隣る柱間では起きていないことに注意したい。

ここで明治12（1879）年建築の裁判所の壁に，何とはなし的にではあるが，斜め材が挿入されていた（斜材の端は柱の壁内の側面に添えられていたと思われるが，その添え付け方法は不詳）ことは刮目に値する。これが明治期における「本邦最初の斜材挿入」であったか否かは後人の研究を待ちたい。

なお，間柱と斜材の挿入の手法が約7年遅れて建てられた飽海郡会議事堂の2階のそれと似ているので，議事堂を建築した大工と裁判所を建築した大工は同一人物であったか，そうでなければ何らか縁ありの人であったかと想像される。

野口は裁判所の被害に興味を示し，土蔵（本館の裏に2棟あった）もスケッチしており，明治23（1890）年建築の土蔵について「四隅に亀裂を生ず」とメモしている。

平家建の応接所と会計課は比較的被害が少なかったが，第一公庭（平家建）は中央に柱のないワンルームの室で，外周（硝子窓が南北に配された）の柱は断面15cm角で約1.8m間隔に配置され，壁（竹小舞下地土塗り）内には1.2m間隔でせい15cmの通し貫を通し（筋違の挿入はない），一方，室の中央には幅15cm，せい30cmの大梁が架け渡されていた。地盤は盛り砂で，建物は全体が著しく東に傾き，今にも転倒しそうな状態であった。この傾倒の原因について考えてみたい。

第一公庭については，学生の鈴木禎次のスケッチに添えたメモがあり，これと野口の報告文[2]を勘案すると，以下のような想像が可能になる。

第一公庭の東端は砂の崖にかかっていた（図 15-11）ので，旧地盤から上に3.6mほど盛り砂がされた[2]。そしてその地形の東端には砂留のため堰板が設けられた。鈴木のメモの意味が正確には読みとれないが，察するにこの東端の砂留堰板が弓形に（東に向かって凸形に）孕んで砂が逃げたらしい。そしてそれが原因で第一公庭は東に傾倒したものと考えられる。

ついでながら裁判所は杭打地形であったが，中村[8]は丘上は水湿に乏しいから杭頭が腐朽し，それが建物傾倒の原因だったのではないかと言っている。

関連しての中村の意見を紹介すると，酒田町の大きな建物の地業は大概粗末で，甚だしい場合には地面を突き固めた上に石を据えつけた程度である。これでは建物が

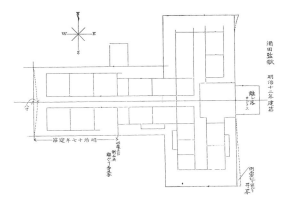

図 15-12　酒田監獄の平面図[2]

損害を受けても怪しむに足りないと言っている。

第一公庭と本館を隔てた反対側（西端）にあった明治12（1879）年築の瓦葺き「人民控所」（当時の正式呼称らしい）は，和風造の小さな建物であったが，「全く倒壊」[4]した。江戸時代の流儀を汲んだ和風木造が洋風木造と較べ地震に弱かったことを示す事例であったと言えよう。

監獄は裁判所から少し隔った北側の現在の北新町1丁目に当たる所（先年まで酒田西高校のキャンパスがそこにあった）に立っていた。地震に会った建物は，明治12（1879）年建築――裁判所と同じ年の建築――の部分と後の明治17（1884）年に増築された部分とからなり，平面はT字形をなしていた（図 15-12）。

T字形平面の東側の南北に張り出された翼部は，土台と一緒に東に移動したが，その移動（滑り）量は，両翼部とも翼先端が最大で，南翼の先端では13.2cmも移動した。その様子は図15-12に点線で示されている。

また，東端にあって突出していた玄関（図15-12）は正に「離れ落ちんとし」[2]た状態――母屋から離れると同時に倒れそうな――になったが，その原因としては上述の側石土台が東に滑動したことや，玄関の構造の欠陥（第14章第25回で記述した）が考えられよう。

東西に長い「I」字形部分の新旧両棟（明治12年築の棟と明治17年築の棟）の継合部が，東西方向に土台側石もろとも相対的に5寸2分（15.6cm）離れた。土台と側石が今日のように緊結されていなかったであろうことを思うと，土台と側石がどうして一緒に動いたのか理解に苦しむが，野口がそう書いているのだから信ずることにしよう。

土台に関連して中村[8]がこんなことを言っているので紹介しておこう（筆者の手で現代文に直す）。

「柱が土台の上にあって柱のホゾ幅が柱幅と同じ（くらい広かったので），このホゾのために土台がホゾ穴の所から裂けた。このような幅広のホゾを柱の下

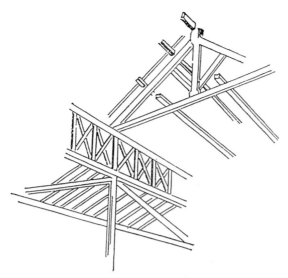

図 15-13　湊座のトラストによる小屋組と梁[7]

（部）に設けるのはよくない。」

劇場

　酒田の町に劇場と名のつく建物が2つあった。米山座と湊座で，前者は前出の済世学校の敷地の南続き，後者は現在の日吉町の相馬楼（江戸時代からの料亭「相馬屋」で，現在は舞娘茶屋として開楼している）の北隣りに当たる辺りにあった。

　米山座は，明治5～6（1872～1873）年の建築で，屋根は杉皮葺き（柿葺きという記述もあり）で，小屋組大材を用いた和小屋でこれを受け，軸組の組み方は和式な上に「甚だ粗」[4]で，しかも材の腐朽が著しかった。以上でわかるように江戸時代を背負ったような建築で，舞台と土間の境に立てられた太い柱の仕口部が座折するなどして東（または東南）へ大きく傾き，市消防記録で「半壊」と判定されるような大きな被害を被った。書くに値しないような構造で被害を受けたのは当然であったが，帝大学生は調査に入り，堀池好之助が，2階の道具方部屋に現われていた舞台柱（21 cm 角）が横架材との取合い部で縦裂きになっていたのと，内部の西方の柱（15 cm 角）周りをスケッチし，関野貞は1日を費やして次の4箇所の被害状態をスケッチしている。

① 舞台右側柱（せい 21.5 cm の梁がとりつく）が東へ向かって傾斜した図
② 舞台左側の花道取付部が離開した図
③ 平土間と桟敷の界柱（21.8 cm 角）に 24 cm（せい）× 22.8 cm（幅）の梁が取りついた所（梁ホゾが柱を貫通し鼻ホゾ留め）で梁が脱けた図

図 15-1　酒田町の市街図[2]（図中のハッチした部分は庄内地震で焼失した区域。第27回にこれと同じで，もっとはるかに大きい図を掲載したので参照を乞う）

❶飽海郡警察署　❷飽海郡会議事堂　❸飽海郡役所　❹琢成第二分校
❺酒田尋常高等小学校　❻琢成第一分校　❼済世学校　❽裁判所　❾旧琢成学校
①日枝神社（上）　②日枝神社（下）　③厳島神社　④八雲神社　⑤米山座　⑥湊座　⑦監獄　⑧本慶寺　⑨妙法寺　⑩浄福寺　⑪竜厳寺　⑫林昌寺　⑬瑞相寺　⑭大信寺　⑮安祥寺　⑯浄徳寺　⑰海晏寺　⑱泉流寺　⑲いろは蔵　⑳山居倉庫

④ 15 cm 角の柱頭に設けられた軒桁の継手がはずれ，継がれた桁が左右に開いた図（柱頭の柱ホゾは 3.3 cm 角で，継手部から脱けた）

　一方，湊座は明治 24（1891）年の建築で，米山座よりずっと新しく，建て方にも洋風めかしさがあった。平面は劇場建築らしく長方形で，軒高も天井高も大きかった。屋根は柿葺きで，土間部分を蔽うスパン 10.8 m にはキングポスト式トラス（図 15-13）が架けられ，土間部分の左右の桟敷（スパンは 1.8 m または 2.7 m）を蔽うのには片流れ屋根が架けられ，三角形に組んだトラスでこれを受けた。また，図 15-13 に見られるように洋式のトラス梁も配置されていた。

　被害はまったくなく，建物が傾いた区裁判所が震後この建物に移って事務をとった程であった。設計施工は地元の大工斉藤某で，彼は地元の橋梁や東京の建物を参考にして上述の洋式小屋組やトラス梁をつくったという[7]。

米穀取引所の倉庫

　酒田市の旧市街地は，その東端を新井田川で限られていた（図 15-1。再掲）。その新井田川が北から流れてきて反転するように折れ，本流の最上川に注ぐまでしばらく北西に向かって流れるが，その左岸に古びた大きな倉庫（木造）が 12 棟文字通り櫛比していた。大きさも形もまったく同じ 12 棟の倉庫が隙間なく並んでいたのである。現在，この群は「山居倉庫（群）」（図 15-1）と呼ばれて酒田市屈指の観光スポットになっている。

写⑮-4 現在の山居倉庫
（酒田米穀取引所の附属倉庫，右半分に見えるのが倉庫）

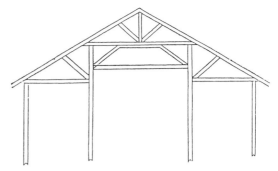

図 15-14 山居倉庫の骨組み[7]

倉庫は外周縦羽目張りの土蔵造で，新井田川に向かって妻入の形をとり，倉庫群の裏には欅の老大木（日除け，風除けの役を果たしている）が並木をなして連なっている。

その 12 棟の最北に位置する 1 棟は，現在は「庄内米歴史資料館」として一般に公開され，その建物の目前には新井田川を渡る山居橋（昭和 34（1959）年まで現役として古い木造橋が架けられていたが，それが取り壊された後，最近再び木造橋が登場した）が架けられている。山居倉庫は現在，山居町一丁目内にある。

庄内地震の際，新井田川を隔てて対岸にあった「いろは蔵」は庄内地震で 3 日間燃え続けたが，山居倉庫は火を免れた。しかし，当時建てられていた 10 棟の倉庫のうち，南側の 3 棟の本体と南側 5 棟の前に架けられた長庇は被害を受けた。残りの北側部分は無事で，写⑮-4 はその残った倉庫の一世紀後の姿を示している（写真から長庇と本体の土蔵造倉庫との関係がわかるであろう）。

10 棟の倉庫が被害と無被害に分かれた理由は，中村達太郎の報告書[8]に詳しい。以下はその内容の紹介である。

地震を受けたとき，梁間 7 間半（13.7 m），桁行 16 間（29.1 m），軒高 12.5 尺（3.8 m）の土蔵造の倉庫が 10 棟立ち，各棟は 1 間（1.82 m）を隔てて建てられていた。北側の 7 棟は地震の前年の明治 26（1893）年——これが山居倉庫建設の初め——杭打地形を施して建てられ，南側の 3 棟は杭打ちを行わずに次の年（地震の年）に建てられたものであった。それらの倉庫の建てられた場所は，かつての最上川の流れの中で，長年の間に洲化したものを砂を盛って埋立を行った（その結果，川岸とつながった）所であった。

南端に連続する 3 棟が壊れ，またそれらに差し掛けた長庇も含め南半分 5 棟の前の長庇が墜落したのに対し，北側の各棟（長庇部分も含め）が残った原因は明瞭で，説明は無用であろう。なお附言すれば，差し掛けた長庇は片流れの瓦葺き屋根を柱を立てて支えた（倉庫本体とは独立）もので，庇長は 3.6 m，構造的には単純かつ粗末なものであった。

中村は，上記の現象に関連し，感想と意見を述べているが，それを紹介する前に倉庫の基礎地業について説明したい。

古い明治 26 年建築の倉庫群では，砂を 3 m 盛って地拵えし，側壁の下には 1.8 m 間隔で 1 本ずつ松杭を打ち込み，内部中央の柱の下には 30 cm 角の長さ 4.5 m ぐらいの松杭を 3 本ずつ打ち込んだ。外周の柱は 19.5 cm 角で，0.9 m ごとに立て，壁には通し貫を 45 cm に 1 本の割合で配した。壁における開口部は用途上少なく，正面の出入口戸のほかに四面に窓一つずつであった。外壁には地震による損傷は起きなかった。小屋組は図 15-14 に示すような洋小屋であった。

新しい明治 27 年建築の倉庫群は，上述の古い方の倉庫と同大同形であったが，柱下に松杭を打たず，また内部中央の柱は角材ではなく径 30 cm の丸太であった。これらの点を除けば新旧の倉庫の構造・意匠に差異はなかった。

さて，以下は中村の杭地業についての感想と意見である。

杭打地業の有効なことは山居倉庫各棟の無被害が如実に示しているが，これは建設後年数が経っていなかったため地業の杭が腐っていなかったことも幸いしたと考えられる。年数が経っていたらどうだったかわからない。

「杭は恒久（的に）水中になければ腐朽する」ものであることを知っておくべきである。以上のように中村は報告書[8]の中で教訓を垂れたのであった。

一方，曾禰達蔵は杭打地業についてこんな風に述べている（筆者の手で書き直す）。

酒田町山居谷新土蔵に杭打地業を施したというが，水面以下に杭身を打ち込んで杭材の腐朽を防ぐのに努めたのだろうか。杭を深く打ち込んだとしたら，杭頭と地面との間に 7～8 尺（21～24 cm）の厚さが残ることにな

る土地であったはずである。その部分を石類を以て充填するとともに，上からの荷重を分布させる配慮をしていただろうか。この地方の一般の建築態度——酒田尋常高等小学校の最も新しい校舎では，2段積み側石下の基礎で長さ1.8 mの間に大玉石を突っ込んだだけだと嘆いている——から推すと，恐らく短杭（長さ3.6 mと聞くが）を浅く打ち込んで安心していたのではあるまいか。

以上は曾禰の意見であった。ついでながら彼は酒田地方の基礎について詳しく評論しており，こんなことを言っている。

この地方で官公衙や学校の建物の敷地は地盛りをするのが常のようで，社寺建築ではその地盛りの土留を石積みとしており，一般建築では堰板を土留としているようであるが，土留が不完全だと「建物の堅牢を減却する」具となるから注意しなくてはならない。また，土留方法以上に問題なのは，盛り砂地盤であることを忘れてはならない。

神社

地震当時，酒田町には目ぼしい神社が4つあった。上の日枝神社，下の日枝神社，八雲神社，厳島神社の4つである。このうち最も大きな被害を受けたのは下の日枝神社で，市消防記録は半壊と判定している（他の3社については判定は無被害）。

まず，「下の日枝神社」についてであるが，便宜上，以下では日枝神社と呼ぶことにする。

社記によると，宮の浦の地から川を渡って当酒田に移ってきた450年前から当社は産土様として深く信仰されてきたという。

日枝神社は日和山公園——江戸時代には日和山はまったくの砂山であった——を南端とする西の砂丘上にあり，同公園の北に隣していて境内は広い。

中町通り（図15-1）を西に歩くと，裁判所から南に下ってくる下台町通りとぶつかるが，この辺りにくると坂を上る感じが強まる。その先の右手に海向寺があるが，その境内は海抜31 mである。日枝神社の表門に当る随身門は上記の坂を上りつめると右手に現われる。

図15-15[2)]は日枝神社の境内を示しているが，この図によると随身門は地震当時拝殿，本殿と正対していたらしい（野口[2)]は表門は「拝殿の正面にあり」と書いている）。しかし，今は随身門（写❶-5）は図15-15の「表門」の位置より西（図で上方）にあり（恐らく庄内地震後西に移されたものであろう），拝殿，本殿にストレートに通ずる参道には随身門の東側から入るようになって

❶-5　日枝神社の随身門（北東から撮したもの）

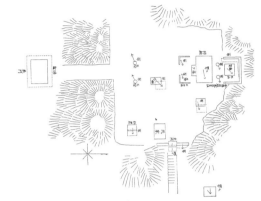

図15-15　日枝神社の境内の配置図[2)]

いる。

随身門の地震当時の形態が，現在（写❶-5）のものと同じであったかどうか筆者は確かめていない。野口[2)]は，「瓦葺きにして頭大の宮殿楼門」で「四方の軒は垂木・釣木共根元より離れて直下に墜落」したが「軸部は依然存立」していたと概略を記すのに止めているが，塚本の被害記述はそれより詳しいので，それを以下に掲げる。

楼門（当然2層作り）は，4間2戸で南面していた。妻は流破風であったと塚本は記しているが，現在の妻は写❶-5に見られるように破風は左右対称で流れ破風ではないのがわかる。

上層の屋根が棟の所ではずれて折半され正面の方（南側）へ墜落したが，これは上層の柱が倒れた（詳細は不明）のが原因と想像される。階上はそのため崩壊したのであるが階下は泰然としていた。野口はスケッチのメモに「屋根ハ倒レテモ尚依然タリ」と書いている。

妻部分は破風，懸魚，狐格子などが墜落し，柱脚は外方に躍り出てしまった。北側を除き周囲の軒先の垂木がはずれ落ちたのは，2階の「柱（が）折れ，上層の墜落せし震動の結果」と塚本は書き，因果関係を読者によく知らしめている。

虹梁が袖切の所で折れ，虹梁の上に架け渡していた梁

写⑮-6 日枝神社の東門（赤鳥居を潜り石段を登ると境内に達する）

写⑮-7 現在の日枝神社の拝殿

が中央の継手の所で挫折したと報ぜられているが，文章だけで構造と被害状況を想像するのには困難を感ずる。

さて東門は板葺きで北翼の玉垣もろとも東へ倒れた。察するに門は骨組を保ちつつ覆ったらしい。覆ったことで，野口[2]は，構造は簡単ながら堅固だったと評価している。控柱は掘立てで，根継ぎが施されていたというから，これが転倒の原因であったと想像される。現在は門はなく，門の跡に立つと日吉町へ下りる石階段と階段を下り終わった所に立つ赤鳥居が望まれる（写⑮-6）。

本殿と拝殿は，天明年間（1781～1788年）に本間光丘（本町1丁目に旧本邸がある「本間」家の3代目）が造営寄進したものが地震当時立っていて被害を受けた。現存する本殿・拝殿は地震後大修理が加えられたものである。図 15-16 は地震時の拝殿の被害を示すもの，写⑮-7 は現在の拝殿である。

拝殿は 16.4 m × 21.8 m で瓦葺き屋根，総体に東に傾いた（図 15-16）。また，向拝の部分は向拝柱が破損した（筆者注：1次的破損か2次的破損か不明）ため前方に墜落した（図 15-16）。

本殿は拝殿の後にあり，直接拝することはできない。破損は皆無に近かったが，全体に少し東北に動き，一つの柱は東北に10cm，他の一本の柱は北に6cm移動したという。水屋（瓦葺き）は東北に向かって倒れ，物置小屋は東に倒れた。上述のように境内の建物はすべて東または東北に向かって傾き倒れたということであった。しかし石燈籠は，拝殿と本殿の間にあったものが2基とも東に倒れたが，拝殿の前にあった4基はいずれも西あるいは西南に向かって倒れたと野口[2]は不思議がっている。

前記2基の方は燈身がフレヤスカート状であり，後記4基は燈身が細く背が高いことをこの眼で確かめた——地震当時の石燈籠がそのまま同じ位置に立っていると想像して，それらの形状に注目してみた——が，そのことと地震動と転倒方向をどう結びつけて説明できるのか良い智慧は浮かんでこない。

次は厳島神社である。

図 15-16 日枝神社の拝殿の損壊（「建築雑誌」，103号，1895年7月より）

すぐ西の裁判所も，それ程遠くない東側にあった済世学校，米山座も，皆東へ傾き，この神社もまた東へ傾いた（曾禰の報告書[7]に掲げられた図 15-17 が「厳島神社南面」と題されているので西に傾いたように思えるが，塚本[4]は東方へ傾斜したと報じている）。

図 15-17 と写⑮-8（写真の右側が東である）に示された現在の厳島神社とを較べてみると面白い。この図と写真から東へ傾いたのが正しいことがわかる。当時，基礎は二段の積石で，塚本はこんな報告文を書いている。

「瓦葺き，向拝仕口（が）はづれ全く墜落す。本社々殿は前面（東方）へ傾斜す」

「向拝仕口（が）はづれ」は，独立基礎の上に載っていた向拝柱の脚が基礎からはずれ落ちたため，海老虹梁の端部ホゾが本柱あるいは向拝柱のホゾ孔から脱けたことを指すもので，それが原因で向拝の屋根が墜落したと想像される（写⑮-9）。東方への傾斜については，図 15-17 に見られる柱の上ホゾが屈折または折断したのが原因であると曾禰[7]は断定している。

ついでに書くと，厳島神社の正式入口は今町通り（図 15-1 において③と⑤の中間に南北に走る通りがあり，「今町」という字が記されている）に面してあり，参道を進み鳥居を潜って社殿正面（写⑮-9）の前に出るようになっている。

今町は往古は砂浜であったが，明暦3（1657）年から天

第15章　庄内平野と庄内地震　その3　259

❶⓯-8 現在の厳島神社の南面

図 15-17 厳島神社の傾倒[7]

和 2（1682）年にかけて町づくりがなされ，宝永 2（1705）年に至り町並がさらに拡張された。秋田街道（今町通りが起点）に面することから栄え，また西廻り船運時代には今町の名は遊所（酒田三遊所の筆頭）として全国に広く知られたのであった。

八雲神社は現在，御成町の一角にある。境内は酒田駅から西に向かう道路の開通により南北に分断され，現在は北半分だけが境内として残っている。地震当時，境内の東は田圃であった。社殿は瓦葺きで頭でっかち，平面は 4.6 m × 6.4 m で，西南に向かって傾いた。そのため，多くの建物が東あるいは東北に傾いた中で極めて珍しい現象と見なされた。

「上の日枝神社」については被害報告がまったくない。

寺院

写❶⓯-6 に見える日枝神社の旧東門下の鳥居を背にして東に向かって歩くと，左側に江戸時代の料亭「相馬屋」の後身に当たる「相馬楼」が現われ，やがて今町通りにぶつかる。これを横切ると，昔（庄内地震当時）の下寺町に入る。ここから左側に七つの寺が東に向かって連なっていて，それらの寺の門前を通るということで，この辺りになると今来た通りは「寺町通り」と呼ばれるようになる。「寺町通り」の名が起こったのは，町の大火で類焼

❶⓯-9 現在の厳島神社の東面

した寺々をここに集めた明暦（1655～1657 年）の頃からであった。

現在，寺町通りに面する寺は，西から下寺町に大信寺（真宗西本願寺派），安祥寺（真宗東本願寺派），浄福寺（同前），上寺町に浄徳寺（浄土宗），竜厳寺（真言宗），海晏寺（曹洞宗），正徳寺（同前）の七寺があり，寺町通りの東はずれの少々離れた所に天王寺（曹洞宗）がある。

寺町というものは，全国の城下町で大抵は一箇所に集まっている傾向があるが，これは江戸時代に領主の命令で火事止めと町の守りのため一箇所に集められたものである。酒田の市街地形成の歴史から見て，一箇所に集められたのは単に町の守りのためであったかと思われる。

ところで酒田の市街地に移ってきた寺としては厳島神社の北隣の持地院（曹洞宗）が最も古い。持地院の本山は岩手県胆沢郡金ヶ崎町にある永徳寺で，その永徳寺二世の湖海理元の手によって当酒田に持地院は建てられた。まだ現在の宮野浦辺りで向酒田の町が栄えていた頃の長禄 3（1459）年のことであった。

理元が同じ頃に同じ当酒田に建てた寺という意味で，寺町にある前出の海晏寺（曹洞宗）は兄弟関係にある。

持地院と海晏寺がいつどんな関係で現在の酒田（昔の当酒田）に移ってきたかはっきりしないが，元禄 2（1689）年——寺町が形成されたとされる明暦年間よりもおよそ 30 数年後に当たる——の古地図（亀ヶ崎城侍屋敷并町割絵図）を見ると，持地院は現在の寺町通りを隔てた真向かいの内匠町にある（同院の西隣には泉流寺（曹洞宗）の名が見える）。ついでながらその古地図を見ると，妙法寺が海晏寺の西隣，現在，竜厳寺（真言宗）のある辺りにある。そうすると元禄初めには竜厳寺は寺町通りになかったことになる。このことは庄内地震のとき被害を被った同寺の本堂の建立年を云々する際重要な意味を持ってくることになる。

向酒田から当酒田へ三十六人衆が移ってきたのは，永正年間（1504～1521 年）だったようで，その後永禄年

⓯-10　現在の浄福寺唐門（本堂側から撮影）

⓯-11　現在の浄福寺本堂

間（1558〜1570年）にかけて多くの人々が三十六人衆の後を追って当酒田へ移った。浄福寺（浄土真宗）の向酒田から当酒田（現在地）への移転は，そうした頃のことで天文年間（1532〜1555年）だったといわれる。

浄土真宗の安祥寺が荒瀬郷から当酒田へ移ってきたのは戦国期の天正8（1581）年であった。

徳川家康が天下を統べる時代になった17世紀の初め，正徳寺（曹洞宗）が現在地へ，寛永元（1624）年，林昌寺（浄土宗）が向酒田から当酒田の内匠町へ（現在の寺町通りを隔てた浄徳寺の真向い），承応元（1652）年，天正寺（曹洞宗）が酒田の町内の山王堂町の東南から現在地へ，同じ年，泉流寺（曹洞宗）が向酒田から現在地へ移転してきた。林昌寺以後の移転地がいわゆる寺町の寺続きの地ではなく，それをはずれた所や寺町の後背地であったことに注意しなくてはならない。

以上では酒田の市街地に所在する諸寺の来歴の一端を述べたが，登場した寺々が鎌倉時代に起こった新宗派であったことにも注意を向ける必要があろう。また，浄土真宗の寺々の方が曹洞宗の寺々よりも早く酒田入りしていることも目を引くのである。曹洞宗の寺々の酒田入りが江戸時代になって活発になったのは，幕府が浄土真宗（一向宗）の勢力を殺ぐため，曹洞宗の組織強化に政治的に介入したことと大いに関係していたかと思われる。

くだくだ寺々の歴史語りをするのはこれくらいにして，語りに登場した寺々の地震による被害を諸報告書を参考にして見てみたいと思う（寺の位置は図15-1参照）。

寺町の最西端にある大信寺は，寺門が瓦葺きで控柱の柱脚が丸石の上に載っていたため転倒した。柱脚と基礎の関係は現在も大きく変わっていない。鰻の寝床のように細長い境内の奥には現在，鉄筋コンクリート造の本堂が立っているが，地震の際は瓦葺きの木造（完全に潰倒したため構造はわかり難かった）で，柱が「比較的細小」だったと報ぜられている[4]。

現在，簡素単純な四本脚の鐘楼が本堂の左手前の高い基壇上に立っているが，地震のときには，瓦葺きで「結

図15-18　浄福寺の崩壊と状況[13]

構は甚だ粗で全く潰倒」[4]したとされる。現在の鐘楼と当時のそれとは粗造という点では大差ないように思えるが，現在のものは柱脚のすぐ上に足固めがめぐらされている。地震に遭った後，補強の工夫をした証拠のように感じられる。

安祥寺の本堂は，瓦葺きで地震により全潰（半潰だったものが地震から4日目の夜に突然潰墜したという）した。現在の本堂は瓦葺きで大屋根の重厚な建物である。境内に「花園幼稚園」が併置されていて境内が狭く感じられる。

浄福寺の唐門（写⓯-10）は観光スポットと目されている。寛政12（1799）年完成されたもので本間家3代目の光丘によって寄進された。東本願寺宗祖廟を模したもので建造のため，京都から職人を呼んだといわれる。四脚唐門で，桃山後期より流行した前後唐破風の切妻造。内部天井は折上げ小屋格天井である。以上のことが，門の傍らの標示板に書かれている。地震のときの被害は報告書でこう説明されている。

「四脚門　瓦葺き，全体東方に動き，柱の右にあるものは花崗岩の礎盤を砕く（隅角においてちょっと破砕）」[4]

地震で東へ動いたのを経験したからであろうか，現在は東西方向への抵抗性を附与するため，四脚門の左右の脇に木造の袖垣が設けられている（写⓯-10）。

第15章　庄内平野と庄内地震　その3　261

❶-12 現在の浄福寺鐘楼

図 15-19　浄福寺の崩壊の様子（「建築雑誌」, 103号, 1895年7月より）

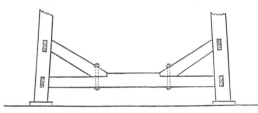

図 15-20　浄福寺鐘楼の柱脚まわり[4]

❶-13　現在の竜厳寺本堂

　本堂は瓦葺きで「全く潰倒す」[4]ということであった。その様子を図 15-18 と図 15-19 に示す。両図はほぼ同じ位置から別々の人により写生されたものである。写❶-11 は本堂の現状である。

　鐘楼は瓦葺き 3.6m 四方で、破風を架し、大瓶束が立てられ材はすべてケヤキが用いられていた。柱の脚元には図 15-20 で見られるように方杖が設けられていた（筆者は明治前半という時期に方杖のアイデイアが地方の町に存在したことに注目する）。その御蔭で柱脚が北に約 9cm 程移動しただけですんだ。現在の鐘楼は写❶-12 に示すとおりで、四周に上下 2 本の足固めが配置されている。

　浄福寺では、地震により本堂と庫裏の間の差掛けが破損し、本堂に面して右方にあった土蔵では窓の隅角に亀裂が入り、正面の戸の上のマグサの両端から亀裂を生じたと報ぜられている[4]。鐘楼は約 1.2m の盛土の上に柱を立て脚をローソク立てした石の上に置いたので、柱の礎石が半ば地中に沈埋してしまった。

　次に竜厳寺である。

　仁王門は瓦葺きで全破したが、現在は立派な八脚門が立っている。本堂は瓦葺きで正面の唐破風が墜落し、本堂と庫裏との連絡部分がはずれたと報ぜられている[4]。写❶-13 は現在の本堂である。

　本堂は文明 4（1472）年の建立と学生の鈴木禎次がメモしているが、当寺の開基、酒田への移転の年が寺自身で不詳とされている状態なので、また前述したように竜厳寺の名が寺町通りになかった時代が 17 世紀末にあったことも思うと、俄に文明 4 年に信を置き難い感じがする。それは措いて鈴木のメモを参考にして本堂の被害を筆者の手で書いてみたい。

　本堂（正面 18.9m、奥行 17.3m）は大破損には至らなかったが、向拝柱が倒れたため向拝が潰れた。向拝柱の樹種はケヤキ（鈴木は「槻」と書いている）であった。ホゾなどは完全であったが、斗組の傍は少し腐蝕していたらしい。向拝柱が倒れた原因は、「土台石」（筆者注：石の独立基礎の意）が滑り出したためのようであった。本堂は「裏斗組二重垂木（タルキ）」で、四周の柱は 7 寸角、本堂中央の内陣（弥陀堂）は 5.4m 四方で 9 本のケヤキの太い柱（径 30cm）で囲まれていた。

　回廊の柱は 13.5cm 角で、すべて鴨居下から折れ、ホゾ穴より裂けた。現在、本堂は石段を十数段上った高い敷居の上に立って重厚な雰囲気を漂わせている（写❶-13）。

　庫裏は瓦葺きで、玄関の柱（15cm 角）が礎石をはずれ、つなぎの鴨居（せい 27cm）の通しホゾが柱を貫いた所で柱は折れ、内部床柱と長押の接合部も折れた。そのため、建物全体が東北に向かって傾斜し、壁土が剥落した。土台が腐朽していたという指摘もあった。

　海晏寺は前述の竜厳寺の東に隣りしている。

　本堂は瓦葺き板張りでおおむね安全であったが、正面の玄関柱の脚が礎石を 30cm 余りはずれた。また、本堂と庫裏とのつなぎがはずれ、庫裏は東に傾斜した。

瓦葺きの土蔵が2棟（規模，構造ともに同じ）あり，塚本が張り付くようにして，これらの被害を調査した。そのうちの本堂に近い方の法輪蔵は被害が大きく，正面のマグサにおいて左右の隅に亀裂が生じた。また，右妻および後部には危裂が生じ，腰巻は剥落し，壁土は墜散した。一方，左妻では窓の隅より左右に向かって裂開が入り，内部正面右の壁土は剥落して下地が露出した。他の1棟の土蔵は隅角が小破だけで著しい損壊はなかった。

鐘楼は瓦葺きで，柱脚は礎石（丸石）からはずれ，全体が潰倒した。現在，海晏寺には新しい三重塔，鐘楼が立っていて隆昌に見える。

以上は寺町通りに面した寺々であったが，その後背（北側）に位置した寺についても被害を見てみたい。

本慶寺は，享保年間（1716〜1735年）に建築の本堂は倒れたが，50年前（弘化年間）ぐらいに建てられた方丈は無事であった。

林泉寺と瑞相寺は寺町からかなり北に隔った所に隣接して立っていた。林泉寺の境内は広く，丘の端にあるため起伏に富んでいる。現在，かつて本堂があったとおぼしき位置近くには池田南高校（林相寺の系統に属する天真林昌学園の経営する学校）の体育館（鉄筋コンクリート造）と校舎が立っている。地震により本堂（瓦葺き）は倒伏した。また，現在の南門を入った左手にあった支院（現在はその位置に建物はない）も倒伏したが，鐘楼は現在一段と高い所にあり（地震当時もここにあったかと思われる）四周はガラス囲いされているので，外部の人間はガラス越しに鐘を眺めるだけである。地震により南へ倒れたとされる。地震当時，本堂の東に3棟の建物（庫裏，僧房）があったが東北に傾き，あるいは倒れた。それらは地震後，建て直され現在同じ位置に立っている。瑞相寺は，林昌寺の13世の暁誉上人によって万治年間（1658〜1661年）に建てられたもので，したがって，瑞相寺にとって林昌寺は本山筋に当たる。上人が瑞相寺を千日堂抱え念仏堂または浜の念仏堂と呼んだところから千日堂という異称が起こった。そして後年，瑞相寺の辺りは千日堂前（瑞相寺を境に地震当時は北千日堂前，南千日堂前に分かれていた）と呼ばれた。

現在は瑞相寺の寺域には，酒田南高校の講堂と自転車置場，駐車場などが設けられ，本堂兼庫裏の鉄筋コンクリート造2階建と一宇の稲荷堂が肩身狭そうに立つのみである。

学生の橋本平蔵が瑞相寺とその至近にある不動堂を訪れ，スケッチをしている。瑞相寺について彼は鴨居の取りつく所で柱（見付15.3cm）が折れている状況をスケッチし，こんな風にメモしている。

「明治に至り古材を以て改築せしものなり。肘木を用いて斗組を用いず，肘木の部（分）損害なし」

塚本[4]は瑞相寺の被害をこう述べている。

茅葺きの舟肘木造で，材はすべてヒノキを用いている。建物は全体に前面に傾斜し，床板ははずれ，屋根は所々破損した。また，寺の前の右方に柿葺きの一小祠（前出の稲荷堂ではないかと思われる）があったが，少しその位置を変えたことを除けば異状はなかった。

さて，旧瑞相寺——瑞相寺近くにその名を知る住人がいないことを知ったのであるが——の前から現在の市役所前の交差点（筆者が第15章の初めで札の辻に相当する所と呼んだ交差点）に通ずる道を南に向かって歩いて行くと間もなく右手に不動堂が現われる。不動堂を過ぎてさらに進むと，道はやがて瓜先上りの坂になる。やがて坂を上り切るのであるが，その手前の辺りの左側は，昔，本間家の下屋敷があった所で，坂を上りつめて左に折れれば，現在の本間美術館の正門の前に出る。左に折れないで進めば市役所の方へ向かうのである（図15-1）。

塚本は不動堂について報告書[4]でこう書いている。

瓦葺きの一宇（筆者注：小規模な感じがよく表現されている）で，階段や高欄の擬宝珠柱がはずれ，向拝柱が礎盤（礎石）を離れた——向拝が損傷を受ける状態をこれまで繰り返し書いてきたから，読者はまたかとうんざりするであろう——以外は，この小さな建物に異状はなかった。

【引用・参考文献】

1）松田時彦：活断層，岩波新書，1995年12月
2）野口孫市：建築雑誌，109号，1896年1月
3）酒田市：酒田市史改訂版・下巻，1995年3月
4）塚本靖：建築雑誌，100号，1895年4月
5）阿部喜平治：山形県酒田震災一覧，1894年
6）両羽震災取調所編：悲愴惨怛両羽地震誌・全（鶴岡・日向源吉蔵版）
7）曾禰達蔵：建築雑誌，103号，1895年7月
8）中村達太郎：建築雑誌，103号，1895年7月
9）震災予防調査会編：明治27年山形県震災被害之図・完（帝国大学造家学科学生の被害状況スケッチを収集したもので，酒田市光丘文庫所蔵のものを見た）
10）酒田警察署編：明治10年代の警察巡邏図（酒田市史編纂室と光丘文庫の御好意により借覧とコピーをさせて戴いた）。
11）山形県教育委員会編：山形県教育史・通史篇上巻，1991年12月
12）酒田尋常高等小学校大震潰倒之図，池埜伝左衛門発行，1895年1月
13）酒田大震浄福寺崩壊之図，池埜伝左衛門発行，1895年1月
14）樋口信義：「荘内における地震」資料散見，酒田古文書同好会誌第10号，1995年8月

庄内平野と
庄内地震

その4

庄内平野の町村の被害 …265

（2002年6月号）

庄内平野の町村の被害

　庄内地震における酒田町の建物の被害を個別に眺めることを終わったので，次は庄内平野の他の町村の建物被害を見てみたいと思う。

　酒田，鶴岡の両町は直線距離にしてわずか20kmばかりに過ぎないのに，酒田はすでに述べたような惨禍を被り，鶴岡は「その害，家屋人畜に及ばず」[4]ということであった。それはなぜだったのであろうか。地勢（特に地盤）によるのではないか。

　かねてからその疑問を抱いていたが，今度の執筆に当たってどうしても鶴岡の地勢を見ておかなくてはならないことになった。

　酒田から鶴岡まで乗ったJRの列車の窓外は，両側とも初めから終わりまで水田の滄海であった。それは江戸から昭和の時代にかけて庄内の地を潤し続けた宝庫だったのである。低い山波により限られる涯まで見渡す限り水田が拡がり，その中に集落のありかを示すかのように森が点在しているのであった。その森々には，新田を開くことを強制され，何百年を越える長きにわたって封建領主と明治以後の国家によって凄惨な労働を強いられてきた農民の子孫が住んでいるはずであった。そんなことを筆者に思わせたのは，酒田の町の本町通りで，かつての商人兼地主達の格式高い屋敷や歴史の匂いを漂わせる商家の構えを目にした印象が筆者の頭の中に残照していたからであろう。米が経済を支配した時代，農民は営々として藩に米を納めることに身を沈め，藩は集めた米を酒田の港に送り，酒田の町の商人から米と引き換えに現金を手にし，商人は米を大阪の市場に送って利を得たのであった。

　江戸時代，庄内繁栄の源泉がこの水田地帯にあったのだと到念するにつけ，その時代の農民達の苦労が一際思いやられたのであった。

　山形県の南端に近い山中に源を発した二つ三つの川が，米沢盆地の北——長井の町の南と言うべきかもしれない——で合流して最上川となった川は，山形盆地，新庄盆地を潤して北に下り，河口の酒田において日本海に注ぐのであるが，往時は川幅の狭隘，岩礁，川底の落差などのために，上流から下流まで完全に舟運が開けていた訳ではなく，開通したのは江戸中期であった。これにより最上川流域圏の各藩の米が酒田藩に集荷されることが可能になった。

　話を庄内平野に戻すと，戦後の米の減反が行われる前

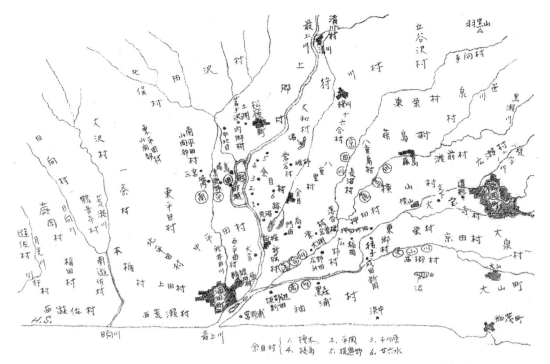

図15-2 庄内地震の頃の庄内平野三郡の地図(「改正山形県之内庄内三郡図」(1903年8月)を下敷きに筆者が画いた)(再掲)

の時代,山形県で生産される米の40％は庄内平野産の米(いわゆる庄内米)であったという。

庄内平野は最上川と赤川がつくったデルタにできあがった平野である。文字通り平らな平野の大部分は水田で,最上川と赤川が勝手気侭に氾濫したためにできた浅い沼や湿地が乾され整えられてできたものと想像される。わが国の近世の作田の仕方から見て,干拓が主体で,土を放り込む埋立はごく稀だったはずである。作田は庄内藩に支配された江戸時代に大いに進んだ。現在,庄内平野の地図を眺めると「○○新田」という地名(大字名)がたくさん目につくのである。

鶴岡の町の被害は少なかったようで,歴史はほとんど被害について語っていない。そのことを鶴岡市立図書館を訪れて痛感した。

鶴岡下山王社の神職,富樫翁岳(宥霰士)が「荘内大地震実見誌」という見聞記——筆者は鶴岡市立図書館で原書に接し,それを解読した樋口信義氏著の資料[2]を酒田の光丘文庫で土岐田正勝氏から寄贈された——を書いているが,彼は庄内地震から6日後の10月28日に鶴岡から日帰りで酒田の町とその中間にある村々の震害を見に出掛けたのであった。宥霰士——「宥霰」とはどういう意味だろう。学のない筆者は理解に苦しむのである——の行動は,自分の住む鶴岡の町の被害が僅少だったことを物語る証拠と見てよかろう。

「荘内大地震実見誌」の内容を筆者の手で抜き書きしてみよう(図15-2を座右に置いて読んで欲しい)。

10月28日,未だ夜の明けない中に家を出て,道形(現在は鶴岡市内),文下(同前)と過ぎ横山(現在の三川町大字横山)に至る所で空が白んでくる。ここで梵字川(赤川のこと)を渡り,三本木(現在,三川町の町役場が置かれている)もいつか過ぎて押切に着く。さらに梵字川の右岸の堤に沿って4〜5町(約400〜500m)歩いて行くと「傾家及び潰家」が見えてきた。現在の押切新田の辺りであったかと思われる。

宥霰士なる人物は素人だから傾家や潰家が見えてもそれを景色として眺めるだけで終わり,通り過ぎて行く。それに対して東京から調査に出向いた帝国大学の教授・学生調査団は,被害を受けた家に近づいて行って観察を試みている。

野口孫市は,10月28日に押切村で民家の被害の様子をスケッチしている[9]。そして絵の脇に,

「家屋ハ頗ル古ク,煤ノタメニ木材等真黒ナリ。電信控柱ニ倚リ倒ルルヲ免レタリ」[9]

とメモしている。

野口は遅くとも10月28日には押切村に調査に入っていたと思われるが,彼は帝国大学の教授学生調査団の被災地入りの先陣を務めた(後述のように教授の中村達太郎と同道したらしい)ものと思われる。因みに大先輩の曾禰達蔵が庄内平野に入ったのは,10月31日であった。

宥霰士が押切村を通った日と野口孫市が同村入りした

日が同じ日（10月28日）であったのは面白い。

押切村の被害に関しては，帝国大学教授の中村達太郎に報告[8]がある。

押切小学校は木造2階建の「和骨洋飾」（筆者の考案した言葉だが意味はわかろう）で，築後11年（1883年築。ただし，これは中村による）だったが，建物全体が東北東におよそ30cmほど動き，かつその方向に傾いた。この小学校について中村はこんな風に観察している。

「立登せ柱の構造法に於いては，たとえ傾斜するもその外形は殆ど一直線を保ちおり。二階造なる押切小学校の如きはその好例なり」

「建物全体はいざり出して柱石をはずれたるもの少なからず。押切小学校の柱は1尺5寸余りもいざり出したり」

「土台なきがために，柱根は家屋移動の時に於て裂損したるもの多し」

「正面玄関の柱はその根において打ちホゾを打込みありしに動かず。2階際に於て折れ曲れり」

また，中村は押切村の耕福寺（築後104年，茅葺屋根）についての言及も少なくなく，本堂の柱の傾いた様子を図14-9（既出）のように掲げたり，柱の屈折について，

「鴨居及び長押の附け傍においては折れずして，かえってその上方に縦割れを生じ，柱はその点において屈折」

と書いたりしている。ついでながら野口孫市にも報告の中で耕福寺に言及する所があり，本堂が東北東に傾いたことと，方丈が倒れたことを記している[2]。傾いた方向が小学校と同しことに注目したい。因みに後述するように「三川町史・全」もまた揺れた方向を東西としている。

中村は押切村の民家の観察も怠らず，柱が倒れて屋根から離れてしまった現象を多く見て，その原因として次のような指摘をしている。

「損害の原因は，（柱上端の）ホゾに非ずして，むしろ柱上ホゾ（の）穴なるが如し。一見すればホゾ折れたる如くなれど，その実（は）ホゾ下（の）弱点（筆者注：柱ホゾの下部に穴があけられ横架材が挿入されることなどを指す）の毀損したるなり」（括弧内は筆者の補筆による）

帝国大学調査団として押切村に入ったのは中村と野口の2人だけだったと推察されるが，2人は同道して調査団の先遣隊を勤め，後続隊に現地の情報を送るとともに電報で調査行動について指示を行ったと想像される。因みに曾禰達蔵が東京を発ったのは2人が押切村に入った日から2日後であった。

なお，野口孫市が押切村の調査をした前後に同村より

鶴岡町に近い栄村を瞥見していたことが，彼の報告書から知られる[2]のである。

確証資料のないままに想像するのは心苦しいが，酒田の旧市街が地震で広範に焼失したという情報と，鶴岡はほとんど無被害という情報を東京で耳にしたとき，一般論として酒田と鶴岡のどちらをベースキャンプにして調査行動を計画するだろうか。このことを想像の展開の拠り所にしたいという思いに筆者は強く駆られるのである。

ここで脇道に入って，帝大調査団の庄内平野入りの足取りについて空想に近い想像をしてみたい。

庄内地震当時，酒田・鶴岡を中心とする庄内平野に直接アプローチできる鉄道はまだ敷設されていなかった。話としてはそれでよいのだが，それにまつわる事柄に触れると，酒田に鉄道が初めて到達したのは，大正3（1914）年12月で，新庄と酒田を結ぶ新庄線（後年，この線は酒田・余目間が羽越本線の一部となり，余目・新庄間が陸羽西線となった）が開通したのであった。当時，新庄には福島～青森間を走る奥羽線が通っていた（新庄駅の開設は明治36（1903）年6月であった）のである。しかし，庄内地震当時には，奥羽本線はまだどこにも姿も形も現わしていなかった。

ところで庄内地震当時となれば，東北地方を縦断する背骨的存在だった東北線のことを想起しなくてはなるまい。明治23（1890）年に入って上野・仙台間が開通し，その年の11月には盛岡まで達し，翌年には青森まで全通している。明治時代には現在の新幹線のような花形的存在であったはずである。

帝大調査団は，この東北線に乗ってどこまで行き，そこからどの道を取って奥羽山脈を越えたのであろうか。

当時，帝国大学造家学科には，伊東忠太という大学院学生がいて，帝大調査団に加わった塚本靖より1年先輩，野口孫市より2年先輩であった。伊東忠太の後年の業績は広く知られているので略す。

伊東は米沢藩の出身だったから，当然山形県には詳しく，教授や後輩の学生達に庄内への道についてアドバイスをしたかと思われる。伊東（調査団には加わらなかった）は，

「東北線で仙台まで行き，そこから歩いて山を越え山形へ出て，最上川を船で下って庄内へ出るとよいでしょう」

と言ったかもしれない。

仙台から山形へ出るのに，今では作並温泉を通る国道48号線（関山街道）が通っている。あるいは秋保温泉，秋保大滝を通って山形市郊外の山寺へ出る道もある。いずれにしても60～70kmの道程である。1日8里（32km）

歩いたとして2日掛かる。調査団の学生達は若かったのだから，それくらいのスピードで歩いたかと思われる。

しかし，歩いたことを考えるのであれば，奥羽山脈越えの別のルートも考えてみなくてはならない。

司馬遼太郎の「街道をゆく」を通して「奥の細道」を孫引用すると，芭蕉は元禄の世に，陸奥の平泉辺りから奥羽山脈を越え出羽へ出ている。当時，尿前に関所があり，そこを通ったらしいのである。

帝大の学生達は小牛田（宮城県，東北線の駅があった）から新庄（山形県）へ通ずる現在の陸羽東線（明治時代には通じていなかった）に沿うようにして，小牛田から鳴子温泉を通り，新庄まで歩いたかもしれない。

酒田までのアプローチ経路として，新潟・酒田間の定期船利用が考えられないだろうかと思ってみたが，庄内地震当時の細切れの鉄道事情から推して東京から新潟までの鉄道利用は困難なように思えた。幹線的存在である磐越西線（郡山～新津間）の開通は明治43（1910）年だったし，もう一つの幹線であるい上越線の清水トンネルの開通は昭和6（1931）年だったのである。

以上に述べたような訳で，筆者は帝大調査団が庄内平野へ出入りするのに東北線を利用したと想像したいのである。

庄内地震の建物被害に話を戻したい。

押切村の被害については，「三川町史・全」（前出）に記述がある。

「下組部落の被害が最も大きく，特に加藤安興家は代々大地主として地方乃至県下に鳴り渡る程の農豪家」で，その家屋は「堅固な普請」であり，壮麗なものとされていたが倒壊し，「夕食時の火気使用中」であったため火災を起こし，「来客の人と共に6人も焼死する」という惨事が惹起された。助け出そうとしたが「木材の巨大と堅固なる建物のため救い出すことが不可能」であったと言われる。上の状況から地震とともに瞬時にぺしゃんこに倒伏したものと想像される。

大字押切新田は押切村の中心であったが，その被害は，死者27名（他村の者2名）。負傷者41名（他村の者1名）。潰家142戸。半潰23戸。大破15戸。小破56戸。焼失4戸。土蔵大破15棟，全潰3棟，全焼2棟。別棟の雪隠は全潰28棟，焼失3棟。他に役場と学校はともに大破（学校の被害については中村達太郎が触れているが，それについては前述した），寺院の半潰1，神社は全潰1，半潰1，大破1であった。

しかし，その後の時間が経ってからの被害調査によると押切村全体では，次のような被害であった。

総戸数345戸。全潰134戸（39％）。半潰33戸。焼失

4戸。死者28名。負傷者19名。

潰家の様子は「鉢を地上に冠したるが如し」で，完全にぺしゃんこに倒伏したのであろう。家屋は東西方向に揺れ，半潰の家屋は多く東へ傾いたといわれる。

以上のように決して押切村の被害は小さくはなかったが，宥黴士は「傾家及び潰家漸く見ゆ」と書いただけで，一見さほどの被害がなかった印象を私たちに与える。後世の人間は，素人の震災の印象を注意して読まなくてはならないことを教えられるのである。

因みに，野口孫市は震災調査をこの押切村から始めたようである。彼は報告書[2]で2つの倉庫の被害に触れている。それによるとこの付近の倉庫の建て方がわかるので，それを記しておきたい。

一つは，13.8cm角の柱が45cm間隔に立てられ，通し貫は45cm間隔であった。もう一つでは，12cm角の柱が90cm間隔で立てられ，通し貫は45cm間隔であった。前者では土台がなく，柱の根元は基礎の石を離れて東北に傾き，それにつれて建物も全体的に東北に移動していた。後者では，外周が総板張りであった上に，土台があったことが幸いし，全体が土台もろとも12cm程東北に動いたが無事であった。これに関し私見を述べれば，周囲の家屋がおおむね倒れるか傾いていたというから，板張りと土台が上部構造の固めに寄与していたと考えてよいだろう。

宥黴士は押切を過ぎると，梵字川を舟で渡って川の左岸の猪子に至る。「傾家並びに潰家七，八軒」が見え，道が割れて（幅が90cmくらい）いて板が渡してあるのに出会ったりする。また，学校が「やや傾」いているのが見られる。

宥黴士は例の調子でどんどん先に行ってしまうから，筆者の筆はここで立ち止まり，この学校について少々挿話をしたい。

現在，鶴岡市の北隣に三川（みかわ）という町がある。庄内地震当時の横山村，押切村，東郷村の3村が昭和30（1955）年1月1日に合併して起立した町である。三川の町名のいわれは，3つの川，赤川，藤島川，大山川がそれぞれこの町の中央，東境，西境を流れていることによっているのである。

町役場は当初大字横山の横山小学校の西隣に置かれたが，現在は赤川右岸沿いの字三本木にある。

「三川町史・全」（三川町が1974年に発刊）によると，庄内地震の際，東郷村の被害は次のとおりであった。

「本村で最も被害の大きかったのは，大字猪子で，次に尾花（筆者注：表15-3を見ると尾花ではなく神花（かんばな）かと思われる），成田新田，東沼の順であった。いず

表 15-3　東郷村の被害

大字名	全壊	半壊	大破	計
猪子	16	9	9	34
神花	4	5	7	16
その他	3	9	20	32
計	23	23	36	82

れにも土地の隆起，陥没，亀裂が見られ」
とあり，また次のような記述もある．
「大字神花字前外川原（村東）の堤防 400 余間が陥落し，畑に幅 2 間，長さ 50 ～ 60 間（約 90 ～ 100 m）ずつ，数十箇所に亀裂が生じた．その亀裂は学校敷地にもおよび，校舎は大破し，また畑 2 箇所で亀裂，隆起がおこり，地下水が噴出し，青砂，木葉などを吹き出した」（「三川町史・全」）

上記における「学校」は，猪子尋常小学校を指すものと解される．

東郷村の東南端の大字青山（現在の三川町大字青山．鶴岡市の北端，湯野沢と接する）の字外川原と中島では，
「幅 5 尺，深さ数十尺，長さ 100 間（約 180 m）余の亀裂が処々にでき，噴水とともに砂や小柴木葉を吹き出した」（「三川町史・全」）

さらに「三川町史・全」は，大字猪子字旭谷地船場（赤川の堤防近く）から北方 400 間（約 720 m）余の赤川堤防および宅地に「幅 1 丈余，深さ数十尺の大亀裂が生じ，地下水が噴出した」とも記している．

以上のように東郷村では，地下水が随所に噴出したのであるが，村の土地の出来上がりの歴史を想像すれば上のように，いわゆる液状化現象が——もちろん当時の研究者に「砂地盤の液状化現象」という意識などあるはずはなかった——が起きても不思議ではなかったのである．

「猪子小学校々舎は全潰には至らなかったが，全く使用に耐えず改築す」（「三川町史・全」）

と書かれている小学校はどこにあったのであろうか．

現在の三川町大字神花にある東郷小学校と同町の教育委員会に照会した結果，庄内地震時の猪子尋常小学校の血統をひくものは，現在の東郷小学校であることを確かめることができた．しかし，猪子小学校がどこにあったかはわからないままであった．

現在の東郷小学校（地図によれば赤川の左岸にあり，目の前は赤川である）の起源は，明治 11（1878）年 5 月，大字猪子の西塔普間氏宅に設けられた廣文学校であった．

以下は東郷小学校の伊藤先生がお送り下さった資料を参考にした猪子小学校の草創の歴史である．

廣文学校の開校と同時期に，猪子の南，現在は鶴岡市に編入されている大字湯野沢にも永伝学校（校地は永伝

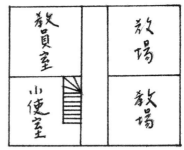

図 15-21　猪子小学校の 1 階平面図
（池田賢太郎のスケッチを筆者が写生した）

寺境内——赤川に近い所に現在もこの寺は立っている）が設けられた．明治 5（1872）年 8 月の新政府による学制発布に対応したものであった．どんな様式の建物であったかという問いに対し，次の資料が答えてくれるように思える．

「広文学校は当時としてはたいそうスマートな洋風で白塗り 2 階建であった」（「猪子のあゆみ」，三川町猪子町内会）．

明治 5（1872）年という時期とスマートな洋風建築との間には結びつきにくいものがあるが，その疑問を解きほぐしてくれる史料が 2 つある．

帝国大学の造家学科の学生（2 年生）池田賢太郎は，11 月 6 日，「猪ノ子小学校」と題して被害を写す 1 枚のスケッチを描いており[9]，それには次のメモ書きがあった．

「明治 12（1879）年 11 月 15 日　起工
　明治 13（1880）年 8 月 15 日　落成
　井戸，地盤ヨリ 1 尺上マデツマル」

さらに，それには図 15-21 に示す寸法記入のない平面図（池田の画いたものを筆者が写生したもので，中廊下式であることが看取される）が添えられていた．

校舎が明治 12（1879）年の起工と聞けば，「スマートな洋風」の様式と昔の人が思ったのも肯けなくはない．落成式に県令三島通庸を招いたと聞けば，なおさらに起工当時から洋風好きの三島に阿る気持ちが村長にも大工棟梁にもあったと察してもよかろう．

彼らは目と鼻の間にある藤島村に建てられた東田川郡役所（明治 11（1878）年築の洋風で 8 年後に焼失），鶴岡の朝暘学校（1876 年），酒田の飽海郡役所（1878 年），西田川郡大山町の警察署（1879 年）などの近在に建てられた擬洋風建築をすでに眺め大きく心を動かされていたはずである．「洋風で白塗り」というのは下見坂の外装に白ペンキを塗ったものに間違いないであろう．

以上が猪子小学校の謎解きの第一の史料である．

幸いなことに，宥薇士の書いた「荘内大地震実見誌」の中に「猪子小学校境内ニ亀裂ヲ生ジタ様」と題したス

図15-22 富樫有霓士のスケッチした猪子小学校
（「荘内大地震実見誌」より）

ケッチがあるのを筆者は鶴岡市立図書館で発見した。これが猪子小学校の謎解きの第二の史料である。

図15-22が上述のスケッチであるが，これから建物の形状がほぼ正方形の平面を持つ総2階建であることが窺われ，同時に「洋風で白塗り」という様子も感じとれる。

このスケッチは，校庭が噴出した水で水浸しになった様子をよく表現しているし，その水溜りの中に地面から突起した物が目に止まり，これは池田賢太郎がメモ書きで触れた井戸ではなかろうかと思えたりするのである。

猪子小学校については，曾禰達蔵報告[7]で，

「猪の子新田小学校……の側石は層外に躍り出たるものあり」

と言って，第14章の図14-4（既出）を掲げ，その図について「土台と柱と離れた状態」と「上部の柱を離れ側石の躍り出たる被害の状を示す」と説明している。

その柱は図で見る限りさほど太く見えないが，池田賢太郎のメモ書きによると，柱寸法「15″口（筆者注：約38 cm角）」とある（どこの柱を指すか不明瞭な書き方であるが）。既出の図14-4を見ると，側石は長方体の石が2段に素積み（接合用材料を使わず）されている。この図は実は池田のスケッチの構図にそっくりである。写真がなく，コピー技術がなかった時代だから，報告書を書くに当たり曾禰は池田のスケッチを写生したのであろう。

曾禰は遠路をわざわざ猪子まで出掛けた（曾禰が調査を終わって庄内平野を離れたのは11月5日と推察される。それに対して学生の池田が猪子小学校を訪ねたのはそれより後の11月6日であった）が，曾禰は被害現象を生に示しただけで，知見とか教訓めいたことは書いていない。この事実は，当時第一等と言われた建築家の見識の限界を物語っているように思えるのである。

猪子小学校が立っていた地盤が劣弱であったらしいことはよくわかったので，建築構造的関心からすれば，そ

れで十分なのだが，それにしても知っておきたいことは，上記の猪子小学校がどこに立っていたかである。どこかわからないが，とにかく広文学校が創立時の西塔氏の屋敷内から他所に移った（明治12（1879）年上述の洋風木造総2階建を起工するに当たり）と想像するのが自然であろう。そして筆者としてはその移転した建物が庄内地震を受けたと思いたいのである（記述2つの史料に基づいて）。

ついでながら猪子小学校の創立頃の沿革について触れてみたい。

東郷村では本校，分校の離合が繰り返された後，明治26（1893）年に大字猪子に猪子尋常小学校が置かれ，他の6大字は合して大字神花に東郷尋常小学校を置くことになった。このとき東郷尋常小学校は旧来分教場として使われてきた校舎が狭隘になったので「明治26年，旧校舎を売却し，校地を字外川原210番地に移し，1,103円を以て大校舎を新築した。」（「猪子のあゆみ」，猪子町内会刊）のであった。起工は6月13日，竣工は8月中旬であった（三川町立東郷小学校発行「開学百年」）。

庄内地震の際の猪子，東郷両小学校の被害について，三川町立東郷小学校発行の「開学百年」の年表はこう記している。

「大地震のため校舎破損甚大，校地また為に裂け，濁水を溢出す。休校3日漸く授業を始む（東郷尋常高等小学校）

大地震に襲われ，校舎破損し，校地裂け濁水溢出す。休校3日，校舎破損のため洞泉寺に引き移る（猪子尋常小学校）」

これから類推すると，新築して1年余り経ったところの東郷尋常小学校の方が被害が少なかったのである。築後14年経った猪子尋常小学校の方は既述のような大被害を受けて取り壊すことになり，大字猪子の内の洞泉寺に仮校舎を置いたのであった。この前後から，村当局が一村一校計画を進めようとしたので，それをめぐって村内は蜂の巣をつつくような混乱に陥った。しかし，当面必要なこととして，猪子小学校は明治29（1886）年5月に新校舎を新築完成させ（工費1,182円）移ったのであった。

因みに猪子と神花における校舎以外の民間住宅の被害を比較すると，表15-3に示すとおりで，猪子の方が圧倒的に被害が多かったことが看取されるのである。この傾向は猪子と神花に立っていた小学校の被害差に通ずるものがあるが，地震による建物の被害原因はそんな単純なことで判断できるものではないから，構造に関する当時の資料が残っていない状況下で，これ以上突っ込んだこ

図15-23　富樫宥霰士の画いた黒森村の潰家の様子
　　　　（「荘内大地震実見誌」より）

とは言わないでおいた方がよいだろう。
　再び宥霰士の足取りに話を戻す。
　彼の足取りは早く猪子から成田新田（旧東郷村，現三川町）に至るが，軒も傾いた家は見えない。帝大の調査団も成田新田には調査に入っていないのである。無被害の理由を探りたいが，史料という島がなくて取りつくことができない。
　次いで黒森の小渡場を越え，16町（約1,600m）ほど行くと山端にかかり，梵字川岸に沿う村落，黒森に着いた。左折する浜中道（浜中への道。図15-2参照）があり，その少し手前にある2階建ての家が正に倒れそうな様子であった。2～3町（約200～300m）行って小高い所に上り，日枝神社の前に出ると，11軒くらいが焼失しており，その他に潰家が17～18軒ぐらい見える。ほかに目につく家で満足に立っている家はほとんどない。「その様（は）あたかもすり鉢を伏せた」ようであった。
　「すり鉢を伏せた」は，屋根だけを残し家屋がぺしゃんこに倒伏した様子を表現したものであろう。宥霰士が画いたスケッチ（**図15-23**）を見ると，その感じがよく把めぬ。
　「地層陥落魏峨たる山道に異らず」，すなわち地盤が陥落した様子は高い山の山道のように急だと宥霰士は地盤がえぐられて暴れた様を叙述している。図15-23から彼がその印象を画にしようとした意図が看取できる。図15-2を眺めると，黒森は赤川に沿って酒田に向う道と海岸との間にある（現在，赤川は黒森の集落の南端を通って日本海に放流されているが，往時（庄内地震の頃）は酒田の町の対岸で最上川に合流していた）。黒森の地盤は日本海の風波によって形成された砂丘であった。
　黒森は今は酒田市に属しているが，庄内地震のときは袖浦村の一部であった。「酒田市史改訂版・下巻」は袖浦村とその中心地，黒森の被害についてこんな風に記している。
　「袖浦村では火災が発生した。黒森（筆者注：村役場の所在地）では大半が倒潰したうえ，数十戸が類焼し，死傷者が出た。」
　黒森の巡査の話によると，
　「亀裂の中にはまり込んでワイワイ呼んでいるものもあった」（鶴酒舎主人述「東西田川飽海三郡甲午大地震記」，1894年12月発行）
という。
　帝大調査団の野口孫市は，10月31日に袖浦村の大字黒森と坂野辺新田に入っている（後者は赤川に沿っているが，前者よりもずっと酒田の町近くに位置する集落であった）。この後，坂野辺新田について触れるので，今は黒森だけについてである。
　「黒森においても傾斜面に建てたる民家（が）地盤崩落のために転傾した。」
と野口は報告書[2]に書いているが，これは彼が被害スケッチをした民家の次の状態を述べたものかと思われる。
　「地盤ハ砂，砂山ノ麓ニアリ右方ノ基礎ハ激震ノ為ニ堀リ散ラサレ，家屋ハ為ニ右方ニ傾ク」（野口のメモ）
　そのスケッチした民家は，土塗り壁造で，外周りの建具は面外に折れていた。
　黒森には，野口が帰京した後で，関野貞（帝国大学3年生。後年の関野の業績については広く知られているので略す）が出向いて（11月8日）おり，彼は農家に注目している。
　一軒の農家では，柱は玉石の上に立っていたが，柱下には地割れが見え，土塗小舞壁は割れて土が落ち，貫は柱から脱けていた。
　関野は，もう一軒の農家で，柱が鴨居を受けるホゾ穴の下で折れている被害状態をスケッチして，柱が6寸5分角（約20cm），鴨居のせいは7寸（21cm）などと寸法調べをしている。
　関野と同級の野村一郎は，黒森で，土喰り壁の土が全面的に落ち，竹小舞だけが残った状態で，貫は柱からはずれ，柱は傾いた民家をスケッチしている。
　野口を伴って黒森に入ったと思われる教授の中村達太郎は，黒森の琴平神社の足固め貫がはずれたのに注目し，クサビを詳しく眺めて，クサビの角度が9度半よりも鋭角にした方がよいと細かいことを言っている。
　塚本靖は黒森での被害スケッチを残していないが，調査報告[4]で次のようなことを述べている。
① 土蔵は丈夫なもので，普通は土が剥落する程度の被害であるが，黒森付近では全体が傾斜した土蔵を散見した。このことから見ると黒森の震害は酒田よりも甚だしかった。
② 基礎か陥落した家屋は，軒桁と柱との連結が壊れ巨大

な茅屋を支持できず倒壊していた。それに対し土台を施した家屋は傾き歪んでも倒壊したのは稀であった。
③道路を挟んで低地の方にあった家屋は，地盤の陥落と亀裂のため高地にあったものより被害が大きかった（往々にして全潰）。

筆者も1983年の日本海沖地震で八郎潟の西側の地域を調査した際同じような印象を持ったことがあるが，これは低地の人工造成した地盤の歴史が高地より新しかったのが原因に思えた。塚本のケースもそれと同じではなかったかと思われる。塚本は原因として，

「卑低の地には砂礫多く，高き処には粘土多し。砂石層上（の）家屋（の）被害の状は，全く砂粒の側避（筆者注：側方への逃げ）により起こりたるものの如し。即ち家屋はその基礎と共にじかに陥落するもの多し」[4]

と書いている。

宥覈士はさらにこんなことも書いている。

「袖浦村役場（筆者注：役場は黒森にあった）少々傾きしのみ。被害者多くその門内に小屋住まいせり」

彼はさらに半里（約2km）歩いて，「地盤が亀裂し，泥砂が流通」しているのに遭遇している。

「坂野辺はまた黒森に次ぎて潰家十軒余あり」

と宥覈士は書き，「それより坂を上り，一条の松林を通り」飯盛山へと向かって行く。

坂野辺新田で，茅葺き屋根の小学校がぺしゃんこに倒伏しているのを野口は見ている。

中村達太郎は，「柱下に土台のある場合においては，柱の土台よりはずれ出たる例は極めて少なし」と言っている[8]が，例外として坂野辺新田で「6寸7分（20cm）角の杉柱が1尺5寸（45cm）いざり出した」のを見ている[8]。

飯盛山は現在は酒田市に属し，最上川の河口に近い左岸にあり，当時目の前で赤川が最上川に合流していた。

宥覈士は辺りを見て「五，六軒のうち二，三潰家なり」と書いている。彼は飯盛山の東側にかかり中腹まで登ったが，亀裂があり，怖ろしくなって頂上には登らず降りてしまう。これは野口孫市が，次のように書いている[2]状景と通ずるものがある。

「飯盛山より黒森に通ずる途中において，道路が砂丘の中腹を通ずる所あり。砂石崩下の結果として，樹木は倒れ，道路の一部は断絶して遠く数十間（100mぐらい）下にあり」

また野口は，飯盛山の麓の渡津の東岸において，河岸から1丁半（約150m）の所で最上川に平行に亀裂を生じ，かつ地盤が陥落して川の方に滑っているのを見たと書いている[2]。

再び宥覈士の文章である。飯盛山を降りて行くこと1里（約4km）ほどで，「所々に泥砂の噴出したる大洞穴の如き」ものがたくさんあるのに遭遇し，そこから噴出しだ泥砂が道に流通していて「苗代田を行く」ような感じで難儀する。いわゆる砂地盤の液状化現象であった（当時は研究者にも一般人にもそんな現象の認識はまったくなかったはずである）。

宥覈士は午前9時半——鶴岡の家を出て約5時間後——宮野浦に着いた。最上川の河口脇の集落である。

「坂野辺よりもまた弱く潰家二十軒余，焼失一軒」

という状況を見た後，「酒田の被害市街を望み，西方松林連々と突出せる岬」に「風景云わん方なし」と感激しながら最上川の川岸で早昼飯をとる。

上に述べた黒森，坂野辺新田，宮野浦，広岡新田，浜中などの大字を合わせた袖浦村は，全戸数685で，そのうち全焼77戸，全潰166戸（24％），半潰135戸（20％），死亡73人，負傷99人という被害で，酒田町を除いた庄内平野の町村の中で，絶対数の上で全焼戸数，全半潰戸数，死傷者数の多さは群を抜いていた。

もっとも，パーセンテージ的に見て被害の激甚だったのは広野村で，全戸数286に対して全壊率62％（178戸），半壊率9％（25戸），死者1戸当たり0.17人（50人）であった。

なお，上の統計数字は「酒田市史改訂版・下巻」を通じ「両羽地震誌」[6]の数字を孫引きしたものである。広野村の菅沢伝太郎村長が手控として書き留めた「村長・手控」（鶴岡市立図蔵館所蔵）による同村の被害状況は次のとおりであった。

現在戸数286戸（「両羽地震誌」の数字と同じ）。現在人口2,241人。死亡者46人（本籍死亡の数で，男17人女29人。ただし，他村にて死亡した者男2人女1人を含む）。別に東西田川郡より寄留または止宿の男1人女3人が死亡。負傷者25人（男13人女12人）。また，潰家196。半潰家32。潰土蔵11，半潰土蔵6。潰板蔵2，半潰板蔵5。村立小学校本校潰1（後書き訂正があるが文意が読みとれない）。村社殿潰2（うち1棟は後に大破に改めたとの後書がある）。無格社殿潰1，無格社殿半潰1。

なお「村長・手控」によれば，同村では火災は発生しなかった。また，道路と橋梁の被害はなかったが，「地裂砂水吹出たる箇所数多し」と記されている。大小の建物は基礎をはずれ，東に転倒したものが多かった。小林某の板蔵（平面7.2m×3.6m）が1尺1寸5分（約35cm）東に動いたとも書かれている。

以上は10月26日付の公式記録と見てよいだろう。

「村長・手控」によれば，前記の全潰196戸のうち即刻倒壊したものは171戸で，残り25戸は「破砕」の甚しい

ものであった。村長は両者を併せ196戸を「全潰」として12月下旬に郡役所に報告をしたと手記している。

上記の即刻倒壊家屋の大字別戸数は，次のとおりであった。

広野新田95戸（169戸のうち），倒壊率56%
福岡64戸（78戸のうち），倒壊率81%
大渕12戸（39戸のうち），倒壊率31%

因みに，上記の3つの大字（図15-2参照）は，元は独立した村であったが，明治22（1889）年に合併して広野村となり，広野新田に村役場が置かれたのであった。

3つの大字の倒壊率には大きな差が認められるが，地盤形成の歴史も家屋の作り方も不明だから原因の究明は不可能である。

ついでながら，広野村の菅沢村長の「手控」から知り得たことを以下に記しておきたい。

まずは藤島村の被害状況である。

村長は地震に10月22日「午後6時少し前頃」に藤島村で遭い，「劇震甚だし」と記している。郡役所で集まりがあったか，他用で藤島村を訪れていた最中に地震に遭った訳である。

藤島では所々「地裂け砂水吹上がり」「郡役所邸内（と）藤島役場邸内（は）少し地裂けたり」「下町は水吹き出した場所（が）道筋に多し」「家々所々痛みあり」とも菅沢村長は記している。藤島村の古記録に出会えなかったので，筆者にとって藤島村の震災に関する村長の手記は貴重である。

地震の翌日，村長は同村内を視察検分しているが，時々微震があり，夜は村社の境内に宿したようである。

広野村は，帝国大学の学生達（大学院生の塚本靖，3年生関野貞と野村一郎）が調査に入っていて，彼らは3人とも広野皇大神宮のスケッチをしている。関野のメモによると真東に傾斜したらしい。塚本は柱が大きく傾いた様子を描写しており，報告書[4]で，

「社殿傾斜し，隅角柱上の大斗破れ，長押と柱との指し口緩み，扉戸破砕し竹の節傾壊す」

と書いている。

広野村には，「村長・手控」に書かれたように被害を受けた小学校があったのであるが，帝大の学生達が腰を据えてその被害調査をした気配がないのは，外から見て大した被害ではなかったのであろうか。地震の翌年の6月には学校の建築が議に上がり，県の技手や郡書記が初めて来村し，村長は大工もその席に呼んでいる。この後の状況から推して，小学校は新築を迫られる程度の震災を受けていたのではないだろうか。

ついでの話をしたい。

広野村と落合川を挟んだ北側には栄村（町役場は宮曽根にあった）があった。役場の柱（15 cm角）が16.5 cm角の土台の上に立っていて，この柱には羽目板を取りつけるため，両側面に入り込み1.5 cmの縦溝が彫ってあった。柱の下ホゾが抜けずに柱の根元が傾いたとき，足固め相当の箇所で柱が傾くのを拘束されたため，上記の縦溝に沿って柱の根元が縦に裂けた。中村達太郎は上の様子を報告書[8]で克明に書いて，「柱をなるべく毀傷」しないように注意が必要と結んでいる。

野口も栄村を訪れ，完成直前の土蔵が，6 cm厚の壁土は全部崩落しても構造部材に少しも異状がなかった（15 cm角柱を15 cm明きに立て，通し貫を30 cm間隔に差し通していた）と報告[2]している。上から中村と野口が一緒に栄村に調査に赴いたのは自明である。

また，野口は藁葺き屋根の「村社皇大神社」が全体的に東に動いたことも指摘している。

酒田町の被害についてはすでに述べたから，酒田を後にしてからの宥薇士の鶴岡への復路の文章を追うことにする。

午後1時，鵜渡川原村に着くが「ここは至って弱震と見え，唯々壁に少し亀裂を生」じただけと言っている。

次に大宮（西平田村）は「少々潰家あり」と書いている。上の鵜渡川原，大宮については帝大調査団の被害スケッチは残されていないし，震災報告書にも地名は登場しない。

新堀村の条では，宥薇士はこう書いている。

「新堀村，余程強震と見え，潰家所々にあり。且つ前代議士阿部孫左衛門氏の宅も潰倒せり。」

帝大調査団はこの村には入らなかったらしく，震災報告書にこの村に関係する記事はない。しかし「両羽地震誌」の史料を参照すると，新堀村の被害は甚だしく，全戸数472戸に対し，全焼3%（13戸），全潰率27%（127戸），半潰率30%（142戸），死亡者1戸当たり0.07人（31人）であった。この数字を見ると帝大の調査団が新堀村を調査しなかった理由が解し難いが，帝大調査団は最上川の左岸の新堀村には入らず，右岸の南平田村の砂越，飛鳥に進んだらしいのである（そこでの被害は後述する）。

宥薇士は，新堀村の中心である大字新堀を通って同村の門田，局へと進み，この辺りについて次のように記している。

「潰・傾家所々散見せり」

栄村に入り，午後2時45分，落合に達している（図15-2において京田川と藤島川の交わる所にその名前を見出すことができる）。

「橋架け換え中，潰家十数軒もあり」
と記している。

押切村に入ると，往路見た箇所とは違う押切村を見たようで次のように書いている。

「この所（は）余程強震と見え，潰家百余軒，道路亀裂を生じた所数多あり」

そうして横山，文下，道形を通って宥籔士は午後5時10分頃鶴岡の自宅へ帰ったのであった。

横山村の小学校の被害については曾襧達蔵が報告している[7]。それは，柱身がまったく「石礎」をはずれて地中に突っ込み沈んだ被害状況を指摘したもので，「前面の柱は殆ど一様に石礎（筆者注：石の独立基礎）をはずれて同方向に傾きたり」と述べ，柱脚にホゾがあっても震動で脱けてしまうものだと知見を纏めている。

宥籔士は，時間の関係で鶴岡道──彼は復路この道を辿った──より北の余目村，松嶺町，あるいは先に触れた南平田村などの被害は見ていないから，その欠を以下で補ってみたい。

砂越は現在は飽海郡平田町に属しているが，当時は南平田村の中にあった。現在，羽越本線は酒田駅を出て間もなく東酒田駅の次の砂越駅附近から大きく南折し，最上川を渡るが，その砂越駅附近が庄内地震当時の大字砂越であった。

曾襧達蔵が震災報告書[7]で「砂越村の某農家の一部」として図（第14章の図14-6）を掲げ，

「柱の四方に根太掛（が）集り来り，その受けとして柱にうがちたるホゾ穴は柱の断面積を減殺することはなはだしく，……ホゾ穴は柱の最弱点にして……ホゾ穴の有無大小は柱の強弱に関すること極めて大なり」

と言っている。

塚本靖は報告書[4]で，一般家屋の構造は茅葺きの平家」で，「被害の箇所は軒桁と柱との指口にあり」，また土蔵の傾いたものが少なくなかったと述べている。

砂越に接する大字飛鳥（現在，平田町の役場がここにある）飛鳥神社の被害は，帝大調査団の学生の関心を引いたらしく，学部2年生の鈴木禎次（後にフランスに留学し，名古屋高等工業──現在の名古屋工業大学の前身──の教授となり，中京の建築界をリードした）と3年生の野村一郎が被害状況をスケッチしている（彼らが神社を訪れたのは11月4日）。

鈴木のスケッチとそのメモによると，本殿は傾斜しただけであったが，山門はまったく潰れ鳥居は傾いたらしい（鈴木は重層の山門と鳥居の被害を描写している）。

塚本靖は飛鳥に行っており，飛鳥神社の被害の他に民家の土蔵の被害もスケッチしている（鈴木禎次らと同行

した模様）。そして報告書[4]で，

「ホゾはひとり柱において弱点たるのみならず，建物のすべての部分において弱点なり」

と言って，飛鳥神社の登り虹梁の端部の柱へのホゾが，柱のホゾ穴から脱けている図を掲げている。また，

「（飛鳥神社は）社殿全部に傾斜し，茅屋根正しくその上に在り。隅門柱上の組物は破損し，長押柱の指口緩み，床板波状を呈し，扉戸歪破す。同神社々前の瓦葺一棟全く潰倒し，同右側茅屋一棟は傾斜甚しく，その支柱（は）軒付を突上げおれり」[4]

と記している。

帝大調査団は飛鳥を見た後，松嶺町へ移動し，鈴木禎次は人家の被害に注目している。すなわち「柱の切り組み口より折れし図，並びにホゾ穴の裂けし図」を書き，また人家入口の破損状況（地面に割れ）を描写して，

「この家は破損少なし，地盤は小石を泥土を以て固めたるものにして他の人家に比し堅固なる地盤なり」

と書き，また次のような仕様の人家の柱が傾いた状景をスケッチしている。

板壁生漆塗り，槻板（原文のまま）生漆塗り，柱5寸（15cm）角生漆塗り，鴨居は生漆塗りで見付7寸5分（22.5cm），幅5寸（15cm），土台は5寸（15cm）角。

松嶺は江戸時代，酒井家の支城があった町で，現在は内郷村，上郷村と合併して松山町を形成している。庄内地震による被害は，表15-4に示すとおりであった。

松嶺町では「学校が大きく傾いたが，登記所，町役場は格別なことがない。」（同町の五十嵐某の日記を引用）と「松山町史・下巻」は書いている。なお，学校は2校とも半潰だった。

「松山町史・下巻」が救助活動の事例を挙げているが，それによると家屋が倒潰し，梁・桁・指物などに圧迫されて身動きできないでいるのを，屋根や壁を抜いて助けているケースが圧倒的に多い。当時の民家が地震とともに一挙にぺしゃんこに倒伏した状態が，それらから想像されるのである。死者のほとんど全部はこの現象による犠牲者であったかと思われる。

この表は被害程度が建物の用途別に示されていて非常に有益である。

なお，松嶺町長小華和業修が飽海郡長に提出した「震災取調報告」によると（表15-4とソースが違うらしい），家屋，土蔵，板蔵類の被害数は表15-5に示すとおりであった。

松嶺町に関する震災報告としては，次の2つがあるだけである。

「倒潰したる小学校（筆者注：公的被害調査によると

表 15-4　松嶺町ほか 2 村の被害（「松山町史・下巻」による）

種別		町村別		
		内郷村	松嶺村	上郷村
全戸数		362	430	390
全焼	家屋	13	73	—
	学校	0	0	—
	寺社	0	1	—
	倉庫類	4	113	—
	小計	17	187	—
全潰	家屋	146	141	25
	学校	1	0	0
	寺社	4	1	2
	倉庫類	16	183	11
	小計	167	324	38
半潰	家屋	52	115	44
	学校	0	2	0
	寺社	0	6	1
	倉庫類	69	57	20
	小計	121	180	65
破壊	家屋	145	148	211
	学校	2	0	1
	寺社	3	1	1
	倉庫類	220	30	88
	小計	370	179	301
死亡者	男	17	3	2
	女	30	12	1
	計	47	15	3

表 15-5　松嶺町の被害数（松嶺町長による）

	全焼	全潰	半潰
家屋	58	210	152
土蔵	28	63	23
板蔵類	85	120	34

前述のように半潰であったが）の一棟は，その隣地の区裁判所と殆ど同時の請負普請にして，ほぼ同一の構造なりしも，これは瓦葺を以て倒れ，彼は柿葺を以て存すと該校員は語れり」（曾禰達蔵による[7]）

「悉皆茅舎陋屋（で）参考に資するもの少し」（塚本靖による[4]）

松嶺町から最上川の本流を南東に遡った最上郡との境（松嶺町は東田川郡である）近くの山麓に清川村があるが，この村の斉藤家に伝わる「清川村古記抄出」（天和 2（1682）年から記述がスタート）は，以下のような内容の素人的地震記録を書いている。建築に対し専門的情報を伝えるものではないが，少しだけ触れておこう。

「当地幸いに無事なるも土蔵は大小破損が 25 棟」に及んだという意味のことが書かれ，村民は翌日仮小屋を造り，道路で煮炊きして家には入らず，それが 5 ～ 6 日にも及ぶ人達がいた。さらに，大震は左右動ではなく上下動で，2 年後も余震が続いたという意味のことが書かれている。

清川村は最上川が盆地と谷を伝ってえんえんと流れ下り，山が果てて一挙に眼下の庄内平野に向かって流れ落ちようとする所に立っている。ここは清河八郎の生地で

あった。彼の姓は斉藤だったが，生まれ故郷の名をとり清河を名乗った。彼が何者か筆者には理解しかねるが，幕末の新徴組とか新選組の名が彼の名前から連想できれば，100 点でなくても優の評価点が与えられてもよいだろう。「清川村古記抄出」を所蔵した斉藤家と豪農だったと言われる清河八郎の斉藤家とはどのような縁でつながっていたのだろうかと鶴岡市立図書館で「古記抄出」の原本を前にしてふと思ったことであった。

酒田町の北，飽海郡内に本楯という村があった（日向川の南岸にあった。図 15-2 参照）。この村の庚申講員一同が著わした「本楯村宮形星川興屋庚申講紀念書」という本があり，庄内地震の様子を記録している（樋口信義著の文献[14] による）ので，以下でその内容を紹介してみたい。

本楯村の宮形では，格別の災害はないとするか，「家屋少しく傾斜したるのみにて格別の害」なしと意見を述べる講員が多かった。その中に「土蔵の壁悉皆剥落」「半潰」「（親子）3 人潰家の下」となったが，「村人が馳せ集まりて救い出したり」という報告が一つずつ散見される。

次いで星川興屋の状況も宮形と似ていたが，逃げ遅れた 6 人が倒潰した家屋の下敷となり，馳せ来た人により屋根を破って救出されたとか，5 人が潰家中に埋もれたが逃げ出した主人が 1 人で皆を救出したとか（主人が家人を救出した例は他にも 1 件あった），霊祭に行っていた養子が帰ってきて下敷きになっていた 9 人と馬 1 頭を救い出したという報告がなされている。こうした惨事の起こった家屋では，共通して「土蔵の壁は悉く剥落した」のであった。

上の「庚申講紀念書」のように地震後（この本の場合は早くても 3 ～ 4 年後）纏められた家屋の被害体験談を読むことは，建物の被害状況が想像できるので，宥蔵士の見聞記の筆致などと較べると後世の私たち専門家にとっては非常に有益に感じられるのである。

【引用・参考文献】

1) 松田時彦：活断層，岩波新書，1995 年 12 月
2) 野口孫市：建築雑誌，109 号，1896 年 1 月
3) 酒田市：酒田市史改訂版・下巻，1995 年 3 月
4) 坂本靖：建築雑誌，100 号，1895 年 4 月
5) 阿部喜平治：山形県酒田震災一覧，1894 年
6) 両羽震災取調所編：悲愴惨怛両羽地震誌・全（鶴岡・日向源吉蔵版）
7) 曾禰達蔵：建築雑誌，103 号，1895 年 7 月
8) 中村達太郎：建築雑誌，103 号，1895 年 7 月
9) 震災予防調査会編：明治 27 年山形県震災被害之図・完（帝国大学造家学科学生の被害状況スケッチを収集したもので，酒田市光丘文庫所蔵のものを見た）
10) 酒田警察署編：明治 10 年代の警察巡邏図（酒田市史編纂室と光丘

文庫の御好意により借覧とコピーをさせて戴いた）。

11）山形県教育委員会編：山形県教育史・通知篇上巻，1991 年 12 月

12）酒田尋常高等小学校大震潰倒之図，池埜仏左衛門発行，1895 年 1 月

13）酒田大震浄福寺崩壊之図，池埜伝左衛門発行，1895 年 1 月

14）樋口信義：「荘内における地震」資料散見，酒田古文書同好会誌第
10 号，1995 年 8 月

1986年4月　東京理科大学工学部第二部建築学科・教授

東京理科大学大学院工学研究科建築学

専攻担当

1987年10月　東京大学名誉教授

1988年10月　東京理科大学工学部第二部学部長

（1991年3月まで）

2005年2月　永眠

※この小冊子の制作のためのインタビューに
　ご協力いただいた皆様

杉山邦子様／上葛尚子様／平田俊次様／
阿部市郎様／宮林正幸様／安藤直人様

編集　杉山英男記念館

杉山先生御夫妻・北海道にて（1979年）

資料：杉山英男物語　a1

「学術」と「実用」の両輪がとてもバランスよく回転していた研究者だったのではないでしょうか。それに、実にエネルギッシュでした。しかも、行政に対しては学術的にいくら正しくても業界がやれないことは決して首を縦には振らなかった。逆に、学ぶ意欲のある企業には積極的に指導された…。その意味では、大いに正義の味方だったといえますね。

そして、杉山先生は、メモから手紙、文献まで、とにかく多くの「文字」を残された方です。それらを散逸させるのは、先生の敷いた線路の上を歩いている学者、これから歩く人間にとっては大きな損失。ですから、杉山先生の残された「文字」たちを、あと1冊の本にまとめあげること。それが杉山先生から与えられた、私自身への最後の宿題なのかもしれません。

取材協力：東京大学　大学院　教授

安藤直人　様

職歴（専任職）

1951年4月　明治大学工学部建築科・助手

1953年4月　同　右　専任講師

1958年4月　同　右　助教授

1963年10月　同　右　教授

1973年5月　明治大学退職

1973年6月　東京大学農学部教授
林産学科・木質材料学講座担任
東京大学大学院農学系研究科
林産専攻担当

1979年9月　Forintek Canada Corporation
客員研究員、
University of British Columbia
名誉客員教授としてカナダ国へ出張

1980年8月　帰国し帰任

1983年4月　東京大学大学院協議会委員
（1985年3月まで）
東京大学大学院工学系研究科建築学
専攻兼任（1986年3月まで）

1986年3月　東京大学定年退職

残された宿題

いま杉山英男先生に最初に報告するとすれば、それは1981年（昭和56年）に設立された「木質構造研究会」が、2009年（平成21年）1月、『日本農学会』に正式に入会したことではないでしょうか。当時20人ほどでスタートされた研究会が、今や会員数約350名へ。年1回の学術発表会でも、2つの会場で3日間朝から夜まで開催するまでになりました。暗黒の時代、杉山先生がたった一人で踏ん張っていた時代からすれば、信じがたいかもしれません。しかし、これはまぎれもなく杉山先生が拓かれてきた分野。建築から農学へ移られ、種をまかれた「木質構造」という研究分野が、農学という世界の中でここまで花開き、実を結んで、ようやくここまで認められてきた…。その意味では、まさに自ら歴史を発掘されたといっても決して過言ではないでしょう。

また、弟子の一人として言わしていただければ、

杉山英男先生の足跡

1925年4月　静岡市に生まれる

学歴

1938年3月　静岡県静岡師範学校附属小学校卒業

1943年3月　静岡県立静岡中学校卒業

1945年3月　第一高等学校理科乙類卒業

1949年3月　東京大学第一工学部建築学科卒業

1951年3月　東京大学第一工学部建築学科大学院前期（特別研究生）修了

学位

1959年5月　工学博士（東京大学より）
　　　　　　論文：『木材の強度性状に及ぼす長期載荷の影響に関する実験的研究』

1992年3月　農学博士（東京大学より）
　　　　　　論文：『製材・合板の構造材料への利用に関わる諸問題の実験的解明』

さにそこに尽きるのではないでしょうか。木質構造の研究の一番厳しい時代を一人耐え抜かれ、理論的に体系化することが遅れていた木造建築の分野において、その体系化の道筋を見事につけられました。新しい建築を開発する際、必ず実験から始める。まず実験して壊してみる。そして、その結果を元に、壊れないように創り上げる。そしてその重要性を教えてくださったのは、まぎれもなく杉山先生です。その意味でも木造建築業界にとっては、間違いなく最も偉大な指導者であり大恩人。個人的には、夏冬関係なく、杉山先生の大好物だったアイスクリームをお土産に研究室を訪ねたことが今でも懐かしく思い出されます。

取材協力：元・三井ホーム株式会社役員

阿部市郎　様

進化や高い信頼性の実現は、最初から最後まで杉山先生のおかげといっても決して過言ではないでしょう。また、杉山先生を中心に作成された『大断面建築物設計施工マニュアル』は、集成材を手がける人にとってはひとつの"教科書"といえるもので、集成材のマニュアルは現在でもこれ以外にはありません。集成材は、どんなサイズにも生産でき、強度のばらつきが少なく、さまざまな建築分野でお役に立てる素材であることが認識されています。これもあの暗黒の時代に杉山先生が木質構造の研究を投げ出さなかったおかげです。私たちは、このことを忘れることなく、いつまでも杉山先生に感謝しなければいけないと、私自身は強くそう思っています。

取材協力：元・三井木材株式会社役員

宮林正幸　様

業界最古参の弟子

　私が初めて杉山英男先生にお目にかかったの
は、設計事務所に勤めていた私が、さぁこれから
は住宅の工業化だということでプレハブ会社に入
社した1967年（昭和42年）のことです。ど
のプレハブメーカーもそうですが、立ち上がりの
頃は専門の方がいないため、技術的にしっかりと
した指導者を必要としていました。そこで、杉
山先生にご指導をお願いに上がったのです。その
後、ツーバイフォー工法が海外から導入された時
期、三井ホームに転職し、以来ずっとご指導して
いただきました。その間、約40年。私自身、人生
の約半分をまるごとお世話になった、民間側の
最古参の弟子であると自負させていただいてい
ます。

　杉山先生の偉大さ、それは象牙の塔に籠るこ
となく、業界の方にも手を差し伸べられて、さ
らには立派な研究者も多く育てられた…。ま

36

暗黒の時代を越えて

　日本の集成材構造物の歴史は古く、昭和20
年代から建築されていました。昭和30年代には
建築棟数も増加し、1962年（昭和37年）に
三井木材（株）だけでも113棟を建築してい
ます。しかし、これをピークに急激に減少し、こ
のあとの約20年間は年に数棟しか建たない時期
を迎えます。一般の製材だけでなく、集成材も
昭和34年の木造禁止の影響を大きく受けてし
まったのです。その「暗黒の時代」に杉山英男先
生は何をされていたかといえば、アメリカを中心
に世界の集成材の調査に行かれたり、集成材の
強度試験を行われたり…。日本において、実際
には集成材構造物が建築されていないにもかか
わらず研究を続けてくださっていたのです。

　こうした杉山先生の調査や研究は、約20年
後に見事に花開きます。昭和30年代から昭和
60年代、そして今につながる集成材の構造的な

38

資料：杉山英男物語 ｜ a5

第3章 【語り継がれる人】

いでしょうか。

また、「木質構造って、難しい。だからこそ、専門家がもっとしっかりしなければいけない。そして、その上で一般の人々が安心して地震に強い家を手に入れられるようにしなければいけない」…そんなお話をいただいたことが記憶の中に残っています。なお、学会も行政も私たちのような業界も、結局は直接の門下生でなくともそのほとんどが杉山先生の影響を受けています。木質構造の人間は、そういう集合体だから、とても仲がいいんですね。本来、業界では競争しなければいけないんですが、技術開発は特に仲良くやらせていただいています。これは杉山先生の存在、教えがあるからこそで、本当にありがたいことだと思っています。

取材協力：ミサワホーム株式会社役員

平田俊次　様

2階建て実験集合写真（1986年）

記憶に残る言葉

杉山英男先生の偉大さは、私が1980年（昭和55年）ミサワホームに入社して初めて気づかされました。当時、プレハブ工法は建築基準法だけでは認証が足りなくて個別に認定を取る必要があり、専門家の委員会で評価を受けなければいけなかったのです。その委員長が杉山先生だったのです。

私自身、特に印象に残っているのは、先生がよくおっしゃっていた「在来の木造とツーバイフォー工法とパネル工法、この3つがそれぞれいいところを持ち寄って、将来的に『日本の木造の良さ』を出していけばいいのではないか」というお言葉です。私自身、プレハブ住宅の技術開発の仕事に従事していますが、自分の中では、もっと広い視点で「日本の木質構造」の仕事をさせていただいているんだという自負があります。それは、やはり杉山先生のお言葉があってこその意識ではな

一条工務店との出会い（産学協同の実験活動を実施）

1983年（昭和58年）、東京大学の杉山研究室をアポイントなしで訪れた一団がいました。それが、当時はまだ静岡県内でのみ木造住宅を建築していた一条工務店です。東海地震が心配される地で、彼らは、何より地震に強い家づくりを企業の使命であると考えて行動しており、その中でどうしても自分たちだけでは解決できない課題と直面。そこで、その分野の最高権威である杉山英男先生に疑問をぶつけようと、失礼を省みず猪突猛進的に研究室を訪れたのです。

その熱い思いは、杉山先生の心に届き、やがて東京大学への研究生の派遣へとつながり、杉山先生をはじめとする学術研究者の皆さんと一条工務店は、さまざまな産学協同の実験活動を活発に行うようになります。特に、在来軸組構法の2階建て実大耐震実験（1986年）、

日本型家屋実大構造実験（1995年）

在来軸組構法3階建て実大耐震実験（1988年）

在来軸組構法2階建て実大耐震実験（1986年）

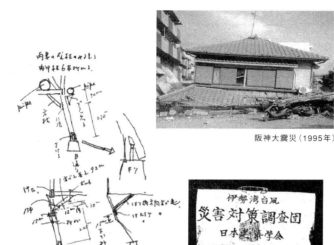
阪神大震災(1995年)

十勝沖地震(1968年)

伊勢湾台風被害調査メモより(1959年)　伊勢湾台風 被害調査団 腕章(1959年)

3階建て実大耐震実験(1988年)、日本型家屋実大構造実験(1995年)等は、一条工務店の工場敷地内で行われ、貴重なデータを次々と取得。それまでの"勘"を頼りにしていた在来軸組構法を、科学的データで実証できる構法へと昇華させたのです。そして、こうした最先端の研究者たちとの交流や実験活動等を通じて、一条工務店は、耐震性能等について高度なデータの裏づけのある家づくりを実現していきます。同時に、社内で活かすことはもちろん、広く学会などにも発表されたデータや論文は、日本の在来木造住宅の耐震性向上に大きく貢献していくこととなります。

このように、杉山先生との出会い、それこそが一条工務店の未来を拓く極めて重要な鍵となったのです。

県南部地震（1995年）の際には「木造住宅等震災調査委員会」の委員長として調査を指揮されています。

時を経て、1985年（昭和60年）、建築研究所や日本建築センターに、杉山先生を委員長とする研究会や編集委員会が組織され、「大断面木造建築物設計施工マニュアル」が刊行されました。杉山先生は、これらの活動を通じて『全国の設計者が本書を座右に置いて活用し、優れた大規模木造を数多く設計して下さることを期待したい！』と熱く述べられています。後に、先生のご期待通りこのマニュアルは広く利用されるようになりました。そして、集成材構造は急速に普及して今日に至っています。

東京大学弥生講堂・一条ホール（1999年）

ちなみに、杉山先生の著書『杉山英男の語り伝え』では、連載123の「松代地震と近隣の耐震補強（3）」まで、実に119ページにわたって自ら撮影された数々の写真や自筆のスケッチなどを紹介しながら、伊勢湾台風、新潟地震を中心とする被害調査の詳しい内容について執筆。その調査の綿密さは、まさに読むすべての人を感嘆させます。

また、杉山先生は、アメリカ西海岸で発生したロマプリータ地震（1989年）の際には、日本派遣団の団長として現地で調査にあたられました。なお、こうした調査活動の報告書は、後世に残る貴重な資料として専門図書等で紹介されています。

20年の空白
（集成材構造物の技術確立に貢献）

杉山英男先生と「集成材構造物」との関わりは昭和20年代後半ですが、本格的な関係は、「ブルーシャトー」が第9回日本レコード大賞を受賞した1967年（昭和42年）から始まっています。当時、日本建築センター集成材基準作成委員会の委員長であった杉山先生が、実大構造用集成材の曲げ試験を実施。そして、その成果が1972年（昭和47年）の建設省（現・国交省）告示第75号で構造用集成材の許容応力度として反映されます。しかし、当時は大規模木造に対する法規制も厳しく、日本国内において構造用集成材が本格的に普及を始めるには、なんとさらに約20年を要したのです。その間、杉山先生は、米国木造ドームなど海外の新技術を日本の関係者に紹介するなど、地道に大規模木造の普及活動を展開されました。

被災地を徹底的に調査する
（地震に強い木造住宅のために）

杉山英男先生の代表的な著書に『木造の家は地震に強いか』（1985年・講談社）、『地震と木造住宅』（1996年・丸善）等があります。それらからも窺えるように、いかに日本の木造住宅を構造的に強い家にできるか…それが杉山英男先生のライフワークであったといえるでしょう。その活動の中で、杉山先生が何よりも大切にされたこと、それは地震等の災害があれば、いち早く現地を訪れ徹底的に被害調査を行うことでした。

杉山先生は、1959年（昭和34年）に発生した伊勢湾台風からの調査を開始。地震災害では、新潟地震（1964年）から、宮城県北部連続地震（2003年）まで、大地震が発生すると即座に日本各地の被災地に駆けつけ、綿密なフィールド調査を行われました。特に、兵庫

資料：杉山英男物語 | a11

なります。これは、ひとつの"伝説"として語り継がれています。

また、1970年（昭和45年）には（社）プレハブ建築協会木質系設計基準案作成委員会の委員長として「木質接着パネル構造技術基準」を作成。これが木質系プレハブ工法の"共通のものさし"となり、後の枠組壁工法技術基準にも大きな影響を与えました。さらに、1973年（昭和48年）から工業化住宅性能認定制度の木質系構造評定委員長として、プレハブ各社の評定を長年にわたって牽引されました。

このように、今日までの日本の木質系プレハブ住宅の普及の背景には、木造住宅を愛する杉山先生のひとかたならぬご尽力があったのです。

TV出演（1969年）

うになったのです。ちなみに、オープン化が決定した後、工法名を何にするかが話し合われた際、杉山先生が「壁」を加えて欲しいと提言。その理論の正しさに誰も反論できず、すんなりこれが正式名称になったというエピソードも残されています。

また、杉山先生は、常日頃「ツーバイフォーと軸組は一緒になるべき」と発言されていました。その真意は、当時の在来木造住宅の状況や、木材の流通機構を憂い、新しい外国の血を注入することによって刺激を与え、さらには日本の木造住宅業界全体が発展することを願っておられたと推測されます。なお、この分野における杉山先生の著書は、『安心という居住学　今なぜツーバイフォー住宅なのか』（1996年・三水社）などがあります。

日本初のツーバイフォー工法の実験（1972年）

ひとつの伝説
（木質系プレハブ住宅の普及に貢献）

　1968年（昭和43年）、川端康成がノーベル文学賞を受賞した年に杉山英男先生の「木質系プレハブ工法」の研究は始まっています。杉山先生が明治大学工学部建築学科の教授時代、明治大学において大型パネルの加力実験が行われました。これを指揮したのが、杉山先生です。

　そして同年、杉山先生指導のもと、東京の晴海で木質系プレハブの実大建物による構造実験（水平加力試験）が行われました。これが、テレビの高橋圭三ショーで紹介され、一挙に世間の注目を集めることになったのです。この番組の中で、杉山先生が建物の紹介を行いましたが、高橋圭三氏とのやり取りが実に絶妙。単に大学教授という枠を超えた、信頼感とやさしい人柄がブラウン管を通じて全国のお茶の間に伝わり、今日の木質プレハブの普及に大きく貢献することに

日本初の実験
（枠組壁工法の基準作りを陣頭指揮）

　フジテレビ系のテレビアニメ「サザエさん」が放送を開始した1969年（昭和44年）、杉山英男先生と「枠組壁工法（ツーバイフォー工法）」との関係が始まっています。そして1972年、建築研究所の庭でアメリカの大工さんが建てたデモハウスで引っ張り実験を実施。その翌年、群馬で内壁に石膏ボードを貼って実大実験を、さらに神奈川県横浜でもブレース入り建物の実大実験が行われています。これら、日本で初めての実験を行ったのが杉山先生を中心とするメンバーです。また、杉山先生は、日本建築センター「枠組壁工法技術基準委員会」の委員長として、日本における枠組壁工法の基準作りの陣頭指揮を執られました。こうしたご尽力のおかげで、1974年（昭和49年）に晴れてオープン化され、日本全国に枠組壁工法住宅が建てられるよ

資料：杉山英男物語 | a13

第 2 章

【探究する人】

きます。住宅産業の発展のためにも杉山先生の研究や知識が絶対的に不可欠なものとなっていったのです。

この当時のことを杉山先生の奥様やお嬢様ははっきりと覚えているそうです。「ある時からいろいろな人からひっきりなしに電話がかかってくるようになったのです。とにかく、何かが始まる！といったことが伝わってきましたし、特に、ツーバイフォー工法の導入期は凄かったですね。なにしろ一日中、家の電話が鳴り止まないのですから・・・」

米国デモンストレーション・ハウス［サミットハウス］
（1985年）

25歳の杉山英男先生（1950年）

鳴り止まない電話

世の中全体が意識的に木造から離れて行こうとし、多くの研究者がその流れに乗って木構造の研究を捨てた、戦後の冬の時代。杉山英男先生は、建築学会の発表会における他部門の研究者たちの反応に「耐え難い孤立感」を感じられていました。著書『杉山英男の語り伝え』の中で、「学会で白い眼で眺められ冷や飯を食わされていた」「杉山をして学会に対し屈折した思いを抱かせたことも事実であった」とも述べられています。

しかし、杉山先生を取り巻く環境は、戦後日本の復興とともに徐々に変化していきます。まず昭和30年代後半に「木質プレハブ工法」が登場。そして、昭和40年代に入ると「ツーバイフォー工法」を北米から導入しようという機運が高まってきました。これに伴い、杉山先生の木構造研究者としての役割は徐々に大きなものとなってい

伊勢湾台風被害（1959年）

的施設の未充実が大原因であったと当時考えたし、今もその考えに変わりない。（中略）…とりわけ木造建築だからといって被害が大きかったわけではない…被害の大きさがイメージ的に木造の被害へと結び付けられた…このような客観的見方をしてみると、1959年の建築学会の大会決議という行動は極めて異常であったと言わなくてはならない」「大会決議の背景に何があったかという疑問は、今も私の脳裏から離れないのである」

明治大学研究室にて（1950年代）

年もあったそうです。ちなみに、1968年（昭和43年）の発表会は広島大学で開催されましたが、木構造に関する発表はわずか2つで、どちらも杉山研究室からの発表。しかも、それを聴く人も杉山研究室の関係者だけだったということです。後に杉山先生は、著書『杉山英男の語り伝え』の中で、このことを実に「悲しい現象」だったと記述されています。

木造禁止という決議

1959年（昭和34年）は、皇太子殿下（現在の天皇陛下）と美智子様がご結婚された年。

この年の9月、中部地方は伊勢湾台風に襲われ、歴史的な大惨事となりました。この伊勢湾台風の災害を受けたことにより、日本建築学会は今後の建築の進むべき道を考える調査特別委員会を設置。そこで、「木造禁止」を含む意見書が作成されました。それが10月の学術会議の総会で可決。さらには、京都大学での建築学会の大会開催中に緊急会議が開かれ、『建築防災に関する決議』として「防火、耐風水害のための木造禁止」がついに可決されてしまったのです。

この件について、杉山英男先生は著書『杉山英男の語り伝え』で次のように書かれています。

「私は名古屋市を中心に災害地を視察し木造の災害調査に当たったが、人的被害を大きくしたのは高潮に対する土木的対策の未熟と土木

孤高の研究者

1950年（昭和25年）、市場に軽量鉄骨が登場し、その期待は年々高まっていきます。そして、1959年（昭和34年）に建築基準法が改正され、新たに「簡易耐火建築物」のコンセプトが導入されました。残念なことに、これにより木造建造物は正当な理由なく、軽量鉄骨やコンクリートブロック造よりも防耐火の性能面で劣るとみなされることになります。こうした流れの中で、木造は長い間、不当に軽視されるようになってしまったのです。しかも、当然といえば当然のことながら、あの建築学会での「木造禁止」の決議以来、多くの研究者が木構造の研究から離れていってしまったのです。

そうした時代の中、杉山英男先生は、より精力的に木構造の研究に取り組まれます。昭和30年代には、建築学会の年次大会において、木構造の発表は杉山先生一人だけという寂しい

の姿があったのです。

また、1955年（昭和30年）には『木構造はこれからだ』、1956年（昭和31年）には『構造材としての木材の規格をつくろう』というエッセイを国際建築誌に続けて発表。そのタイトルからも、杉山先生の木構造研究に対する熱い意志がうかがえます。

明治大学研究室にて（1958年）

する学者や研究者まで現れることになってしまったのです。

明治大学教鞭の頃（1950年代）

木構造はこれからだ

東京大学を卒業し、東京大学大学院の前期を終了した杉山英男先生は、1951年（昭和26年）、明治大学工学部建築学科に助手として迎えられます。この年は、NHKの紅白歌合戦の第1回目が放送された年であり、GHQによって禁止されていたラジオ体操が復活した年でもありました。戦後の復興が急ピッチで進もうとしていた時期だといえるでしょう。

そして、1953年（昭和28年）、杉山先生は明治大学専任講師となります。また、日本建築学会の木構造分科会の委員を務めることになりました。この分科会では、建築基準法の改正案の作成に参加します。ちなみに建築基準法は1950年（昭和25年）に施行令が公布され、その9年後の1959年（昭和34年）に初めて改定されました。その重要な見直し・改定案づくりの作業チームの中に若き日の杉山先生

冬の時代を迎える

1955年（昭和30年）、30歳となり、ます木構造の研究に燃えていた杉山英男先生。

しかし、日本の建築学界は杉山先生の意志とは逆の方向に進んでいきます。第二次世界大戦で、幾度となく空襲にみまわれた日本。大工の勘と腕に頼って建築されてきた日本の木造家屋…。

それらを含め、さまざまな要素が重なって、特に、火事や地震、台風などの災害に強い建築が志向され、建築素材としての木材、住まいとしての木造建築がこの時期とりわけ軽視される傾向が次第に強くなっていったのです。

特に、昭和30年代は、多くの学者が時流に乗って木造の研究から鉄骨構造の研究へ、あるいは振動の研究へと次々と離れていきます。こうして木材の研究者が枯渇。木構造の研究は衰退していきました。そして、ついに災害が発生すれば、それを利用して「木造禁止」につなげようと

資料：杉山英男物語 | a19

第 1 章

【反骨の人】

東京大学研究室にて（1950年頃）

その研究の成果は、その年の11月、日本建築学会の関東支部講演発表会で発表されました。これこそが、杉山先生にとって研究者としての初の発表会となったのです。

東京大学退官記念講演をされる杉山先生（1986年）

実験こそ実学である

杉山英男先生と木材との出会いは、東京大学建築科に在学中の卒業論文の時に始まります。映画「青い山脈」や「銀座カンカン娘」という曲が大ヒットした1949年（昭和24年）、それまでテニスに夢中になっていた杉山先生は、そろそろ卒業論文に取り組まなければならない時期を迎えていました。

その時に杉山先生が選んだテーマは、「理論」ではなく「実験」。その題名は、『木材の振動強度に関する実験的研究』というものでした。そして、杉山先生は断面が4cm×1cmのヒバ材を針金で吊って振動を与え、強度を測定するという極めて原始的でありながら最先端の学問を取り入れた方法で実験を行っています。当時、振動を使っての実験は、ほとんど例がなかったのです。そして、この時、杉山先生は心から深く実感します。「実験こそ、実学である」と…。

目次

序章 ……………………………………………… 02

第1章 【反骨の人】……………………………… 05
実験こそ実学である／木構造はこれからだ／
冬の時代を迎える／木造禁止という決議／
孤高の研究者

第2章 【探究する人】…………………………… 17
鳴り止まない電話／ひとつの伝説／日本初の実験／
20年の空白／被災地を徹底的に調査する／
ある木造住宅メーカーとの出会い

第3章 【語り継がれる人】……………………… 33
記憶に残る言葉／業界最古参の弟子／
暗黒の時代を超えて／残された宿題／
杉山英男先生の足跡

一人「木質構造」の研究に邁進した研究者がいました。
それが、杉山英男先生です。その後、杉山先生は、さまざまな研究・実験活動や、教育・指導活動を通じて、日本のみならず海外の木造建築にとって計り知れない大きな功績を残されます。とりわけ現代の木造建築の礎（いしずえ）は、メーカーや建築構法の枠を超え、杉山先生の研究活動を抜きにしては語れないといえるでしょう。
そして、その研究とは…。杉山英男先生とは…。その一部をこの小冊子でご紹介させていただきます。

東京大学研究室にて（1986年）

杉山英男先生

Profile

1925年（大正14年）、静岡県生まれ。静岡師範学校附属小学校、静岡中学校、第一高等学校、東京大学、東京大学大学院で学ぶ。1951年（昭和26年）より明治大学工学部、より東京理科大学理工学部で教育・研究に当たる。東京大学名誉教授、工学博士・農学博士。日本における「木質構造」の学問・研究の草分け的な存在であり、この分野での第一人者。

その柔軟な発想に基づく研究は、国内外から高く評価され、日本建築学会賞、日本農学賞、米国林産学会業績賞、叙位：正五位、受勲：瑞寶中綬賞などを受賞している。

1973年（昭和48年）より東京大学農学部、1986年（昭和61年）

日本の現代木造建築の「父」である。

遠い昔から日本の家族の暮らしを支えてきた木の住まい。

戦後、日本の建築学会が「木造住宅の建築を禁止」したことがあるのをご存知でしょうか。

それは、1959年（昭和34年）の出来事、京都の年次大会で決議されたのです。

また、昭和30年代後半、時流は木造から鉄骨造へと傾き、多くの研究者が次々と木造から離れていきました。

当然、木構造の研究は衰退します。

この時期、日本の木造建築は、未来の見えない大きな危機を迎えていたのです。

しかし、そうした状況を憂い、怒りを覚え、反骨の精神をたぎらせて

資料：杉山英男物語 ┃ a23

＜資料＞
杉山英男物語

建築界と木材界の架け橋となった男

制　作

**株式会社　一条工務店
杉山英男記念館**[*]

〒432-8064
静岡県浜松市南区倉松町4040
●開館時間は毎日（年末年始は除く）
午前10時～午後5時　事前予約制
問い合わせは同記念館：電話（0120）-543-511

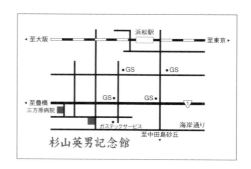

[*]木造建築の発展に生涯を捧げられた杉山先生のご功績を後世に伝え残すべく，貴重な資料や研究書類を保存し，広く紹介できるように静岡県の一条工務店"浜松HTC（ハウジングテクノロジーセンター）"内に開設された（2009年4月）。蔵書や学術論文約2万点のほか，多くの研究資料を収蔵。

本書編集にあたり，テキストはすべて新たに入力しました。
用字・用語は「建築技術」誌刊行当時の著者の表記に従いました。
明らかに間違いと思われるものに限り，編集にご協力いただいた
安藤直人先生と協議のうえ，訂正しました。（海青社・編集部）

The Inside Stories of Modern Architectural History 〈Vol.1〉 by SUGIYAMA Hideo

きんだいけんちくしのかげに
近代建築史の陰に ＜上＞

本書のHP

発 行 日	2019 年 12 月 15 日 初版第 1 刷
定　　価	カバーに表示してあります。
著　　者	杉山　英男
装　　幀	杉山　尚子
発 行 者	宮内　久

海青社
Kaiseisha Press

〒520-0112　大津市日吉台2丁目16-4
Tel. 077-577-2677 Fax. 077-577-2688
http://www.kaiseisha-press.ne.jp/
郵便振替　01090-1-17991

● © SUGIYAMA Hideo, 2019 ISBN978-4-86099-361-0 C0052 ● Printed in Japan ● 乱丁落丁はお取り替えいたします。
● 本書のコピー，スキャン，デジタル化等の無断複製は著作権法上での例外を除き禁じられています。
　本書を代行業者等の第三者に依頼してスキャンやデジタル化することはたとえ個人や家庭内の利用でも著作権法違反です。

◆ 海青社の本・好評発売中 ◆

木材時代の到来に向けて
大熊幹章 著

持続可能で環境にやさしい資源、木材・木質材料・木材利用に関する研究、教育、それに関わる仕事に60年間携わってきた著者が、時代の流れにどう反応し、どのように考えたのかを綴るとともに、木材利用に関する研究成果の概要を記述する。
〔ISBN978-4-86099-342-9／四六判／158 頁／本体 1,389 円〕

概説 森林認証
安藤直人・白石則彦 編

SDGsに関連して注目される森林認証制度を入門者向けに概説。日本で運用されているFSC、SGEC、PEFCの概要と、FM（森林管理）認証 、CoC（加工・流通）認証を実際に取得し活用している各団体・企業での取組事例を19件掲載。
〔ISBN978-4-86099-354-2／A 5 判／240 頁／本体 2,800 円〕

諸外国の森林投資と林業経営
森林投資研究会 編

世界の林業が従来型の農民的林業とTIMOやT-REITなどの新しい育林経営の並存が見られるなど新しい展開をみせる一方で、日本では古くからの育成的林業経営が厳しい現状にある。世界の動向の中で日本の育林業を考える書。
〔ISBN978-4-86099-357-3／A 5 判／225 頁／本体 3,500 円〕

ティンバーメカニクス　木材の力学理論と応用
日本木材学会 木材強度・木質構造研究会 編

木材や木質材料の力学的性能の解析は古くから行なわれ、実験から木材固有の性質を見出し、理論的背景が構築されてきた。本書は既往の文献を元に、現在までの理論を学生や実務者向けに編纂した。カラー16頁付。
〔ISBN978-4-86099-289-7／A 5 判／293 頁／本体 3,500 円〕

生物系のための 構造力学
竹村冨男 著

材料力学の初歩、トラス・ラーメン・半剛節骨組の構造解析、および Excel による計算機プログラミングを解説。また、本文中で用いた計算例の構造解析プログラム（マクロ）は、実行・改変できる形式で添付のCDに収録。
〔ISBN978-4-86099-243-9／B 5 判／315 頁／本体 4,000 円〕

バイオ系の 材料力学
佐々木康寿 著

機械／建築・土木／林学・林産／環境など多分野にわたって必須となる材料力学について、基礎からしっかりと把握し、材料の変形に関する力学的概念、基本的原理、ものの考え方の理解へと導く。
〔ISBN978-4-86099-306-1／A 5 判／178 頁／本体 2,400 円〕

木材のクールな使い方 COOL WOOD JAPAN
日本木材青壮年団体連合会編、井上雅文監修

日本木青連が贈る消費者の目線にたった住宅や建築物に関する木材利用の事例集。おしゃれで、趣があり、やすらぎを感じる「木づかい」の数々をカラーで紹介。木材の見える感性豊かな暮らしを提案。
〔ISBN978-4-86099-281-1／A 4 判／99 頁／本体 2,381 円〕

シロアリの事典
吉村 剛 他8名共編

シロアリ研究における最新の成果を紹介。野外調査方法から、生理・生態に関する最新の知見、防除対策、セルラーゼ利用、食料利用、教育教材利用など、多岐にわたる項目を掲載。口絵 16 頁付。
〔ISBN978-4-86099-260-6／A 5 判／487 頁／本体 4,200 円〕

改訂版 木材の塗装
木材塗装研究会 編

日本を代表する木材塗装の研究会による、基礎から応用・実務までの解説書。会では毎年 6 月に木工塗装入門講座、11月に木材塗装ゼミナールを企画、開催している。口絵 16 頁付。
〔ISBN978-4-86099-268-2／A 5 判／297 頁／本体 3,500 円〕

木材接着の科学
作野友康・高谷政広・梅村研二・藤井一郎 編

木材と接着剤の種類や特性から、接着メカニズム、性能評価、LVL・合板といった木質材料の製造方法、施工方法、VOC放散基準などの環境・健康問題、再資源化まで、産官学の各界で活躍中の専門家が解説。
〔ISBN978-4-86099-206-4／A 5 判／211 頁／本体 2,400 円〕

自然災害地研究
池田 碩 著

日本は「自然災害」多国一大国である。そこに住まう我々は様々な自然現象やその猛威と共に生活して行かねばならない宿命にある。自然の猛威に対し、どのように準備し、被害を軽減させるべきか。過去の調査をもとに考察する。
〔ISBN978-4-86099-290-3／B 5 判／238 頁／本体 3,400 円〕

木材加工用語辞典
日本木材学会機械加工研究会 編

木材の切削加工に関する分野の用語から当該分野に関連する木質材料・機械・建築・計測・生産・安全などの一般的な用語も収集し、4,700 超の用語とその定義を収録。50 頁の英語索引も充実。
〔ISBN978-4-86099-229-3／A 5 判／326 頁／本体 3,200 円〕

日本木材学会論文データベース 1955-2004
日本木材学会 編

木材学会誌に掲載された 1955年から2004年までの50年間の全和文論文（5,515本、35,414 頁）をPDF化して収録。題名・著者名・要旨等を対象にした高機能検索で、目的の論文を瞬時に探し出し閲覧することができる。
〔ISBN978-4-86099-905-6／CD 4 枚／本体 26,667 円〕

木材科学講座（全 12 巻）
□は既刊

1 概論
本体 1,860 円
ISBN978-4-906165-59-9

2 組織と材質 第 2 版
本体 1,845 円
ISBN978-4-86099-279-8

3 木材の物理
本体 1,845 円
ISBN978-4-86099-239-2

4 化学
本体 1,748 円
ISBN978-4-906165-44-5

5 環境 第 2 版
本体 1,845 円
ISBN978-4-906165-89-6

6 切削加工 第 2 版
本体 1,840 円
ISBN978-4-86099-228-6

7 木材の乾燥（Ⅰ）（Ⅱ）
本体（各）予価 1,800 円
2020 年 2 月刊行予定

8 木質資源材料 改訂増補
本体 1,900 円
ISBN978-4-906165-80-3

9 木質構造
本体 2,286 円
ISBN978-4-906165-71-1

10 バイオマス
（続刊）

11 バイオテクノロジー
本体 1,900 円
ISBN978-4-906165-69-8

12 保存・耐久性
本体 1,860 円
ISBN978-4-906165-67-4

＊表示価格は本体価格（税別）です。